※価格はすべて税込表示

府県名・学校名	2019年 実施問題	2018年 実施問題	2017年 実施問題	2016年 実施問題	2015年 実施問題	2014年 実施問題	2013年 実施問題	2012年 実施問題	2011年 実施問題	2010年 実施問題	2009年 実施問題						
大阪府公立高(一般)	990円 148頁	990円 140頁	990円 140頁	990円 122頁													
大阪府公立高(特別)	990円 78頁	990円 78頁	990円 74頁	990円 72頁													
大阪府公立高(前期)					990円 70頁	990円 68頁	990円 66頁	990円 72頁	990円 70頁	990円 60頁	990円 58頁	990円 56頁	990円 56頁	990円 54頁	990円 52頁	990円 52頁	990円 48頁
大阪府公立高(後期)					990円 82頁	990円 76頁	990円 72頁	990円 64頁	990円 64頁	990円 64頁	990円 62頁	990円 62頁	990円 62頁	990円 58頁	990円 56頁	990円 58頁	990円 56頁
兵庫県公立高	990円 74頁	990円 78頁	990円 74頁	990円 74頁	990円 74頁	990円 68頁	990円 66頁	990円 64頁	990円 60頁	990円 56頁	990円 58頁	990円 56頁	990円 58頁	990円 56頁	990円 56頁	990円 54頁	990円 52頁
奈良県公立高(一般)	990円 62頁	990円 50頁	990円 50頁	990円 52頁	990円 50頁	990円 52頁	990円 50頁	990円 48頁	990円 48頁	990円 48頁	990円 48頁	990円 48頁	×	990円 44頁	990円 46頁	990円 42頁	990円 44頁
奈良県公立高(特色)	990円 30頁	990円 38頁	990円 44頁	990円 46頁	990円 46頁	990円 44頁	990円 40頁	990円 40頁	990円 32頁	990円 32頁	990円 32頁	990円 32頁	990円 28頁	990円 28頁			
和歌山県公立高	990円 76頁	990円 70頁	990円 68頁	990円 64頁	990円 66頁	990円 64頁	990円 64頁	990円 62頁	990円 66頁	990円 62頁	990円 60頁	990円 60頁	990円 58頁	990円 56頁	990円 56頁	990円 56頁	990円 52頁
岡山県公立高(一般)	990円 66頁	990円 60頁	990円 58頁	990円 56頁	990円 58頁	990円 56頁	990円 58頁	990円 60頁	990円 56頁	990円 56頁	990円 52頁	990円 52頁	990円 50頁				
岡山県公立高(特別)	990円 38頁	990円 36頁	990円 34頁	990円 34頁	990円 34頁	990円 32頁											
広島県公立高	990円 68頁	990円 70頁	990円 74頁	990円 68頁	990円 60頁	990円 58頁	990円 54頁	990円 46頁	990円 48頁	990円 46頁	990円 46頁	990円 46頁	990円 44頁	990円 46頁	990円 44頁	990円 44頁	990円 44頁
山口県公立高	990円 86頁	990円 80頁	990円 82頁	990円 84頁	990円 76頁	990円 78頁	990円 76頁	990円 64頁	990円 62頁	990円 58頁	990円 58頁	990円 60頁	990円 56頁				
徳島県公立高	990円 88頁	990円 78頁	990円 86頁	990円 74頁	990円 76頁	990円 80頁	990円 64頁	990円 62頁	990円 60頁	990円 58頁	990円 60頁	990円 54頁	990円 52頁				
香川県公立高	990円 76頁	990円 74頁	990円 72頁	990円 74頁	990円 72頁	990円 68頁	990円 68頁	990円 66頁	990円 66頁	990円 62頁	990円 62頁	990円 60頁	990円 62頁				
愛媛県公立高	990円 72頁	990円 68頁	990円 66頁	990円 64頁	990円 68頁	990円 64頁	990円 62頁	990円 60頁	990円 62頁	990円 56頁	990円 58頁	990円 56頁	990円 54頁				
福岡県公立高	990円 66頁	990円 68頁	990円 68頁	990円 66頁	990円 60頁	990円 56頁	990円 56頁	990円 54頁	990円 56頁	990円 58頁	990円 52頁	990円 54頁	990円 52頁	990円 48頁			
長崎県公立高	990円 90頁	990円 86頁	990円 84頁	990円 84頁	990円 82頁	990円 80頁	990円 80頁	990円 82頁	990円 80頁	990円 80頁	990円 80頁	990円 78頁	990円 76頁				
熊本県公立高	990円 98頁	990円 92頁	990円 92頁	990円 92頁	990円 94頁	990円 74頁	990円 72頁	990円 70頁	990円 70頁	990円 68頁	990円 68頁	990円 64頁	990円 68頁				
大分県公立高	990円 84頁	990円 78頁	990円 80頁	990円 76頁	990円 80頁	990円 66頁	990円 62頁	990円 62頁	990円 62頁	990円 58頁	990円 58頁	990円 56頁	990円 58頁				
鹿児島県公立高	990円 66頁	990円 62頁	990円 60頁	990円 60頁	990円 60頁	990円 60頁	990円 60頁	990円 60頁	990円 60頁	990円 58頁	990円 58頁	990円 54頁	990円 58頁				

英語リスニング音声データのご案内

英語リスニング問題の音声データについて

赤本収録年度の音声データ　弊社発行の**「高校別入試対策シリーズ（赤本）」に収録している年度**の音声データは,以下の一覧の学校分を提供しています。希望の音声データをダウンロードし, 赤本に掲載されている問題に取り組んでください。

赤本収録年度より古い年度の音声データ　**「高校別入試対策シリーズ（赤本）」に収録している年度よりも古い年度**の音声データは,6ページの国私立高と公立高を提供しています。赤本バックナンバー（1～3ページに掲載）と音声データの両方をご購入いただき, 問題に取り組んでください。

ご購入の流れ

① 英俊社のウェブサイト https://book.eisyun.jp/ にアクセス
② トップページの「高校受験」 リスニング音声データ をクリック
③ ご希望の学校・年度をクリックすると, オーディオブック（audiobook.jp）のウェブサイトの該当ページにジャンプ
④ オーディオブック（audiobook.jp）のウェブサイトでご購入。※初回のみ会員登録（無料）が必要です。

⚠ ダウンロード方法やお支払い等,購入に関するお問い合わせは,オーディオブック（audiobook.jp）のウェブサイトにてご確認ください。

音声データを入手できる学校と年度

赤本収録年度の音声データ

ご希望の年度を1年分ずつ,もしくは赤本に収録している年度をすべてまとめてセットでご購入いただくことができます。セットでご購入いただくと,1年分の単価がお得になります。

⚠ ×印の年度は音声データをご提供しておりません。あしからずご了承ください。

国私立高（アイウエオ順）

※価格は税込表示

学校名	税込価格				
	2020年	2021年	2022年	2023年	2024年
アサンプション国際高	¥550	¥550	¥550	¥550	¥550
5か年セット	¥2,200				
育英西高	¥550	¥550	¥550	¥550	¥550
5か年セット	¥2,200				
大阪教育大附高池田校	¥550	¥550	¥550	¥550	¥550
5か年セット	¥2,200				
大阪薫英女学院高	¥550	¥550	¥550	¥550	×
4か年セット	¥1,760				
大阪国際高	¥550	¥550	¥550	¥550	¥550
5か年セット	¥2,200				
大阪信愛学院高	¥550	¥550	¥550	¥550	¥550
5か年セット	¥2,200				
大阪星光学院高	¥550	¥550	¥550	¥550	¥550
5か年セット	¥2,200				
大阪桐蔭高	¥550	¥550	¥550	¥550	¥550
5か年セット	¥2,200				
大谷高	×	×	×	¥550	¥550
2か年セット	¥880				
関西創価高	¥550	¥550	¥550	¥550	¥550
5か年セット	¥2,200				
京都先端科学大附高（特進・進学）	¥550	¥550	¥550	¥550	¥550
5か年セット	¥2,200				

※価格は税込表示

学校名	税込価格				
	2020年	2021年	2022年	2023年	2024年
京都先端科学大附高（国際）	¥550	¥550	¥550	¥550	¥550
5か年セット	¥2,200				
京都橘高	¥550	×	¥550	¥550	¥550
4か年セット	¥1,760				
京都両洋高	¥550	¥550	¥550	¥550	¥550
5か年セット	¥2,200				
久留米大附設高	×	¥550	¥550	¥550	¥550
4か年セット	¥1,760				
神戸星城高	¥550	¥550	¥550	¥550	¥550
5か年セット	¥2,200				
神戸山手グローバル高	×	×	×	¥550	¥550
2か年セット	¥880				
神戸龍谷高	¥550	¥550	¥550	¥550	¥550
5か年セット	¥2,200				
香里ヌヴェール学院高	¥550	¥550	¥550	¥550	¥550
5か年セット	¥2,200				
三田学園高	¥550	¥550	¥550	¥550	¥550
5か年セット	¥2,200				
滋賀学園高	¥550	¥550	¥550	¥550	¥550
5か年セット	¥2,200				
滋賀短期大学附高	¥550	¥550	¥550	¥550	¥550
5か年セット	¥2,200				

国私立高（アイウエオ順）

※価格は税込表示

学校名	税込価格				
	2020年	2021年	2022年	2023年	2024年
樟蔭高	¥550	¥550	¥550	¥550	¥550
5か年セット	¥2,200				
常翔学園高	¥550	¥550	¥550	¥550	¥550
5か年セット	¥2,200				
清教学園高	¥550	¥550	¥550	¥550	¥550
5か年セット	¥2,200				
西南学院高(専願)	¥550	¥550	¥550	¥550	¥550
5か年セット	¥2,200				
西南学院高(前期)	¥550	¥550	¥550	¥550	¥550
5か年セット	¥2,200				
園田学園高	¥550	¥550	¥550	¥550	¥550
5か年セット	¥2,200				
筑陽学園高(専願)	¥550	¥550	¥550	¥550	¥550
5か年セット	¥2,200				
筑陽学園高(前期)	¥550	¥550	¥550	¥550	¥550
5か年セット	¥2,200				
智辯学園高	¥550	¥550	¥550	¥550	¥550
5か年セット	¥2,200				
帝塚山高	¥550	¥550	¥550	¥550	¥550
5か年セット	¥2,200				
東海大付大阪仰星高	¥550	¥550	¥550	¥550	¥550
5か年セット	¥2,200				
同志社高	¥550	¥550	¥550	¥550	¥550
5か年セット	¥2,200				
中村学園女子高(前期)	×	¥550	¥550	¥550	¥550
4か年セット	¥1,760				
灘高	¥550	¥550	¥550	¥550	¥550
5か年セット	¥2,200				
奈良育英高	¥550	¥550	¥550	¥550	¥550
5か年セット	¥2,200				
奈良学園高	¥550	¥550	¥550	¥550	¥550
5か年セット	¥2,200				
奈良大附高	¥550	¥550	¥550	¥550	¥550
5か年セット	¥2,200				

※価格は税込表示

学校名	税込価格				
	2020年	2021年	2022年	2023年	2024年
西大和学園高	¥550	¥550	¥550	¥550	¥550
5か年セット	¥2,200				
梅花高	¥550	¥550	¥550	¥550	¥550
5か年セット	¥2,200				
白陵高	¥550	¥550	¥550	¥550	¥550
5か年セット	¥2,200				
初芝立命館高	×	×	×	×	¥550
東大谷高	×	×	¥550	¥550	¥550
3か年セット	¥1,320				
東山高	×	×	×	×	¥550
雲雀丘学園高	¥550	¥550	¥550	¥550	¥550
5か年セット	¥2,200				
福岡大附大濠高(専願)	¥550	¥550	¥550	¥550	¥550
5か年セット	¥2,200				
福岡大附大濠高(前期)	¥550	¥550	¥550	¥550	¥550
5か年セット	¥2,200				
福岡大附大濠高(後期)	¥550	¥550	¥550	¥550	¥550
5か年セット	¥2,200				
武庫川女子大附高	×	×	¥550	¥550	¥550
3か年セット	¥1,320				
明星高	¥550	¥550	¥550	¥550	¥550
5か年セット	¥2,200				
和歌山信愛高	¥550	¥550	¥550	¥550	¥550
5か年セット	¥2,200				

公立高

※価格は税込表示

学校名	税込価格				
	2020年	2021年	2022年	2023年	2024年
京都市立西京高（エンタープライジング科）	¥550	¥550	¥550	¥550	¥550
5か年セット	¥2,200				
京都市立堀川高（探究学科群）	¥550	¥550	¥550	¥550	¥550
5か年セット	¥2,200				
京都府立嵯峨野高（京都こすもす科）	¥550	¥550	¥550	¥550	¥550
5か年セット	¥2,200				

赤本収録年度より古い年度の音声データ

以下の音声データは,赤本に収録以前の年度ですので,赤本バックナンバー(P.1〜3に掲載)と合わせてご購入ください。
赤本バックナンバーは1年分が1冊の本になっていますので,音声データも1年分ずつの販売となります。

※価格は税込表示

国私立高（アイウエオ順）

学 校 名	税込価格																
	2003年	2004年	2005年	2006年	2007年	2008年	2009年	2010年	2011年	2012年	2013年	2014年	2015年	2016年	2017年	2018年	2019年
大阪教育大附高池田校	¥550	¥550	¥550	¥550	¥550	¥550	¥550	¥550	¥550	¥550	¥550	¥550	¥550	¥550	¥550	¥550	¥550
大阪星光学院高（1次）	¥550	¥550	¥550	¥550	¥550	¥550	¥550	¥550	¥550	¥550	×	¥550	×	¥550	¥550	¥550	¥550
大阪星光学院高（1.5次）			¥550	¥550	¥550	¥550	¥550	¥550	×	×	×	×	×	×	×	×	×
大阪桐蔭高						¥550	¥550	¥550	¥550	¥550	¥550	¥550	¥550	¥550	¥550	¥550	¥550
久留米大附設高				¥550	¥550	×	¥550	¥550	¥550	¥550	¥550	¥550	¥550	¥550	¥550	¥550	¥550
清教学園高															¥550	¥550	¥550
同志社高						¥550	¥550	¥550	¥550	¥550	¥550	¥550	¥550	¥550	¥550	¥550	¥550
灘高																¥550	¥550
西大和学園高				¥550	¥550	¥550	¥550	¥550	¥550	¥550	¥550	¥550	¥550	¥550	¥550	¥550	¥550
福岡大附大濠高（専願）													¥550	¥550	¥550	¥550	¥550
福岡大附大濠高（前期）				¥550	¥550	¥550	¥550	¥550	¥550	¥550	¥550	¥550	¥550	¥550	¥550	¥550	¥550
福岡大附大濠高（後期）				¥550	¥550	¥550	¥550	¥550	¥550	¥550	¥550	¥550	¥550	¥550	¥550	¥550	¥550
明星高															¥550	¥550	¥550
立命館高（前期）						¥550	¥550	¥550	¥550	¥550	¥550	¥550	¥550	×	×	×	×
立命館高（後期）						¥550	¥550	¥550	¥550	¥550	¥550	¥550	¥550	×	×	×	×
立命館宇治高												¥550	¥550	¥550	¥550	¥550	×

※価格は税込表示

公立高（府県順）

府県名・学校名	税込価格																
	2003年	2004年	2005年	2006年	2007年	2008年	2009年	2010年	2011年	2012年	2013年	2014年	2015年	2016年	2017年	2018年	2019年
岐阜県公立高			¥550	¥550	¥550	¥550	¥550	¥550	¥550	¥550	¥550	¥550	¥550	¥550	¥550	¥550	¥550
静岡県公立高			¥550	¥550	¥550	¥550	¥550	¥550	¥550	¥550	¥550	¥550	¥550	¥550	¥550	¥550	¥550
愛知県公立高（Aグループ）	¥550	¥550	¥550	¥550	¥550	¥550	¥550	¥550	¥550	¥550	¥550	¥550	¥550	¥550	¥550	¥550	¥550
愛知県公立高（Bグループ）	¥550	¥550	¥550	¥550	¥550	¥550	¥550	¥550	¥550	¥550	¥550	¥550	¥550	¥550	¥550	¥550	¥550
三重県公立高			¥550	¥550	¥550	¥550	¥550	¥550	¥550	¥550	¥550	¥550	¥550	¥550	¥550	¥550	¥550
滋賀県公立高	¥550	¥550	¥550	¥550	¥550	¥550	¥550	¥550	¥550	¥550	¥550	¥550	¥550	¥550	¥550	¥550	¥550
京都府公立高（中期選抜）	¥550	¥550	¥550	¥550	¥550	¥550	¥550	¥550	¥550	¥550	¥550	¥550	¥550	¥550	¥550	¥550	¥550
京都府公立高（前期選抜 共通学力検査）													¥550	¥550	¥550	¥550	¥550
京都市立西京高（エンタープライジング科）		¥550	¥550	¥550	¥550	¥550	¥550	¥550	¥550	¥550	¥550	¥550	¥550	¥550	¥550	¥550	¥550
京都市立堀川高（探究学科群）													¥550	¥550	¥550	¥550	¥550
京都府立嵯峨野高（京都こすもす科）		¥550	¥550	¥550	¥550	¥550	¥550	¥550	¥550	¥550	¥550	¥550	¥550	¥550	¥550	¥550	¥550
大阪府公立高（一般選抜）														¥550	¥550	¥550	¥550
大阪府公立高（特別選抜）														¥550	¥550	¥550	¥550
大阪府公立高（後期選抜）	¥550	¥550	¥550	¥550	¥550	¥550	¥550	¥550	¥550	¥550	¥550	¥550	¥550	×	×	×	×
大阪府公立高（前期選抜）	¥550	¥550	¥550	¥550	¥550	¥550	¥550	¥550	¥550	¥550	¥550	¥550	¥550	×	×	×	×
兵庫県公立高	¥550	¥550	¥550	¥550	¥550	¥550	¥550	¥550	¥550	¥550	¥550	¥550	¥550	¥550	¥550	¥550	¥550
奈良県公立高（一般選抜）	¥550	¥550	¥550	¥550	×	¥550	¥550	¥550	¥550	¥550	¥550	¥550	¥550	¥550	¥550	¥550	¥550
奈良県公立高（特色選抜）			¥550	¥550	¥550	¥550	¥550	¥550	¥550	¥550	¥550	¥550	¥550	¥550	¥550	¥550	¥550
和歌山県公立高	¥550	¥550	¥550	¥550	¥550	¥550	¥550	¥550	¥550	¥550	¥550	¥550	¥550	¥550	¥550	¥550	¥550
岡山県公立高（一般選抜）						¥550	¥550	¥550	¥550	¥550	¥550	¥550	¥550	¥550	¥550	¥550	¥550
岡山県公立高（特別選抜）													¥550	¥550	¥550	¥550	¥550
広島県公立高	¥550	¥550	¥550	¥550	¥550	¥550	¥550	¥550	¥550	¥550	¥550	¥550	¥550	¥550	¥550	¥550	¥550
山口県公立高						¥550	¥550	¥550	¥550	¥550	¥550	¥550	¥550	¥550	¥550	¥550	¥550
香川県公立高						¥550	¥550	¥550	¥550	¥550	¥550	¥550	¥550	¥550	¥550	¥550	¥550
愛媛県公立高						¥550	¥550	¥550	¥550	¥550	¥550	¥550	¥550	¥550	¥550	¥550	¥550
福岡県公立高				¥550	¥550	¥550	¥550	¥550	¥550	¥550	¥550	¥550	¥550	¥550	¥550	¥550	¥550
長崎県公立高						¥550	¥550	¥550	¥550	¥550	¥550	¥550	¥550	¥550	¥550	¥550	¥550
熊本県公立高（選択問題A）													¥550	¥550	¥550	¥550	¥550
熊本県公立高（選択問題B）													¥550	¥550	¥550	¥550	¥550
熊本県公立高（共通）					¥550	¥550	¥550	¥550	¥550	¥550	¥550	¥550	×	×	×	×	×
大分県公立高					¥550	¥550	¥550	¥550	¥550	¥550	¥550	¥550	¥550	¥550	¥550	¥550	¥550
鹿児島県公立高					¥550	¥550	¥550	¥550	¥550	¥550	¥550	¥550	¥550	¥550	¥550	¥550	¥550

受験生のみなさんへ

英俊社の高校入試対策問題集

各書籍のくわしい内容はこちら→

近畿の高校入試シリーズ

最新の近畿の入試問題から良問を精選。
私立・公立どちらにも対応できる定評ある問題集です。

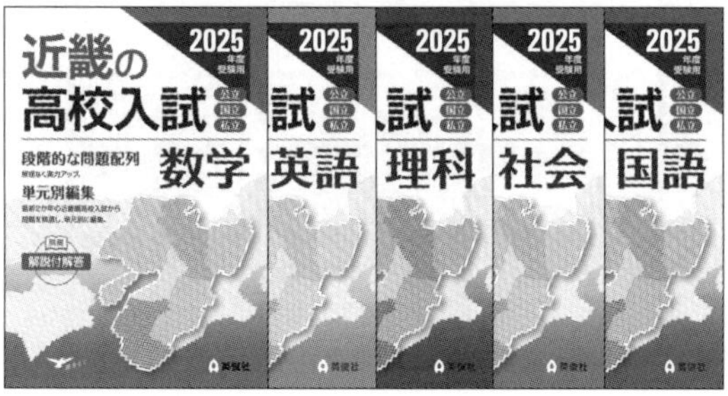

近畿の高校入試シリーズ

中1・2の復習

近畿の入試問題から１・２年生までの範囲で解ける良問を精選。
高校入試の基礎固めに最適な問題集です。

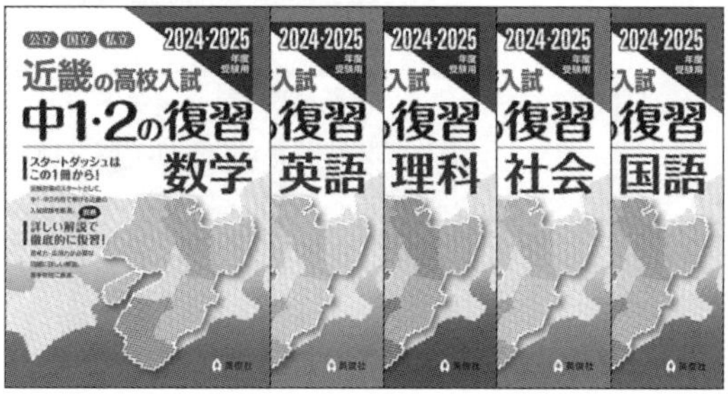

最難関高校シリーズ

最難関高校を志望する受験生諸君におすすめのハイレベル問題集。
灘、洛南、西大和学園、久留米大学附設、ラ・サールの最新７か年入試問題を単元別に分類して収録しています。

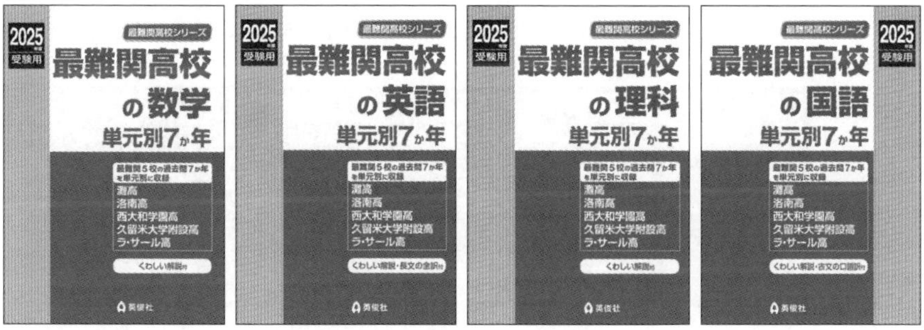

ニューウイングシリーズ　出題率

入試での出題率を徹底分析。出題率の高い単元、問題に集中して効率よく学習できます。

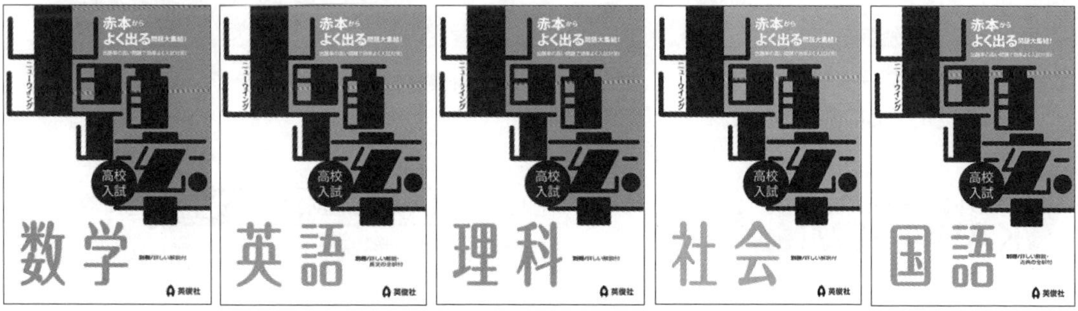

近道問題シリーズ

重要ポイントに絞ったコンパクトな問題集。苦手分野の集中トレーニングに最適です！

数学5分冊

01 式と計算
02 方程式・確率・資料の活用
03 関数とグラフ
04 図形〈1・2年分野〉
05 図形〈3年分野〉

英語6分冊

06 単語・連語・会話表現
07 英文法
08 文の書きかえ・英作文
09 長文基礎
10 長文実践
11 リスニング

理科6分冊

12 物理
13 化学
14 生物・地学
15 理科計算
16 理科記述
17 理科知識

社会4分冊

18 地理
19 歴史
20 公民
21 社会の応用問題 ―資料読解・記述―

国語5分冊

22 漢字・ことばの知識
23 文法
24 長文読解 ―攻略法の基本―
25 長文読解 ―攻略法の実践―
26 古典

学校・塾の指導者の先生方へ

赤本収録の**入試問題データベース**を利用して、**オリジナルプリント教材**を作成していただけるサービスが登場!! 生徒**ひとりひとりに合わせた**教材作りが可能です。

プリント教材作成システム
KAWASEMI Lite

くわしくは KAWASEMI Lite 検索 で検索!
まずは**無料体験版**をぜひお試しください。

※指導者の先生方向けの専用サービスです。受験生など個人の方はご利用いただけませんので、ご注意ください。

公立高校入試対策シリーズ 3023

もくじ

（注） 著作権の都合により，実際に使用された写真と異なる場合があります。 （編集部）

2020～2024年度のリスニング音声（書籍収録分すべて）は
英俊社ウェブサイト「**リスもん**」から再生できます。
https://book.eisyun.jp/products/listening/index/

再生の際に必要な入力コード→ **69354872**
（コードの使用期限：2025年７月末日）

リスもん
リスニング問題 音声再生ウェブページ

スマホはこちら ――→

※音声は英俊社で作成したものです。

❖愛知県の公立高校入試制度

特色選抜

2023年度入試から，高校や学科の特色を生かした選抜として，新たに「特色選抜」が実施されるようになった。

この特色選抜は，専門学科や総合学科，コースを設置するなど特色ある教育課程を有する普通科，及び地域に根差した教育活動を行っている高校のうち，一部の高校・学科において実施する。

● **入学検査**　　入学検査は面接を必須とし，そのほかに，作文，基礎学力検査，プレゼンテーション，特別検査（実技試験）のうちの一つを実施する。どれを実施するかは高校ごとに異なる。

● **定員枠**　　各高校・学科の募集人員の20％程度までを上限に，各高校が「何人程度まで」と具体的な人数の枠を設ける。推薦選抜の定員枠とは別に定める。

一般選抜

Aグループ，Bグループの高校から1校ずつ，計2校まで志願できる。

調査書，学力検査の成績等の資料によって総合的に決定した校内順位をもとに，合格者を決定する。全ての高校・学科で実施する。

● **入学検査**　　学力検査[※1]＋面接[※2]（＋特別検査[※3]）

※1　学力検査は第1志望校で受検する。2校に志願した場合は，学力検査の成績を第1志望校と第2志望校の両方で用いて校内順位を決定する。また，全校で同一の採点基準とするため，解答用紙をマークシートにする。

※2　一般選抜の面接を実施するかどうかは，各高校が決定する。

※3　特別検査は，音楽科，美術科，スポーツ科学科，デザイン科（名古屋市立工芸高校のみ）で実施する。

● **校内順位・合格者の決定**

調査書，学力検査の成績，面接（面接は実施する高校のみ）等の資料により，総合的に校内順位を決定する。その後，全ての高校の校内順位データをコンピュータで処理し，各高校の合格者を決定する。

校内順位の決定は，以下に示す評定得点と学力検査合計得点を使い，各高校があらかじめ選択するⅠ～Ⅴの「校内順位の決定方式」によって得られた数値を基礎資料として，総合的に行う。

〈評定得点と学力検査合計得点〉

評定得点…調査書の第3学年の評定合計（最高45）を2倍した数値で，最高は90点。

※ただし，スポーツ科学科，音楽科，美術科，国際英語科，国際教養科及び国際探究科については，次のとおり傾斜配点を行う。

- スポーツ科学科…保健体育の評定を 1.5 倍
- 音楽科…音楽の評定を 1.5 倍
- 美術科…美術の評定を 1.5 倍
- 国際英語科，国際教養科及び国際探究科…外国語（英語）の評定を 1.5 倍

学力検査合計得点…国語，数学，社会，理科および外国語（英語）の各教科の得点の合計で，最高は 110 点（22 点× 5 教科）。

※ただし，国際英語科，国際教養科及び国際探究科並びに全日制単位制高等学校については，次のとおり傾斜配点を行う。

国際英語科，国際教養科及び国際探究科については，外国語（英語）の配点及び得点を 1.2 倍する。また，全日制単位制高等学校については，5 教科のうち得点の高い 3 教科の配点及び得点を 2 倍した上で，傾斜配点を行った 3 教科の得点と傾斜配点を行わなかった他の 2 教科の得点の合計（最高 176 点）を，最高 110 点に換算する。

〈校内順位の決定方式〉

Ⅰ	評定得点（90）	＋学力検査合計得点（110）
Ⅱ	評定得点× 1.5（135）	＋学力検査合計得点（110）
Ⅲ	評定得点（90）	＋学力検査合計得点× 1.5（165）
Ⅳ	評定得点× 2（180）	＋学力検査合計得点（110）
Ⅴ	評定得点（90）	＋学力検査合計得点× 2（220）

推薦選抜

学力検査を行わず，中学校から提出された推薦書と調査書，面接の結果等の資料により，総合的に判定して合格者を決定する。全ての高校・学科で実施する。

● 定 員 枠　**普通科**…募集人員の 10 %程度から 15 %程度。ただし，全日制単位制高校（守山高校，幸田高校）は 30 %程度から 45 %程度。

専門学科・総合学科…募集人員の 30 %程度から 45 %程度。

● 入学検査　**面接＋特別検査**

※特別検査は，音楽科，美術科，スポーツ科学科，デザイン科（名古屋市立工芸高校のみ）で実施する。

2025年度入学者選抜実施日程

推薦選抜

① 出願期間　2025年1月27日(月)～2月3日(月)

② 面接実施期日　2025年2月6日(木)

③ 特別検査　名古屋市立工芸高校デザイン科，愛知県立三好高校スポーツ科学科，愛知県立明和高校音楽科，名古屋市立菊里高校音楽科及び愛知県立旭丘高校美術科への入学を志願する者に対しては，面接のほかに特別検査を行う。また，国際英語科，国際教養科及び国際探究科への入学を志願する者に対しては，当該高等学校長の判断により，特別検査を行うことがある。

デザイン科，スポーツ科学科，美術科，国際英語科，国際教養科及び国際探究科

2025年2月6日(木)

音楽科

2025年2月6日(木)及び2月7日(金)

④ 合格者発表期日　2025年2月10日(月)

特色選抜

① 出願期間　2025年1月27日(月)～2月3日(月)

② 入学検査及び面接実施期日　2025年2月6日(木)

ただし，同年2月7日(金)に実施する場合がある。

③ 合格者発表期日　2025年2月10日(月)

一般選抜

① 出願期間　2025年2月7日(金)～2月17日(月)

② 志願変更期日　2025年2月18日(火)

③ 学力検査実施期日　2025年2月26日(水)

④ 面接実施期日（面接を実施する場合）

Aグループ：2025年2月27日(木)

Bグループ：2025年2月28日(金)

⑤ 特別検査　名古屋市立工芸高校デザイン科，愛知県立三好高校スポーツ科学科，愛知県立明和高校音楽科，名古屋市立菊里高校音楽科及び愛知県立旭丘高校美術科への入学を志願する者に対しては，学力検査及び面接のほかに特別検査を行う。

実施期日　Aグループ：2025年2月27日(木)

Bグループ：2025年2月28日(金)

⑥ 合格者発表期日　2025年3月11日(火)

一般選抜における各高校の面接実施の有無及び校内順位の決定方式（前年度参考）

高等学校名	学科名	面接	校内順位
旭丘	普通	なし	Ⅴ
	美術	なし	Ⅰ
明和	普通	なし	Ⅴ
	音楽	なし	Ⅴ
千種	普通	なし	Ⅴ
	国際教養	なし	Ⅴ
守山	普通	実施	Ⅰ
緑丘	総合	なし	Ⅰ
愛知総合工科	工業	なし	Ⅰ
愛知商業	商業	なし	Ⅰ
瑞陵	普通	なし	Ⅴ
	食物	なし	Ⅲ
	理数	なし	Ⅴ
惟信	普通	なし	Ⅲ
松蔭	普通	なし	Ⅴ
昭和	普通	なし	Ⅴ
名古屋西	普通	なし	Ⅴ
熱田	普通	なし	Ⅴ
中村	普通	なし	Ⅲ
南陽	総合	なし	Ⅱ
鳴海	普通	なし	Ⅰ
天白	普通	なし	Ⅴ
名古屋南	普通	なし	Ⅴ
名古屋工科	工業	なし	Ⅰ
中川青和	キャリアビジネス	なし	Ⅳ
瀬戸	普通	なし	Ⅰ
瀬戸西	普通	なし	Ⅲ
瀬戸北総合	総合	なし	Ⅰ
瀬戸工科	工業	なし	Ⅰ
春日井	普通	なし	Ⅲ
春日井西	普通	なし	Ⅰ
春日井東	普通	なし	Ⅲ
高蔵寺	普通	なし	Ⅲ
春日井南	普通	なし	Ⅲ
春日井工科	工業	なし	Ⅰ
春日井泉	商業	なし	Ⅱ
	生活文化	なし	Ⅱ
旭野	普通	なし	Ⅴ
豊明	普通	なし	Ⅰ
日進	普通	実施	Ⅱ
日進西	普通	なし	Ⅰ
長久手	普通	なし	Ⅲ
東郷	普通	なし	Ⅰ
犬山	普通	なし	Ⅱ
	総合ビジネス	なし	Ⅱ
犬山南	総合	なし	Ⅱ
尾北	普通	なし	Ⅲ
	国際教養	なし	Ⅲ
江南	普通	なし	Ⅴ
古知野	商業	なし	Ⅱ
	生活文化	なし	Ⅱ
	福祉	なし	Ⅱ

高等学校名	学科名	面接	校内順位
小牧	普通	なし	Ⅲ
小牧南	普通	なし	Ⅴ
小牧工科	工業	なし	Ⅳ
岩倉総合	総合	なし	Ⅰ
新川	普通	なし	Ⅴ
西春	普通	なし	Ⅴ
丹羽	普通	なし	Ⅲ
一宮	普通	なし	Ⅴ
	ファッション創造	実施	Ⅰ
一宮西	普通	なし	Ⅴ
一宮北	普通	なし	Ⅲ
一宮南	普通	なし	Ⅴ
一宮興道	普通	なし	Ⅴ
木曽川	普通	なし	Ⅲ
	総合ビジネス	なし	Ⅰ
一宮工科	工業	なし	Ⅰ
一宮起工科	工業	なし	Ⅳ
一宮商業	商業	なし	Ⅰ
津島	普通	なし	Ⅴ
津島北	普通	なし	Ⅰ
	商業	なし	Ⅰ
津島東	普通	なし	Ⅲ
稲沢緑風館	普通	なし	Ⅲ
	農業	実施	Ⅰ
杏和	総合	実施	Ⅰ
佐屋	農業	実施	Ⅱ
	家庭	実施	Ⅱ
愛西工科	工業	なし	Ⅰ
海翔	福祉	実施	Ⅱ
美和	普通	なし	Ⅲ
五条	普通	なし	Ⅴ
半田	普通	なし	Ⅴ
半田東	普通	なし	Ⅴ
半田工科	工業	なし	Ⅳ
半田農業	農業	実施	Ⅰ
半田商業	商業	なし	Ⅳ
常滑	普通	なし	Ⅲ
	工業	なし	Ⅰ
横須賀	普通	なし	Ⅴ
東海南	普通	なし	Ⅴ
東海樟風	総合情報	なし	Ⅳ
大府	普通	なし	Ⅲ
	生活文化	なし	Ⅰ
大府東	普通	なし	Ⅰ
桃陵	ヒューマンケア	なし	Ⅰ
	衛生看護	なし	Ⅰ
知多翔洋	総合	なし	Ⅰ
阿久比	普通	なし	Ⅲ
東浦	普通	なし	Ⅰ
内海	普通	実施	Ⅰ
武豊	普通	実施	Ⅰ
豊田西	普通	なし	Ⅴ

高等学校名	学科名	面接	校内順位
豊田東	総　合	実施	Ⅰ
衣　台	普　通	なし	Ⅰ
豊田北	普　通	なし	Ⅴ
豊田南	普　通	なし	Ⅴ
豊　田	普　通	なし	Ⅲ
豊　野	普　通	なし	Ⅲ
松　平	普　通	実施	Ⅰ
	ライフコーディネート	実施	Ⅱ
加茂丘	普　通	実施	Ⅱ
足　助	普　通	実施	Ⅱ
豊田工科	工　業	なし	Ⅱ
猿投農林	農　業	実施	Ⅰ
三　好	普　通	なし	Ⅰ
	スポーツ科学	なし	Ⅰ
岡　崎	普　通	なし	Ⅴ
岡崎北	普　通	なし	Ⅴ
	理　数	なし	Ⅴ
岡崎東	総　合	なし	Ⅰ
岡崎西	普　通	なし	Ⅲ
岩　津	普　通	なし	Ⅱ
	家　庭	なし	Ⅱ
岡崎工科	工　業	なし	Ⅳ
岡崎商業	商　業	なし	Ⅳ
幸　田	普　通	実施	Ⅰ
碧　南	普　通	なし	Ⅲ
	総合ビジネス	なし	Ⅰ
碧南工科	工　業	なし	Ⅰ
刈　谷	普　通	なし	Ⅴ
刈谷北	普　通	なし	Ⅴ
	国際探究	なし	Ⅴ
刈谷工科	工　業	なし	Ⅰ
安　城	普　通	なし	Ⅲ
	生活文化	なし	Ⅰ
安城東	普　通	なし	Ⅲ
安城南	普　通	なし	Ⅰ
安城農林	農　業	実施	Ⅰ
西　尾	普　通	なし	Ⅴ
西尾東	普　通	なし	Ⅲ
鶴城丘	総　合	なし	Ⅲ
一　色	普　通	なし	Ⅰ
	生活デザイン	なし	Ⅳ
吉　良	普　通	なし	Ⅰ
	生活文化	なし	Ⅱ
知立東	普　通	なし	Ⅴ
知　立	総　合	なし	Ⅰ
高　浜	普　通	なし	Ⅱ
	福　祉	なし	Ⅱ
時習館	普　通	なし	Ⅴ
豊橋東	普　通	なし	Ⅴ
豊　丘	普　通	なし	Ⅴ
	生活文化	なし	Ⅲ
豊橋南	普　通	なし	Ⅲ
	生活デザイン	なし	Ⅰ
豊橋西	総　合	なし	Ⅰ

高等学校名	学科名	面接	校内順位
豊橋工科	工　業	なし	Ⅳ
豊橋商業	商　業	なし	Ⅱ
成　章	普　通	なし	Ⅲ
	総合ビジネス	なし	Ⅰ
	生活文化	なし	Ⅰ
福　江	普　通	なし	Ⅰ
渥美農業	農　業	実施	Ⅰ
国　府	普　通	なし	Ⅴ
	総合ビジネス	なし	Ⅱ
御津あおば	普　通	なし	Ⅰ
小坂井	普　通	なし	Ⅲ
豊川工科	工　業	なし	Ⅳ
宝　陵	衛生看護	なし	Ⅰ
	福　祉	なし	Ⅰ
蒲　郡	総　合	実施	Ⅰ
蒲郡東	普　通	なし	Ⅰ
三谷水産	水　産	実施	Ⅳ
新城有教館	総合（文理系）	なし	Ⅲ
	総合（専門系）	なし	Ⅰ
作手校舎	人と自然	なし	Ⅱ
田　口	普　通	実施	Ⅳ
	林　業	実施	Ⅳ
市立菊里	普　通	なし	Ⅴ
	音　楽	なし	Ⅴ
市立向陽	普　通	なし	Ⅴ
	国際科学	なし	Ⅴ
市立桜台	普　通	なし	Ⅴ
	ファッション文化	なし	Ⅰ
市立北	普　通	なし	Ⅲ
市立緑	普　通	なし	Ⅲ
市立富田	普　通	なし	Ⅲ
市立山田	普　通	なし	Ⅲ
市立名東	普　通	なし	Ⅴ
	国際英語	なし	Ⅴ
市立西陵	総　合	なし	Ⅲ
市立名古屋商業	商　業	なし	Ⅲ
市立若宮商業	未来ビジネス	なし	Ⅱ
市立工業	工　業	なし	Ⅰ
市立工芸	工　業	なし	Ⅰ

❖2024年度 一般選抜(全日制課程)募集人員と志願者数

《Aグループ》

学校名	群	学科名	一般選抜等募集人員	第1志願者数	第2志願者数	志願者総数	最終倍率
旭丘	尾張1	普通	324	538	3	541	1.67
	–	美術	28	84	1	85	3.04
明和	尾張2	普通	288	496	4	500	1.76
	–	音楽	20	14	2	16	0.80
緑丘	–	総合	150	156	94	250	1.67
愛知商業	–	グローバルビジネス	123	226	65	291	2.37
		会計ビジネス					
		ITビジネス					
惟信	尾張1	普通	225	132	303	435	1.93
松蔭	尾張共	普通	307	366	482	848	2.76
昭和	尾張1	普通	319	558 内海外 3	161	719	2.25
熱田	尾張1	普通	270	499	265	764	2.83
名古屋南	尾張2	普通	300	209	535	744	2.48
名古屋工科	–	IT工学	218	106	265	371	1.70
		機械					
		電気					
		エネルギーシステム					
		エネルギー化学					
瀬戸西	尾張2	普通	266	235	93	328	1.23
瀬戸北総合	–	総合	202	117	127	244	1.21
春日井	尾張2	普通	251	309	258	567	2.26
春日井西	尾張2	普通	248	129	217	346	1.40
高蔵寺	尾張2	普通	271	232	228	460	1.70
春日井工科	–	ロボット工学	183	124	145	269	1.47
		機械					
		電気					
		電子工学					
豊明	尾張1	普通	170	154	210	364	2.14
日進西	尾張1	普通	261	205	274	479	1.84
長久手	尾張2	普通	267	306	154	460	1.72
犬山総合	–	総合	106	85	147	232	2.19
江南	尾張1	普通	271	334	103	437	1.61
小牧	尾張1	普通	227	205	369	574	2.53
新川	尾張2	普通	260	255	272	527	2.03
一宮	尾張2	普通	288	479	3	482	1.67
	–	ファッション創造	20	18	5	23	1.15
一宮北	尾張共	普通	213	75	220	295	1.38
一宮南	尾張1	普通	269	333	86	419	1.56
一宮工科	–	IT工学	110	99	69	168	1.53
		機械					
		電気					
	–	建築デザイン	56	58	26	84	1.50
		都市工学					
一宮起工科	–	ロボット工学	106	85	44	129	1.22
		機械					
		電子工学					
	–	環境科学	67	52	13	65	0.97
		デザイン					
一宮商業	–	地域ビジネス	132	106	115	221	1.67
		ITビジネス					

学校名	群	学科名	一般選抜等 募集人員	第1 志願者数	第2 志願者数	志願者 総数	最終 倍率
津　島	尾張共	普　通	306	283	373	656	2.14
津島北	尾張2	普　通	77	26	111	137	1.78
	－	地域ビジネス	90	33	54	87	0.97
		ITビジネス					
稲沢緑風館	尾張共	普　通	115	48	105	153	1.33
	－	園　芸	25	18	12	30	1.20
	－	農業土木	33	23	11	34	1.03
	－	環境デザイン	30	22	8	30	1.00
	－	生活科学	29	15	19	34	1.17
海　翔	－	福　祉	33	11	14	25	0.76
半田東	尾張1	普　通	202	128	135	263	1.30
半田農業	－	農業科学	51	36	32	68	1.33
	－	施設園芸	32	29	18	47	1.47
	－	食品科学	28	13	20	33	1.18
	－	生活科学	23	35	14	49	2.13
半田商業	－	地域ビジネス	163	107	196	303	1.86
		ITビジネス					
常　滑	尾張共	普　通	210	112	179	291	1.39
	－	セラミックアーツ	55	52	43	95	1.73
		クリエイティブデザイン					
東海南	尾張2	普　通	272	297	226	523	1.92
大　府	尾張2	普　通	197	291	182	473	2.40
	－	生活文化	32	62	26	88	2.75
内　海	尾張共	普　通	71	31	47	78	1.10
豊田東	－	総　合	120	123	31	154	1.28
衣　台	三河	普　通	166	86	193	279	1.68
豊田北	三河	普　通	302	297	357	654	2.17
豊田南	三河	普　通	307	274	302	576	1.88
加茂丘	三河	普　通	78	18	33	51	0.65
足　助	三河	普　通	61	17	45	62	1.02
豊田工科	－	IT工学	116	130	100	230	1.98
		機　械					
		自動車					
		電子工学					
岡　崎	三河	普　通	359	537	0	537	1.50
岡崎西	三河	普　通	309	214 内海外 1	405	619	2.00
岩　津	三河	普　通	108	52	112	164	1.52
	－	生活デザイン	66	32	15	47	0.71
	－	調理国際	20	29	7	36	1.80
岡崎商業	－	グローバルビジネス	152	147	87	234	1.54
		会計ビジネス					
		ITビジネス					
碧南工科	－	機　械	124	71	153	224	1.81
		電子工学					
	－	建築デザイン	46	33	30	63	1.37
		環境科学					
刈　谷	三河	普　通	351	702	5	707	2.01
安　城	三河	普　通	192	264	369	633	3.30
	－	生活文化	42	38	33	71	1.69
安城農林	－	農　業	49	38	35	73	1.49
		園　芸					
	－	フラワーサイエンス	23	25	17	42	1.83
	－	食品科学	22	14	14	28	1.27
	－	動物科学	17	35	22	57	3.35
	－	森林環境	28	17	20	37	1.32
西尾東	三河	普　通	264	158	263	421	1.59

学校名	群	学科名	一般選抜等募集人員	第1志願者数	第2志願者数	志願者総数	最終倍率
一　色	三河	普　　通	140	73	200	273	1.95
	－	生活デザイン	31	19	33	52	1.68
知　立	－	総　　合	119	145	118	263	2.21
高　浜	三河	普　　通	174	74	155	229	1.32
	－	福　　祉	21	14	7	21	1.00
豊　丘	三河	普　　通	170	122	368	490	2.88
	－	生活文化	40	54	9	63	1.58
豊橋南	三河	普　　通	180	189	141	330	1.83
	－	生活デザイン	20	18	13	31	1.55
豊橋工科	－	ロボット工学	100	145	47	192	1.92
		機　　械					
		電　　気					
	－	建築デザイン	42	39	10	49	1.17
		都市工学					
豊橋商業	－	グローバルビジネス	113	205	41	246	2.18
		会計ビジネス					
		IT ビジネス					
福　江	三河	普　　通	50	6	73	79	1.58
国　府	三河	普　　通	238	255	297	552	2.32
	－	総合ビジネス	24	12	37	49	2.04
御津あおば	三河	普　　通	38	4	56	60	1.58
宝　陵	－	衛生看護	21	19	5	24	1.14
	－	福　　祉	26	11	14	25	0.96
蒲　郡	－	総　　合	120	108	155	263	2.19
新城有教館作手校舎	－	人と自然	36	6	29	35	0.97
市立向陽	尾張2	普　　通	286	605	32	637	2.23
	－	国際科学	28	50	1	51	1.82
市立緑	尾張1	普　　通	307	375	224	599	1.95
市立山田	尾張2	普　　通	273	333	213	546	2.00
市立名東	尾張1	普　　通	270	424	382	806	2.99
	－	国際英語	22	36 内海外 1	50	86	3.91
市立西陵	－	総　　合	118	168	110	278	2.36
市立若宮商業	－	未来ビジネス	68	81	85	166	2.44
市立工芸	－	電子機械	23	24	36	60	2.61
	－	情　　報	20	43	38	81	4.05
	－	建築システム	20	18	14	32	1.60
	－	都市システム	20	21	18	39	1.95
	－	インテリア	20	18	12	30	1.50
	－	デザイン	20	52	4	56	2.80
	－	グラフィックアーツ	20	31	5	36	1.80

《Bグループ》

学校名	群	学科名	一般選抜等募集人員	第1志願者数	第2志願者数	志願者総数	最終倍率
千種	尾張2	普通	248	357	248	605	2.44
	－	国際教養	54	113 内海外13	26	139	2.57
守山	尾張2	普通	146	70	113	183	1.25
愛知総合工科	－	理工	266	439	153	592	2.23
		機械加工					
		機械制御					
		電気					
		電子情報					
		建設					
		デザイン工学					
瑞陵	尾張2	普通	241	367	420	787	3.27
	－	食物	22	33	6	39	1.77
	－	理数	22	26	36	62	2.82
名古屋西	尾張1	普通	306	477	486	963	3.15
中村	尾張1	普通	288	327 内海外 2	407	734	2.55
南陽	－	総合	159	132	92	224	1.41
鳴海	尾張1	普通	288	324	434	758	2.63
天白	尾張1	普通	340	380	518	898	2.64
中川青和	－	キャリアビジネス	149	104	78	182	1.22
瀬戸	尾張2	普通	170	81	270	351	2.06
瀬戸工科	－	ロボット工学	90	63	56	119	1.32
		機械					
		新素材工学					
	－	工芸デザイン	50	39	31	70	1.40
春日井東	尾張共	普通	149	62	154	216	1.45
春日井南	尾張2	普通	289	329	381	710	2.46
春日井泉	－	地域ビジネス	103	80	86	166	1.61
		ITビジネス					
	－	生活文化	15	17	19	36	2.40
旭野	尾張2	普通	306	491	101	592	1.93
日進	尾張1	普通	114	84	60	144	1.26
東郷	尾張1	普通	205	106	228	334	1.63
犬山	尾張共	普通	198	128	236	364	1.84
	－	総合ビジネス	14	14	28	42	3.00
尾北	尾張1	普通	192	252	190	442	2.30
	－	国際教養	17	19	8	27	1.59
古知野	－	地域ビジネス	116	66	80	146	1.26
		ITビジネス					
	－	生活文化	19	22	15	37	1.95
	－	福祉	20	20	6	26	1.30
小牧南	尾張共	普通	262	170	199	369	1.41
小牧工科	－	機械	98	79	102	181	1.85
		航空産業					
		自動車					
		電気					
	－	環境科学	59	40	28	68	1.15
		情報デザイン					
岩倉総合	－	総合	161	174	85	259	1.61
西春	尾張2	普通	256	196	288	484	1.89
丹羽	尾張1	普通	249	196	85	281	1.13
一宮西	尾張1	普通	256	317	10	327	1.28
一宮興道	尾張2	普通	256	379	110	489	1.91
木曽川	尾張共	普通	136	158	124	282	2.07
	－	総合ビジネス	37	56	27	83	2.24
津島東	尾張2	普通	174	128	225	353	2.03

学校名	群	学科名	一般選抜等募集人員	第1志願者数	第2志願者数	志願者総数	最終倍率
杏和	－	総合	130	108	86	194	1.49
佐屋	－	園芸科学	51	26	18	44	0.86
		生物生産					
	－	生活文化	57	29	18	47	0.82
		ライフコーディネート					
愛西工科	－	ロボット工学	142	51	116	167	1.18
		機械					
		電子工学					
	－	建築デザイン	30	7	23	30	1.00
美和	尾張共	普通	122	152	100	252	2.07
五条	尾張2	普通	291	208	101	309	1.06
半田	尾張1	普通	277	338	74	412	1.49
半田工科	－	ロボット工学	99	118	59	177	1.79
		機械					
		電気					
	－	建築デザイン	64	53	37	90	1.41
		都市工学					
横須賀	尾張2	普通	264	309	48	357	1.35
東海樟風	－	総合情報	108	149	83	232	2.15
大府東	尾張共	普通	192	97	261	358	1.86
桃陵	－	ヒューマンケア	23	9	16	25	1.09
	－	衛生看護	20	32	1	33	1.65
知多翔洋	－	総合	130	140	110	250	1.92
阿久比	尾張共	普通	227	136	332	468	2.06
東浦	尾張共	普通	161	121	170	291	1.81
武豊	尾張共	普通	112	38	96	134	1.20
豊田西	三河	普通	282	366 内海外5	214	580	2.06
豊田	三河	普通	237	188	365	553	2.33
豊野	三河	普通	221	199	171	370	1.67
松平	三河	普通	82	57	54	111	1.35
	－	ライフコーディネート	26	16	11	27	1.04
猿投農林	－	農業	26	43	7	50	1.92
	－	林産工芸	17	31	7	38	2.24
	－	環境デザイン	16	18	5	23	1.44
	－	生活科学	16	18	13	31	1.94
三好	三河	普通	128	184	46	230	1.80
	－	スポーツ科学	36	68	13	81	2.25
岡崎北	三河	普通	275	334	246	580	2.11
	－	理数	29	38	21	59	2.03
岡崎東	－	総合	120	139	134	273	2.28
岡崎工科	－	機械	98	67	53	120	1.22
		機械デザイン					
		電気					
	－	都市工学	26	24	11	35	1.35
	－	環境科学	57	46	44	90	1.58
		情報デザイン					
幸田	三河	普通	190	124	109	233	1.23
碧南	三河	普通	189	259	132	391	2.08
	－	総合ビジネス	33	65	24	89	2.70
刈谷北	三河	普通	282	337	365	702	2.49
	－	国際探究	21	50 内海外5	12	62	2.95
刈谷工科	－	IT工学	128	154	125	279	2.18
		機械					
		自動車					
		電気					

学校名	群	学科名	一般選抜等 募集人員	第1 志願者数	第2 志願者数	志願者 総数	最終 倍率
安城東	三河	普　通	288	334	81	415	1.44
安城南	三河	普　通	254	256	287	543	2.14
西　尾	三河	普　通	291	319	168	487	1.67
鶴城丘	－	総　合	120	142	47	189	1.58
吉　良	三河	普　通	138	93	121	214	1.55
	－	生活文化	68	35	40	75	1.10
知立東	三河	普　通	299	377	57	434	1.45
時習館	三河	普　通	280	400	84	484	1.73
豊橋東	三河	普　通	272	387 内海外 3	8	395	1.45
豊橋西	－	総　合	118	41	199	240	2.03
成　章	三河	普　通	136	65	125	190	1.40
	－	総合ビジネス	20	18	15	33	1.65
	－	生活文化	21	13	12	25	1.19
渥美農業	－	農　業 施設園芸 ｝	32	35	12	47	1.47
	－	食品科学	11	17	5	22	2.00
	－	生活科学	26	12	11	23	0.88
小坂井	三河	普　通	224	131	293	424	1.89
豊川工科	－	ロボット工学 機　械 電　気 情報デザイン ｝	149	97	115	212	1.42
蒲郡東	三河	普　通	128	105	76	181	1.41
三谷水産	－	海洋科学	20	32	4	36	1.80
	－	情報通信	21	13	12	25	1.19
	－	海洋資源	20	35	5	40	2.00
	－	水産食品	17	9	12	21	1.24
新城有教館	－	総合（文理系）	60	36	23	59	0.98
	－	総合（専門系）	30	38	20	58	1.93
田　口	三河	普　通	35	2	1	3	0.09
	－	林　業	34	4	1	5	0.15
市立菊里	尾張1	普　通	288	572	396	968	3.36
	－	音　楽	21	5	9	14	0.67
市立桜台	尾張2	普　通	267	489	260	749	2.81
	－	ファッション文化	26	26	9	35	1.35
市立北	尾張2	普　通	212	261	161	422	1.99
市立富田	尾張1	普　通	236	245	106	351	1.49
市立名古屋商業	－	オフィスビジネス グローバルビジネス ITビジネス ｝	116	78	176	254	2.19
市立工業	－	機　械	26	29	7	36	1.38
	－	電子機械	20	29	6	35	1.75
	－	自動車	20	32	10	42	2.10
	－	電　気	20	27	5	32	1.60
	－	情報技術	21	30	16	46	2.19
	－	環境技術	31	31	9	40	1.29

注1）「尾張1」は尾張第1群，「尾張2」は尾張第2群，「尾張共」は尾張1・2群共通校を示す。
注2）「一般選抜等募集人員」は，先に実施した連携型選抜及び推薦選抜等の合格者数を差し引いた人数であり，2月8日（推薦選抜等の合格者発表日）現在の人数。
注3）一括募集については，一般選抜等募集人員を「｛」の記号で一括して示している。
注4）「海外」は，海外帰国生徒選抜を示している。

❖傾向と対策〈数学〉

出題傾向

年度	グループ	数と式							方程式						関数					図形								資料の活用	
		数の計算	数の性質	平方根の計算	平方根の性質	文字式の利用	式の計算	式の展開・因数分解	一次方程式の計算	一次方程式の応用	連立方程式の計算	連立方程式の応用	二次方程式の計算	二次方程式の応用	比例・反比例	一次関数	関数$y=ax^2$	いろいろな事象と関数	関数と図形	図形の性質	平面図形の計量	空間図形の計量	図形の証明	作図	中3単元 相似	中3単元 三平方の定理	中3単元 円周角の定理	場合の数・確率	資料の分析と活用・標本調査
2024年度		○		○	○	○	○						○		○		○	○	○		○	○			○	○	○	○	○
2023年度		○		○		○	○						○			○	○	○			○	○	○	○	○	○	○	○	○
2022年度	Aグループ	○		○		○	○						○		○	○	○	○	○		○	○			○	○	○	○	○
	Bグループ	○	○	○		○	○						○			○	○	○	○		○	○			○	○	○	○	○
2021年度	Aグループ	○		○		○	○	○						○	○	○	○	○	○		○	○			○	○	○	○	○
	Bグループ	○		○		○	○	○					○		○		○	○	○		○	○			○	○	○	○	○
2020年度	Aグループ	○		○		○	○	○		○			○				○	○			○	○			○	○	○	○	○
	Bグループ	○		○		○	○	○		○			○			○	○	○	○		○	○			○	○	○	○	○

出題分析

★概　要…………2023年度入試より，学力検査の回数が2回から1回になった。また，解答用紙をマークシートとし，言葉や文，式で答える問題は出題されなくなった。

★数と式…………正負の数や，平方根の四則計算，式の展開や因数分解を中心に出題されている。また，穴うめ式の証明問題の題材として，文字式の利用が出題される場合がある。

★方程式…………2次方程式の計算問題や解と定数に関する問題のほか，1次方程式・連立方程式を利用する文章題が主に出題されている。

★関　数…………動点，速さ，水量，料金などを題材としたいろいろな関数について，2022年度入試まではグラフをかかせる問題が必ず出題されていた。また，座標平面において，交点の座標，比例定数，直線の式，面積などを求める問題も出題される。

★図　形…………円の性質，三平方の定理，合同，相似，空間図形などの利用が幅広い題材で出題されていて，問題数も多い。穴うめ式の証明問題も頻繁に出題されている。

★資料の活用……さいころ，カードなどを利用した場合の数や確率が毎年出題されている。また，度数分布表やヒストグラムなどの資料を扱う問題や，標本調査についても出題されている。

来年度の対策

①基本事項をマスターすること！

出題は広範囲にわたっているので，教科書の全範囲を復習し，基本をマスターすることが大切である。その上で，問題演習を多くこなして，全体的な総仕上げをしよう。過去の入試問題を分析し，出題頻度の高い問題を抽出した**「ニューウイング 出題率 数学」**（英俊社）を活用して，効率良く復習するとよいだろう。また，**「愛知県公立高入試 数学 受験生の１／２以上が間違える問題への対策問題集」**（英俊社）を利用して，間違いやすい問題への耐性をつけておくことも重要だ。

②図形に強くなること！

関数との融合問題も含め，図形内容の占める割合が大きい。特に，相似を利用した線分比や面積比の扱い，三平方の定理を活用する空間図形の問題には慣れておきたい。図形が苦手な人は，**数学の近道問題シリーズ**の**「図形〈１・２年分野〉」「図形〈３年分野〉」**（ともに英俊社）を弱点補強にぜひ役立ててほしい。解法もくわしいので，強い味方になってくれること間違いなしだ。

英俊社のホームページにて，中学入試算数・高校入試数学の解法に関する補足事項を掲載しております。必要に応じてご参照ください。

URL ⟶ https://book.eisyun.jp/

スマホはこちら ⟶

❖傾向と対策〈英語〉

出題傾向

		放送問題	語い	音声			英文法					英作文			読解		長文問題										
																				設問の内容							
				語の発音	語のアクセント	文の区切り・強勢	語形変化	英文完成	同意文完成	指示による書きかえ	正誤判断	整序作文	和文英訳	その他の英作文	問答・応答	絵や表を見て答える問題	会話文	長文読解	長文総合	音声・語い	文法事項	英文和訳	英作文	内容把握	文の整序・挿入	英問英答	要約
2024年度		○														○	○		○	○	○		○	○	○		○
2023年度		○												○		○	○		○	○	○		○	○	○		○
2022年度	Aグループ	○												○			○		○	○	○		○	○	○		○
	Bグループ	○												○			○		○		○		○	○	○		○
2021年度	Aグループ	○												○			○		○		○		○	○	○		○
	Bグループ	○												○			○		○		○		○	○	○		○
2020年度	Aグループ	○												○			○		○		○		○	○	○		○
	Bグループ	○												○			○		○		○		○	○	○		○

出題分析

★2023年度からマークシート形式に変更。長文問題ではイラストや表などが増え，英文だけでなく資料も同時に読み取る力が求められている。内容把握に関する設問を中心に，語いや文法に関するもの，整序作文といった設問も出題されている。

★リスニングテストは正誤判断の問題，選択肢の聞き取りが必要な問題が出題されている。

来年度の対策

①長文を数多く読んでおくこと！

日頃から長文をできるだけたくさん読んで，スピードアップをはかっておきたい。**英語の近道問題シリーズ**の「**長文基礎**」（英俊社）でトレーニングしておこう。

②英語の聞き取りに慣れておくこと！

日頃からネイティブスピーカーの話す英語に慣れておこう。問題集では，上記シリーズの「**リスニング**」（英俊社）から始めるのがよい。

③表現力を身につけておくこと！

記述形式の問題は出題されていないが，表現力を必要とする設問は出題されている。前記シリーズの「**文の書きかえ・英作文**」（英俊社）で練習を積んでおこう。

❖傾向と対策〈社会〉

出題傾向

		地理							歴史							公民										融合問題
		世界地理			日本地理			世界地理・日本地理総合	日本史					世界史	日本史・世界史総合	政治				経済				国際社会	公民総合	
		全域	地域別	地図・時差（単独）	全域	地域別	地形図（単独）		原始・古代	中世	近世	近代・現代	複数の時代			人権・憲法	国会・内閣・裁判所	選挙・地方自治	総合・その他	しくみ・企業	財政・金融	社会保障・労働・人口	総合・その他			
2024年度		○				○									○	○							○			
2023年度		○			○							○	○												○	
2022年度	Aグループ	○				○							○		○							○		○		
	Bグループ		○		○								○		○								○	○		
2021年度	Aグループ	○			○							○			○			○			○					
	Bグループ	○				○						○			○				○				○			
2020年度	Aグループ	○			○							○	○									○			○	
	Bグループ	○			○							○			○				○				○			

出題分析

★出題数と時間　最近5年間の大問数は5～6，小問数は20～21。問題数は少ないが，統計読解などに時間がかかるので注意が必要。

★出題形式　これまで字数を指定した用語の記述や地図・グラフの完成，白地図への記入，短文説明など記述式の問題も必ず出題されていたが，2023年度入試からはマークシート方式が導入されている。

★出題内容　①地理的内容について

日本地理・世界地理ともに出題されている。いずれも，地図・統計表・雨温図・グラフ等を用いて，日本地理では各都道府県の特色が，世界地理では各国の気候や産業・貿易などのテーマについて問われることが多い。また，地形図の読解や作図等への対策も必要。

②歴史的内容について

日本史が中心の出題だが，同時代の世界史事項なども問われるので対策を立てておきたい。また，年表や写真・史料等からの出題も多いので，ふだんから資料集を使った学習をしておくこと。

③公民的内容について

政治・経済・国際関係・時事問題について，総合的に出題されている。日本国憲法やふだんの暮らし，国際連合をテーマとした問題が多く，統計・グラフの読解も求められる。

★難 易 度　全体的に標準的なレベルだが，複数の統計を読み解く必要のある問題は難しい。

来年度の対策

①地図，グラフ，統計，雨温図などを使って学習しておくこと！

地理的分野では教科書の内容だけでなく，地図帳・資料集等を利用し，広く丁寧な学習を心がけること。

②人物や代表的な事件について年代とともにまとめておくこと！

年代順や同時代の出来事などの出題にも対応できるよう，年表を作成・利用して知識の整理をしておくこと。また，教科書・参考書などの写真や史料にも必ず目を通しておきたい。

③時事問題にも関心を持とう！

公民分野では，最近話題になっていることをテーマとした問題も見られる。新聞やテレビ，インターネットのニュースなどにも関心を持っておこう。また，数値などのデータから傾向を読み取る練習も必要。

④標準的な問題に対する不注意からくるミスをなくすことが大切だ！

教科書を中心に基礎的な事項を整理し，さらに問題集を利用して知識の確認をしておこう。「**社会の近道問題シリーズ**（全4冊）」（いずれも英俊社）で苦手な部分を集中的に学習し，仕上げに，「**ニューウイング 出題率 社会**」（英俊社）で力試しをしてみよう。この問題集には，分野ごとの重要事項についての例題が付いており，入試直前の実力の最終チェックにも使えるので，是非使ってほしい。

❖傾向と対策〈理科〉

出題傾向

		物理					化学					生物					地学					環境問題
		光	音	力	電流の性質とその利用	運動とエネルギー	物質の性質	物質どうしの化学変化	酸素が関わる化学変化	いろいろな化学変化	酸・アルカリ	植物	動物	ヒトのからだのつくり	細胞・生殖・遺伝	生物のつながり	火山	地震	地層	天気とその変化	地球と宇宙	
2024年度				○						○				○			○					
2023年度						○				○		○								○		
2022年度	Aグループ				○						○	○			○				○			
	Bグループ					○		○				○									○	
2021年度	Aグループ				○				○			○								○		
	Bグループ				○		○							○				○				
2020年度	Aグループ			○					○							○				○		
	Bグループ				○			○					○				○	○				

出題分析

★物　理…………電流回路や電流と磁界，運動とエネルギーなどから出題されている。オームの法則や平均の速さ，ばねののびなどの計算問題が出されやすい。

★化　学…………化学変化の実験を中心としての出題が多い。実験結果から質量関係を求める問題が多いので，計算問題に慣れておく必要がある。

★生　物…………植物の分類や光合成などのはたらき，動物の分類，人体，食物連鎖，細胞・生殖・遺伝など，広範囲から出題されている。基本的な知識を問う問題が多い。

★地　学…………天体，気象，地層，地震など，広範囲から出題されている。選択式の問題であっても，答えを得るには計算が必要なものもある。

全体的にみると…毎年，物理・化学・生物・地学の各分野から均等に出題されている。問題文も長く思考力の必要な問題が多い。

来年度の対策

①計算問題に強くなろう！

オームの法則，運動，地震波の速さ，化学反応による量関係など，公式や基本的な考えを理解し，計算問題に慣れておく必要がある。**理科の近道問題シリーズ**の「**理科計算**」（英俊社）で力をつけておこう。

②実験について理解しよう！

実験の方法や器具の使い方を覚え，実験結果がなぜそうなるのかを理解しておくことが大切だ。また，グラフの読み取りなどにも数多くあたっておこう。

③化学式，化学反応式を覚えよう！

教科書にある化学式や化学反応式は正確に覚えておこう。

④重要事項をまとめよう！

基本的事項をまとめて整理しよう。教科書の太字など重要語句は覚え，内容も理解しておこう。学習の仕上げには，「**ニューウイング 出題率 理科**」（英俊社）が最適である。入試でよく出題される問題を集めた問題集なので，効率よく勉強ができる。ぜひやっておいてほしい。

❖傾向と対策〈国語〉

出題傾向

		現代文の読解									国語の知識									作文		古文・漢文								
		内容把握	原因・理由	接続語	適語挿入	脱文挿入	段落の働き・論の展開	要旨・主題	心情把握・人物把握	表現把握	漢字の読み書き	漢字・熟語の知識	ことばの知識	慣用句・ことわざ・四字熟語	文法	敬語	文学史	韻文の知識	表現技法	課題作文・条件作文	短文作成・表現力	読解問題	主語・動作主把握	会話文・心中文	要旨・主題	古語の意味・口語訳	仮名遣い	文法・係り結び	返り点・書き下し文	古文・漢文・漢詩の知識
2024年度		○	○		○	○	○		○	○		○		○								○								
2023年度		○		○	○				○	○		○		○								○	○			○				
2022年度	Aグループ	○	○	○	○		○		○		○			○								○	○							
	Bグループ	○	○	○	○		○		○	○	○	○	○									○				○	○			
2021年度	Aグループ	○	○	○	○		○		○		○			○								○								
	Bグループ	○	○	○		○	○		○		○			○								○				○				
2020年度	Aグループ	○	○	○	○		○				○		○	○								○				○				
	Bグループ	○	○	○	○		○				○			○								○	○			○				

【出典】

2024年度　1論理的文章　若林幹夫「社会学入門一歩前」
　3文学的文章　辻村深月「この夏の星を見る」　4漢文(書き下し文)「貞観政要」

2023年度　1論理的文章　原　研哉「低空飛行――この国のかたちへ」
　3文学的文章　瀧羽麻子「博士の長靴」　4漢文(書き下し文)「蒙求」

2022年度　（Aグループ）
　1論理的文章　内山　節「自由論――自然と人間のゆらぎの中で」

③文学的文章　新田次郎「銀嶺の人」　④漢文(書き下し文)「淮南子」

2022年度　(Bグループ)

①論理的文章　増井　元「辞書の仕事」

③論理的文章　隈　研吾「小さな建築」「点・線・面」　④古文「不尽言」

2021年度　(Aグループ)

①論理的文章　角幡唯介「旅人の表現術」

③論理的文章　石井美保「あいづちと変身」(『わたしの外国語漂流記　未知なる言葉と格闘した25人の物語』所収)

④古文「ひとりごと」

2021年度　(Bグループ)

①論理的文章　平山郁夫「絵と心」　③文学的文章　乾　ルカ「明日の僕に風が吹く」

④漢文(書き下し文)「春秋左氏伝」

2020年度　(Aグループ)

①論理的文章　串田孫一「見ることについて」(『緑の色鉛筆』所収)

③論理的文章　中屋敷　均「科学と非科学　その正体を探る」

④漢文(書き下し文)「史記」

2020年度　(Bグループ)

①論理的文章　長谷川眞理子「世界は美しくて不思議に満ちている―『共感』から考えるヒトの進化」

③論理的文章　松木武彦「美の考古学―古代人は何に魅せられてきたか」

④古文「仮名世説」

出題分析

★現代文…………長文問題は論理的文章，文学的文章から2題。論理的文章は随筆に近い読みやすい題材を扱っていることが多い。設問では，内容把握や登場人物の心情を問うものが主となっている。また，内容把握にあたって，生徒のまとめた文章や参考文を交えたもの，選択肢が生徒の発言になっている設問もある。2022年度までは，本文の一段落や傍線部の内容を要約する記述問題が出題されていた。

★古文・漢文……古文または漢文の書き下し文が，毎年1題出題される。小問数は4問。現代語訳，内容把握，主語把握などの問題が出される。こまかい意味よりも，文章全体の流れを読み取り，その中で意味や内容をとらえることが求められる。

★国語の知識……大問として出題されている。2022年度までは漢字の書きとりと読みがなが1問ずつと，語句の知識が1問出されていた。2023・2024年度ではいずれも選択式で，漢字の書きとり，漢字の意味，四字熟語が出題された。

来年度の対策

2023年度入試からは，一般選抜の検査回数が1回に，解答用紙がマークシートになるという，入試制度の大きな変更があった。国語で試される力が現代文・古文の読解力と，国語の知識力であることには変わらないので，過去問やさまざまな問題に挑戦する際は，記述式や抜き出し式の設問もしっかり取り組んでほしい。

長文問題における選択肢の内容は紛らわしい場合があるので，文章量に負けずに注意深く本文と選択肢を読み解く力をつけておきたい。漢字やことばの知識は，日頃から用いることで正しい使い方を身につけておくとよい。古文（漢文の書き下し文）は，全体の話の流れをつかむ読解力をつけておくことが重要。教科書で学んだことがらを徹底的に復習して基礎力を養っておこう。

自分の弱点を克服するために，「**国語の近道問題シリーズ**（全５冊）」（英俊社）で集中的に学習しておこう。また，仕上げに，くわしい分析によって出題頻度の高い問題を集めた「**ニューウイング 出題率 国語**」（英俊社）に取り組めば，入試本番には自信をもって臨むことができるだろう。

【写真協力】

Gnsin・Arquebus・via Wikimedia・CC BY-SA ／ Juneakhwale・Boat at Lake Victoria.jpg・via Wikimedia CC-BY SA ／ Lev Yakupov・https://flic.kr/p/5Le3hf・CC-BY SA ／ Lndj92・The_Grand_Canyon......jpg・via Wikimedia・CC BY-SA ／ o331128・https://flic.kr/p/2j2yjfX CC-BY SA ／ Ra-smit・Patio Arrayanes・via Wikimedia・CC BY-SA ／ Rs1421・Old-Nakagomi-School-01・via Wikimedia CC-BY SA ／ Rsa・長崎電気軌道 6000 形・via Wikimedia CC-BY SA ／ いらすとや ／ いらすとや（フリー）／ つ・福井県一乗谷唐門・via Wikimedia・CC BY-SA ／ ピクスタ株式会社 ／ 株式会社フォトライブラリー ／ 京都府観光連盟 ／ 甲府市教育委員会 ／ 国立歴史民俗博物館

【地形図】

本書に掲載した地形図は，国土地理院発行の地形図・地勢図を使用したものです。

~MEMO~

~MEMO~

愛知県公立高等学校

2024年度
入学試験問題

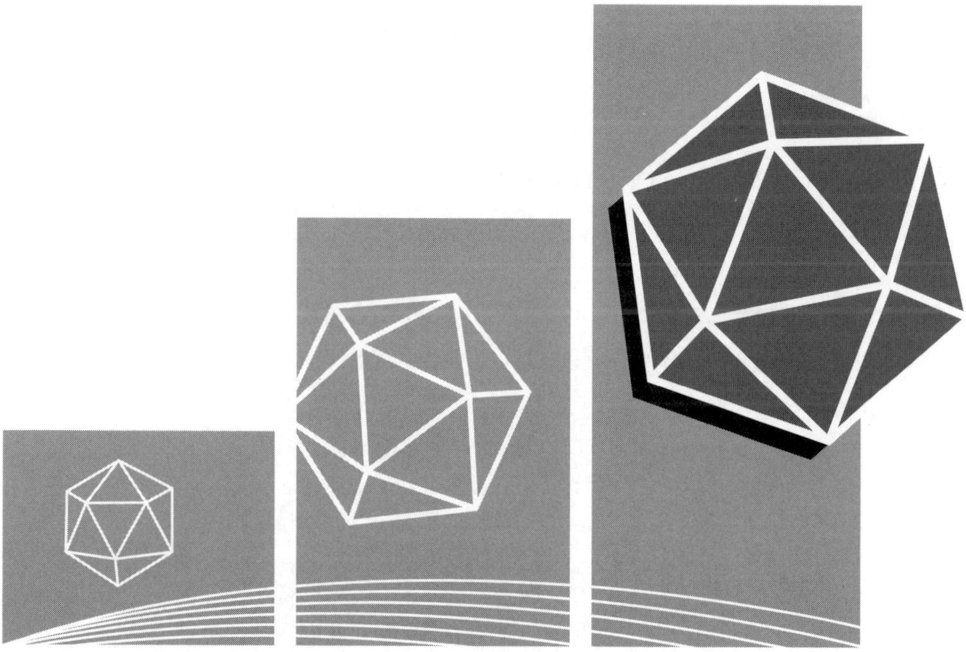

数学

時間　45分　　　満点　22点

（注）　問題の文中の アイ などには，数字が入ります。ア，イ，…の一つ一つには，0から9までの数字のいずれか一つがあてはまります。

1　次の(1)から(10)までの問いに答えなさい。

(1)　$4\times(-3)-(-6)\div 3$ を計算した結果として正しいものを，次のアからエまでの中から一つ選びなさい。（　　　）

ア　-14　　イ　-10　　ウ　-2　　エ　4

(2)　$\dfrac{-2x+1}{4}-\dfrac{x-3}{3}$ を計算した結果として正しいものを，次のアからエまでの中から一つ選びなさい。（　　　）

ア　$-10x+15$　　イ　$\dfrac{-10x-9}{12}$　　ウ　$\dfrac{-10x+15}{12}$　　エ　$\dfrac{-5x+5}{2}$

(3)　$(6a^2b-12ab^2)\div\dfrac{2}{3}ab$ を計算した結果として正しいものを，次のアからエまでの中から一つ選びなさい。（　　　）

ア　$-9ab$　　イ　$4a-8b$　　ウ　$9a-2b$　　エ　$9a-18b$

(4)　$x=\sqrt{3}+\sqrt{2}$，$y=\sqrt{3}-\sqrt{2}$ のとき，x^2+xy-y^2 の値として正しいものを，次のアからエまでの中から一つ選びなさい。（　　　）

ア　1　　イ　11　　ウ　$4\sqrt{6}+1$　　エ　$4\sqrt{6}+11$

(5)　方程式 $(x+3)^2-11=5(x+2)$ の解として正しいものを，次のアからエまでの中から一つ選びなさい。（　　　）

ア　$x=-4,\ -3$　　イ　$x=-4,\ 3$　　ウ　$x=-3,\ 4$　　エ　$x=3,\ 4$

(6)　1個 a g のトマト3個，1本 b g のきゅうり2本をあわせた重さが900gより軽いという関係を表している不等式を，次のアからエまでの中から一つ選びなさい。（　　　）

ア　$3a+2b\leqq 900$　　イ　$3a+2b<900$　　ウ　$3a+2b\geqq 900$　　エ　$3a+2b>900$

(7)　y が x に反比例し，$x=4$ のとき $y=3$ である関数のグラフ上の点で，x 座標と y 座標がともに整数であり，x 座標が y 座標よりも小さい点は何個あるか，次のアからエまでの中から一つ選びなさい。（　　　）

ア　1個　　イ　2個　　ウ　3個　　エ　6個

(8)　平方根について正しく述べたものを，次のアからカまでの中から二つ選びなさい。

（　　　）（　　　）

ア　64の平方根は ± 8 である。　　イ　$\sqrt{16}$ は ± 4 である。

ウ　$\sqrt{(-6)^2}$ は -6 である。　　エ　$\sqrt{16}-\sqrt{9}$ は $\sqrt{7}$ である。

オ　$\sqrt{3}\times 5$ は $\sqrt{15}$ である。　　カ　$\sqrt{21}\div\sqrt{7}$ は $\sqrt{3}$ である。

(9)　図は，小学校6年生40人のソフトボール投げの記録を整理し，ヒストグラムで表したものである。

この記録を箱ひげ図で表したとき，最も適当な図を，次のアからエまでの中から選びなさい。(　　　)

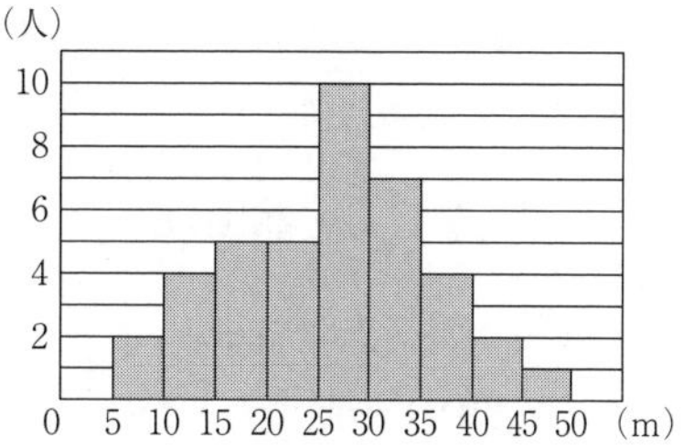

ア

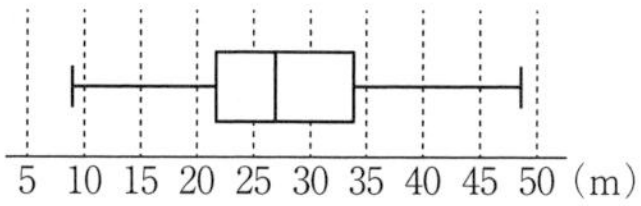

イ

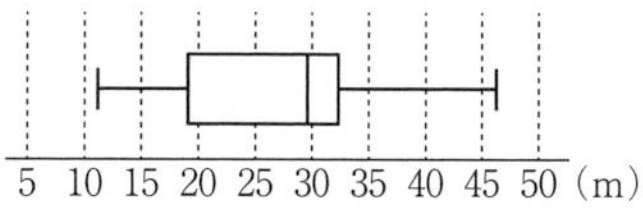

ウ

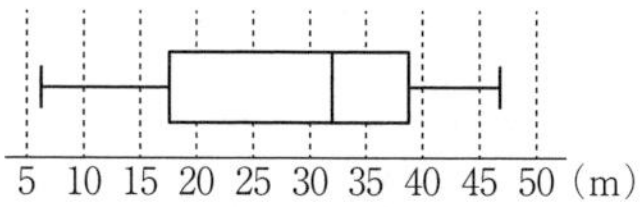

エ

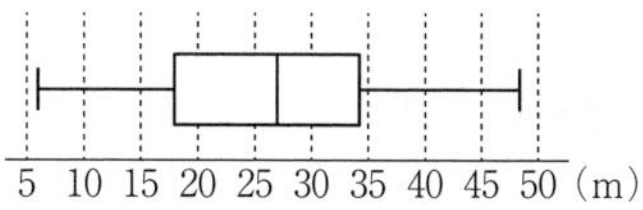

(10)　図で，四角形ABCDは平行四辺形，Eは辺DC上の点でDE：EC＝2：3である。また，Fは線分ACとEBとの交点，Gは辺BC上の点で，AB∥FGである。

AB＝10cmのとき，線分FGの長さは何cmか，次のアからエまでの中から一つ選びなさい。(　　　)

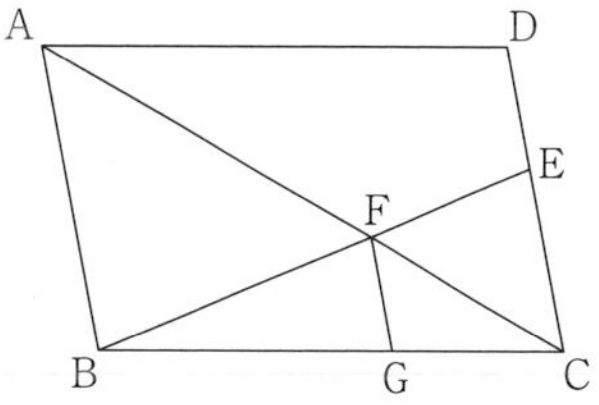

ア　3cm　　イ　$\frac{18}{5}$cm　　ウ　$\frac{15}{4}$cm　　エ　4cm

2　次の(1)から(3)までの問いに答えなさい。

(1)　数字2，3，4，5，6，7を書いたカードが1枚ずつある。この6枚のカードをよくきって，1枚ずつ2回続けて取り出す。1回目に取り出したカードに書かれている数をaとし，2回目に取り出したカードに書かれている数をbとする。

このとき，次の①から⑤までのことがらのうち，起こる確率が等しいことがらの組み合わせとして正しいものを，下のアからコまでの中から一つ選びなさい。(　　　)

①　$a+b$が偶数　　②　$a-b$が正の数　　③　abが奇数　　④　aがbの約数

⑤　aとbがともに素数

ア　①，②　　イ　①，③　　ウ　①，④　　エ　①，⑤　　オ　②，③　　カ　②，④

キ　②，⑤　　ク　③，④　　ケ　③，⑤　　コ　④，⑤

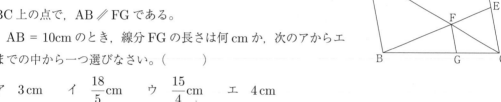

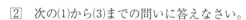

(2)　図で，O は原点，A，B は関数 $y = ax^2$（a は定数，$a > 0$）のグラフ上の点で，x 座標はそれぞれ 2，－3 である。

また，C は y 軸上の点で，y 座標は $\dfrac{21}{2}$ であり，D は線分 BA と y 軸との交点である。

△CBD の面積が△DOA の面積の 2 倍であるとき，a の値として正しいものを，次のアからオまでの中から一つ選びなさい。

（　　　）

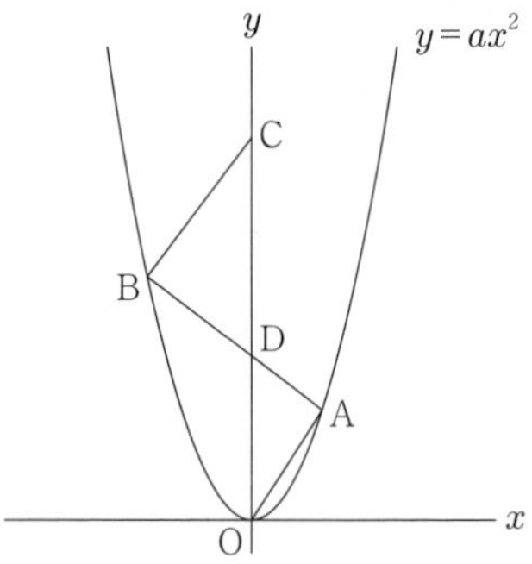

ア　$a = \dfrac{7}{12}$　　イ　$a = \dfrac{7}{10}$　　ウ　$a = \dfrac{3}{4}$　　エ　$a = \dfrac{7}{9}$

オ　$a = \dfrac{7}{8}$

(3)　A 地点から B 地点までは直線の道で結ばれており，その距離は 600m である。

弟は，A 地点を出発し，A 地点と B 地点の間を毎分 120m の速さで 2 往復走った。兄は，弟が A 地点を出発した 1 分後に A 地点を出発し，A 地点と B 地点の間を一定の速さで 3 往復走ったところ，弟が走り終える 1 分前に走り終えた。

このとき，次の①，②の問いに答えなさい。

なお，下の図を必要に応じて使ってもよい。

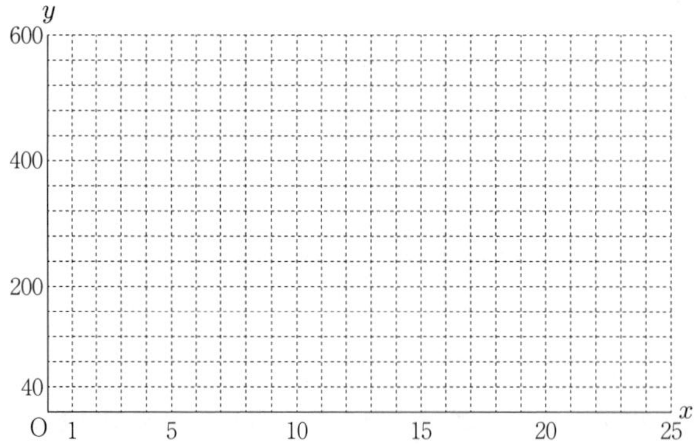

①　弟が A 地点を出発してから x 分後の，A 地点と弟の間の距離を y m とするとき，$x = 6$ のときの y の値として正しいものを，次のアからカまでの中から一つ選びなさい。（　　　）

ア　$y = 0$　　イ　$y = 120$　　ウ　$y = 240$　　エ　$y = 360$　　オ　$y = 480$

カ　$y = 600$

②　兄が A 地点を出発してから走り終えるまでに，兄と弟がすれ違うのは何回か，次のアからカまでの中から一つ選びなさい。

ただし，兄が弟を追い抜く場合は含めないものとする。（　　　）

ア　3 回　　イ　4 回　　ウ　5 回　　エ　6 回　　オ　7 回　　カ　8 回

3 次の(1)から(3)までの文章中の $\boxed{\text{アイ}}$ などに入る数字をそれぞれ答えなさい。
解答方法については，（注）に従うこと。
ただし，分数は，それ以上約分できない形で，また，根号の中は，最も簡単な数で答えること。

(1) 図で，△ABC は AB ＝ AC の二等辺三角形，D は辺 AC 上の点で，AC ⊥ DB である。また，E は直線 DB 上の点，F は点 E を通り，直線 BC に平行な直線と辺 AB との交点である。

∠FEB ＝ 21° のとき，∠ABD の大きさは $\boxed{\text{アイ}}$ 度である。
ア（　　） イ（　　）

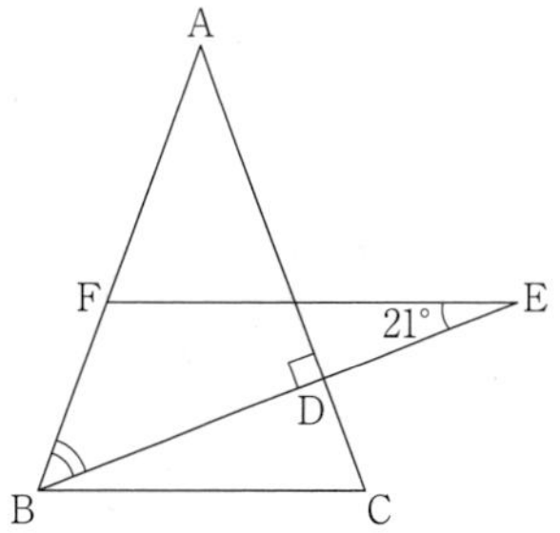

(2) 図で，四角形 ABCD は正方形，E は辺 DC の中点，F は線分 EB の中点，G は辺 AD 上の点で，∠GAF ＝∠GFE である。また，H は線分 EB 上の点で，∠GHE ＝ 90° である。

AB ＝ 4 cm のとき，

① 線分 EF の長さは $\sqrt{\boxed{\text{ア}}}$ cm である。ア（　　）

② 線分 HF の長さは線分 EB の長さの $\dfrac{\boxed{\text{イ}}}{\boxed{\text{ウ}}}$ 倍である。

イ（　　） ウ（　　）

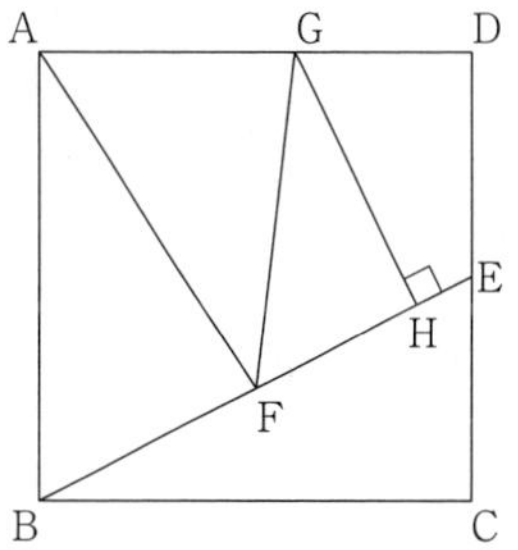

(3) 図で，C は AB を直径とする半円 O の周上の点で，CA ＝ CB であり，D は弧 CB 上の点で，DA : DB ＝ 3 : 1 である。また，E は線分 CB と DA との交点である。

CA ＝ 6 cm のとき，

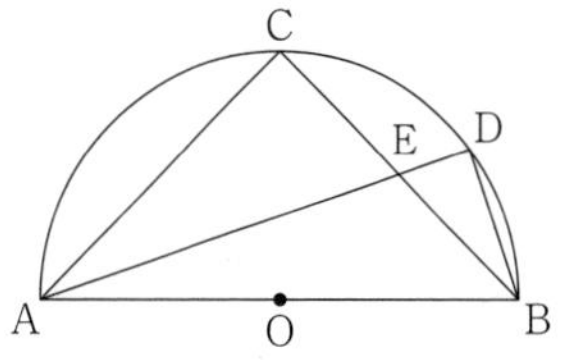

① △DAB の面積は $\dfrac{\boxed{\text{アイ}}}{\boxed{\text{ウ}}}$ cm^2 である。ア（　　） イ（　　） ウ（　　）

② △EAB を，線分 AB を回転の軸として 1 回転させてできる立体の体積は $\boxed{\text{エ}}\sqrt{\boxed{\text{オ}}}\,\pi$ cm^3 である。

ただし，π は円周率である。エ（　　） オ（　　）

英語

時間　50分　　　満点　22点

（編集部注）放送問題の放送原稿は英語の末尾に掲載しています。
音声の再生についてはもくじをご覧ください。

（注）「始め」という指示のあと，聞き取り検査が始まるまで，1分あります。1の「答え方」をよく読みなさい。

1　指示に従って，聞き取り検査の問題に答えなさい。

「答え方」

問題は第1問と第2問の二つに分かれています。

第1問，第2問ともに，問いに対する答えとして正しいものはマーク欄の「正《せい》」の文字を，誤っているものはマーク欄の「誤《ご》」の文字を，それぞれ○《まる》でかこみなさい。正しいものは，各問いについて一つしかありません。

第1問は，1番から3番までの三つあります。それぞれについて，対話と，対話についての問い，問いに対する答えを聞きます。そのあと，もう一度，繰り返します。必要があれば，メモをとってもよろしい。

第2問は，英語によるスピーチと，スピーチについての問い，問いに対する答えを聞きます。そのあと，もう一度，繰り返します。問いは二つあります。必要があれば，メモをとってもよろしい。

第1問	1番	a（正　誤）	b（正　誤）	c（正　誤）	d（正　誤）
	2番	a（正　誤）	b（正　誤）	c（正　誤）	d（正　誤）
	3番	a（正　誤）	b（正　誤）	c（正　誤）	d（正　誤）
第2問	問1	a（正　誤）	b（正　誤）	c（正　誤）	d（正　誤）
	問2	a（正　誤）	b（正　誤）	c（正　誤）	d（正　誤）

2 日曜日の朝，勇樹（Yuki）が日本に留学中のライアン（Ryan）と電話で話しています。次の対話が成り立つように，下線部(1)から(3)までのそれぞれにあてはまる最も適当なものを，あとのアからエまでの中から選びなさい。(1)(　　　) (2)(　　　) (3)(　　　)

Yuki： Hi, Ryan. This is Yuki.

Ryan： Oh! Hello, Yuki. What's up?

Yuki： Do you have any plans for this afternoon?

Ryan： Well, if it were sunny today, ＿(1)＿. Actually, you know, it has been raining since last night. So, I have nothing to do all day.

Yuki： I see. I'm planning to ＿(2)＿ with our friend, Kota. Do you want to join us?

Ryan： I'd like to, but I don't know where it is.

Yuki： Don't worry, Ryan. Please come to my house at 1 p.m. Let's go there together!

Ryan： Thank you, Yuki. Well, how about Kota?

Yuki： Ah, ＿(3)＿. So, we'll wait for you here.

Ryan： OK. See you then.

(1) ア I will go hiking in the countryside　イ I will not go hiking in the countryside
ウ I would go hiking in the countryside　エ I would not go hiking in the countryside

(2) ア stay home to play video games　イ go to the theater to watch a movie
ウ go hiking in the countryside　エ visit your house

(3) ア he's very busy today, so he can't come　イ he doesn't know my house
ウ he's now in the countryside for hiking　エ he's already at my house

3 ある生徒が，クラスで調査を行い，その結果を［Graph 1］と［Graph 2］にまとめて，［発表の内容］のとおり，英語の授業で発表しました。あとの(1)，(2)の問いに答えなさい。

［Graph 1］

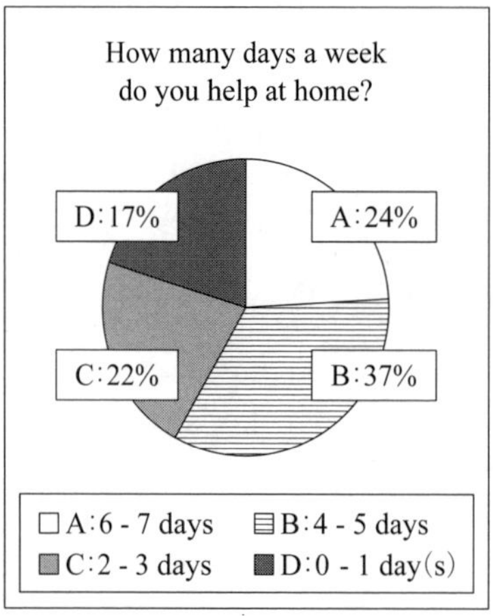

［Graph 2］

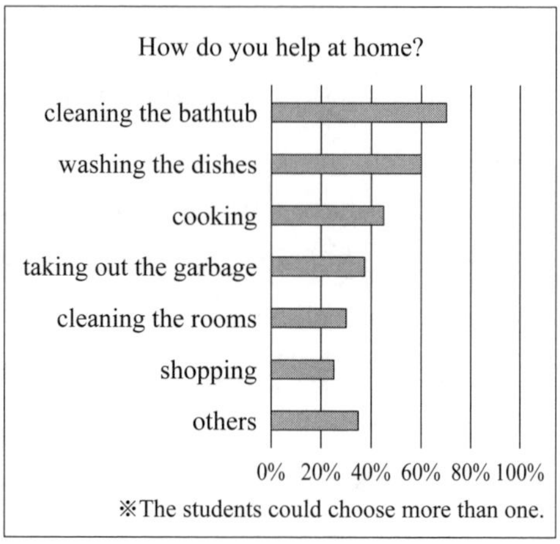

［発表の内容］

I'll make a presentation about helping at home.

First, according to Graph 1, more than 60% of us help our families ＿①＿ a week at home. And 17% of us help our families a day or don't help at all.

Second, look at Graph 2, please. About 70% of us ＿②＿. And I'm a little surprised to know that ＿③＿ the rooms.

Please feel free to ask me if you have questions. Thank you.

(1) 下線部①，②にあてはまる組み合わせとして最も適当なものを，次のアからエまでの中から選びなさい。(　　　)

ア ① 6 days or more ② clean the bathtub
イ ① 6 days or more ② take out the garbage
ウ ① 4 days or more ② clean the bathtub
エ ① 4 days or more ② take out the garbage

(2) 下線部③にあてはまるように，次のアからキまでの中から六つ選んで正しく並べ替えるとき，1番目，3番目，5番目にくるものをそれぞれ選びなさい。

1番目(　　　) 3番目(　　　) 5番目(　　　)

ア than イ cleaning ウ shopping エ cooking オ common
カ is キ more

4　次の文章を読んで，あとの(1)から(5)までの問いに答えなさい。

Thanks to the progress of information technology, our daily lives are getting more convenient than before. Now we cannot imagine life （ A ） this technology. On the internet, we can get information we need, watch a variety of videos we like, and buy goods we want. Moreover, we see some changes we did not experience several years ago. One of them is an online meeting. You may talk with people living far away, such as your grandparents or foreign students.

【　a　】 If your answer is "Yes," you may know some strong points. We can save time and money to go to the place for a meeting. During an online meeting with our grandparents who live in another town, we do not have to stay together with them. We just turn on a computer at home, and then they appear in front of us. We can talk with them on the internet any time.

【　b　】 We can communicate with people who are in foreign countries with little effort. For example, in our classroom, we can talk with students in a foreign school on the internet. With the help of online meetings, we can build global relationships with people in the world easily and quickly.

【　c　】 All the people in an online meeting must prepare their electronic devices, and connect them to the internet. In addition, accidents may happen while we have an online meeting. For example, our online meeting suddenly stops by the trouble of the internet. So, our traditional face-to-face meetings still have strong points.

Which type of meetings is better for us? It is difficult to answer this question, because online meetings and face-to-face meetings have different strong points. Therefore, when we try to meet someone, we need to think about the situation of the person and we should choose an online meeting or a face-to-face meeting by their strong points. In the near future, we will have more effective and impressive meetings than now.

(注)　meeting　会うこと　　face-to-face　対面で

(1)　文章中の（ A ）にあてはまる最も適当なものを，次のアからエまでの中から選びなさい。

（　　　）

ア　across　　イ　until　　ウ　around　　エ　without

(2)　次のアからウまでの英文を，文章中の【 a 】から【 c 】までのそれぞれにあてはめて文章が成り立つようにするとき，【 c 】にあてはまる最も適当なものを選びなさい。（　　　）

ア　On the other hand, online meetings have weak points, too.

イ　Online meetings have another strong point.

ウ　Have you ever tried online meetings?

(3)　文章中では，オンラインで会うことについてどのように述べられているか。最も適当なものを，次のアからエまでの中から選びなさい。（　　　）

ア　Online meetings will be less effective than face-to-face meetings.

イ　Online meetings and face-to-face meetings have the same strong points.

ウ　Online meetings appeared thanks to the progress of information technology.

エ　Online meetings have a longer history than face-to-face meetings.

(4)　次のアからエまでの中から，その内容が文章中に書かれていることと一致するものを一つ選びなさい。(　　　)

ア　The internet will be necessary for face-to-face meetings, too.

イ　Face-to-face meetings are disappearing because of online meetings.

ウ　Our meetings will be more effective and impressive than now.

エ　Face-to-face meetings may damage our health if they are too long.

(5)　次の［メモ］は，この文章を読んだ生徒がオンラインで会うことと対面で会うことについて，英語で発表するために作成したものの一部です。【 ① 】，【 ② 】のそれぞれにあてはまる最も適当なものを，あとのアからエまでの中から選びなさい。①(　　　)　②(　　　)

［メモ］

○ 【 ① 】

Online meetings

・We turn on a computer at home and then other people appear in front of us.

Face-to-face meetings

・We stay together in the same place during the meeting.

○ 【 ② 】

Online meetings

・We can save time and money to go to the place for a meeting.

・We can communicate with people in foreign countries with little effort.

Face-to-face meetings

・We don't need electronic devices.

・We don't have to worry about the trouble of the internet.

○ Closing

・We can choose an online meeting or a face-to-face meeting by their strong points.

①　ア　History　　イ　Features　　ウ　Reasons　　エ　Questions

②　ア　Strong points　　イ　Near future　　ウ　Accidents　　エ　Challenges

5 アメリカに留学中の早紀（Saki）が，月曜日の授業後に，同じクラスのアリア（Aria）と話しています。次の対話文を読んで，あとの(1)から(4)までの問いに答えなさい。

Saki： We're going to visit the history museum this Saturday. How should we go?

Aria： ① don't we go by bike? It takes about an hour, but we can enjoy seeing a lot of beautiful flowers through the park.

Saki： (A), but it's tough for me. How about going by train?

Aria： If we take a train, we need 20 minutes to get there.

Saki： Sounds good. How much is the train fare?

Aria： Let me see.... It's four dollars. So you need to pay eight dollars to go there and come back. And I'm sure that we can get seats on the train.

Saki： That's nice, but it's a little expensive for me. Aria, can we take a bus?

Aria： Yes. The bus fare is just half of the train fare. But the bus is usually more crowded than the train.

Saki： Oh, I see. How long does it take by bus?

Aria： About 30 minutes. The bus stops just in front of the history museum.

Saki： That's also nice. Aria, please let me decide how to go there.

Aria： OK. You may decide it.

Saki： Thank you. Please give me some ② to think about it.

Aria： Of course, please let me know by Friday. And Saki, on the evening of that day, my parents are planning to have dinner with us at a restaurant.

Saki： Wow. It's so amazing!

(1) 対話文中の下線部①，②にあてはまる最も適当なものを，それぞれ次のアからエまでの中から選びなさい。①(　　) ②(　　)

① ア What　イ Why　ウ When　エ Where

② ア time　イ money　ウ information　エ people

(2) 対話文中の（ A ）にあてはまる最も適当なものを，次のアからエまでの中から選びなさい。
(　　)

ア I see what you mean　イ My bike has a problem　ウ I'm sorry I can't

エ I want to go there by car

(3) 早紀は，アリアから聞いた話を次の表のようにまとめました。表の中の【 X 】から【 Z 】までのそれぞれに，あとのアからエまでをあてはめるとき，【 Z 】にあてはまる最も適当なものを選びなさい。ただし，いずれにもあてはまらないものが一つある。(　　)

Transportation	Bike	Train	Bus
Time	60 min.	20 min.	30 min.
Fare	No fare	\$8 (round-trip)	\$4 (round-trip)
Note	【 X 】	【 Y 】	【 Z 】

ア　It's probably not so crowded.

イ　We have beautiful views on the way.

ウ　It's easy to have dinner at the restaurant.

エ　We don't need to walk a lot from the stop.

(4)　アリアは，土曜日の晩に食事を予定しているレストランのウェブページを見ています。次の各表はその一部です。それぞれから読み取れることを正しく表しているものを，あとのアからカまでの中から二つ選びなさい。(　　　)(　　　)

Open Hours

LUNCH	From Monday to Friday	11:00 a.m. — 2:00 p.m.
	Saturday and Sunday	11:00 a.m. — 2:30 p.m.
DINNER	From Monday to Thursday	6:00 p.m. — 9:00 p.m.
	From Friday to Sunday	5:30 p.m. — 10:00 p.m.

Menu

	Fried chicken	Curry and rice	Spaghetti	Grilled fish	Steak
LUNCH	$10	$12	$13	$16	$20
DINNER	$12	$14	$15	$18	$22

※ All meals come with soup, seasonal vegetables, and coffee or tea.

ア　The dinner on Wednesday begins at 5:30 p.m. and ends at 10:00 p.m.

イ　The restaurant which Aria will visit opens for lunch at the same time every day.

ウ　On Saturday evening, Aria cannot enter the restaurant before 6:00 p.m.

エ　If Aria wants to have a fried chicken for dinner, she needs to pay 10 dollars.

オ　The price of grilled fish for lunch is higher than the price of spaghetti for dinner.

カ　If Aria has a steak, she receives soup, a salad, ice cream, and coffee or tea.

〈放送原稿〉

(聞き取り検査指示)

これから，2024 年度愛知県公立高等学校全日制課程入学試験，英語の聞き取り検査を行います。

それでは，聞き取り検査の説明をします。問題は第 1 問と第 2 問の二つに分かれています。第 1 問，第 2 問ともに，問いに対する答えとして正しいものは解答欄の「正《せい》」の文字を，誤っているものは解答欄の「誤《ご》」の文字を，それぞれ○《まる》でかこみなさい。正しいものは，各問いについて一つしかありません。

第 1 問。

第 1 問は，1 番から 3 番までの三つあります。それぞれについて，対話と，対話についての問い，問いに対する答えを聞きます。そのあと，もう一度，繰り返します。必要があれば，メモをとってもよろしい。それでは，聞きます。

第 1 問

1 番

Clerk： Good evening. Is there anything I can do for you?

Man ： Well, I don’t have a reservation, but do you have a room for tonight?

Clerk： Just a moment, please.

Question：Where are they talking?

a They are talking at a hotel.　b They are talking at home.

c They are talking in a classroom.　d They are talking at a station.

それでは，もう一度聞きます。(対話と問い，それに対する答えを繰り返す。)

2 番

Dave： Jane, your performance was really awesome!

Jane ： Thanks, Dave. I’m glad to hear that.

Dave： When did you start playing the piano?

Question：What will Jane say next?

a I don’t have a piano.　b Every day after school.

c You can play the piano, too.　d About 10 years ago.

それでは，もう一度聞きます。(対話と問い，それに対する答えを繰り返す。)

3 番

Mom： Oh, we don’t have enough milk for tomorrow. Can you buy some, John?

John： No, mom. I don’t want to. I’m watching TV now, and I must do my homework.

Mom： Then, do your homework first.

Question：What is true about this conversation?

a John wants to buy some milk.　b John has not finished his homework yet.

c John has just drunk all the milk.　d John is helping his mother in the kitchen.

それでは，もう一度聞きます。(対話と問い，それに対する答えを繰り返す。)

第 2 問。

第2問は，英語によるスピーチと，スピーチについての問い，問いに対する答えを聞きます。そのあと，もう一度，繰り返します。問いは二つあります。必要があれば，メモをとってもよろしい。それでは，聞きます。

第2問

Hello, everyone. I'm Shota. Today, I want to share my memory of my host father in the U.S. One day, he and I went to a beautiful river and enjoyed fishing. Actually, I caught nothing, but he got a lot of fish. Then, he taught me how to cook the fish and I tried it. It was difficult, but so exciting because it was my first time cooking fish outside. I'll never forget that delicious meal.

問1　What is true about this speech?

a　Shota's host father did not know how to cook fish.

b　Shota went to the river with his friends.

c　Shota's host father did not catch fish at all.

d　Shota enjoyed cooking the fish outside.

問2　What is the best title of this speech?

a　The bad experience by the river　　b　The best fish in the river

c　My special time by the river　　d　How to cook by the river

それでは，もう一度聞きます。(スピーチと問い，それに対する答えを繰り返す。)

これで，聞き取り検査を終わります。

社会

時間　45分　　　満点　22点

1　次のⅠの表，Ⅲの写真は生徒が文化財についての発表を行うために用意したものの一部であり，Ⅱは略地図である。あとの(1)から(3)までの問いに答えなさい。

Ⅰ　表

種類	具体例
有形文化財	東大寺の大仏
	中尊寺金色堂
無形文化財	能楽
	歌舞伎

（文化庁ウェブページをもとに作成）

Ⅱ　略地図

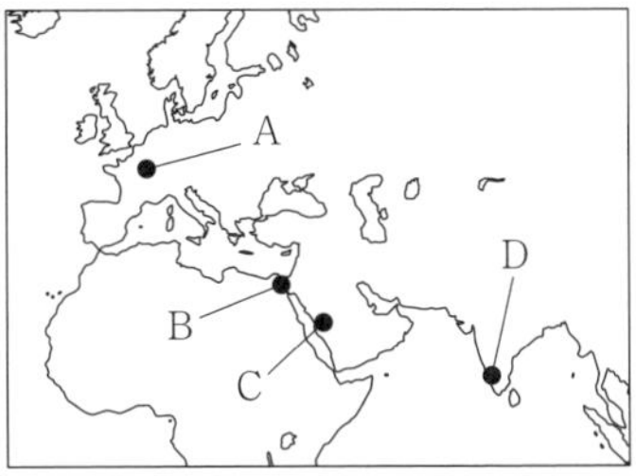

Ⅲ　写真

(1)　Ⅰの表中にある東大寺の大仏がはじめてつくられた年代以前に世界で起こったできごととして最も適当なものを，次のアからエまでの中から選びなさい。また，そのできごとに関連する場所として最も適当なものを，Ⅱの略地図中のAからDまでの中から選びなさい。

できごと(　　　)　場所(　　　)

ア　バスコ＝ダ＝ガマがインド航路をひらく　　イ　ルイ14世がベルサイユ宮殿を建てる

ウ　スエズ運河が開通する　　エ　ムハンマドがイスラム教をおこす

(2)　次の文章は，Ⅰの表について調べる際に作成したメモである。文章中の（ ① ），（ ② ），（ ③ ）にあてはまることばの組み合わせとして最も適当なものを，下のアからクまでの中から選びなさい。(　　　)

> 中尊寺金色堂は，（ ① ）に本拠を置いた奥州藤原《ふじわら》氏によって建てられた，極楽浄土の世界を表現した建造物である。また，（ ② ）によって大成された能楽（能）は，村や寺社などで行われてきた猿楽などが起源であり，歌舞伎は，17世紀に（ ③ ）が京都で始め，人気を集めたかぶき踊りが起源である。

	ア	イ	ウ	エ	オ	カ	キ	ク
①	大宰府	大宰府	大宰府	大宰府	平泉	平泉	平泉	平泉
②	観阿弥《かんあみ》と世阿弥《ぜあみ》	観阿弥と世阿弥	最澄《さいちょう》と空海《くうかい》	最澄と空海	観阿弥と世阿弥	観阿弥と世阿弥	最澄と空海	最澄と空海
③	出雲《いずも》の阿国《おくに》（出雲阿国）	菱川師宣《ひしかわもろのぶ》	出雲の阿国（出雲阿国）	菱川師宣	出雲の阿国（出雲阿国）	菱川師宣	出雲の阿国（出雲阿国）	菱川師宣

(3)　Ⅲの写真の建築物が建てられた年代と最も近い年代の日本のできごとについて述べた文を，次のアからエまでの中から選びなさい。(　　　)

ア　源頼朝《みなもとのよりとも》が征夷大将軍に任じられ，鎌倉に幕府を開いた。

イ　幕府は朝廷の監視を強化するため，京都に六波羅探題を設置した。

ウ　白河天皇《しらかわてんのう》が上皇となり，摂政や関白の力を抑えて院政を始めた。

エ　唐にならって，律と令からなる大宝律令がつくられた。

2　次のⅠからⅤまでの資料は，2024年に発行される予定の紙幣に描かれる3人の人物を題材に，生徒がまとめたレポートの一部である。あとの(1)から(4)までの問いに答えなさい。

なお，Ⅲの資料中の（ X ），（ Y ），（ Z ）は，アメリカ，イギリス，フランスのいずれかである。

Ⅰ　3人の人物の概略

【千円札】

北里柴三郎《きたさとしばさぶろう》（1852～1931）
・細菌学の分野で成果をあげるなど，①医学の発展に貢献

【五千円札】

津田梅子《つだうめこ》（1864～1929）
・②岩倉《いわくら》使節団に同行
・帰国後，女性の社会的地位の向上に尽力

【一万円札】

渋沢栄一《しぶさわえいいち》（1840～1931）
・多くの会社の設立に関わるなど，④近代産業の発展に寄与

Ⅱ　解体新書と蘭学の発展

左は解体新書の扉絵です。この本は，ヨーロッパの解剖書の正確さに驚いた（ A ）らが，その解剖書を翻訳して出版したものです。

解体新書が出版される50年ほど前に，（ B ）ため，ヨーロッパの学問を研究する蘭学が発達しはじめました。

Ⅲ　岩倉使節団が訪れたおもな国とその記録

（ X ）	この地はヨーロッパの文化を取り入れている。ここに住んでいる人は移住してきたといっても，実はヨーロッパでも，最も自主・自治のたくましい精神をもつ人が集まってきている。
（ Y ）	国民の精神は世界貿易に集中している。船を五大洋に派遣し，世界各地から原料を買って自国に運び，それを石炭と鉄の力を借りて工業製品とし，再び各国に輸出している。
（ Z ）	ヨーロッパの最も開けた部分の中央に位置し，あらゆる商品が集まる中心であり，文明進展の要である。肥沃な土地でたいへん念入りに農耕を行っているので，農産物は豊富である。
③ドイツ	行政権は皇帝ならびに執政にある。執政にはビスマルクが任じられている。皇帝は外交権ならびに連邦の名のもとに交戦権をもつ。

（「特命全権大使　米欧回覧実記」をもとに作成）

Ⅳ　略年表

年	紡績業に関するできごと
1883	渋沢栄一らの尽力で，大阪紡績会社が開業する
1891	綿糸の国内生産量が輸入量を上回る
1897	綿糸の輸出量が輸入量をはじめて上回る
1900ごろ	綿糸が生糸とならび，日本のおもな輸出品となる

（「近現代日本経済史要覧」などをもとに作成）

Ⅴ　大阪紡績会社の工場のようす

(1)　Ⅱの資料は，生徒がⅠの資料中の①医学についてまとめたものの一部である。Ⅱの資料の（ A ）にあてはまる人名として最も適当なものを，次のアからエまでの中から選びなさい。また，（ B ）にあてはまることばとして最も適当なものを，次のaからdまでの中から選びなさい。

A（　　　）　B（　　　）

ア　本居宣長《もとおりのりなが》　　イ　野口英世《のぐちひでよ》　　ウ　杉田玄白《すぎたげんぱく》　　エ　中江兆民《なかえちょうみん》

a　徳川家康《とくがわいえやす》が，海外への渡航を許可する朱印状を与えた

b　徳川吉宗《とくがわよしむね》が，ヨーロッパの書物の輸入制限を緩和した

c　ペリーが来航し，日米和親条約が結ばれた

d　イエズス会の宣教師が来日し，キリスト教を広めた

(2)　Ⅲの資料は，生徒がⅠの資料中の②岩倉使節団が訪れたおもな国についてまとめたものの一部である。（ X ），（ Y ）にあてはまる国名の組み合わせとして最も適当なものを，次のアからカまでの中から選びなさい。（　　　）

ア　X：アメリカ　　Y：イギリス　　イ　X：アメリカ　　Y：フランス

ウ　X：イギリス　　Y：アメリカ　　エ　X：イギリス　　Y：フランス

オ　X：フランス　　Y：アメリカ　　カ　X：フランス　　Y：イギリス

(3)　Ⅲの資料中の③ドイツのようすについて，次の文中の（　　）にあてはまる文として最も適当なものを，下のアからエまでの中から選びなさい。（　　　）

岩倉使節団が訪れたころのドイツは，（　　　　）。

ア　独立戦争をおこし，権力の集中を防ぐために司法・立法・行政の三権分立を取り入れた憲法を制定していた

イ　都市の民衆や農民らが革命をおこし，自由・平等・国民主権などをうたった人権宣言を出していた

ウ　君主権の強い憲法を制定し，軍事力を強化するとともに工業化による急速な経済発展を実現していた

エ　議会を尊重する新しい国王を迎える一方で，国王は議会の承認がなければ法律の停止や新たな課税ができないことなどを定めていた

(4)　Ⅳ，Ⅴの資料は，生徒がⅠの資料中の④近代産業の発展についてまとめたものの一部である。Ⅳ，Ⅴの資料から読み取ることのできる文として最も適当なものを，次のアからエまでの中から選びなさい。（　　　）

ア　1891年の綿糸の輸出量は輸入量より多くなかったことがわかる。

イ　1897年の綿糸の国内生産量は生糸の国内生産量を上回っていたことがわかる。

ウ　日本の軽工業において工場制手工業が始まったことがわかる。

エ　工場法が施行されたことにより労働環境が改善されたことがわかる。

3　次のⅠからⅤまでの資料は，生徒が修学旅行で訪れる予定の長崎県を調べるために作成したものの一部である。あとの(1)から(4)までの問いに答えなさい。

なお，Ⅲの表中のA，B，C，Dは大分県，鹿児島県，福岡県，宮崎県のいずれかである。

Ⅰ　長崎県，徳島県，石川県の面積等

県名	面積（km²）	海岸線距離（km）	島の数	県庁所在地の1月の平均降雪日数（日）
長崎県	4 131	W	971	Y
徳島県	4 147	X	88	7.2
石川県	4 186	583	110	Z

（注）島の数は，周囲が0.1 km以上のものとし，埋め立て地は除いている。

（「理科年表　2023」をもとに作成）

Ⅱ　略地図

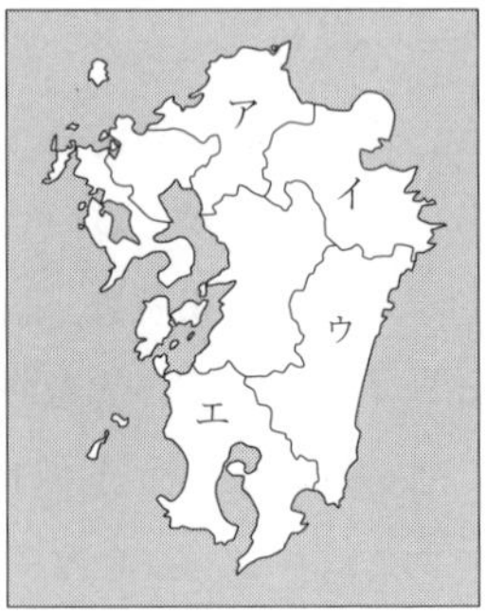

Ⅲ　5県の豚の飼育頭数等

県名	豚の飼育頭数（千頭）	きゅうりの生産量（千ｔ）	製造品出荷額（十億円）	地熱発電量（百万 kWh）
A	80	10	9 912	－
B	148	3	4 299	823
長崎県	201	7	1 719	－
C	797	61	1 635	－
D	1 234	11	1 994	376

（注）表中の「－」は全くない，もしくは定義上該当の数値がないことを示している。

（「データブック　オブ・ザ・ワールド　2023年版」などをもとに作成）

Ⅳ　長崎県内の写真

P

Q

Ⅴ　地図記号

(1)　Ⅰの表中のW，X，Y，Zにあてはまる数字の組み合わせとして最も適当なものを，次のアからエまでの中から選びなさい。（　　　）

ア　W：392　X：4 196　Y：22.7　Z：7.0

イ　W：392　X：4 196　Y：7.0　Z：22.7

ウ　W：4 196　X：392　Y：22.7　Z：7.0

エ　W：4 196　X：392　Y：7.0　Z：22.7

(2)　Ⅱの略地図中のアからエまでの中から，Ⅲの表のBの位置として最も適当なものを選びなさい。

（　　　）

(3)　次の文章は，生徒がⅣの写真について作成したレポートの一部である。文章中の（ ① ）にあてはまることばとして最も適当なものを，あとのアからウまでの中から選びなさい。また，（ ② ）

にあてはまることばとして最も適当なものを，下のａからｃまでの中から選びなさい。

①(　　　)　②(　　　)

> Ｐは修学旅行で訪れる予定地の一つである，佐世保湾の外側から平戸までの約25kmの海域に広がる九十九島の写真です。この海域には（ ① ）リアス海岸と島々が織りなす美しい自然景観が広がっています。Ｑは，長崎市内で運行されている路面電車の写真です。この写真の車両は，（ ② ）床面を低くして，入口の段差を小さくしています。このような車両を活用した交通システムはLRTと呼ばれ，人と環境にやさしい公共交通として再評価されています。

ア　流れてきた土砂が扇形にたまった　　イ　奥行きのある湾と岬が連続する

ウ　風で運ばれた砂が積もってできた

ａ　二酸化炭素排出量を抑えるために　　ｂ　バリアフリー化を進めるために

ｃ　安価な運賃で運行するために

(4)　次の文章は，長崎県の災害について調べていた生徒と先生の会話の一部である。また，下のアからウまでの略地図は，地理院地図に示されている自然災害伝承碑のうち，それぞれ洪水，津波，火山災害のいずれかの自然災害伝承碑の位置を「●」で示したものである。津波の自然災害伝承碑と火山災害の自然災害伝承碑の位置を示した略地図として最も適当なものを，下のアからウまでの中からそれぞれ選びなさい。津波(　　　)　火山災害(　　　)

生徒：雲仙岳の周辺を地理院地図で調べると，Ⅴの地図記号がありました。

先生：自然災害伝承碑の地図記号ですね。自然災害伝承碑には，過去に発生した自然災害に関して，その地点における災害のようすや被害の状況などが記載されています。

生徒：そうなのですね。さまざまな種類の自然災害がありますが，共通してこの地図記号を使っているのでしょうか。

先生：どの種類の自然災害にも共通の地図記号を使っています。雲仙岳では，1990年代に噴火に伴う火砕流で犠牲者が出たほか，江戸時代には山の一部が崩壊して，有明海になだれ込み，津波が発生しました。その津波は島原半島だけでなく，対岸にも達し，多くの人が犠牲になりました。また，洪水の被害は，河川沿いで数多く発生しています。これらの災害を伝承するため，各地に自然災害伝承碑が設けられているのです。

ア

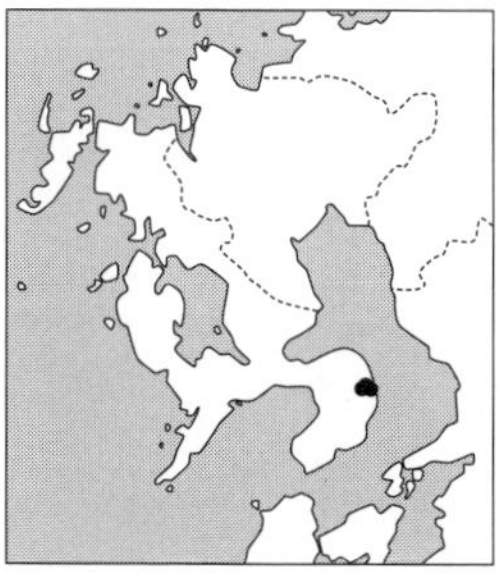

イ

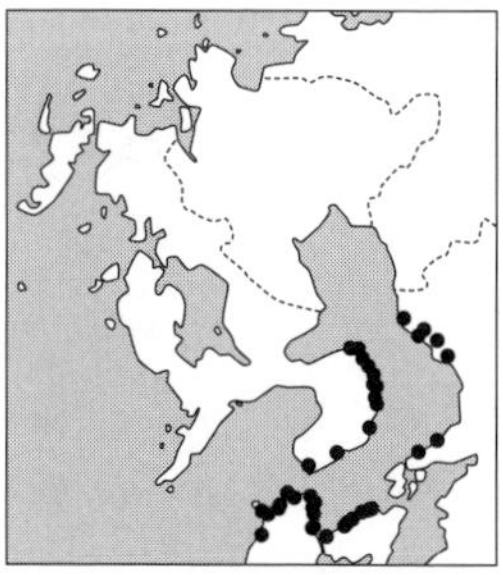

ウ

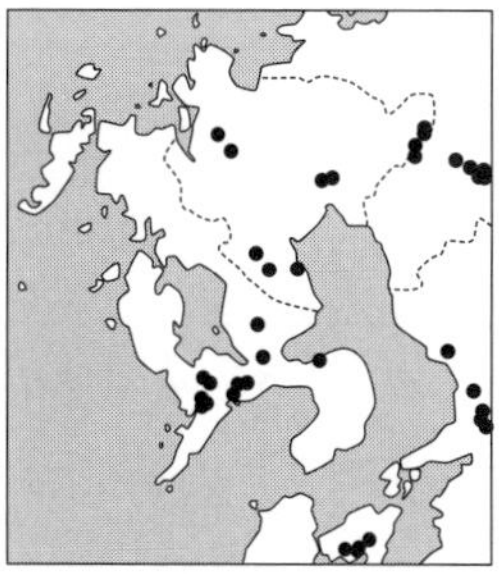

4　次のⅠからⅣまでの資料は，生徒が世界各地の気候や地形，さまざまな国のようすについてレポートを作成するために用意したものの一部である。あとの(1)から(3)までの問いに答えなさい。

なお，Ⅰの略地図中の都市XとYは，緯線Zとほぼ同じ緯度上に位置しており，Ⅱの略地図中のA，B，C，Dは緯線を示している。また，ⅢのP，Qのグラフは，Ⅰの略地図中の都市X，Yのいずれかのものである。

Ⅰ　略地図

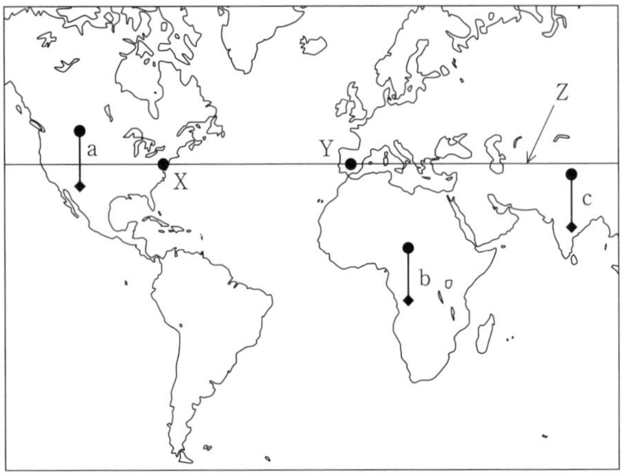

Ⅱ　略地図

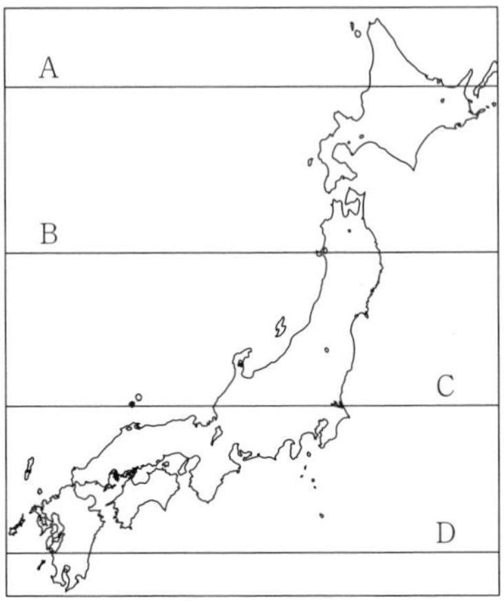

Ⅲ　2都市の月別平均気温と月別降水量

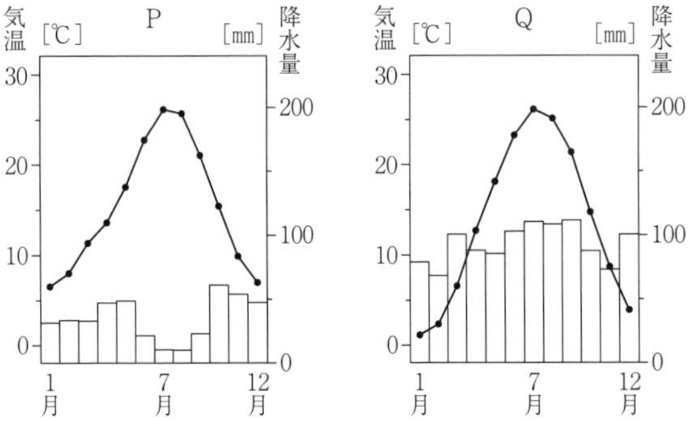

(「理科年表　2023」などをもとに作成)

Ⅳ　写真

(1)　次の文章は，都市X，Yの気候について，生徒が作成したレポートの一部である。文章中の(①)，(②)にあてはまる符号の組み合わせとして最も適当なものを，下のアからクまでの中から選びなさい。(　　　)

> Ⅰの略地図中の都市Xの気温と降水量を示したグラフは，Ⅲのグラフのうちの(①)です。また，Ⅰの略地図中の緯線Zは，Ⅱの略地図中の(②)と同じ緯度を示しています。

ア　①：P　②：A　　イ　①：P　②：B　　ウ　①：P　②：C
エ　①：P　②：D　　オ　①：Q　②：A　　カ　①：Q　②：B
キ　①：Q　②：C　　ク　①：Q　②：D

(2)　次のア，イ，ウは，Ⅰの略地図中のａ，ｂ，ｃのいずれかの地形断面図である。ａとｃの地形断面図として最も適当なものを，次のアからウまでの中からそれぞれ選びなさい。

ａ(　　　)　ｃ(　　　)

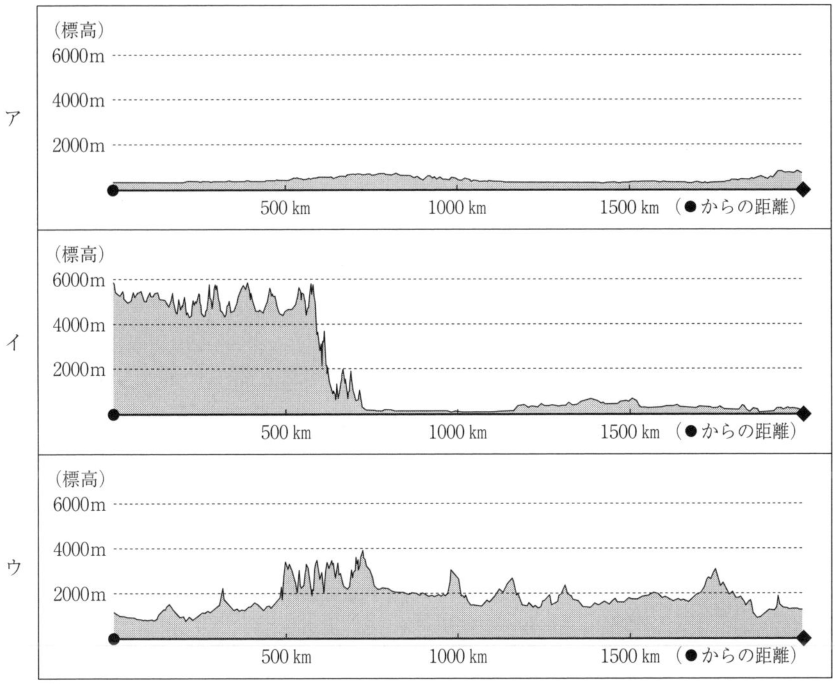

(3)　次の表は，生徒がイギリス，韓国，タイ，バングラデシュ，ペルーおよび日本の首都の人口等をまとめたものである。また，下の文は，日本以外の5国のうちのいずれかのようすを説明するために作成したメモの一部である。この文で説明されている国として最も適当なものを，表中のアからオまでの中から選びなさい。(　　　)

国名	首都の人口(千人)	首都の年平均気温(℃)	首都と北極点のおよその距離(km)	国内の第一次産業従事者割合(%)	国内で最も信者が多い宗教
ア	8 787	11.8	4 300	1.0	キリスト教
イ	8 795	29.1	8 500	31.4	仏教
ウ	8 906	25.8	7 250	37.9	イスラム教
日本	9 092	15.8	6 050	3.2	神道
エ	9 814	12.9	5 850	5.4	キリスト教
オ	10 039	19.6	11 350	33.7	キリスト教

(「データブック　オブ・ザ・ワールド　2023年版」などをもとに作成)

国土の中の標高の高い地域では，木が少なく，ジャガイモなどの栽培や，Ⅳの写真に写っている家畜などの放牧を行っています。

5　次のⅠからⅣまでの資料は，生徒が消費生活についてのレポートを作成するために用意したものの一部である。あとの(1)から(4)までの問いに答えなさい。

なお，Ⅲ，Ⅳの表中のＰ，Ｑ，Ｒは，それぞれ同じ業種があてはまり，個人経営の飲食店，コンビニエンスストア，ホテルのいずれかである。

Ⅰ　消費者物価指数の前年比

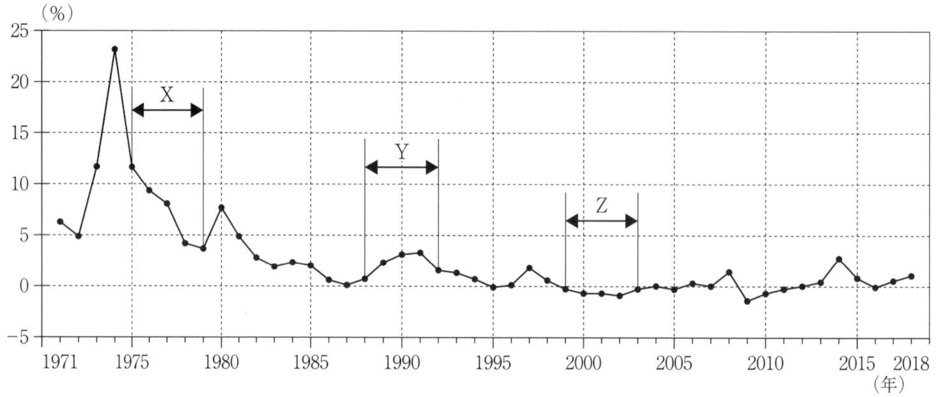

(「数字でみる　日本の100年　改訂第7版」をもとに作成)

Ⅱ　おもな販売購入形態別の消費生活相談に占める高齢者の年齢区分別の割合等

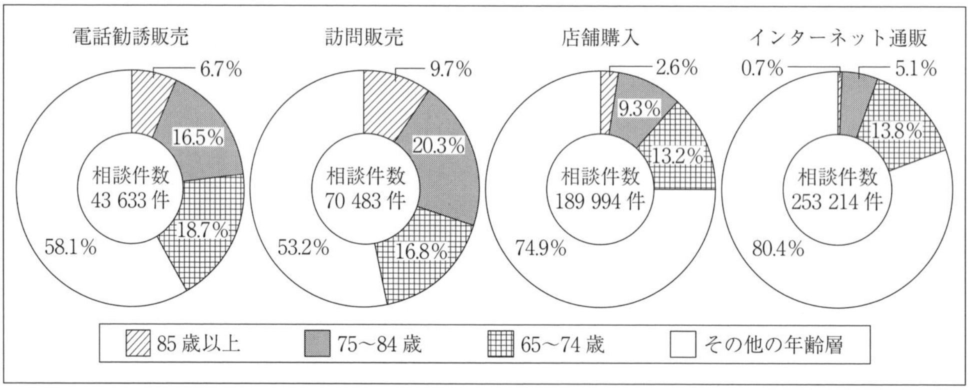

(注) その他の年齢層には，不明・無回答を含む。

(消費者庁「令和5年版　消費者白書」をもとに作成)

Ⅲ　業種別でキャッシュレス決済が利用可能かのイメージを回答した人数の割合（%）

イメージ ＼ 業種	P	Q	R
必ず使える	4	57	38
まあ使える	15	24	27
どちらともいえない	42	15	26
やや使える	29	2	4
全く使えない	10	3	4

Ⅳ　業種別で最もよく使う支払い手段と回答した人数の割合（%）

支払い手段 ＼ 業種	P	Q	R
クレジットカード	16	19	65
電子マネー	2	15	1
コード決済	7	28	4
現金	73	35	27
その他	2	3	3

(注1) キャッシュレス決済とは，紙幣や硬貨などの現金を使用せずにお金を支払うこと。例えば，クレジットカード，電子マネー，コード決済（スマートフォン決済）などを利用する場合がある。

(注2) 四捨五入の関係で，合計が100にならない場合がある。

(Ⅲ，Ⅳともに経済産業省「消費者実態調査の分析結果（2023年）」をもとに作成)

(1) 次の文章は，Ⅰのグラフについての生徒と先生の会話の一部である。文章中の（ ① ），（ ② ）にあてはまることばや符号として最も適当なものを，下のアからカまでの中からそれぞれ選びなさい。①(　　　) ②(　　　)

先生：最近，物価の上昇が話題になっていますが，消費者物価指数の前年比の高低についてまとめたⅠのグラフを見てみましょう。1974年はどうしてこんなに高い値なのでしょうか。

生徒：これは（ ① ）の影響だと思います。

先生：そのとおりです。また，このグラフには物価が下がり続けている期間もありますね。

生徒：例えば（ ② ）の期間ですね。

先生：そのとおりです。この期間には，ある全国チェーンのハンバーガーショップでハンバーガーが税抜き59円で販売された時もあり，話題になりました。

ア 朝鮮戦争　イ 石油危機　ウ 東京オリンピック開催

エ X　オ Y　カ Z

(2) Ⅱの資料から読み取ることができる内容をまとめた文として正しいものを，次のアからエまでの中から一つ選びなさい。(　　　)

ア すべての販売購入形態において，「65～74歳」，「75～84歳」，「85歳以上」と年齢層が上がるにつれ，相談件数の割合は低くなっている。

イ 「訪問販売」と「インターネット通販」とを比較すると，「65～74歳」の相談件数の割合が高いのは，「インターネット通販」である。

ウ 「75～84歳」の相談件数の割合が最も高いのは「訪問販売」であるが，この年齢層の「訪問販売」における相談件数は，「電話勧誘販売」より少ない。

エ 「その他の年齢層」において，すべての販売購入形態の中で「インターネット通販」の相談件数が最も多くなっている。

(3) 次の文章は，消費者問題について生徒が発表した際のメモの一部である。文章中の（ ③ ），（ ④ ）にあてはまることばの組み合わせとして最も適当なものを，下のアからエまでの中から選びなさい。(　　　)

> 私たちの消費生活は，契約によって成り立っています。例えば，売買の契約は（ ③ ）時点で成立し，売る側と買う側ともに権利と義務が発生します。また，買う側である消費者を守るために，製造物責任法（PL法）が制定されました。この法律では，（ ④ ）場合の生産者の責任について定められています。

ア ③：お互いが合意した
　④：製品の欠陥によって消費者が損害をこうむった

イ ③：お互いが合意した
　④：強引なセールスによって契約が行われた

ウ ③：一方がその意思を表示した
　④：製品の欠陥によって消費者が損害をこうむった

エ ③：一方がその意思を表示した
　④：強引なセールスによって契約が行われた

(4)　次の文章は，Ⅲ，Ⅳの表をもとに生徒が発表した際のメモの一部である。文章中の（ ⑤ ）にあてはまることばとして最も適当なものを，あとのアからエまでの中から選びなさい。（　　　）

> 「個人経営の飲食店」は，他の２つの業種と比べてキャッシュレス決済が使えないというイメージをもつ人と，現金を最もよく使うと回答した人の割合が高い。「コンビニエンスストア」については，「ホテル」に比べて，キャッシュレス決済を「必ず使える」というイメージをもつ人の割合が高いが，支払い手段として（ ⑤ ）を最もよく使うと回答した人の割合は，「ホテル」より低い。

ア　クレジットカード　　イ　電子マネー　　ウ　コード決済　　エ　現金

6 国民の権利に関するあとの(1)から(3)までの問いに答えなさい。

法の支配とは，(①) ことで国民の自由や権利を守ろうとする考え方です。

日本国憲法は，国民の権利を保障する国の基本法です。そのため，憲法の改正にあたっては，各議院の (②) の3分の2以上の賛成で国会が憲法改正を発議し，満 (③) 歳以上の国民による国民投票において，有効投票の過半数の賛成を得なければならないという厳しい条件がつけられています。

(1) 文章中の (①), (②), (③) にあてはまることばの組み合わせとして最も適当なものを，次のアからクまでの中から選びなさい。(　　　)

ア ①：国家に立法権をゆだねる　②：総議員　③：18

イ ①：国家に立法権をゆだねる　②：総議員　③：20

ウ ①：国家に立法権をゆだねる　②：出席議員　③：18

エ ①：国家に立法権をゆだねる　②：出席議員　③：20

オ ①：権力を法で制限する　②：総議員　③：18

カ ①：権力を法で制限する　②：総議員　③：20

キ ①：権力を法で制限する　②：出席議員　③：18

ク ①：権力を法で制限する　②：出席議員　③：20

(2) 次のA，Bのカードは，基本的人権に関して争った二つの裁判の結果について生徒がまとめたものである。それぞれの裁判で，守られるべきであると判断された権利は何か。カードと守られるべきであると判断された権利の組み合わせとして最も適当なものを，下のアからエまでの中から選びなさい。(　　　)

A

女性のみ離婚後6か月たたないと再婚できないと定めた民法の規定について，裁判所は憲法に違反すると判断した。

B

小説のモデルとなった人物が，名誉を侵害されたと訴えたことに対し，裁判所は出版差し止めを命じた。

ア A：社会権　B：自由権　イ A：社会権　B：プライバシーの権利

ウ A：平等権　B：自由権　エ A：平等権　B：プライバシーの権利

(3) 基本的人権に関する法律について述べた文として誤っているものを，次のアからエまでの中から一つ選びなさい。(　　　)

ア 男女雇用機会均等法は，労働者の募集および採用について，その性別にかかわりなく，均等な機会を与えなければならないと定めている。

イ 教育基本法は，すべて国民は，ひとしく，その能力に応じた教育を受ける機会が与えられなければならないと定めている。

ウ 情報公開法は，「知る権利」を守るために，行政機関に対して原則として情報公開を義務づけている。

エ 公害対策基本法は，大規模な開発を行う場合には，自然にどのような影響があるかを調査する環境アセスメントの実施を義務づけている。

理科

時間　45分　　　　満点　22点

1　次の(1)，(2)の問いに答えなさい。

(1)　電子の流れについて調べるため，次の〔実験〕を行った。

〔実験〕

①　真空放電管（クルックス管）を用意し，電極Aと電極Bの間に大きな電圧を加えたところ，図1のように蛍光板に光るすじが見えた。

②　次に，電極Aと電極Bの間に大きな電圧を加えたまま，電極Cと電極Dの間に電圧を加え，真空放電管のようすを観察した。

図1

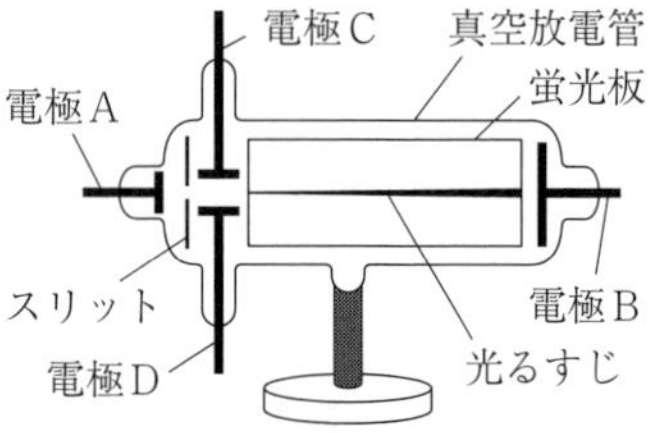

次の文章は，このときの真空放電管のようすについて述べたものである。文章中の（ Ⅰ ）と（ Ⅱ ）のそれぞれにあてはまる語句の組み合わせとして最も適当なものを，下のアからエまでの中から選びなさい。(　　　)

〔実験〕の①で，蛍光板に光るすじが見えたのは，電極Aと電極Bの間に（ Ⅰ ）となるように電圧を加えたときである。

〔実験〕の②で，電極Cが陽極（＋《プラス》極），電極Dが陰極（－《マイナス》極）となるように電圧を加えたところ，光るすじは図1の（ Ⅱ ）に曲がって見えた。

ア　Ⅰ：電極Aが陽極（＋極），電極Bが陰極（－極）　Ⅱ：上向き

イ　Ⅰ：電極Aが陽極（＋極），電極Bが陰極（－極）　Ⅱ：下向き

ウ　Ⅰ：電極Aが陰極（－極），電極Bが陽極（＋極）　Ⅱ：上向き

エ　Ⅰ：電極Aが陰極（－極），電極Bが陽極（＋極）　Ⅱ：下向き

(2)　3種類の白色の物質A，B，Cの性質を調べるため，次の〔実験1〕と〔実験2〕を行った。

〔実験1〕　同じ量の水が入った3本の試験管を用意し，その試験管を用いて，物質A，B，Cをそれぞれ別の試験管に少量ずつ入れ，よくふって，そのようすを調べた。

〔実験2〕　物質A，B，Cをそれぞれ別のアルミニウムはくでおおった燃焼さじにとり，図2のようにガスバーナーで加熱して，そのようすを調べた。

図2

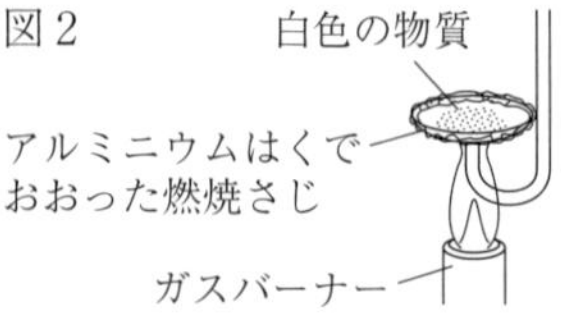

表は，〔実験1〕と〔実験2〕の結果をまとめたものである。

ただし，物質A，B，Cは，砂糖，食塩，デンプンのいずれかである。

表	物質A	物質B	物質C
〔実験1〕	とけて透明になった。	とけて透明になった。	とけずに白くにごった。
〔実験2〕	黒くこげた。	こげなかった。	黒くこげた。

物質A，B，Cはそれぞれ何か。物質A，B，Cの組み合わせとして最も適当なものを，次のア

からカまでの中から選びなさい。(　　　)

ア　A：砂糖　B：食塩　C：デンプン　イ　A：砂糖　B：デンプン　C：食塩
ウ　A：食塩　B：砂糖　C：デンプン　エ　A：食塩　B：デンプン　C：砂糖
オ　A：デンプン　B：砂糖　C：食塩　カ　A：デンプン　B：食塩　C：砂糖

2　刺激に対するヒトの反応について調べるため，次の〔実験1〕と〔実験2〕を行った。

〔実験1〕

①　図1のように，Aさんは右手でものさしの上端をつかみ，Bさんはものさしにふれないように0の目盛りの位置に左手の指をそえた。

②　Aさんは合図をせずにものさしをはなした。

③　Bさんはものさしが落ちはじめるのを見たらすぐに，左手の高さを変えずにものさしをつかみ，ものさしが落下した距離を測定した。

④　①から③までを，さらに4回繰り返した。

図1

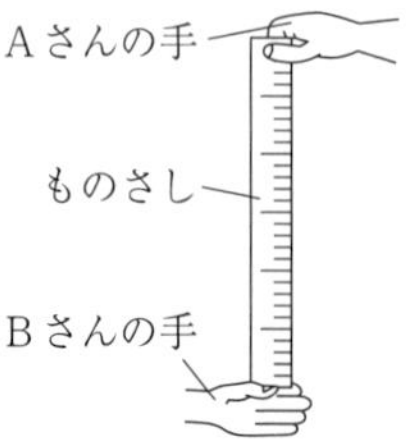

〔実験2〕

①　図1のように，Aさんは右手でものさしの上端をつかみ，Bさんはものさしにふれないように0の目盛りの位置に左手の指をそえた。

②　Bさんは目を閉じた。

③　Aさんは左手で，Bさんは右手で互いに手をつなぎ，Aさんはものさしをはなす瞬間に，Bさんの手を強くにぎった。

④　Bさんは手を強くにぎられたらすぐに，左手の高さを変えずにものさしをつかみ，ものさしが落下した距離を測定した。

⑤　①から④までを，さらに4回繰り返した。

表は，〔実験1〕と〔実験2〕の結果をまとめたものである。

表

		1回目	2回目	3回目	4回目	5回目
〔実験1〕	ものさしが落下した距離〔cm〕	18.2	17.4	18.0	17.8	17.6
〔実験2〕	ものさしが落下した距離〔cm〕	24.6	24.4	24.0	24.2	24.3

次の(1)から(4)までの問いに答えなさい。

図2

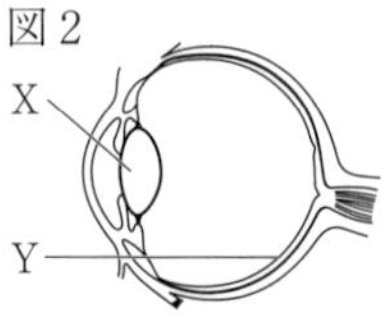

(1)　図2は，ヒトの目の断面を模式的に表したものである。図2のX，Yのうち，〔実験1〕で，Bさんがものさしの落下を光の刺激として受け取ったとき，目に入った光の刺激を受け取って光が像を結んだ部分と，その部分の名称の組み合わせとして最も適当なものを，次のアからカまでの中から選びなさい。(　　　)

ア　X，網膜　　イ　X，レンズ　　ウ　X，ひとみ　　エ　Y，網膜　　オ　Y，レンズ　　カ　Y，ひとみ

(2)　〔実験2〕では，Bさんが右手の皮ふで刺激を受け取り，左手の筋肉を動かしてものさしをつかんだ。このときの信号が伝わる経路を表したものとして最も適当なものを，次のアからエまでの中から選びなさい。(　　　)

ア　右手の皮ふ → せきずい → 左手の筋肉

イ　右手の皮ふ → 脳 → せきずい → 左手の筋肉

ウ　右手の皮ふ → せきずい → 脳 → 左手の筋肉

エ　右手の皮ふ → せきずい → 脳 → せきずい → 左手の筋肉

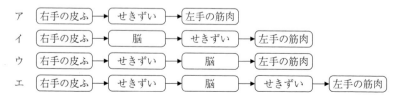

(3)　図3は，ものさしが落下した距離とものさしが落ちはじめてからの時間の関係をグラフに表したものである。〔実験1〕でAさんがものさしをはなしてからBさんがものさしをつかむまでの時間と，〔実験2〕でAさんがものさしをはなしてからBさんがものさしをつかむまでの時間の差はおよそ何秒か。最も適当なものを，次のアからカまでの中から選びなさい。(　　　)

ア　0.01秒　　イ　0.03秒　　ウ　0.05秒

エ　0.07秒　　オ　0.09秒　　カ　0.11秒

図3

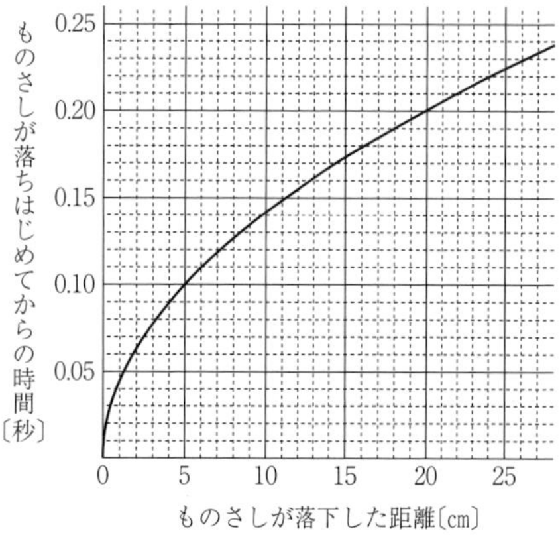

(4)　AさんとBさんは，ヒトの音の刺激に対する反応についても調べるため，さらに実験を行うことにした。次の文章は二人が作成した実験計画の一部である。計画が適切なものとなるように，(Ⅰ)と(Ⅱ)にあてはまる語句として最も適当なものを，(Ⅰ)には下のaからeまでの中から，(Ⅱ)には下のアからウまでの中からそれぞれ選びなさい。Ⅰ(　　　)　Ⅱ(　　　)

〈実験の手順〉

①　Aさんは右手でものさしの上端をつかみ，Bさんはものさしにふれないように0の目盛りの位置に左手の指をそえる。

②　Aさんはものさしをはなす瞬間に，Bさんに向けて「あっ」と声を出す。

③　Bさんは声を聞いたらすぐに，左手の高さを変えずにものさしをつかみ，ものさしが落下した距離を測定する。

④　①から③までを，さらに4回繰り返す。

〈気をつけること〉

この実験では(Ⅰ)。

〈結果の整理〉

ものさしが落下した距離と図3のグラフから(Ⅱ)がわかる。

a　Aさんは目を閉じている必要がある　　　b　Bさんは目を閉じている必要がある

c　Aさんはものさしを見ている必要がある　d　Bさんはものさしを見ている必要がある

e　AさんとBさんは手をつないでいる必要がある

ア　Aさんが声を出してから，音の刺激がBさんの脳に伝わるまでの時間

イ　Aさんが声を出してから，Bさんがものさしをつかむまでの時間

ウ　Aさんの声による音の刺激がBさんの脳に伝わってから，Bさんがものさしをつかむまでの時間

3　水溶液を電気分解したときの変化について調べるため，次の〔実験1〕から〔実験3〕までを行った。

〔実験1〕

① 炭素棒A，Bを用意し，それぞれの質量を測定した。

② 図1のように，塩化銅水溶液の入ったビーカーに，発泡ポリスチレンの板に取り付けた炭素棒Aと炭素棒Bを入れ，炭素棒Aが陰極（－極）に，炭素棒Bが陽極（＋極）になるように導線で電源装置と電流計を接続した。

③ 電源装置のスイッチを入れ，電流の大きさを0.8Aにして25分間電気分解を行ったところ，一方の炭素棒に赤色（赤茶色）の物質が付着し，もう一方の炭素棒からは気体が発生した。

図1

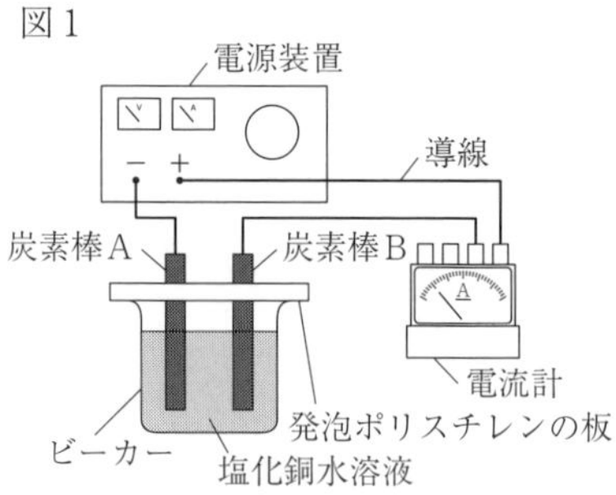

④ 赤色（赤茶色）の物質が付着した炭素棒を取り出し，その炭素棒の質量を測定した。

⑤ ①，④で測定した炭素棒の質量から，付着した赤色（赤茶色）の物質の質量を計算した。

⑥ 電流を流す時間をさまざまに変えて，①から⑤までと同じことを行った。

⑦ 電流の大きさを1.2A，2.0Aに変えて，それぞれ①から⑥までと同じことを行った。

〔実験1〕の③で得られた赤色（赤茶色）の物質を調べたところ，銅であることがわかった。図2は，〔実験1〕で電流の大きさを0.8A，1.2A，2.0Aにしたときの，電流を流した時間と，炭素棒に付着した銅の質量の関係を，それぞれグラフに表したものである。

図2

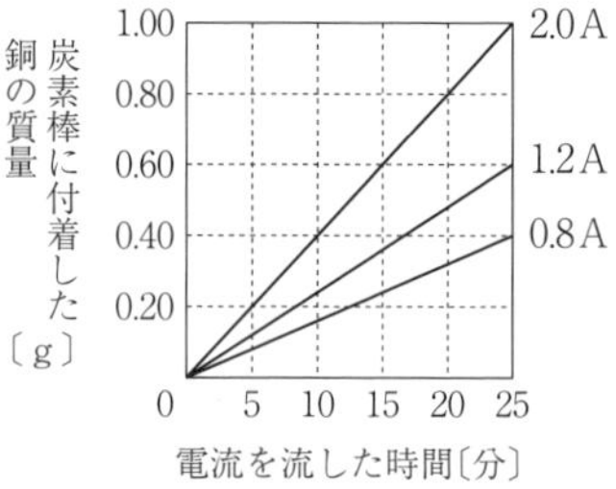

〔実験2〕

① 図3のように，電気分解装置にうすい水酸化ナトリウム水溶液を満たし，電極Cが陰極（－極）に，電極Dが陽極（＋極）になるように導線で電源装置を接続した。

② 電源装置のスイッチを入れて電気分解装置に電流を流し，電極C，D付近から発生した気体をそれぞれ集めた。

図3

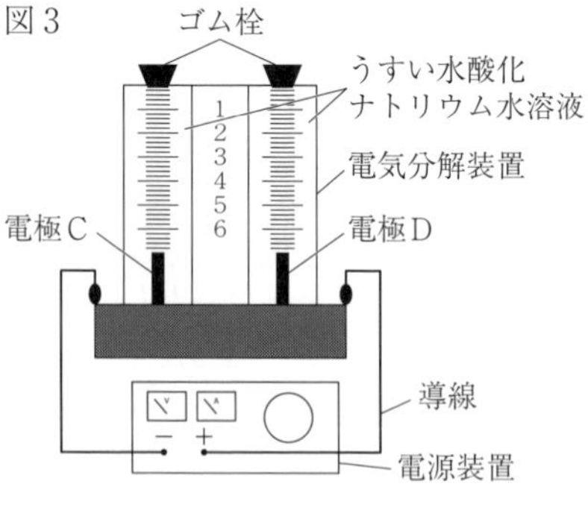

〔実験3〕

① 〔実験2〕と同じ電気分解装置にうすい塩酸を満たし，導線で電源装置と接続した。

② 電気分解装置に10分間電流を流した後，電気分解装置からうすい塩酸4.0cm^3を取り出した。

③ ②で取り出したうすい塩酸に，うすい水酸化ナトリウム水溶液を加えて中性にした。

④ 電流を流す時間を15分間に，また，電気分解装置から取り出すうすい塩酸の体積を8.0cm^3に変えて，①から③までと同じことを行った。

⑤ 電流を流す時間を20分間に，また，電気分解装置から取り出すうすい塩酸の体積を6.0cm^3に変えて，①から③までと同じことを行った。

表は，〔実験3〕で，電気分解装置から取り出したうすい塩酸を中性にするために加えたうすい水酸化ナトリウム水溶液の体積をまとめたものである。

表

電流を流す時間〔分〕	電気分解装置から取り出したうすい塩酸の体積〔cm^3〕	加えたうすい水酸化ナトリウム水溶液の体積〔cm^3〕
10	4.0	5.0
15	8.0	9.0
20	6.0	6.0

次の(1)から(4)までの問いに答えなさい。

(1) 〔実験1〕の③で，付着した銅と発生した気体について説明した文として最も適当なものを，次のアからエまでの中から選びなさい。(　　　)

ア　炭素棒Aに銅が付着し，炭素棒B付近からは水素が発生した。

イ　炭素棒Aに銅が付着し，炭素棒B付近からは塩素が発生した。

ウ　炭素棒Bに銅が付着し，炭素棒A付近からは水素が発生した。

エ　炭素棒Bに銅が付着し，炭素棒A付近からは塩素が発生した。

(2) 電流の大きさと電流を流す時間をさまざまに変えて，〔実験1〕と同じことを行った。塩化銅0.95gが分解する電流の大きさと電流を流す時間の組み合わせとして最も適当なものを，次のアからケまでの中から選びなさい。ただし，〔実験1〕に用いた塩化銅は，銅と塩素が9：10の質量の比で化合しているものとする。(　　　)

ア　1.0A，5分　　イ　1.0A，15分　　ウ　1.0A，25分　　エ　1.5A，5分

オ　1.5A，15分　　カ　1.5A，25分　　キ　2.0A，5分　　ク　2.0A，15分

ケ　2.0A，25分

(3) 〔実験2〕の②で，電極D付近から発生した気体の体積が2.0cm^3であったとき，電極C付近から発生した気体とその体積について述べた文として最も適当なものを，次のアからカまでの中から選びなさい。(　　　)

ア　電極C付近から発生した気体は水素で，その体積は1.0cm^3である。

イ　電極C付近から発生した気体は水素で，その体積は2.0cm^3である。

ウ　電極C付近から発生した気体は水素で，その体積は4.0cm^3である。

エ　電極C付近から発生した気体は酸素で，その体積は1.0cm^3である。

オ　電極C付近から発生した気体は酸素で，その体積は2.0cm^3である。

カ　電極C付近から発生した気体は酸素で，その体積は4.0cm^3である。

(4) 〔実験3〕で用いた電流を流す前のうすい塩酸10.0cm^3を中性にするために必要なうすい水酸化ナトリウム水溶液の体積は何cm^3か。最も適当なものを，次のアからクまでの中から選びなさい。(　　　)

ア　2.5cm^3　　イ　5.0cm^3　　ウ　7.5cm^3　　エ　10.0cm^3　　オ　12.5cm^3　　カ　15.0cm^3

キ　17.5cm^3　　ク　20.0cm^3

4　物体が水から受ける力について調べるため，次の〔実験1〕から〔実験3〕までを行った。ただし，糸の質量は無視できるものとする。

〔実験1〕

①　重さ12.0Nの直方体である物体Aの上面に糸を取り付け，ばねばかりにつるした。

②　ビーカーを用意し，ビーカーに水を入れた。

③　図1のように，ばねばかりにつるした物体Aの底面が水平になるようにして，底面を水面の位置に合わせた。

④　次に，物体Aをビーカーにふれないように，底面と水面が平行な状態を保って，図2のように水面から底面までの深さが6.0cmとなる位置まで沈めながら，ばねばかりの示す値を測定した。

図1

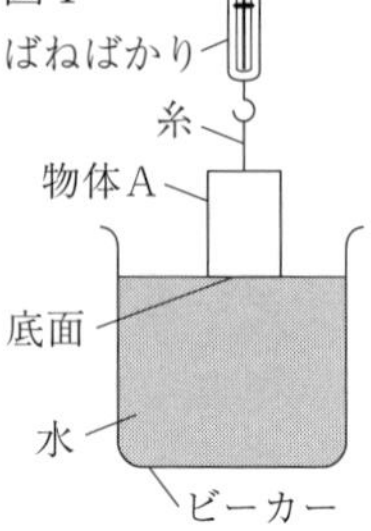

図2

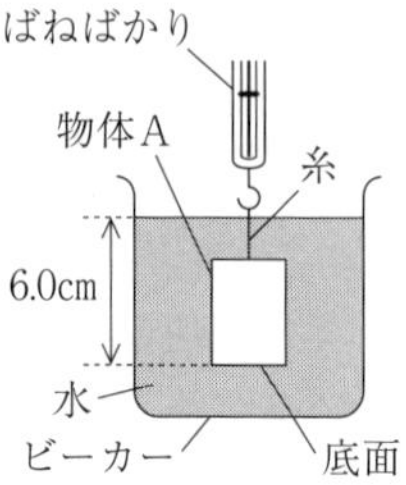

表は，〔実験1〕の結果をまとめたものである。

表

水面から物体Aの底面までの深さ〔cm〕	1.0	2.0	3.0	4.0	5.0	6.0
ばねばかりが示す値〔N〕	10.0	8.0	6.0	4.0	2.2	2.2

〔実験2〕

①　質量の無視できる長さ24cmの棒，物体B，〔実験1〕と同じ物体Aを用意した。

②　棒の一端に物体Aを，他端に物体Bを糸で取り付けた。

③　図3のように，物体Aをつるした端から16cmの点で棒を糸でつるし，棒が水平になるように手で支えた。

④　棒を支えている手を静かにはなし，棒のようすを観察した。

⑤　棒をつるす糸の位置をかえた。

⑥　図4のように，ビーカーに水を入れ，物体Aを2.0cmだけビーカーの水に沈め，棒が水平になるように手で支えた。

⑦　棒を支えている手を静かにはなし，棒のようすを観察した。

図3

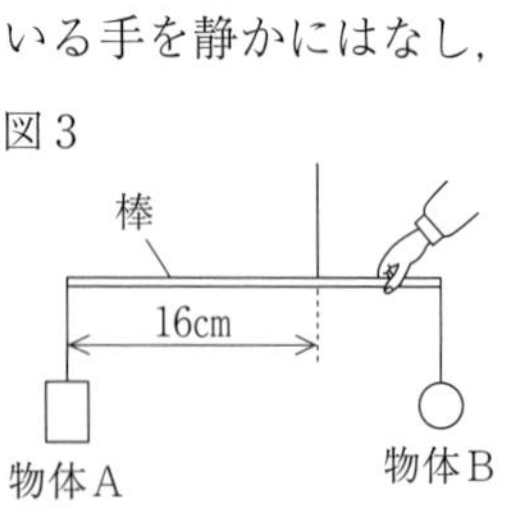

図4

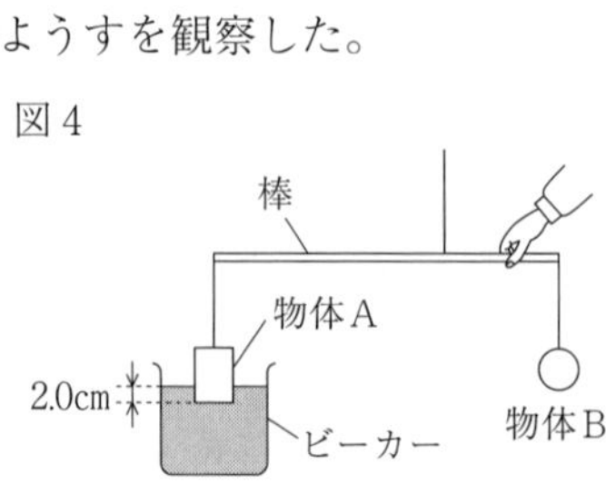

〔実験2〕の④の結果，棒は水平のまま静止した。

〔実験2〕の⑦の結果，棒は水平のまま静止した。

〔実験3〕

①　重さ17.0Nの物体Cを用意し，図5のように，水そうの水に浮かべた。

②　水そう，水，定滑車，糸，ばねばかりを用いて，図6のような装置をつくった。

③ 物体Cが水中で静止するようにばねばかりを引き上げて，ばねばかりの示す値を記録した。

図5

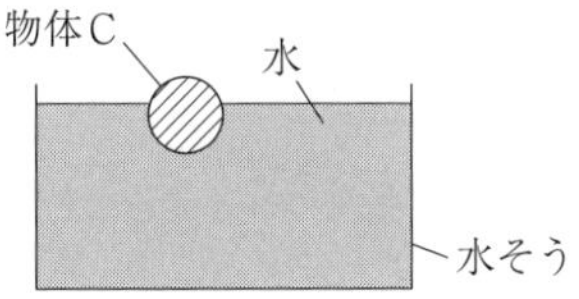

図6

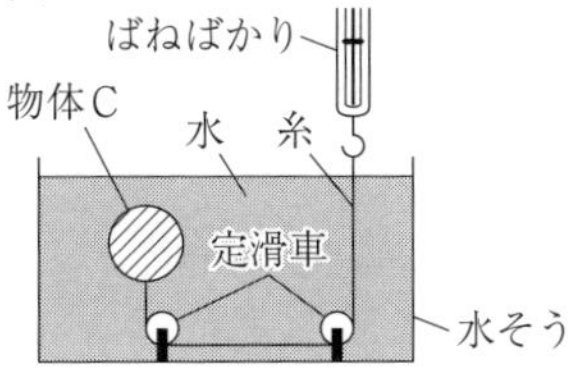

〔実験3〕の③の結果，ばねばかりは3.0Nを示した。

次の(1)から(4)までの問いに答えなさい。

(1) 〔実験1〕で，水面から物体Aの底面までの深さが4.0cmになったとき，物体Aにはたらく浮力はどちら向きか。また，浮力の大きさは何Nか。その組み合わせとして最も適当なものを，次のアからエまでの中から選びなさい。(　　　)

ア 上向き，4.0N　　イ 上向き，8.0N　　ウ 下向き，4.0N　　エ 下向き，8.0N

(2) 次の文章は，水圧と浮力について述べたものである。文章中の（ Ⅰ ）から（ Ⅲ ）までにあてはまるものとして最も適当なものを，下のアからキまでの中からそれぞれ選びなさい。なお，文章中の2か所の（ Ⅰ ）には同じものがあてはまる。Ⅰ(　　　) Ⅱ(　　　) Ⅲ(　　　)

〔実験1〕のように，物体を水中に入れると，物体は水圧を受ける。一般に，水圧の大きさと水面からの深さの間には，水圧は（ Ⅰ ）という関係がある。このため，物体の一部が水から出ている間は，浮力と深さの間には，浮力は（ Ⅰ ）という関係が成り立つ。

その後，物体全体が水中に入ると，浮力は直方体の底面と上面に加わる力の差によって生じるため，浮力は（ Ⅱ ）。

これらのことから，〔実験1〕に用いた物体Aの高さは（ Ⅲ ）であると考えられる。

ア 深いほど大きい　　イ 深いほど小さい　　ウ 深さに関係なく一定である

エ 4.5cm　　オ 4.7cm　　カ 4.9cm　　キ 5.1cm

(3) 〔実験2〕の⑦で棒が水平で静止したとき，棒を糸でつるしていた点は，物体Aをつるした端から何cmのところか。最も適当なものを，次のアからコまでの中から選びなさい。(　　　)

ア 11cm　　イ 12cm　　ウ 13cm　　エ 14cm　　オ 15cm　　カ 16cm

キ 17cm　　ク 18cm　　ケ 19cm　　コ 20cm

(4) 〔実験3〕の結果から，図5のように物体Cが水に浮かんで静止しているとき，物体Cの水面より上にある部分の体積は，物体C全体の何%か。最も適当なものを，次のアからクまでの中から選びなさい。(　　　)

ア 3.0%　　イ 5.7%　　ウ 10%　　エ 14%　　オ 15%　　カ 17%　　キ 20%

ク 25%

5　火山の形と火成岩の性質の関係を調べるため，次の〔観察 1〕から〔観察 3〕までと〔実験〕を行った。

〔観察 1〕　いろいろな火山を観察し，火山の形で A「傾斜がゆるやかな形」，B「円すい形」，C「おわんをふせた形（ドーム形）」の 3 種類に分類した。

図 1 は，A から C までの火山の形を模式的に表したものである。

図 1

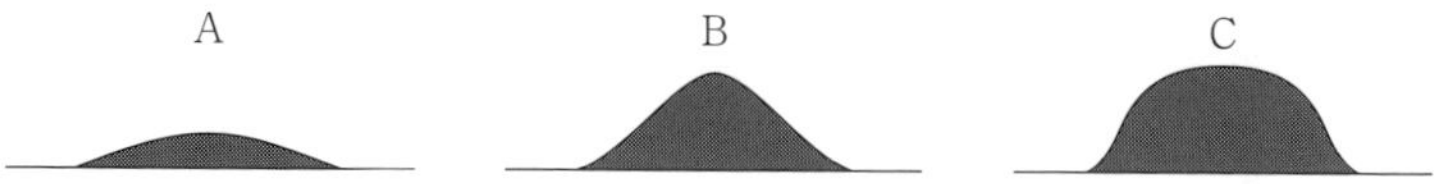

〔観察 2〕

① 〔観察 1〕で A，B，C に分類した火山の中から一つずつ選んで，それぞれの火山から火成岩を 1 種類採集した。

② ①で採集した火成岩に含まれる無色鉱物および有色鉱物の割合と，有色鉱物の種類を調べた。

表 1 は，〔観察 2〕の①で採集した 3 種類の火成岩について，無色鉱物と有色鉱物の割合と，最も多く含まれる有色鉱物をまとめたものである。なお，3 種類の火成岩を無色鉱物の割合の大きい順にあ，い，う とした。

表 1

火成岩	無色鉱物の割合〔%〕	有色鉱物の割合〔%〕	最も多く含まれる有色鉱物
あ	90.0	10.0	黒雲母
い	80.0	20.0	角セン石
う	60.0	40.0	輝石

〔観察 3〕

① 〔観察 1〕で C に分類したある火山から，さらにいくつかの火成岩を採集した。

② ①で採集した火成岩の一面を磨き，ルーペで観察した。

図 2

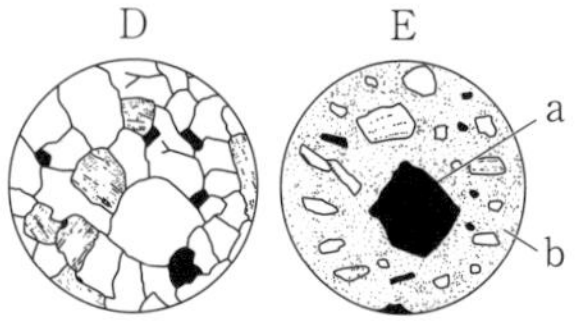

〔観察 3〕では，図 2 の D のようなつくりをもつ火成岩と，E のようなつくりをもつ火成岩が観察された。

〔実験〕

① 同じ大きさのペトリ皿 W，X，Y，Z を用意した。

② 水 100g にミョウバン 50g をすべてとかして 60 ℃の水溶液をつくり，60 ℃にあたためたペトリ皿 W，X に半分ずつ入れた。

③ 水 100g にミョウバン 30g をすべてとかして 60 ℃の水溶液をつくり，60 ℃にあたためたペトリ皿 Y，Z に半分ずつ入れた。

④ ②，③のペトリ皿 W，X，Y，Z を，表 2 のように条件を変えて冷やし，冷やしはじめてから 60 分後のミョウバンの結晶のようすを観察した。

表2	条件
ペトリ皿 W，Y	60℃の湯の入った水そうに浮かべ，小さな結晶が十数個できた後，氷水の入った水そうに浮かべて放置する。
ペトリ皿 X，Z	60℃の湯の入った水そうに浮かべて放置する。

表3は，〔実験〕で観察されたミョウバンの結晶のようすをまとめたものである。

表3	ミョウバンの結晶のようす
ペトリ皿 W，Y	やや大きな結晶と，そのまわりをうめる小さな結晶ができた。
ペトリ皿 X，Z	同じくらいの大きさの，大きな結晶ができた。

次の(1)から(4)までの問いに答えなさい。

(1) 次の文章は，〔観察1〕でAに分類される火山のマグマと，〔観察2〕で調べた火成岩について述べたものである。文章中の（ Ⅰ ）と（ Ⅱ ）のそれぞれにあてはまる語の組み合わせとして最も適当なものを，下のアからカまでの中から選びなさい。（　　　）

図1のAに分類される火山のマグマは，B，Cに分類される火山のマグマと比べ，ねばりけが（ Ⅰ ）。ねばりけの強さにより火成岩の色が異なることがわかっており，〔観察2〕でAに分類される火山から採集された火成岩に最も多く含まれる有色鉱物は（ Ⅱ ）である。

ア Ⅰ：強い Ⅱ：黒雲母　イ Ⅰ：強い Ⅱ：角セン石　ウ Ⅰ：強い Ⅱ：輝石
エ Ⅰ：弱い Ⅱ：黒雲母　オ Ⅰ：弱い Ⅱ：角セン石　カ Ⅰ：弱い Ⅱ：輝石

(2) 次の文章は，〔観察3〕で観察された火成岩のうちのEのつくりについて述べたものである。文章中の（ Ⅰ ）から（ Ⅲ ）までのそれぞれにあてはまる語の組み合わせとして最も適当なものを，下のアからエまでの中から選びなさい。（　　　）

図2のEはaのような大きな鉱物の結晶のまわりを，bのようなごく小さな鉱物の集まりやガラス質のものが取り囲んでいる。このようなつくりを（ Ⅰ ）といい，aのような大きな鉱物の結晶を（ Ⅱ ），bのようなガラス質の部分を（ Ⅲ ）という。

ア Ⅰ：斑状組織 Ⅱ：斑晶 Ⅲ：石基　イ Ⅰ：斑状組織 Ⅱ：石基 Ⅲ：斑晶
ウ Ⅰ：等粒状組織 Ⅱ：斑晶 Ⅲ：石基　エ Ⅰ：等粒状組織 Ⅱ：石基 Ⅲ：斑晶

(3) 次の文章は，〔実験〕について述べたものである。文章中の（ Ⅰ ）と（ Ⅱ ）にあてはまるものの組み合わせとして最も適当なものを，次のアからカまでの中から選びなさい。なお，図3は，100gの水にとけるミョウバンの質量と水の温度の関係を示したものである。（　　　）

図3
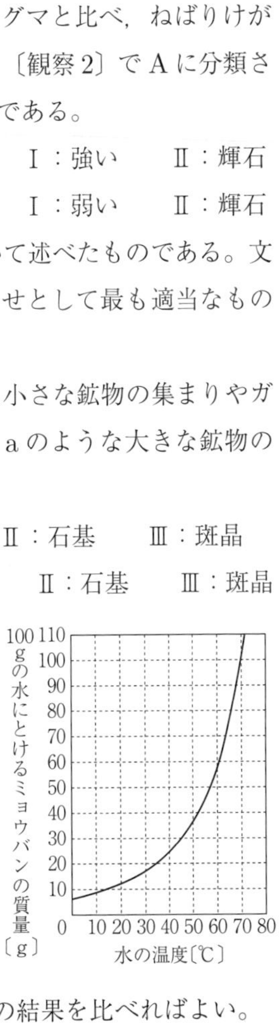

〔実験〕で，ペトリ皿XとZを比べると，結晶がはじめて出てくるときの水溶液の温度は，ペトリ皿（ Ⅰ ）の方が高かった。

また，〔実験〕で「結晶のつくりや大きさの違いが，冷え方の違いによるものである」ことを調べるためには，ペトリ皿Wと（ Ⅱ ）の結果を比べればよい。

ア　Ⅰ：X　　Ⅱ：X　　イ　Ⅰ：X　　Ⅱ：Y　　ウ　Ⅰ：X　　Ⅱ：Z
エ　Ⅰ：Z　　Ⅱ：X　　オ　Ⅰ：Z　　Ⅱ：Y　　カ　Ⅰ：Z　　Ⅱ：Z

(4)　次の文章は，〔実験〕からわかることと，〔観察3〕で観察した火成岩が火山のどこでできたかについて考察したものである。文章中の（　Ⅰ　）から（　Ⅲ　）までにあてはまる語句の組み合わせとして最も適当なものを，下のアからクまでの中から選びなさい。

なお，文章中の3か所の（　Ⅰ　），2か所の（　Ⅱ　）には同じ語があてはまる。(　　　)

〔実験〕の結果，物質が（　Ⅰ　）冷えることにより，大きさが同じくらいの大きな結晶が得られると考えられる。

このことから，〔観察3〕のDとEのうち，マグマが（　Ⅰ　）冷えてできた火成岩は（　Ⅱ　）だと考えられる。一般的に，地表付近に比べ，地下の深いところの方がマグマが（　Ⅰ　）冷えるため，（　Ⅱ　）は火山の（　Ⅲ　）でできたと考えられる。

ア　Ⅰ：ゆっくり　　Ⅱ：D　　Ⅲ：地表付近
イ　Ⅰ：ゆっくり　　Ⅱ：D　　Ⅲ：地下の深いところ
ウ　Ⅰ：ゆっくり　　Ⅱ：E　　Ⅲ：地表付近
エ　Ⅰ：ゆっくり　　Ⅱ：E　　Ⅲ：地下の深いところ
オ　Ⅰ：急速に　　Ⅱ：D　　Ⅲ：地表付近
カ　Ⅰ：急速に　　Ⅱ：D　　Ⅲ：地下の深いところ
キ　Ⅰ：急速に　　Ⅱ：E　　Ⅲ：地表付近
ク　Ⅰ：急速に　　Ⅱ：E　　Ⅲ：地下の深いところ

6　次の(1), (2)の問いに答えなさい。

(1)　図1は，ある日に愛知県から肉眼で見た月のようすを示している。このときの，月の地点Xから見た地球のようすとして最も適当なものを，次のアからオまでの中から選びなさい。また，この3日後に月から見た地球のようすとして最も適当なものを，下のAからCまでの中から選びなさい。

図1

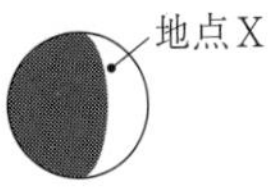

ただし，次のアからオまでは，肉眼で見たときのように示してある。

ある日(　　　)　3日後(　　　)

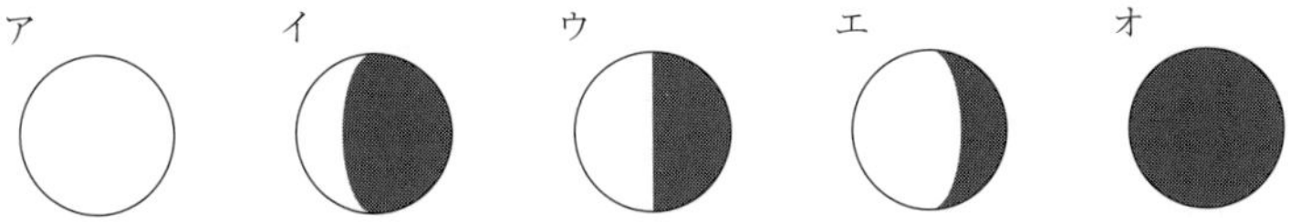

A　3日前と比べて満ちて見える。　　B　3日前と比べて欠けて見える。

C　3日前と同じように見える。

(2)　植物の細胞の成長のようすを調べるため，次の〔観察〕を行った。

〔観察〕

①　図2のように根が伸長したタマネギから根を1本切り取り，約60℃にあたためたうすい塩酸に1分間入れた後，水で洗った。

②　図3のように，①で切り取った根を先端から1mmずつ切り，根の先端に近いものから順に切片A，B，C，D，E，F，G，H，I，Jとし，それぞれを別のスライドガラスにのせ，酢酸オルセイン液を1滴ずつ落とした。

図2

図3

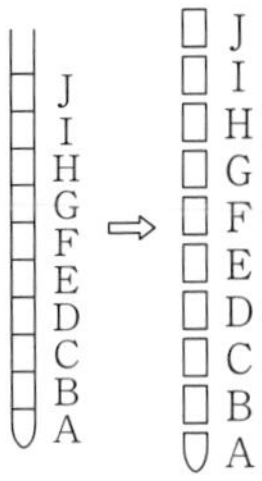

③　数分後，②のそれぞれのスライドガラスにカバーガラスをかけ，その上にろ紙をかぶせ，指で押しつぶして，プレパラートを作成した。

④　③のそれぞれのプレパラートを，顕微鏡を同じ倍率にして観察し，視野の中に観察できた細胞を数えた。

〔観察〕の結果，切片ごとに顕微鏡の視野の中に観察できた細胞の数を表したものとして最も適当なものを，次のアからエまでの中から選びなさい。(　　　)

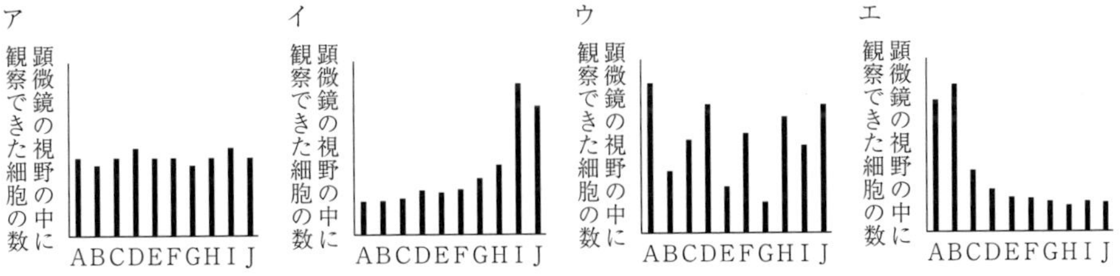

を、次のアからエまでの中から選びなさい。（　　）

ア　家臣がどれだけ幸せであるかは、仕える主君によるということ

イ　幸せになるか不幸になるかは、その人の行動しだいということ

ウ　幸せな人生を送れるかどうかは、家柄とは関係がないということ

エ　安易に人の誘いに乗ることは、不幸を招く原因になるということ

(三)　③夫《か》の魚鳥と、何を以《もつ》て異ならんやとあるが、このように述べる理由として最も適当なものを、次のアからエまでの中から選びなさい。

（　　）

ア　動物の世界と同じように人間の世界も弱肉強食であるから。

イ　自分が欲するものへの執着によって身を滅ぼしているから。

ウ　どれだけ努力をしても自分より強い者には逆らえないから。

エ　慎重になりすぎると獲物を逃してしまうことになるから。

(四)　次のアからエまでの中から、その内容がこの文章に書かれていることと一致するものを一つ選びなさい。（　　）

ア　太宗は鳥と魚を対比させながら家臣としてのあるべき姿を説いた。

イ　太宗は自然界の道理を例にとって家臣に理想の主従関係を示した。

ウ　太宗はたとえ話を用いて家臣に長く富や地位を守る方法を語った。

エ　太宗は家臣との結束を強めるために昔の失敗談を語って聞かせた。

ウ　各登場人物が凛久との思い出を語ることで、凛久のために何かをしたいという思いが次第に形になっていく様子が描かれている。

エ　亜紗、晴菜、先生が会話をする場面では「――」や「……」を多用することで、三人のもどかしい気持ちが表現されている。

オ　昼休みの教室の場面は一年生の深野と広瀬が会話をリードする形で進み、二人の息がよく合っている様子が描かれている。

4　次の漢文（書き下し文）を読んで、あとの㈠から㈣までの問いに答えなさい。（本文の----の左側は現代語訳です。）

太宗《たいそう》、侍臣に謂《い》ひて曰《い》はく（そばに控える家臣に言うことには）、「古人云《い》ふ、『鳥、林に棲《す》むも、猶《な》ほ（それでもなお）其《そ》の高からざらんことを恐れ、復《ま》た木末に巣くふ（さらに高い木の枝）。魚、泉に蔵《かく》るるも、猶ほ其の深からざらんことを恐れ、復た其の下に窟穴す（水中の洞穴に住んでいる）。然《しか》れども（それにもかかわらず）人の獲《う》る所と為《な》る者は、皆、餌を貪るに由《よ》るが故なり。』と。今、人臣、任を受けて、高位に居《を》り、厚禄《こうろく》を食《は》む（多額の報酬を得ている）。①当《まさ》に須《すべから》く忠正を履《ふ》み、公清を踏むべし。則《すなは》ち（そうすれば）災害無く、長く富貴を守らん。古人云ふ、『②禍福は門無し、惟《た》だ人の召《まね》く所のみ。』と。然らば（だから）其の身を陥《おとしい》るる者は、皆、財利を貪冒《たんぼう》するが為《た》めなり。③夫《か》の魚鳥と、何を以《もつ》て異ならんや。卿等《けいら》（お前たち）、宜《よろ》しく此《こ》の語を思ひ、用《もつ》て鑑誡《かんかい》（戒め）と為《な》すべし。」と。

（「貞観政要《じょうがんせいよう》」より）

（注）○　太宗《たいそう》＝唐の第二代皇帝の李世民《りせいみん》のこと。

㈠　①当《まさ》に須《すべから》く忠正を履《ふ》み、公清を踏むべしとあるが、このことばによって太宗が言いたいこととして最も適当なものを、次のアからエまでの中から選びなさい。（　　）

ア　主君と家臣の信頼関係を大切にし、社会の安定を図るべきである。

イ　人民のために働くべきであり、高位高官を目指すべきではない。

ウ　国が豊かになるには、役人が清貧の生活に甘んじる必要がある。

エ　まじめで正しい行いをし、清廉潔白な生き方でなければならない。

㈡　②禍福は門無し、惟《た》だ人の召《まね》く所のみの説明として最も適当なものなく思っている。

オ　自分の感情を制御できなくなっているところに慰めの言葉をかけられ、一層感情が高ぶっている。

(二)　第六段落における亜紗の心情の説明として最も適当なものを、次のアからエまでの中から選びなさい。（　　）

ア　後輩が教室まで訪ねてくることは初めてだったので驚いたが、他の部員に聞かれたくない相談なのかもしれないと思い、二人の話を一言も聞き漏らすまいと緊張しながら聞いている。

イ　晴菜先輩が卒業したあとの天文部の活動に不安を抱いていたが、県外の仲間が今後の活動に協力してくれそうだと後輩たちから聞き、ほっとしている。

ウ　初めは後輩たちの来訪の意図が分からなかったが、年内にもう一度スターキャッチコンテストのようなことができないかを一年生だけで県外の仲間と相談していたと知り、驚いている。

エ　凛久が年末に転校することを知ってからは教室でも塞ぎ込んでいたが、後輩たちが自分を励ますために訪ねてきてくれたので、努めて明るくふるまおうとしている。

(三)　〔②〕にあてはまる最も適当なことばを、次のアからエまでの中から選びなさい。（　　）

ア　口をつぐむ　　イ　息をのむ

ウ　耳をそばだてる　　エ　目を覆う

(四)　次のアからオは、この文章を読んだ生徒五人が、意見を述べ合ったものである。その内容が本文に書かれていないことを含むものを二つ選びなさい。（　　）（　　）

ア　（Aさん）　綿引先生には、それとなく生徒たちのことを気遣い、見守っているような優しさと思いやりがあります。だからこそ、部員たちが先生に本心をぶつけることができるのだと思います。

イ　（Bさん）　凛久は、綿引先生には転校や家庭の事情といった個人的なことを打ち明け、相談することができていたようです。綿引先生も、姉に対する凛久の思いを理解した上で、部活動の指導をしているのだと思います。

ウ　（Cさん）　晴菜先輩には、自分の思いを遠慮せずにはっきりと伝えられる強さがあるように思います。でも、凛久が転校することを聞いて動揺し混乱している亜紗の気持ちには、気付くことができていないようです。

エ　（Dさん）　亜紗は、後輩たちが先生に頼らずに自分たちで考え、県外の仲間と協力してナスミス式望遠鏡のお披露目会を開こうとしていることを聞いて、自分が気付いていなかったたくましさを感じているようです。

オ　（Eさん）　深野と広瀬は、とてもいいコンビだと思います。スターキャッチコンテストの望遠鏡作りを完全に一年生に任せ、上級生は手を出さなかったことで、チームワークと自立心が養われたのだと思います。

(五)　この文章の表現の特徴として適当なものを、次のアからオまでの中から二つ選びなさい。（　　）（　　）

ア　会話文に加えて地の文によっても亜紗の内面が細かく描写され、凛久の転校を聞いた後の亜紗の動揺がありありと書かれている。

イ　回想場面を挿入して過去の出来事を描写することにより、人間の心理が時間の流れの中で変化することが示されている。

五島《ごとう》チームとか、渋谷《しぶや》の中学生たちに」「えっ……！」思わず亜紗の口から声が出る。二人の顔をまじまじと見てしまう。

7 「どうやって？　ひょっとして綿引先生に頼んだり――」「あ、違います違います。私たち、コンテストの準備してる合間にいろいろ話しながら連絡先交換してて。私は、五島の円華《まどか》さんと。私も中学まで吹奏楽やってたから、なんか仲良くなれそうだなって」「私は、ひばり森中の天音《あまね》ちゃんとショートメッセージつながってます。好きなアニメの推しがかぶってたんで」いつの間に――と絶句する。スターキャッチコンテストの望遠鏡作りは、亜紗たち上級生はあくまでお手伝いで、確かに一年生が中心だった。二人が作業している横でナスミス式望遠鏡の製作に集中している時間帯も確かにあったけれど――一年生の二人を前に、亜紗は、ああ――と思う。最初からこの子たちに相談すればよかったのか。一年生たちのたくましさがあまりにまぶしい。（②）亜紗の前で、深野の方が、「あ、で、ですね」と平然と続けた。「また、一緒に何かできたらいいねって気持ちは、みんなもあるみたいです。来年またスターキャッチコンテストができればいいって話にもなってたんですけど、五島チームとか、今年で卒業の人たちも多いし、来年の夏はもうみんなバラバラだから、やるなら受験が落ち着いた三月とかなのかなって話してて」

8 そこで、深野と広瀬が顔を見合わせる。二人で話した後なのだろう。小さくうなずき合った後で、深野が続けた。「だから、私たちも話したんです。凛久先輩が年内で転校しちゃうこと。現地に来るのは無理かもしれないけど、ナスミス式望遠鏡ができたら、そのお披露目にはみんなのこともオンラインで招待したいって。そしたら――」「ひばり森の天音ちゃんから、スターキャッチや観測会もいいけど、年内なら、一緒にできるか検討してほしいことがあるから、今度またオンライン会議をしませんかって誘われたんです。また、全チームで」目を見開いた。わかったからだ。この子たちも、亜紗と同じ気持ちだったのだと。

（辻村《つじむら》深月《みづき》「この夏の星を見る」より）

（注）○ 1～8は段落符号である。
○ 安堵《あんど》＝安心すること。
○ ナスミス式望遠鏡＝十九世紀にイギリスのジェームス・ナスミスが発明した天体望遠鏡。どの方向を観測しても、観測者が目の高さを変えずにのぞき込むことができる特徴があり、車椅子に乗ったまま使用できる。
○ 野呂《のろ》さん＝ＳＨＩＮＯＳＥの社員。
○ スターキャッチ＝スターキャッチコンテスト。夏休みに亜紗たちが主催して行った、自作の天体望遠鏡で星を捉えることを競う大会。長崎県の五島列島の高校生チームと東京都渋谷区のひばり森中学校のチームなどがオンラインで参加した。

（一）①亜紗はぶんぶんと首を振ったとあるが、このときの亜紗の心情として適当なものを、次のアからオまでの中から二つ選びなさい。（　）（　）

ア 転校することについて凛久が自分に相談してくれなかったことを、悔しく思っている。
イ 凛久が家族の事情を話せないのは当然だと思いながらも、うそをつかれたことに傷ついている。
ウ 凛久との関係の悪化を晴菜先輩や綿引先生から心配されていることに、堪えられなくなっている。
エ 凛久が抱えている事情に気付けなかった鈍感な自分に対し、情け年、花井《はない》さんの講演会に行った時に、車椅子専用スペースに、凜久とお姉さんがいるのを見かけて、ちょっとだけ、挨拶した」

3 そうだったんだ、と思う。凜久のお姉さんの話を、一度だけ、そういえば亜紗も聞いたことがあった。去年、まだいろんなイベントができた頃、宇宙飛行士の花井うみかさんの講演会があった際、凜久は亜紗たちと一緒に行かず、お姉さんと行った。お姉さんも星や宇宙が好きで、本当はお母さんと行く予定だったけれど、お母さんの都合が悪くなったので、凜久が一緒に行ったのだと。だけど、亜紗は凜久の姿を見つけられなかったし、あの日、会場に車椅子の人たち向けのスペースがあったことも、まったく気づいていなかった。さっき車内で聞いたばかりの、凜久の声を思い出す。——ナスミス式望遠鏡が無事に完成したら、その観測会に、うちの姉ちゃん、呼んでもいいですか？　綿引先生にも、前から、それ、相談してて。

4 「……悔しい」亜紗の口から、声がもれた。凜久、あいつ——、と思う。本人を前にしたら、次もまた、言えないかもしれない。だけど、今の正直な気持ちが止まらなくなる。「なんで、何も言ってくれなかったんだろう。悔しい。悔しいし、すごく……」亜紗は、気づけなかった。凜久が何も言えなくて当然だ、と思う。亜紗ちゃん、と晴菜先輩が呼んで、こちらを見ている気配がする。これ以上話すと涙が出てきそうで、そんなの、嫌だ、と強く思った。悔しいし、情けないけど、泣くなんて、そんなの、凜久にもきっと失礼だ。「凜久はあいつ、ためこむタイプだからなぁ。亜紗、ごめんな」先生が謝る必要なんてないはずなのにそう言われると、いよいよ気持ちのやり場がなくなって①亜紗はぶんぶんと首を振った。

5 「ナスミス式望遠鏡のフレームはどうだった？　野呂《のろ》さんにも会ってきたんだろ」綿引先生が二人に尋ねる。話題を変えたわけじゃなくて、きっと凜久の件の延長だ。こくんとうなずく亜紗の横から、晴菜先輩が補足する。「フレーム、微調整は必要ですけど、すごくきれいで、やっぱりＳＨＩＮＯＳＥさんにお願いできてよかったです。これで、たぶん間に合う」「そうか、よかった」間に合う、よかった、という言葉が、これまでは晴菜先輩の卒業を指していたけれど、今は違う。綿引先生が言った。「あとは、ここからまたコロナの状況がひどくならないといいけど。観測会、無事にできたら、凜久にも思い出になる」思い出、という言葉を聞いて、強烈に湧き起こる感覚があった。思い出は——確かにそうかもしれない。だけど、まだそんなふうになってほしくなかった。亜紗は、ここにいるのに。ここに全部残していってしまうような言い方、やめてほしい。「先生」「うん？」動揺と混乱と、激しいショックの中で、亜紗は聞いてしまう。答えを知りたくて。「凜久のために、私たち、何ができますか？」（中略）

6 昼休み、会話自粛がすっかり定着した食事を終えた時間帯、亜紗の教室に天文部の一年生たちが訪ねてきた。背の高い深野《ふかの》と、小柄な広瀬《ひろせ》のコンビが教室の入り口に立ち、こちらに向けて手を振っているのが見えた時、亜紗は驚いた。後輩が訪ねてくるなんて、他の部の子同士では見たことがある光景だけど、自分には縁のないことだと思っていたからだ。急いで廊下に出ていくと、二人がぺこりと頭を下げた。「亜紗先輩、すみません」「今、大丈夫でしたか？」「うん。どうしたの？　何かあった？」「私たち、亜紗先輩に相談があって」話なら部活の時でもいいのに——と思っていると、思いがけず、二人の目が気遣うように自分を見ていた。広瀬が言う。「私たち——、年内にもう一度、スターキャッチみたいなことできないかなって、実は、相談してたんです。

2　次の㈠から㈢までの問いに答えなさい。

㈠　次の文中の傍線部①、②に用いる漢字として正しいものを、それぞれあとのアからエまでの中から一つ選びなさい。

①（　　）②（　　）

指導力を発揮して事態を①シュウ②シュウする。

①　ア　秀　　イ　修　　ウ　収　　エ　衆

②　ア　愁　　イ　拾　　ウ　集　　エ　蹴

㈡　次の文中の傍線部と同じ意味で用いられている漢字として正しいものを、あとのアからエまでの中から一つ選びなさい。（　　）

彼は著しい成長を遂げている。

ア　著者　　イ　名著　　ウ　著述　　エ　顕著

㈢　次の文中の〔 A 〕にあてはまる最も適当なことばを、あとのアからエまでの中から選びなさい。（　　）

彼は何が起こっても泰然〔 A 〕としている。

ア　篤実　　イ　虚心　　ウ　自若　　エ　余裕

3　次の文章を読んで、あとの㈠から㈤までの問いに答えなさい。

〔本文にいたるまでのあらすじ〕

茨城県立砂浦第三高校二年生の亜紗《あさ》と凛久《りく》、三年生の晴菜《はるな》が所属する天文部では、望遠鏡の製作に取り組んでいる。部品を発注した会社（SHINOSE）を二人で訪問した帰りの電車の中で、亜紗と晴菜は凛久から十二月末に転校することを伝えられた。亜紗と晴菜は学校に寄り、部顧問の綿引《わたびき》先生のもとを訪れた。

〔本文〕

1　「そうか。ようやくみんなに言ったか、凛久は」凛久の転校や家庭の事情を、綿引先生は知っていた。それを知って、亜紗の体に入っていた力がするすると抜けていく。自分は話してもらえなかった、相談してもらえなかった、という思いは依然として強くある。だけど、その時亜紗が抱いた感情には、わずかに安堵《あんど》が混じっていた。よかった、と思う。凛久、綿引先生には話せていたんだ。

2　「先生、教えてください」「何、晴菜」「凛久くんのお姉さんは車椅子を使っているんですか」その言葉に――はっとする。車椅子、ナスミス式望遠鏡。凛久が見つけたという海外の老人ホームの観測会の記事と、それを作りたいから綿引先生のいるこの学校に来たという入学動機。晴菜先輩が続ける。「下半身にまひがあると聞いたので、ひょっとしたら、と思って」「うん。凛久がナスミス式望遠鏡を作りたい理由には、それもあったみたいだね」綿引先生がゆっくりと椅子から立ち上がる。自分たちを――とりわけ、亜紗をまっすぐ見つめて、続ける。「凛久のお姉さんには、ぼくも一度、実は挨拶したことがあるんだよ。去

ア　（Aさん）　現代の科学技術文明においては、そのように専門的な科学や技術の内容が理解できないことを個々の人々が甘受し、科学や技術の研究と応用は専門家集団にゆだねることで、社会の合理性が高められてきたと筆者は述べています。

イ　（Bさん）　そのような、便利だが理解できない不透明な領域の増大とともに、科学技術がやがて何でも解決してくれるという過剰な期待を人々が抱くようになる危険性を筆者は指摘しています。

ウ　（Cさん）　私たちは、科学技術のおかげで便利で快適な生活を送ることができていますが、筆者が述べているように、電気製品をはじめ、コンピュータや自動車などの身近な機械がどのようなしくみで動いているかはよく分かりません。改めて考えてみると、ちょっと怖い気もします。

エ　（Dさん）　要するに、科学的な知というのは、実証的な手続きによってとりあえず真であると認められた仮説にすぎないということを自覚することが、合理的な態度であると言えそうです。

オ　（Eさん）　確かに、科学技術の中身を自分では理解しないまま信じることは、便利さや効率性を簡単に手に入れられる点では合理的ですが、その合理性は本来科学がもっている合理性とは違い、不透明さをもったものです。

カ　（Fさん）　しかし、その場合の合理性は、仮説と検証を通じて確かめられる法則性によって世界を理解しようとする科学の合理性とは、根本的に異なっているように思います。

(六)　この文章の論の進め方の特徴として適当なものを、次のアからカまでの中から二つ選びなさい。（　　）（　　）

ア　対立する二つの考えを示してそれぞれの考えがもつ欠点を明らかにし、いずれとも異なる独自の主張を展開している。

イ　複数の具体例について説明し、それらの共通点を取り出して自分の主張につなげている。

ウ　中心となる問題を提起したのち、個人的な体験談をくわしく紹介しながら問題の本質に迫っている。

エ　自分の主張を述べたのち、具体例を交えながら自説に対するくわしい説明を行っている。

オ　問いを立ててそれに対する答えを述べ、さらに想定される反論に答えることを繰り返している。

カ　自分の主張を述べる直前に逆接の接続詞を置くなど、接続詞を効果的に用いている。

にはいずれすべてを説明し、解決することができる究極の真理であるかのように受けとられたり、語られたりすることになる。

（若林《わかばやし》幹夫《みきお》「社会学入門一歩前」より）

（注）○ [1]～[7]は段落符号である。

○ 古典力学・相対性理論＝いずれも科学の理論。

○ 形質＝生物の形態的な要素や特徴。

○ 明証性＝明らかであること。

○ 規準＝規範や標準とするもの。

(一) ①こうした手続きの説明として最も適当なものを、次のアからエまでの中から選びなさい。（　）

ア ある仮説と合致する事実が存在する一方で、その仮説を否定する事実は存在しないことが実験や観察によって明らかになること

イ ある仮説が確実に正しいことを、実験や観察によってすでに証明されている理論と矛盾しないように説明すること

ウ ある仮説の真偽を実験や観察によって確かめ、その仮説と合致する事実が否定する事実よりも多いことを確認すること

エ ある仮説を支持する事実が実験や観察によって見いだされるだけでなく、世界中の科学者によって支持されるようになること

(二) 〔A〕、〔B〕にあてはまることばの組み合わせとして最も適当なものを、次のアからエまでの中から選びなさい。（　）

ア A 実証可能な　B 不確実な

イ A 不確かな　B 確実な

ウ A 究極の　B さしあたりの

エ A 相対的な　B 絶対的な

(三) ②合理的であることは、必ずしも科学的である必要はないとあるが、筆者がこのように述べる理由として最も適当なものを、次のアからエまでの中から選びなさい。（　）

ア 合理的であるとは行為や状態が公平であることであり、実証性や反証可能性に基づく科学的な知識がなくても、公平であるかどうかの判断は道徳的に可能であるから。

イ 合理的であるとは理にかなっていることであるが、科学以外にもさまざまな理が存在しており、どの理に従ったとしてもそれぞれに合理的であると言えるから。

ウ 合理的であるとは理に合うという意味であり、科学的には正しくない知識に基づいていたとしても、大多数の人々にとって納得できるものであればよいから。

エ 合理的であるとは効率的であるという意味でもあるため、科学の実証的な手続きによらず、最小のコストで最大の効果を上げている場合も合理的であると言えるから。

(四) 次の一文が本文から抜いてある。この一文が入る最も適当な箇所を、あとのアからエまでの中から選びなさい。（　）

このとき、私たちは科学とその合理性を自らの判断において信じているのではない。

ア 本文中の〈1〉　イ 本文中の〈2〉

ウ 本文中の〈3〉　エ 本文中の〈4〉

(五) 次に示す会話は、この文章を読んだ生徒六人が意見交換をしたものであるが、会話文の順序が入れ替えてある。筋道がとおる会話文とするためにアからカまでを並べ替えるとき、二番目、四番目、六番目にくるものをそれぞれ選びなさい。

二番目（　）　四番目（　）　六番目（　）

行為や状態とは、ある理の規準に関して適切な行為や状態が選ばれていることが、行為者にもそれを観察する人びとにも納得できるということなのだ。（中略）

5　現代の社会で合理的とか合理化と呼ばれているのは、主として科学的な知識やその応用である科学技術によって、ある目的に対する最も効率的な手段や方法を選択するような合理性とその追求である。〈1〉現代の技術文明は、こうしたさまざまな合理性の中で、科学的な知識にもとづく合理性を追求し、それを社会の中で応用することによって発展してきた。企業の経営、職場の管理、商品の開発などでも、科学的な合理性と効率の追求は最も大きな規準の一つである。新しい科学技術を応用した商品は性能を向上させ、最新の技術や知識を利用した生産体制や業務システムは効率を高め、コストの削減を可能にし、利潤の増大をもたらすのだ。日常の暮らしの中にも、科学化と合理化はさまざまな形で入り込んでいる。〈2〉さまざまな電気製品やガス製品は、炊事、洗濯、掃除などの家事の合理化を進めてきた。住宅の間取りやキッチンのレイアウト、家庭電気製品や家事用品のデザインでは、最新の人間工学が応用され、無駄なく機能的な生活が設計される。どこかに行きたいと思えば、インターネットの路線検索等で、最も速いルートや最も安価なルートを調べ、そこから最も合理的な経路を選ぶこともできる。

6　〈3〉だがしかし、そうした科学化され、合理化された生活を営む個々人は、いわゆる専門家も含めて、特定領域の科学的成果を自らの手で検討したり、判断したりすることなどできない。もちろん私たちは、算数、数学、理科などの学習を通じて世界に対する科学的な理解の基礎を学んだことになっており、高度な科学技術もそうした基礎の延長線上にあるらしいということを知っているけれども、では具体的にそれらがどのような延長線の上にあるのかを説明することはできないことのほうが多いだろう。この机の上のパソコンが、台所のあの電子レンジが、なぜ、どのようにして動くのかを私は知らないが、それらを使えばある目的を容易に達成できるということは知っている。科学技術の高度化によって社会の合理性を高めるためには、その研究と応用を特定の専門家や機関にゆだねることが合理的であり、それゆえ個々の人びとはそうした専門化した科学や技術を理解できないことを甘受するのが合理的なのだ。〈4〉私たちは、特定の分野を担当する専門家集団や、彼らが設計・運営する技術やシステムの科学性と合理性を、理解はしていないけれども信じているのだ。科学技術文明を生きる個々の人びとにとっての合理性とは、そうした専門家集団や彼らの設計・運営する技術やシステムを信頼することが理にかなっているという合理性である。

7　科学技術の発展と社会への応用、浸透は、便利だが理解できない領域を増大させる。通常の暮らしの中で、私たちはこの「わからなさ」の領域に目を向けることは普通ない。だが、いったんそこに目を向けるなら、現代の社会が個々の人びとにとっては見通すことのできない不透明さをもった科学と技術の上に立っていることがわかるだろう。世界を透明で合理的なまなざしの下に理解し、操作することを可能にしてきた科学と技術は、専門家ではない個々人にとっては不透明だけれども役に立つ、まるで魔術のような領域を広げていったのである。こうした不透明さの中で、そもそもは仮説、つまり仮の説明にすぎず、実証的な手続きによって確認できないことについては「わからなさ」を甘受しなくてはならない科学とその応用である技術が、来るべき将来

国語

時間　四五分
満点　二二点

[1]　次の文章を読んで、あとの㈠から㈥までの問いに答えなさい。

[1]　科学とは何だろう？　それは、単に確実な知識のことではない。仮説と検証によって確かめられた法則性によって世界を理解することが、科学という知の特徴である。古典力学も、相対性理論も、進化論も、遺伝子理論も、物の運動や生物の多様性、形質の遺伝などの観察可能な事実や出来事を説明するために、論理整合的に――ようするに筋道立てて――作られた仮説、つまり仮の説明である。こうした仮説は、それらと合致する事実があり、そしてそれらを否定する事実が見いだされないかぎりで、さしあたり真なる理論として認められる。科学的な理論はこうした実証性――それを支持する事実があること――と反証可能性――その真偽が実験や観察によって証明されること――をもたなくてはならないとされる。①こうした手続きによって科学、とりわけ自然科学は確実な知識としての明証性をもつものとされるのだ。

[2]　だがしかし、そうであるとすれば、ようするに科学とは「すべてを知ることができる知」なのではなく、「実証的な手続きによって知りうるものだけを知る」ような知なのだということになる。科学的な知は、実証的な手続きによって真であるととりあえず認められる仮説以外は、「（まだ）わからない」として判断を保留しなくてはならない。そしてまた、どんな理論も仮説である以上、つねに「とりあえず」で「今のところ」のものにすぎず、それに反する事実によっていつ否定されないともかぎらない。科学的な知は〔Ａ〕真理などけっして指し示さない。それが提示するのは、いつ否定されてもかまわない〔Ｂ〕真理なのだ。（中略）

[3]　ところで、科学的であることと合理的であることとは、いつも一致するわけではない。科学的であるとは、世界に対する知識や探求、働きかけが、科学を特徴づける実証性や反証可能性にもとづくようになるということだ。それに対して②合理的であることは、必ずしも科学的である必要はない。現代の日本語では合理的という言葉や合理化という言葉は、「効率的」や「効率化」という言葉とほぼ同じ意味で使われることが多い。だが合理的という言葉には、もっと広範かつ複雑なニュアンスがある。合理的であるとは、文字どおりには「理に合っている」ということだ。だが、「理」と言ってもいろいろある。与えられた目的に対して最小のコストで最大の効果を上げることが理にかなっていると考える人もいれば、たとえ効率は悪くても道徳的な正しさや倫理性といった価値観に即した行為や状態を選択することが理にかなっていると考える人もいる。

[4]　たとえばスポーツの試合で、対戦相手がどこかをけがしているとしよう。競技に際しての目標は勝利することだ。そして、より確実に勝利するためには、競技のルールに違反しないかぎりで相手の負傷を利用し、ときにそれを痛めつけるような攻撃を仕掛けることが理にかなっていよう。だがしかし、そのように相手の弱みを利用することはルール違反でなくともフェアではないと考えるならば、それは理にかなってはいないという判断もありうる。この場合には、相手の弱みを攻めないこと、ときにはそれによって自ら敗北してしまうことが、合理的であるということになる。このように、ある行為や状態が合理的であるかどうかは、どのような理を規準とするかで違ってくる。合理的な

2024年度／解答

数　学

1 **【解き方】**(1) 与式$= -12-(-2) = -10$

(2) 与式$= \dfrac{3(-2x+1)-4(x-3)}{12} = \dfrac{-6x+3-4x+12}{12} = \dfrac{-10x+15}{12}$

(3) 与式$= (6a^2b-12ab^2) \times \dfrac{3}{2ab} = \dfrac{18a^2b-36ab^2}{2ab} = 9a-18b$

(4) 与式$= (x+y)(x-y)+xy = \{(\sqrt{3}+\sqrt{2})+(\sqrt{3}-\sqrt{2})\}\{(\sqrt{3}+\sqrt{2})-(\sqrt{3}-\sqrt{2})\}+(\sqrt{3}+\sqrt{2})(\sqrt{3}-\sqrt{2}) = 2\sqrt{3}\times 2\sqrt{2}+(\sqrt{3})^2-(\sqrt{2})^2 = 4\sqrt{6}+1$

(5) 式を展開して，$x^2+6x+9-11=5x+10$ より，$x^2+x-12=0$　左辺を因数分解して，$(x+4)(x-3)=0$ より，$x=-4,\ 3$

(6) トマト3個ときゅうり2本の重さ$(3a+2b)$ g が900g より小さいので，$3a+2b<900$

(7) 反比例の式を $y=\dfrac{a}{x}$ とおいて $x=4$，$y=3$ を代入すると，$3=\dfrac{a}{4}$ より，$a=12$　$y=\dfrac{12}{x}$ のグラフ上の点で，x 座標と y 座標がともに整数で，x 座標が y 座標よりも小さい点は，$(-12,\ -1)$，$(-6,\ -2)$，$(-4,\ -3)$，$(1,\ 12)$，$(2,\ 6)$，$(3,\ 4)$の6個。

(8) ア．64の平方根は，$\pm\sqrt{64}=\pm 8$ なので，正しい。イ．$\sqrt{16}=4$ なので，正しくない。ウ．$\sqrt{(-6)^2}=\sqrt{36}=6$ なので，正しくない。エ．$\sqrt{16}-\sqrt{9}=4-3=1$ なので，正しくない。オ．$\sqrt{3}\times 5=5\sqrt{3}$ なので，正しくない。カ．$\sqrt{21}\div\sqrt{7}=\sqrt{\dfrac{21}{7}}=\sqrt{3}$ なので，正しい。

(9) 最小値は5m以上10m未満で，最大値は45m以上50m未満。40人のデータなので，$40\div 2=20$ より，中央値は低い方から数えて20番目と21番目の平均，$20\div 2=10$ より，第1四分位数は，低い方から数えて10番目と11番目の平均，第3四分位数は，低い方から数えて30番目と31番目の平均。ヒストグラムより，低い方から10番目と11番目の記録は15m以上20m未満，20番目と21番目の記録は25m以上30m未満，30番目と31番目の記録は30m以上35m未満だから，第1四分位数は15m以上20m未満，中央値は25m以上30m未満，第3四分位数は30m以上35m未満。よって，全てあてはまるのはエ。

(10) $\mathrm{CD}=\mathrm{AB}=10$cm より，$\mathrm{CE}=\mathrm{CD}\times\dfrac{3}{2+3}=6$ (cm)　$\mathrm{AB}\parallel\mathrm{EC}$ より，$\mathrm{BF}:\mathrm{EF}=\mathrm{AB}:\mathrm{CE}=5:3$　よって，$\mathrm{FG}:\mathrm{EC}=\mathrm{BF}:\mathrm{BE}=5:8$ であるから，$\mathrm{FG}:6=5:8$ より，$\mathrm{FG}=\dfrac{15}{4}$ (cm)

【答】(1) イ　(2) ウ　(3) エ　(4) ウ　(5) イ　(6) イ　(7) エ　(8) ア，カ　(9) エ　(10) ウ

2 **【解き方】**(1) カードの引き方は，$6\times 5=30$ (通り)　$a+b$ が偶数になるのは，a，b がともに偶数のときか，ともに奇数のとき。ともに偶数となるのは，a が2，4，6の3通り，b が2，4，6のうち，a 以外の2通りだから，$3\times 2=6$ (通り)，同様に考えて，ともに奇数となるのは，$3\times 2=6$ (通り)だから，①が起こる確率は，$\dfrac{6\times 2}{30}=\dfrac{2}{5}$　$a-b$ が正の数となるときについて考える。$a=2$ のときはなく，$a=3$ のとき，$b=2$ の1通り，$a=4$ のとき，$b=2$，3の2通り，……となるので，全部で，$0+1+2+3+4+5=15$ (通り)だから，②が起こる確率は，$\dfrac{15}{30}=\dfrac{1}{2}$　ab が奇数となるとき，a，b がともに奇数だから，③が起こる確率は，$\dfrac{6}{30}=\dfrac{1}{5}$　a が b の約数となるとき，$(a,\ b)=(2,\ 4)$，$(2,\ 6)$，$(3,\ 6)$の3通りだから，④が起こる

確率は，$\dfrac{3}{30}=\dfrac{1}{10}$　a と b がともに素数となるのは a は2，3，5，7の4通り，b は2，3，5，7のうち，a 以外の3通りだから，$4\times3=12$（通り）より，⑤が起こる確率は，$\dfrac{12}{30}=\dfrac{2}{5}$　よって，①と⑤。

(2) A，Bの座標はそれぞれ，A（2，$4a$），B（-3，$9a$）　直線ABは傾きが，$\dfrac{4a-9a}{2-(-3)}=-a$ だから，式を $y=-ax+b$ とおいて，点Aの座標を代入すると，$4a=-a\times2+b$ より，$b=6a$ だから，$y=-ax+6a$ で，D（0，$6a$）　$\triangle DOA=\dfrac{1}{2}\times6a\times2=6a$，$\triangle CBD=\dfrac{1}{2}\times\left(\dfrac{21}{2}-6a\right)\times3=\dfrac{3}{2}\left(\dfrac{21}{2}-6a\right)$ であるから，$\triangle CBD=2\triangle DOA$ より，$\dfrac{3}{2}\left(\dfrac{21}{2}-6a\right)=12a$　これを解いて，$a=\dfrac{3}{4}$

(3) ① 弟はA地点を出発してから，$600\div120=5$（分）でB地点に着く。$x=6$ のとき，弟はB地点から，$120\times(6-5)=120$（m）の位置にいる。よって，$y=600-120=480$　② 弟は，$5\times2\times2=20$（分）で走り終わる。兄は，$20-1-1=18$（分）で3往復するので，600m進むのに，$18\div(2\times3)=3$（分）かかる。よって，兄と弟の動きをグラフに表すと，右図のようになり，○をつけた部分が兄と弟がすれ違う所であるから，4回。

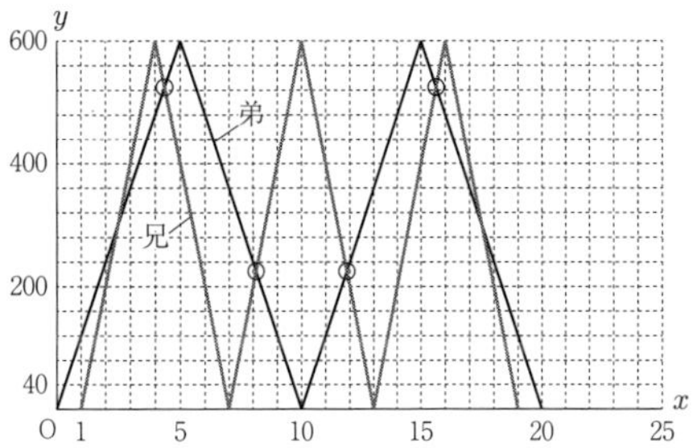

【答】 (1) エ　(2) ウ　(3) ① オ　② イ

③ **【解き方】** (1) 直線EFと辺ACの交点をGとする。$\angle AGF=\angle EGD=180^\circ-(21^\circ+90^\circ)=69^\circ$　FE∥BC，AB＝ACより，$\angle ABC=\angle ACB=\angle AGF=69^\circ$　また，$\angle EBC=\angle FEB=21^\circ$ より，$\angle ABD=69^\circ-21^\circ=48^\circ$

(2) ① BC＝4 cm，$EC=\dfrac{1}{2}CD=2$（cm）だから，直角三角形ECBについて，三平方の定理より，$BE=\sqrt{4^2+2^2}=2\sqrt{5}$（cm）よって，$EF=\dfrac{1}{2}BE=\sqrt{5}$（cm）　② 右図のように，直線BEとADの交点をIとする。$\angle EDI=\angle ECB=90^\circ$，$\angle DEI=\angle CEB$，DE＝CEより，$\triangle IDE\equiv\triangle BCE$ であるから，DI＝CB＝4 cm，$IE=BE=2\sqrt{5}$ cm　$\angle IAF=\angle IFG$ より，$\triangle IAF\backsim\triangle IFG$ であるから，FI：GI＝AI：FI　ここで，$FI=2\sqrt{5}+\sqrt{5}=3\sqrt{5}$ だから，$3\sqrt{5}:GI=8:3\sqrt{5}$ より，$GI=\dfrac{45}{8}$（cm）　$\angle IHG=\angle IDE=90^\circ$ より，$\triangle IHG\backsim\triangle IDE$ であるから，HI：DI＝GI：EI　よって，$HI:4=\dfrac{45}{8}:2\sqrt{5}$ より，$HI=\dfrac{9\sqrt{5}}{4}$（cm）　よって，$HF=IF-HI=3\sqrt{5}-\dfrac{9\sqrt{5}}{4}=\dfrac{3\sqrt{5}}{4}$ であるから，線分EBの，$\dfrac{3\sqrt{5}}{4}\div2\sqrt{5}=\dfrac{3}{8}$（倍）

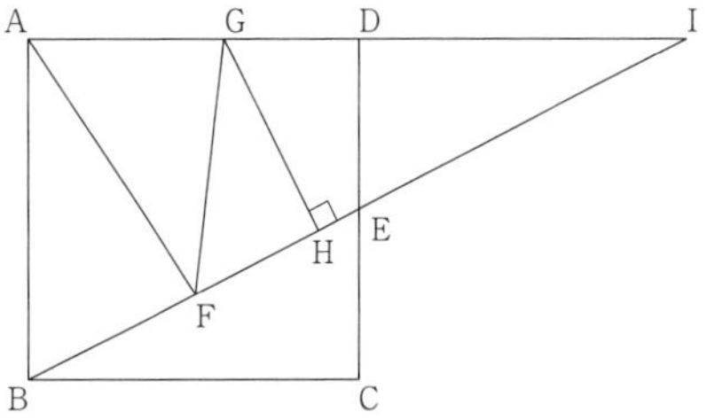

(3) ① $\angle ACB=90^\circ$ なので△ABCは直角二等辺三角形。よって，$AB=\sqrt{2}CA=6\sqrt{2}$（cm）　また，$\angle ADB=90^\circ$ なので△ABDは直角三角形。BD＝x cmとおくと，AD＝$3x$ cmだから，三平方の定理より，$x^2+(3x)^2=(6\sqrt{2})^2$　よって，$10x^2=72$　$x>0$ より，$x=\dfrac{6\sqrt{5}}{5}$ で，$BD=\dfrac{6\sqrt{5}}{5}$cm，$AD=3BD=\dfrac{18\sqrt{5}}{5}$（cm）より，$\triangle DAB=\dfrac{1}{2}\times\dfrac{6\sqrt{5}}{5}\times\dfrac{18\sqrt{5}}{5}=\dfrac{54}{5}$（$cm^2$）　② 点EからABに垂線EFを

引くとできる立体は，底面が半径EFの円で，高さがAFの円すいと高さがBFの円すいを合せたものになる。$\angle$EBF = 45°，$\angle$EFB = 90°より，$\triangle$EFBは直角二等辺三角形なので，EF = y cmとおくと，BF = EF = y cm　$\angle$AFE = $\angle$ADB = 90°より，$\triangle$AFE ∽ $\triangle$ADBであるから，AF：EF = AD：BD = 3：1　AF = AB − BF = $6\sqrt{2} - y$ (cm)より，$(6\sqrt{2} - y) : y = 3 : 1$　よって，$3y = 6\sqrt{2} - y$より，$y = \dfrac{3\sqrt{2}}{2}$　よって，求める立体の体積は，$\dfrac{1}{3} \times \pi \times \mathrm{EF}^2 \times \mathrm{AF} + \dfrac{1}{3} \times \pi \times \mathrm{EF}^2 \times \mathrm{BF} = \dfrac{1}{3} \times \pi \times \mathrm{EF}^2 \times (\mathrm{AF} + \mathrm{BF}) = \dfrac{1}{3} \times \pi \times \left(\dfrac{3\sqrt{2}}{2}\right)^2 \times 6\sqrt{2} = 9\sqrt{2}\pi$ (cm^3)

【答】 (1) 48　(2) ① 5　② (順に) 3，8　(3) ① (順に) 54，5　② (順に) 9，2

英　語

1 【解き方】(第1問) 1番. 男性の「予約はしていないのですが, 今夜の部屋はありますか？」というせりふより, ホテルの会話である。2番.「あなたはいつピアノを弾き始めたのですか？」という質問に対する返答。About 10 years ago.＝「約10年前です」。3番. ジョンの「宿題をしなければならない」や母親の「それなら, 最初に宿題をしなさい」というせりふより, ジョンはまだ宿題をしていない。

(第2問) 問1. ショウタは「屋外で魚を料理するのが初めてだったのでとてもわくわくした」と言っている。

問2. アメリカでホストファーザーと過ごした特別な時間についてのスピーチ。

【答】(第1問) 1番. a. 正　b. 誤　c. 誤　d. 誤　2番. a. 誤　b. 誤　c. 誤　d. 正　3番. a. 誤　b. 正　c. 誤　d. 誤

(第2問) 問1. a. 誤　b. 誤　c. 誤　d. 正　問2. a. 誤　b. 誤　c. 正　d. 誤

◀全訳▶ (第1問)

1番.

受付：こんばんは。何かご用はございますか？

男性：ええと, 予約はしていないのですが, 今夜の部屋はありますか？

受付：少しお待ちください。

質問：どこで彼らは話していますか？

a. 彼らはホテルで話しています。　b. 彼らは家で話しています。　c. 彼らは教室で話しています。

d. 彼らは駅で話しています。

2番.

デイブ　：ジェーン, あなたの演奏は本当に素晴らしかったです！

ジェーン：ありがとう, デイブ。それを聞いてうれしいです。

デイブ　：あなたはいつピアノを弾き始めたのですか？

質問：ジェーンは次に何を言うでしょうか？

a. 私はピアノを持っていません。　b. 放課後毎日です。　c. あなたもピアノを弾くことができます。

d. 約10年前です。

3番.

お母さん：まあ, 明日の牛乳が十分にないわ。買ってきてくれる, ジョン？

ジョン　：いいや, お母さん。行きたくない。今テレビを見ているところだし, 宿題をしなければならないんだ。

お母さん：それなら, 最初に宿題をしなさい。

質問：何がこの会話に関して正しいですか？

a. ジョンは牛乳を買いたがっています。　b. ジョンはまだ宿題を終えていません。

c. ジョンは牛乳を全て飲んだところです。　d. ジョンは台所で母親を手伝っています。

(第2問) こんにちは, みなさん。私はショウタです。今日, 私はアメリカのホストファーザーの思い出を共有したいと思います。ある日, 彼と私は美しい川に行って魚釣りをして楽しみました。実は, 私は何も釣れなかったのですが, 彼はたくさんの魚を釣りました。そのとき, 彼が私に魚を料理する方法を教えてくれたので, 私はそれに挑戦しました。それは難しかったですが, 屋外で魚を料理するのが初めてだったのでとてもわくわくしました。私は決してあのおいしい食事を忘れないでしょう。

問1. 何がこのスピーチに関して正しいですか？

a. ショウタのホストファーザーは魚を料理する方法を知りませんでした。

b. ショウタは友人たちと川に行きました。

c. ショウタのホストファーザーは全く魚を釣りませんでした。

d. ショウタは屋外で魚を料理して楽しみました。

問 2. このスピーチの最適な題は何でしょう？

a. 川のそばでの嫌な経験　b. 川の最高の魚　c. 川のそばでの私の特別な時間

d. 川のそばで魚を料理する方法

2 【解き方】(1)「今日が晴れだったら，私は田舎へハイキングに行くつもりだったのに」という仮定法の文。「もし～だったら，…するつもりだったのに」＝〈If ＋主語＋動詞の過去形, 主語＋ would ＋動詞の原形〉。

(2) 次にライアンが「行きたいけれど，僕はそれがどこにあるのか知りません」と言っている。「僕は僕たちの友人のコウタと映画を見るため映画館に行く予定です」となる。

(3) 直後の「僕たちはここで君を待っています」から，コウタはすでに勇樹の家にいる。

【答】(1) ウ　(2) イ　(3) エ

◀全訳▶

勇樹　　：もしもし，ライアン。勇樹だよ。

ライアン：ああ！　こんにちは，勇樹。どうしたの？

勇樹　　：今日の午後は何か予定がある？

ライアン：ええと，今日が晴れだったら，僕は田舎へハイキングに行くつもりだったんだ。実際は，知ってのとおり，昨夜からずっと雨が降っている。だから一日中何もすることがないんだ。

勇樹　　：なるほど。僕は僕たちの友人のコウタと映画を見るため映画館に行く予定だよ。僕たちといっしょに行きたくない？

ライアン：行きたいけれど，僕はそれがどこにあるのか知らないんだ。

勇樹　　：心配しないで，ライアン。午後 1 時に僕の家に来て。いっしょにそこへ行こう！

ライアン：ありがとう，勇樹。ええと，コウタは？

勇樹　　：ああ，彼はすでに僕の家にいるよ。だから，僕たちはここで君を待っているね。

ライアン：わかった。そのときに会おう。

3 【解き方】(1) ① グラフ 1 の A と B を合計すると 61 パーセントになる。「私たちの 60 パーセント以上が家で週に 4 日以上家族の手伝いをしています」となる。② グラフ 2 を見る。約 70 パーセントの生徒がしている手伝いは「浴槽の掃除」。

(2)「私は料理が部屋の掃除よりも一般的であるということを知って少し驚いた」。比較級の文。グラフ 2 より，部屋の掃除よりも一般的なのは料理。「一般的な」＝ common。cooking is more common than cleaning the rooms となる。ウの shopping は不要。

【答】(1) ウ　(2)（1 番目）エ　（3 番目）キ　（5 番目）ア

◀全訳▶　[発表の内容]

私は家での手伝いについて発表を行います。

まず，グラフ 1 によれば，私たちの 60 パーセント以上が家で週に 4 日以上家族の手伝いをしています。そして私たちの 17 パーセントは週に 1 日家族の手伝いをするか，全く手伝いをしていません。

2 つ目に，グラフ 2 を見てください。私たちの約 70 パーセントは浴槽の掃除をします。そして私は料理が部屋の掃除よりも一般的であることを知って少し驚いています。

もし質問があれば，気軽に私に質問してください。ありがとうございました。

4 【解き方】(1)「私たちはこの技術がない生活を想像することができません」。「～がない」＝ without ～。

(2) 電子機器を準備し，インターネットに接続しなければならないことや，オンラインで会っている間に事故が起こるかもしれないという「短所」について述べられた段落。アの「一方で，オンラインで会うことには短所もあります」が入る。

(3) 第 1 段落に，情報技術の進歩のおかげで，オンラインで会うことができるようになったことが述べられている。ウの「情報技術の進歩のおかげでオンラインで会うことが出現した（可能になった）」が適切。

(4) ア.「対面で会うのにもインターネットが必要になるだろう」とは述べられていない。イ.「対面で会うことが消えつつある」とは述べられていない。ウ.「会うことは今よりも効果的で印象的になるだろう」。最後の段落の最終文を見る。一致する。エ.「対面で会うことは私たちの健康に害を与えるかもしれない」とは述べられていない。

(5) ①「私たちが家でコンピュータの電源を入れると，他の人々が私たちの目の前に現れる」や「会っている間，私たちは同じ場所にいっしょにいる」は，オンラインや対面で会うことの「特徴」。「特徴」= features。②「会うための場所に行く時間とお金を節約することができる」や「ほとんど手間をかけずに外国にいる人々とコミュニケーションをとることができる」，「電子機器を必要としない」や「インターネットのトラブルについて心配する必要がない」は，オンラインや対面で会うことの「長所」。「長所」= strong points。

【答】 (1) エ (2) ア (3) ウ (4) ウ (5) ① イ ② ア

◀全訳▶ 情報技術の進歩のおかげで，私たちの日常生活は以前より便利になりつつあります。今，私たちはこの技術がない生活を想像することができません。インターネットで，私たちは必要な情報を得ること，私たちの好きな様々な動画を見ること，私たちが欲しい商品を買うことができます。さらに，私たちは数年前には経験しなかった変化を目にしています。そのうちの一つがオンラインで会うことです。あなたは祖父母や外国の生徒たちのような遠くに住んでいる人々と話をするかもしれません。

あなたは今までにオンラインで会うことを試してみたことがありますか？ もしあなたの答えが「はい」なら，あなたは長所をいくつか知っているかもしれません。私たちは会うための場所に行く時間とお金を節約することができます。別の町に住む祖父母とオンラインで会っている間，私たちは彼らといっしょにいる必要がありません。私たちが家でコンピュータの電源を入れると，彼らは私たちの目の前に現れます。私たちはいつでもインターネットで彼らと話をすることができます。

オンラインで会うことには他にも長所があります。私たちはほとんど手間をかけずに外国にいる人々とコミュニケーションをとることができます。例えば，教室の中で，私たちはインターネットで外国の学校の生徒たちと話をすることができます。オンラインで会うことの助けによって，私たちは簡単に素早く，世界の人々とグローバルな関係を築くことができます。

一方で，オンラインで会うことには短所もあります。オンラインで会う人々はみんな電子機器を準備し，それらをインターネットに接続しなければいけません。そのうえ，私たちがオンラインで会っている間に事故が起こるかもしれません。例えば，オンラインで会うことがインターネットのトラブルによって突然止まってしまいます。だから，私たちの従来の対面で会うことには今も長所があります。

私たちにとってどちらのタイプで会うことがよりよいのでしょう？ この質問に答えることは難しいです，なぜならオンラインで会うことと対面で会うことには異なる長所があるからです。したがって，私たちが誰かと会おうとするとき，私たちはその人の状況について考える必要があり，オンラインで会うのか対面で会うのかをそれらの長所によって選ぶべきです。近い将来，私たちは今よりも効果的で印象的に会うことができるでしょう。

5 **【解き方】** (1) ①「自転車で行きませんか？」。「～しませんか？」= Why don’t we ～?。② 次にアリアが「金曜日までに私に知らせて」と言っている。「それについて考える時間を少しください」となる。

(2) 自転車で行こうというアリアの提案に対する返答。直後に「しかしそれは私にとって大変です」と言っている。what you mean =「何をあなたが言おうとしているか」。

(3) アリアの5番目のせりふにある「バスは歴史博物館のすぐ前で停まります」に着目する。エの「私たちは停留所からあまり歩く必要がない」が適切。

(4) ア.「営業時間（Open Hours）」を見る。水曜日の夕食は午後6時から午後9時まで。イ.「アリアが訪れるレストランは毎日同じ時間に昼食のため開店する」。「営業時間」を見る。昼食の開店時間は毎日午前11時となっている。正しい。ウ.「営業時間」を見る。土曜日の夜は午後5時30分から開店している。エ.「メニュー（Menu)」を見る。夕食のフライドチキンは12ドル。オ.「昼食の焼き魚の料金は夕食のスパゲティの料金より高い」。「メニュー」を見る。昼食の焼き魚は16ドルで，夕食のスパゲティは15ドル。正しい。カ.「メニュー」の下に「全ての食事にスープ，季節の野菜，コーヒーか紅茶がついています」とあるが，「アイスクリーム」はついていない。

【答】(1) ① イ　② ア　(2) ア　(3) エ　(4) イ・オ

◀全訳▶

早紀　：私たちは今週の土曜日に歴史博物館を訪れる予定だね。私たちはどうやって行くべきかな？

アリア：自転車で行かない？　約1時間かかるけど，私たちは公園を通ってたくさんの美しい花を見て楽しむことができるよ。

早紀　：何をあなたが言おうとしているかはわかるけど，それは私にとって大変だわ。電車で行くのはどう？

アリア：もし電車に乗ると，私たちがそこに到着するのに20分必要よ。

早紀　：よさそうね。電車の運賃はいくら？

アリア：ええと…。4ドルだよ。だから，そこまで行って戻ってくるのにあなたは8ドル支払う必要があるね。そしてきっと私たちは電車で席に座ることができると思うよ。

早紀　：それはいいね，でも私には少し高いわ。アリア，私たちはバスに乗ることはできる？

アリア：うん。バスの運賃は電車の運賃のちょうど半分だよ。でもバスはたいてい電車よりも混雑するの。

早紀　：ああ，なるほど。バスでどれくらい時間がかかる？

アリア：約30分だよ。バスは歴史博物館のすぐ前で停まるよ。

早紀　：それもいいね。アリア，そこまでの行き方を私に決めさせて。

アリア：いいよ。あなたがそれを決めればいいわよ。

早紀　：ありがとう。それについて考える時間を少しちょうだい。

アリア：もちろん，金曜日までに私に知らせて。それから早紀，その日の夕方，私の両親がレストランで私たちといっしょに夕食を食べる予定をしているよ。

早紀　：まあ。それはとてもいいね！

社　会

1 【解き方】(1)「東大寺の大仏」がはじめてつくられた8世紀半ばより前のできごとを選ぶ。エは7世紀初めのできごとで，Cはイスラム教の聖地であるサウジアラビアのメッカ。アは15世紀末，イは17世紀後半，ウは19世紀後半のできごと。

(2) ①「大宰府」は外交・防衛のため，現在の福岡県に置かれた。② 室町幕府の3代将軍足利義満の保護を受けて，能を大成した。「最澄と空海」は平安時代初期に唐にわたり，仏教の新しい教えを日本に伝えた僧。③「菱川師宣」は元禄文化期に活躍した浮世絵師で，代表作に「見返り美人図」がある。

(3) Ⅲの写真は平安時代の11世紀半ばに，藤原頼通によって建てられた平等院鳳凰堂。アは1192年，イは1221年の承久の乱の直後，ウは1086年，エは701年のできごと。

【答】(1)（できごと）エ　（場所）C　(2) オ　(3) ウ

2 【解き方】(1) A．ア．『古事記伝』を著し，国学を大成した人物。イ．黄熱病などの研究に取り組んだ細菌学者。エ．ルソーの本を翻訳してその思想を紹介し，「東洋のルソー」と呼ばれた人物。B．解体新書が出版された1774年の約50年前のできごとを選ぶ。aは17世紀前半，bは1720年，cは1854年，dは1549年のできごと。

(2) X．Ⅲの資料の「移住してきた」に注目する。イギリスの植民地であったアメリカには，ヨーロッパなどから多くの人々が移住した。Y．イギリスは産業革命に成功し，19世紀半ばには「世界の工場」と呼ばれた。

(3) アはアメリカ，イはフランス，エはイギリスについて述べた文。

(4) Ⅳの略年表より，綿糸の輸出量が輸入量より多くなったのは1897年であることから，1891年の時点では，輸出量は輸入量より多くなかったことがわかる。

【答】(1) A．ウ　B．b　(2) ア　(3) ウ　(4) ア

3 【解き方】(1) W．長崎県は島が多く，リアス海岸が発達しているため，海岸線は徳島県よりも長い。Z．石川県は「日本海側の気候」に属しており，長崎県と比べると冬に雪が多く降る。

(2)「地熱発電量」が多いことに注目する。大分県にある八丁原《はっちょうばる》地熱発電所は，日本最大級の発電量をほこる。Aはアの福岡県，Cはウの宮崎県，Dはエの鹿児島県にあたる。

(3) ① アは扇状地，ウは砂丘について述べた文。②「バリアフリー」とは，体の不自由な人やお年寄りなどが生活をする上でさまたげとなるものを取りのぞくこと。

(4) イは有明海の海岸沿いに設けられていることから「津波」，アは雲仙岳の近くに設けられていることから「火山災害」，残るウは会話より「河川沿いで数多く発生して」いるとあることから「洪水」の自然災害伝承碑の位置と判断できる。

【答】(1) エ　(2) イ　(3) ① イ　② b　(4)（津波）イ　（火山災害）ア

4 【解き方】(1) ① Xのニューヨーク（アメリカ）は「温暖湿潤気候」に属し，Yのマドリード（スペイン）は「地中海性気候」に属している。② 緯線Zは北緯40度を示し，日本では秋田県の八郎潟などを通る。

(2) cは北側に標高の高いヒマラヤ山脈が位置することからイ，bのアフリカ中央部のコンゴ盆地は起伏の少ない平たんな地形であることからア，残るaがロッキー山脈を縦断する形のウとわかる。

(3) Ⅳの写真はリャマであり，メモの一部はアンデス山脈の高地の暮らしについて述べていることから，ペルーと判断できる。また表より，ペルーは5国の中で唯一南半球に位置することから，「首都と北極点のおよその距離」が最も長いオであるとわかる。アはイギリス，イはタイ，ウはバングラデシュ，エは韓国にあたる。

【答】(1) カ　(2) a．ウ　c．イ　(3) オ

5 【解き方】(1) ① 1973年に第四次中東戦争が起こったことが要因となった。アは1950年～1953年，ウは1964年のできごと。② Ⅰのグラフは「前年比」を示しているので，「0」未満が前年よりも物価が下がっていることを示している。

⑵ ア.「訪問販売」では,「65〜74歳」より「75〜84歳」の相談件数の割合が高くなっている。イ.「65〜74歳」の相談件数の割合が高いのは,「インターネット通販」ではなく，訪問販売が正しい。ウ.「75〜84歳」の相談件数は,「訪問販売」が約14308件（70483 × 20.3 % ÷ 100),「電話勧誘販売」が約7199件（43633 × 16.5 % ÷ 100）であり,「訪問販売」の方が多い。

⑶ ③ 契約を結ぶときは，口頭だけの場合と決めたことを契約書などの形で残す場合があり，一方が勝手な理由で契約を取り消すことは，原則としてできない。④ 法律の対象となるのは，農産物などを除く加工された製品。

⑷ まずⅢの資料に注目する。「個人経営の飲食店」は，キャッシュレス決済が「全く使えない」というイメージをもつ人の割合が高いことからP，残るQ・Rのうち，キャッシュレス決済を「必ず使える」というイメージをもつ人の割合の高いQが「コンビニエンスストア」，Rが「ホテル」となる。よって，Ⅳの資料より，支払い手段の中でQの割合がRよりも低いのは「クレジットカード」だけとなる。

【答】 ⑴ ① イ　② カ　⑵ エ　⑶ ア　⑷ ア

6 **【解き方】** ⑴ ②・③ 2024年5月現在，憲法改正の発議は一度も行われたことがない。

⑵ A.「女性のみ」に注目し，性別による差別があると考える。B.「プライバシーの権利」は，私生活に関する情報を無断で公開されない権利であり，新しい人権の一つ。

⑶「公害対策基本法」ではなく，環境影響評価法が正しい。

【答】 ⑴ オ　⑵ エ　⑶ エ

理　科

1 **【解き方】**(1) 蛍光板に見えた光るすじは陰極線で，－極から＋極に向かって流れる。また，陰極線は＋極の方に曲がる性質がある。

(2) 表より，物質Cは水にとけなかったのでデンプン。また，物質Bは加熱してもこげなかったので食塩。よって，物質Aは砂糖。

【答】(1) ウ　(2) ア

2 **【解き方】**(1) 図2のXはレンズで，目に入る光を屈折させてYの網膜上に像を結ばせるはたらきがある。

(2) 実験2は意識して起こす反応を調べているので，脳が反応の命令を出す。右手の皮ふで受け取った刺激はせきずいを通って脳に伝えられ，脳が出した命令の信号はせきずいを通って左手に伝えられる。

(3) 表より，実験1の結果の平均は，(18.2 + 17.4 + 18.0 + 17.8 + 17.6)(cm) ÷ 5 = 17.8 (cm)　実験2の結果の平均は，(24.6 + 24.4 + 24.0 + 24.2 + 24.3)(cm) ÷ 5 = 24.3 (cm)　図3より，ものさしが落下した距離が17.8cmのとき，ものさしが落ちはじめてからの時間は約0.19秒。また，ものさしが落下した距離が24.3cmのとき，ものさしが落ちはじめてからの時間は約0.22秒。よって，時間の差は，0.22 (秒) − 0.19 (秒) = 0.03 (秒)

(4) BさんはAさんの声だけを聞いて反応しなければならないので，目を閉じている必要がある。ものさしは，Aさんが声を出してから，Bさんがつかむまで落下するので，その間の時間がわかる。

【答】(1) エ　(2) エ　(3) イ　(4) Ⅰ. b　Ⅱ. イ

3 **【解き方】**(1) 塩化銅水溶液を電気分解すると，陽極から塩素が発生し，陰極には銅が付着する。

(2) 塩化銅0.95gに含まれている銅の質量は，$0.95\,(\mathrm{g}) \times \dfrac{9}{9+10} = 0.45\,(\mathrm{g})$　図2より，キ，ク，ケの組み合わせは炭素棒に付着した銅の質量が0.45gとならない。実験1で流した電流の大きさの比は，0.8 (A)：1.2 (A)：2.0 (A) = 2：3：5　図2より，電流を流した時間が25分のとき，炭素棒に付着した銅の質量の比は，電流の大きさが0.8A，1.2A，2.0Aの順に，0.40 (g)：0.60 (g)：1.00 (g) = 2：3：5　したがって，電流の大きさと炭素棒に付着した銅の質量は比例する。また，電流を流した時間と炭素棒に付着した銅の質量も比例する。2.0Aの電流を25分間流すと1.00gの銅が付着するので，1.0Aの電流で0.45gの銅を付着させようとすると，$25\,(\text{分}) \times \dfrac{2.0\,(\mathrm{A})}{1.0\,(\mathrm{A})} \times \dfrac{0.45\,(\mathrm{g})}{1.00\,(\mathrm{g})} = 22.5\,(\text{分})$かかる。同じように，1.5Aの電流では，$25\,(\text{分}) \times \dfrac{2.0\,(\mathrm{A})}{1.5\,(\mathrm{A})} \times \dfrac{0.45\,(\mathrm{g})}{1.00\,(\mathrm{g})} = 15\,(\text{分})$かかる。

(3) 水酸化ナトリウム水溶液に電流を流すと，水が電気分解されて，陽極から酸素，陰極から水素が体積比1：2の割合で発生する。よって，電極C付近から発生した気体は水素で，その体積は，$2.0\,(\mathrm{cm^3}) \times 2 = 4.0\,(\mathrm{cm^3})$

(4) 表より，電流を流す時間が10分のとき，うすい塩酸$4.0\mathrm{cm^3}$とうすい水酸化ナトリウム水溶液$5.0\mathrm{cm^3}$が過不足なく反応する。また，電流を流す時間が20分のとき，うすい塩酸$6.0\mathrm{cm^3}$とうすい水酸化ナトリウム水溶液$6.0\mathrm{cm^3}$が過不足なく反応する。これは，うすい塩酸$4.0\mathrm{cm^3}$とうすい水酸化ナトリウム水溶液$4.0\mathrm{cm^3}$が過不足なく反応することと等しい。電流を流す時間の差は，20 (分) − 10 (分) = 10 (分)　うすい塩酸$4.0\mathrm{cm^3}$と過不足なく反応するうすい水酸化ナトリウム水溶液の差は，$5.0\,(\mathrm{cm^3}) - 4.0\,(\mathrm{cm^3}) = 1.0\,(\mathrm{cm^3})$　よって，電流を10分流すと，うすい塩酸$4.0\mathrm{cm^3}$と過不足なく反応するうすい水酸化ナトリウム水溶液が$1.0\mathrm{cm^3}$減少するので，電流を流す前のうすい塩酸$4.0\mathrm{cm^3}$と過不足なく反応するうすい水酸化ナトリウム水溶液は，$5.0\,(\mathrm{cm^3}) + 1.0\,(\mathrm{cm^3}) = 6.0\,(\mathrm{cm^3})$　電流を流す前のうすい塩酸$10.0\mathrm{cm^3}$と過不足なく反応するうすい水酸化ナトリウム水溶液は，$6.0\,(\mathrm{cm}^3)\times\dfrac{10.0\,(\mathrm{cm}^3)}{4.0\,(\mathrm{cm}^3)}=15.0\,(\mathrm{cm}^3)$

【答】 (1) イ　(2) オ　(3) ウ　(4) カ

4 **【解き方】** (1) 浮力は水中の物体に対して上向きにはたらき，物体Aの重さとばねばかりが示す値の差が物体Aにはたらく浮力の大きさ。表より，水面から物体Aの底面までの深さが4.0cmのとき，ばねばかりが示す値は4.0Nなので，物体Aにはたらく浮力の大きさは，$12.0\,(\mathrm{N})-4.0\,(\mathrm{N})=8.0\,(\mathrm{N})$

(2) 物体全体が水中に入ると，直方体の底面と上面に加わる水圧の差は一定となるので，浮力の大きさも深さに関係なく一定となる。表より，ばねばかりが示す値は2.2Nで一定となるので，物体A全体が水中に入ったときにはたらく浮力の大きさは，$12\,(\mathrm{N})-2.2\,(\mathrm{N})=9.8\,(\mathrm{N})$　(1)より，水面から物体Aの底面までの深さが4.0cmのときに物体Aにはたらく浮力の大きさが8.0Nなので，物体A全体がちょうど水に入ったときの水面から物体Aの底面までの深さは，$4.0\,(\mathrm{cm})\times\dfrac{9.8\,(\mathrm{N})}{8.0\,(\mathrm{N})}=4.9\,(\mathrm{cm})$

(3) 図3より，糸でつるした点から物体Bをつるした端までの距離は，$24\,(\mathrm{cm})-16\,(\mathrm{cm})=8\,(\mathrm{cm})$　物体Aと物体Bの重さの比は，糸でつるした点からの距離の比と逆になるので，物体Bの重さは，$12.0\,(\mathrm{N})\times\dfrac{16\,(\mathrm{cm})}{8\,(\mathrm{cm})}=24.0\,(\mathrm{N})$　表より，水面から物体Aの底面までの深さが2.0cmのとき，ばねばかりが示す値は8.0N。図4より，糸でつるした点から物体Aをつるした端と物体Bをつるした端までの距離の比は，物体Aから棒にはたらく力の大きさと物体Bの重さの比と逆になるので，$24.0\,(\mathrm{N}):8.0\,(\mathrm{N})=3:1$　棒を糸でつるした点は，物体Aをつるした端から，$24\,(\mathrm{cm})\times\dfrac{3}{3+1}=18\,(\mathrm{cm})$

(4) 図5より，物体Cは静止しているので，このときの物体Cにはたらく浮力の大きさは17.0N。図6より，物体Cに下向きにはたらく力は，物体Cの重さとばねばかりが示す値の和となるので，$17.0\,(\mathrm{N})+3.0\,(\mathrm{N})=20.0\,(\mathrm{N})$　このとき，物体Cは水中で静止しているので，物体Cにはたらく浮力の大きさも20.0N。水中にある物体の体積と物体にはたらく浮力の大きさは比例するので，物体の体積を20とすると，図5のときに水中にある部分の体積は17となる。よって，水面より上にある部分の体積は，$20-17=3$　この部分の物体C全体に対する割合は，$\dfrac{3}{20}\times100=15\,(\%)$

【答】 (1) イ　(2) Ⅰ. ア　Ⅱ. ウ　Ⅲ. カ　(3) ク　(4) オ

5 **【解き方】** (1) マグマのねばりけが弱いほど，火山の傾斜はゆるやかになる。Aに分類される火山のマグマは，有色鉱物の割合が最も高く，表1より，火成岩う にあたる。

(3) 図3より，水の温度が高いほど，100gの水にとけるミョウバンの質量は大きくなるので，水にとけているミョウバンの質量が大きいほど高い温度で結晶が出てくる。結晶のつくりや大きさの違いが，冷え方の違いによるものであることを調べるためには，冷やし方以外の条件を同じにしたものを比較する。

(4) 表3より，ペトリ皿X，Zでは同じくらいの大きさの，大きな結晶ができたので，ゆっくり冷えた方が大きな結晶ができると考えられる。

【答】 (1) カ　(2) ア　(3) ア　(4) イ

6 **【解き方】** (1) 図1のような月が見られるのは右図で月がAの位置付近にあるときなので，Aの位置の月から地球を見たとすると，右側が少し欠けて見える。3日後の月のおおよその位置はBとなるので，Bの位置の月から地球を見ると3日前と比べて欠けて見える。

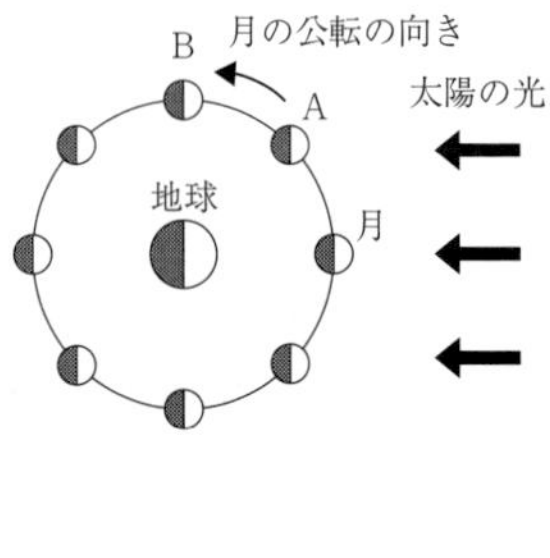

(2) 根の先端近くでさかんに細胞分裂を行っているので，視野の中に観察できる細胞の数は多くなる。

【答】 (1) (ある日) エ　(3日後) B　(2) エ

国　語

1 **【解き方】** ㈠ 科学が「確実な知識としての明証性をもつ」にあたり，必要な手続きを考える。前で，科学について「仮説と検証によって確かめられた法則性によって世界を理解すること」が特徴であると述べ，「論理整合的に」作られた仮説に「合致する事実があり…それらを否定する事実が見いだされないかぎり」でさしあたり真なる理論として認められると説明している。また，科学的な理論は「真偽が実験や観察によって証明されること」も必要とある。

㈡ A. 科学的な知とは，「すべてを知ることができる知」ではないと言っていることから考える。B. 科学的な知について，どんな理論も「とりあえず」で「今のところ」のものとしていることや，直前の「いつ否定されてもかまわない」ということばに着目する。

㈢ 筆者は，「合理的である」とは「理に合っている」ということだとしながらも，「理」にも「いろいろある」としてスポーツの試合を例に挙げて説明し，「ある行為や状態が合理的であるかどうかは，どのような理を規準とするかで違ってくる」と述べている。

㈣ 私たちが「科学とその合理性」を，理解はできないが信じる根拠について述べた部分を探す。文頭の「このとき」は，パソコンや電子レンジなどの仕組みを私たちが知らないという事実を甘受し，「特定の専門家や機関にゆだね」て利用している状態を表している。

㈤ 筆者の「わからなさ」に対する指摘について感想を述べるCさんで会話が始まり，この内容をAさんが「そのように」と指して，「専門的な科学や技術の内容が理解できないことを個々の人々が甘受し…研究と応用は専門家集団にゆだねる」と言い換えている。そして，Aさんが「社会の合理性」に触れると，Fさんは「その場合の合理性」と科学の合理性は根本的に異なると指摘し，Eさんが「確かに…その合理性は本来科学がもっている合理性とは違」うと認めている。そのあと，Bさんが「そのような…過剰な期待を人々が抱くようになる危険性を筆者は指摘して」いると述べ，Dさんが「要するに…」とまとめている。

㈥ 筆者は三か所にわたって，通説や客観的な事実を示したあとに「だがしかし」ということばを用いて自身の見解を述べている。また，スポーツの試合や家電の利用といった身近な例を挙げながら，持論を説明していることをおさえる。

【答】 ㈠ ア　㈡ ウ　㈢ イ　㈣ エ　㈤ (二番目) ア　(四番目) オ　(六番目) エ　㈥ エ・カ

2 **【解き方】** ㈡ はっきりとわかるほどに目立つという意味。ア・イ・ウは書きあらわすという意味。

㈢ 何事にも動じず落ち着いている様子を表す四字熟語になる。

【答】 ㈠ ① ウ　② イ　㈡ エ　㈢ ウ

3 **【解き方】** ㈠ 亜紗は凛久の転校について，「なんで，何も言ってくれなかったんだろう」と思う一方，自分が気付けなかったことに「凛久が何も言えなくて当然だ」とも感じ，この気持ちを「悔しいし，情けない」と表現している。そして，「これ以上話すと涙が出てきそう」なところで綿引先生に謝られ，「いよいよ気持ちのやり場がなくなって」首を振っている。

㈡ 後輩が訪ねてきたことに「亜紗は驚いた」あと，さらに「年内にもう一度，スターキャッチみたいなことできないかなって，実は，相談してたんです。五島チームとか，渋谷の中学生たちに」と打ち明けられて，「えっ……！」という声が「思わず」出ていることに着目する。

㈢「いつの間に――と絶句する」「一年生たちのたくましさがあまりにまぶしい」といった亜紗の態度や気持ちから，亜紗が二人の後輩の思いや行動に驚き，感動して一瞬息が止まる様子を表すことばを入れる。

㈣ 亜紗と晴菜先輩が綿引先生と話す場面に，「亜紗ちゃん，と晴菜先輩が呼んで，こちらを見ている気配がする」と，晴菜先輩が亜紗を気づかう様子が描かれている。また，「スターキャッチコンテストの望遠鏡作り」については，「亜紗たち上級生はあくまでお手伝いで，確かに一年生が中心だった」とあり，すべてを一年生だけで行ったわけではない。

㈤ 亜紗の目線でストーリーが語られていることをふまえ，綿引先生と話す場面での「これ以上話すと涙が出てきそうで，そんなの，嫌だ，と強く思った」「思い出，という言葉を聞いて，強烈に湧き起こる感覚があった…ここに全部残していってしまうような言い方，やめてほしい」といった描写に着目する。また，昼休みの教室の場面では，一年生の二人が交互にテンポよく話したり，顔を見合わせて「小さくうなずき合っ」たりする一方，その内容や様子に亜紗は驚いて言葉が少なくなっていることをおさえる。

【答】 ㈠ ア・エ・オ　㈡ ウ　㈢ イ　㈣ ウ・オ　㈤ ア・オ

4 **【解き方】** ㈠「当に～べし」は「当然～すべきである」という意味。「忠正」は誠実で正しいこと，「公清」は公正で心が清く利益に貪欲ではないことを表し，臣のあるべき姿を説いている。

㈡「禍福は門無し」は，災いにも幸いにも入口があるわけではないということ。また，「惟だ人の召く所のみ」は，災いも幸いもその人自身の言動が招くという意味。

㈢「財利を貪冒するが為め」に「身を陥るる者」と，「人の獲る所と為る」鳥や魚との共通点を考える。

㈣ 鳥や魚が用心していても人に捕獲されてしまうのは，えさを貪欲に欲しがるからだという話を引き合いに出して，家臣に対し「長く富貴を守らん」ためのあり方を説いていることをおさえる。

【答】 ㈠ エ　㈡ イ　㈢ イ　㈣ ウ

◀口語訳▶　太宗が，そばに控える家臣に言うことには，「いにしえの人がこう言っている，『鳥は，林に住んでいるが，それでもなおその林（の木）が高くないことを心配して，さらに高い木の枝に巣をつくる。魚は，泉に潜んでいるが，それでもなおその泉が深くないことを心配して，さらに深い水中の洞穴に住んでいる。それにもかかわらず人に捕獲されてしまう者は，皆，えさを貪欲に欲しがるからそうなるのである。』と。今，臣下の者たちは，任を受けて，高い地位におり，多額の報酬を得ている。ぜひともまじめで正しい行いをし，清廉潔白に生きるべきである。そうすれば災いはなく，長く富と地位を守ることができるだろう。いにしえの人はこうも言っている，『災いも幸いも門から入ってくるわけではない，ただ人が招くものである。』と。だから自分の身を落としてしまう者というのは，皆，財産を貪欲に求めるからそうなるのだ。（そうであれば）例の魚や鳥と，何か異なることがあるだろうか。お前たち，よくこの言葉を考えて，戒めとしなければならない。」と。

愛知県公立高等学校

2023年度
入学試験問題

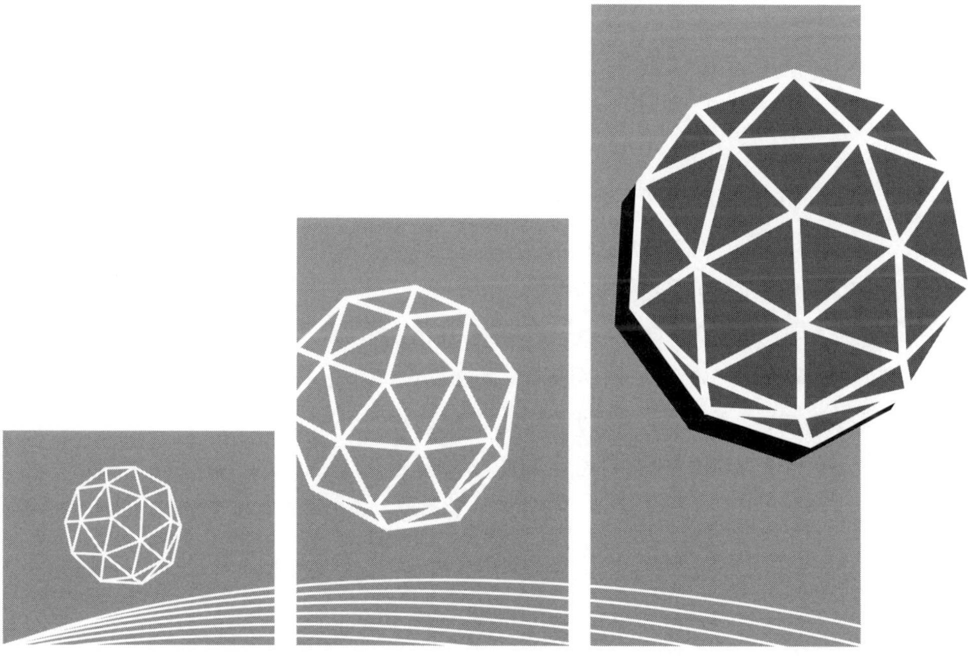

数学

時間　45分　　　　満点　22点

（注）　問題の文中の [アイ] などには，数字が入ります。ア，イ，…の一つ一つには，0から9までの数字のいずれか一つがあてはまります。

1　次の(1)から(10)までの問いに答えなさい。

(1)　$6-(-4)\div 2$ を計算した結果として正しいものを，次のアからエまでの中から一つ選びなさい。（　　）

ア　1　　イ　4　　ウ　5　　エ　8

(2)　$\dfrac{3x-2}{6}-\dfrac{2x-3}{9}$ を計算した結果として正しいものを，次のアからエまでの中から一つ選びなさい。（　　）

ア　$\dfrac{5x-12}{18}$　　イ　$\dfrac{13x-12}{18}$　　ウ　$\dfrac{5}{18}x$　　エ　$-\dfrac{2}{3}$

(3)　$6x^2\div(-3xy)^2\times 27xy^2$ を計算した結果として正しいものを，次のアからエまでの中から一つ選びなさい。（　　）

ア　$-54x^2y$　　イ　$-18xy$　　ウ　$18x$　　エ　$54x^2y^2$

(4)　$(\sqrt{5}-\sqrt{2})(\sqrt{20}+\sqrt{8})$ を計算した結果として正しいものを，次のアからエまでの中から一つ選びなさい。（　　）

ア　6　　イ　$4\sqrt{5}$　　ウ　$2\sqrt{21}$　　エ　14

(5)　方程式 $(x-3)^2=-x+15$ の解として正しいものを，次のアからエまでの中から一つ選びなさい。（　　）

ア　$x=-6,\ 1$　　イ　$x=-3,\ -2$　　ウ　$x=-1,\ 6$　　エ　$x=2,\ 3$

(6)　次のアからエまでの中から，y が x の一次関数となるものを一つ選びなさい。（　　）

ア　面積が 100cm^2 で，たての長さが x cm である長方形の横の長さ y cm

イ　1辺の長さが x cm である正三角形の周の長さ y cm

ウ　半径が x cm である円の面積 $y\ \text{cm}^2$

エ　1辺の長さが x cm である立方体の体積 $y\ \text{cm}^3$

(7)　1が書かれているカードが2枚，2が書かれているカードが1枚，3が書かれているカードが1枚入っている箱から，1枚ずつ続けて3枚のカードを取り出す。

1枚目を百の位，2枚目を十の位，3枚目を一の位として，3けたの整数をつくるとき，この整数が213以上となる確率として正しいものを，次のアからエまでの中から一つ選びなさい。（　　）

ア　$\dfrac{7}{24}$　　イ　$\dfrac{1}{3}$　　ウ　$\dfrac{5}{12}$　　エ　$\dfrac{1}{2}$

(8)　n がどんな整数であっても，式の値が必ず奇数となるものを，次のアからエまでの中から一つ

選びなさい。(　　　)

ア　$n-2$　　イ　$4n+5$　　ウ　$3n$　　エ　n^2-1

(9)　x の値が1から3まで増加するときの変化の割合が，関数 $y=2x^2$ と同じ関数を，次のアからエまでの中から一つ選びなさい。(　　　)

ア　$y=2x+1$　　イ　$y=3x-1$　　ウ　$y=5x-4$　　エ　$y=8x+6$

(10)　空間内の平面について正しく述べたものを，次のアからエまでの中から全て選びなさい。

(　　　)

ア　異なる2点をふくむ平面は1つしかない。

イ　交わる2直線をふくむ平面は1つしかない。

ウ　平行な2直線をふくむ平面は1つしかない。

エ　同じ直線上にある3点をふくむ平面は1つしかない。

2　次の(1)から(3)までの問いに答えなさい。

(1)　図は，ある中学校のA組32人とB組32人のハンドボール投げの記録を，箱ひげ図で表したものである。

この箱ひげ図から分かることについて，正しく述べたものを，次のアからオまでの中から二つ選びなさい。(　　　)(　　　)

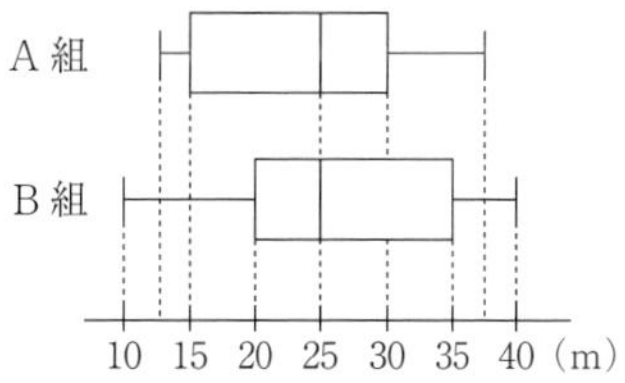

ア　A組とB組は，範囲がともに同じ値である。

イ　A組とB組は，四分位範囲がともに同じ値である。

ウ　A組とB組は，中央値がともに同じ値である。

エ　35m以上の記録を出した人数は，B組よりA組の方が多い。

オ　25m以上の記録を出した人数は，A組，B組ともに同じである。

(2)　図で，四角形ABCDは平行四辺形であり，Eは辺BC上の点で，AB = AEである。

このとき，△ABCと△EADが合同であることを，次のように証明したい。

(Ⅰ)，(Ⅱ)にあてはまる最も適当なものを，下のアからコまでの中からそれぞれ選びなさい。

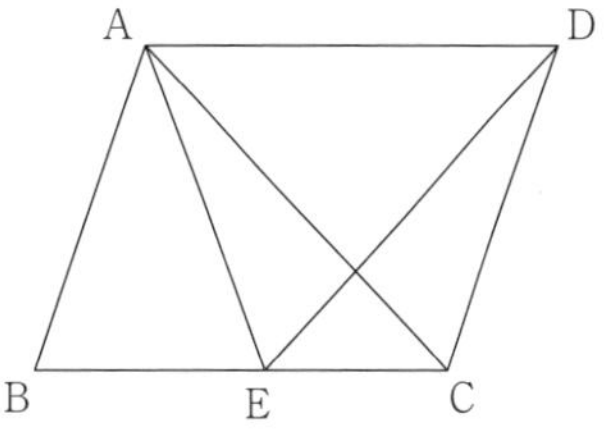

なお，2か所の(Ⅰ)，(Ⅱ)には，それぞれ同じものがあてはまる。

(Ⅰ)(　　　)　(Ⅱ)(　　　)

(証明)　△ABCと△EADで，

仮定より，AB = EA……①

平行四辺形の向かい合う辺は等しいから，BC = AD……②

二等辺三角形の底角は等しいから，∠ABC =(Ⅰ)……③

平行線の錯角は等しいから，(Ⅰ) = (Ⅱ)……④

③，④より，$\angle$ABC = (Ⅱ)……⑤

①，②，⑤から２組の辺とその間の角が，それぞれ等しいから，

$\triangle$ABC ≡ $\triangle$EAD

ア　$\angle$ACD　　イ　$\angle$ACE　　ウ　$\angle$ADC　　エ　$\angle$ADE　　オ　$\angle$AEB　　カ　$\angle$AEC

キ　$\angle$EAC　　ク　$\angle$EAD　　ケ　$\angle$ECD　　コ　$\angle$EDC

(3)　図で，四角形ABCDはAD // BC，$\angle$ABC = 90°，AD = 4 cm，BC = 6 cmの台形である。点P，Qはそれぞれ頂点A，Cを同時に出発し，点Pは毎秒1 cmの速さで辺AD上を，点Qは毎秒2 cmの速さで辺CB上をくり返し往復する。

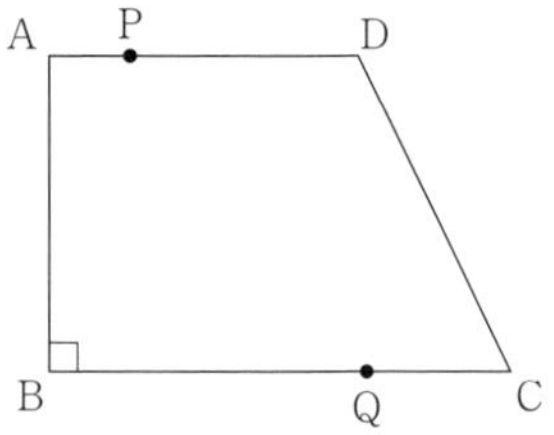

点Pが頂点Aを出発してからx秒後のAPの長さをy cmとするとき，次の①，②の問いに答えなさい。

ただし，点Pが頂点Aと一致するときは$y = 0$とする。

なお，下の図を必要に応じて使ってもよい。

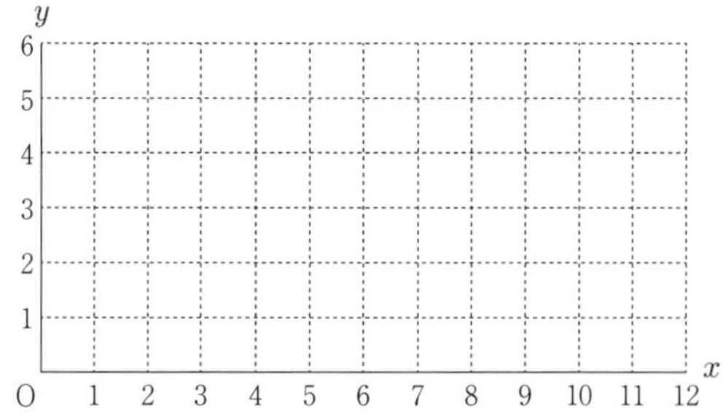

①　$x = 6$のときのyの値として正しいものを，次のアからオまでの中から一つ選びなさい。

(　　　)

ア　$y = 0$　　イ　$y = 1$　　ウ　$y = 2$　　エ　$y = 3$　　オ　$y = 4$

②　点P，Qがそれぞれ頂点A，Cを同時に出発してから12秒後までに，AB // PQとなるときは何回あるか，次のアからオまでの中から一つ選びなさい。(　　　)

ア　1回　　イ　2回　　ウ　3回　　エ　4回　　オ　5回

3　次の(1)から(3)までの文章中の $\boxed{\text{アイ}}$ などに入る数字をそれぞれ答えなさい。
解答方法については，(注) に従うこと。

(1)　図で，A，B，C，D は円 O の周上の点で，AO ∥ BC である。
∠AOB = 48° のとき，∠ADC の大きさは $\boxed{\text{アイ}}$ 度である。
ア(　　)　イ(　　)

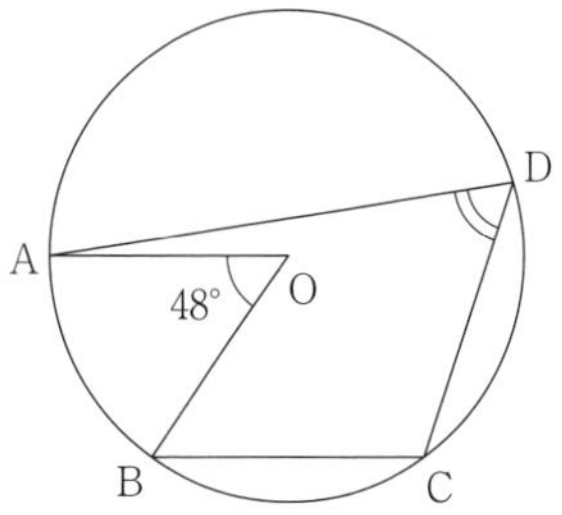

(2)　図で，四角形 ABCD は長方形で，E は辺 AB の中点である。また，F は辺 AD 上の点で，FE ∥ DB であり，G，H はそれぞれ線分 FC と DE，DB との交点である。
AB = 6 cm，AD = 10cm のとき，

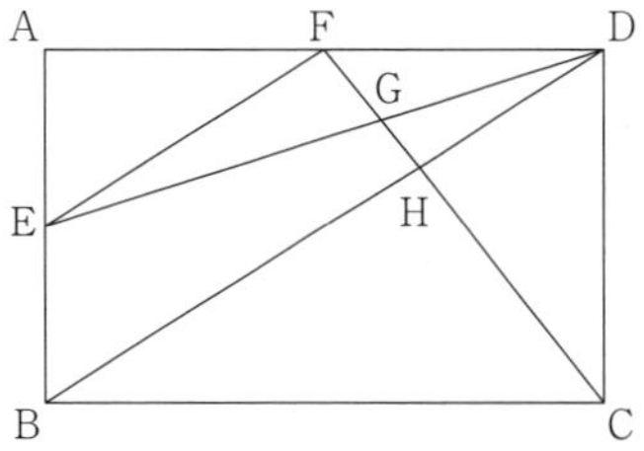

①　線分 FE の長さは $\sqrt{\boxed{\text{アイ}}}$ cm である。
ア(　　)　イ(　　)

②　△DGH の面積は $\boxed{\text{ウ}}$ cm^2 である。ウ(　　)

(3)　図で，立体 ABCDEFGH は底面が台形の四角柱で，AB ∥ DC である。
AB = 3 cm，AE = 7 cm，CB = DA = 5 cm，DC = 9 cm のとき，

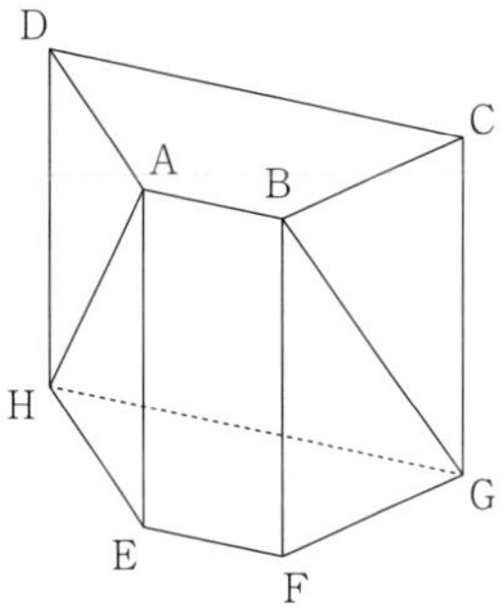

①　台形 ABCD の面積は $\boxed{\text{アイ}}$ cm^2 である。
ア(　　)　イ(　　)

②　立体 ABEFGH の体積は $\boxed{\text{ウエ}}$ cm^3 である。
ウ(　　)　エ(　　)

英語

時間　50分　　満点　22点

（編集部注）放送問題の放送原稿は英語の末尾に掲載しています。
音声の再生についてはもくじをご覧ください。

（注）「始め」という指示のあと，聞き取り検査が始まるまで，1分あります。1の「答え方」をよく読みなさい。

1　指示に従って，聞き取り検査の問題に答えなさい。

「答え方」

問題は第1問と第2問の二つに分かれています。

第1問は，1番から3番までの三つあります。それぞれについて，最初に対話を聞き，続いて，対話についての問いと，それに対する答えを聞きます。そのあと，もう一度，対話と問い，それに対する答えを聞きます。必要があればメモをとってもよろしい。

問いの答えとして正しいものはマーク欄の「正《せい》」の文字を，誤っているものはマーク欄の「誤《ご》」の文字を，それぞれ○《まる》でかこみなさい。正しいものは，各問いについて一つしかありません。

第2問では，最初に，英語によるスピーチを聞きます。続いて，スピーチについての問いと，それに対する答えを聞きます。問いは問1と問2の二つあります。そのあと，もう一度，スピーチと問い，それに対する答えを聞きます。必要があればメモをとってもよろしい。

問いの答えとして正しいものはマーク欄の「正《せい》」の文字を，誤っているものはマーク欄の「誤《ご》」の文字を，それぞれ○《まる》でかこみなさい。正しいものは，各問いについて一つしかありません。

第1問	1番	a（正　誤）	b（正　誤）	c（正　誤）	d（正　誤）
	2番	a（正　誤）	b（正　誤）	c（正　誤）	d（正　誤）
	3番	a（正　誤）	b（正　誤）	c（正　誤）	d（正　誤）
第2問	問1	a（正　誤）	b（正　誤）	c（正　誤）	d（正　誤）
	問2	a（正　誤）	b（正　誤）	c（正　誤）	d（正　誤）

2 日本に留学中のジェームス（James）と麻美（Asami）が教室で話しています。次の対話が成り立つように，下線部(1)から(3)までのそれぞれにあてはまる最も適当なものを，あとのアからエまでの中から選びなさい。(1)(　　　)　(2)(　　　)　(3)(　　　)

James： What are you reading?

Asami： I'm reading __(1)__ about a good behavior of high school students.

James： I see. What does it say?

Asami： Well, it says a blind person was taking a walk near the school gate with his guide dog one morning, and some students riding bikes __(2)__.

James： What was the good behavior?

Asami： Please listen to me a little more. The students found him and his dog, stopped riding their bikes and began to walk so that he could continue walking safely.

James： Wow, so kind! ____(3)____! I'm sure the students enjoyed the day.

（注） gate 門　guide dog 盲導犬

(1) ア a recipe book　イ an English dictionary　ウ a weather report
エ a newspaper article

(2) ア were about to say "Good morning" in the classroom
イ were closing their way near the gate
ウ were about to pass in front of them at the gate
エ were listening to music near the gate

(3) ア What a kind dog　イ What a wonderful morning　ウ What a new high school
エ What a nice bike

3 オーストラリアに留学中のある生徒が，次の［天気予報］を見て，［週末の予定］をホストファミリーに伝えようとしています。あとの(1)，(2)の問いに答えなさい。

［天気予報］

Saturday, 25 March

Time	6	9	12	15	18	21
Weather						

Sunday, 26 March

Time	6	9	12	15	18	21
Weather						

［週末の予定］

　① I was planning to go to the Blue Mountains with my friends on Saturday, ② and decided to go there on Sunday. On Saturday, it'll be rainy, so I'm going to watch DVDs at home. Also, I'm going to walk our dog on ③ , because I'll be busy the next day.

(1) 下線部①，②にあてはまる語句の組み合わせとして最も適当なものを，次のアからエまでの中から選びなさい。(　　　)

ア ① Though ② we changed our plan

イ ① Though ② we took our umbrellas

ウ ① Because ② we changed our plan

エ ① Because ② we took our umbrellas

(2) 下線部③にあてはまるように，次のアからキまでの語句の中から六つを選んで正しく並べ替えるとき，1番目，3番目，5番目にくるものをそれぞれ選びなさい。

1番目(　　　) 3番目(　　　) 5番目(　　　)

ア rain　イ it　ウ before　エ to　オ starts　カ Saturday morning

キ Sunday morning

4　次の文章を読んで，あとの(1)から(5)までの問いに答えなさい。

For many people living in Japan, it is easy to get water. But have you (A) where water comes from? It comes from forests, and they are about two-thirds of Japan's land. Forests release water and we use it for industry, agriculture, our daily lives, and so on. Forests and water are related to each other.

【 a 】 They are a facility that stores rainwater and water from rivers and releases water any time. Forests have the same role. Rainwater goes into the ground under the forests and turns into clean water through the ground. The ground keeps the water as groundwater and it goes out into the rivers slowly.

【 b 】 There are many trees in forests, and the roots of the trees go down into the ground. In case of rain, they absorb rainwater and hold the ground tightly. Without forests, there would be more landslides in Japan when it rains.

【 c 】 One of the main causes of it is carbon dioxide. Scientists say that the amount of carbon dioxide in the air is getting larger and larger. The Earth is getting warmer and warmer. Trees absorb carbon dioxide and release oxygen while they are growing. They store carbon dioxide inside for years. The same is true for wood which is cut from a tree. So using even a piece of wood is important to protect the environment.

Could you imagine your life without forests? If there were no forests, you would have to worry about more landslides and environmental problems in the future. It would be more difficult to get water. Forests release water for your daily life. You should remember that many forests are protected by forestry. Forestry keeps the forests safe by repeating the cycle, such as growing, cutting, using and planting trees again, in 50-100 years. Forestry is a sustainable industry.

(注) agriculture 農業　groundwater 地下水　root 根　absorb ～ ～を吸収する
cause 原因　forestry 林業　repeat a cycle 循環を繰り返す　grow ～ ～を育てる
plant ～ ～を植える

(1) 文章中の (A) にあてはまる最も適当な語を，次のアからエまでの中から選びなさい。
( )

ア had　イ finished　ウ wondered　エ been

(2) 次のアからウまでの英文を，文章中の【 a 】から【 c 】までのそれぞれにあてはめて文章が成り立つようにするとき，【 b 】にあてはまる最も適当なものを選びなさい。( )

ア Forests keep the land safe.　イ Forests are like dams.

ウ Forests stop global warming.

(3) 文章中では，森林についてどのように述べられているか。最も適当なものを，次のアからエまでの中から選びなさい。( )

ア About two-thirds of Japanese forests are related to each other.

イ Thanks to forests, rainwater turns into water for our daily lives.

ウ　Forests on the Earth release more and more carbon dioxide.

エ　In forests, water you need in daily life is protected by forestry.

(4)　次のアからエまでの中から，その内容が文章中に書かれていることと一致するものを一つ選びなさい。(　　　)

ア　The trees in the forest make the water for companies, fields and towns.

イ　Rainwater in the dam goes into the ground under the forest.

ウ　In case of rain, the land with no trees can cause more landslides.

エ　Forestry keeps growing, cutting, using and planting the woods again in one year.

(5)　次の［メモ］は，この文章を読んだ生徒が森林などについて調べ，授業のまとめの活動として英語で発表するために作成したものの一部です。下線部①，②のそれぞれにあてはまる最も適当なことばを，あとのアからエまでの中から選びなさい。なお，2か所ある下線部①，②には，それぞれ同じことばがあてはまる。①(　　　)　②(　　　)

［メモ］

○日本の森林

・人工林…森林の約4割，人が使うために育てている森林

・天然林…森林の約6割，自然に落ちた種などが成長してできた森林

○木の使用

・木製品…原材料が＿①＿をたくわえており，使用することが＿②＿につながる。

・木造建築物…建設後，何年も＿①＿を閉じ込めておくことができる第2の森林

○意見

・木づかい（＝「木を使う」という気づかい）の心が，＿②＿につながる。

①　ア　二酸化炭素　　イ　酸素　　ウ　地下水　　エ　雨水

②　ア　労働災害の防止　　イ　水質汚染の防止　　ウ　土砂災害の防止

エ　地球温暖化の防止

5 月曜日の朝，教室でロンドンからの留学生であるデイビッド（David）が太一（Taichi）と話しています。次の対話文を読んで，あとの(1)から(4)までの問いに答えなさい。

David： Hi, Taichi, how was your weekend?

Taichi： I went __①__ a public bath with my family yesterday.

David： A public bath? What's that?

Taichi： Well, it's a large bath facility for public use. There're many types of baths, restaurants and a place to read magazines or comic books in the same building.

David： Wow, you and your family spent a lot of time there, didn't you?

Taichi： Yes, we ate dinner after __②__ baths.

David： You had a nice weekend. （ A ）, I was bored because I had nothing to do. Oh, I remember my family trip to Bath last summer.

Taichi： Your family trip to Bath?

David： Yes, Bath is one of the most popular places for tourists in the U.K. It's about 160 kilometers west of London. I've heard only Bath in the U.K. has hot springs. We had a wonderful time there.

Taichi： I see! My story on the weekend __③__ you of the family trip, right?

David： Exactly! I learned that Bath had many types of baths about 2,000 years ago.

Taichi： Oh, Bath has a long history. I want to know more about it. Well, David, shall we go to the nearest *Bath* by bike next Saturday?

David： Sure! I want to experience Japanese *Bath*, too!

（注） Bath バース（イギリスの都市の名前）

(1) 対話文中の下線部①から③までにあてはまる最も適当な語を，それぞれ次のアからエまでの中から選びなさい。①(　　) ②(　　) ③(　　)

① ア on　イ by　ウ to　エ up

② ア using　イ brushing　ウ washing　エ taking

③ ア found　イ reminded　ウ was　エ bought

(2) 対話文中の（ A ）にあてはまる最も適当な語句を，次のアからエまでの中から選びなさい。

(　　)

ア From my point of view　イ Therefore　ウ On the other hand

エ In my opinion

(3) デイビッドは，授業で日本のふろについて発表するために，太一から聞いた話と自分が知っていることを次の表のようにまとめました。【 X 】にあてはまる最も適当なものを，あとのアからエまでの中から選びなさい。(　　)

	A public bath in Japan	Bath in the U.K.
Visitors	families and friends	tourists from the U.K. and overseas
History	【 X 】	about 2,000 years
Other facilities	a restaurant a place for reading	a museum a restaurant

ア　no information, so I'll ask Taichi on Saturday.

イ　no information, so I'll eat lunch with Taichi on Saturday.

ウ　no information, so I'll give Taichi information on Saturday.

エ　no information, so I'll take baths with Taichi on Saturday.

(4)　太一は，インターネットでバースにある博物館のウェブページを検索しました。次の各表はその一部です。それぞれから読み取れることを正しく表している英文を，あとのアからカまでの中から二つ選びなさい。(　　　)(　　　)

Opening Times

Dates：1 March 2023 - 31 October 2023 Monday-Sunday 9:00 - 18:00
Dates：1 November 2023 - 31 December 2023 Monday-Sunday 9:30 - 17:00
Dates：1 January 2024 - 29 February 2024 Monday-Sunday 9:30 - 18:00

※　Closed on 25 December and 26 December.

Tickets & prices〈December 2023〉

Ticket type	Weekend	Weekday
Adult (19＋)	£20.00	£17.50
Student (19＋)	£19.00	£16.50
Senior (65＋)	£19.00	£16.50
Child (6-18)	£12.50	£10.00

※　Visitors can buy tickets until 31 December 2023.

(注)　£　ポンド（イギリスの通貨単位）

ア　If Taichi goes to the museum in August, he can stay there for the longest time.

イ　Visitors can enter the museum at 9:00 a.m. in December.

ウ　It is exciting for Taichi to visit the museum on 25 December.

エ　The ticket price on weekdays of the museum will be higher than that on weekends.

オ　Visitors who are 16 years old will pay £12.50 or £10.00 to enter the museum.

カ　In December, all visitors who are over 19 years old need to pay £19.00 on weekends.

〈放送原稿〉

（聞き取り検査指示）

これから，2023年度愛知県公立高等学校全日制課程入学試験，英語の聞き取り検査を行います。

それでは，聞き取り検査の説明をします。問題は第1問と第2問の二つに分かれています。

第1問。

第1問は，1番から3番までの三つあります。それぞれについて，最初に対話を聞き，続いて，対話についての問いと，それに対する答えを聞きます。そのあと，もう一度，対話と問い，それに対する答えを聞きます。必要があればメモをとってもよろしい。

問いの答えとして正しいものは解答欄の「正《せい》」の文字を，誤っているものは解答欄の「誤《ご》」の文字を，それぞれ○《まる》でかこみなさい。正しいものは，各問いについて一つしかありません。それでは，聞きます。

（第1問）

1番

Clerk　：　Welcome to The Mall ABC. May I help you?

Woman：　Yes, please. I want to buy a new soccer ball. Where can I find one?

Clerk　：　Certainly. You can find one at the sports shop. It's on the second floor. The stairs by that cafe will take you to the shop soon.

Question：Where are they talking?

a　They are in a soccer stadium.　　b　They are in a sports shop.

c　They are in a cafe.　　d　They are in a shopping mall.

それでは，もう一度聞きます。（対話と問い，それに対する答えを繰り返す。）

2番

Woman：　Hello. This is Midori Station.

Mike　：　Hello. This is Mike Brown. I think I lost my watch in the station yesterday.

Woman：　Oh, that's too bad. What is it like?

Question：What will Mike say next?

a　Shall I help you find it?　　b　It's blue and round.　　c　No. It sounds interesting.

d　Yes. It's my favorite watch.

それでは，もう一度聞きます。（対話と問い，それに対する答えを繰り返す。）

3番

Ms. Green：　Good morning, Mr. Baker.

Mr. Baker：　Good morning, Ms. Green. I borrowed these two books from your library and finished reading them in two days. Can I borrow another?

Ms. Green：　Of course. You can borrow ten books.

Question：What is true about this conversation?

a　They have finished reading all of the books that can be borrowed.

b　They are talking about the number of books that can be borrowed.

c　Ms. Green needs to return her books to borrow other books.

d　Mr. Baker will finish reading books in two days.

それでは，もう一度聞きます。（対話と問い，それに対する答えを繰り返す。）

第２問。

第２問では，最初に，英語によるスピーチを聞きます。続いて，スピーチについての問いと，それに対する答えを聞きます。問いは問１と問２の二つあります。そのあと，もう一度，スピーチと問い，それに対する答えを聞きます。必要があればメモをとってもよろしい。

問いの答えとして正しいものは解答欄の「正《せい》」の文字を，誤っているものは解答欄の「誤《ご》」の文字を，それぞれ○《まる》でかこみなさい。正しいものは，各問いについて一つしかありません。それでは，聞きます。

（第２問）

Hello, I'm Kota. About five years ago, I began to study English at school. At that time, I was too shy to speak English. Last month, an old man asked me the way to City Hall in English. At first I felt nervous, but I was very satisfied when I could show the way. Then I decided to study English harder. Thank you.

問１　What happened last month?

a　Kota went to school with the old man.

b　Kota asked the way to City Hall in English.

c　Kota began to study English for the first time.

d　Kota showed the old man the way to City Hall.

問２　What is the best title of this speech?

a　Why I was shy at school　　b　My English about five years ago

c　Why I study English hard　　d　The way to study English

それでは，もう一度聞きます。（スピーチと問い，それに対する答えを繰り返す。）

これで，聞き取り検査を終わります。

社会

時間 45分　　　満点 22点

1 次のⅠ，Ⅱ，Ⅲの資料は，生徒が日本の都市の歴史についてレポートを作成するために用意したものの一部である。あとの(1)から(3)までの問いに答えなさい。

Ⅰ

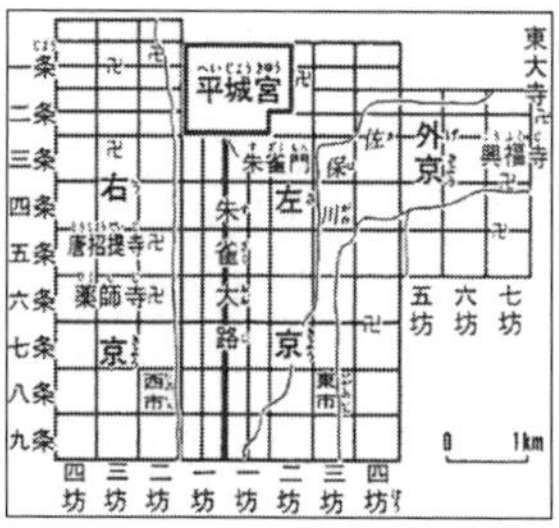

Ⅱ

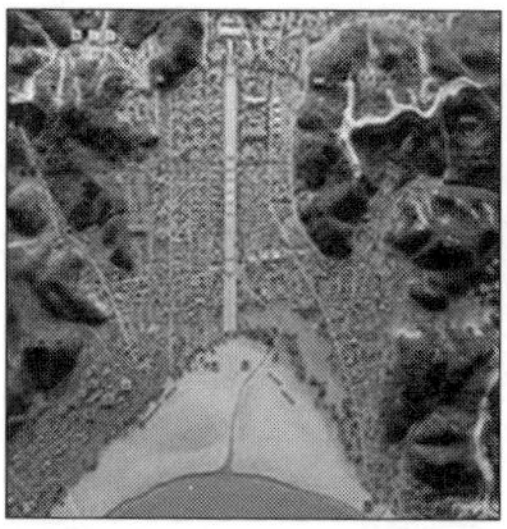

Ⅲ

(1) 次の文章は，Ⅰの資料について説明したものである。文章中の（ ① ），（ ② ）にあてはまる国名や寺院名として最も適当なものを，あとのアからキまでの中からそれぞれ選びなさい。

①(　　　) ②(　　　)

Ⅰの資料は，奈良時代の都の略地図である。この都には，当時シルクロードで結びついていた（ ① ）といった国々の物品が集まった。こうした物品の一部は（ ② ）の正倉院に納められ，現代に伝えられている。

ア イスラム帝国や漢　イ イスラム帝国や唐　ウ モンゴル帝国や宋

エ モンゴル帝国や明

オ 興福寺　カ 唐招提寺　キ 東大寺

(2) Ⅱの資料は，幕府がおかれていた，ある都市を復元した模型の写真である。この都市に幕府がおかれていた期間のようすについて述べた文として最も適当なものを，次のアからエまでの中から選びなさい。(　　　)

ア 城を中心に武士や町人の居住地が配置され，100万人以上の人が住んでいた。

イ 有力な商工業者たちによる自治が行われ，南蛮貿易などの交易で栄えていた。

ウ 日蓮宗の開祖となった人物が布教活動を行い，信者を増やしていた。

エ 真言宗の開祖となった人物が寺院を与えられ，貴族の信仰を集めていた。

(3) 次の文章は，Ⅲの資料について説明したものである。文章中の（ ③ ），（ ④ ）にあてはまる国名の組み合わせとして最も適当なものを，あとのアからエまでの中から選びなさい。

なお，文章中の2か所の（ ③ ）には同じ国名があてはまる。(　　　)

Ⅲの資料は，江戸時代，（ ③ ）商船で来航した商人との交易が行われていた人工の島を描いたものである。（ ③ ）は，アジアとの交易で繁栄したが，19世紀になると，18世紀末の革命に際して人権宣言を発表した（ ④ ）の支配を受ける時期もあった。

ア ③ 中国　④ フランス　イ ③ 中国　④ アメリカ

ウ ③ オランダ　④ フランス　エ ③ オランダ　④ アメリカ

2 次のⅠからⅤまでの資料は，生徒が日本における新聞の歴史について探究活動を行った際の記録の一部である。あとの(1)から(4)までの問いに答えなさい。

Ⅰ

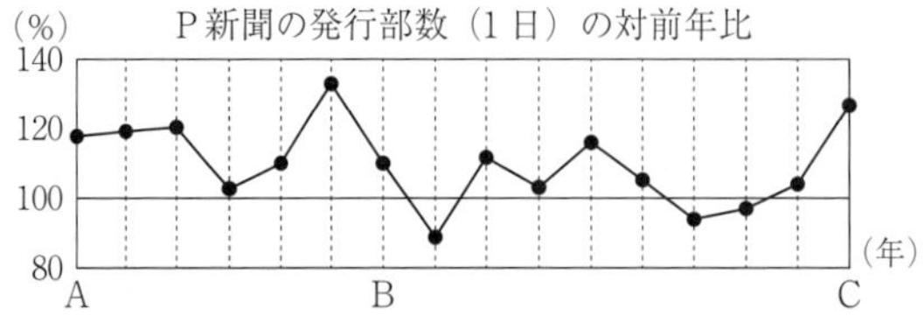

○グラフ中のA，B，Cそれぞれの年のできごと

A 大日本帝国憲法の発布
B 三国干渉
C 日露戦争の開戦

（P新聞の社史をもとに作成）

上のグラフ中のAからCまでの期間は，日本では ① があった。なかでもAからBまでの期間には議会政治が始まり，P新聞の発行部数は（ ② ）している。先生からは「他の新聞の発行部数も調べるとよい」とのアドバイスを受けた。

Ⅱ

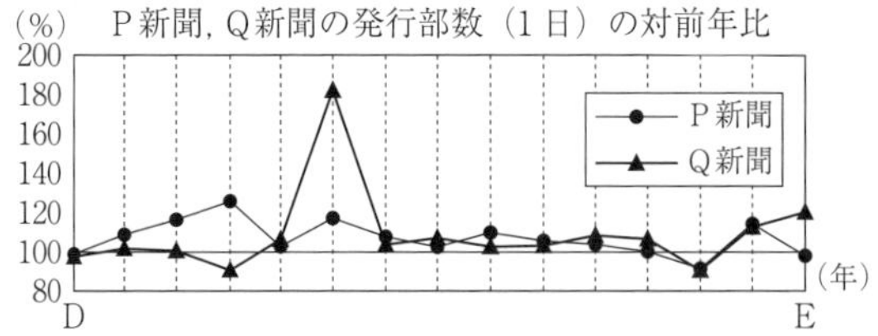

○グラフ中のD，Eそれぞれの年のできごと

D 五・四運動
E 日本が国際連盟を脱退

（P新聞，Q新聞それぞれの社史をもとに作成）

日本は，五・四運動では（ ③ ）の人々の反発を受け，関東軍による（ ④ ）では国際連盟による調査を受けた。また，上のグラフ中のDからEまでの期間には， ⑤ 。この期間にはQ新聞が関東大震災の翌年に発行部数を大きく伸ばしたが，両新聞の発行部数は前年を下回る年もあった。

Ⅲ

敗戦前の新聞の見出しは，右の記事のように，右から読むことに気付いた。そこで，「敗戦前は見出しを右から読むことに統一していたが，敗戦以降は，左から読むことに統一したのではないか」という仮説を立てた。

Ⅳ

Ⅴ

(1)　Ⅰの資料中の ① ，(②) にあてはまる文やことばとして最も適当なものを，次のアからカまでの中からそれぞれ選びなさい。①(　　　)　②(　　　)

ア　近代化が急がれた時期にあたる。その背景の一つには欧米の帝国主義の動き

イ　中央集権化が進められた時期にあたる。その背景の一つには中国で成立した統一国家の影響

ウ　国民の間に「中流意識」が広がった時期にあたる。その背景の一つには家電製品の普及

エ　毎年増加　　オ　毎年減少　　カ　年によって増減

(2)　Ⅱの資料中の (③)，(④)， ⑤ にあてはまる国名やことば，文として最も適当なものを，次のアからケまでの中からそれぞれ選びなさい。③(　　　)　④(　　　)　⑤(　　　)

ア　朝鮮　　イ　中国　　ウ　イギリスやアメリカ

エ　義和団事件　　オ　満州事変　　カ　大逆事件

キ　不況が深刻となる中，金融恐慌が発生し，銀行が休業するなどした

ク　戦争が長期化する中，中学生も勤労動員の対象となった

ケ　物資が不足する中，海外からの引きあげ者もあり，物価が急激に上昇した

(3)　次の文章は，生徒がⅢの資料中の下線部の仮説をⅣの新聞記事を用いて確かめた際に作成したメモの一部である。文章中の (⑥)，(⑦) にあてはまることばの組み合わせとして最も適当なものを，あとのアからカまでの中から選びなさい。(　　　)

> Ⅳの新聞記事にある戦争は (⑥) の対立を背景にして始まった。見出しを読む方向から考えて，仮説が正しいとすれば，この記事が新聞に掲載されたのは (⑦) であり，仮説は正しくないことがわかった。

ア　⑥　社会（共産）主義陣営と資本主義陣営　　⑦　敗戦前となるが，実際には敗戦以降

イ　⑥　社会（共産）主義陣営と資本主義陣営　　⑦　敗戦以降となるが，実際には敗戦前

ウ　⑥　朝鮮半島を巡る日本とロシア　　⑦　敗戦前となるが，実際には敗戦以降

エ　⑥　朝鮮半島を巡る日本とロシア　　⑦　敗戦以降となるが，実際には敗戦前

オ　⑥　この地域における宗教間　　⑦　敗戦前となるが，実際には敗戦以降

カ　⑥　この地域における宗教間　　⑦　敗戦以降となるが，実際には敗戦前

(4)　次の文章は，生徒がⅢの資料中の下線部の仮説を確かめる際にみつけたⅤの新聞記事について述べたものの一部である。文章中の (⑧)，(⑨) にあてはまることばの組み合わせとして最も適当なものを，あとのアからエまでの中から選びなさい。(　　　)

「陪審《ばいしん》法」は，現在の裁判員制度と同様に国民が (⑧) することを目的としてつくられた。この法律が実際に実施された年代から，Ⅴの新聞記事は仮説を否定するものであることがわかる。この法律が実施された年代には，選挙権は一定の年齢に達した (⑨) に与えられており，この法律でも陪審員（現在の裁判員）をつとめる者の資格の一つとして，同じような規定があった。

ア　⑧　裁判を傍聴　　⑨　国民のうち男性のみ　　イ　⑧　裁判を傍聴　　⑨　全ての国民

ウ　⑧　司法に参加　　⑨　国民のうち男性のみ　　エ　⑧　司法に参加　　⑨　全ての国民

3　次のⅠからⅣまでの資料は，生徒が各都道府県の今後の課題などについてグループで学習した際に用いたものの一部である。あとの(1)から(3)までの問いに答えなさい。

なお，Ⅱの資料中のAからDまでは，秋田県，神奈川県，千葉県，鳥取県のいずれかであり，P，Qは，人口に占める65歳以上の割合，有業者に占める第三次産業の割合のいずれかである。

Ⅰ　全都道府県の市町村の減少割合と人口

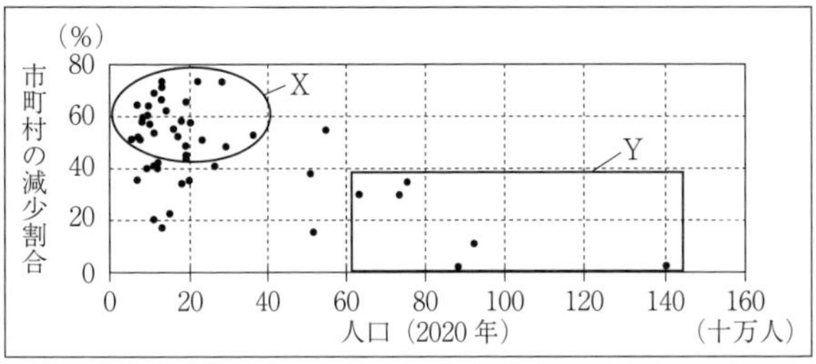

(注)「市町村の減少割合」=(「1999年の市町村数」−「2010年の市町村数」) ÷「1999年の市町村数」
(総務省統計局ウェブページなどをもとに作成)

Ⅱ　4県の人口等

県名	P (%)	Q (%)	人口 (十万人)	米の産出額 (億円)	海面養殖業 収獲量(t)
A	37.2	66.6	9.6	1 126	166
B	32.1	69.3	5.5	151	1 335
C	27.9	77.6	62.8	689	5 702
D	25.3	78.1	92.4	33	946
全国	28.4	72.5			

(「データでみる県勢　2022年版」をもとに作成)

Ⅲ　鳥取県の取組の一部

SDGsのゴール(アイコン)	SDGsのゴール達成のため向上を目指す指標
Z	製造品出荷額等　就職決定者数 有給休暇取得率　観光入込客数

(注)「観光入込客数」は，日常生活圏以外の場所へ旅行し，そこでの滞在が報酬を得ることを目的としない者の人数を示している。
(「鳥取県令和新時代創生戦略」をもとに作成)

Ⅳ　ハザードマップ（津波）

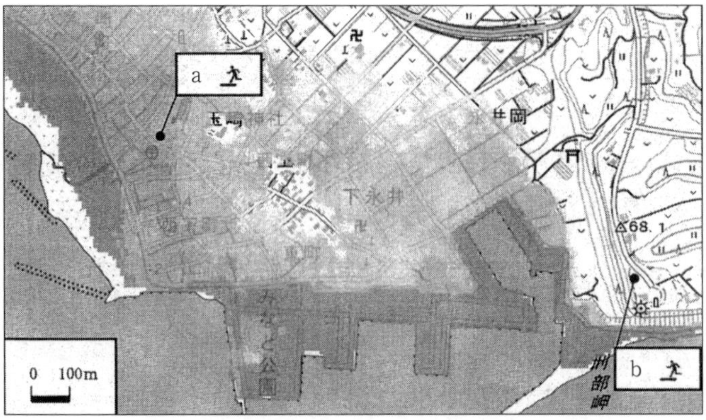

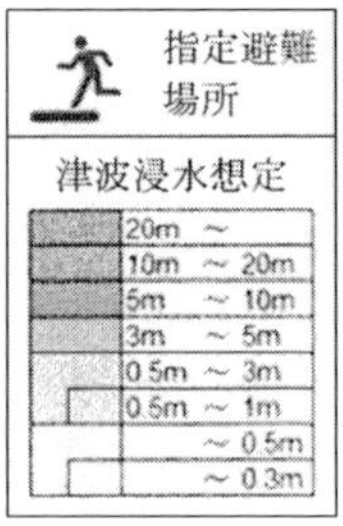

(国土交通省ハザードマップポータルサイトをもとに作成)

(1) 次の文章は，Ⅰ，Ⅱの資料について述べたものである。文章中の ① ，（ ② ）にあてはまる文やことばとして最も適当なものを，あとのアからエまでの中からそれぞれ選びなさい。

①(　　　) ②(　　　)

Ⅰの資料では，全都道府県の2020年現在の人口と，市町村の減少割合を「●」で示している。X（丸で囲んだ範囲）に含まれる都道府県では，Y（四角で囲んだ範囲）に含まれる都道府県に比べて，市町村合併の進んだ2000年代までに ① と考えられる。

また，Ⅱの資料は，Ⅰの資料中のX，Yのそれぞれから2県ずつ選び，その4県について，人口等を比較したものである。Ⅱの資料中のPは（ ② ）を示している。

ア　人口が増加し，税収が伸びた市町村が多く，市町村合併の必要性が低かった

イ　人口が減少し，財政状況の悪化する市町村が多く，市町村合併の必要性が高かった

ウ　人口に占める65歳以上の割合

エ　有業者に占める第三次産業の割合

(2) 次の文章は，Ⅲの資料について述べたものである。Ⅲの資料中のZにあてはまるアイコンと，文章中の（ ③ ）にあてはまることばの組み合わせとして最も適当なものを，下の表のアからエまでの中から，また，文章中の（ ④ ）にあてはまる符号として最も適当なものを，Ⅱの資料中のAからDまでの中からそれぞれ選びなさい。Z③(　　　) ④(　　　)

鳥取県は，Ⅲの資料のような取組により，持続可能な地域社会の実現を目指しており，資料中の指標の一つを向上させるための具体的な手立てとして，（ ③ ）を推進するなどしている。なお，鳥取県は，Ⅱの資料中の（ ④ ）にあたる。

		ア	イ	ウ	エ
組み合わせ	Z（アイコン）				
	③	エコツーリズム	工場の海外移転	エコツーリズム	工場の海外移転

(3) 次の文章は，Ⅳの資料について述べたものである。文章中の（ ⑤ ）にあてはまる符号として最も適当なものを，Ⅱの資料中のAからDまでの中から，また，文章中の（ ⑥ ），（ ⑦ ）にあてはまることばの組み合わせとして最も適当なものを，あとのアからカまでの中からそれぞれ選びなさい。⑤(　　　) ⑥⑦(　　　)

Ⅳの資料は，Ⅱの資料中の4県のうち，（ ⑤ ）にある市のハザードマップの一部である。この市は県庁所在地の東方に位置し，太平洋に面している。Ⅳの資料中の塗りつぶされた部分は，津波による浸水想定地域を示しており，aの地点では（ ⑥ ）が，bの地点では（ ⑦ ）が市の指定避難場所となっている。

ア　⑥　津波避難タワー

　　⑦　想定される津波の高さより標高が高い高台

イ　⑥　津波避難タワー

　　⑦　海岸までの最短距離が1km以上の施設

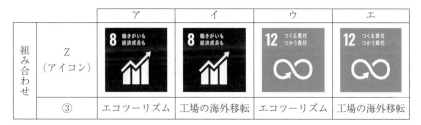

ウ　⑥　想定される津波の高さより標高が高い高台
　　⑦　津波避難タワー
エ　⑥　想定される津波の高さより標高が高い高台
　　⑦　海岸までの最短距離が 1 km 以上の施設
オ　⑥　海岸までの最短距離が 1 km 以上の施設
　　⑦　津波避難タワー
カ　⑥　海岸までの最短距離が 1 km 以上の施設
　　⑦　想定される津波の高さより標高が高い高台

4　次のⅠ，Ⅱ，Ⅲの資料は，生徒がアジア，アフリカ，北アメリカ，ヨーロッパの4州の水資源の利用状況等についてまとめたものの一部である。あとの(1)から(4)までの問いに答えなさい。

なお，Ⅰの資料中のA，B，Cはアジア，アフリカ，北アメリカのいずれかであり，Ⅲの資料中のD，E，Fは米，大豆，バターのいずれかである。また，Ⅰ，Ⅱの資料中のX，Yには，それぞれ同じことばがあてはまり，生活用水，農業用水のいずれかである。

Ⅰ　4州の世界の6州に占める面積，人口の割合と州内における分野別水使用量の割合

州名	世界の6州に占める割合(%)		州内における分野別水使用量の割合(%)		
	面積	人口	X	工業用水	Y
ヨーロッパ	17	10	30	47	23
A	17	8	44	42	14
B	22	16	79	7	14
C	24	60	82	9	9

（注）「生活用水」は家庭用水（飲料水，調理，洗濯，風呂，掃除，水洗トイレ等）と都市活動用水（飲食店等の営業用水や公衆トイレ等に用いる公共用水，消火用水等）の合計を示している。

（国土交通省「令和3年版　日本の水資源」などをもとに作成）

Ⅱ　アフリカ，ヨーロッパの2州における一人あたり年間分野別水使用量

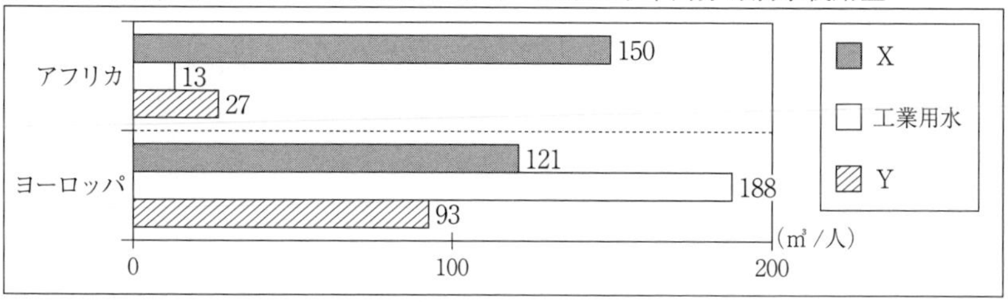

（国土交通省「令和3年版　日本の水資源」などをもとに作成）

Ⅲ　農産物別の生産に必要な水の量等

農産物名	生産に必要な水の量 (m^3/t)	日本における自給率 (%)	日本の輸入量全体に占める割合(%)			
			アジア	アフリカ	北アメリカ	ヨーロッパ
D	3 700	97	53	0	47	0
E	2 500	6	1	0	85	0
F	13 200	95	0	0	2	37

（注）「生産に必要な水の量」は「バーチャルウォーター」とよばれ，輸入国が，その輸入産品を自国で1t生産したと仮定した場合に推定される水の必要量（m^3）を示している。

（「日本国勢図会　2022／23年版」などをもとに作成）

(1)　Ⅰの資料中のA，Bの州名の組み合わせとして最も適当なものを，次のアからカまでの中から選びなさい。(　　　)

ア　A　アジア　　B　アフリカ　　　イ　A　アジア　　B　北アメリカ
ウ　A　アフリカ　　B　アジア　　　エ　A　アフリカ　　B　北アメリカ
オ　A　北アメリカ　　B　アジア　　　カ　A　北アメリカ　　B　アフリカ

(2)　次の文章は，生徒がⅡの資料を用いて作成したレポートの一部である。文章中の（　　）にあてはまることばとして最も適当なものを，あとのアからエまでの中から選びなさい。（　　　）

> アフリカとヨーロッパの２州を比較すると，アフリカの方が一人あたりの（　　）ことからヨーロッパに比べて衛生施設が整備されていない国が多いと考えられる。

ア　生活用水の使用量が多い　　イ　生活用水の使用量が少ない

ウ　農業用水の使用量が多い　　エ　農業用水の使用量が少ない

(3)　次の文章は，生徒がⅢの資料について発表するために作成したメモの一部である。文章中の（ ① ），（ ② ）にあてはまることばの組み合わせとして最も適当なものを，あとのアからエまでの中から選びなさい。（　　　）

> 畜産物の生産には家畜の飼料として農作物が必要である。農作物の栽培にも水が必要なことから，Ⅲの資料中の農産物ではバターの生産に必要な水の量が最も（ ① ）なっていると考えられる。また，北アメリカで干ばつや地下水の枯渇など，水資源に関する問題が生じた場合，（ ② ）の方が日本での供給に影響が出る可能性が高いと考えられる。

ア　①　多く　　②　米よりも大豆　　イ　①　多く　　②　大豆よりも米

ウ　①　少なく　②　米よりも大豆　　エ　①　少なく　②　大豆よりも米

(4)　次のアからエまでは，４州それぞれの水に関連する風景の写真と，その写真についての説明文である。アからエまでに示された風景が位置する場所を日本との時差の小さい順に並べたとき，２番目になるものを選びなさい。（　　　）

ア	イ	ウ	エ

ヒマラヤ山脈を源流とする大河のほとりに位置するヒンドゥー教の聖地で，多くの信者が巡礼で訪れる。	本初子午線の西側，イベリア半島に位置する宮殿で，宮殿内には大量の水が引き込まれている。	大陸の西部に位置する峡谷で，ロッキー山脈を源流とするコロラド川の侵食作用により形成された。	大陸の東部，赤道直下に位置する世界第３位の面積をもつ湖で，ナイル川の水源となっている。

5　社会資本の整備に関するⅠからⅢまでの資料をみて，あとの(1)から(6)までの問いに答えなさい。

Ⅰ　生徒が地域の高速道路建設についてまとめたレポートの一部

徳島県と香川県を結ぶ高速道路の建設に際し，切り崩す予定であった丘陵で鳴門板野古墳群が発見された。古墳群の中の前方後円墳は，この地域に（ ① ）時期につくられたものと考えられる。

高速道路は右の地図のように建設され，当初の予定よりも工事期間は延びたが，公正と効率の観点からみると，［　②　］に配慮したものとなった。

また，鳴門ICから徳島・香川県境までの区間では，高速道路の建設に伴って496人の住民が用地の提供に応じ，180戸が移転することとなった。

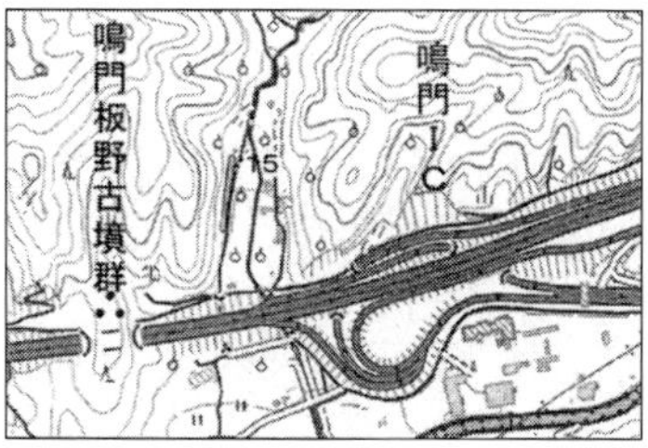

（国土地理院　地理院地図により作成）

(1)　Ⅰの資料中の（ ① ），［ ② ］にあてはまることばとして最も適当なものを，次のアからクまでの中からそれぞれ選びなさい。①(　　　)　②(　　　)

ア　多賀城がおかれた

イ　国風文化の影響が及んだ

ウ　大宰府がおかれた

エ　大和政権の影響が及んだ

オ　古墳群の下にトンネルを建設し，文化財を保存することで，公正の観点

カ　古墳群の下にトンネルを建設し，道路本体の建設費を抑えることで，効率の観点

キ　鳴門ICを古墳群の西側に設置し，文化財を保存することで，公正の観点

ク　鳴門ICを古墳群の西側に設置し，道路本体の建設費を抑えることで，効率の観点

(2)　Ⅰの資料のような，高速道路の建設に伴って文化財が発見されるというケースに際して，15歳の生徒がとる行動として法律の上で認められていないものを，次のアからオまでの中から全て選びなさい。(　　　)

ア　文化財の価値を知ってもらうためにボランティアガイドをつとめる。

イ　文化財の保存を求める請願書を市議会に提出する。

ウ　文化財調査後の高速道路早期完成を訴える署名活動に参加する。

エ　市議会議員選挙で文化財調査後の高速道路早期完成を公約とする候補者に投票する。

オ　文化財の保存を公約として市議会議員選挙に立候補する。

(3)　次の文章は，Ⅰの資料に関連して述べたものである。文章中の（ ③ ）から（ ⑤ ）までにあてはまることばとして最も適当なものを，あとのアからキまでの中からそれぞれ選びなさい。

なお，文章中の2か所の（ ③ ）には同じことばがあてはまる。

③(　　　)　④(　　　)　⑤(　　　)

日本国憲法の第12条により，国民の自由や権利は「濫用してはならないのであって，常に（ ③ ）のためにこれを利用する責任を負う」とされている。Ⅰの資料では，（ ④ ）が（ ③ ）にあたり，住民の居住の自由や財産権が制限され，移転が実施されたと考えられる。

憲法に規定される自由権は人権保障の中心であるが，第22条や第29条が保障する（ ⑤ ）は，より快適な社会を実現するという観点から制限されることがある。

ア　公共の福祉　　イ　法の下の平等　　ウ　鳴門板野古墳群の調査　　エ　高速道路の建設
オ　身体の自由　　カ　経済活動の自由　　キ　精神の自由

Ⅱ　生徒が社会資本の整備に関する今後の課題についてまとめたレポートの一部

表１　建設後50年以上経過する道路施設の割合(％)

	2020年３月	2030年３月	2040年３月
橋	30	55	75
トンネル	22	36	53

（国土交通省「インフラ長寿命化計画」（令和３年）をもとに作成）

道路などの社会資本について，今後の維持管理・更新を「事後保全」により行った場合，30年後，その費用は約2.4倍増加。「予防保全」に転換した場合，約1.3倍増加。

（注）○更新＝施設を作り直すこと。
○事後保全＝施設に不具合が生じてから補修などの対策を講じること。
○予防保全＝施設に不具合が生じる前に補修などの対策を講じること。

図１　「予防保全」への転換

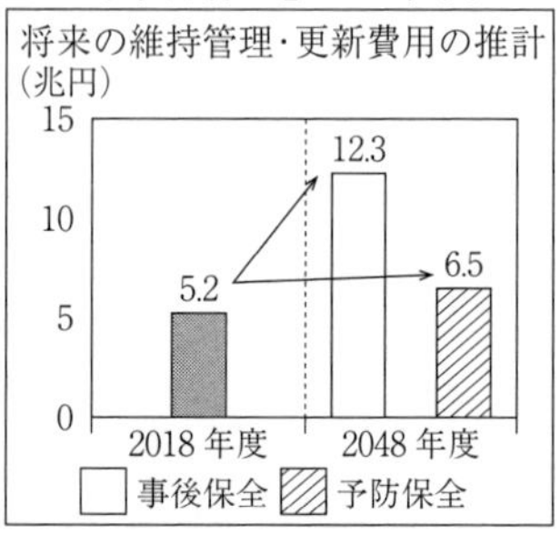

（国土交通省「予防保全型のインフラ老朽化対策の推進」（令和２年）をもとに作成）

表２　道路の維持，補修の考え方

選択肢	％
補修するよりも積極的に作り直す	21.1
傷みが大きくなったら補修し，必要に応じて作り直す	5.3
傷みが小さいうちに予防的に補修し，長持ちさせる	41.1
施設の集約や撤去を進める	25.0
その他・無回答	7.5

表３　力を入れてほしい道路分野(複数回答)

順位	選択肢	％
1	災害に備えた対策	64.0
2	狭い道路や急カーブの改良	51.3
3	歩道の整備	39.1
⋮	⋮	⋮
9	清掃や修繕などの維持管理の充実	28.0
⋮	⋮	⋮
17	特になし・その他・無回答	4.4

（表２，表３とも内閣府「令和３年度　道路に関する世論調査」をもとに作成）

表１をみると，現在15歳の私たちが30歳を超えるころには，道路施設の老朽化が進むことがわかる。また，そのころには，現在よりも［　⑥　］ことが予測されていることから国は図１の見出しのような方針を示している。

世論調査の結果，この方針に示された考え方は，表２で［　⑦　］に力を入れてほしいと思っている人が多いことがわかる。

(4)　Ⅱの資料中の［ ⑥ ］，［ ⑦ ］にあてはまることばとして最も適当なものを，次のアからキまでの中からそれぞれ選びなさい。⑥(　　　)　⑦(　　　)

ア　電気自動車が増加し，住宅への充電設備の設置が進む

イ　少子高齢化が進んで労働人口が減少し，税収が減る

ウ　第一次産業に従事する人が減り，食料自給率が低下する

エ　最も多くの人に支持されていることがわかるが，表3では，道路の維持管理よりもそれ以外

オ　最も多くの人に支持されていることがわかり，表3でも，道路の災害対策よりも維持管理

カ　7割以上の人に支持されていることがわかるが，表3では，道路の維持管理よりもそれ以外

キ　7割以上の人に支持されていることがわかり，表3でも，道路の災害対策よりも維持管理

(5)　次の文章は，生徒が道路の維持管理について，下の図2をもとに作成したレポートの一部である。文章中の（ ⑧ ），（ ⑨ ）にあてはまることばの組み合わせとして最も適当なものを，あとのアからエまでの中から選びなさい。

なお，文章中の2か所の（ ⑧ ）には同じことばがあてはまる。（　　　）

『岡山道路パトロール隊』は，道路の維持管理という社会課題について，工業高校生が学校での学びを生かして（ ⑧ ）するものである。下の図中の「（ ⑨ ）」は，多くの場合，行政機関が担《にな》うが，道路の維持管理をはじめ，全ての社会課題を行政機関だけで解決することは難しい。これからの社会を支えるためには，私たちも，社会の一員であることを自覚して，積極的に（ ⑧ ）することが大切である。

図2

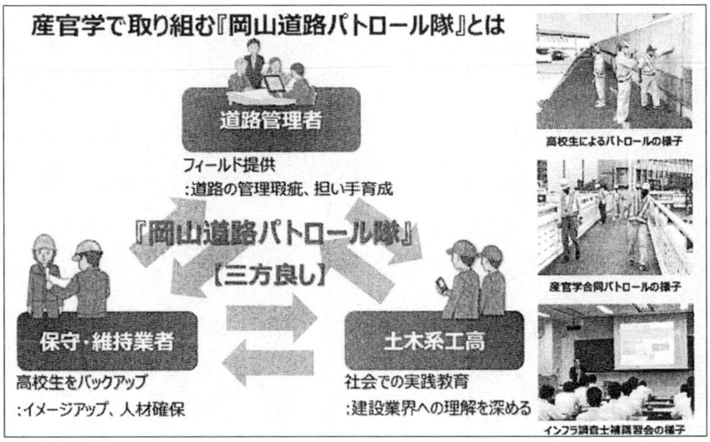

（注）管理瑕疵《かし》＝本来行うべき管理が十分にできていないこと。

（国土交通省「第5回インフラメンテナンス大賞（令和3年）」より抜粋）

ア　⑧　社会に参画　　⑨　保守・維持業者　　イ　⑧　社会に参画　　⑨　道路管理者

ウ　⑧　利潤を追求　　⑨　保守・維持業者　　エ　⑧　利潤を追求　　⑨　道路管理者

Ⅲ　生徒が公共事業の意義についてまとめたレポートの一部

国や地方公共団体が道路などの社会資本を整備する事業のことを公共事業という。不景気のときには，国や地方公共団体は，（ ⑩ ）ことを目的として公共事業関係の予算額を増やし，景気の回復を図ろうとすることがある。世界恐慌の際に（ ⑪ ）の中にも，こうした試みがみられる。

(6)　Ⅲの資料中の（ ⑩ ），（ ⑪ ）にあてはまることばの組み合わせとして最も適当なものを，次のアからエまでの中から選びなさい。（　　　）

ア　⑩　各銀行の国債を買う　　⑪　アメリカのとったニューディール政策
イ　⑩　各銀行の国債を買う　　⑪　イギリスのとったブロック経済
ウ　⑩　企業の仕事を増やす　　⑪　アメリカのとったニューディール政策
エ　⑩　企業の仕事を増やす　　⑪　イギリスのとったブロック経済

理科

時間 45分　　満点 22点

1 次の(1), (2)の問いに答えなさい。

(1) 日本のある地点において，ある日の午後7時に北の空を観察したところ，恒星Xと北極星が図のように観察できた。同じ地点で毎日午後7時に恒星Xを観察したところ，恒星Xの位置は少しずつ変化した。次の文章は，1か月後の恒星Xの位置について説明したものである。文章中の（ Ⅰ ）と（ Ⅱ ）のそれぞれにあてはまる語の組み合わせとして最も適当なものを，下のアからクまでの中から選びなさい。(　　)

図

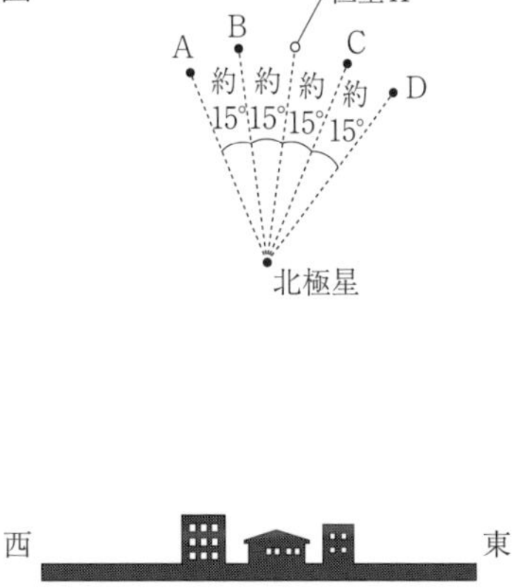

1か月後の午後7時に恒星Xは，（ Ⅰ ）の位置に見えた。同じ時刻に観測したとき，恒星の見られる位置が少しずつ移動するのは，地球が（ Ⅱ ）しているからである。

ア Ⅰ A, Ⅱ 公転　イ Ⅰ A, Ⅱ 自転　ウ Ⅰ B, Ⅱ 公転　エ Ⅰ B, Ⅱ 自転
オ Ⅰ C, Ⅱ 公転　カ Ⅰ C, Ⅱ 自転　キ Ⅰ D, Ⅱ 公転　ク Ⅰ D, Ⅱ 自転

(2) 物質の状態変化について説明した次の文章について，（ Ⅰ ）と（ Ⅱ ）のそれぞれにあてはまる語の組み合わせとして最も適当なものを，下のアからエまでの中から選びなさい。(　　)

多くの物質は温度を下げていくと，気体から液体，そして固体へと状態が変わる。一般的に，物質の温度が下がることによって，物質の（ Ⅰ ）が減少し，密度は大きくなる。

このような物質の例として，エタノールがあげられる。エタノールの液体の中に，温度を下げて固体にしたエタノールを入れると，固体のエタノールは（ Ⅱ ）。

ア Ⅰ 質量, Ⅱ 浮く　イ Ⅰ 質量, Ⅱ 沈む　ウ Ⅰ 体積, Ⅱ 浮く
エ Ⅰ 体積, Ⅱ 沈む

2　アジサイの根，茎，葉のつくりとそのはたらきを調べるため，次の〔観察〕と〔実験〕を行った。

〔観察〕

①　アジサイの葉の裏側から表皮をはがして，プレパラートをつくった。

②　10倍の接眼レンズと10倍の対物レンズをとりつけた顕微鏡を用いて，①のプレパラートを観察した。

〔実験〕

①　アジサイの葉と茎で行われている蒸散の量を調べるため，葉の数と大きさ，茎の長さと太さをそろえ，からだ全体から蒸散する水の量が同じになるようにした3本のアジサイA，B，Cと，同じ形で同じ大きさの3本のメスシリンダーを用意した。

②　アジサイAは，全ての葉の表側だけにワセリンを塗り，アジサイBは，全ての葉の裏側だけにワセリンを塗った。また，アジサイCは，ワセリンをどこにも塗らなかった。

③　図のように，アジサイA，B，Cを，水が同量入ったメスシリンダーにそれぞれ入れ，水面に油をたらした。

④　その後，3本のメスシリンダーを明るく風通しのよい場所に置き，一定の時間が経過した後の水の減少量を調べた。

図　A　B　C

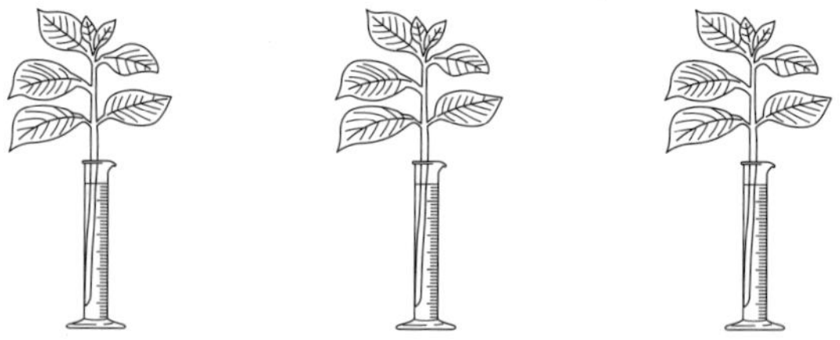

全ての葉の表側だけにワセリンを塗った。　全ての葉の裏側だけにワセリンを塗った。　ワセリンをどこにも塗らなかった。

表は，〔実験〕の結果をまとめたものである。

なお，ワセリンは，水や水蒸気を通さないものとし，葉の表側と裏側に塗ったワセリンは，塗らなかった部分の蒸散に影響を与えないものとする。また，メスシリンダー内の水の減少量は，アジサイの蒸散量と等しいものとする。

表

アジサイ	水の減少量〔cm^3〕
A	26.2
B	20.2
C	36.2

次の(1)から(4)までの問いに答えなさい。

(1)　アジサイは双子葉類の植物である。双子葉類の茎の断面と根のつくりの特徴を表した図としてそれぞれ正しいものはどれか。最も適当な組み合わせを，下のアからエまでの中から選びなさい。

(　　)

【茎の断面】　【根のつくり】

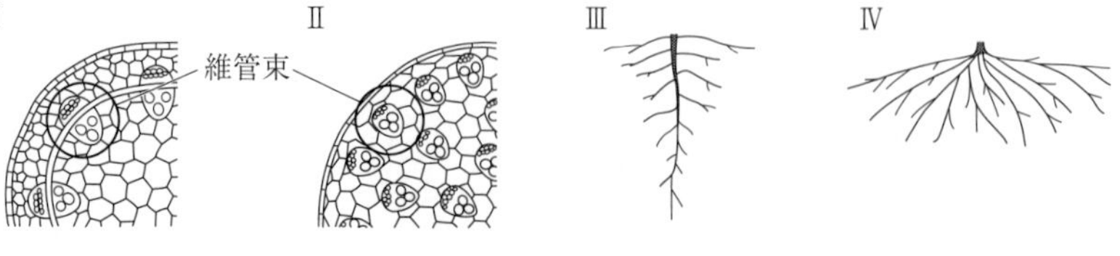

ア　Ⅰ，Ⅲ　イ　Ⅰ，Ⅳ　ウ　Ⅱ，Ⅲ　エ　Ⅱ，Ⅳ

(2) 〔観察〕の②では気孔が観察できた。その後，接眼レンズの倍率はかえずに，対物レンズだけを40倍にかえて顕微鏡で観察した。次の文は，このときの視野の中に見える気孔の数と，視野の明るさについて述べたものである。文中の（ Ⅰ ）と（ Ⅱ ）のそれぞれにあてはまる語の組み合わせとして最も適当なものを，下のアからカまでの中から選びなさい。(　　　)

〔観察〕の②のときと比べて，視野の中に見える気孔の数は（ Ⅰ ），視野の明るさは（ Ⅱ ）。

ア Ⅰ 増え，Ⅱ 明るくなる　　イ Ⅰ 増え，Ⅱ 暗くなる　　ウ Ⅰ 増え，Ⅱ 変わらない

エ Ⅰ 減り，Ⅱ 明るくなる　　オ Ⅰ 減り，Ⅱ 暗くなる　　カ Ⅰ 減り，Ⅱ 変わらない

(3) 次の文章は，〔実験〕の結果について述べたものである。文章中の（ Ⅰ ）と（ Ⅱ ）にあてはまる語句として最も適当なものを，下のアからカまでの中からそれぞれ選びなさい。

Ⅰ(　　　) Ⅱ(　　　)

〔実験〕の結果では，葉の表側よりも裏側からの蒸散量が多いことが，（ Ⅰ ）ことからわかる。また，葉以外の部分からも蒸散が起こっていることが，（ Ⅱ ）ことからわかる。

ア A の水の減少量が，B の水の減少量より大きい

イ B の水の減少量が，C の水の減少量より小さい

ウ C の水の減少量が，A の水の減少量より大きい

エ A の水の減少量が，C の水の減少量から B の水の減少量を引いたものより大きい

オ B の水の減少量が，A の水の減少量から B の水の減少量を引いたものより小さい

カ C の水の減少量が，A の水の減少量から B の水の減少量を引いたものより大きい

(4) 〔実験〕で，葉の裏側から蒸散した量は，葉の表側から蒸散した量の何倍か。最も適当なものを，次のアからクまでの中から選びなさい。(　　　)

ア 0.6 倍　イ 0.8 倍　ウ 1.1 倍　エ 1.3 倍　オ 1.4 倍　カ 1.6 倍

キ 1.8 倍　ク 2.1 倍

3　塩酸の反応について調べるため，次の〔実験〕を行った。

〔実験〕

①　図１のように，石灰石（炭酸カルシウム）1.00g をビーカーＡに，塩酸 15cm^3 を別のビーカーに入れ，電子てんびんで全体の質量を測定した。

②　次に，①のビーカーＡに，①の塩酸 15cm^3 を全て入れて混ぜ合わせると，気体が発生した。

③　気体が発生しなくなってから，図２のように，電子てんびんで全体の質量を測定した。

④　石灰石の質量を 2.00g，3.00g，4.00g，5.00g，6.00g に変え，それぞれビーカーＢ，Ｃ，Ｄ，Ｅ，Ｆに入れた場合について，①から③までと同じことを行った。

図１

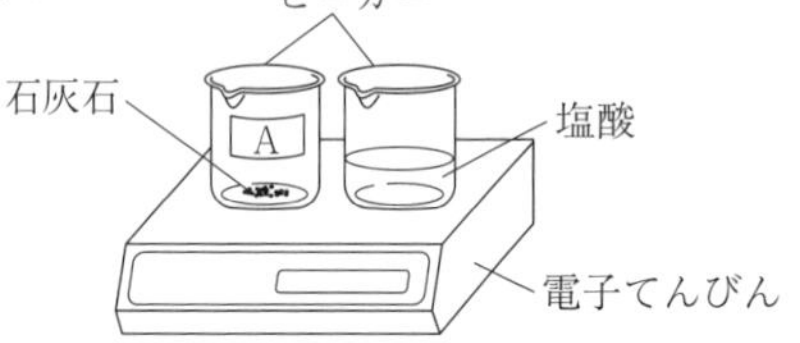

図２

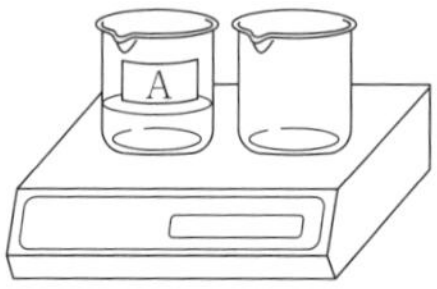

表は，〔実験〕の結果をまとめたものである。

表

ビーカー	A	B	C	D	E	F
石灰石の質量〔g〕	1.00	2.00	3.00	4.00	5.00	6.00
反応前の全体の質量〔g〕	75.00	76.00	77.00	78.00	79.00	80.00
反応後の全体の質量〔g〕	74.56	75.12	75.90	76.90	77.90	78.90

次の(1)から(4)までの問いに答えなさい。

(1)〔実験〕の反応で発生した気体と同じ気体を発生させる方法として最も適当なものを，次のアからエまでの中から選びなさい。(　　　)

ア　亜鉛にうすい塩酸を加える。

イ　塩化アンモニウムと水酸化カルシウムを混ぜて加熱する。

ウ　塩化銅水溶液を電気分解する。

エ　炭酸水素ナトリウムを加熱する。

(2)〔実験〕の結果をもとに，質量保存の法則を利用して，発生した気体の質量を求めることができる。次の文は，化学変化の前後で物質全体の質量が変化しないことを説明したものである。文中の（ Ⅰ ）と（ Ⅱ ）のそれぞれにあてはまる語句の組み合わせとして最も適当なものを，下のアからカまでの中から選びなさい。(　　　)

化学変化の前後で，原子の（ Ⅰ ）は変化するが，原子の（ Ⅱ ）は変化しない。

ア　Ⅰ 組み合わせ，Ⅱ 体積　　イ　Ⅰ 組み合わせ，Ⅱ 種類と数

ウ　Ⅰ 体積，Ⅱ 組み合わせ　　エ　Ⅰ 体積，Ⅱ 種類と数

オ　Ⅰ 種類と数，Ⅱ 組み合わせ　　カ　Ⅰ 種類と数，Ⅱ 体積

(3)〔実験〕で，石灰石の質量が 5.00g のとき，ビーカーＥに，石灰石の一部が反応せずに残っていた。

図3のように，反応後のビーカーEに，反応後のビーカーAの水溶液を混ぜ合わせると，気体が発生した。十分に反応して気体が発生しなくなった後も，ビーカーEには，石灰石の一部が残っていた。このとき残った石灰石を全て反応させるためには，〔実験〕で用いた塩酸を，ビーカーEにさらに少なくとも何 cm^3 加えればよいか。最も適当なものを，次のアからカまでの中から選びなさい。

図3

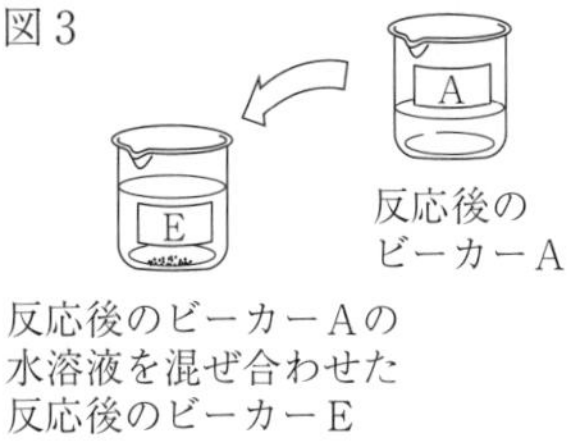

（　　）

ア　2 cm^3　　イ　3 cm^3　　ウ　4 cm^3　　エ　5 cm^3　　オ　6 cm^3　　カ　7 cm^3

(4) 〔実験〕で用いた塩酸の2倍の濃さの塩酸を準備し，その塩酸15 cm^3 を用いて〔実験〕と同じことを行った。次の文は，2倍の濃さの塩酸を用いたときの，反応する石灰石の質量と発生した気体の質量について説明したものである。文中の（ Ⅰ ）と（ Ⅱ ）のそれぞれにあてはまる語句の組み合わせとして最も適当なものを，下のアからエまでの中から選びなさい。また，このときのグラフとして最も適当なものを，あとのaからdまでの中から選びなさい。

説明文（　　　）　グラフ（　　　）

〔実験〕で用いた塩酸の2倍の濃さの塩酸15 cm^3 と過不足なくちょうど反応する石灰石の質量は，〔実験〕で用いたもとの濃さの塩酸15 cm^3 と反応した石灰石の質量に対して（ Ⅰ ），また，2倍の濃さの塩酸を用いたときに，反応した石灰石1.00gあたりで発生する気体の質量は，もとの濃さのときに対して（ Ⅱ ）。

ア　Ⅰ 変わらず，Ⅱ 変わらない　　イ　Ⅰ 変わらず，Ⅱ 2倍となる

ウ　Ⅰ 2倍となり，Ⅱ 変わらない　　エ　Ⅰ 2倍となり，Ⅱ 2倍となる

a

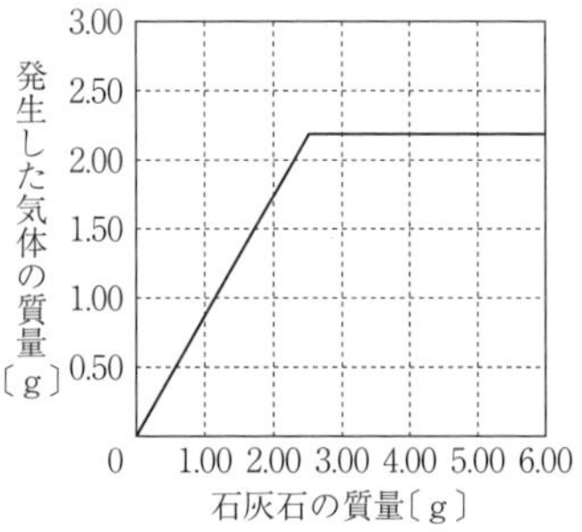

b

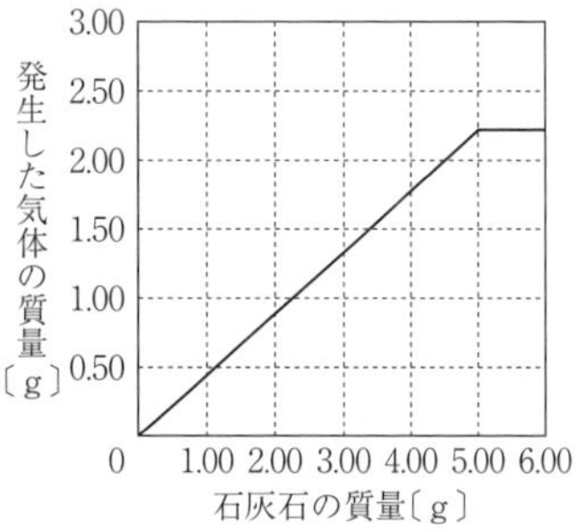

c

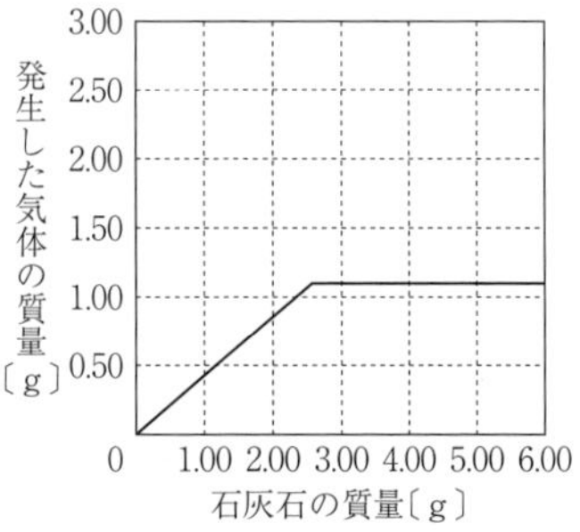

d

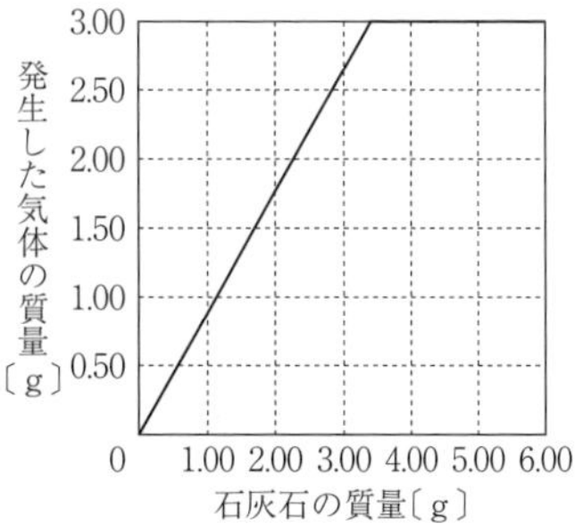

4　物体の運動について調べるため，次の〔実験 1〕から〔実験 3〕までを行った。ただし，実験に用いる台車と小球にはたらく摩擦力や空気の抵抗は無視でき，小球は運動している間，レールから離れることなく，斜面と水平面がつながる点をなめらかに通過するものとする。

〔実験 1〕

①　斜面に記録タイマーを固定し，紙テープを通した。なお，使用した記録タイマーは，1 秒間に 60 回，点を打つことができる。

②　図 1 のように，斜面に置いた台車が動かないように手で支えながら，①の紙テープがたるまないように台車に固定した。

③　台車から静かに手をはなし，斜面上の台車の運動を紙テープに記録した。

図 1
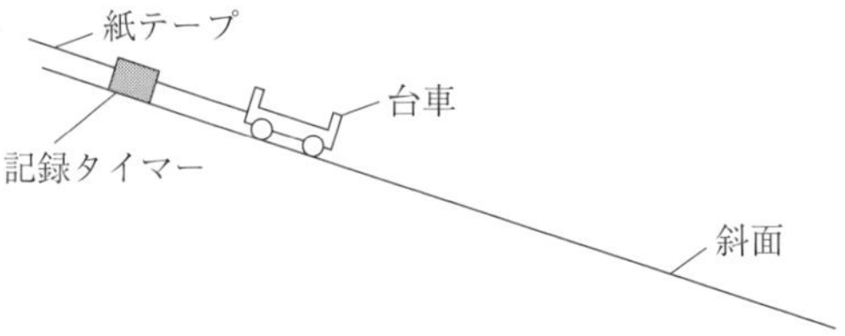

〔実験 1〕で用いた紙テープで，図 2 のように打点の重なっていない点を選び，線 O を引いた。また，図 3 のように，〔実験 1〕で用いた紙テープに，線 O から 6 打点ごとに線を引き，線 O に近い線から順に線 A，B，C，D，E，F とした。ただし，図 3 では，記録された打点は省略してある。

図 2
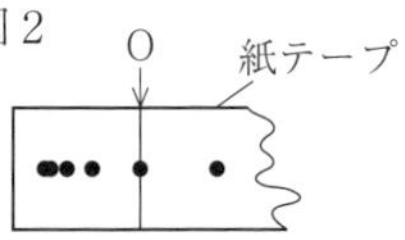

図 3
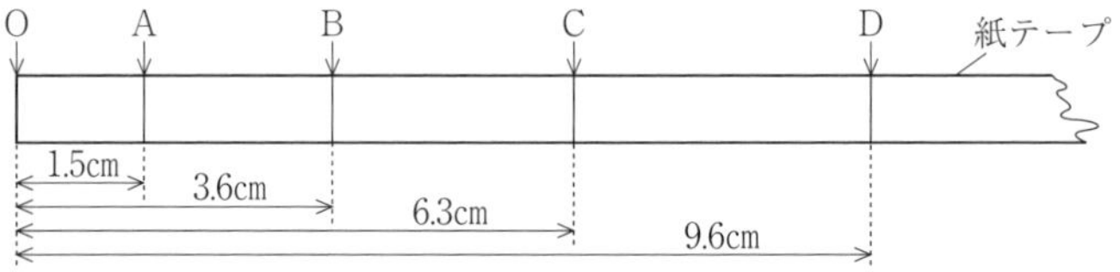

〔実験 2〕

①　図 4 のように，斜面と水平面がつながっているレールをつくった。なお，点 b と点 d は同じ高さである。

図 4
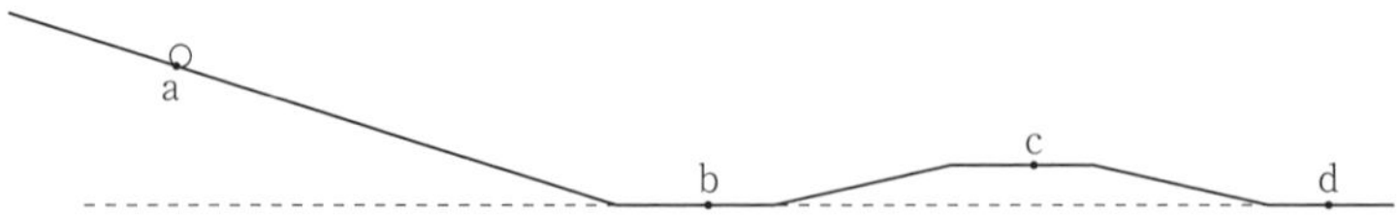

②　斜面上の点 a に質量 200g の小球を置き，小球を支えていた手を静かにはなした。その後，小球がレールの上を移動する運動を観察した。

③　質量 100g の小球にかえて，②と同じことを行った。

〔実験 3〕

①〔実験 2〕のレールと，質量 200g の小球を用意した。

②　斜面上の点 a に小球を置き，小球を支えていた手を静かにはなした。その後，小球が点 b，c，d を通過する瞬間の速さを測定した。

③　斜面上の点 a に小球を置き，小球を斜面に沿って上向きに勢いをつけて押し出した。その後，小球が最高点に達してから斜面を下り，点 b，c，d を通過する瞬間の速さを測定した。

次の(1)から(4)までの問いに答えなさい。

(1) 〔実験1〕で，紙テープの線Cから線Dの間に記録された区間での台車の平均の速さは何cm/秒か。最も適当なものを，次のアからコまでの中から選びなさい。(　　　)

ア　2.1cm/秒　　イ　2.4cm/秒　　ウ　3.3cm/秒　　エ　6.3cm/秒　　オ　9.6cm/秒

カ　21cm/秒　　キ　24cm/秒　　ク　33cm/秒　　ケ　63cm/秒　　コ　96cm/秒

(2) 〔実験1〕で，紙テープの線Oと線Fの間の距離は何cmか。最も適当なものを，次のアからコまでの中から選びなさい。

なお，必要であれば，右のグラフ用紙を用いてよい。

(　　　)

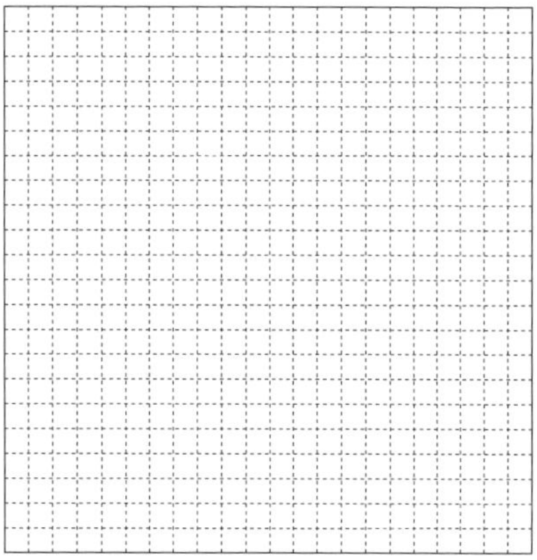

ア　3.9cm　　イ　4.5cm　　ウ　5.1cm

エ　11.4cm　　オ　13.5cm　　カ　18.0cm

キ　21.0cm　　ク　23.1cm　　ケ　34.5cm

コ　52.5cm

(3) 〔実験2〕において，小球のもつ運動エネルギーが最も大きい瞬間を，次のアからカまでの中から選びなさい。(　　　)

ア　②で点aで手をはなした瞬間　　イ　③で点aで手をはなした瞬間

ウ　②で点bを通過する瞬間　　エ　③で点bを通過する瞬間

オ　②で点cを通過する瞬間　　カ　③で点cを通過する瞬間

(4) 〔実験3〕について説明した文として正しいものを，次のアからカまでの中から二つ選びなさい。(　　　)(　　　)

ア　②で，小球が点cを通過する瞬間の運動エネルギーと位置エネルギーの和は，点aで静かに手をはなした瞬間の位置エネルギーと等しい。

イ　②で，小球が点aから点dに移動する間で，最も位置エネルギーが大きくなるのは，小球が点bを通過する瞬間である。

ウ　③で，小球が点aから点bに移動する間に，力学的エネルギーは減少する。

エ　②と③で，点dを通過する瞬間の小球の速さを比較すると，②の方が速い。

オ　②と③で，点dを通過する瞬間の小球の速さを比較すると，③の方が速い。

カ　②と③で，点dを通過する瞬間の小球の速さを比較すると，同じ速さである。

5　日本のある地点Pにおいて，ある年の3月20日の3時から，3時間ごとに3日間にわたり，気圧，気温，湿度，風向及び天気を観測した。表1は，その観測記録をまとめたものである。表2は，乾湿計用湿度表の一部を，表3は，それぞれの気温に対する飽和水蒸気量〔g/m^3〕を示したものである。

表1

日	時刻〔時〕	気圧〔hPa〕	気温〔℃〕	湿度〔%〕	風向	天気
20日	3	1009	6.4	69	北西	快晴
	6	1009	5.4	74	北北西	快晴
	9	1008	10.0	54	北	快晴
	12	1007	18.4	39	南南西	晴れ
	15	1004	19.0	54	南東	くもり
	18	1002	17.4	72	南東	くもり
	21	999	17.4	80	南東	くもり
	24	996	17.5	79	南南東	—
21日	3	990	16.4	80	南南東	くもり
	6	993	12.3	74	北北西	雨
	9	995	13.0	45	西北西	くもり
	12	998	12.6	47	西北西	晴れ
	15	999	10.7	54	北西	くもり
	18	1003	7.8	56	北北西	晴れ
	21	1007	5.5	67	北西	晴れ
	24	1009	4.6	63	北北西	—
22日	3	1009	4.5	50	北北西	晴れ
	6	1012	4.1	48	北西	晴れ
	9	1013	8.9	38	北北西	快晴
	12	1012	11.8	26	北北西	快晴
	15	1010	12.1	27	西北西	晴れ
	18	1011	10.9	31	西北西	くもり
	21	1011	10.1	38	北北西	くもり
	24	1010	9.9	39	東北東	—

(3月20日から3月22日までの24時の天気は，観測記録がないため示していない。)

表2

乾球の温度〔℃〕	乾球と湿球の温度の差〔℃〕					
	2.5	3.0	3.5	4.0	4.5	5.0
19	76	72	67	63	59	54
18	75	71	66	62	57	53
17	75	70	65	61	56	51
16	74	69	64	59	55	50
15	73	68	63	58	53	48
14	72	67	62	57	51	46
13	71	66	60	55	50	45
12	70	65	59	53	48	43
11	69	63	57	52	46	40
10	68	62	56	50	44	38
9	67	60	54	48	42	36
8	65	59	52	46	39	33
7	64	57	50	43	37	30
6	62	55	48	41	34	27
5	61	53	46	38	31	24
4	59	51	43	35	28	20

表3

気温〔℃〕	飽和水蒸気量〔g/m^3〕
−2	4.2
−1	4.5
0	4.8
1	5.2
2	5.6
3	5.9
4	6.4
5	6.8
6	7.3
7	7.8
8	8.3
9	8.8
10	9.4

気温〔℃〕	飽和水蒸気量〔g/m^3〕
11	10.0
12	10.7
13	11.4
14	12.1
15	12.8
16	13.6
17	14.5
18	15.4
19	16.3
20	17.3
21	18.3
22	19.4
23	20.6
24	21.8

次の(1)から(4)までの問いに答えなさい。

(1)　3月22日6時の天気を表す天気記号はどれか。最も適当なものを，次のアからエまでの中から選びなさい。(　　　)

ア 　イ 　ウ 　エ 

(2)　3月20日6時から21日21時までの間に地点Pを前線が2回通過した。これらの前線が通過した後，地点Pの風向は大きく変わった。地点Pを通過した前線について説明した文として最も適当なものを，次のアからエまでの中から選びなさい。(　　　)

ア　3月20日の6時から12時までの間に通過した前線は寒冷前線で，その前線が通過した後に風向は北寄りから南寄りに変わった。

イ　3月20日の6時から12時までの間に通過した前線は温暖前線で，その前線が通過した後に風向は東寄りから西寄りに変わった。

ウ　3月21日の3時から9時までの間に通過した前線は寒冷前線で，その前線が通過した後に風向は南寄りから北寄りに変わった。

エ　3月21日の3時から9時までの間に通過した前線は温暖前線で，その前線が通過した後に風向は西寄りから東寄りに変わった。

(3) 湿度は，乾湿計の乾球及び湿球の示す温度と，表2の乾湿計用湿度表を用いて求めることができる。3月21日9時の乾球と湿球の示す温度はそれぞれ何℃か。乾球の示す温度，湿球の示す温度の順に左から並べたものとして最も適当なものを，次のアからケまでの中から選びなさい。

(　　)

ア　8℃，8℃　　イ　8℃，13℃　　ウ　8℃，18℃　　エ　13℃，8℃　　オ　13℃，13℃
カ　13℃，18℃　　キ　18℃，8℃　　ク　18℃，13℃　　ケ　18℃，18℃

(4) 表1の3月20日9時を時刻A，3月20日15時を時刻B，3月21日15時を時刻Cとする。時刻A，B，Cでは，いずれも湿度が同じ値となっている。次の文章は，時刻A，B，Cの空気の露点について説明したものである。文章中の（ Ⅰ ）には下のⅠのアからウまでの中から，（ Ⅱ ）には下のⅡのアからエまでの中から，（ Ⅲ ）には下のⅢのアからウまでの中から，それぞれ最も適当なものを選びなさい。Ⅰ(　　)　Ⅱ(　　)　Ⅲ(　　)

時刻A，B，Cの空気について，それぞれの露点を調べてみると，露点が最も高いのは，時刻（ Ⅰ ）のときであり，そのときの露点は（ Ⅱ ）である。（ Ⅰ ）の空気の露点が最も高い理由は，同じ湿度ならば（ Ⅲ ）ためである。

Ⅰ　ア　A　　イ　B　　ウ　C

Ⅱ　ア　－1℃　　イ　1℃　　ウ　7℃　　エ　9℃

Ⅲ　ア　気温の高い空気の方がより多くの水蒸気を含んでいる
　　イ　気温の低い空気の方がより多くの水蒸気を含んでいる
　　ウ　気温に関わらず空気が含んでいる水蒸気の量は変化しない

6　次の(1)，(2)の問いに答えなさい。

(1)　図は，ある動物の雌と雄のからだの細胞に含まれる染色体のようすを，それぞれ模式的に表したものである。次の文中の（ Ⅰ ）と（ Ⅱ ）のそれぞれにあてはまる染色体のようすを模式的に表したものとして最も適当なものを，下のアからカまでの中から選びなさい。

図

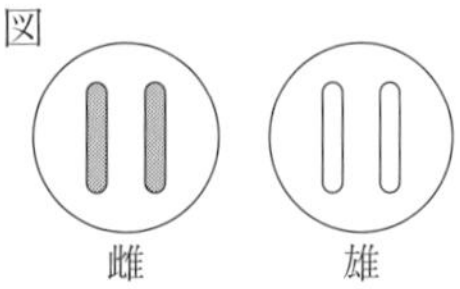

Ⅰ（　　　）　Ⅱ（　　　）

染色体のようすを模式的に表すと，この動物の雄の生殖細胞は（ Ⅰ ）であり，雌と雄の生殖細胞が受精してできた受精卵は（ Ⅱ ）である。

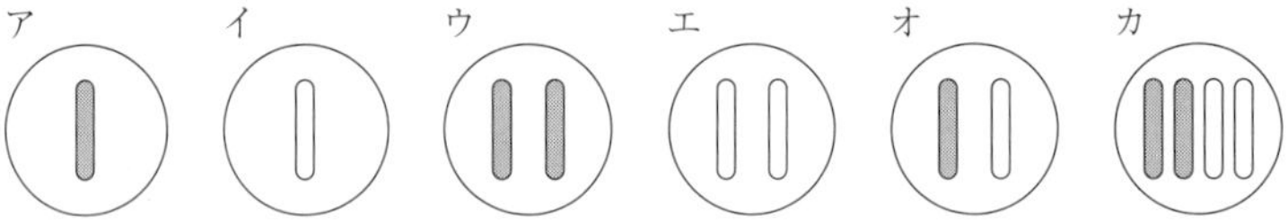

(2)　抵抗の値が異なる2本の電熱線Aと電熱線Bを用いて次の〔実験〕を行った。

〔実験〕

①　電熱線A，電源装置，電流計及び電圧計を用いて図1のような回路をつくり，スイッチを入れてから，電圧の大きさをさまざまな値に変えて，電流計と電圧計の示す値をそれぞれ記録した。

②　①の電熱線Aを電熱線Bに取りかえて①と同じことを行った。

③　次に，図2のように，電熱線Aと電熱線Bを並列に接続し，スイッチを入れてから電圧計の示す値が3.0Vになるように電源装置を調節し，電流計の示す値を記録した。

④　さらに，図3のように，電熱線Aと電熱線Bを直列に接続し，スイッチを入れてから電圧計の示す値が3.0Vになるように電源装置を調節し，電流計の示す値を記録した。

図1

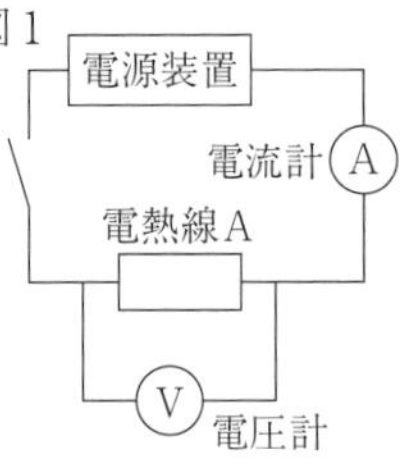

図2

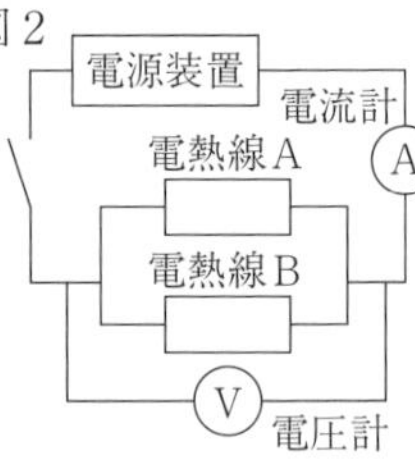

図3

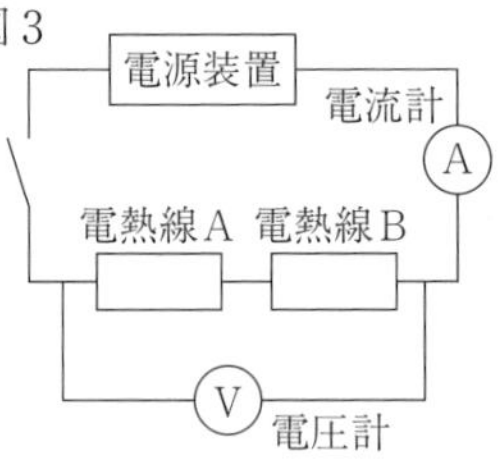

図4は，〔実験〕の①，②で得られた結果をもとに，横軸に電圧計が示す値を，縦軸に電流計が示す値をとり，その関係をグラフに表したものである。

〔実験〕の③で電流計が示す値は，〔実験〕の④で電流計が示す値の何倍か。最も適当なものを，次のアからコまでの中から選びなさい。

図4

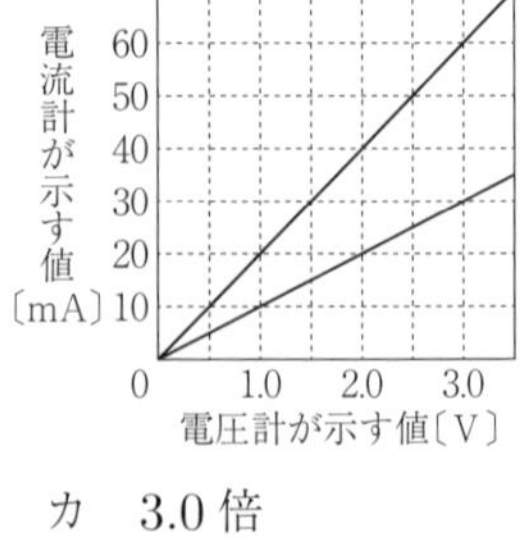

（　　　）

ア　0.5倍　　イ　1.0倍　　ウ　1.5倍　　エ　2.0倍　　オ　2.5倍　　カ　3.0倍

キ　3.5倍　　ク　4.0倍　　ケ　4.5倍　　コ　5.0倍

4 次の漢文（書き下し文）を読んで、あとの㈠から㈣までの問いに答えなさい。（本文の----の左側は現代語訳です。）

後漢《ごかん》の魯恭《ろきよう》字《あざな》は仲康《ちゆうかう》、扶風平陵《ふふうへいりよう》の人なり（扶風平陵の出身である）。粛宗《しゆくそう》の時、中牟《ちゆうぼう》の令（中牟県の長官）に拝せらる。①専ら徳化を以《もつ》て理《をさ》むることを為《な》し、刑罰に任ぜず。郡国に（地方に）螟《めい》ありて稼《か》を傷《そこな》ふ（害虫が発生して田畑の穀物を荒らした）。犬牙《けんが》の縁界も中牟に入らず（県境が複雑に入り組んだ場所でも害虫は中牟県内に入らなかった）。河南《かなん》の尹（河南郡の長官であった）袁安《ゑんあん》之《これ》をア聞き、②其《そ》の実ならざるを疑ひ、仁恕《じんじよ》の掾肥親《えんひしん》をして往《ゆ》いて之を廉《ただ》さしむ（仁恕という役職にあった肥親に中牟を視察させた）。恭阡陌《せんぱく》（あぜ道）をイ随行し、倶《とも》に桑下《さうか》に座す。雉《きじ》有り過ぎて其の傍《かたは》らに（キジが目の前を通り過ぎて）ウ止まる。傍らに童児有り。親エ曰《い》はく、「児何ぞ之を捕らざる（坊やはどうしてキジを捕まえないのかね）。」と。児オ言ふ、「雉方《まさ》に雛《ひな》を将《ひき》ゐる（キジがひなを連れているからです）。」と。親、瞿然《くぜん》として起《た》ち（驚いて立ち上がり）、恭と訣《わか》れて（別れる際に）カ曰はく、「来たる所以《ゆゑん》の者は（理由は）、君の政迹《せいせき》を察せんと欲するのみ（あなたの治政を視察しようと思ったからです）。今虫境を犯さず、化鳥獣に及び、竪子《じゆし》に仁心有り（子供にも思いやりの心が備わっています）。三の異なり。」と。府に（郡の役所）還《かへ》り状を以て安に白《まを》す（報告した）。

（「蒙求《もうぎゆう》」より）

（注）○ 魯恭《ろきよう》・袁安《ゑんあん》・肥親《ひしん》＝いずれも中国古代の王朝である後漢の家臣。
○ 字《あざな》＝中国で、男子が成年後、実名のほかにつける別名。
○ 粛宗《しゆくそう》＝後漢の皇帝。

㈠ ①専ら徳化を以《もつ》て理《をさ》むることを為《な》し、刑罰に任ぜずとあるが、その説明として最も適当なものを、次のアからエまでの中から選びなさい。（　）

ア 徳の高い人間ではなく、法律の専門家を重んじているということ
イ 人民の徳が高まらないため、刑罰に頼っているということ
ウ 刑罰に頼らず、徳による教えで世を治めているということ
エ 世の安定よりも、自分の徳を高めることを優先しているということ

㈡ 波線部アからカまでの中から、主語が同じものを全て選びなさい。（　）

㈢ ②其《そ》の実ならざるを疑ひとあるが、何を疑っているのか。その内容として最も適当なものを、次のアからエまでの中から選びなさい。（　）

ア 害虫による被害をまぬがれた県の中で、魯恭が治める県だけは穀物が実らなかったこと
イ 魯恭が治める県には害虫が侵入せず、穀物の被害が生じなかったこと
ウ 害虫が発生したことにより、魯恭が治める県でも多くの人々が飢餓に苦しんだこと
エ 多くの県が害虫の対策に取り組む中、魯恭が治める県が最も早く駆除に成功したこと

㈣ 次のアからエまでの中から、その内容がこの文章に書かれていることと一致するものを一つ選びなさい。（　）

ア 袁安は視察に向かった先で魯恭に出会えたことを喜んだ。
イ 袁安は魯恭が治める県が自然の豊かな土地であることに驚いた。
ウ 肥親は子供からひなを守ろうとした親鳥の姿を見て感動した。
エ 肥親は魯恭の善政が県全体に及んでいることに感心した。

(五)　次のアからオは、この文章を読んだ生徒五人が、登場人物について、意見を述べ合ったものである。その内容が本文に書かれていることに近いものを二つ選びなさい。（　　）（　　）

ア　（Aさん）　和也の父親である藤巻先生のユニークな人柄が大変興味深く描かれていると感じます。先生は、気象のしくみを知りたいという純粋な好奇心の持ち主として描かれており、だからこそ、わからないからおもしろいという先生のことばには説得力を感じます。

イ　（Bさん）　先生の奥さんは、夫である先生に理解があるのでしょう。先生が和也の気持ちに気づいていないときも、いつものことだと冷静に対応しています。本文に描かれた場面でも、先生が自分の研究分野について一方的に話をするのを当然のことのように受け入れています。

ウ　（Cさん）　和也は対照的な考え方をもつ両親の下で複雑な思いを抱いています。ふだんは陽気で活発な性格ですが、両親に対しては反抗的で、皮肉っぽい言動が目立ちます。時折、甘えた態度は示しますが、いらいらした気持ちを解消することはできていないように見えます。

エ　（Dさん）　先生は、和也の気持ちに気がつかないときがあるようですね。悪気があるわけではなく、ひとつのことに集中すると他のことに気がまわらないようです。先生はそのことを自覚して反省しているようですが、和也には自分が悪かったという思いを伝えきれていません。

オ　（Eさん）　和也に対する先生の態度にはもどかしいところがあります。また、息子から見たら先生はよくわからない人なのでしょう。母親も二人のことを心配しているものの、間をうまく取りもてていないようです。家族とはいえ、人と人との関係は難しいものです。

(六)　この文章の表現の特徴として適当なものを、次のアからオまでの中から二つ選びなさい。（　　）（　　）

ア　作者からの登場人物への評価を挿入することにより、場面全体に奥行きをもたらしている。

イ　擬態語を随所に用いることにより、登場人物の心情が理解しやすい描写となっている。

ウ　専門的な用語を平易なことばに言い換えることにより、全体を通してわかりやすい印象を与えている。

エ　登場人物の一人が語り手となることにより、読者がその人物の心情を追体験できるようになっている。

オ　隠喩を効果的に用いることにより、登場人物の心情が直感的に理解できるようになっている。

(注)　○ 1～5は段落符号である。
○ 眉根＝眉の鼻に近い方の端。
○ 納戸《なんど》＝物置部屋。
○ 超音波風速温度計＝超音波を利用して風速と温度を測定するもの。
○ せきを切る＝抑えられていたものが一気にあふれ出る。
○ きびすを返す＝引き返す。後戻りする。
○ 目をすがめる＝片目を細くして見る。
○ 巻積雲《けんせきうん》＝空の高いところに浮かぶ、まだら状の雲。うろこ雲。
○ 陰翳《いんえい》＝薄暗いかげ。

(一)　〔A〕、〔B〕にあてはまる最も適当なことばを、次のアからカまでの中からそれぞれ選びなさい。A（　）B（　）

ア　いたずらに　　イ　いぶかしげに　　ウ　うっかりと
エ　こっそりと　　オ　しなやかに　　カ　とっくりと

(二)　①自分から水を向けたとあるが、その説明として最も適当なものを、次のアからエまでの中から選びなさい。（　）

ア　「僕」が和也の絵を見たいと奥さんに申し出たということ
イ　「僕」が藤巻先生と二人で和室に残ったということ
ウ　「僕」が藤巻先生に借りている本の話をしたということ
エ　「僕」が奥さんと和也の姿を目で追ったということ

(三)　②無言で部屋を出ていったとあるが、和也がこのような行動をとるまでの心情の説明として最も適当なものを、次のアからエまでの中から選びなさい。（　）

ア　父親に対してわだかまりを抱いていたが、父親が自分を認める発言をしたことをきっかけに心が浮き立った。しかし、絵を持ってきた際の父親の反応に傷つき、その感情は失望へと変化した。
イ　父親に対して卑屈になっていたが、父親が自分を評価していたことを知って自尊心が回復した。しかし、父親の発言が本心ではなかったことがわかり、その感情は落胆へと変化した。
ウ　父親に対して尊敬する気持ちを伝えられずにいたが、父親が自分を認めてくれたことをうれしく感じた。しかし、「僕」と話す父親の親しげな様子に、その感情は憎しみへと変化した。
エ　父親に対して不愉快な気持ちを抱いていたが、気象研究の無意味さを指摘して父親をやり込めたことで心が晴れた。しかし、幼い頃の失敗を持ち出されて、その感情は恥ずかしさへと変化した。

(四)　③「わからないひとだよ、きみのお父さんは」という発言に込められた「僕」の心情として最も適当なものを、次のアからエまでの中から選びなさい。（　）

ア　空や雲が大好きだった和也が、実は今でも父親を慕っていることをほほえましく思いつつ、息子に対して素直になれない藤巻先生の思いを代弁しようと思っている。
イ　和也の絵を見たいと言っていたのに、絵を持ってきた和也を無視する藤巻先生の真意が理解できず、自分も和也と同じ気持ちであることを示そうと思っている。
ウ　藤巻先生は気象研究にしか興味がなさそうに見えるが、実は和也の将来を考えており、単純には理解できない魅力をもった人物であることを伝えようと思っている。
エ　幼い頃の和也が空や雲に強い関心をもっていたにもかかわらず、気象学の道を歩ませようとしない藤巻先生に疑問を感じ、所属する研究室を変わろうと思っている。

①自分から水を向けた手前、話の腰を折るのもためらわれ、どうしたものかと弱っていると、スケッチブックを小脇に抱えた和也がこちらへずんずん近づいてきた。「お父さん」うん、と先生はおざなりな生返事をしたきり、見向きもしない。「例の、南西諸島の海上観測でも役に立ったらしい。船体の揺れによる影響をどこまで補正できるかが課題だな」「ねえ、あなた」奥さんも困惑顔で呼びかけた。と、先生がはっとしたように口をつぐんだ。僕は胸をなでおろした。たぶん奥さんも、それに和也も。「ああ、スミ。悪いが、紙と鉛筆を持ってきてくれるかい」先生は言った。和也がきびすを返し、②無言で部屋を出ていった。

4　おろおろしている奥さんにかわって、自室にひっこんでしまった和也を呼びにいく役目を僕が引き受けたのは、少なからず責任を感じたからだ。父親に絵をほめられたときに和也が浮かべた表情を、僕は見逃していなかった。雲間から一条の光が差すような、笑顔だった。いつだって陽気で快活で、いっそ軽薄な感じさえする子だけれど、あんな笑みははじめて見た。「花火をしよう」ドアを開けた和也に、僕は言った。「おれはいい。先生がつきあってあげれば？　そのほうが親父《おやじ》も喜ぶんじゃない？」和也はけだるげに首を振った。険しい目つきも、ふてくされたような皮肉っぽい口ぶりも、ふだんの和也らしくない。僕は部屋に入り、後ろ手にドアを閉めた。「まあ、そうかっかするなよ」藤巻先生に悪気はない。話に夢中になって、他のことをつかのま忘れてしまっていただけで、息子を傷つけるつもりはさらさらなかったに違いない。「様子を見てきます」と僕が席を立ったときも、なにが起きたのかふに落ちない様子できょとんとしていた。「別にしてない」和也は投げやりに言い捨てる。「昔から知ってるもの。あのひとは、おれのことなんか興味がない」腕組みして壁にもたれ、暗い目つきで僕を見据えた。「でも、おれも先生みたいに頭がよかったら、違ったのかな」「え？」「親父があんなに楽しそうにしてるの、はじめて見たよ。いつも家ではたいくつなんだろうね。おれたちじゃ話し相手になれないもんね」うつむいた和也を、僕はまじまじと見た。

5　「親父にはついていけないよ。さっきの話じゃないけど、なにを考えてるんだか、おれにはちっともわかんない」僕は小さく息を吸って、口を開いた。「僕にもわからないよ。きみのお父さんが、なにを考えているのか」和也が探るように目をすがめた。僕は机に放り出されたスケッチブックを手にとった。「僕が家庭教師を頼まれたとき、なんて言われたと思う？」和也は答えない。身じろぎもしない。「学校の成績をそう気にすることもないんじゃないか、ってお父さんはおっしゃった。得意なことを好きにやらせるほうが、本人のためになるだろうってね」色あせた表紙をめくってみる。ページ全体が青いクレヨンで丹念に塗りつぶされている。白いさざ波のような模様は、巻積雲《けんせきうん》だろう。「よく覚えてるよ。意外だったから」次のページも、そのまた次も、空の絵だった。一枚ごとに、空の色も雲のかたちも違う。確かに力作ぞろいだ。「藤巻先生はとても熱心な研究者だ。もしも僕だったら、息子も自分と同じように、学問の道に進ませようとするだろうね。本人が望もうが、望むまいが」僕は手をとめた。開いたページには、今の季節におなじみのもくもくと不穏にふくらんだ積雲が、繊細な陰翳《いんえい》までつけて描かれている。③「わからないひとだよ、きみのお父さんは」わからないことだらけだよ、この世界は――まさに先ほど先生自身が口にした言葉を、僕は思い返していた。だからこそ、おもしろい。

（瀧羽麻子《たきわあさこ》「博士の長靴」より）

③ 次の文章を読んで、あとの㈠から㈥までの問いに答えなさい。

〔本文にいたるまでのあらすじ〕

気象学者である藤巻《ふじまき》先生の研究室に所属している大学三年生の「僕」は、先生の息子で中学三年生の和也《かずや》の家庭教師をしている。一九七五年の夏のある日、「僕」は藤巻先生の奥さん（スミ）の招きにより、藤巻家で一緒に食事をとることになった。

〔本文〕

① 「ねえ、お父さんたちは天気の研究をしてるんでしょ」和也が箸を置き、父親と僕を見比べた。「被害が出ないように防げないわけ？」「それは難しい」藤巻先生は即座に答えた。「気象は人間の力ではコントロールできない。雨や風を弱めることはできないし、雷も竜巻もとめられない」「じゃあ、なんのために研究してるの？」和也が〔　A　〕眉根を寄せた。「知りたいからだよ。気象のしくみを」「知っても、どうにもできないのに？」「どうにもできなくても、知りたい」（中略）「やっぱり、おれにはよくわかんないや」「わからないことだらけだよ、この世界は」先生がひとりごとのように言った。「だからこそ、おもしろい」

② 一時はどうなることかとはらはらしたけれど、それ以降は和也が父親につっかかることもなく、食事は和やかに進んだ。うなぎをたいらげた後、デザートにはすいかが出た。話していたのは主に、奥さんと和也だった。僕の学生生活についていくつか質問を受け、和也が幼かった時分の思い出話も聞いた。中でも印象的だったのは、絵の話である。朝起きたらまず空を観察するというのが、藤巻先生の長年の日課だという。晴れていれば庭に出て、雨の日には窓越しに、〔　B　〕眺める。そんな父親の姿に、幼い和也はおおいに好奇心をくすぐられたらしい。よちよち歩きで追いかけていっては、並んで空を見上げていたそうだ。熱視線の先に、なにかとてつもなくおもしろいものが浮かんでいるはずだと思ったのだろう。「お父さんのまねをして、こう腰に手をあてて、あごをそらしてね。今にも後ろにひっくり返りそうで、見ているわたしはひやひやしちゃって」奥さんは身ぶりをまじえて説明した。本人は覚えていないようで、首をかしげている。「それで、後で空の絵を描くんですよ。お父さんに見せるんだ、って言って。親ばかかもしれないですけど、けっこうな力作で……そうだ、先生にも見ていただいたら？」「親ばかだって。子どもの落書きだもん」照れくさげに首を振った和也の横から、藤巻先生も口添えした。「いや、わたしもひさしぶりに見たいね。あれはなかなかたいしたものだよ」「へえ、お父さんがほめてくれるなんて、珍しいこともあるもんだね」冗談めかしてまぜ返しつつ、和也はまんざらでもなさそうに立ちあがった。「あれ、どこにしまったっけ？」「あなたの部屋じゃない？　納戸《なんど》か、書斎の押し入れかもね」奥さんも後ろからついていき、僕は先生とふたりで和室に残された。

③ 「先週貸していただいた本、もうじき読み終わりそうです。週明けにでもお返しします」なにげなく切り出したところ、先生は目を輝かせた。「あの超音波風速温度計は、実に画期的な発明だね」超音波風速温度計のもたらした貢献について、活用事例について、今後検討すべき改良点について、せきを切ったように語り出す。お絵描き帳が見あたらなかったのか、和也たちはなかなか帰ってこなかった。その間に、先生の話は加速度をつけて盛りあがった。ようやく戻ってきたふたりが和室の入口で顔を見あわせているのを、僕は視界の端にとらえた。

つも、川と近い距離で水に親しみつつ生きる暮らしに、四万十川流域の人々が心地よさや誇りを持っているのだとしたら、この景観を守っていくことの方が豊かと言えるだろう。

（原《はら》　研哉《けんや》「低空飛行――この国のかたちへ」より）

（注）○　欄干＝人が落ちないよう橋の両縁に設けられた柵状のもの。手すり。

ア　本文も参考文も、自然の猛威から人々の生活をいかにして守るかということが共通のテーマになっている。

イ　本文も参考文も、人工的なものはできるだけ排除して自然を後世に残そうという考えが柱になっている。

ウ　「庭」も「沈下橋」も、自然のもつ荒々しさを受け入れて環境を整えながら生きる暮らしを象徴している。

エ　「沈下橋」は「庭」とは異なり、自然の猛威から逃れようとすることのむなしさが表現されている。

オ　「庭」と同様に「沈下橋」は、自然との共生を図りつつデザイン性を高めることを意図して作られている。

2　次の㈠から㈢までの問いに答えなさい。

㈠　次の文中の傍線部①、②に用いる漢字として正しいものを、それぞれあとのアからエまでの中から一つ選びなさい。
①（　　）②（　　）

①ヒ②ヨクな大地が広がる。

①　ア　肥　イ　被　ウ　非　エ　比

②　ア　浴　イ　翼　ウ　翌　エ　沃

㈡　次の文中の傍線部と同じ意味で用いられている漢字として正しいものを、あとのアからエまでの中から一つ選びなさい。（　　）

厳かな雰囲気の中で卒業式が行われた。

ア　厳選　イ　厳粛　ウ　厳禁　エ　厳守

㈢　次の文中の〔Ａ〕にあてはまる最も適当なことばを、あとのアからエまでの中から選びなさい。（　　）

科学技術は〔Ａ〕の発展を続けている。

ア　東奔西走　イ　不易流行　ウ　一触即発　エ　日進月歩

(三)　次の文章は、ある生徒が第三段落と第四段落の内容をまとめたものである。この文章に対する評価として適当でないものを、あとのアからオまでの中から一つ選びなさい。（　　）

　人間は、自然をほどほどに受け入れつつ、適度に排除しながら暮らしており、そのバランスを整える営みが掃除である。また、日本の庭は、人為と自然がせめぎ合う「ほどほどの心地よさ」を探し当てることを本質としている。だから、日本の庭は、人為と自然のバランスを整える掃除という営みを、技芸に仕上げたものであると言うこともできる。

ア　本文にある具体例や比喩を省略して端的に記している。
イ　掃除の本質を述べた部分を本文から適切に抜き出している。
ウ　接続語を使用することで論理の構造を明確にしている。
エ　掃除と日本の庭に共通している点を的確に述べている。
オ　日本の庭が技芸に仕上げられた理由を簡潔にまとめている。

(四)　次のアからエまでの中から、その内容がこの文章に書かれていることと一致するものを一つ選びなさい。（　　）

ア　環境に現れた危機の予兆に接した私たちは、地球という資源の限界に気づき、持続可能な社会について考えるようになった。
イ　掃除という営みと切り離せない日本の庭は、日本的な他者への思いやりを表現しており、海外でも高く評価されている。
ウ　環境問題を解決するためには、文化や文明の力を最大限に引き出し、人為と自然のバランスを回復させる必要がある。
エ　日本の空港で居心地の良さを感じるのは、床が隅々まで磨きあげられ、シミひとつない新しさが保たれているからである。

(五)　あとのアからオまでは、本文と次の参考文を踏まえて筆者の考えをまとめたものである。その内容が本文と参考文に書かれた筆者の考えに近いものを一つ選びなさい。（　　）

（参考文）

　四《し》万《まん》十《と》川《がわ》は、高知県西部を流れる清流である。もちろん川もきれいだが、そこにある人々の暮らしと一体になった風景に、しみじみと考えさせられるものがある。特に注目したいのは「沈下橋」と呼ばれる橋である。

　日本は台風の国であるが、高知はその玄関口のような場所で、自然の猛威から逃れるすべはなく、それを受け止めるべく暮らしの環境を整えてきた。四万十川は増水すると激しい濁流に変貌するのであるが、興味深いことに沈下橋は増水するとあっさり水面下に沈んでしまう。橋には水流の抵抗となる欄干がなく、橋の断面は飛行機の翼のような形をしているので、水に潜ってしまうことによって破壊から逃れる、という構造になっている。

　この沈下橋が、上流から下流まで、つまり短い橋からとても長い橋まで六十あまりある。その土地の人たちの暮らしの必要から必然的に生まれてきた橋であるからいわば環境デザインである。

　最近は、しっかりとした橋脚を持ち、ずっと高いところに架橋され、増水にもびくともしない「抜水橋」がいくつかできたが、残念ながら便利さと引き換えに、四万十川と沈下橋がおりなす風景を壊しているというほかない。確かに、増水のたびに水に沈んで通れなくなる橋は不便かもしれないが、自然の脅威を肌で感じつ人である。住居まわりの環境を整える「掃除」という営みを「庭」という技芸に仕上げたのかもしれない。落ち葉は掃きすぎず、草木も刈りすぎず程よく茂るに任せる。まるで、打ち寄せる波が砂浜をあらう渚《なぎさ》のように、人為と自然がせめぎ合う「ほどほどの心地よさ」を探し当てること、それが庭の本質である。庭は美的な作為であり創作物と思われているかもしれないが、自然に対するあらゆる人為は、いわば「しでかし」に過ぎない。しかし、そのしでかされた庭に愛着を覚え、これを慈しむ人々が現れて、程よく落ち葉を掃き、苔《こけ》を整え、樹々の枝葉を剪定《せんてい》し、守り続けた結果として「庭」は完成していくのだ。当然、長い時間が必要だが、歳月のみが庭を作るわけではない。やはり「人為と自然の波打ち際」が管理され続けることが必須である。

5　大上段に振りかぶって「地球温暖化対策」とか「持続可能な社会」を考えるのも重要なことだと思うが、歴史の中、文化の中に蓄積され、すでに人に内在しているはずの知恵や感受性に気づいてみることも同じくらい重要なのではないか。海外の旅を終えて日本の国際空港に降り立つときに、いつも感じることは、とてもよく掃除されていることである。空港の建築は、どこも質素で味気ないが、掃除は行き届いている。床にシミひとつないというような真新しさではなく、仮にシミができても、丹念に回復を試みた痕跡を感じる。そういう配慮が隅々に行き届いている空気感がある。おそらく、日本のラグジュアリーの要点には掃除がある。ただ単に、磨きあげるのではなく、自然や草木といったものに心を添わせつつ、生きている者としての張りを感じていること。石や木、しっくいや畳といった素材に気持ちを通わせつつ、その自然な様相を味わい楽しむ感覚が掃除であり、そういう営みの中に日本のラグジュアリーは宿るのかもしれない。

（原《はら》　研哉《けんや》「低空飛行――この国のかたちへ」より）

（注）○ 1～5は段落符号である。
○ 安寧＝穏やかで平和であること。
○ 殺伐＝すさんでいるさま。
○ 反芻《はんすう》＝ここでは、一つのことを繰り返し思い、考えること。
○ モスク＝イスラム教の礼拝堂。
○ 数珠《じゅず》つなぎ＝多くのものをひとつなぎにすること。
○ 蔓延《まんえん》＝広がること。
○ 蹂躙《じゅうりん》＝踏みにじること。
○ 止揚＝対立する二つのものを高い段階で統一すること。
○ 拮抗《きっこう》＝ほぼ同じ力で互いに張り合うこと。
○ 剪定《せんてい》＝枝の一部を切り取って整えること。
○ ラグジュアリー＝ここでは、空間から感じられる心地よさのこと。
○ しっくい＝日本建築の壁や天井などに使用される塗料の一つ。

(一)　〔 A 〕にあてはまることばとして最も適当なものを、次のアからエまでの中から選びなさい。（　　）

ア　しかし　イ　それとも　ウ　つまり　エ　なぜなら

(二)　①人が本来持っているはずの自然や環境への感受性とあるが、その説明として最も適当なものを、次のアからエまでの中から選びなさい。（　　）

ア　自然や環境が絶えず変化していくという事実に気づく力
イ　人の活動が自然や環境に負荷をかけていることを感じ取る力
ウ　自然や環境が変化していく姿を数世代先まで予測する力
エ　人の活動が自然や環境に与えている負荷をすぐに取り除く力

国語

時間　四五分
満点　二二点

1　次の文章を読んで、あとの㈠から㈤までの問いに答えなさい。

1　人はなぜ掃除をするのだろうか。生きて活動するということは、環境に負荷をかけることだと、人はたぶん本能的に自覚している。だとしたら、負荷を生まないように、自分たちが生きるために恵まれたこの自然を汚さないように活動すればよさそうなものだが、人の想像力あるいは知力は、負荷をかけ続けた果ての地球を想像したり、数世代先の子孫の安寧に配慮したりすることには至らなかった。今日、僕らは眼前に現れた危機、〔 A 〕浜に打ち寄せ海洋に堆積する大量のプラスチックゴミ、気候変動によるゲリラ豪雨や巨大台風、極点の氷や氷河の解氷による潮位の変化など、近づきつつある危機の予兆をまのあたりにして、地球という資源の限界に気づき、「持続可能性」などという殺伐とした言葉を口にするようになった。文明は急ブレーキを踏み、大慌てでハンドルを切ろうとしている。確かに必要な反省であり対処であるから、これに異を唱えるつもりはない。しかし、いきなり「地球」という大テーマを口にする前に、①人が本来持っているはずの自然や環境への感受性を反芻《はんすう》してはどうだろうか。

2　さしあたっては「掃除」である。人は掃除をする生き物だ。掃除は誰に教わることなく、あらゆる文化・文明においてそれぞれの方法で行われてきた。ある仕事で、世界中の掃除の情景を映像として集めたことがある。オペラハウスの客席の掃除、バイオリン奏者の楽器清掃、教会の窓拭き、公園の落ち葉除去、モスク周辺の街路掃き、イランの絨毯《じゅうたん》掃除、万里の長城の掃き掃除、奈良の東大寺で毎年行われる大仏のお身拭い……。集めた映像を数秒ずつ数珠《じゅず》つなぎに編集して眺めると、不思議と胸が熱くなる。人類は掃除をする生き物なのであるが、なぜ人は掃除をするのか。ここに何か未来へのヒントがあるように思えてならない。

3　少し観察してみると、掃除とは、人為と自然のバランスを整える営みであることがわかる。未墾の大地を、自分たちに都合よく整え、都市や環境を構築する動物は人間だけだ。だから自然に対して人がなした環境を「人工」という。人工は心地がいいはずだが、プラスチックやコンクリートのように自然を侵食する素材が蔓延《まんえん》してくると、人は自然を恋しがるようになる。「人工」は巨大なゴミなのではないかと気づき始めるのである。一方、自然はといえば、放っておくとほこりや落ち葉が降り積もり、草木は奔放に生い茂る。自然は人を保護するためにあるわけではない。放っておくと荒ぶる姿となって、人の営みを蹂躙《じゅうりん》する。人が住まなくなった民家の床や畳の隙間からは、またたく間に草が芽を出し、生い茂り、数年のうちに草木に飲み込まれてしまう。緑を大切に、などという言葉ももはや出ないほど、緑は猛威をふるうのだ。だから人間は、自然をほどほどに受け入れつつ、適度に排除しながら暮らしてきた。おそらくはこれが掃除であり、そのバランスこそ掃除の本質であろう。

4　こんな風に掃除のことを考えているうちに、「庭」に思いが至った。庭、特に日本の庭は、「掃除」すなわち自然と人為の止揚、つまりその拮抗《きっこう》とバランスを表現し続けているものではないかと思ったのである。掃除はもちろん日本だけのものではないが、お茶を飲んだり、花を立てたりという行為を茶の湯だの生け花だのに仕立てるのが得意な日本

2023年度／解答

数　学

1 **【解き方】** (1) 与式 $= 6-(-2)=6+2=8$

(2) 与式 $=\dfrac{3(3x-2)-2(2x-3)}{18}=\dfrac{9x-6-4x+6}{18}=\dfrac{5}{18}x$

(3) 与式 $=6x^2 \div 9x^2y^2 \times 27xy^2=\dfrac{6x^2\times 27xy^2}{9x^2y^2}=18x$

(4) 与式 $=(\sqrt{5}-\sqrt{2})(2\sqrt{5}+2\sqrt{2})=2(\sqrt{5}+\sqrt{2})(\sqrt{5}-\sqrt{2})=2\times(5-2)=2\times 3=6$

(5) 左辺を展開すると，$x^2-6x+9=-x+15$ だから，$x^2-5x-6=0$　$(x+1)(x-6)=0$ より，$x=-1,\ 6$

(6) y を x の式で表すと，ア．$y=\dfrac{100}{x}$　イ．$y=3x$　ウ．$y=\pi x^2$　エ．$y=x^3$　よって，y が x の1次関数となるのはイ。

(7) カードは，$2+1+1=4$（枚）あるから，3枚のカードの取り出し方は全部で，$4\times 3\times 2=24$（通り）ある。1が書かれている2枚のカードを 1_1，1_2 とすると，3けたの整数が213以上になるのは，カードの（1枚目，2枚目，3枚目）が，$(2,\ 1_1,\ 3)$，$(2,\ 1_2,\ 3)$，$(2,\ 3,\ 1_1)$，$(2,\ 3,\ 1_2)$，$(3,\ 1_1,\ 1_2)$，$(3,\ 1_2,\ 1_1)$，$(3,\ 1_1,\ 2)$，$(3,\ 1_2,\ 2)$，$(3,\ 2,\ 1_1)$，$(3,\ 2,\ 1_2)$ の10通り。よって，求める確率は，$\dfrac{10}{24}=\dfrac{5}{12}$

(8) ア．例えば，$n=4$ のとき，$n-2=4-2=2$ で奇数にならない。イ．$4n$ は偶数，5は奇数で，偶数＋奇数＝奇数だから，$4n+5$ は奇数である。ウ．例えば，$n=2$ のとき，$3n=3\times 2=6$ で奇数にならない。エ．例えば，$n=3$ のとき，$n^2-1=3^2-1=9-1=8$ で奇数にならない。

(9) $y=2x^2$ に $x=1$ を代入すると，$y=2\times 1^2=2$　$x=3$ を代入すると，$y=2\times 3^2=18$　したがって，変化の割合は，$\dfrac{18-2}{3-1}=\dfrac{16}{2}=8$　ア～エの関数はすべて1次関数で，変化の割合はそれぞれ2，3，5，8だから，エ。

(10) ア．異なる2点をふくむ直線は1本に決まるが，この直線をふくむ平面は無数にある。エ．アと同様に，1本の直線をふくむ平面は無数にある。

【答】 (1) エ　(2) ウ　(3) ウ　(4) ア　(5) ウ　(6) イ　(7) ウ　(8) イ　(9) エ　(10) イ，ウ

2 **【解き方】** (1) $32\div 2=16$ より，中央値は，小さい方から16番目の生徒の記録と17番目の生徒の記録の平均。また，$16\div 2=8$ より，A組とB組の第1四分位数は小さい方から8番目の生徒の記録と9番目の生徒の記録の平均，第3四分位数は小さい方から24番目の生徒の記録と25番目の生徒の記録の平均である。ア．最小値はA組よりB組の方が小さく，最大値はA組よりB組の方が大きいので，範囲はA組よりB組の方が大きくなる。イ．A組の第1四分位数は15m，第3四分位数は30mだから，四分位範囲は，$30-15=15$（m）　B組の第1四分位数は20m，第3四分位数は35mだから，四分位範囲は，$35-20=15$（m）　したがって，四分位範囲は同じ値である。ウ．A組とB組の第2四分位数（中央値）はともに25mで，同じ値である。エ．B組の第3四分位数は35mだから，少なくとも8人以上が35m以上の記録を出したと考えられる。一方，A組の第3四分位数は30mだから，30mよりも長い記録を出した人数は8人以下。したがって，B組よりA組の方が多いとはいえない。オ．A組，B組のどちらも中央値が25mで同じであるが，例えば，16番目と17番目の値がどちらも25mの場合と，24mと26mの場合では，25m以上の記録を出した人数は異なる。したがって，人数が同じとはいえない。

(3) ① 点Pは秒速1cmの速さで進むので，頂点Aを出発してから，$4 \div 1 = 4$(秒後)に点Dに着く。点Dで折り返してから，$6 - 4 = 2$(秒間)進むから，$PD = 1 \times 2 = 2$(cm)　よって，$AP = AD - PD = 4 - 2 = 2$(cm)だから，$y = 2$　② 点Pが頂点Aを出発してからx秒後のAPの長さを$y$cmとするときのxとyについてのグラフと，点Qが頂点Cを出発してからx秒後のBQの長さを$y$cmとするときのxとyについてのグラフをかき入れると，右図のようになる。右図で，2つのグラフの交点はyの値が等しいので，AP = BQである。つまり，AB∥PQとなるのは，2つのグラフが交わったときで，○で囲んだ4回となる。

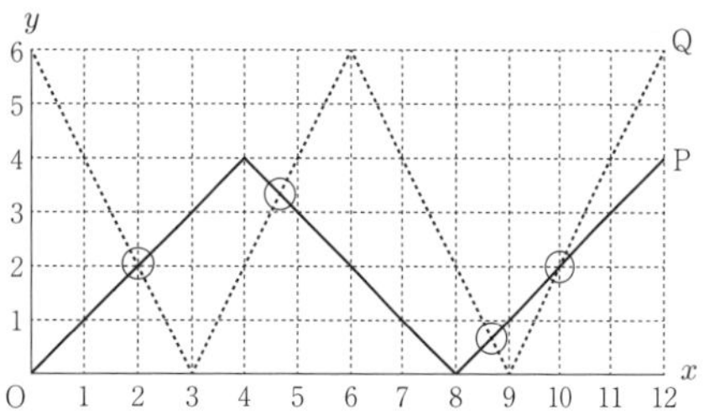

【答】 (1) イ，ウ　(2) (Ⅰ) オ　(Ⅱ) ク　(3) ① ウ　② エ

3 **【解き方】** (1) 点OとCを結ぶ。AO∥BCより，$\angle OBC = \angle AOB = 48°$　△OBCはOB = OC(円Oの半径)の二等辺三角形だから，$\angle BOC = 180° - 48° \times 2 = 84°$　したがって，$\angle AOC = 48° + 84° = 132°$だから，円周角の定理より，$\angle ADC = \frac{1}{2}\angle AOC = 66°$

(2) ① FE∥DBより，AF : FD = AE : EB = 1 : 1だから，点Fは辺ADの中点で，$AF = \frac{1}{2}AD = 5$(cm)　また，$AE = \frac{1}{2}AB = 3$(cm)　よって，△AEFで三平方の定理より，$FE = \sqrt{3^2 + 5^2} = \sqrt{34}$(cm)　② 点Fは辺ADの中点で，FD∥BCより，FH : CH = FD : CB = 1 : 2　したがって，$\triangle DFH = \triangle DFC \times \frac{1}{1 + 2} = \left(\frac{1}{2} \times 5 \times 6\right) \times \frac{1}{3} = 5$ (cm^2)　また，DH : BH = FD : CB = 1 : 2だから，$DH = BD \times \frac{1}{1 + 2} = \frac{1}{3}BD$　△ABDで，点E，Fはそれぞれ辺AB，ADの中点だから，中点連結定理より，$EF = \frac{1}{2}BD$　ここで，EF∥HDより，$FG : HG = EF : DH = \frac{1}{2}BD : \frac{1}{3}BD = 3 : 2$　よって，$\triangle DGH = \triangle DFH \times \frac{2}{3 + 2} = 5 \times \frac{2}{5} = 2$ (cm^2)

(3) ① 台形ABCDは等脚台形だから，右図のように，点A，Bから辺CDにそれぞれ垂線AI，BJをひくと，IJ = AB = 3cm，$DI = CJ = (9 - 3) \div 2 = 3$(cm)となる。△ADIで三平方の定理より，$AI = \sqrt{5^2 - 3^2} = \sqrt{16} = 4$(cm)　よって，求める面積は，$\frac{1}{2} \times (3 + 9) \times 4 = 24$ (cm^2)　② 図のように，立体ABCDEFGHを，3点A，E，Iを通る平面と，3点B，F，Jを通る平面で切り，切り口と辺GHの交点をそれぞれK，Lとする。このとき，立体ABEFGHは，2つの合同な三角錐BFGL，三角錐AEHKと，立体AEKBFLに分けられる。三角錐BFGLの底面を△FGLとすると高さはBFだから，その体積は，$\frac{1}{3} \times \left(\frac{1}{2} \times 3 \times 4\right) \times 7 = 14$ (cm^3)　立体AEKBFLは，直方体ABJIEFLKを半分に切ったものだから，その体積は，$(4 \times 3 \times 7) \times \frac{1}{2} = 42$ (cm^3)　よって，立体ABEFGHの体積は，$14 \times 2 + 42 = 70$ (cm^3)

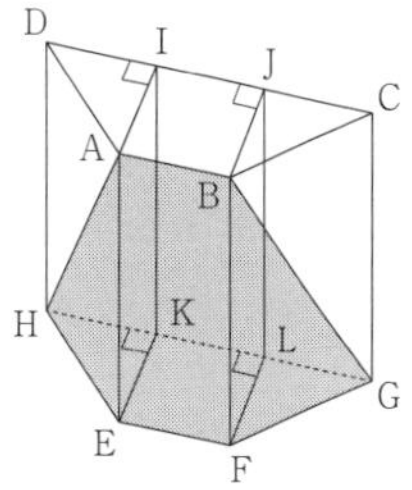

【答】 (1) ア．6　イ．6　(2) ① ア．3　イ．4　② ウ．2　(3) ① ア．2　イ．4　② ウ．7　エ．0

英　語

1 【解き方】(第１問) １番．最初に店員が「ABC モールへようこそ」と言っている。サッカーボールを買いたいと言っている女性に対し，店員がスポーツショップの場所を教えているので，「彼らはショッピングモールにいる」が適切。２番．マイクはなくした時計の特徴を尋ねられているので，「それは青くて丸い」と時計の特徴を答えると考えられる。３番．ベイカーさんは図書館で借りた２冊の本を読み終えたので，他の本を借りられるか尋ねており，グリーンさんは「10 冊の本を借りることができる」と答えているので，「彼らは借りることができる本の数について話している」が適切。

(第２問) 問１．先月，コウタはお年寄りの男性から市役所への道を英語で尋ねられ，道を教えてあげた。問２．コウタは英語で道を教えることができてうれしかった経験から，「英語をもっと勉強しようと決心した」と言っており，英語を一生懸命勉強する理由を説明している。

【答】(第１問) １番．a．誤　b．誤　c．誤　d．正　２番．a．誤　b．正　c．誤　d．誤　３番．a．誤　b．正　c．誤　d．誤

(第２問) 問１．a．誤　b．誤　c．誤　d．正　問２．a．誤　b．誤　c．正　d．誤

◀全訳▶　(第１問)

１番．

店員：ABC モールへようこそ。お手伝いいたしましょうか？

女性：はい，お願いします。新しいサッカーボールを買いたいです。どこでそれを見つけることができますか？

店員：承知いたしました。スポーツショップでそれを見つけることができます。それは２階にあります。あのカフェのそばの階段を上ると，すぐにお店に着きます。

質問：彼らはどこで話していますか？

a．彼らはサッカースタジアムにいます。　　b．彼らはスポーツショップにいます。

c．彼らはカフェにいます。　　d．彼らはショッピングモールにいます。

２番．

女性　：こんにちは。こちらはミドリ駅です。

マイク：こんにちは。マイク・ブラウンです。私は昨日駅で時計をなくしたと思います。

女性　：ああ，お気の毒です。それはどのようなものですか？

質問：マイクは次に何と言うでしょうか？

a．見つけるのを手伝いましょうか？　　b．それは青くて丸いです。

c．いいえ。それは面白そうですね。　　d．はい。それは私のお気に入りの時計です。

３番．

グリーンさん：おはようございます，ベイカーさん。

ベイカーさん：おはようございます，グリーンさん。私はあなたの図書館からこれらの２冊の本を借りて，２日でそれらを読み終えました。別の本を借りることはできますか？

グリーンさん：もちろんです。あなたは 10 冊の本を借りることができます。

質問：この対話に関して正しいのはどれですか？

a．彼らは借りることができる本を全て読み終えた。

b．彼らは借りることができる本の数について話している。

c．グリーンさんは他の本を借りるために本を返却する必要がある。

d．ベイカーさんはあと２日で本を読み終えるだろう。

(第２問) こんにちは，コウタです。約５年前，私は学校で英語の勉強を始めました。当時，私はとても恥ずかしがりで英語を話すことができませんでした。先月，お年寄りの男性が市役所への道を英語で私に尋ねました。

最初は緊張しましたが，道を教えることができたときはとても満足でした。それから私は英語をもっと一生懸命勉強しようと決心しました。ありがとうございました。

問1．先月何が起こりましたか？

a．コウタはお年寄りの男性と一緒に学校に行った。　b．コウタは市役所への道を英語で尋ねた。

c．コウタは初めて英語を勉強し始めた。　d．コウタはお年寄りの男性に市役所への道を教えた。

問2．このスピーチの最も良いタイトルは何ですか？

a．私が学校で恥ずかしがりだった理由　b．5年ほど前の私の英語

c．私が英語を一生懸命勉強する理由　d．英語の勉強方法

2【解き方】(1) 盲導犬を連れた目の不自由な人に対して，高校生たちがとった行いについて書かれたものである。article =「記事」。

(2) 生徒たちの行いの説明につながる文が入る。「自転車に乗った何人かの生徒たちが門のところで彼らの前を通りすぎようとしていた」が適当。be about to ～ =「まさに～しようとしている」。

(3) 生徒たちがとった親切な行いの内容を聞いたときの言葉。What a wonderful morning! =「なんて素晴らしい朝なんだ！」。

【答】(1) エ　(2) ウ　(3) イ

◀全訳▶

ジェームス：あなたは何を読んでいるの？

麻美　　　：高校生の良い行いについての新聞記事を読んでいるの。

ジェームス：なるほど。それには何と書いてあるの？

麻美　　　：あのね，ある朝，目の不自由な人が盲導犬を連れて校門近くを散歩していると，自転車に乗った何人かの生徒たちが門のところで彼らの前を通りすぎようとしていたと書いてあるわ。

ジェームス：何が良い行いだったの？

麻美　　　：もう少し聞いてちょうだい。生徒たちは彼と彼の犬を見つけて，彼が安全に歩き続けられるように自転車に乗るのをやめて，歩き始めたの。

ジェームス：わあ，とても親切だね！　なんて素晴らしい朝なんだ！　生徒たちは，きっとその日を楽しんだと思うよ。

3【解き方】(1) 天気予報を見ると，土曜日は天気が悪く，日曜日は晴れることが読み取れる。「土曜日に友人たちと一緒にブルーマウンテンに行く予定だったが，私たちは計画を変更して，日曜日にそこに行くことにした」という意味の文になる。「～だが，～だけれども」= though。

(2)「また，次の日忙しいので，土曜日の朝，雨が降り始める前に，私は犬の散歩に行くつもりだ」という意味の文になる。「～する前に」は接続詞 before を用い，後ろに〈主語＋動詞〉が続く。天気を表す文の主語は it を使う。「～し始める」= start to ～。Also, I'm going to walk our dog on Saturday morning before it starts to rain, because I'll be busy the next day.となる。

【答】(1) ア　(2)（1番目）カ　（3番目）イ　（5番目）エ

4【解き方】(1)「水はどこから来るのか疑問に思ったことはありますか？」という意味の文になる。wonder =「疑問に思う」。

(2) a．直後に「雨水や河川からの水を貯留し，随時水を放出する施設」とあることから，「ダム」の説明をしている。「森林はダムのようだ」が入る。b．第3段落は，森林の木の根が雨水を吸収し，土を保持して土砂崩れを防いでいることが述べられている。「森林は土地を安全に保っている」が入る。c．直後に「主な原因の一つは二酸化炭素だ」とあり，第4段落は地球温暖化について述べた段落である。また，「木は成長する過程で二酸化炭素を吸収し，酸素を放出する」と述べられていることにも注目。「森林は地球温暖化を止めている」が入る。

(3) ア．第1段落の最後の文を見る。森林と水が互いに関係していると述べている。イ．「森林のおかげで，雨水は私たちの日常生活のための水に変わる」。第2段落の4文目に「雨水は森林の下の土の中に入り，土の中を通ってきれいな水に変わる」とあるので，正しい。ウ．第4段落の5文目を見る。木は二酸化炭素を吸収し，酸素を放出すると述べている。エ．第5段落の5文目を見る。森林が林業によって保護されている。

(4) ア．森林の木が水を作り出すとは述べられていない。イ．森林がダムと同じような役割をしていると述べているのであり，ダムの雨水が森林の下の地中に流れるとは述べていない。ウ．「雨が降ると，木がない土地はもっと多くの土砂崩れが起こる原因となりうる」。第3段落を見る。一致する。エ．第5段落の6文目を見る。林業は50年から100年かけて循環を繰り返すことで，森林を安全に保っていると述べている。

(5) ① 第4段落に着目する。木から切り取られた木材についても「二酸化炭素」を何年もの間，内部に貯蔵すると述べている。② 木製品が増えると，大気中の二酸化炭素を減らすことになるので，「地球温暖化の防止」につながると考えられる。

【答】 (1) ウ　(2) ア　(3) イ　(4) ウ　(5) ① ア　② エ

◀全訳▶　日本に住む多くの人にとって，水を手に入れることは簡単です。しかし，水はどこから来るのか疑問に思ったことはありますか？　それは森林から来ており，それらは日本の国土の約3分の2を占めています。森林は水を放出し，私たちは産業，農業，日常生活などにそれを使用します。森林と水は互いに関係しています。

森林はダムのようです。それは，雨水や河川からの水を貯留し，随時水を放出する施設です。森林にも同じ役割があります。雨水は森林の下の土の中に入り，土の中を通ってきれいな水に変わります。土は水を地下水として保ち，水はゆっくりと川に出ていきます。

森林は土地を安全に保ってくれています。森林の中にはたくさんの木があり，木の根は土の中に張っています。雨が降ったら，雨水を吸収し土をしっかりと保持します。森林がなければ，雨が降ると日本ではもっと多くの土砂崩れが起きるでしょう。

森林は地球温暖化を止めています。その主な原因の一つは二酸化炭素です。科学者たちは，大気中の二酸化炭素の量がますます多くなっていると言います。地球はますます暖かくなっています。木は成長する過程で二酸化炭素を吸収し，酸素を放出します。それらは二酸化炭素を何年もの間，内部に貯蔵します。同じことが木から切り取られた木材にもあてはまります。そのため，環境を保護するためには，木片でさえも使用することが重要です。

森林のない生活を想像できますか？　森林がなかったら，将来，より多くの土砂崩れや環境問題の心配をしなければならなくなるでしょう。水を手に入れるのはもっと難しくなるでしょう。森林はあなたの日常生活のための水を放出します。多くの森林が林業によって保護されていることを覚えておくべきです。林業は50年から100年かけて木を育て，伐採し，利用し，再び植えるという循環を繰り返すことで，森林を安全に保ちます。林業は持続可能な産業です。

5 **【解き方】** (1) ① go to ～＝「～に行く」。② take baths ＝「おふろに入る」。前置詞 after のあとなので動名詞にする。③ remind A of B ＝「A に B を思い出させる」。

(2) 太一は楽しい週末を過ごしたのに対し，デイビッドは何もすることがなくて退屈だった。On the other hand ＝「一方で」。

(3) デイビッドは日本の公衆浴場について知らなかった。土曜日に太一と一緒に日本の浴場に行って体験する予定なので，太一に日本の公衆浴場の歴史について聞くと考えられる。

(4) ア．「もし太一が8月に博物館に行くなら，彼はそこに一番長い時間滞在できる」。8月の開館時間は9時から18時までであり，一番長い時間開いているので，正しい。イ．12月の開館時間は9時30分からである。ウ．開館時間の注意書きを見ると12月25日と26日は閉まっているとわかる。12月25日に博物館を訪れてもわくわくすることはない。エ．チケットの値段の表を見ると平日より週末の方が高い。オ．「16歳の訪問客は博物館に入るのに12.50ポンドか10.00ポンドを支払うだろう」。16歳の訪問客のチケットの値段は，表の「子ども」を見る。週末は 12.50 ポンド，平日は 10.00 ポンドであり，正しい。カ．19 歳以上の学生やお年寄りの週末のチケットの値段は 19.00 ポンドだが，それ以外の大人の値段は 20.00 ポンドである。

【答】 (1) ① ウ　② エ　③ イ　(2) ウ　(3) ア　(4) ア・オ

◀全訳▶

デイビッド：やあ，太一，週末はどうだった？

太一　　　：昨日，家族で公衆浴場に行ったよ。

デイビッド：公衆浴場？　それは何？

太一　　　：まあ，それは公共用の大きなふろの施設だよ。同じ建物内に，たくさんの種類のふろ，レストラン，雑誌や漫画を読む場所があるんだ。

デイビッド：わあ，あなたとあなたの家族はそこで多くの時間を過ごしたんだね？

太一　　　：そう，ふろに入ったあと夕食を食べたよ。

デイビッド：あなたは楽しい週末を過ごしたんだね。一方で，僕は何もすることがなかったから退屈だったよ。ああ，昨年の夏のバースへの家族旅行を思い出すよ。

太一　　　：バースへの家族旅行？

デイビッド：そう，バースはイギリスで最も観光客に人気のある場所の一つなんだ。ロンドンの約 160 キロメートル西にあるよ。イギリスではバースだけに温泉があると聞いたよ。僕たちはそこで素晴らしい時間を過ごしたんだ。

太一　　　：なるほど！　週末の僕の話はあなたに家族旅行のことを思い出させたんだね？

デイビッド：その通りだよ！　約 2,000 年前，バースにはたくさんの種類のふろがあったことを知ったよ。

太一　　　：ああ，バースには長い歴史があるんだね。僕はそれについてもっと知りたいよ。ねえ，デイビッド，次の土曜日に自転車で一番近いバース（浴場）に行こうか？

デイビッド：いいね！　日本のバース（浴場）も体験したいよ！

社　会

1 **【解き方】**(1) ① 8世紀の世界の状況を考えるとよい。「モンゴル帝国」は13世紀に建国された。②「正倉院」は，聖武天皇の愛用品や宝物などが納められている倉庫。

(2) 鎌倉時代のようすを選択。資料Ⅱの都市は，三方が山で囲まれ，一方が海に面していることに注目。アは江戸，イは堺など，エは京都のようす。

(3) 資料Ⅲは長崎の出島を描いたもの。

【答】(1) ① イ　② キ　(2) ウ　(3) ウ

2 **【解き方】**(1) ① 明治時代のようすを選択。Aは1889年，Bは1895年，Cは1904年のできごと。② グラフは「対前年比」を示しているので，「100」より上は前年よりも増加していることを示している。

(2) ③ Dの五・四運動は1919年のできごと。同年に起こった三・一独立運動は朝鮮の人々による民族運動なので注意。④ 1931年，関東軍が奉天郊外の柳条湖付近で線路を爆破したことから始まったできごと。⑤ Eは1933年のできごと。キは1927年，クは1943年，ケは太平洋戦争後のようす。

(3) Ⅳは1950年に始まった朝鮮戦争を報じる記事。太平洋戦争終戦の5年後に起こった。

(4) 裁判の傍聴は，公開の法廷で行われる裁判であれば誰でもできる。裁判員制度は，裁判員として裁判に参加し，被告人が有罪か無罪か，有罪の場合は量刑までを裁判官とともに決める制度。陪審法の制定は1923年。

【答】(1) ① ア　② エ　(2) ③ イ　④ オ　⑤ キ　(3) ア　(4) ウ

3 **【解き方】**(1) ① Ⅰの資料からは，人口が少ない地域ほど，市町村の減少割合が高いことを示している。そのため，市町村合併が進んだと判断できる。② Pは人口の多い都市部で割合が低い項目。Aは秋田県，Bは鳥取県，Cは千葉県，Dは神奈川県。

(2)「エコツーリズム」とは，自然環境や歴史文化など，地域固有の魅力を学ぶことで，その保全にもつなげていこうとする観光のあり方。

(3) ⑤ 4県のうち，太平洋に面しているのは千葉県と神奈川県だが，神奈川県横浜市（＝県庁所在地）の東方に位置している都市であれば，太平洋には面していない。⑥⑦ aは平地であれば浸水が想定される地点，bは付近に見える等高線に注目。

【答】(1) ① イ　② ウ　(2) Z ③ ア　④ B　(3) ⑤ C　⑥⑦ ア

4 **【解き方】**(1) 世界の人口の約6割がアジア州に集中しており，次いでアフリカ州の人口が多い。

(2)「衛生施設」とかかわりが深いものを選択。資料Ⅰ・ⅡではYが生活用水に相当する。

(3) D．日本の自給率が高いこと，アジアからの輸入の割合が高いことから米。E．日本の自給率が低いことから大豆。

(4) アはインド，イはスペイン，ウはアメリカ，エはケニア・ウガンダ・タンザニアに囲まれたヴィクトリア湖。日本と時差の小さい順は，ア→エ→イ→ウ。

【答】(1) カ　(2) イ　(3) ア　(4) エ

5 **【解き方】**(1) ① アは奈良時代，イは平安時代，ウは飛鳥時代のできごと。② 鳴門ICは古墳群の東側にある。

(2) 市議会議員選挙に投票できるのは18歳以上，立候補できるのは25歳以上。

(3) 日本国憲法第22条は居住，移転及び職業選択の自由，第29条は財産権に関する規定。

(4) 国は「事後保全」よりも費用が抑えられる「予防保全」への転換を進めているが，世論調査では災害に備えた対策が求められている。

(5)「保守・維持業者」は，多くの場合，民間企業が担う。

(6)「各銀行の国債を買う」のは日本銀行が不景気の際に金融政策として実施する景気対策。「ブロック経済」とは，自国の産業を守るために，植民地など特定の国との間で閉鎖的な経済圏をつくること。

【答】(1) ① エ　② オ　(2) エ・オ　(3) ③ ア　④ エ　⑤ カ　(4) ⑥ イ　⑦ エ　(5) イ　(6) ウ

理　科

1 【解き方】(1) 北の空の恒星は，同じ時刻に観察すると，北極星を中心として，1 か月に約 30° 反時計回りに進んだ位置に観察される。

(2) 状態変化では質量は変化しない。ほとんどの物質は気体，液体，固体の順に体積が小さくなり，密度は大きくなる。エタノールも固体の方が液体より密度が大きいので，液体のエタノールの中に固体のエタノールを入れると沈む。

【答】(1) ア　(2) エ

2 【解き方】(1) 双子葉類の茎の維管束は輪のように並び，根は主根と側根のつくりになっている。

(2) 対物レンズを 10 倍から 40 倍にかえると，観察する倍率が高くなるので，視野は狭くなり，見える気孔の数は減る。また，視野が狭くなると，光の量が少なくなるので，視野の明るさは暗くなる。

(3) Ⅰ．アジサイ A の水の減少量は葉の裏側と葉以外の部分，アジサイ B は葉の表側と葉以外の部分，アジサイ C は葉の表側と裏側と葉以外の部分からの蒸散量を表しているので，アジサイ A と B の水の減少量を比べると，葉の表側よりも裏側からの蒸散量が多いことがわかる。Ⅱ．アジサイ C の水の減少量から B の水の減少量を引いた値は，葉の裏側からの蒸散量を表し，$36.2\,(\mathrm{cm^3}) - 20.2\,(\mathrm{cm^3}) = 16.0\,(\mathrm{cm^3})$　よって，葉以外の部分からの蒸散量は，$26.2\,(\mathrm{cm^3}) - 16.0\,(\mathrm{cm^3}) = 10.2\,(\mathrm{cm^3})$になり，葉以外の部分からも蒸散していることがわかる。

(4) (3)より，葉の裏側からの蒸散量は 16.0cm^3。葉以外の部分からの蒸散量は 10.2cm^3 なので，葉の表側からの蒸散量は，$20.2\,(\mathrm{cm^3}) - 10.2\,(\mathrm{cm^3}) = 10.0\,(\mathrm{cm^3})$　よって，$\dfrac{16.0\,(\mathrm{cm^3})}{10.0\,(\mathrm{cm^3})} = 1.6\,$(倍)

【答】(1) ア　(2) オ　(3) Ⅰ．ア　Ⅱ．エ　(4) カ

3 【解き方】(1) 石灰石を塩酸に入れたときに発生する気体は二酸化炭素。アは水素，イはアンモニア，ウは塩素が発生する。

(3) 表より，ビーカー A で発生した気体の質量は，$75.00\,(\mathrm{g}) - 74.56\,(\mathrm{g}) = 0.44\,(\mathrm{g})$なので，石灰石 1.00g が全て反応したときに発生する気体の質量は 0.44g。ビーカー E で発生した気体の体積は，$79.00\,(\mathrm{g}) - 77.90\,(\mathrm{g}) = 1.10\,(\mathrm{g})$なので，塩酸 15cm^3 が全て反応したときに発生する気体の質量は 1.10g。したがって，塩酸 15cm^3 と過不足なく反応する石灰石は，$1.00\,(\mathrm{g}) \times \dfrac{1.10\,(\mathrm{g})}{0.44\,(\mathrm{g})} = 2.50\,(\mathrm{g})$　反応後のビーカー E に反応後のビーカー A の水溶液を混ぜ合わせるとき，塩酸，$15\,(\mathrm{cm^3}) + 15\,(\mathrm{cm^3}) = 30\,(\mathrm{cm^3})$に石灰石，$1.00\,(\mathrm{g}) + 5.00\,(\mathrm{g}) = 6.00\,(\mathrm{g})$を入れたときと同じ反応になると考えられる。よって，石灰石 6.00g と過不足なく反応する塩酸は，$15\,(\mathrm{cm^3}) \times \dfrac{6.00\,(\mathrm{g})}{2.50\,(\mathrm{g})} = 36\,(\mathrm{cm^3})$なので，加える塩酸は，$36\,(\mathrm{cm^3}) - 30\,(\mathrm{cm^3}) = 6\,(\mathrm{cm^3})$

(4) (3)より，実験で用いた塩酸 15cm^3 と過不足なく反応する石灰石は 2.50g なので，濃度が 2 倍の塩酸 15cm^3 と過不足なく反応する石灰石の質量は，$2.50\,(\mathrm{g}) \times 2 = 5.00\,(\mathrm{g})$　1.00g の石灰石が全て反応したときに発生する気体の質量が 0.44g なので，5.00g の石灰石が全て反応したときに発生する気体の質量は，$0.44\,(\mathrm{g}) \times \dfrac{5.00\,(\mathrm{g})}{1.00\,(\mathrm{g})} = 2.20\,(\mathrm{g})$

【答】(1) エ　(2) イ　(3) オ　(4) (説明文) ウ　(グラフ) b

4 【解き方】(1) 図 3 より，紙テープの線 C から線 D の間に台車が進んだ距離は，$9.6\,(\mathrm{cm}) - 6.3\,(\mathrm{cm}) = 3.3\,(\mathrm{cm})$　記録タイマーは 1 秒間に 60 回，点を打つものを使用し，線 C から線 D までは 6 打点分なので，かかった時間は，$\dfrac{1}{60}$(秒) × 6 (打点) = 0.1 (秒)　よって，$\dfrac{3.3\,(\mathrm{cm})}{0.1\,(\text{秒})} = 33\,(\mathrm{cm}/\text{秒})$

(2) 図3より，OA間，AB間，BC間，CD間の距離はそれぞれ，1.5cm，3.6 (cm) − 1.5 (cm) = 2.1 (cm)，6.3 (cm) − 3.6 (cm) = 2.7 (cm)，3.3cm。2.1 (cm) − 1.5 (cm) = 0.6 (cm)，2.7 (cm) − 2.1 (cm) = 0.6 (cm)，3.3 (cm) − 2.7 (cm) = 0.6 (cm)より，台車が0.1秒間に移動する距離は0.1秒ごとに0.6cmずつ増加している。よって，DE間の距離は，3.3 (cm) + 0.6 (cm) = 3.9 (cm)　EF間の距離は，3.9 (cm) + 0.6 (cm) = 4.5 (cm)になるので，OF間の距離は，9.6 (cm) + 3.9 (cm) + 4.5 (cm) = 18.0 (cm)

(3) 斜面上の点aでの質量200gの小球のもつ位置エネルギーと，質量100gの小球のもつ位置エネルギーでは，質量200gの小球のもつ位置エネルギーの方が大きい。また，力学的エネルギーは保存されるので，小球のもつ運動エネルギーは，小球のもつ位置エネルギーが最も小さいとき（小球が最も低い位置にあるとき）に最も大きくなる。よって，200gの小球が最も低い位置にあるとき，運動エネルギーが最も大きくなる。

(4) ②で，小球のもつ位置エネルギーが最も大きくなるところは点a。②と③で，小球が斜面を下り始める位置は③の方が高いので，小球のもつ力学的エネルギーは③の方が大きい。よって，②と③で，点dを通過する瞬間の小球の速さは，③の方が速い。

【答】 (1) ク　(2) カ　(3) ウ　(4) ア・オ

5 **【解き方】** (1) アは快晴，ウは曇り，エは雨の天気記号。

(2) 3月20日の9時から12時までの間に気温が上がり，南寄りの風に変わっているので，温暖前線が通過したと考えられる。3月21日の3時から6時までの間に気温が下がり，北寄りの風に変わっているので，寒冷前線が通過したと考えられる。

(3) 表1より，3月21日9時の気温が13.0℃なので，乾球の示す温度は13℃，湿度が45％なので，表2より，乾球と湿球の温度の差は5.0℃。よって，湿球の示す温度は，13 (℃) − 5 (℃) = 8 (℃)

(4) Ⅱ．時刻Bの気温が19.0℃，湿度が54％なので，時刻Bの空気1 m^3 中に含まれる水蒸気量は，16.3 $(g/m^3) \times \frac{54}{100} \fallingdotseq 8.8\ (g/m^3)$　よって，表3より，露点は9℃。

【答】 (1) イ　(2) ウ　(3) エ　(4) Ⅰ．イ　Ⅱ．エ　Ⅲ．ア

6 **【解き方】** (1) 生殖細胞は減数分裂によってつくられるので，雄の生殖細胞の染色体は，雄のからだの細胞に含まれる染色体の半分になる。同じように雌の生殖細胞はアになるので，アとイが受精してできた受精卵がもつ染色体の組み合わせはオになる。

(2) 図4より，電熱線Aまたは電熱線Bに3.0Vの電圧を加えると，30mAと60mAの電流が流れる。30mA = 0.03A，60mA = 0.06Aなので，オームの法則より，電熱線Aまたは電熱線Bの抵抗は，$\frac{3.0\ (V)}{0.03\ (A)} = 100\ (\Omega)$，$\frac{3.0\ (V)}{0.06\ (A)} = 50\ (\Omega)$　図2の回路は電熱線Aと電熱線Bの並列回路なので，どちらの電熱線にも3.0Vの電圧が加わり，電流計が示す値は，30 (mA) + 60 (mA) = 90 (mA)　図3の回路は電熱線Aと電熱線Bの直列回路なので，回路全体の抵抗の大きさは，100 (Ω) + 50 (Ω) = 150 (Ω)になり，電流計が示す値は，$\frac{3.0\ (V)}{150\ (\Omega)} = 0.02\ (A)$より，20mA。よって，$\frac{90\ (mA)}{20\ (mA)} = 4.5$ (倍)

【答】 (1) Ⅰ．イ　Ⅱ．オ　(2) ケ

国　語

1 **【解き方】** ㈠「眼前に現れた危機」について，「浜に打ち寄せ海洋に堆積する大量のプラスチックゴミ…潮位の変化など，近づきつつある危機の予兆」と言いかえている。

㈡「本来持っている」とあることから，人の「本能」について，冒頭で「生きて活動するということは…人はたぶん本能的に自覚している」と述べていることに着目する。

㈢ 生徒がまとめた文章では，はじめの二文で，「掃除」とはどういうものか，「日本の庭」とはどういうものかを述べ，共通点があることを示している。そして，それを根拠として日本の庭が「掃除という営みを，技芸に仕上げたものである」という筆者の考えへと導いている。「掃除」が，技芸に仕上げられ「庭」となると言っていることをおさえる。

㈣ 冒頭で「人はなぜ掃除をするのだろうか」と問いかけたあと，人の「想像力」の限界に触れ，続く部分で「今日，僕らは…口にするようになった」と実際に危機を目の前にした私たちの意識の変化について説明している。

㈤ 参考文にある「沈下橋」は「増水のたびに水に沈んで通れなくなる橋」であり，「沈下橋」を使う人々の暮らしを「自然の脅威を肌で感じつつも…水に親しみつつ生きる暮らし」であると表現している。一方，本文では，日本の庭は「落ち葉は掃きすぎず…程よく茂るに任せる」ものであり，「人為と自然がせめぎ合う『ほどほどの心地よさ』を探し当てる」ものであると述べている。自然を制圧するのではなく，「受け入れ」ながら暮らしていく姿勢が両者に共通している。

【答】 ㈠ ウ　㈡ イ　㈢ オ　㈣ ア　㈤ ウ

2 **【解き方】** ㈡ 礼儀正しく心が引き締まるという意味。ア・ウ・エは厳しいという意味。

㈢「発展を続けている」と続くことから，休むことなく順調に物事が進んでいることを表す語が入る。アは，あちこちと忙しく走り回ること。イは，いつまでも変わらない本質的なもののなかに新しいものを取り入れること。ウは，少し触れただけで爆発しそうなほど緊迫していること。

【答】 ㈠ ① ア　② エ　㈡ イ　㈢ エ

3 **【解き方】** ㈠ A.「眉根を寄せた」や，会話のあとに「それ以降は…つっかかることもなく」とあるように，和也が父親につっかかっているので，父親の仕事に疑念を持つような表情になることばを選ぶ。B.「天気」の研究をしている父親が，朝の「日課」として長年行っている空の観察について説明した部分である。幼い和也が父親のまねをした理由を「熱視線の先に…はずだと思ったのだろう」と述べていることから，注意深く真剣に眺める様子を表すことばを選ぶ。

㈡「水を向け」るは，相手の関心を引くように仕向けるという意味。前に「先生の話は加速度をつけて盛りあがった」とあることから，話しているのは先生であり，「僕」が先生に話題をふったことをおさえる。先生とふたりで和室に残された「僕」の，「先週貸していただいた本…お返しします」ということばに注目。

㈢ 仕事について和也が尋ねたところでは，気象のしくみを知りたいと言っている父親に「知っても，どうにもできないのに？」「おれにはよくわかんないや」とつっぱねている。絵をほめられたときには，「まんざらでもなさそう」とあり，「雲間から一条の光が差すような，笑顔」だったが，絵を見せようと戻ってきたときには，父親に「見向き」もされなかったことから考える。

㈣ 父親の考えていることが「わかんない」と話す和也に，「僕」は「得意なことを好きにやらせるほうが…ためになるだろう」という和也への思いが表れた先生の発言を伝え，自分だったら「息子も自分と同じように…望むまいが」と，先生のようにはできないことを述べている。また，最後に「わからないことだらけだよ…だからこそ，おもしろい」とあるので，「わからない」ということばを「僕」は肯定的な意味合いで使っている。

㈤ ア・エ．藤巻先生は，気象のしくみについて「どうにもできなくても，知りたい」，「わからない」からこそ「おもしろい」と言っている。また，「僕」との気象に関する話に「目を輝かせた」「先生の話は…盛りあがった」とあり，気象の研究が好きで，楽しんでいる様子が描かれている。そんなときは和也に呼ばれても「うん，と先生は…見向きもしない」とあり，息子が傷ついても「なにが起きたのか…きょとんとして」いるほど，息子の気持ちにうまく寄り添えていない。イ・オ．母親は，父親に絵を見てもらえずに和也が部屋を出ていったときに「おろおろしている」とあることから，どうしてよいかわからず行動に移せていない。ウ．和也は「陽気で快活」な人物だとあるが，父親が自分に「興味がない」と日頃から感じており，父親について話すときには，「ふてくされた」態度も見せている。また，父親に対して「なにを考えてるんだか，おれにはちっともわかんない」とも言っている。

㈥「僕」の目線でストーリーが語られ，冒頭の食事の場面のあとには「一時はどうなることかとはらはらした」とあり，そのあと先生が話に夢中になりすぎている場面でも「話の腰を折るのもためらわれ…弱っていると」など，「僕」の心情をはさみながら話が進められている。また，「はらはらした」「ひやひやしちゃって」「ずんずん近づいて」「おろおろしている」というように，擬態語も多用されている。

【答】㈠ A．イ　B．カ　㈡ ウ　㈢ ア　㈣ ウ　㈤ ア・オ　㈥ イ・エ

4 【解き方】㈠ 魯恭の政治を視察に来た肥親が，「子供にも思いやりの心が備わっています」と評価したことに着目する。

㈡「親曰はく」「親…恭と訣れて曰はく」とあるので，肥親の動作。アの主語は袁安，イは魯恭，ウは雉，オは児。

㈢ 袁安が聞きつけた「之」の指す内容をつかむ。「犬牙の縁界も中牟に入らず」とある。

㈣ 袁安が「仁恕の掾肥親をして…廉さしむ」とあるので，魯恭の徳による治政を視察したのは肥親であり，袁安は中牟に赴いていない。また，「雉方に雛を将ゐる」という理由で子供が雉を捕まえないことに驚いた肥親が，袁安に「化鳥獣に及び…仁心有り」と報告していることに着目する。

【答】㈠ ウ　㈡ エ・カ　㈢ イ　㈣ エ

◀口語訳▶　後漢の魯恭は別名を仲康といい，扶風平陵の出身である。粛宗が王様だった時に，中牟県の長官を拝命した。何よりも徳で人民を治め，刑罰には頼らない。地方に害虫が発生して田畑の穀物を荒らした。県境が複雑に入り組んだ場所でも害虫は中牟県内に入らなかった。河南郡の長官であった袁安は之を聞いて，それが事実ではないことを疑い，仁恕という役職にあった肥親に中牟を視察させた。恭はあぜ道を一緒に歩き，一緒に桑の木の下に座った。キジが目の前を通り過ぎてその横で止まった。すぐそばに幼い子供がいる。肥親が言うには，「坊やはどうしてキジを捕まえないのかね」と。子供が言うには，「キジがひなを連れているからです」と。肥親は，驚いて立ち上がり，魯恭と別れる際に言うには，「(私が) 来た理由は，あなたの治政を視察しようと思ったからです。現在虫は国境を侵さず，(あなたの徳による導きは) 鳥獣にも及び，子供にも思いやりの心が備わっています。三つ特異な点がありました」と。郡の役所に還り状というかたちで袁安に報告した。

愛知県公立高等学校
（Aグループ）

2022年度
入学試験問題

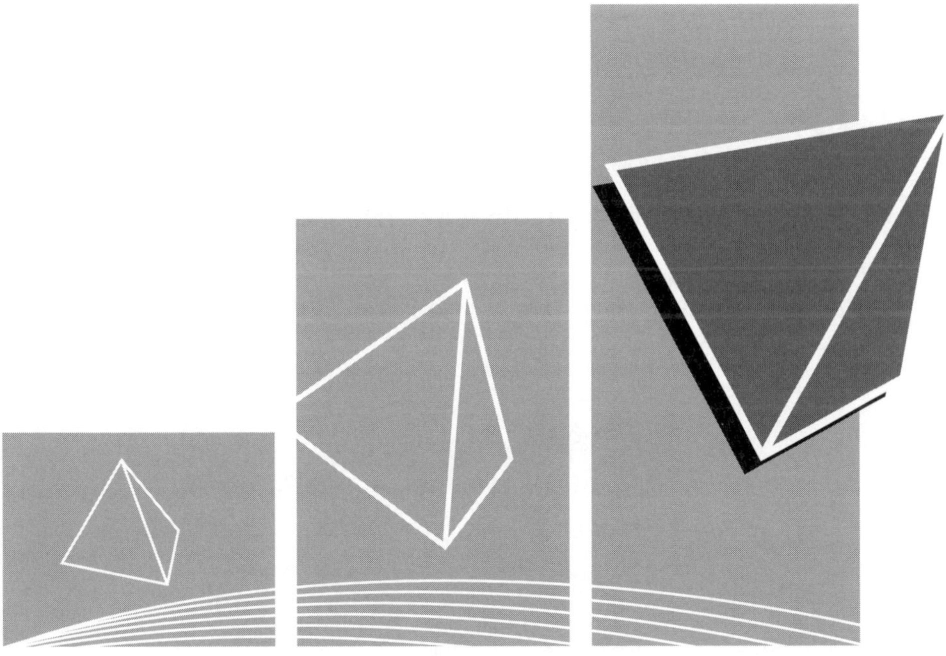

数学

時間　45分　　　　満点　22点

1　次の(1)から(10)までの問いに答えなさい。

(1)　$8 + (-3) \times 2$ を計算しなさい。(　　　)

(2)　$\dfrac{2x-3}{6} - \dfrac{3x-2}{9}$ を計算しなさい。(　　　)

(3)　$5x^2 \div (-4xy)^2 \times 32xy^2$ を計算しなさい。(　　　)

(4)　$(\sqrt{5} - \sqrt{3})(\sqrt{20} + \sqrt{12})$ を計算しなさい。(　　　)

(5)　方程式 $5(2-x) = (x-4)(x+2)$ を解きなさい。(　　　)

(6)　次のアからエまでの中から，y が x に反比例するものを全て選んで，そのかな符号を書きなさい。(　　　)

ア　1辺の長さが x cm である立方体の体積 y cm^3

イ　面積が 35cm^2 である長方形のたての長さ x cm と横の長さ y cm

ウ　1辺の長さが x cm である正方形の周の長さ y cm

エ　15km の道のりを時速 x km で進むときにかかる時間 y 時間

(7)　6人の生徒が1か月間に読んだ本の冊数を少ない順に並べると，右のようになった。

（単位：冊）

1，3，5，a，10，12

6人の生徒が1か月間に読んだ本の冊数の平均値と中央値が同じとき，a の値を求めなさい。(　　　)

(8)　A，B は関数 $y = x^2$ のグラフ上の点で，x 座標がそれぞれ -3，6のとき，直線 AB に平行で原点を通る直線の式を求めなさい。(　　　)

(9)　体積の等しい2つの円柱 P，Q があり，それぞれの底面の円の半径の比は 3：5 である。

このとき，円柱 Q の高さは，円柱 P の高さの何倍か，求めなさい。(　　　倍)

(10)　図で，四角形 ABCD は AD ∥ BC の台形，E は線分 AC と DB との交点である。

AD = 6 cm，AE = 3 cm，EC = 7 cm のとき，BC の長さは何 cm か，求めなさい。(　　　cm)

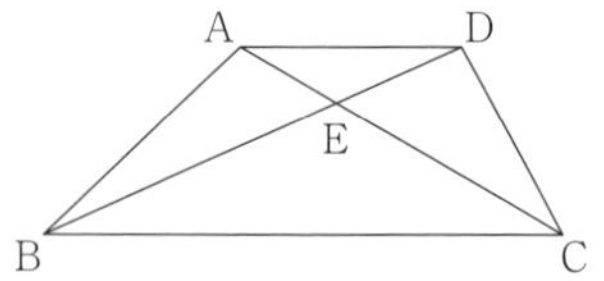

2　次の(1)から(3)までの問いに答えなさい。

(1)　図で，O は原点，点 A，B，C，D の座標はそれぞれ (0，6)，(-3，0)，(6，0)，(3，4) である。また，E は x 軸上を動く点である。

△ABE の面積が四角形 ABCD の面積の $\dfrac{1}{2}$ 倍となる場合が2通りある。このときの点 E の座標を2つとも求めなさい。

(　　　)(　　　)

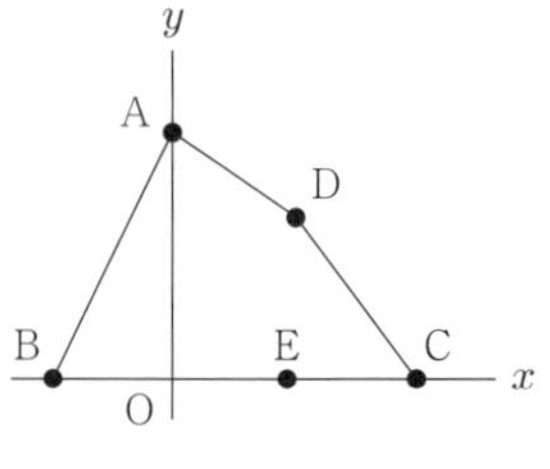

(2) 次の文章中の［　Ⅰ　］にあてはまる式を書きなさい。また，［　Ⅱ　］にあてはまる数を書きなさい。Ⅰ(　　　)　Ⅱ(　　　)

> 1から9までの9個の数字から異なる3個の数字を選び，3けたの整数をつくるとき，つくることができる整数のうち，1番大きい数をA，1番小さい数をBとする。例えば，2，4，7を選んだときは，A = 742，B = 247となる。
>
> A － B = 396となる3個の数字の選び方が全部で何通りあるかを，次のように考えた。
>
> 選んだ3個の数字を，a，b，c $(a > b > c)$ とするとき，A － Bをa，b，cを使って表すと，［　Ⅰ　］となる。この式を利用することにより，A － B = 396となる3個の数字の選び方は，全部で［　Ⅱ　］通りであることがわかる。

(3) A地点とB地点は直線の道で結ばれており，その距離は18kmである。

6人がA地点からB地点まで移動するために，運転手を除いて3人が乗車できるタクシーを2台依頼したが，1台しか手配することができなかったので，次のような方法で移動することにした。

> ・6人を3人ずつ，第1組，第2組の2組に分ける。
> ・第1組はタクシーで，第2組は徒歩で，同時にA地点からB地点に向かって出発する。
> ・第1組は，A地点から15km離れたC地点でタクシーを降り，降りたらすぐに徒歩でB地点に向かって出発する。
> ・タクシーは，C地点で第1組を降ろしたらすぐに向きを変えて，A地点に向かって出発する。
> ・第2組は，C地点からきたタクシーと出会った地点ですぐにタクシーに乗り，タクシーはすぐに向きを変えてB地点に向かって出発する。

タクシーの速さは毎時36km，第1組，第2組ともに歩く速さは毎時4kmとするとき，次の①，②の問いに答えなさい。

ただし，タクシーの乗り降りやタクシーが向きを変える時間は考えないものとする。

① 第1組がA地点を出発してからx分後のA地点からの距離を$y$kmとするとき，A地点を出発してからB地点に到着するまでのxとyの関係を，グラフに表しなさい。

② 第2組がタクシーに乗ったのはA地点を出発してから何分後か，求めなさい。(　　　分後)

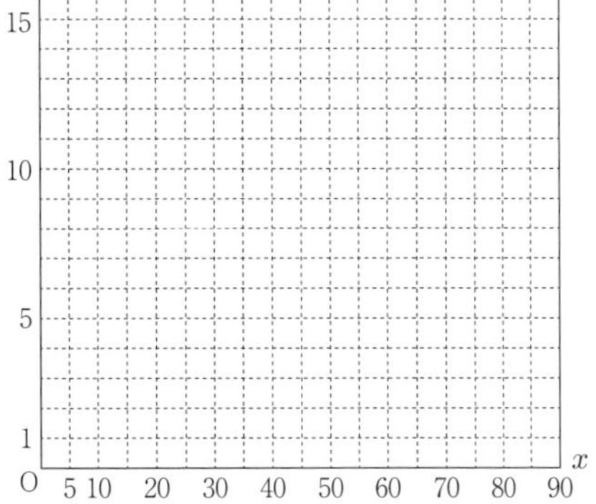

3　次の(1)から(3)までの問いに答えなさい。
ただし，答えは根号をつけたままでよい。

(1)　図で，A，B，C，D は円周上の点で，線分 AC は∠BAD の二等分線である。また，E は線分 AC と BD との交点である。

∠DEC = 86°，∠BCE = 21° のとき，∠ABE の大きさは何度か，求めなさい。(　　　)

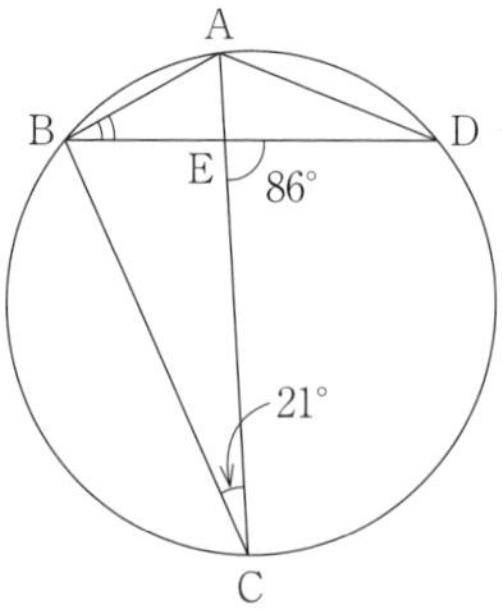

(2)　図で，四角形 ABCD は長方形であり，E は長方形 ABCD の内部の点で，∠BAE = 45° である。

四角形 ABCD，△ABE，△AED の面積がそれぞれ 80cm^2，10cm^2，16cm^2 のとき，次の①，②の問いに答えなさい。

①　△DEC の面積は何 cm^2 か，求めなさい。(　　　cm^2)

②　辺 AB の長さは何 cm か，求めなさい。(　　　cm)

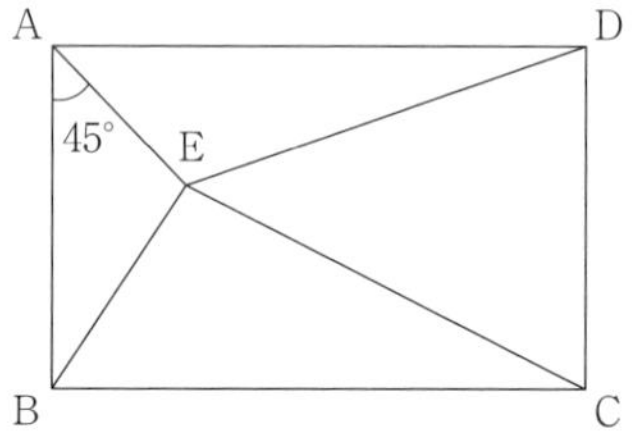

(3)　図で，立体 ABCDE は辺の長さが全て等しい正四角すいで，AB = 4 cm である。F は辺 BC の中点であり，G，H はそれぞれ辺 AC，AD 上を動く点である。

3 つの線分 EH，HG，GF の長さの和が最も小さくなるとき，次の①，②の問いに答えなさい。

①　線分 AG の長さは何 cm か，求めなさい。(　　　cm)

②　3 つの線分 EH，HG，GF の長さの和は何 cm か，求めなさい。(　　　cm)

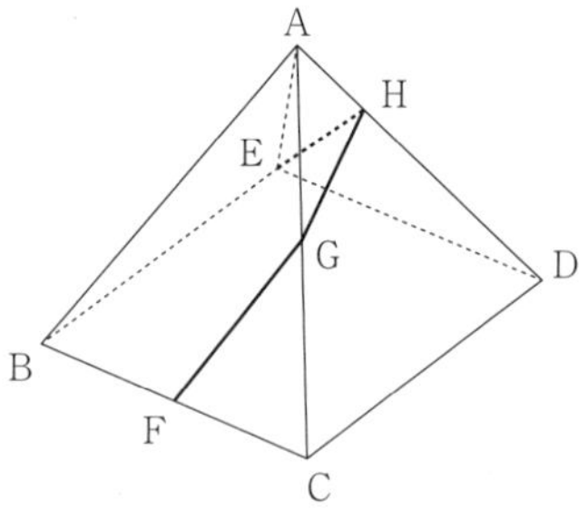

英語

時間　50分　　　満点　22点

（編集部注）　放送問題の放送原稿は英語の末尾に掲載しています。
音声の再生についてはもくじをご覧ください。

（注）「始め」という指示があってから，聞き取り検査が始まるまで，1分あります。1の「答え方」をよく読みなさい。

1　指示に従って，聞き取り検査の問題に答えなさい。

「答え方」

問題は第1問と第2問の二つに分かれています。

第1問は，1番から3番までの三つあります。それぞれについて，最初に対話を聞き，続いて，対話についての問いと，問いに対する答え，a，b，c，dを聞きます。そのあと，もう一度，その対話，問い，問いに対する答えを聞きます。必要があればメモをとってもよろしい。

問いの答えとして正しいものは解答欄の「正《せい》」の文字を，誤っているものは解答欄の「誤《ご》」の文字を，それぞれ○《まる》でかこみなさい。正しいものは，各問いについて一つしかありません。

第2問では，最初に，英語による天気予報を聞きます。続いて，天気予報についての問いと，問いに対する答え，a，b，c，dを聞きます。問いは問1と問2の二つあります。そのあと，もう一度，天気予報，問い，問いに対する答えを聞きます。必要があればメモをとってもよろしい。

問いの答えとして正しいものは解答欄の「正《せい》」の文字を，誤っているものは解答欄の「誤《ご》」の文字を，それぞれ○《まる》でかこみなさい。正しいものは，各問いについて一つしかありません。

第1問	1番	a（正　誤）	b（正　誤）	c（正　誤）	d（正　誤）
	2番	a（正　誤）	b（正　誤）	c（正　誤）	d（正　誤）
	3番	a（正　誤）	b（正　誤）	c（正　誤）	d（正　誤）
第2問	問1	a（正　誤）	b（正　誤）	c（正　誤）	d（正　誤）
	問2	a（正　誤）	b（正　誤）	c（正　誤）	d（正　誤）

2 次のイラストを見て，あとの問いに答えなさい。

対話文（A：あなた，B：外国人）

A：Excuse me, [①]?

B：Oh, yes, please. I'm looking for Asahi Station. Do you know the station?

A：Yes, [②]. I'll take you there.

B：Thank you. You're so kind!

（問い） 買い物に行く途中のあなたは，困っている様子の外国人を見かけ，手助けを申し出ました。対話文の [①] と [②] に，それぞれ4語以上の英語を書き，対話を完成させなさい。

ただし，[①] にはI（私は，私が），[②] にはway（道，道筋）を必ず使うこと。なお，下の語を参考にしてもよい。

① Excuse me, ( )?

② Yes, ( ).

〈語〉

助ける，助け help ～を知っている know ～

3 数学のテストを終えた賢人（Kento）と留学生のナンシー（Nancy）が教室で話しています。二人の対話が成り立つように，下線部①から③までのそれぞれの（ ）内に最も適当な語を入れて，英文を完成させなさい。ただし，（ ）内に示されている文字で始まる語を解答すること。

① Kento, you ( ) ( ) nervous.

② I ( ) math for English ( ) night.

③ Thank you ( ) your ( ).

Kento： Oh, no. I don't know what to do.

Nancy： ①Kento, you (l) (s) nervous.

Kento： Well, Nancy, the math test was very difficult. I'm disappointed in myself.

Nancy： You prepared for the test yesterday, didn't you?

Kento： No. ②I (m) math for English (l) night. So I studied English, not math.

Nancy： I see. You should forget the past, and do your best for tomorrow.

Kento： ③Thank you (f) your (a).

（注） be disappointed in ～ ～にがっかりしている

4 次の文章を読んで，あとの(1)から(5)までの問いに答えなさい。

Japan is surrounded by the sea and people in Japan can see many kinds of fish and sea animals. However, it may be difficult for them to survive. In the world, about 8 million tons of plastic waste go into the sea every year. So, we should protect the sea for the future. This story is about [①] the way to solve it.

You may know Aichi is famous for making things, such as pottery and cars. But do you know that, in 2019, Aichi produced the most plastic products in Japan, about 12%? Plastic parts produced in Aichi are (A) in stationery, electronic devices, and so on. A lot of plastic products are around people in Japan. They are useful and support their daily lives.

Plastic products are convenient, but plastic waste is causing some problems in the sea. Plastic waste on roads moves into rivers, and then they carry the waste to the sea. ②So there 【in / is / our daily lives / from / plastic waste / a lot of】 the sea. Some people say that sea animals may eat the plastic waste and die. Other people say dangerous chemicals adhere to small pieces of plastic in the sea and fish may eat them. If we eat the fish, we may get sick. We should know plastic waste is a big problem not only for fish, but also for people.

Now many countries are trying hard to reduce plastic waste. One example is free plastic bags which people often use after shopping. In 2002, people in Bangladesh stopped using plastic bags for the first time in the world. In 2015, shops in the U.K. started selling a plastic bag for 5 pence. In 2018, people in more than 127 countries stopped using free plastic bags or any kind of plastic bags. In 2020, Japan started selling plastic bags instead of giving free plastic bags. In fact, Japan has reduced about three quarters of plastic bags for a year.

What should we do to reduce plastic waste? Aichi is running a campaign and trying to keep the sea clean. The campaign tells us that it is important to be interested in plastic pollution and take action. We should take our own bags for shopping instead of buying plastic bags after shopping.

The sea and the land are connected in nature. Our daily lives on the land influence many lives in the sea. Let's change our behavior as soon as possible. Taking action will make the sea cleaner.

（注） part 部品　adhere to ～ ～に付着する　reduce ～ ～を減らす　free 無料の
Bangladesh バングラデシュ　for 5 pence 5ペンスで（ペンス：英国の貨幣単位）
pollution 汚染

(1) [①] にあてはまる最も適当な英語を，次のアからエまでの中から一つ選んで，そのかな符号を書きなさい。（　　）

ア the sea, plastic pollution and
イ sea animals, Japanese people or
ウ Asian countries, plastic waste and
エ global warming, renewable energy or

(2)　(A) にあてはまる最も適当な語を，次の5語の中から選んで，正しい形にかえて書きなさい。
(　　)

have　　live　　make　　save　　use

(3)　下線②のついた文が，本文の内容に合うように，【　　】内の語句を正しい順序に並べかえなさい。

So there (　　　　　　　　　　　　　　　　　　　　　　　　　　) the sea.

(4)　本文中では，ビニールぶくろについてどのように述べられているか。最も適当なものを，次のアからエまでの文の中から一つ選んで，そのかな符号を書きなさい。(　　)

ア　Fish and sea animals do not eat small pieces of plastic bags as food at all.

イ　Japanese people use plastic bags to reduce plastic waste and to keep the sea clean.

ウ　In 2002, people in Bangladesh started using plastic bags for the first time in the world.

エ　Many countries in the world have changed rules to reduce plastic bags since 2002.

(5)　次のアからカまでの文の中から，その内容が本文に書かれていることと一致するものを二つ選んで，そのかな符号を書きなさい。(　　)(　　)

ア　Every year, about 8 million tons of plastic waste come to Japan by the sea.

イ　About 12% of the people in Aichi have been making only pottery and cars since 2019.

ウ　People in Japan live their daily lives with a lot of convenient plastic products.

エ　Plastic waste in the sea influences sea animals, but it does not influence people at all.

オ　It is important for the people in the world to be interested in only plastic pollution.

カ　The sea and our lives are connected, so changing our behavior makes the sea cleaner.

5　彩（Aya）と帰国を控えた留学生のボブ（Bob）が昼休みに教室で話しています。次の対話文を読んで，あとの(1)から(4)までの問いに答えなさい。

Aya：Hi, Bob. When will you go back to your hometown?

Bob：Hi, Aya. I'll go back to San Francisco next month.

Aya：【　a　】

Bob：Wonderful! I have learned about Japan in our school since last year, so I often talk about it with my host family.

Aya：Please tell me more.

Bob：Well, I learned about QR codes in the class last week. So I talked about them with my host grandfather. I told him that the codes were made in Japan. ① Then he told me that he (　　) for a Japanese company which first invented the QR code in 1994.

Aya：Did he?

Bob：【　b　】 When I went to a restaurant with my family, my mother sometimes scanned the code with her smartphone to pay the money after the meal. It was very convenient. The Japanese technology has supported our daily lives in America.

Aya：【　c　】 Did you talk about anything else?

Bob：Yes, we talked about evacuation drills. I think it's another strong point of Japan. Japanese drills are different from American drills.

Aya：Is that so?

Bob：【　d　】 Then fire alarms in the school make loud (A) suddenly, and let us know the drill has started.

Aya：I've heard that some schools in Japan have that kind of drill.

Bob：Great! During my stay here, I've known that many Japanese prepare for disasters, such as fires, earthquakes and heavy rain.

Aya：【　e　】 My family has made an emergency kit and we keep it in the house.

Bob：Oh, have you? ② My host family knows how much food and water they should store, and they also know (　　) the local shelter is during a disaster. It's amazing!

Aya：Our family, too. It's important for everyone to prepare for an emergency.

Bob：I agree with you. After going back to America, I'll tell my family to store food and water in case of a disaster.

（注） QR code　二次元コードの一つ　　scan ～　～を読み取る　　loud　大きい

(1) 次のアからオまでの英文を，対話文中の【 a 】から【 e 】までのそれぞれにあてはめて，対話の文として最も適当なものにするには，【 b 】と【 d 】にどれを入れたらよいか，そのかな符号を書きなさい。ただし，いずれも一度しか用いることができません。

b（　　　）　d（　　　）

ア　Yes. The codes are also popular in San Francisco.

イ　I see. Japan has a variety of disasters every year.

ウ　Your stay in this school has passed quickly. How's Japanese school life?

エ　Yes. On a fire drill day, students in my school don't know about it at all.

オ　Sounds good. Technology is a strong point of Japan.

(2)　下線①，②のついた文が，対話の文として最も適当なものとなるように，それぞれの(　　)にあてはまる語を書きなさい。①(　　　)　②(　　　)

(3)　(A)にあてはまる最も適当な語を，次のアからエまでの中から選んで，そのかな符号を書きなさい。(　　　)

ア　voices　　イ　laughter　　ウ　sounds　　エ　songs

(4)　次の英文は，対話があった日の夜，彩が英語の授業で発表するために書き始めたスピーチ原稿の一部です。この原稿が対話文の内容に合うように，英文中の(X)，(Y)にそれぞれあてはまる最も適当な語を書きなさい。X(　　　)　Y(　　　)

Strong points of Japan

Japan is so wonderful. One day, I learned a new fact when I talked with Bob, a student from America. He knew about QR codes in America and he learned, in the class, that they were created in Japan. A Japanese technology is spreading to another country, giving the people a convenient life and (X) their daily lives!

In addition, many Japanese are ready (Y) a disaster. Bob was surprised to know that many Japanese have stored some food and water in case of a disaster....

〈放送原稿〉

（聞き取り検査指示）

これから，2022年度愛知県公立高等学校全日制課程Aグループ入学試験，英語の聞き取り検査を行います。

それでは，聞き取り検査の説明をします。問題は第1問と第2問の二つに分かれています。

第1問。

第1問は，1番から3番までの三つあります。それぞれについて，最初に対話を聞き，続いて，対話についての問いと，問いに対する答え，a，b，c，dを聞きます。そのあと，もう一度，その対話，問い，問いに対する答えを聞きます。必要があればメモをとってもよろしい。

問いの答えとして正しいものは解答欄の「正《せい》」の文字を，誤っているものは解答欄の「誤《ご》」の文字を，それぞれ○《まる》でかこみなさい。正しいものは，各問いについて一つしかありません。それでは，聞きます。

（第1問）

1番

Emily： Thank you, Mike. I'll never forget your kindness.

Mike： You're welcome, Emily. I'll keep in touch with you from here in London.

Emily： I'll send you e-mails from New York.

Question：What is true about this dialog?

a　Emily and Mike are sending e-mails now.

b　Emily is very kind to Mike in New York.

c　Emily and Mike will keep in touch.

d　Mike will never forget Emily's kindness.

それでは，もう一度聞きます。（対話，問い，問いに対する答えを繰り返す。）

2番

Mr. Brown： Good morning, everyone. Who wants to give a speech today?

Keiko： Let me try, Mr. Brown!

Mr. Brown： OK, Keiko, please come to the blackboard.

Question：What is the scene of this dialog?

a　Mr. Brown will give a speech.

b　Mr. Brown and Keiko will make a speech together.

c　Keiko's classmates will give a speech.

d　Keiko will make a speech to everyone.

それでは，もう一度聞きます。（対話，問い，問いに対する答えを繰り返す。）

3番

Lucy： Dad, I'm planning to go to Midori City tomorrow.

Dad： What's your plan, Lucy?

Lucy： Jane and I will see a movie. Could you take us to the theater?

Question：What will the father say next?

a　Sure. What time will the movie start?

b　Of course. Let's meet Jane in front of the theater.

c　No. I don't have much time today.

d　No, thank you. How about you?

それでは，もう一度聞きます。（対話，問い，問いに対する答えを繰り返す。）

第２問。

第２問では，最初に，英語による天気予報を聞きます。続いて，天気予報についての問いと，問いに対する答え，a，b，c，dを聞きます。問いは問１と問２の二つあります。そのあと，もう一度，天気予報，問い，問いに対する答えを聞きます。必要があればメモをとってもよろしい。

問いの答えとして正しいものは解答欄の「正《せい》」の文字を，誤っているものは解答欄の「誤《ご》」の文字を，それぞれ○《まる》でかこみなさい。正しいものは，各問いについて一つしかありません。それでは，聞きます。

（第２問）

Now we bring you tomorrow's weather information in Aichi. This week, it's getting warmer and spring is coming. Surprisingly, the swimming season has already started in Okinawa and the high will be 26 degrees Celsius. Then, in Aichi, we'll have cloudy skies in the morning. It'll rain in the afternoon. The high will be 12 degrees and the low will be 4.

問１　What season is it in Aichi?

a　It is between fall and winter.　　b　It is between winter and spring.

c　It is after summer.　　d　It is before winter.

問２　What will the weather be in Aichi tomorrow?

a　It will be warm and the high will be 26.　　b　It will be cloudy, and later sunny.

c　It will be cold and the low will be 12.　　d　It will be cloudy, then rainy later.

それでは，もう一度聞きます。（天気予報，問い，問いに対する答えを繰り返す。）

これで，聞き取り検査を終わります。

社会

時間　45分　　　満点　22点

1　次のⅠ，Ⅱ，Ⅲの写真は，歴史的な遺構を示したものである。あとの(1)から(3)までの問いに答えなさい。

Ⅰ　多賀城跡

Ⅱ　一乗谷朝倉《あさくら》氏遺跡

Ⅲ　五稜郭

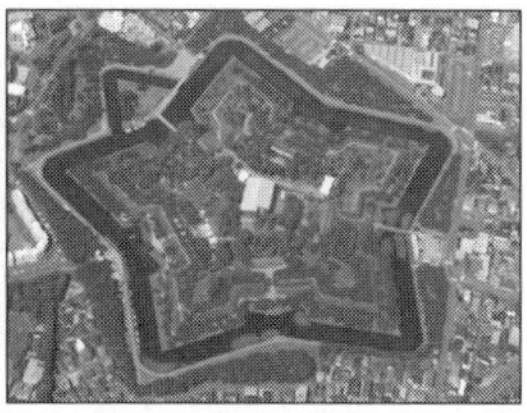

(1)　次の文章は，生徒がⅠについて調べる際に作成したメモである。文章中の（ ① ），（ ② ），（ ③ ）にあてはまることばの組み合わせとして最も適当なものを，あとのアからクまでの中から選んで，そのかな符号を書きなさい。（　　）

> 朝廷は，東北地方に住む人々を（ ① ）とよび，東北地方を支配する拠点として多賀城などを築きました。9世紀初めに，（ ② ）天皇は（ ③ ）を征夷大将軍に任命して東北地方に大軍を送り，朝廷の支配を広げました。

ア　①　蝦夷　②　桓武《かんむ》　③　源義家《みなもとのよしいえ》
イ　①　蝦夷　②　桓武　③　坂上田村麻呂《さかのうえのたむらまろ》
ウ　①　蝦夷　②　聖武《しょうむ》　③　源義家
エ　①　蝦夷　②　聖武　③　坂上田村麻呂
オ　①　南蛮人　②　桓武　③　源義家
カ　①　南蛮人　②　桓武　③　坂上田村麻呂
キ　①　南蛮人　②　聖武　③　源義家
ク　①　南蛮人　②　聖武　③　坂上田村麻呂

(2)　Ⅱの写真は，一乗谷の城下町の一部を復元（復原）したものである。この町が織田信長《おだのぶなが》によって焼き払われた後の世界のできごとについて述べた文として適当なものを，次のアからエまでの中から全て選んで，そのかな符号を書きなさい。（　　）

ア　イギリスで名誉革命がおこり，「権利の章典（権利章典）」が定められた。
イ　朝鮮半島で李成桂《りせいけい》（イソンゲ）が高麗を滅ぼして，朝鮮という国を建てた。
ウ　コロンブスが，アメリカ大陸付近のカリブ海にある西インド諸島に到達した。
エ　インド人兵士の反乱をきっかけとしたインド大反乱が，イギリスによって鎮圧された。

(3)　次の文章は，Ⅲの写真について生徒が説明したものである。文章中の（ ④ ）にあてはまることばとして最も適当なものを，あとのアからオまでの中から選んで，そのかな符号を書きなさい。

なお，文章中の2か所の（ ④ ）には同じことばがあてはまる。（　　）

五稜郭は，(④) が開港した後，外国からの防衛などの目的で築かれた西洋式の城郭で，現在の (④) 市にあります。約1年半に及ぶ旧幕府軍と新政府軍の戦いである戊辰戦争の最後の戦いで，旧幕府軍はこの五稜郭に立てこもって戦いました。

ア　神戸　　イ　下田　　ウ　長崎　　エ　函館　　オ　横浜

2　次のⅠの略年表は，日本の金山，銀山，銅山に関するできごとを示したものであり，Ⅱの略地図中のA，B，C，Dは，それぞれⅠの略年表中の生野銀山，石見銀山，足尾銅山，佐渡金山のいずれかの位置を示したものである。あとの(1)から(4)までの問いに答えなさい。

Ⅰ　略年表

世紀	できごと
9	生野銀山が発見される
	↕ a
16	石見銀山が発見される
	↕ b
19	足尾銅山鉱毒事件が表面化する
	↕ c
20	佐渡金山が閉山する

Ⅱ　略地図

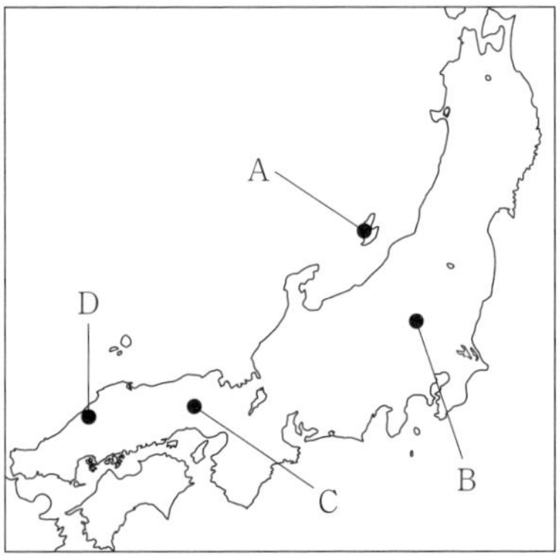

(1)　次のXの彫刻がつくられた時期とYの絵画が描かれた時期は，それぞれⅠの略年表中のa，b，cの期間のうちのどれか。その組み合わせとして最も適当なものを，あとのアからカまでの中から選んで，そのかな符号を書きなさい。(　　　)

X　東大寺南大門の金剛力士像

Y　見返り美人図

ア　X：a　Y：b　　イ　X：a　Y：c
ウ　X：b　Y：a　　エ　X：b　Y：c
オ　X：c　Y：a　　カ　X：c　Y：b

(2)　次のアからエまでの文は，Ⅰの略年表中の足尾銅山鉱毒事件が表面化した時期のできごとについて述べたものである。これらの文に述べられたできごとを年代の古い順に並べたとき，2番目

と3番目になるもののかな符号をそれぞれ書きなさい。2番目(　　　)　3番目(　　　)

ア　近代的な内閣制度ができ，初代の内閣総理大臣に伊藤博文《いとうひろぶみ》が就任した。

イ　各地の自由民権運動の代表者が大阪に集まり，国会期成同盟を結成した。

ウ　衆議院議員の総選挙が初めて行われ，第1回帝国議会が開かれた。

エ　天皇が国民に与えるという形で，大日本帝国憲法が発布された。

(3)　石見銀山の位置として最も適当なものを，Ⅱの略地図中のAからDまでの中から選んで，その符号を書きなさい。また，次の文章は，石見銀山について生徒が調べてまとめたものの一部である。文章中の下線部の時期の日本のようすとして最も適当なものを，あとのアからエまでの中から選んで，そのかな符号を書きなさい。位置(　　　)　ようす(　　　)

> 石見銀山は，1527年から本格的に採掘が始まったといわれています。1533年に銀の新しい精錬技術が導入されたことで，より効率的に銀を得られるようになり，日本を代表する銀山となりました。1923年には採掘を終了しましたが，2007年には石見銀山遺跡とその文化的景観が世界遺産に登録されました。

ア　都市では大商人が株仲間という同業者組織をつくり，大きな利益を上げていた。

イ　藤原《ふじわら》氏が他の貴族を退けて勢力を強め，摂政や関白の職につき，政治の実権を握っていた。

ウ　戦国大名たちは，城下町をつくったり，独自の分国法を定めるなどして，領国を支配した。

エ　法然《ほうねん》による浄土宗や，親鸞《しんらん》による浄土真宗など新しい仏教の教えが次々と生まれた。

(4)　次の文章は，開国後の日本のようすについて生徒がまとめたものの一部である。文章中の□にあてはまることばを，下の語群から2語選んで用い，15字以下で書きなさい。また，(①)，(②)，(③)にあてはまることばの組み合わせとして最も適当なものを，あとのアからエまでの中から選んで，そのかな符号を書きなさい。

□□□□□□□□□□□□□□□　(かな符号)(　　　)

> 開国後に貿易が開始されると，日本では，イギリスなどからの安価な□が打撃を受け，さまざまな生活用品も値上がりしました。また，金と銀の交換比率が，日本では1：5であったのに対し，外国では1：15であったことから，欧米の商人によってもたらされた(①)が日本で(②)に交換され，日本から(③)が外国に持ち出されました。

【語群】　生糸の輸入　　綿糸の輸入　　国内の生産地　　国外の消費地

ア　①　金貨　②　銀貨　③　金貨　　イ　①　金貨　②　銀貨　③　銀貨

ウ　①　銀貨　②　金貨　③　金貨　　エ　①　銀貨　②　金貨　③　銀貨

③　次のⅠの略地図は，近畿地方とその周辺を示したものであり，Ⅱのグラフは，3都市の月別降水量と月別平均気温を示したものである。また，Ⅲの表は，7府県の海岸線距離，国宝の建造物の件数，昼夜間人口比率を示したものである。あとの(1)から(3)までの問いに答えなさい。

なお，Ⅱのグラフのa，b，cは，それぞれ明石市，新宮市，宮津市のいずれかである。また，Ⅲの表中のw，x，y，zは，それぞれ大阪府，京都府，奈良県，兵庫県のいずれかである。

Ⅰ　略地図

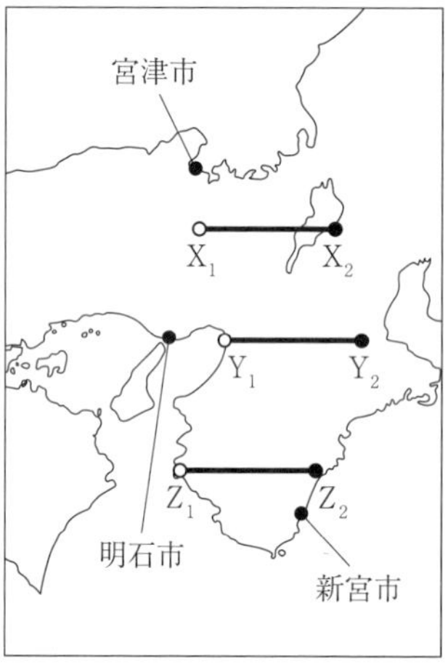

Ⅱ　3都市の月別降水量と月別平均気温

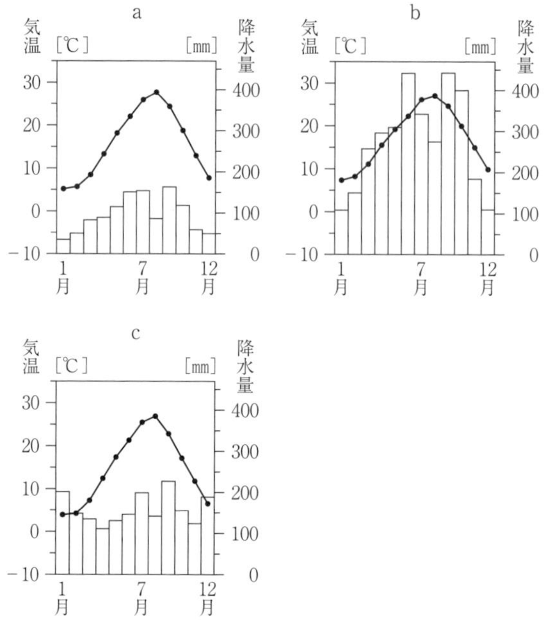

(気象庁ウェブページをもとに作成)

Ⅲ　7府県の海岸線距離，国宝の建造物の件数，昼夜間人口比率

府県名	海岸線距離(m)	国宝の建造物の件数	昼夜間人口比率
三重県	1 091 474	2	98.3
w	847 720	11	95.7
和歌山県	650 463	7	98.2
x	315 235	52	101.8
y	233 384	5	104.4
z	0	64	90.0
滋賀県	0	22	96.5

(注)　昼夜間人口比率は，常住（夜間）人口100人あたりの昼間人口を示す。

(「理科年表 2021」などをもとに作成)

(1)　次のA，B，Cは，それぞれⅠの略地図中のX_1—X_2間，Y_1—Y_2間，Z_1—Z_2間のいずれかの地形断面図である。X_1—X_2間，Z_1—Z_2間の地形断面図の組み合わせとして最も適当なものを，あとのアからカまでの中から選んで，そのかな符号を書きなさい。なお，地形断面図は水平方向に対して垂直方向は拡大してあり，また，湖や河川などは水面の標高が断面図に示されている。

(　　　)

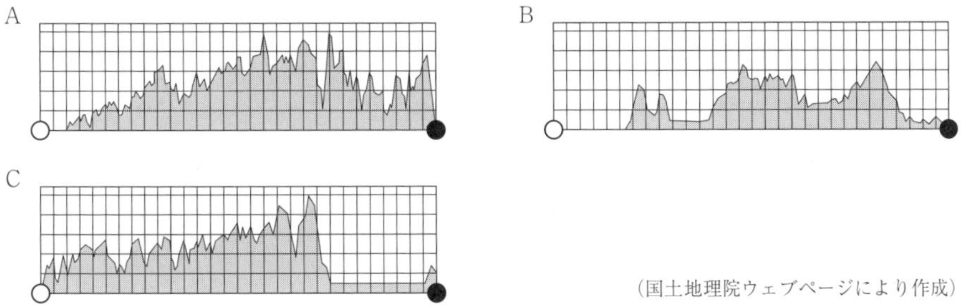

（国土地理院ウェブページにより作成）

ア　X_1—X_2 間：A　　Z_1—Z_2 間：B　　イ　X_1—X_2 間：A　　Z_1—Z_2 間：C

ウ　X_1—X_2 間：B　　Z_1—Z_2 間：A　　エ　X_1—X_2 間：B　　Z_1—Z_2 間：C

オ　X_1—X_2 間：C　　Z_1—Z_2 間：A　　カ　X_1—X_2 間：C　　Z_1—Z_2 間：B

(2)　Ⅰの略地図中の都市とⅡのグラフのa，b，cの組み合わせとして最も適当なものを，次のアからカまでの中から選んで，そのかな符号を書きなさい。（　　　）

ア　明石市：a　　新宮市：b　　宮津市：c　　イ　明石市：a　　新宮市：c　　宮津市：b

ウ　明石市：b　　新宮市：a　　宮津市：c　　エ　明石市：b　　新宮市：c　　宮津市：a

オ　明石市：c　　新宮市：a　　宮津市：b　　カ　明石市：c　　新宮市：b　　宮津市：a

(3)　次の資料①，②は，Ⅲの表中のwからzまでのいずれかの府県について示したものである。資料①，②で示す府県として最も適当なものを，wからzまでの中からそれぞれ選んで，その符号を書きなさい。資料①（　　　）　資料②（　　　）

資料①

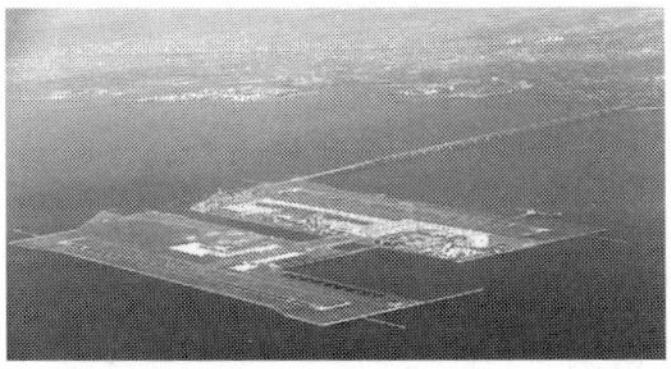

かつて「天下の台所」とよばれた商業の中心地がある。

また，上の写真に示した，1994年に開港し，24時間運用できる国際拠点空港がある。

資料②

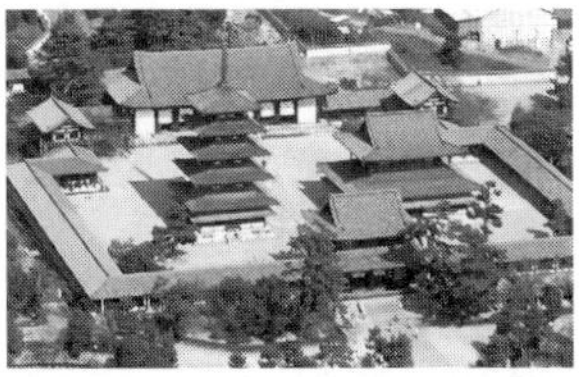

かつて律令に基づく政治の中心として栄えた都市がある。

また，上の写真に示した，世界最古の木造建築物として知られている寺院がある。

4 次のⅠの略地図は，インドの首都デリーを中心に，中心からの距離と方位を正しく示したものであり，Ⅱの表は，牛の飼育頭数等を示したものである。また，Ⅲのグラフの A，B，C は，カカオ豆，コーヒー豆，茶のいずれかの州別生産量の割合を示したものである。あとの(1)から(3)までの問いに答えなさい。

なお，Ⅰの略地図中の破線 X は，デリーから 10000km の距離を示しており， で示した3国は，インド，ケニア，中国のいずれかである。

Ⅰ 略地図

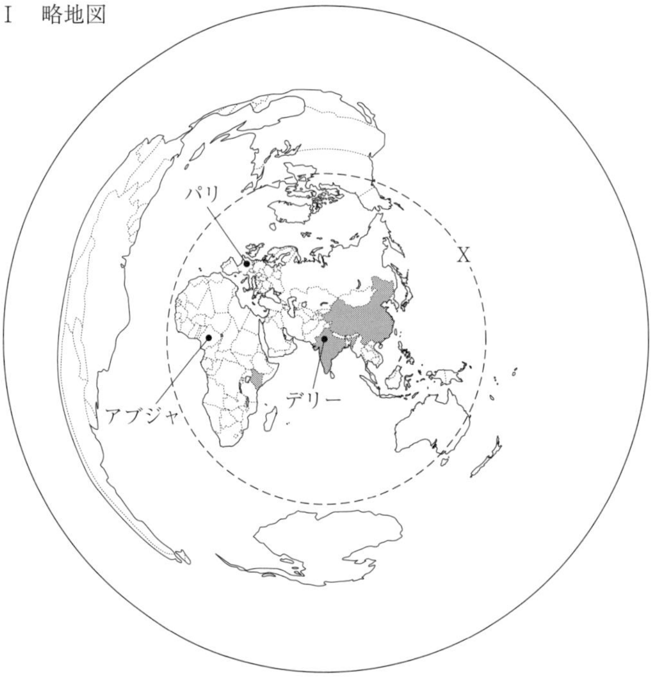

Ⅱ 牛の飼育頭数，豚の飼育頭数，牛肉の生産量，豚肉の生産量の上位 6 国

順位	牛の飼育頭数(万頭)		豚の飼育頭数(万頭)		牛肉の生産量(万 t)		豚肉の生産量(万 t)	
	国名	頭数	国名	頭数	国名	生産量	国名	生産量
1	ブラジル	21 352	中国	44 159	アメリカ	1 222	中国	5 404
2	インド	18 446	アメリカ	7 455	ブラジル	990	アメリカ	1 194
3	アメリカ	9 430	ブラジル	4 144	中国	580	ドイツ	537
4	中国	6 327	スペイン	3 080	アルゼンチン	307	スペイン	453
5	エチオピア	6 260	ベトナム	2 815	オーストラリア	222	ベトナム	382
6	アルゼンチン	5 393	ドイツ	2 645	メキシコ	198	ブラジル	379

(「データブック オブ・ザ・ワールド 2021 年版」をもとに作成)

Ⅲ カカオ豆，コーヒー豆，茶の州別生産量の割合

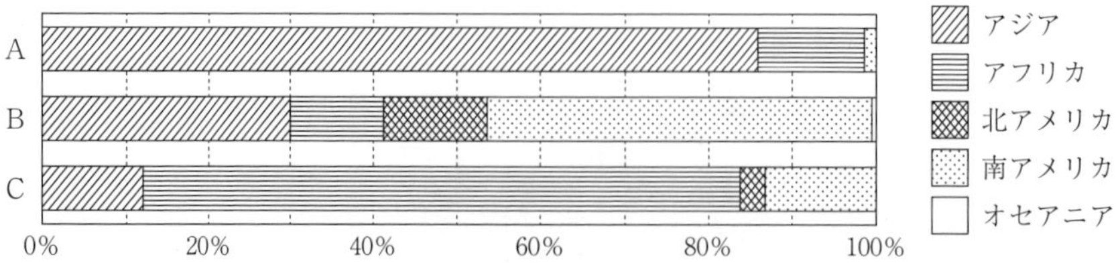

(「データブック オブ・ザ・ワールド 2021 年版」をもとに作成)

(1) Ⅰの略地図から読み取ることができる内容として適当なものを，次のアからオまでの中から全て選んで，そのかな符号を書きなさい。(　　　)

ア　ナイジェリアの首都アブジャは，デリーから見てほぼ西の方位に位置する。

イ　デリーは，フランスの首都パリから見てほぼ南東の方位に位置する。

ウ　北アメリカ大陸の一部は，デリーから 10000km 以内に位置する。

エ　南極大陸の一部は，デリーから 10000km 以内に位置する。

オ　南アメリカ大陸の一部は，デリーから 10000km 以内に位置する。

(2) 次の文章は，生徒と先生がⅡの表をもとに，家畜の飼育頭数と肉の生産量について話し合った際の会話の一部である。文章中の（ ① ），（ ② ）にあてはまることばの組み合わせとして最も適当なものを，あとのアからカまでの中から選んで，そのかな符号を書きなさい。

なお，文章中の2か所の（ ② ）には同じことばがあてはまる。(　　　)

生徒：豚の飼育頭数と豚肉の生産量は，順位は異なるものの，上位6国は同じですね。それに対して，牛の飼育頭数2位のインドは，牛肉の生産量では上位6国に入っていません。どうしてなんですか。

先生：これは，宗教が大きく影響しています。インドでは，約80％の人々が（ ① ）教を信仰しており，この宗教では牛は神聖な動物とされているため，牛肉を食べないのです。

生徒：そういえば，（ ② ）教を信じる人々は豚肉を食べないですね。

先生：そうですね。（ ② ）教徒の人口が多くその割合が高いインドネシアやパキスタンなどの国では，豚肉の生産量だけでなく，豚の飼育頭数も多くありません。

ア　①　イスラム　②　キリスト　　イ　①　イスラム　②　ヒンドゥー

ウ　①　キリスト　②　イスラム　　エ　①　キリスト　②　ヒンドゥー

オ　①　ヒンドゥー　②　イスラム　　カ　①　ヒンドゥー　②　キリスト

(3) Ⅰの略地図中の　　　で示した3国は，カカオ豆，コーヒー豆，茶のいずれかの農作物の生産量で世界の1位から3位までを占めている。右の表は，その農作物の日本における都道府県別収穫量上位3県と収穫量を示している。この農作物をⅢのグラフのAからCまでの中から選んで，その符号を書きなさい。

(　　　)

順位	県名	収穫量(百 t)
1	鹿児島県	1 373
2	静岡県	1 293
3	三重県	286

(「データブック　オブ・ザ・ワールド 2021年版」をもとに作成)

5　次のⅠからⅣまでの資料は，生徒が日本の情報化のようすと労働問題についてのレポートを作成するために用意したものの一部である。あとの(1)から(4)までの問いに答えなさい。

なお，Ⅰの資料中のX，Y，Zは，スマートフォン，パソコン，タブレット型端末のいずれかである。

Ⅰ　主な情報通信機器を保有している世帯の割合

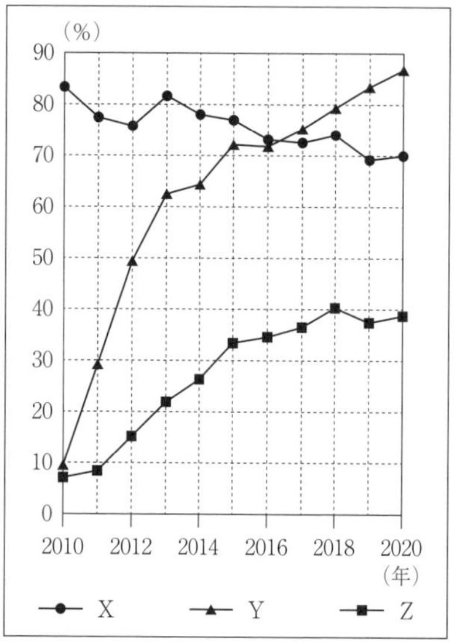

Ⅱ　年齢階層別インターネット利用機器の状況（令和2年）

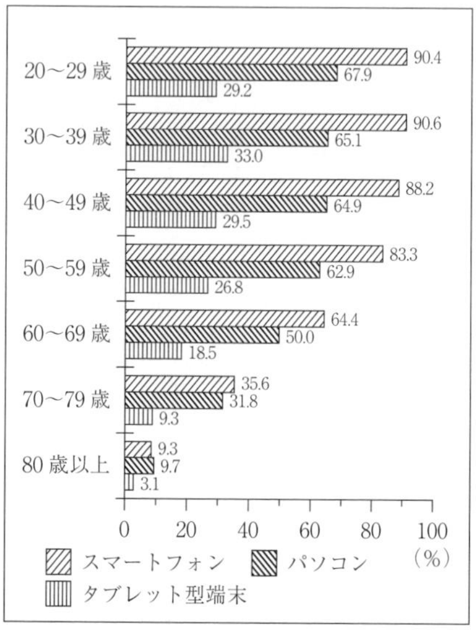

Ⅲ　年齢階層別インターネット利用状況

(%)

	20～29歳	30～39歳	40～49歳	50～59歳	60～69歳	70～79歳	80歳以上
平成28年	99.2	97.5	96.7	93.0	75.7	53.6	23.4
平成30年	98.7	97.9	96.7	93.0	76.6	51.0	21.5
令和2年	98.5	98.2	97.2	94.7	82.7	59.6	25.6

(注)　数字は，年齢階層別のインターネット利用者の割合を示している。

(Ⅰ，Ⅱ，Ⅲは総務省「令和2年通信利用動向調査」などをもとに作成)

Ⅳ　労働に関連する法律の条文

第1条　①　労働条件は，労働者が人たるに値する生活を営むための必要を充たすべきものでなければならない。

第2条　①　労働条件は，労働者と使用者が，対等の立場において決定すべきものである。

(1)　次の文章は，生徒がⅠの資料をもとに，情報通信機器の保有状況について発表した際のメモの一部である。Ⅰの資料中のYの情報通信機器と，文章中の（　A　）にあてはまる数字の組み合わせとして最も適当なものを，あとのアからカまでの中から選んで，そのかな符号を書きなさい。

なお，文章中の2か所の（　A　）には同じ数字があてはまる。(　　　)

Ⅰの資料をみると，2010年には，スマートフォンを保有している世帯の割合とタブレット型端末を保有している世帯の割合は，ともに10％程度でした。その後，スマートフォンを保有している世帯の割合は増加し，2019年には（　A　）％を上回っています。一方，パソコンを保有している世帯の割合は，2014年以降（ A ）％を下回っています。

ア　Y　スマートフォン　　A　40

イ　Y　スマートフォン　　A　80

ウ　Y　パソコン　　A　40

エ　Y　パソコン　　A　80

オ　Y　タブレット型端末　　A　40

カ　Y　タブレット型端末　　A　80

(2)　Ⅱ，Ⅲの資料から読み取ることができる内容をまとめた文として適当なものを，次のアからエまでの中から全て選んで，そのかな符号を書きなさい。（　　　）

ア　Ⅱの資料から，グラフ中の全ての年代において，3つの利用機器のうち，最も割合が高いのは「パソコン」であり，最も割合が低いのは「タブレット型端末」である。

イ　Ⅱの資料から，グラフ中の年代のうち，「80歳以上」を除いた他の全ての年代において，「スマートフォン」の割合が最も高い。

ウ　Ⅲの資料から，「平成28年」，「平成30年」，「令和2年」のいずれの年においても，表中の60歳未満の全ての年代で，インターネット利用者の割合が90％を上回っている。

エ　Ⅲの資料から，表中の60歳以上の全ての年代において，「平成28年」から「平成30年」，「平成30年」から「令和2年」では，ともにインターネット利用者の割合が増加している。

(3)　Ⅳの資料に示されている労働に関連する法律の名称を漢字5字で書きなさい。また，この法律で定められている内容として最も適当なものを，次のアからエまでの中から選んで，そのかな符号を書きなさい。名称（　　　）　内容（　　　）

ア　労働者が団結して労働組合を結成すること

イ　ストライキなどの団体行動を行うこと

ウ　不当労働行為を禁止すること

エ　労働時間は1日8時間，1週間で40時間以内とすること

(4)　現在の日本の労働や雇用について述べた文として最も適当なものを，次のアからエまでの中から選んで，そのかな符号を書きなさい。（　　　）

ア　企業は，人件費をおさえるために，正規雇用労働者を増やし，アルバイトなどの非正規雇用労働者を減らす傾向にある。

イ　少子化による人口減少が続いており，深刻化する労働力人口の不足を解消するため，外国人労働者の受け入れを拡大していくためのしくみづくりが求められている。

ウ　諸外国の雇用状況を参考にして，労働者の能力や成果を賃金に反映させるしくみである年功序列賃金をとりいれる企業が増える傾向にある。

エ　非正規雇用労働者は，正規雇用労働者に比べて労働条件が不安定なため，賃金が高く設定されており，その賃金格差が問題になっている。

6　次のⅠの略年表は，20世紀のできごとを示したものであり，Ⅱの表は，主要国の政府開発援助の実績額，政府開発援助の実績額の国民総所得比，1人あたり国民総所得を示したものである。あとの(1)から(3)までの問いに答えなさい。

Ⅰ　略年表

日露戦争が始まる
↕A
第一次世界大戦が始まる
↕B
第二次世界大戦が始まる
↕C
朝鮮戦争が始まる
↕D
ベトナム戦争が始まる

Ⅱ　主要国の政府開発援助の実績額等

国名	実績額（億ドル）	実績額の国民総所得比（%）	1人あたり国民総所得（ドル）
アメリカ	346	0.16	63 704
ドイツ	238	0.60	48 843
イギリス	194	0.70	41 953
日本	155	0.29	40 529
フランス	122	0.44	42 289
スウェーデン	54	0.99	56 632
オランダ	53	0.59	54 115

（注）　実績額の国民総所得比は，政府開発援助の実績額が国民総所得に占める割合を示している。

（「世界国勢図会　2020／21年版」をもとに作成）

(1)　国際連合が設立された年代を含む期間として最も適当なものを，Ⅰの略年表中のAからDまでの中から選んで，その符号を書きなさい。（　　　）

(2)　国際連合について述べた次のX，Y，Zの文について，正しい文を「正」，誤っている文を「誤」とするとき，それぞれの文の「正」，「誤」の組み合わせとして最も適当なものを，あとのアからクまでの中から選んで，そのかな符号を書きなさい。（　　　）

X　国際連合の総会では，全ての加盟国が平等に1票をもち，世界のさまざまな問題について審議する。

Y　国際連合の安全保障理事会では，アメリカ，イタリア，フランス，ロシア，中国の5か国が常任理事国となっている。

Z　国際連合では，持続可能な開発を実現する取り組みを行っており，その一つとして，2015年に持続可能な開発目標（SDGs）を定めた。

ア　X：正　Y：正　Z：正　　イ　X：正　Y：正　Z：誤
ウ　X：正　Y：誤　Z：正　　エ　X：正　Y：誤　Z：誤
オ　X：誤　Y：正　Z：正　　カ　X：誤　Y：正　Z：誤
キ　X：誤　Y：誤　Z：正　　ク　X：誤　Y：誤　Z：誤

(3)　Ⅱの表から読み取ることができる内容として最も適当なものを，次のアからエまでの中から選んで，そのかな符号を書きなさい。（　　　）

ア　表中の実績額の上位4国では，実績額が大きい国ほど国民総所得比が大きい。
イ　表中の7国のうち，ヨーロッパの各国の国民総所得比は，いずれも日本より大きい。
ウ　表中の実績額の上位4国では，1人あたり国民総所得が大きい国ほど実績額が小さい。
エ　表中の7国では，1人あたり国民総所得が大きい国ほど国民総所得比が大きい。

理科

時間　45分　　　満点　22点

1　次の(1)，(2)の問いに答えなさい。

(1)　図は，ヒトの心臓を模式的に示したものであり，次の文章は，ヒトの心臓のはたらきについて説明したものである。文章中の（ ① ），（ ② ）にあてはまる語として最も適当なものを，下のアからカまでの中からそれぞれ選んで，そのかな符号を書きなさい。

①(　　　) ②(　　　)

図

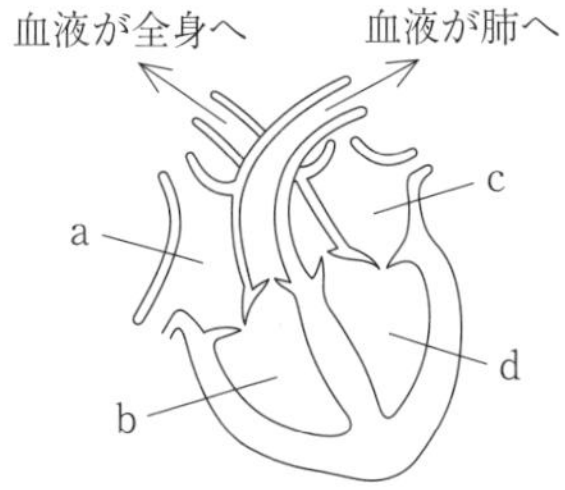

ヒトの心臓は周期的に収縮することで，血液を肺や全身の組織に送り出している。血液が心臓から押し出されるときには，図の（ ① ）が収縮する。

また，全身を流れる血液には動脈血と静脈血があり，動脈血が流れているのは，図の（ ② ）である。

ア　aとb　　イ　aとc　　ウ　aとd　　エ　bとc　　オ　bとd　　カ　cとd

(2)　日本付近にはいくつかの気団があり，これらの気団は季節ごとに発達する。図は，代表的な日本付近の2つの気団を模式的に表したものである。

日本付近で発達する気団について説明した文章として最も適当なものを，次のアからエまでの中から選んで，そのかな符号を書きなさい。(　　　)

図

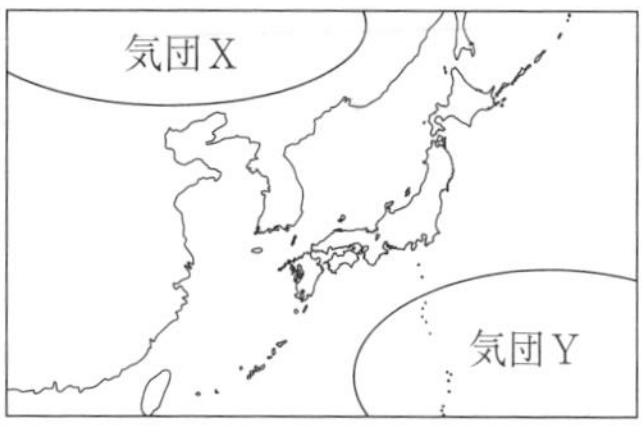

ア　日本付近では，夏になると図の気団Xが発達する。気団Xはあたたかくしめった空気のかたまりである。

イ　日本付近では，夏になると図の気団Yが発達する。気団Yはあたたかくかわいた空気のかたまりである。

ウ　日本付近では，冬になると図の気団Xが発達する。気団Xは冷たくかわいた空気のかたまりである。

エ　日本付近では，冬になると図の気団Yが発達する。気団Yは冷たくしめった空気のかたまりである。

2　太郎さんと花子さんは，エンドウの花のつくりと，種子の形の遺伝について調べた。次の【会話文】は，そのときの2人の会話である。また，図1は，エンドウの花の断面を模式的に示したものである。

図1

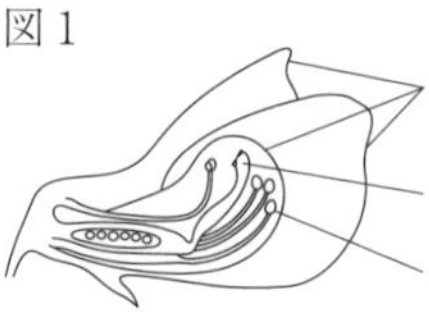

【会話文】

太郎：エンドウのXおしべとめしべは，花弁に包まれていて観察することができないよ。
花子：そうね。花を分解して観察してみましょう。
太郎：Y花弁が5枚にわかれていて，花弁の内側におしべとめしべがあり，Z花弁の外側にがくがあるね。
花子：めしべに花粉がつくことで種子ができるんだったね。
太郎：エンドウの種子の形には丸形としわ形があり，1対の遺伝子によって形が決まると習ったよ。
花子：エンドウの種子の形がどのように遺伝するのか，調べてみましょう。

太郎さんと花子さんは，次の〔観察1〕から〔観察3〕までを行った。

〔観察1〕

①　丸形の種子をつくる純系のエンドウと，しわ形の種子をつくる純系のエンドウをそれぞれ自然の状態で受粉させた。

②　①で，丸形の種子をつくる純系のエンドウからできた種子をAグループ，しわ形の種子をつくる純系のエンドウからできた種子をBグループとして，種子の形を観察した。

〔観察2〕

①　丸形の種子をつくる純系のエンドウのめしべに，しわ形の種子をつくる純系のエンドウの花粉をつけた。

②　①でできた種子をCグループとし，種子の形を観察した。

③　次に，しわ形の種子をつくる純系のエンドウのめしべに，丸形の種子をつくる純系のエンドウの花粉をつけた。

④　③でできた種子をDグループとし，種子の形を観察した。

〔観察3〕

①　Dグループの種子をまいて育て，自然の状態で受粉させた。

②　①でできた種子をEグループとし，種子の形を観察した。

表は，〔観察1〕から〔観察3〕までの結果をまとめたものである。

表

	〔観察1〕		〔観察2〕		〔観察3〕
	Aグループ	Bグループ	Cグループ	Dグループ	Eグループ
種子の形	全て丸形	全てしわ形	全て丸形	全て丸形	丸形としわ形

次の(1)から(4)までの問いに答えなさい。

(1)　次の文章は，〔観察1〕で，Bグループの種子が全てしわ形になった理由について説明したものである。文章中の（ Ⅰ ）と（ Ⅱ ）にあてはまる語の組み合わせとして最も適当なものを，下のアからカまでの中から選んで，そのかな符号を書きなさい。(　　　)

Ｂグループの種子が全てしわ形になったのは，エンドウは〔観察1〕のような自然の状態では（ Ⅰ ）を行うためである。これは，エンドウの花が【会話文】の下線部（ Ⅱ ）に示したつくりをしているためである。

ア　Ⅰ 自家受粉，Ⅱ X　　イ　Ⅰ 自家受粉，Ⅱ Y　　ウ　Ⅰ 自家受粉，Ⅱ Z
エ　Ⅰ 栄養生殖，Ⅱ X　　オ　Ⅰ 栄養生殖，Ⅱ Y　　カ　Ⅰ 栄養生殖，Ⅱ Z

(2)　図２は植物の分類を示したものであり，エンドウは離弁花類に分類される。なお，図２の（ a ）植物と（ b ）植物は，被子植物と裸子植物のいずれかであり，（ c ）類と（ d ）類は双子葉類と単子葉類のいずれかである。（ b ）と（ d ）にあてはまる語は何か。また，（ e ）類に分類される植物にはどのようなものがあるか。これらの組み合わせとして最も適当なものを，下のアからクまでの中から選んで，そのかな符号を書きなさい。(　　　)

図２

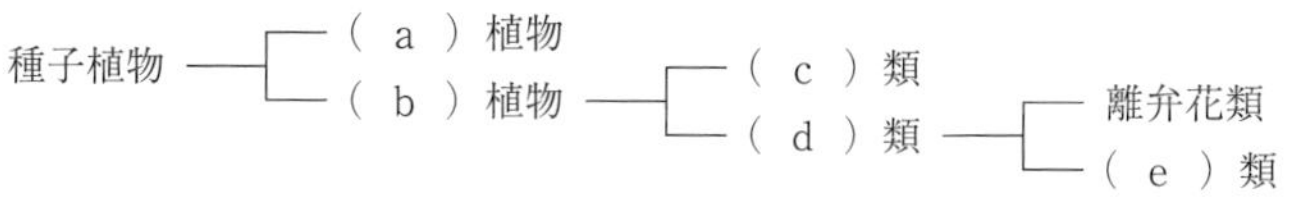

	ア	イ	ウ	エ	オ	カ	キ	ク
b	被子	被子	被子	被子	裸子	裸子	裸子	裸子
d	双子葉	双子葉	単子葉	単子葉	双子葉	双子葉	単子葉	単子葉
（ e ）類の植物	アブラナ	ツツジ	アブラナ	ツツジ	アブラナ	ツツジ	アブラナ	ツツジ

(3)　表に示したＡグループ，Ｃグループ，Ｄグループの種子の形を決める遺伝子の組み合わせについて説明した文として最も適当なものを，次のアからエまでの中から選んで，そのかな符号を書きなさい。(　　　)

ア　Ａグループの種子の遺伝子の組み合わせは，Ｃグループと同じであり，Ｄグループとは異なる。

イ　Ａグループの種子の遺伝子の組み合わせは，Ｄグループと同じであり，Ｃグループとは異なる。

ウ　Ｃグループの種子の遺伝子の組み合わせは，Ｄグループと同じであり，Ａグループとは異なる。

エ　Ａグループの種子の遺伝子の組み合わせは，Ｃグループ，Ｄグループと同じである。

(4)　表のＥグループの丸形の種子のように，丸形の種子の中には遺伝子の組み合わせがわからないものがあり，この種子をＷとする。次の文章は，種子Ｗの遺伝子の組み合わせを特定するための方法について説明したものである。文章中の（ Ⅰ ）から（ Ⅲ ）までのそれぞれにあてはまる語の組み合わせとして最も適当なものを，後のアからカまでの中から選んで，そのかな符号を書きなさい。(　　　)

種子Ｗをまいて育てたエンドウのめしべに，（ Ⅰ ）の種子をまいて育てたエンドウの花粉をつけて得られた種子の形を調べることによって，種子Ｗの遺伝子の組み合わせを特定することができる。

種子の形を丸形にする遺伝子をA，しわ形にする遺伝子をaとすると，得られた種子が（ Ⅱ ）であれば，種子Wの遺伝子の組み合わせはAAであり，得られた種子が（ Ⅲ ）であれば，種子Wの遺伝子の組み合わせはAaであることがわかる。

	Ⅰ	Ⅱ	Ⅲ
ア	丸形	全て丸形	丸形：しわ形＝3：1
イ	丸形	全て丸形	丸形：しわ形＝1：1
ウ	丸形	丸形：しわ形＝3：1	丸形：しわ形＝1：1
エ	しわ形	全て丸形	丸形：しわ形＝3：1
オ	しわ形	全て丸形	丸形：しわ形＝1：1
カ	しわ形	丸形：しわ形＝3：1	丸形：しわ形＝1：1

3　塩酸と水酸化ナトリウム水溶液を混ぜたときにできる水溶液の性質を調べるため，次の〔実験1〕と〔実験2〕を行った。

〔実験1〕

①　8個のビーカーA，B，C，D，E，F，G，Hを用意し，それぞれのビーカーに同じ濃さの塩酸を20cm^{3}ずつ入れた。

②　図1のように，①のそれぞれのビーカーに，同じ濃さの水酸化ナトリウム水溶液2cm^3，4cm^3，6cm^3，8cm^3，10cm^3，12cm^3，14cm^3，16cm^{3}を加えて，ガラス棒でよくかき混ぜた。

図1

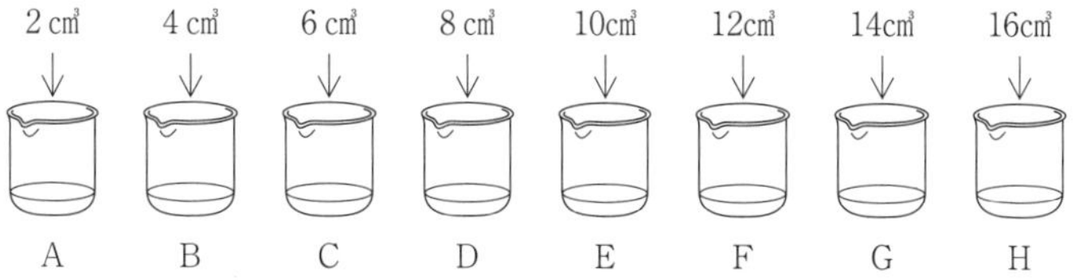

③　②のビーカーA，B，C，D，E，F，G，Hに，BTB溶液を数滴加えてからよくかき混ぜて，水溶液の色を観察した。

〔実験2〕

①　〔実験1〕の①，②と同じことを行った。

②　三角フラスコにマグネシウムリボン0.1gを入れた。

③　②の三角フラスコ，ゴム栓，ガラス管，ゴム管，水を入れた水そう，メスシリンダーを使い，発生する気体の体積を測定する装置を組み立てた。

④　図2のように，①のビーカーAの水溶液を全て三角フラスコ内に入れた直後，ゴム栓を閉じ，発生した気体Xを全てメスシリンダーに集め，その体積を測定した。

⑤　次に，④で三角フラスコ内に入れる水溶液をビーカーB，C，D，E，F，G，Hの水溶液にかえて，それぞれ②から④までと同じことを行った。

図2

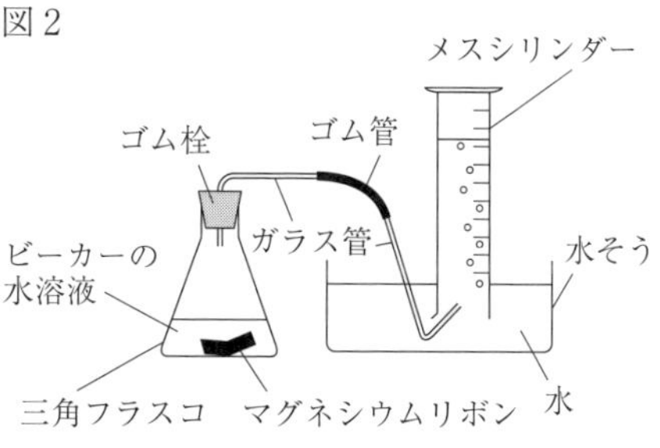

表1，表2は，それぞれ〔実験1〕，〔実験2〕の結果をまとめたものである。また，図3は，〔実験2〕の結果について，横軸に〔実験1〕で加えた水酸化ナトリウム水溶液の体積〔cm^3〕を，縦軸に発生した気体の体積〔cm^3〕をとり，その関係をグラフに表したものである。

表1

ビーカー	A	B	C	D	E	F	G	H
塩酸の体積〔cm^3〕	20	20	20	20	20	20	20	20
加えた水酸化ナトリウム水溶液の体積〔cm^3〕	2	4	6	8	10	12	14	16
BTB溶液を加えたときの水溶液の色	黄	黄	黄	黄	黄	緑	青	青

表2

ビーカー	A	B	C	D	E	F	G	H
マグネシウムリボン〔g〕	0.1	0.1	0.1	0.1	0.1	0.1	0.1	0.1
発生した気体の体積〔cm^3〕	100	100	75	50	25	0	0	0

図3

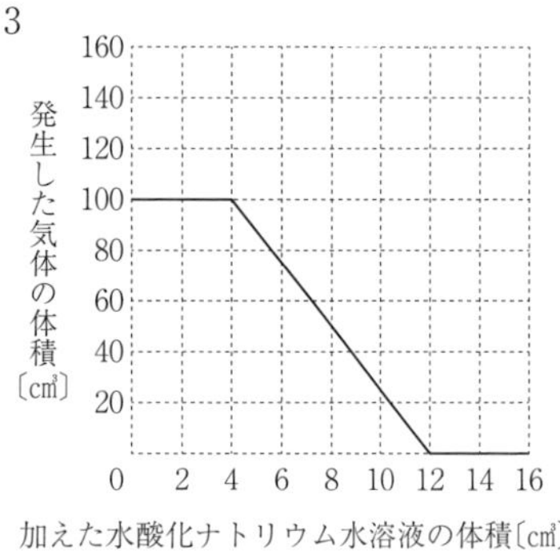

次の(1)から(4)までの問いに答えなさい。

(1) 〔実験1〕で起きている化学変化について説明した文として最も適当なものを，次のアからオまでの中から選んで，そのかな符号を書きなさい。(　　　)

ア　ビーカーA，B，C，D，Eだけで中和が起きている。

イ　ビーカーFだけで中和が起きている。

ウ　ビーカーG，Hだけで中和が起きている。

エ　AからHまでの全てのビーカーで中和が起きている。

オ　AからHまでの全てのビーカーで中和は起きていない。

(2) 〔実験2〕で用いた気体の集め方を何というか。その名称を漢字で書きなさい。(　　　)

(3) 〔実験2〕で発生した気体Xの性質について説明した文として最も適当なものを，次のアからエまでの中から選んで，そのかな符号を書きなさい。(　　　)

ア　気体Xは特有の刺激臭をもち，水に非常に溶けやすく，その水溶液はアルカリ性を示す。

イ　気体Xは水に溶けやすく，水道水の消毒に用いられる。

ウ　気体Xを石灰水に通すと，石灰水が白くにごる。

エ　気体Xは非常に軽く，試験管に気体Xを集めて線香の火を近づけると，音をたてて燃える。

(4) 〔実験1〕で用いた水酸化ナトリウム水溶液の濃さを2倍にして，加える水酸化ナトリウム水溶液の体積を$0cm^3$から$16cm^3$までさまざまに変えて，〔実験2〕と同じことを行った。塩酸に加えた水酸化ナトリウム水溶液の体積と発生した気体の体積との関係はどのようになるか。横軸に加えた水酸化ナトリウム水溶液の体積〔cm^3〕を，縦軸に発生した気体の体積〔cm^3〕をとり，その関係を表すグラフを解答欄の図4に書きなさい。

図4

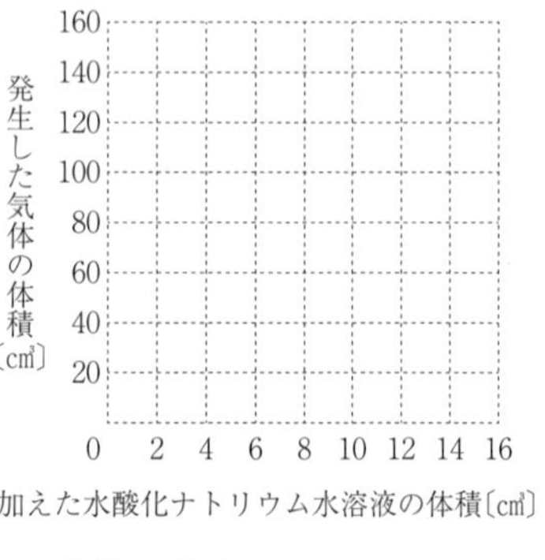

ただし，発生した気体の体積が$0cm^3$のときも，図3にならって実線で書くこと。

4　電流と磁界について調べるため，次の〔実験1〕から〔実験4〕までを行った。

〔実験1〕

図1

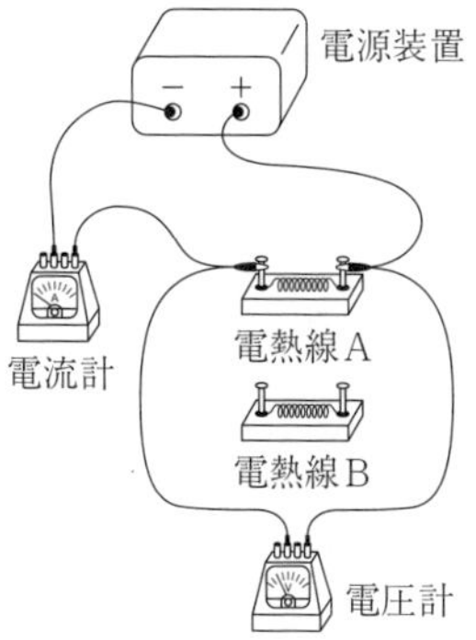

①　図1のように，電熱線Aと電源装置，電流計，電圧計を導線を用いて接続した。電源装置のスイッチを入れ，電圧計の示す値が0Vから少しずつ大きくなるように電源装置を調節しながら，電圧と電流の関係を調べた。

②　①の電熱線Aを，別の電熱線Bにかえて，①と同じことを行った。

表は，〔実験1〕の電圧計と電流計が示す値を読み取った結果をまとめたものである。

表

電圧〔V〕		0	1.0	2.0	3.0	4.0	5.0
電流〔mA〕	電熱線A	0	50	100	150	200	250
	電熱線B	0	20	40	60	80	100

〔実験2〕

図2

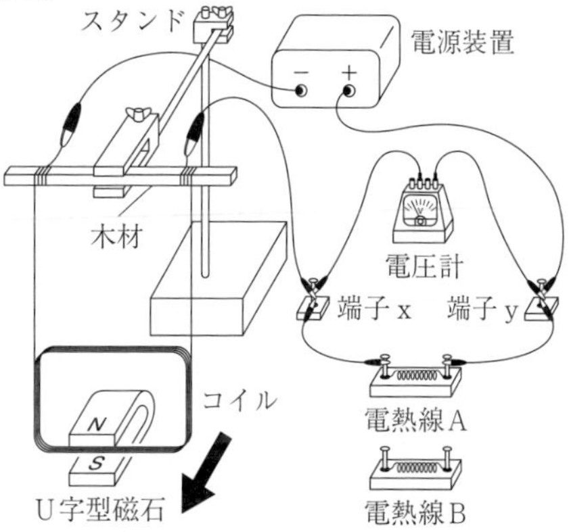

①　図2のように，コイルをつり下げた木材をスタンドに固定し，コイルの一部が床に置いたU字型磁石のN極とS極の間を通るように，コイルの高さを調整した。次に，電源装置，コイル，電圧計と〔実験1〕と同じ電熱線Aを，端子x，yと導線を用いて接続した。

②　電源装置のスイッチを入れ，電圧計の示す値が5.0Vになるように電源装置を調節してコイルに電流を流し，そのときのコイルの動きを観察した。

〔実験2〕の結果，コイルは図2の矢印（➡）の向きに動いた。

〔実験3〕

〔実験1〕の電熱線A，Bを2つずつ用意し，図2の実験装置の端子x，y間に，図3のⅠからⅥまでのように接続して，〔実験2〕の②と同じことを行った。

なお，図3の─[A]─は電熱線Aを，─[B]─は電熱線Bを表す。

図3

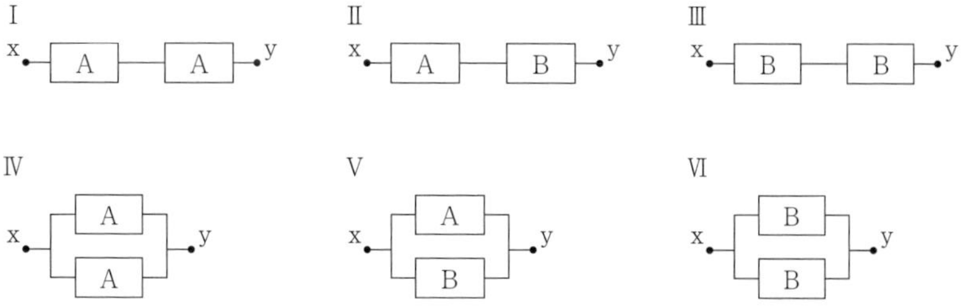

図4

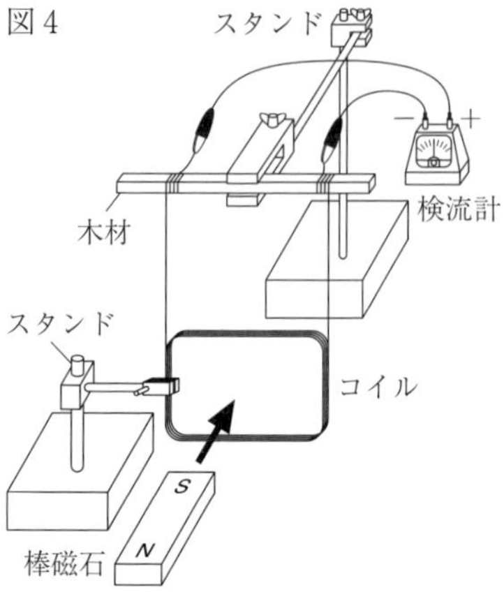

〔実験4〕

① 図4のように，コイルをつり下げた木材をスタンドに固定し，別のスタンドでコイルを固定した。次に，コイルと検流計を導線を用いて接続した。

② 棒磁石のS極をコイルに向け，図4の矢印の向きにコイルの直前まで近づけたときの，検流計の針の動きを調べた。

〔実験4〕の結果，検流計の針は＋《プラス》側に振れた。

次の(1)から(4)までの問いに答えなさい。

(1) 〔実験1〕で，電熱線Aの電気抵抗は何Ωか，整数で求めなさい。(　　　Ω)

(2) 〔実験2〕の後，電熱線Aを取り外して，〔実験1〕と同じ電熱線Bに交換し，U字型磁石のN極とS極を上下逆にして同じ位置に置いた。コイルに流れる電流の向きを〔実験2〕と逆にして，〔実験2〕の②と同じことを行った。このとき，コイルの動いた向きとコイルの動きの大きさについて説明した文として最も適当なものを，次のアからエまでの中から選んで，そのかな符号を書きなさい。(　　　)

ア　コイルは〔実験2〕と同じ向きに，〔実験2〕よりも大きく動いた。

イ　コイルは〔実験2〕と同じ向きに，〔実験2〕よりも小さく動いた。

ウ　コイルは〔実験2〕と反対向きに，〔実験2〕よりも大きく動いた。

エ　コイルは〔実験2〕と反対向きに，〔実験2〕よりも小さく動いた。

(3) 〔実験3〕で接続した図3の電熱線A，Bの組み合わせのうち，コイルの動きが〔実験2〕よりも大きくなるものはどれか。図3のⅠからⅥまでの中から全て選んで，その符号を書きなさい。

(　　　)

(4) 〔実験4〕の後，棒磁石のN極をコイルに向け，棒磁石を図4の矢印の向きに近づけて，コイルの直前で止めずに，そのままコイルを貫通させた。このときの，検流計の針の動きについて説明した文として最も適当なものを，次のアからエまでの中から選んで，そのかな符号を書きなさい。

(　　　)

ア　＋側に振れ，0に戻り，再び＋側に振れ，0に戻る。

イ　＋側に振れ，0に戻り，次に－《マイナス》側に振れ，0に戻る。

ウ　－側に振れ，0に戻り，次に＋側に振れ，0に戻る。

エ　－側に振れ，0に戻り，再び－側に振れ，0に戻る。

5　ある地域で，地表から深さ20mまでの地層を調査した。図1は，この地域の地形図を模式的に表したものであり，図1の線は等高線を，数値は標高を示している。また，地点A，B，Cは東西の直線上に，地点B，Dは南北の直線上に位置している。図2の柱状図Ⅰ，Ⅱ，Ⅲは，図1の地点A，B，Cのいずれかの地点における地層のようすを，柱状図Ⅳは，地点Dにおける地層のようすを模式的に表したものである。

また，柱状図ⅠからⅣまでに示されるそれぞれの地層を調べたところ，いくつかの生物の化石が発見された。柱状図ⅠのPの泥岩の層からは，ビカリアの化石が発見され，このビカリアの化石を含む泥岩の層は柱状図Ⅱ，Ⅲ，Ⅳに示される地層中にも存在していた。

ただし，図1の地域の地層は互いに平行に重なっており，南に向かって一定の割合で低くなるように傾いている。また，地層には上下の逆転や断層はないものとする。

図1

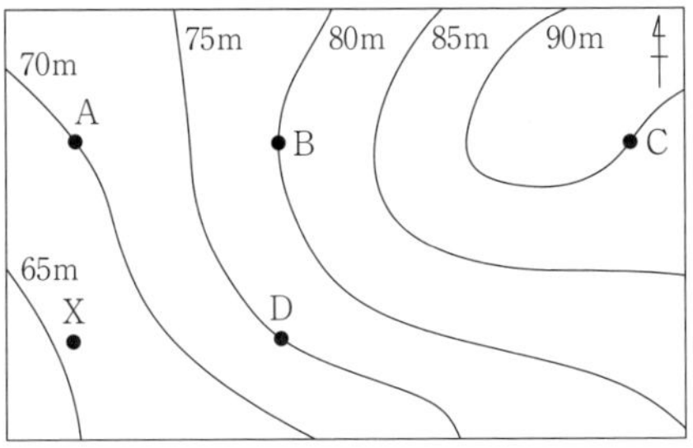

図2

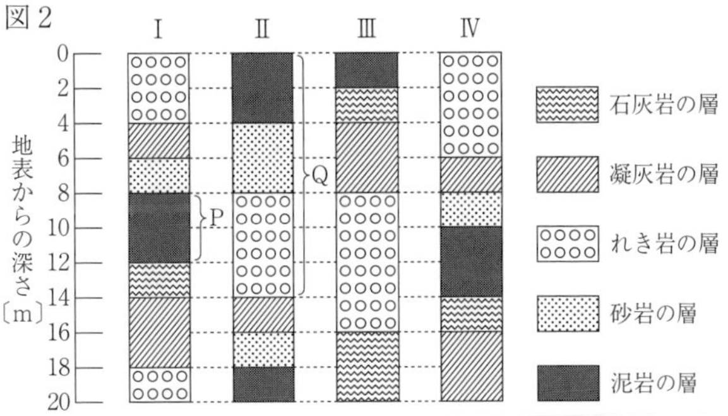

次の(1)から(4)までの問いに答えなさい。

(1)　図2の柱状図ⅡのQで示した部分は，れき岩，砂岩，泥岩の層が順に堆積しており，ここから発見された化石から，柱状図Ⅱの地点は過去に海底にあったと考えられる。次の文章は，柱状図ⅡのQで示した地層が堆積したときの環境の変化について説明したものである。文章中の（ ① ）と（ ② ）にあてはまる語の組み合わせとして最も適当なものを，下のアからエまでの中から選んで，そのかな符号を書きなさい。（　　　）

土砂が川の水によって運ばれるときには，粒の大きさが（ ① ）ものほど遠くに運ばれて堆積する。このことから，柱状図Ⅱの地点は（ ② ）へとしだいに環境が変化したと考えられる。

ア　① 小さい，② 沖合から海岸近く　　イ　① 小さい，② 海岸近くから沖合
ウ　① 大きい，② 沖合から海岸近く　　エ　① 大きい，② 海岸近くから沖合

(2)　図2の柱状図Ⅰに示されるPの泥岩の層からビカリアの化石が発見されたことから，この泥岩の層が堆積した年代を推定することができる。このような化石について説明した次の文章中の（ ① ）から（ ③ ）までにあてはまる語の組み合わせとして最も適当なものを，下のアからクまでの中から選んで，そのかな符号を書きなさい。（　　　）

ビカリアの化石のように，限られた時代にだけ栄え，（ ① ）地域に生活していた生物の化石は，地層の堆積した年代を推定するのに役立つ。このような化石を（ ② ）化石といい，ビカリアを含むPの泥岩の層は（ ③ ）に堆積したと考えられる。

ア　① 狭い，② 示相，③ 新生代　　イ　① 狭い，② 示相，③ 中生代
ウ　① 狭い，② 示準，③ 新生代　　エ　① 狭い，② 示準，③ 中生代

オ　① 広い，② 示相，③ 新生代　　カ　① 広い，② 示相，③ 中生代

キ　① 広い，② 示準，③ 新生代　　ク　① 広い，② 示準，③ 中生代

(3)　図1の地点A，B，Cにおける地層のようすを表している柱状図は，それぞれ図2のⅠ，Ⅱ，Ⅲのどれか。その組み合わせとして最も適当なものを，右のアからカまでの中から選んで，そのかな符号を書きなさい。(　　　)

	ア	イ	ウ	エ	オ	カ
地点A	Ⅰ	Ⅰ	Ⅱ	Ⅱ	Ⅲ	Ⅲ
地点B	Ⅱ	Ⅲ	Ⅰ	Ⅲ	Ⅰ	Ⅱ
地点C	Ⅲ	Ⅱ	Ⅲ	Ⅰ	Ⅱ	Ⅰ

(4)　図1の地点Xは，地点Aの真南かつ地点Dの真西に位置しており，標高は67mである。柱状図Ⅰに示されるビカリアの化石を含むPの泥岩の層は，地点Xでは地表からの深さが20mまでのどこにあるか。解答欄の図3に黒く塗りつぶして書きなさい。

図3

6　次の(1)，(2)の問いに答えなさい。

(1)　図のように，ビーカーに入れた水 $80\mathrm{cm}^3$ にエタノールを加え，ガラス棒でよくかき混ぜて，質量パーセント濃度 20 %のエタノール水溶液をつくった。このとき加えたエタノールは何 cm^3 か，整数で求めなさい。

ただし，溶質であるエタノールの密度は $0.8\mathrm{g/cm}^3$，溶媒である水の密度は $1.0\mathrm{g/cm}^3$ とする。（　　　cm^3）

図

(2)　弦をはじいたときの音の高さについて調べるため，次の〔実験1〕と〔実験2〕を行った。

〔実験1〕

①　図のように，定滑車を取り付けた台の点Aに弦Xの片方の端を固定し，2つの同じ三角柱の木片の上と定滑車を通しておもりをつるした。

ただし，木片間の距離は L_1，おもりの質量は M_1 とする。

図

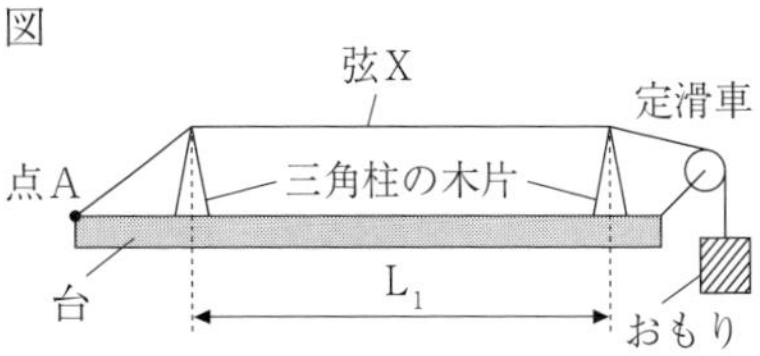

②　弦をはじいて，音の高さを調べた。

③　距離 L_1 とおもりの質量 M_1 をそのままにして，弦を弦Xより細い弦Yに取りかえ，弦をはじいて，音の高さを調べた。

〔実験1〕では，弦Yのほうが，音が高かった。

〔実験2〕

〔実験1〕の装置を用いて，木片間の距離，弦の種類，おもりの質量をかえ，弦をはじいて，音の高さを調べた。

表は，そのときの条件を〔実験1〕も含めて整理したものである。

ただし，木片間の距離 L_2 は L_1 より短く，おもりの質量 M_2 は M_1 より小さいものとする。

実験の結果，条件ⅠからⅣまでのうち，2つの条件で音の高さが同じであった。

表

<table>
<tr><th></th><th>木片間の距離</th><th>弦</th><th>おもりの質量</th></tr>
<tr><td>Ⅰ</td><td rowspan="3">L_1</td><td rowspan="2">X</td><td>M_2</td></tr>
<tr><td>Ⅱ</td><td rowspan="3">M_1</td></tr>
<tr><td>Ⅲ</td><td>Y</td></tr>
<tr><td>Ⅳ</td><td>L_2</td><td>X</td></tr>
</table>

実験で発生する音の高さが同じになる2つの条件の組み合わせとして最も適当なものを，次のアからオまでの中から選んで，そのかな符号を書きなさい。

（　　　）

ア　Ⅰ，Ⅱ　　イ　Ⅰ，Ⅲ　　ウ　Ⅰ，Ⅳ　　エ　Ⅱ，Ⅲ　　オ　Ⅲ，Ⅳ

んで、そのかな符号を書きなさい。(　　)

ア　稚魚を捕まえているところを巫馬期に見られたから。
イ　稚魚を捕まえてもたいした利益にはならないから。
ウ　稚魚を捕まえることは宓子が望んでいないから。
エ　稚魚を捕まえることは法律で禁じられているから。

(三)　③孔子《こうし》に報じてとあるが、報告とともに巫馬期が孔子に尋ねたことは何か。その内容として最も適当なものを、次のアからエまでの中から選んで、そのかな符号を書きなさい。(　　)

ア　どのようにしたら経済活動を盛んにして人々の生活を豊かにすることができるのかということ
イ　どのようにしたら刑罰を意識させずに厳しい法律を人々に受け入れさせることができるのかということ
ウ　どのようにしたら人々が争うことのない落ち着いた世の中にすることができるのかということ
エ　どのようにしたら人が見ていなくても自らの行動を律するよう人々を導くことができるのかということ

(四)　次のアからエまでの中から、その内容がこの文章に書かれていることと一致するものを一つ選んで、そのかな符号を書きなさい。(　　)

ア　巫馬期は、宓子の政治の進め方に感心して自らの政治を改めた。
イ　宓子は、為政者にまごころがあれば民に伝わると考えていた。
ウ　孔子は、刑罰で民を支配する政治は間違っていると主張した。
エ　亶父の人々は、厳しい刑罰におびえながら生活をしていた。

オ（Eさん）美佐子の文様は、対照的なものが組み合わさった革新的なデザインで、着想を得た景色とともにその文様が目に浮かぶようです。師の松磬もその文様に、新しさだけでなく、高い次元の芸術性を見たのだと思います。

---

4 次の漢文（書き下し文）を読んで、あとの㈠から㈣までの問いに答えなさい。（本文の----の左側は現代語訳です。）

宓子《ふくし》、亶父《たんぼ》を治むること三年、而《しか》して《そして》巫馬期《ふばき》、絻衣短褐《べんいたんかつ》し《粗末な衣装を身につけ》、容貌を易《か》へ《変え》、往《ゆ》きて化《（亶父）の変化の様子》を①観《み》る。夜②漁する者の魚を得て之《これ》を釈《す》つる《逃がす》をア見、巫馬期問ひて曰《い》はく《尋ねて言うことには》、「凡《およ》そ子《し》の魚を為《な》す所は、得んと欲すればなり《そもそもあなたが漁をするのは、魚を手に入れたいからである。》。今得て之を釈つるは何ぞや《どうしてか》。」と。漁する者、対《こた》へて《答えて》曰はく、「宓子は人の小魚《稚魚》を取るを欲せざるなり。得る所の者は小魚なり。是《ここ》を以《もつ》て《そこで》之をイ釈つ。」と。巫馬期、帰りて以て③孔子《こうし》に報じて曰はく、「宓子の徳至れり。人の《人が》闇行《あんかう》するに、厳刑の其《そ》の側《かたはら》に在ること有るがごとからしむ《夜にこっそり行動するときも、まるで厳しい刑がすぐ近くにあるかのように行動させている》。宓子、何を以て《どのようにして》此《ここ》に至れるか。」と。孔子曰はく、「丘《きう》、嘗《かつ》て之にウ問ふに治を以てす《以前宓子にどのように世を治めるのかを尋ねた》。エ言ひて曰はく、『此《こちら》に誠ある者は、彼に刑《あら》はる《あちらにあらわれます》。』と。宓子、必ず此《こ》の術を行ふならん《きっとこのやり方を実践したのであろう》。」と。

（「淮南子《えなんじ》」より）

（注）○ 宓子《ふくし》、巫馬期《ふばき》＝ともに、孔子の弟子。
○ 亶父《たんぼ》＝魯《ろ》の国の地名。
○ 丘《きう》＝孔子の名。

㈠ 波線部アからエまでの中から、主語が①観《み》るの主語と同じものを一つ選んで、そのかな符号を書きなさい。（　　）

㈡ ②漁する者の魚を得て之《これ》を釈《す》つるとあるが、漁師がこのような行動をとった理由として最も適当なものを、次のアからエまでの中から選い文様を創作する行為と、誰も登ったことのないルートで岩壁を登る行為を重ね合わせている。

エ　新しい文様のヒントは意外な場所に埋もれており、常に探しながら行動していれば、山の景色の中から手がかりが得られる瞬間がくると確信している。

(三)　①怒った顔とあるが、美佐子が提示した文様を見たときの松磬の心情として最も適当なものを、次のアからエまでの中から選んで、そのかな符号を書きなさい。（　）

ア　美佐子が書いた図案は、自分が教えた技術を生かしながらもそれを超越するものであったため、妬みを感じている。

イ　美佐子が書いた図案は、予想をはるかに上まわる独創的で優れたものであったため、衝撃を覚えている。

ウ　美佐子が書いた図案は、屈輪文様の伝統を無視したかなり斬新なものであったため、不満を感じている。

エ　美佐子が書いた図案は、師の自分を試そうとする意図が感じられるものであったため、腹立たしさを覚えている。

(四)　②松磬の顔に複雑な色が動いたとあるが、その説明として最も適当なものを、次のアからエまでの中から選んで、そのかな符号を書きなさい。（　）

ア　弟子が自分を越えてさらに高みへと成長していくことは、師としてかけがえのない喜びではあるが、一方で自分がかかわれることはもうないと感じている。

イ　弟子が金牌をとることができれば、師として誇らしいことだが、一方で伝統を重んじる世界で弟子の文様は評価されない可能性があることを恐れている。

ウ　弟子が自分の望んだとおりに成長を遂げ、師として大変満足しているが、一方で弟子が今後も同じ水準の作品を彫り続けることができるか心配している。

エ　弟子がこれから鎌倉彫を変えていくことは間違いなく、師として心から期待しているが、一方で鎌倉彫の伝統が受け継がれないのではないかという思いがある。

(五)　次のアからオは、この文章を読んだ生徒五人が、意見を述べ合ったものである。その内容が本文に書かれていないことを含むものを二つ選んで、そのかな符号を書きなさい。（　）（　）

ア　（Aさん）美佐子は真面目でひたむきな、妥協を許さない性格だと思います。自分の気持ちをことばにして表すことはありませんが、師の松磬から与えられた難しい課題に対して、粘り強く取り組む芯の強さを感じます。

イ　（Bさん）文様の案がなかなか定まらない美佐子は、趣味の岩壁登攀をこのまま続けるべきか葛藤したのではないでしょうか。難しい岩壁に一心に向き合うことが、かえってつらい現実を思い出させることになるからです。

ウ　（Cさん）師の松磬は美佐子の新しい発想を求めようとする性格をよく理解しており、自主性を重んじ、完成するまでじっと待っています。創作のヒントは与えるものの、終始、美佐子を温かく見守るという姿勢を貫いています。

エ　（Dさん）美佐子は、創作のヒントが得られると思って旅先の鎌倉の海岸を訪れたことにより、満足のいく文様を完成させることができました。彼女が全ての時間を文様の創作にささげてきた成果が実ったのだと思います。

を紙に書いてみたくなった。その朝は鎌倉山へかけ登る予定だったが、それをやめて、最短距離を走り帰って二階の机に向かった。

7 彼女は三時間ほど遅れて松磬堂の仕事場へ行った。お早うございます、の挨拶のあとに彼女は、「これでよろしいでしょうか」と言って文様を書いた紙を師の前に置いた。彼女がお早うございます以外の言葉を使ったのが珍しかったので、松磬は彼女の顔を見てから文様を書いた紙を手もとに引きよせた。それは雲と波とが和合する図であった。雲は明らかに巻雲を示すもので、繊細な巻雲の渦が次々とからまり合うように連なっている下に、明らかに怒濤《どとう》の波頭を思わせるような雄大な渦が立ち並んでいた。静と動とを屈輪文様で描いたともいえたし、雲と波との戯《たわむ》れを神秘的に象徴化したともいえた。新しい観点から発した屈輪文様で、過去の形式を脱しながら屈輪文様としての基礎的作法を忘れてはいなかった。松磬は言葉を失ったようであった。とっさに言葉は出なかったが、感動は彼の表情を①怒った顔にしていた。「これは金牌《きんぱい》ものだ」とひとこと言った。毎年、秋遅くになって鎌倉彫の新作展覧会があった。優等賞には金牌が贈られた。金牌は一つの場合も二つの場合もあったが、多くは既に巨匠と呼ばれている人のために用意されていた。松磬も金牌受賞者の一人だった。まれには若い人がその賞を受けて一躍巨匠の中に加わることがあった。「これは金牌もの以上だ」と松磬はほめてから、「あとは彫るだけだ」と言った。②松磬の顔に複雑な色が動いた。

（新田《にった》次郎《じろう》「銀嶺《ぎんれい》の人」より）

（注）○ 1～7は段落符号である。
○ 巻雲《けんうん》＝高い空にほうきで掃いたようにかかる白雲。
○ カール＝巻いていること。
○ 佐久間博《さくまひろし》＝美佐子の所属する山岳会の主宰者。
○ ハーケン＝岩登りの際、岩の割れ目に打ち込んで手がかりや足がかりにする金具。
○ 卜《ぼく》する＝うらなう。
○ 内弟子＝師匠の家に住み込んで教えを受ける弟子。
○ チビ＝美佐子の飼っている犬の名。
○ 怒濤《どとう》＝激しく荒れる大波。
○ 金牌《きんぱい》＝賞として与えられる金色の盾やメダル。

(一) 本文中の〈A〉、〈B〉にあてはまることばの組み合わせとして最も適当なものを、次のアからエまでの中から選んで、そのかな符号を書きなさい。（　）

ア　A　沈んで　B　甘えて
イ　A　沈んで　B　反発して
ウ　A　張りつめて　B　反発して
エ　A　張りつめて　B　甘えて

(二) 美佐子と「山」とのかかわりについて説明したものとして最も適当なものを、次のアからエまでの中から選んで、そのかな符号を書きなさい。（　）

ア　新しい文様を生み出すのは難しく、行き詰まってどうしようもなくなったとき、山という雄大な自然は現実から逃避できる場所として心のよりどころになっている。
イ　師の求める作品の水準は高く、文様を完成させる自信はもてないが、文様を完成させることができれば未登攀の岩壁を登ることができるような気がしている。
ウ　未知の世界に挑む難しさを思い、他人のまねをすることなく新し一日も早くかかりたかった。しかし文様がきまらなくてはどうしようもなかった。あせればあせるほど屈輪文様は彼女から遠のいていくような気がした。（私にはその才能がないのかもしれない）そんなことをふと思った直後には、そのまま山へ直行したいほど山が恋しくなった。

3　佐久間の特訓を受けながら、彼女自身の内部では文様創作の特訓が続いていた。古来から伝えられている鎌倉彫の屈輪文様は余すことなく模写した。現代作家による屈輪文様もすべて研究し尽くした。それらの基礎的文様の上に彼女自身の文様を創作することがいかに難しいものかが日を経るに従って分かってくる。他人が登った岩壁にはハーケンや埋め込みボルトが打ち込んであるから、そのルートを追っていくかぎりそう難しいことではないが、未登攀の岩壁は想像もできないほどの苦労をしないと登ることができないのと比較して考えていた。彼女は岩壁登攀と屈輪文様の創作とを強いて結びつけて考えたくはなかったが、しかし岩壁登攀に熱中している彼女の中のもう一人の美佐子が岩壁登攀と同じように、屈輪文様に没頭していく姿を無視できなかった。

4　師の前での朝の挨拶がつらかった。その直後、「屈輪文様はきまりましたか」と師に聞かれたとき返事ができなかった。「まあいいさ、気に入ったものができるまで構想を練ることだ。他人のまねをやるより、すべて初めっから新しい発想でいくのもあなたらしい」と松磬は言った。彼女はその言葉に〈　B　〉いた。屈輪彫をやってみろと言われたときから、彼女はその作品に全力を集中しようと思った。それが成功するかどうかが、自分の将来を卜《ぼく》するもののように思われた。彼女は松磬堂の仕事場の机の前に座って牡丹《ぼたん》、椿《つばき》、薔薇《ばら》などのありきたりの文様を彫りながら屈輪文様をあれこれと頭に描いていた。「新しい文様はそう簡単にきまるものではない、なにかの折に、ふとそれが頭の中に浮かぶ。その浮かんでいる間に手早くそれを写し取るのだ」さよならの挨拶をするとき、松磬はこのようなことを言った。考え続けなさいと言われるとそれが重荷になった。彼女は帰宅すると、すぐ二階の仕事場に上がって、文様の創作に取りかかった。（中略）

5　彼女は内弟子ではなかったが、それに準ずるだけの技術をもっていたから、松磬堂に多量な注文があった場合はその仕事を手伝わねばならなかった。単純な文様の菓子皿だとか盆のようなものが多かった。下請け的な仕事だったが、それによってかなりの報酬を得ていた。山へ行く費用はもちろんのこと小遣い銭にも不自由はなかった。やろうとすればそういう仕事はいくらでもあったが、必要以上の仕事を持ち込んでくることはなかった。松磬に頼むと言われると徹夜をしてもその仕事をやった。仕事が丁寧で間違いがなく、出来上がりが立派だった。彼女は屈輪文様のことはしばらく頭の外に置こうと思った。そればかり考えているといよいよ溝に落ち込んでしまうからであった。

6　夏が終わった。鎌倉の海岸から海水浴客の姿が消えたころ続けて台風がやって来た。海水浴場はきれいになった。台風が去った朝、海岸をチビをつれて走った。犬を解き放し、砂浜を力いっぱい走ると汗が出た。彼女は砂浜に腰をおろして海の向こうに目をやった。巻雲が浮かんでいた。が、谷川岳の頂で見たものとは違って、その先端がカールしてはいなかった。波が高かった。台風の余波が白い牙を出して、おしよせていた。その三角波の波頭が岸近くになって巻き崩れるように落ちていくのを見て、彼女は一つのヒントを得た。巻雲のカールと波のカールを合一した文様はできないだろうかという着想だった。それ

エ　無意識の世界では、人間の自由な精神は言葉を介さない方法によってものごとを認識し、他者と感動を共有することができる。

(六)　この文章の論の進め方の特徴として最も適当なものを、次のアからオまでの中から選んで、そのかな符号を書きなさい。（　　）

ア　最初に結論を述べたあと、その根拠となる複数の具体例を示すことで、自らの主張をわかりやすく伝えようとしている。

イ　一般に認められている考えを紹介したのちに、自分の考えと共通する意見を提示し、続いて述べる自らの考えの妥当性を高めている。

ウ　さまざまな研究分野の文章を引用した上で、自らの考えを述べ、想定される反論の問題点を示すことで説得力を強めている。

エ　中心となる問題を提起したのちに、自身の経験を交えたさまざまな例を挙げながら、自らの考えを掘り下げている。

オ　はじめに仮説を立てたあと、身近な事例に基づいて検証を進めることで、自らの考えの客観性と確かさを明らかにしている。

2　次の(一)、(二)の問いに答えなさい。

(一)　次の①、②の文中の傍線部について、漢字はその読みをひらがなで書き、カタカナは漢字で書きなさい。

①　波間に小舟が漂っている。（　　っている）

②　過去十年間の留学生のゾウゲンを調べる。（　　）

(二)　次の文中の〔③〕にあてはまる最も適当なことばを、あとのアからエまでの中から選んで、そのかな符号を書きなさい。（　　）

彼のすばらしい演奏は、〔③〕にできるものではない。

ア　一朝一夕　イ　一喜一憂　ウ　一長一短　エ　一進一退

3　次の文章を読んで、あとの(一)から(五)までの問いに答えなさい。

〔本文にいたるまでのあらすじ〕

松磬堂《しょうけいどう》に鎌倉彫（木器に彫刻を施して漆を塗った工芸品）の稽古に通う若林《わかばやし》美佐子《みさこ》は、岩壁登攀《とうはん》（ロッククライミング）にも熱中していた。美佐子の彫刻の腕は師の松磬も驚くほどに上達し、松磬は美佐子に屈輪彫《くりぼり》（鎌倉彫に好んで使われる技法で、高度な技術を要する）に挑戦するよう促している。

〔本文〕

1　若林美佐子の足は重かった。師の家が近づくにつれて彼女の気持ちもまた〈Ａ〉いった。屈輪彫をやってみなさいと言われたのは六月だった。それから三か月もたっているのに、彫りに取りかかってはいなかった。文様がきまらないからだった。師の松磬はヒントが山にあるはずだと言った。確かにそのヒントは六月のある晴れた日のお昼ごろ、一《いち》の倉岳《くらだけ》の頂上において天から与えられた。青空いっぱいに浮かぶ巻雲《けんうん》とその末端のカールはそのまま、屈輪彫に生かすことができた。しかし彼女はそれだけでは物足りなかった。百ほども図案を書いたが一つとして師の前に自信をもって持ち出せるようなものはなかった。

2　谷川岳《たにがわだけ》にはウイークデーを利用して月に二度は出かけていった。パートナーはきまって佐久間《さくま》博《ひろし》だった。谷川岳の岩壁を次々と登り、登るたびに新しい技術を身につけていた。その激しくてスピーディな佐久間の特訓を受けながらも、彼女は暇があれば目を空に投げていた。屈輪文様のヒントとなるべき、より以上図形的な雲を探し続けた。しかし、一の倉岳の頂上で見たような雲は二度と現れなかった。屈輪彫に精神をもとうとすれば、そのことに挑みつづけなければならないのかもしれないのである。

（内山《うちやま》　節《たかし》「自由論――自然と人間のゆらぎの中で」より）

（注）○ 1～6は段落符号である。
○ 迎合＝自分の考えを曲げてでも、他人の意向や世の風潮に調子を合わせること。
○ 通俗的な＝誰にでもわかりやすいさま。
○ 封建主義の時代＝ここでは、主従関係を社会の基盤としていた時代のこと。
○ 共同体時代＝ここでは、人々が血縁関係や住む土地のつながりの中で暮らしていた時代のこと。
○ 媒介＝二つのものの間をとりもつもの。

(一) 〔A〕、〔B〕にあてはまることばの組み合わせとして最も適当なものを、次のアからエまでの中から選んで、そのかな符号を書きなさい。（　）

ア　A　それゆえ　B　たとえば
イ　A　なぜなら　B　たとえば
ウ　A　それゆえ　B　そして
エ　A　なぜなら　B　そして

(二) ①にあてはまる最も適当なことばを、次のアからエまでの中から選んで、そのかな符号を書きなさい。（　）

ア　大局的な　イ　一方的な　ウ　楽観的な　エ　急進的な

(三) ②人間の精神を不自由にしていく芽の具体例として適当でないものを、次のアからエまでの中から一つ選んで、そのかな符号を書きなさい。（　）

ア　子供の頃に覚えたダーウィンの進化論を真理だと思いこむこと
イ　封建主義時代という認識方法で共同体時代を悲惨なものと捉えること
ウ　新しい中世社会論や江戸時代論も一つの認識にすぎないと考えること
エ　欧米の社会を基準として非欧米地域を未開の地と認識すること

(四) ③何ものからも自由になった精神自体があるわけではないのであろうとあるが、筆者はこのように考える理由を第六段落で詳しく述べている。それを要約して、六十字以上七十字以下で書きなさい。ただし、「思考」、「認識」、「考え方」という三つのことばを全て使って、「私たちの精神は、……」という書き出しで書き、「……可能性があるから。」で結ぶこと。三つのことばはどのような順序で使ってもよろしい。

（注意）・句読点も一字に数えて、一字分のマスを使うこと。
・文は、一文でも、二文以上でもよい。

私たちの精神は、

(五) 次のアからエまでの中から、その内容がこの文章に書かれていることと一致するものを一つ選んで、そのかな符号を書きなさい。（　）

ア　常識とされる考えを疑い、ものごとの真理や本質を捉えることができれば、独自の意見を創造する自由な精神を得たことになる。
イ　自分の認識を常に疑うことで、批判的精神を身につけることができる一方、自由な精神を失う可能性があることに留意すべきである。
ウ　自由な精神を得るためには、健全な批判精神をもつだけでなく、自分の認識は誤りではないかと常に省みることが重要である。

果、自然や社会や人間を、自由にみていく精神を失っているのかもしれない。そればかりか、認識することによって、認識したとおりの世界が、実際にあると思いこんでしまう誤りをおかす。そして、ときどき私たちは、自分たちの認識の誤りを批判され、そのときはじめて、私たちが認識していたような事実は、存在していなかったのだと気づくのである。たとえば欧米の社会を基準にして世界をみていたときは、人々は非欧米地域には未開の地が広がっていると認識し、そこには事実として非文明的地帯があると思いこんでいた。ところが、このような世界観は、後に多くの人々の批判をあびるようになる。その批判を受けて、私たちは、かつて認識していたような未開の地域など存在せず、世界にはさまざまな文明が展開しているだけだ、ということに気づくようになった。といっても、それもまたひとつの認識である以上、批判されるときがくるかもしれないのである。このように考えていくと、たえず、ものごとを認識しながら生きている人間には、その認識という行為の中に、②人間の精神を不自由にしていく芽が生じているように私には感じられてならないのである。そして、だからこそ私は、人間にひそむ不自由な精神を、つねにみつめていたい。自分の認識は誤りではないかと、つねに思いつづける精神をもっていたい。それが、認識という行為をおこなっている人間の、とるべき態度ではないかと、思えるのである。

（中略）

5　現実の中で生きている以上、現実にとらわれた精神をもちつづけている、それが私たちの姿である。とすると、自由な精神を得ようとして挑みつづけるところに、人間の精神の自由さはあるのであって、③何ものからも自由になった精神自体があるわけではないのであろう。その理由のひとつに、次のようなこともある。人間は、言葉を媒介にしてものごとを考えている。無意識の世界では、言葉を介さずに何かを感じたり、何となく安心したり、いらだったり、了解したりしているのに、意識化された世界では、人間の精神は言葉を用いて思考する。もっとはっきり述べれば、言葉が生まれたことによって、人間は意識的な思考をするようになったといってもよい。たとえば私たちは、自然保護という言葉が生まれたことによって、自然保護について考えるようになったのではなかったか。もちろんそのような言葉がなくても、自然が好きな人や、自然を大事なものと思う人たちはいただろう。しかし、自然を保護の対象として考える思考方法は、自然保護という言葉がなければ、多くの人のものに、なることはなかった。同じように、美しいという言葉がなければ、私たちはそれをみて何らかの感動を覚えても、それを美しいという概念で考えることはなかったであろうし、明治時代になって自然や愛という言葉が入ってくるまでは、日本には、自然や愛という言葉を用いた思考回路は存在していなかったのである。

6　ところが言葉を用いて思考する以上、どうしても私たちの精神は、その言葉を用いて、ものごとを認識するようになる。自然という言葉が日本に入ることによって、生物たちの世界を自然としてとらえはじめたように、人間の言葉は、言葉のもつ意味に支配されながらしか動かないのである。その言葉には、その時代がもたらした特有の意味がこめられている。たとえば近代国家が生まれなければ、今日私たちが使っているような意味での「国家」とか「国」という言葉は誕生しなかったはずなのに、現在の私たちは、近代国家成立以降の「国家」とか「国」という言葉にとらわれた、思考回路をもっているのである。とすると、言葉を用いて思考することによって、私たちの精神は、その言葉をつくりだした時代の考え方に支配されるのかもしれない。そして自由な

国語

時間　四五分
満点　二二点

1　次の文章を読んで、あとの㈠から㈥までの問いに答えなさい。

1　かつて私たちは、自由のためには批判的な精神をもつことが重要だ、という言葉をしばしば耳にしてきた。それは、たとえば権力や権威に屈してはいけないとか、多数派の意見に迎合するような態度をとってはならないとか、通俗的な見解はつねに疑ってみる必要があり、真理は多くの場合少数者のものであって、真理を追求するうえでの孤立を恐れてはならない、というようなものであった。それらは、自由な精神をもちつづけるための、最低限の条件であった。この健全な批判精神が、自由な精神を維持するためには必要だと、私たちは教わってきた。もちろん、その重要性を私も否定しない。だがそれだけで、自由な精神をもちつづけることができるのだろうかと問われれば、必ずしもそうもいえないのである。（中略）

2　以前の私は、子供の頃に覚えたダーウィンの進化論、簡単に述べれば、生物たちは環境に適応しながら進化をとげてきたという説を、真理だと思いこんできた。〔 A 〕、子供の頃に読んだその分野の本には、どれにもそう書いてあったからである。ところがある時期から、それもまたひとつの仮説にすぎないのだと思うようになった。ダーウィンの進化論が真理だとするだけの確実な証拠はないことを、知るようになったのである。今日の生物進化の理論には、主流をしめる修正ダーウィン理論、共生的進化の理論などいくつかの説があり、神が生物を創造したとする創造説も、アメリカなどでは結構根強いものがある。私は生物学者ではないから、自分でこの問題を研究することはない。その立場から述べれば、生物進化に関するすべての理論は、今日なお仮説以上のものではなく、何が真理かは確認されていないと考えておくことが、一番妥当なのである。ところが、にもかかわらず以前の私は、ダーウィンの進化論的な視点から、生物界をみていた。進化の遅れた生物、進んだ生物という観念も受け入れてきた。しかし、いまではそれは誤りだったのではないかと感じている。少なくとも、生物には遅れた生物も、進んだ生物も存在せず、それぞれの生物が大きな共生関係を結びながら、それぞれの世界を十分に生きているのだと思うようになった。〔 B 〕、そう考えるようになって、はじめて、十分に生きている生き物たちの、自由さがわかるようになった。

3　もっとも私は、どちらの説が正しいのかを、問うているのではないのである。ここで私が問題にしているのは、ひとつの認識方法を手にしたことで、その角度からしか、ものをみることができなくなってしまう、ということである。歴史の世界でも、かつて私たちは、封建主義の時代という認識方法を手にしてしまったために、共同体時代を、人間たちの悲惨な時代という視点からばかりみる習慣を身につけてしまった。この問題は今日、歴史社会学からの見直しが進められているけれど、こうして生まれてきた新しい中世社会論や、江戸時代論などを読むと、かつての封建社会論が、あまりにも ① 歴史のとらえ方だったことがわかる。このように考えていくと、私たちは、ひとつの認識方法を自分のものにしたことによって、かえって、ものごとを自由にみていく精神を失うことがある、と気づくのである。

4　私たちは、いろいろなものを認識しながら生きている。自然を認識し、社会を認識し、人間とは何かを認識しつづけている。しかしその結

2022年度／解答

数　学

1 【解き方】(1) 与式＝ $8-6=2$

(2) 与式＝ $\frac{3(2x-3)-2(3x-2)}{18}=\frac{6x-9-6x+4}{18}=-\frac{5}{18}$

(3) 与式＝ $5x^2\times\frac{1}{16x^2y^2}\times32xy^2=10x$

(4) 与式＝ $(\sqrt{5}-\sqrt{3})(2\sqrt{5}+2\sqrt{3})=2\times(\sqrt{5}-\sqrt{3})(\sqrt{5}+\sqrt{3})=2\times(5-3)=4$

(5) 両辺を展開して，$10-5x=x^2-2x-8$ より，$x^2+3x-18=0$　左辺を因数分解して，$(x+6)(x-3)=0$ から，$x=-6,\ 3$

(6) アは，$y=x^3$　イは，$x\times y=35$ より，$y=\frac{35}{x}$　ウは，$y=4x$　エは，$x\times y=15$ より，$y=\frac{15}{x}$　よって，イとエ。

(7) 平均値は，$(1+3+5+a+10+12)\div6=\frac{31+a}{6}$（冊）　中央値は小さい方から3番目と4番目の平均だから，$(5+a)\div2=\frac{5+a}{2}$（冊）　よって，$\frac{31+a}{6}=\frac{5+a}{2}$ が成り立つ。両辺を6倍して，$31+a=15+3a$ なので，$a=8$

(8) 点Aの y 座標は，$y=(-3)^2=9$ なので，A$(-3,\ 9)$　点Bの y 座標は，$y=6^2=36$ なので，B$(6,\ 36)$　直線ABの傾きは，$\frac{36-9}{6-(-3)}=3$ なので，求める直線の式は，$y=3x$

(9) 円柱PとQの底面積の比は，$3^2:5^2=9:25$　体積が等しいので高さの比は底面積の逆比で，$\frac{1}{9}:\frac{1}{25}=25:9$　よって，$9\div25=\frac{9}{25}$（倍）

(10) △ADE∽△CBEより，AD：BC＝AE：CE　よって，6：BC＝3：7なので，BC＝$6\times\frac{7}{3}=14$（cm）

【答】(1) 2　(2) $-\frac{5}{18}$　(3) $10x$　(4) 4　(5) $x=-6,\ 3$　(6) イ，エ　(7) 8　(8) $y=3x$　(9) $\frac{9}{25}$（倍）　(10) 14（cm）

2 【解き方】(1) 四角形ABCD＝△OAB＋△OAD＋△OCD＝$\frac{1}{2}\times6\times3+\frac{1}{2}\times6\times3+\frac{1}{2}\times6\times4=30$　よって，△ABE＝$30\times\frac{1}{2}=15$ より，BE＝t とすると，$\frac{1}{2}\times t\times6=15$ なので，$t=5$　したがって，求める点の x 座標は，$-3-5=-8$，$-3+5=2$ より，座標は，$(-8,\ 0)$，$(2,\ 0)$

(2) $\mathrm{A}=100a+10b+c$，$\mathrm{B}=100c+10b+a$ より，$\mathrm{A}-\mathrm{B}=(100a+10b+c)-(100c+10b+a)=99(a-c)$ となる。したがって，$99(a-c)=396$ より，$a-c=4$ なので，これを満たす a，c は，$(a,\ c)=(9,\ 5)$，$(8,\ 4)$，$(7,\ 3)$，$(6,\ 2)$，$(5,\ 1)$ の5通り。このうち，$(a,\ c)=(9,\ 5)$ では，$b=8,\ 7,\ 6$ の3通りがあり，他の場合も同様に b の値は3通りずつあるから，求める答えは，$5\times3=15$（通り）

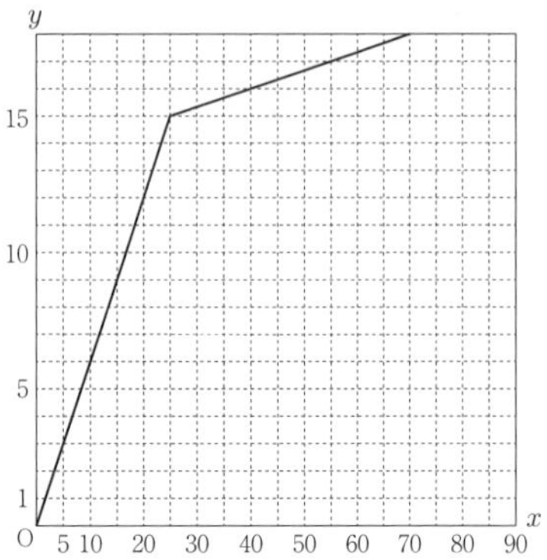

(3) ① 第1組がタクシーでC地点に着くまで，$\frac{15}{36} \times 60 = 25$(分)かかるから，(0, 0)，(25, 15)を結ぶ線分を引く。次に，徒歩でC地点からB地点まで，$\frac{18-15}{4} \times 60 = 45$(分)かかるから，出発してから，$25 + 45 = 70$(分後)にB地点に着く。よって，(25, 15)，(70, 18)を結ぶ線分を引く。② タクシーがC地点に着いた時，第2組は，$4 \times \frac{25}{60} = \frac{5}{3}$ (km)進んでいる。したがって，さらにx分後にタクシーに乗るとすると，$4 \times \frac{x}{60} + 36 \times \frac{x}{60} = 15 - \frac{5}{3}$が成り立つ。これを解いて、$x = 20$　よって，出発してから，$25 + 20 = 45$(分後)

【答】(1) (－8, 0)，(2, 0)　(2) Ⅰ．$99(a-c)$　Ⅱ．15　(3) ① (前図)　② 45(分後)

3 **【解き方】**(1) $\angle CBD = \angle DEC - \angle BCE = 86^\circ - 21^\circ = 65^\circ$　円周角の定理より，$\angle DAC = \angle CBD = 65^\circ$で，線分ACは$\angle BAD$の二等分線だから，$\angle BAC = \angle DAC = 65^\circ$　よって，$\angle AEB = \angle DEC = 86^\circ$より，$\angle ABE = 180^\circ - \angle BAC - \angle AEB = 180^\circ - 65^\circ - 86^\circ = 29^\circ$

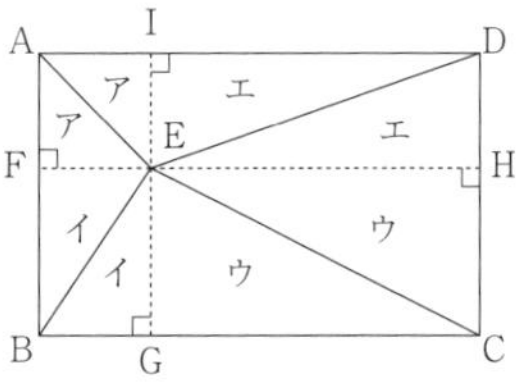

(2) ① 右図において，四角形AFEI，四角形BGEF，四角形CGEH，四角形DIEHは長方形なので，各々の対角線で二等分される。よって，求める面積は，ウ＋エであり，ア×2＋イ×2＋ウ×2＋エ×2 ＝ 80 (cm^2)より，ア＋イ＋ウ＋エ ＝ 80 ÷ 2 ＝ 40 (cm^2)なので，ア＋イ ＝ 10 (cm^2)より，ウ＋エ ＝ 40 － 10 ＝ 30 (cm^2)　② $\triangle BCE = 80 - \triangle ABE - \triangle AED - \triangle DEC = 80 - 10 - 16 - 30 = 24$ (cm^2)なので，IE : EG ＝ 16 : 24 ＝ 2 : 3　ここで，IE ＝ $2t$，EG ＝ $3t$とおくと，△AFEと△AIEは合同な直角二等辺三角形だから，AF ＝ AI ＝ IE ＝ $2t$　したがって，△ABEについて，$\frac{1}{2} \times (2t + 3t) \times 2t = 10$が成り立つ。これを解いて，$t^2 = 2$から，$t > 0$より，$t = \sqrt{2}$　よって，AB ＝ $2t + 3t = 5t = 5\sqrt{2}$ (cm)

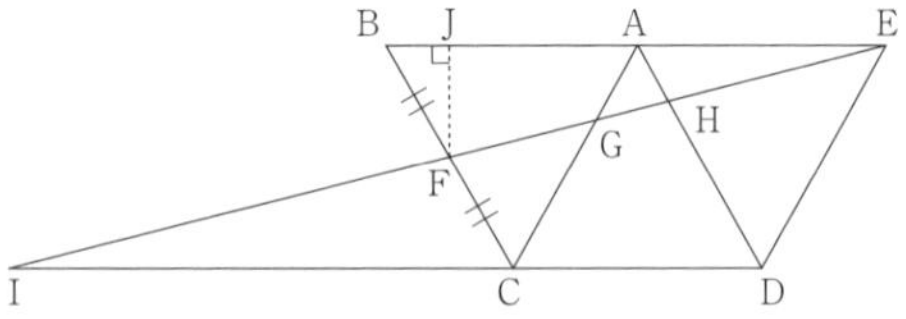

(3) ① 右図のように，側面の正三角形ABC，ACD，ADEの展開図において，EFの延長とDCの延長との交点をIとする。$\triangle CIF \backsim \triangle BEF$より，CI : BE ＝ CF : BF ＝ 1 : 1だから，CI ＝ BE ＝ 4 × 2 ＝ 8 (cm)　さらに，$\triangle CIG \backsim \triangle AEG$より，CG : AG ＝ CI : AE ＝ 8 : 4 ＝ 2 : 1　よって，$AG = 4 \times \frac{1}{2+1} = \frac{4}{3}$ (cm)　② 図のように，Fから辺ABに垂線FJをひく。△BFJは30°，60°の直角三角形なので，$BJ = \frac{1}{2}BF = \frac{1}{2} \times \frac{1}{2}BC = 1$ (cm)，$FJ = \sqrt{3}BJ = \sqrt{3}$ (cm)　よって，△EFJにおいて三平方の定理より，$EF = \sqrt{FJ^2 + EJ^2} = \sqrt{(\sqrt{3})^2 + (8-1)^2} = 2\sqrt{13}$ (cm)

【答】(1) 29°　(2) ① 30 (cm^2)　② $5\sqrt{2}$ (cm)　(3) ① $\frac{4}{3}$ (cm)　② $2\sqrt{13}$ (cm)

英　語

1 【解き方】（第１問）１番．マイクの「ここロンドンから君に連絡するよ」というせりふに対して，エミリーが「ニューヨークからあなたにメールを送るわ」と答えている。

２番．ブラウン先生の「誰がスピーチをしたいですか？」という質問に対して，ケイコが「私にやらせてください」と言っている。

３番．ルーシーは，翌日にジェーンと自分を映画館に連れていってほしいと頼んでいる。

（第２問）問１.「春が近づいている」という表現から，冬と春の間であることがわかる。

問２．愛知の天気については，「午前中は曇り空で，午後には雨が降る」と言っている。

【答】（第１問）１番．a．誤　b．誤　c．正　d．誤　２番．a．誤　b．誤　c．誤　d．正

３番．a．正　b．誤　c．誤　d．誤

（第２問）問１．a．誤　b．正　c．誤　d．誤　問２．a．誤　b．誤　c．誤　d．正

◀全訳▶（第１問）

１番．

エミリー：ありがとう，マイク。あなたの親切は決して忘れないわ。

マイク　：どういたしまして，エミリー。ここロンドンから君に連絡するよ。

エミリー：ニューヨークからあなたにメールを送るわね。

質問：この対話に関して正しいのはどれですか？

a．今，エミリーとマイクはメールを送っています。

b．エミリーはニューヨークでマイクにとても親切にしています。

c．エミリーとマイクは連絡を取り合うつもりです。

d．マイクはエミリーの親切を決して忘れないでしょう。

２番．

ブラウン先生：おはようございます，みなさん。今日は誰がスピーチをしたいですか？

ケイコ　　　：私にやらせてください，ブラウン先生！

ブラウン先生：わかりました，ケイコ，黒板のところに来てください。

質問：この対話はどのような場面ですか？

a．ブラウン先生がスピーチをします。　b．ブラウン先生とケイコが一緒にスピーチをします。

c．ケイコのクラスメートがスピーチをします。　d．ケイコがみんなにスピーチをします。

３番．

ルーシー：お父さん，私は明日ミドリ市に行く予定なの。

父親　　：どういう計画だい，ルーシー？

ルーシー：ジェーンと私は映画を見るつもりよ。私たちを映画館まで連れていってくれない？

質問：父親は次に何と言うでしょう？

a．いいよ。映画は何時に始まるの？　b．もちろん。映画館の前でジェーンと会おう。

c．だめだ。今日はあまり時間がないんだ。　d．いいや，結構だ。君はどう？

（第２問）では愛知の明日の天気情報をお届けします。今週は暖かくなり，春が近づいてきます。驚くことに，沖縄ではすでに海水浴シーズンが始まっており，最高気温は26度になりそうです。一方愛知では，午前中は曇り空が広がります。午後には雨が降るでしょう。最高気温は12度で，最低気温は4度となりそうです。

問１．愛知はどの季節ですか？

a．秋と冬の間。　b．冬と春の間。　c．夏のあと。　d．冬の前。

問２．愛知では明日，どんな天気になりますか？

a. 暖かく，最高気温が 26 度になる。　b. 曇りのち晴れとなる。

c. 寒く，最低気温が 12 度になる。　d. 曇りのち雨となる。

2 【解き方】① 手助けを申し出る表現。「お手伝いしましょうか？」や「何かお手伝いできることはありますか？」などの文が入る。

② 外国人の「アサヒ駅を探しています。あなたはその駅を知っていますか？」というせりふに対する返答。「私があなたをそこにお連れします」と続くことから，「私はその駅までの行き方を知っています」，「でもその駅への行き方を説明するのは難しいです」などの文が入る。「～への行き方」= the way to ～。

【答】①（例 1）can I help you　（例 2）is there anything I can do for you

②（例 1）I know the way to the station　（例 2）but the way to the station is hard to explain

3 【解き方】①「あなたはとても不安そうに見える」。「～に見える」= look ～。「とても」= so。

②「僕は昨夜，数学を英語と間違えた」。「A を B と間違える」= mistake A for B。mistake の過去形は mistook。「昨夜」= last night。

③「アドバイスをありがとう」。「～をありがとう」= Thank you for ～。「アドバイス」= advice。

【答】① look，so　② mistook，last　③ for，advice

◀全訳▶

賢人　　：ああ，困った。どうすればいいかわからないよ。

ナンシー：賢人，とても不安そうに見えるわよ。

賢人　　：実はね，ナンシー，数学のテストがとても難しかったんだ。自分にがっかりしているよ。

ナンシー：昨日，テストの準備をしたのでしょう？

賢人　　：いいや。僕は昨夜，数学を英語と間違えてしまった。だから数学ではなく英語を勉強したんだよ。

ナンシー：なるほど。過去は忘れて，明日のために最善を尽くしたらいいわ。

賢人　　：アドバイスをありがとう。

4 【解き方】(1) 第 1 段落の 3 文目で，「海」と「プラスチック汚染」に言及していることに着目する。また，ビニールぶくろの削減や愛知のキャンペーンについて述べていることから考える。

(2) 直前の are に注目。「愛知で製造されるプラスチック製品は，文房具や電子機器などに『使われている』」。受動態〈be 動詞＋過去分詞〉で表す。

(3)「だから海には私たちの日常生活から出たプラスチックごみがたくさんある」という意味の文。「～がたくさんある」= there is a lot of ～。「私たちの日常生活から出たプラスチックごみ」= plastic waste from our daily lives。

(4) 第 4 段落で，2002 年以降，各国がビニールぶくろを減らす努力をしていることが述べられている。

(5) ア．第 1 段落の 3 文目を見る。800 万トンという数字は，世界で毎年海に流れ込んでいるプラスチックごみの量を表している。イ．第 2 段落の 2 文目で，2019 年には愛知が日本の約 12 パーセントのプラスチック製品を製造したと述べているが，「愛知の 12 パーセントの人は陶器と車しか作っていない」とは言っていない。ウ．「日本の人々はたくさんの便利なプラスチック製品とともに日常生活を送っている」。第 2 段落の最後の 2 文を見る。正しい。エ．第 3 段落の後半を見る。プラスチックごみは魚や海洋動物だけでなく，人々にも悪影響を及ぼす。オ．「プラスチック汚染だけに興味を持つことが大切だ」とは述べられていない。カ．「海と私たちの生活は結びついているので，私たちの行動を変えることが海をよりきれいにすることになる」。最終段落を見る。正しい。

【答】(1) ア　(2) used　(3) is a lot of plastic waste from our daily lives in　(4) エ　(5) ウ・カ

◀全訳▶　日本は海に囲まれており，日本の人々は多くの種類の魚や海洋動物を見ることができます。しかし，彼らが生き残ることは難しいかもしれません。世界では，毎年 800 万トンのプラスチックごみが海に流れ込んでいます。ですから，私たちは将来のために海を保護するべきです。この話は海とプラスチック汚染，そしてそれを解決する方法についてのものです。

あなたは，愛知が陶器や車などの物づくりで有名であることを知っているかもしれません。しかし2019年に，愛知が日本で最も多く，約12パーセントのプラスチック製品を製造したことは知っていますか？　愛知で製造されるプラスチック製品は，文房具や電子機器などに使用されています。たくさんのプラスチック製品が日本の人々の周囲にはあるのです。それらは便利で，彼らの日常生活を支えています。

プラスチック製品は便利ですが，プラスチックごみは海でいくつかの問題を引き起こしています。路上のプラスチックごみが川に入り，その後，川がそれらのごみを海に運びます。そのため海には私たちの日常生活から出たプラスチックごみがたくさんあります。海洋動物がプラスチックごみを食べて死んでしまうかもしれないと言う人がいます。危険な化学物質が海の小さなプラスチック片に付着し，魚がそれらを食べるかもしれないと言う人もいます。私たちがその魚を食べると，病気になるかもしれません。私たちはプラスチックごみが魚だけでなく，人間にとっても大きな問題であることを知るべきです。

今，多くの国々がプラスチックごみを減らすため懸命に努力しています。一つの例が，買い物のあとに人々がよく使う無料のビニールぶくろです。2002年に，バングラデシュの人々が世界で初めてビニールぶくろの利用をやめました。2015年に，イギリスの店がビニールぶくろを5ペンスで売り始めました。2018年に，127か国以上の人々が，無料のビニールぶくろを，あるいはいかなる種類のビニールぶくろをも，使用することをやめました。2020年に，日本は無料のビニールぶくろを渡す代わりに，ビニールぶくろを売り始めました。実際，日本は1年間で約4分の3のビニールぶくろを減らしています。

プラスチックごみを減らすために私たちは何をするべきなのでしょうか？　愛知はキャンペーンを実施し，海をきれいに保とうとしています。そのキャンペーンは，プラスチック汚染に興味を持ち，行動を起こすことが大切だということを私たちに伝えています。私たちは買い物のあとでビニールぶくろを買うのではなく，自分自身の買い物ぶくろを持参するべきです。

海と陸は自然の中でつながっています。私たちの陸地での日常生活が海の多くの命に影響を及ぼします。できるだけ早く私たちの行動を変えましょう。行動することが海をよりきれいにするのです。

5 **【解き方】**(1) b. QRコードについて話している場面。直後でアメリカでもQRコードを利用していることが述べられている。d. ボブの1つ前のせりふより，アメリカの火災訓練の様子を述べた文が入る。

(2) ①「彼は，1994年に初めてQRコードを発明した日本企業に『勤めていた』」。「～に勤めている」= work for ～。②「彼らは，災害時の地域の避難所が『どこに』あるのかも知っている」。「～がどこにあるのか」= where ～ is。間接疑問文。

(3)「学校の火災警報が突然大きな『音』を鳴らす」。「音を立てる」= make sounds。

(4) X. ボブの4番目のせりふより，「日本の技術は他の国にも広がり，人々に便利な生活を与え，彼らの日常生活を『支えている』」。「～を支える」= support ～。現在進行形〈is/am/are ＋～ing〉の文。Y. 避難訓練や災害への備えに関する後半の会話から考える。「多くの日本人は災害『に備えている』」。「～に備えている」= be ready for ～。

【答】(1) b. ア　d. エ　(2) ① worked　② where　(3) ウ　(4) X. supporting　Y. for

◀全訳▶

彩　：こんにちは，ボブ。いつ故郷に帰る予定なの？

ボブ：やあ，彩。僕は来月サンフランシスコに帰る予定だよ。

彩　：この学校での滞在はあっという間に過ぎてしまったわね。日本の学校生活はどうかしら？

ボブ：素晴らしかったよ！　昨年から学校で日本について学んできたから，僕はホストファミリーとよくそのことについて話すんだ。

彩　：もっと詳しく教えてちょうだい。

ボブ：うん，僕は先週，授業でQRコードについて学んだんだ。それで僕はホストファミリーのおじいちゃんとそのことについて話し合った。僕は彼にそのコードが日本で作られたと伝えたんだ。すると彼は，1994年に初めてQRコードを発明した日本企業に勤めていたと言ったんだよ。

彩　：そうなの？

ボブ：うん。そのコードはサンフランシスコでも普及しているよ。家族と一緒にレストランへ行ったとき，食後にお金を支払うために，母が時々スマートフォンでそのコードを読み取っていた。それはとても便利だったよ。その日本の技術はアメリカで僕たちの日常生活を支えているんだ。

彩　：いいことね。技術は日本の強みよ。他には何か話したの？

ボブ：うん，僕たちは避難訓練について話したよ。それは日本のもう一つの強みだと思う。日本の訓練はアメリカの訓練とは違っているね。

彩　：そうなの？

ボブ：うん。火災訓練の日，僕の学校の生徒たちはそのことを全く知らない。そして学校の火災警報が突然大きな音を鳴らして，僕たちに訓練が始まったことを伝えるんだ。

彩　：日本のいくつかの学校でもそのような訓練をしていると聞いたことがあるわ。

ボブ：素晴らしいね！　ここに滞在している間に，僕は多くの日本人が火災や地震，大雨などの災害に備えていることを知ったよ。

彩　：そうなのね。日本では毎年さまざまな災害が起こるの。私の家族は防災セットを作り，家に保管しているわ。

ボブ：へえ，そうなんだ？　僕のホストファミリーはどれくらいの食料と水を蓄えておくべきかを知っているし，災害時の地域の避難所がどこにあるのかも知っている。素晴らしいよ！

彩　：私たちの家族もそうよ。緊急事態に備えることは誰にとっても大切なことなの。

ボブ：僕もそう思う。アメリカに帰ったら，災害に備えて食料と水を蓄えておくよう家族に言うつもりだよ。

社　会

1 【解き方】(1) ①「南蛮人」とは，16 世紀半ばから 17 世紀前半にかけて，日本に来航したポルトガル人やスペイン人のこと。② 桓武天皇は平安京の造営と蝦夷征討に力を入れていた。③「源義家」は，11 世紀後半の後三年の役で活躍し，源氏の勢力を東国に広げた武将。

(2) 織田信長は，1573 年に足利義昭を京都から追放した後，同年に一乗谷を攻略して焼き払い，朝倉氏を滅ぼした。名誉革命は，1688 年に始まり，翌年には権利の章典が定められた。また，1857 年に始まったインド大反乱は，翌年には鎮圧された。イは 1392 年，ウは 1492 年のできごと。

【答】(1) イ　(2) ア・エ　(3) エ

2 【解き方】(1) X は 13 世紀初めに運慶・快慶らによって作られ，Y は 17 世紀に菱川師宣《ひしかわもろのぶ》によって描かれた。

(2) アは 1885 年，イは 1880 年，ウは 1890 年，エは 1889 年のできごと。

(3) 石見銀山は島根県に位置する，戦国時代から江戸時代の前半にかけて大量の銀を産出した銀山。A は佐渡金山，B は足尾銅山，C は生野銀山の位置。また，アは江戸時代，イは平安時代，エは鎌倉時代のようす。

(4) イギリスの産業革命は綿工業から始まり，安価な綿製品を大量に生産できるようになったため，インドをはじめとするアジアへ綿製品を大量に輸出するようになっていた。また，当時の日本では，外国に比べて金が相対的に安かったことから，外国人が持ち込んだ銀貨を多くの金貨と交換して持ち帰り，日本から金が流出した。

【答】(1) ア　(2) (2 番目) ア　(3 番目) エ　(3) (位置) D　(ようす) ウ

(4) 綿糸の輸入により，国内の生産地（15 字）(同意可)（かな符号）ウ

3 【解き方】(1) A. 紀伊半島中央部には紀伊山地があり，全体的に山がちな地形で標高が高い。C. X_2 付近で琵琶湖を通るため，東側に標高が低く，一定の標高の地域が続いている。

(2) a. 瀬戸内海沿岸地域は一年を通して温暖で，降水量が比較的少ない。b. 新宮市は，梅雨や台風の時期に降水量が多い，太平洋側の気候に属する。c. 日本海側の地域は，冬の北西季節風と暖流の対馬海流の影響から，冬の降水（降雪）量が多い。

(3) 資料①は大阪府。近畿地方の経済的な中心地であり，他県からの通勤・通学者が多いため，「昼夜間人口比率」が高い。資料②は奈良県。内陸県のため「海岸線距離」は 0 m となる。w は兵庫県，x は京都府。

【答】(1) オ　(2) ア　(3) (資料①) y　(資料②) z

4 【解き方】(1) イ. 正距方位図法の地図は，「中心」からの距離と方位のみ正しく示しており，中心以外からの方位は読み取れない。エ. 南極大陸は，デリーから見て南に位置しており，破線 X の範囲内に含まれていない。オ. 南アメリカ大陸は，デリーから見て北西から南西にかけて位置しており，破線 X の範囲内に含まれていない。

(2) イスラム教は，飲酒や豚を食べることを禁じている。また，「キリスト教」には食事に関する制限が基本的にない。

(3) A の茶は中国やインド，B のコーヒー豆はブラジル，C のカカオ豆はコートジボワールやガーナの生産量が多い。

【答】(1) ア・ウ　(2) オ　(3) A

5 【解き方】(1) X はパソコン，Y はスマートフォン，Z はタブレット型端末。スマートフォンとは，従来よりも高性能で，パソコンと同じような機能・性質を持つ携帯電話のこと。2010 年代に従来の携帯電話に代わって急速に普及した。

(2) ア. 80 歳以上の年代を除いて，最も利用割合が高いのは「スマートフォン」。エ. 平成 28 年から平成 30 年にかけて，「70～79 歳」と「80 歳以上」の年代は，利用者の割合が低下している。

(3) 労働基準法は，労働条件の最低基準を定めた法律で，労働時間や休日の日数などを定めている。アの団結権

やイの団体行動権は日本国憲法によって保障されており，労働組合法によってウも含めて具体化されている。

(4) ア．非正規雇用労働者の方が賃金が安く，非正規雇用労働者の占める割合は上昇傾向にある。ウ．「年功序列賃金」ではなく，成果給が正しい。「年功序列賃金」とは，会社に勤めた年数に応じて給料が上昇するしくみ。エ．非正規雇用労働者の方が賃金は安いため，政府は「同一労働同一賃金」の導入などにより，格差の解消を図っている。

【答】 (1) イ　(2) イ・ウ　(3) (名称) 労働基準法　(内容) エ　(4) イ

6 **【解き方】** (1) 国際連合は，第二次世界大戦終結後の1945年10月に設立された。第二次世界大戦は1939年，朝鮮戦争は1950年に始まった。

(2) Y．「イタリア」ではなく，イギリスが正しい。安全保障理事会の常任理事国は，すべて第二次世界大戦の戦勝国となっている。

(3) ア．上位4国において，実績額が最も大きいアメリカは国民総所得比が小さくなっており，「実績額が大きい国ほど国民総所得比が大きい」わけではない。ウ．上位4国において，1人あたり国民総所得が最も大きいアメリカが，実績額も最大となっている。エ．1人あたり国民総所得が最も大きいアメリカは，国民総所得比が最小となっており，「1人あたり国民総所得が大きい国ほど国民総所得比が大きい」わけではない。

【答】 (1) C　(2) ウ　(3) イ

理　科

1 【解き方】(1) ① 図のb（右心室）が収縮して血液が肺へ，d（左心室）が収縮して血液が全身へ送られる。② 動脈血は酸素を多く含んだ血液なので，肺→c（左心房）→d（左心室）→全身へ送られる血液が動脈血。

(2) 気団Xはシベリア気団で，冷たくかわいた空気のかたまり。気団Yは小笠原気団で，あたたかくしめった空気のかたまり。

【答】(1) ① オ　② カ　(2) ウ

2 【解き方】(1) おしべとめしべが花弁に包まれていると，外から花粉が運ばれてきて受粉する可能性が低く，1つの花の中のめしべの柱頭に，その花の中の花粉が受粉する可能性が高くなる。

(2) 双子葉類は離弁花類と合弁花類に分類することができる。アブラナは離弁花類，ツツジは合弁花類。

(3) 種子の形を丸形にする遺伝子をA，しわ形にする遺伝子をaとすると，Aグループの種子の遺伝子の組み合わせは，AAどうしのかけ合わせによってできた種子なのでAA，Bグループの種子の遺伝子の組み合わせは，aaどうしのかけ合わせによってできた種子なのでaa，CグループとDグループの種子の遺伝子の組み合わせは，AAとaaのかけ合わせによってできた種子なのでAa。

(4) 観察2の結果より，種子を丸形にする形質はしわ形にする形質に対して顕性なので，種子Wのもつ遺伝子の組み合わせはAAかAa。AAとaaのかけ合わせによってできる種子の遺伝子の組み合わせは全てAaで，種子は全て丸形。Aaとaaのかけ合わせによってできる種子の遺伝子の組み合わせとその比は，Aa：aa＝1：1で，丸形：しわ形＝1：1

【答】(1) ア　(2) イ　(3) ウ　(4) オ

3 【解き方】(1) BTB溶液は中性で緑色に変化するので，ビーカーFの水溶液が中性。これは塩酸 $20cm^3$ と水酸化ナトリウム水溶液 $12cm^3$ が過不足なく反応したということで，他のビーカーでも塩酸と水酸化ナトリウム水溶液の中和反応は起きている。

(3) 気体Xはマグネシウムと塩酸が反応して発生する水素。一般にアはアンモニア，イは塩素，ウは二酸化炭素の性質。

(4) 図3より，加えた水酸化ナトリウム水溶液が $4\,cm^3$ までは発生した気体が一定なので，加えたマグネシウムリボンが全て溶けると $100cm^3$ の気体が発生し，加えた水酸化ナトリウム水溶液が $4\,cm^3$ のときに残った塩酸とマグネシウムリボンが過不足なく反応するとわかる。加えた水酸化ナトリウム水溶液が $12cm^3$ のとき，気体が発生しなくなっているので，このときに塩酸が全て反応している。加える水酸化ナトリウム水溶液の濃さを2倍にすると，同じ量の塩酸と反応する水酸化ナトリウム水溶液の量は $\frac{1}{2}$ になるので，マグネシウムリボン0.1gと過不足なく反応する塩酸が残るのは，2倍の濃さの水酸化ナトリウム水溶液を，$4\,(cm^3) \times \frac{1}{2} = 2\,(cm^3)$ 加えたときで，塩酸が全て反応する水酸化ナトリウム水溶液の量は，$12\,(cm^3) \times \frac{1}{2} = 6\,(cm^3)$ になる。よって，濃さが2倍の水酸化ナトリウム水溶液を加える量が $2\,cm^3$ までは発生する気体の体積が $100cm^3$ で，それ以上加えると発生する気体の体積が減少していき，$6\,cm^3$ 加えたときに発生する気体の体積が $0\,cm^3$ になる。

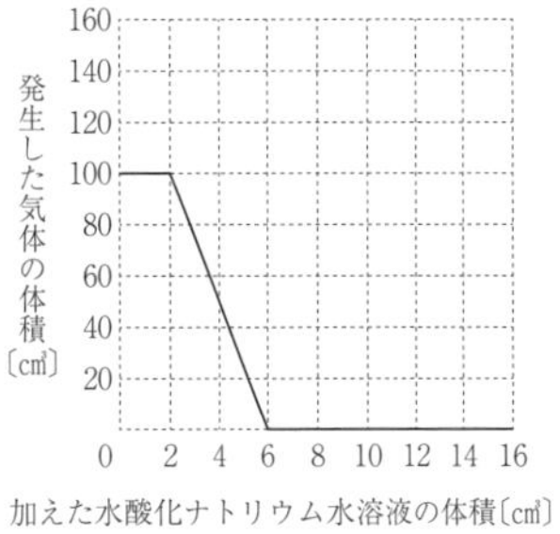

【答】(1) エ　(2) 水上置換法　(3) エ　(4)（前図）

4 【解き方】(1) 表より，電熱線Aに2.0Vの電圧を加えると100mAの電流が流れる。100mA＝0.1Aなので，オームの法則より，$\frac{2.0\,(V)}{0.1\,(A)} = 20\,(\Omega)$

(2) U字型磁石のN極とS極を上下逆にし，コイルに流れる電流の向きも逆にしていることから，コイルの動く向きは実験2と同じになる。表より，同じ大きさの電圧を加えたとき，電熱線Bに流れる電流の大きさは，電熱線Aに流れる電流の大きさより小さいので，コイルが動く大きさは実験2のときより小さくなる。

(3) 回路に流れる電流を大きくすると，コイルの動きも大きくなる。(2)より，電熱線Bの電気抵抗は，電熱線Aの電気抵抗より大きく，電熱線を直列につなぐと合成抵抗は大きくなるので，図3のⅠ～Ⅲの電熱線の合成抵抗は，電熱線A1個のときより大きくなり，回路に流れる電流の大きさは小さくなる。Ⅳ～Ⅵのように並列につなぐと，各電熱線にはそれぞれ5.0Vの電圧が加わるので，ⅣとⅤのときに回路に流れる電流は，電熱線A1個のときより大きくなる。Ⅵのとき，2つの電熱線Bにはそれぞれ5.0Vの電圧が加わるので，表より，回路に流れる電流の大きさは，100 (mA) + 100 (mA) = 200 (mA)になり，電熱線A1個に5.0Vの電圧が加わったときに流れる250mAの電流より小さくなる。

(4) 実験4より，棒磁石のS極をコイルの手前から近づけると，検流計の針は＋側に振れたので，棒磁石のN極をコイルの手前から近づけると，検流計の針は－側に振れる。そのままコイルを貫通させると，棒磁石のS極がコイルの反対側から遠ざかるので，検流計の針は＋側に振れる。

【答】 (1) 20 (Ω)　(2) イ　(3) Ⅳ・Ⅴ　(4) ウ

5 **【解き方】** (1) 地層は下の層ほど古いので，図2の柱状図ⅡのQで示した地層は，れき岩→砂岩→泥岩の順に堆積したことになる。よって，柱状図Ⅱの地点は海岸近くから沖合に変化したと考えられる。

(3)「図1の地域の地層は互いに平行に重なっており，南に向かって一定の割合で低くなっている」とあるので，図1の地域の地層は東西方向には傾いていない。地層の重なりから，図2の柱状図Ⅰの上の凝灰岩の層と柱状図Ⅱの凝灰岩の層の標高は同じで，柱状図Ⅰの石灰岩の層と柱状図Ⅲの上の石灰岩の層の標高も同じなので，地表の標高の高さは低い順に，柱状図Ⅲ→柱状図Ⅰ→柱状図Ⅱになる。図1より，地点Aの地表の標高は70m，地点Bの地表は80m，地点Cの地表は90mなので，地点Aが柱状図Ⅲ，地点Bが柱状図Ⅰ，地点Cが柱状図Ⅱと考えられる。

(4) 柱状図Ⅳは地点Dにおける地層のようすを表しており，泥岩の層の上端は地表から10mの深さにあり，図1より，地点Dの地表の標高は75mなので，泥岩の層の上端の標高は，75 (m) − 10 (m) = 65 (m)　地点Xは地点Dの真西にあるので，地点Xの泥岩の層の上端の標高も65mになる。よって，地表の標高が67mの地点Xの泥岩の層の上端は，地表から，67 (m) − 65 (m) = 2 (m)の深さにある。

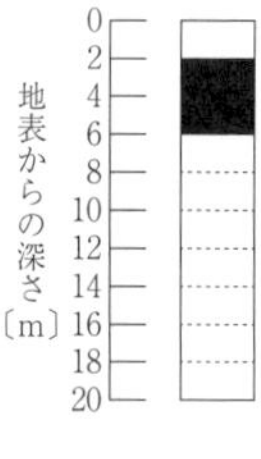

【答】 (1) イ　(2) キ　(3) オ　(4) (右図)

6 **【解き方】** (1) 水の密度は1.0g/cm^3なので，水80cm^3の質量は，1.0 (g/cm^3) × 80 (cm^3) = 80 (g)　加えたエタノールの質量をx gとすると，$\frac{x\ (\text{g})}{(x+80)\ (\text{g})} \times 100 = 20$ (%)が成り立つので，これを解いて，$x = 20$ (g)　エタノールの密度は0.8g/cm^3なので，加えたエタノールの体積は，$\frac{20\ (\text{g})}{0.8\ (\text{g/cm}^3)} = 25$ (cm^3)

(2) 音は振動数が多いほど高い音になるので，弦の長さが短いほど，弦の太さが細いほど，弦を張る力が強いほど（おもりの質量が大きいほど）高い音になる。表より，ⅠとⅡでは，弦の長さ・弦の太さは同じで，おもりの質量はⅡの方が大きいので，Ⅱの方が高い音になる。ⅠとⅢでは，弦の長さは同じで，弦の太さはⅢの方が細く，おもりの質量もⅢの方が大きいので，Ⅲの方が高い音になる。ⅠとⅣでは，弦の太さは同じで，弦の長さはⅣの方が短く，おもりの質量もⅣの方が大きいので，Ⅳの方が高い音になる。ⅡとⅢでは，弦の長さ・おもりの質量は同じで，弦の太さはⅢの方が細いので，Ⅲの方が高い音になる。

【答】 (1) 25 (cm^3)　(2) オ

国　語

1 **【解き方】**㈠ Aでは，筆者がダーウィンの進化論を「真理だと思いこんできた」理由を，「子供の頃に読んだその分野の本には，どれにもそう書いてあったから」だと説明している。Bでは，ダーウィンの進化論が「ひとつの仮説にすぎない」ことを知った筆者が，「遅れた生物も，進んだ生物も存在せず…それぞれの世界を十分に生きているのだと思うようになった」結果として，「はじめて，十分に生きている生き物たちの，自由さがわかるようになった」と述べている。

㈡「かつての封建社会論」が，前の「かつて私たち」が手にした「封建主義の時代という認識方法」を指し，それが「ひとつの認識方法を手にしたことで，その角度からしか，ものをみることができなくなってしまう」という問題点の例であることをおさえる。

㈢ 前で，人間が「いろいろなものを認識しながら生きている」結果，「自然や社会や人間を，自由にみていく精神を失っているのかもしれない」と述べていることに着目する。続く文の「認識することによって，認識したとおりの世界が，実際にあると思いこんでしまう誤り」を，筆者は「人間の精神を不自由にしていく芽」と表現している。ウの「一つの認識にすぎないと考える」視点は，「ひとつの認識」の外から見つめるもの。

㈣ 6段落の冒頭で「言葉を用いて思考する以上…その言葉を用いて，ものごとを認識するようになる」と述べたあと，「人間の言葉」について「言葉のもつ意味に支配されながらしか動かない」と指摘している。そしてこのことにより，「私たちの精神は，その言葉をつくりだした時代の考え方に支配されるのかもしれない」とまとめている。

㈤ 筆者は文章の冒頭で「健全な批判精神が，自由な精神を維持するためには必要」であることを，「その重要性を私も否定しない」と認めたうえで，あとで「自分の認識は誤りではないかと，つねに思いつづける精神をもっていたい。それが…人間の，とるべき態度ではないか」と主張していることをおさえる。

㈥ 冒頭で「自由な精神」を維持するためには「健全な批判精神」が必要であることを認めたあと，「だがそれだけで，自由な精神をもちつづけることができるのだろうか」と問いを掲げていることに着目する。そしてそうすることの難しさを，ダーウィンの進化論を「真理だと思いこんできた」ことや「かつての封建社会論」，「欧米の社会を基準」にした世界観などの例で示しつつ，「人間にひそむ不自由な精神」と向き合っている。

【答】㈠ エ　㈡ イ　㈢ ウ

㈣（私たちの精神は，）言葉を用いて思考し，ものごとを認識するため，その言葉をつくり出した時代の考え方に支配される可能性があるから。(62字)（同意可）

㈤ ウ　㈥ エ

2 **【解き方】**㈡「すばらしい演奏は」「できるものではない」ことから考える。アは，短い時間を表すたとえ。イは，状況が変わるたびに喜んだり心配したりすること。ウは，長所と短所の両方があること。エは進んだりあとに戻ったりすること，あるいはよくなったり悪くなったりすること。

【答】㈠ ① ただよ(っている)　② 増減　㈡ ア

3 **【解き方】**㈠ Aでは，直前に「若林美佐子の足は重かった…彼女の気持ちもまた」とあることから考える。「足が重い」は，気がすすまないことを表す慣用句。B. 師に屈輪彫をやるよう言われてから「三か月もたっているのに，彫りに取りかかってはいなかった」，「師の前での朝の挨拶がつらかった」とあるように，美佐子は理解ある師に負い目を感じながらも，納得のいく文様がきまるまで構想を練りつづけている。

㈡「基礎的文様の上に彼女自身の文様を創作することがいかに難しいものか」を実感している美佐子が，このことを「他人が登った岩壁には…そのルートを追っていくかぎりそう難しいことではないが，未登攀の岩壁は想像もできないほどの苦労をしないと登ることができないのと比較して考えて」いることに着目する。

㈢「新しい観点から発した屈輪文様」でありながら，「屈輪文様としての基礎的作法を忘れてはいなかった」美佐子の文様を見て，「言葉を失ったよう」になった松磬の気持ちを考える。また，彼を「怒った顔」にしていたのは「感動」であることをおさえる。

㈣「これは金牌もの以上だ」と美佐子の文様をほめているが，「まれには若い人がその賞を受けて一躍巨匠の中に加わることがあった」ことから，「あとは彫るだけ」になった美佐子への，師としての心情を考える。

㈤ 美佐子は文様がきまらなくても，自ら谷川岳に「月に二度は出かけ」ている。さらに，「岩壁登攀に熱中している彼女の中のもう一人の美佐子が岩壁登攀と同じように，屈輪文様に没頭していく姿を無視できなかった」ともあり，美佐子にとって両者はともに時間をささげ，向き合っているものである。また，美佐子は鎌倉の海岸から走って帰れるところに住んでおり，エの「旅先の鎌倉」はこれに反する。

【答】 ㈠ ア　㈡ ウ　㈢ イ　㈣ ア　㈤ イ・エ

4 **【解き方】** ㈠「観る」の主語は，亶父の変化の様子を見に行った巫馬期。アの主語は，漁師がつかまえた魚を自ら逃がすのを見て，その理由を尋ねた巫馬期。イの主語は，つかまえた魚を逃がした理由を答えている漁師。ウの主語は，以前，宓子にどのように世を治めるのかを尋ねた孔子。エの主語は，世の治め方を問われて答えた宓子。

㈡ 魚を「今得て之を釈つるは何ぞや」という巫馬期の問いかけに，漁師が「宓子は人の小魚を取るを欲せざるなり」と答えていることに着目する。

㈢「宓子，何を以て此に至れるか」の「此」とは，直前に巫馬期が報告した，人が夜でも「厳刑の其の側に在ること有るがごと」く行動する状態を指している。

㈣ 孔子にどのように世を治めるのかを問われた宓子は，「此に誠ある者は，彼に刑はる」と答えている。

【答】 ㈠ ア　㈡ ウ　㈢ エ　㈣ イ

◀口語訳▶　宓子が，亶父を治めて三年が経ち，そして巫馬期が，粗末な衣装を身につけて，容貌を変え，亶父の変化の様子を見に行った。夜に漁師が魚をつかまえたがこれを逃がすのを見て，巫馬期が尋ねて言うことには，「そもそもあなたが漁をするのは，魚を手に入れたいからである。今手に入れてそれを逃がしたのはどうしてか」と。漁師が，答えて言うには，「宓子は人が稚魚を取ることを望んでいないのだ。つかまえたものは稚魚であった。そこでこれを逃がしたのだ」と。巫馬期が，帰ってこのことを孔子に報告して言うことには，「宓子の徳が行き届いていました。人が夜にこっそり行動するときも，まるで厳しい刑がすぐ近くにあるかのように行動させています。宓子は，どのようにしてこの状態に達したのですか」と。孔子は言った，「私は，以前宓子にどのように世を治めるのかを尋ねた。(宓子が) 答えて言うには，『こちらが誠実であれば，あちらにあらわれます』と言った。宓子は，きっとこのやり方を実践したのであろう」と。

愛知県公立高等学校
（Ｂグループ）

2022年度
入学試験問題

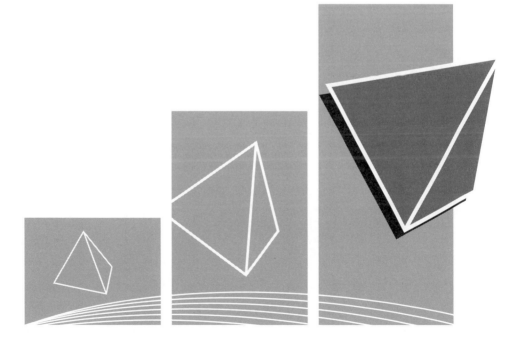

数学

時間 45分　　満点 22点

1 次の(1)から(10)までの問いに答えなさい。

(1) $6 \div (-2) - (-7)$ を計算しなさい。(　　　)

(2) $2(6x - 8y) + 3(5y - 4x)$ を計算しなさい。(　　　)

(3) $(x + 5)(x - 2) - 3(x - 3)$ を因数分解しなさい。(　　　)

(4) $(\sqrt{5} + \sqrt{2})^2 - (\sqrt{5} - \sqrt{2})^2$ を計算しなさい。(　　　)

(5) 方程式 $(2x + 1)^2 - 3x(x + 3) = 0$ を解きなさい。(　　　)

(6) 消しゴムが y 個あり，生徒 x 人に3個ずつ配ったら余った。
この数量の関係を不等式に表しなさい。(　　　)

(7) 箱の中に1から9までの数字が書かれた玉が1個ずつ入っている。中を見ないで，この箱の中から玉を1個取り出すとき，6の約数が書かれた玉が出る確率を求めなさい。(　　　)

(8) 横の長さが8cm，たての長さが6cmの長方形のカードがある。
このカードと同じカードを同じ向きにすき間のないように並べて，なるべく小さな正方形をつくるとき，カードは何枚必要か，求めなさい。(　　　枚)

(9) Aは2点 $(-3,\ -8)$，$(1,\ 4)$ を通る直線上の点で，x 座標が3である。
このとき，点Aの y 座標を求めなさい。(　　　)

(10) 次のアからエまでの立体のうち，体積が最も大きいものはどれか，そのかな符号を答えなさい。
(　　　)

ア 1辺が1cmの立方体
イ 底面の正方形の1辺が2cm，高さが1cmの正四角すい
ウ 底面の円の直径が2cm，高さが1cmの円すい
エ 底面の円の直径が1cm，高さが1cmの円柱

2 次の(1)から(3)までの問いに答えなさい。

(1) 表は，ある工場で使われている，ねじを作る機械A，B，Cの性能を確かめるために，それぞれの機械によって1時間で作られたねじの一本あたりの重さを度数分布表にまとめたものである。なお，この工場では，4.8g以上5.2g未満のねじを合格品としている。

重さ(g)	度数(個)		
	A	B	C
以上 未満 4.4 〜 4.8	4	3	5
4.8 〜 5.2	114	144	188
5.2 〜 5.6	2	3	7
計	120	150	200

表からわかることについて正しく述べたものを，次のアからケまでの中から全て選んで，そのかな符号を書きなさい。(　　　)

ア 1時間あたりで，合格品を最も多く作ることができる機械は，Aである。
イ 1時間あたりで，合格品を最も多く作ることができる機械は，Bである。
ウ 1時間あたりで，合格品を最も多く作ることができる機械は，Cである。

エ　1時間あたりで，合格品を作る割合が最も高い機械は，A である。

オ　1時間あたりで，合格品を作る割合が最も高い機械は，B である。

カ　1時間あたりで，合格品を作る割合が最も高い機械は，C である。

キ　1時間あたりで，作ったねじの重さの平均値が5.0g より小さくなる機械は，A である。

ク　1時間あたりで，作ったねじの重さの平均値が5.0g より小さくなる機械は，B である。

ケ　1時間あたりで，作ったねじの重さの平均値が5.0g より小さくなる機械は，C である。

(2)　図で，O は原点，A，B は関数 $y = \frac{1}{2}x^2$ のグラフ上の点で，x 座標はそれぞれ－2，4 である。また，C，D は関数 $y = -\frac{1}{4}x^2$ のグラフ上の点で，点 C の x 座標は点 D の x 座標より大きい。

四角形 ADCB が平行四辺形のとき，点 D の x 座標を求めなさい。

（　　　）

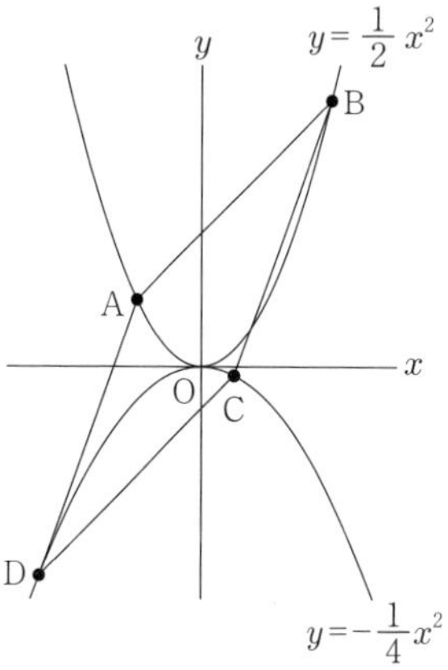

(3)　図は，荷物 A，B が矢印の方向にベルトコンベア上を，毎秒 20cm の速さで荷物検査機に向かって進んでいるところを，真上から見たものである。荷物検査機と荷物 A，B を真上から見た形は長方形で，荷物検査機の長さは 100cm である。

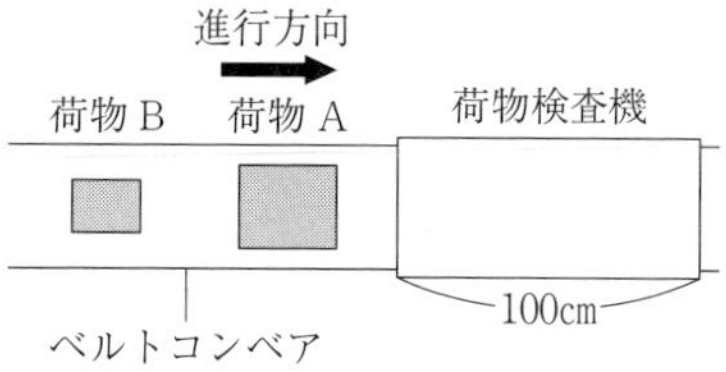

荷物 A が荷物検査機に入り始めてから x cm 進んだときの，真上から見て荷物検査機に入って見えない荷物 A，B の面積の合計を y cm^2 とする。下の図は，荷物 A が荷物検査機に入り始めてから，荷物 B が完全に荷物検査機に入るまでの x と y の関係をグラフに表したものである。

このとき，次の①，②の問いに答えなさい。

①　荷物 B が荷物検査機に完全に入ってから，荷物 B が完全に荷物検査機を出るまでの x と y の関係を表すグラフを，解答欄の図に書き入れなさい。

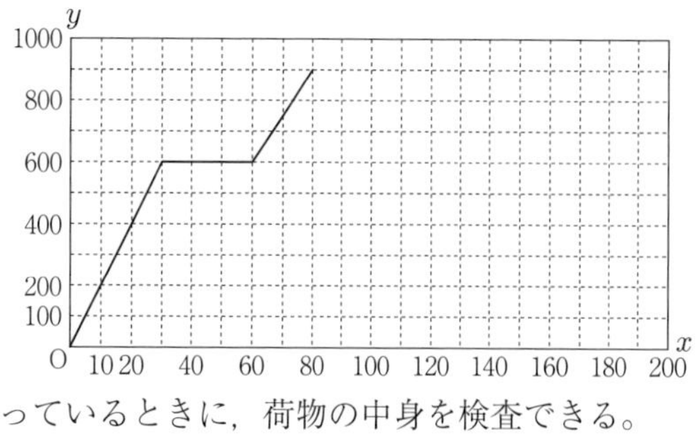

②　荷物検査機は，荷物が完全に荷物検査機に入っているときに，荷物の中身を検査できる。荷物 B の中身を検査できる時間は何秒間か，求めなさい。（　　　秒間）

3　次の(1)から(3)までの問いに答えなさい。
ただし，答えは根号をつけたままでよい。

(1)　図で，四角形ABCDは長方形，五角形EFGHIは正五角形であり，点E，Gはそれぞれ辺AD，BC上にある。
$\angle DEI = 21^\circ$のとき，$\angle FGB$の大きさは何度か，求めなさい。
(　　　)

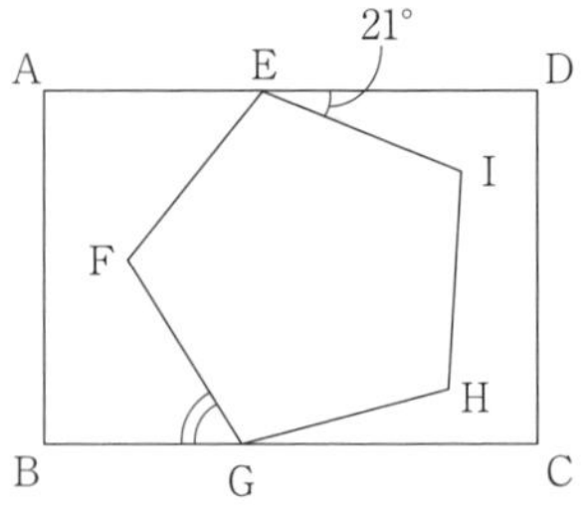

(2)　図で，立体ABCDEFGHは立方体，Iは辺AB上の点で，AI：IB = 2：1であり，Jは辺CGの中点である。
AB = 6 cmのとき，次の①，②の問いに答えなさい。
①　線分IJの長さは何cmか，求めなさい。(　　　cm)
②　立体JIBFEの体積は何cm^{3}か，求めなさい。(　　　cm^3)

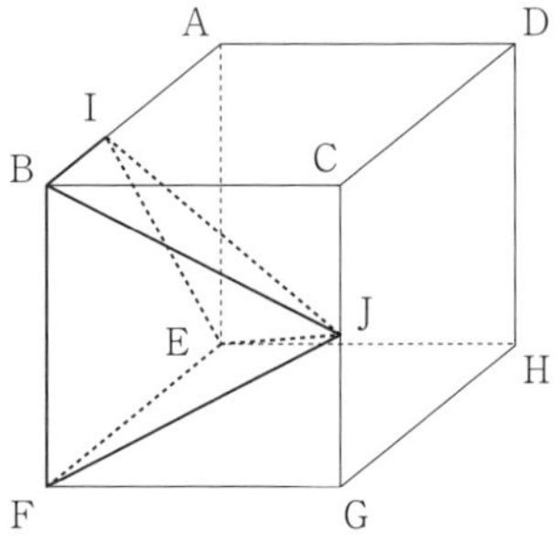

(3)　図で，C，Dは線分ABを直径とする円Oの周上の点であり，Eは直線ABとDCとの交点で，DC = CE，AO = BEである。
円Oの半径が4 cmのとき，次の①，②の問いに答えなさい。
①　△CBEの面積は，四角形ABCDの面積の何倍か，求めなさい。(　　　倍)
②　線分ADの長さは何cmか，求めなさい。(　　　cm)

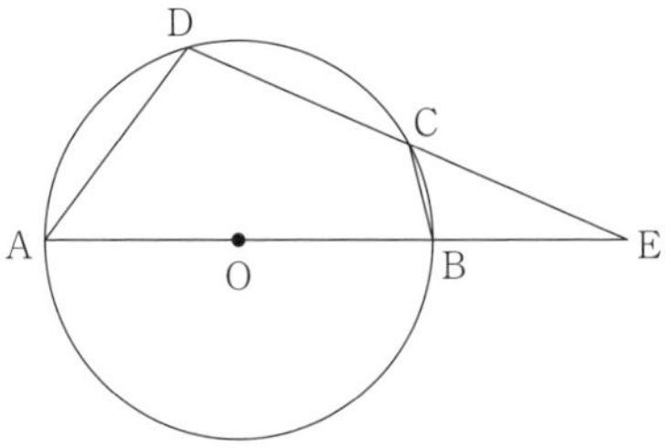

英語

時間　50分　　　満点　22点

（編集部注）放送問題の放送原稿は英語の末尾に掲載しています。
音声の再生についてはもくじをご覧ください。

（注）「始め」という指示があってから，聞き取り検査が始まるまで，1分あります。1の「答え方」をよく読みなさい。

1　指示に従って，聞き取り検査の問題に答えなさい。

「答え方」

問題は第1問と第2問の二つに分かれています。

第1問は，1番から3番までの三つあります。それぞれについて，最初に対話を聞き，続いて，対話についての問いと，問いに対する答え，a，b，c，dを聞きます。そのあと，もう一度，その対話，問い，問いに対する答えを聞きます。必要があればメモをとってもよろしい。

問いの答えとして正しいものは解答欄の「正《せい》」の文字を，誤っているものは解答欄の「誤《ご》」の文字を，それぞれ○《まる》でかこみなさい。正しいものは，各問いについて一つしかありません。

第2問では，最初に，英語のスピーチを聞きます。続いて，スピーチについての問いと，問いに対する答え，a，b，c，dを聞きます。問いは問1と問2の二つあります。そのあと，もう一度，スピーチ，問い，問いに対する答えを聞きます。必要があればメモをとってもよろしい。

問いの答えとして正しいものは解答欄の「正《せい》」の文字を，誤っているものは解答欄の「誤《ご》」の文字を，それぞれ○《まる》でかこみなさい。正しいものは，各問いについて一つしかありません。

第1問	1番	a（正　誤）	b（正　誤）	c（正　誤）	d（正　誤）
	2番	a（正　誤）	b（正　誤）	c（正　誤）	d（正　誤）
	3番	a（正　誤）	b（正　誤）	c（正　誤）	d（正　誤）
第2問	問1	a（正　誤）	b（正　誤）	c（正　誤）	d（正　誤）
	問2	a（正　誤）	b（正　誤）	c（正　誤）	d（正　誤）

2　次のイラストを見て，あとの問いに答えなさい。

対話文（A：外国人の同級生，B：あなた）

A：What are you doing?

B：I [①].

A：Why?

B：Because [②]. I'll go back to Japan tomorrow.

A：Oh, really? I feel so sad, but I hope to see you again.

（問い）　2 週間の海外研修の最終日に，あなたはこれまで使用していた机を掃除しています。そこに，親しくなった外国人の同級生がやって来て，あなたに話しかけてきました。対話文の [①] と [②] に，それぞれ4語以上の英語を書き，対話を完成させなさい。

ただし，[①] には desk（机），[②] には last（最後の）を必ず使うこと。なお，下の語を参考にしてもよい。

①I (　　　　　　　　　　　　　　　　　　　　　　　　　　　　).

② Because (　　　　　　　　　　　　　　　　　　　　　　　　　).

〈語〉

掃除する，きれいな　clean　　使う，使用　use

3　恵子（Keiko）と留学生のレオン（Leon）が話しています。二人の対話が成り立つように，下線部①から③までのそれぞれの（　　）内に最も適当な語を入れて，英文を完成させなさい。ただし，（　　）内に示されている文字で始まる語を解答すること。

① It's not (　　　) to travel (　　　) train.

② They often (　　　) me (　　　) Japanese.

③ We don't (　　　) to (　　　) clothes every morning!

Keiko：　Hi, Leon. How are you enjoying your new life in Nagoya?

Leon　：　Hi, Keiko. It's great. I traveled a lot. ① It's not (d　　　) to travel (b　　　) train. I can find some train stations near my host family's house, so it's convenient.

Keiko：　I see your point. How about your school life?

Leon　：　It's exciting because I have new classmates. ② They often (h　　　) me (l　　　) Japanese. Thanks to them, I understand many Japanese words and enjoy my life here.

Keiko：　Sounds good. What do you think about our school uniform?

Leon　：　I like it and I think school uniforms save time. ③ We don't (h　　　) to (c　　　) clothes every morning!

4 次の文章を読んで，あとの(1)から(5)までの問いに答えなさい。

The world is a very wonderful and interesting place that is full of nature. Plants and animals have important parts in the ecosystem. Even small insects have their own roles. Do you know that over 60% of all the known species on the earth are insects? That's true.

Many studies are (A) and scientists are getting worried about the results. According to a study in Germany, over 75% of flying insects have decreased. There are many reasons, such as air pollution, water pollution, ground pollution, a lot of chemicals to save plants, and so on.

Some insects are bad for us because they eat a lot of fruits and vegetables. However, others are useful for us. Actually, they pollinate most of the plants on the earth. If the number of insects decreases, the number of plants will decrease, too. Also, many of these insects are food for birds and other animals. What will these birds and animals do without food? They cannot survive. Insects are small, [①].

How can this problem be solved? Some people are working to solve this problem. ② They say that this problem can be solved 【understand / insects / of / the importance / people / when】. Insects are necessary for humans. One example is a department store in Osaka, Japan. In 2020, it started to raise about 50,000 bees on top of the building. The bees search for flowers around the department store and collect pollen from flowers. The bees move from flower to flower when they collect pollen. This helps pollination. Thanks to the bees, some of the local plants can grow, and bees can make honey in their hives. The department store shows the customers the bees and sells the honey. Their goal is to tell the local people about the importance of bees and the environment.

We have another good example. At a high school in a big city, students are also taking care of bees because they want to share the importance of bees with other people. The students learned the important relationships of human beings and nature. They made picture books. So children can learn the relationships from the books. More and more people are starting to understand the serious problem and scientists are working together to take action. Insects are useful for us. What can we do? We can learn from other examples, raise more insects, and increase plants. Now, let's continue helping each other to protect the environment!

（注） earth 地球　pollution 汚染　pollinate ～ ～に授粉する　raise ～ ～を育てる
bee ミツバチ　pollen 花粉　pollination 授粉　honey はちみつ
hive ミツバチの巣

(1) (A) にあてはまる最も適当な語を，次の5語の中から選んで，正しい形にかえて書きなさい。
(　　　)

progress　contact　imagine　drop　save

(2) [①] にあてはまる最も適当な英語を，次のアからエまでの中から一つ選んで，そのかな符号を書きなさい。(　　　)

ア and they have no influence on the environment

イ but the decreasing number of insects is a big problem

ウ so their number will increase next year

エ because it is difficult to research about them

(3) 下線②のついた文が，本文の内容に合うように，【　】内の語句を正しい順序に並べかえなさい。

They say that this problem can be solved (　　　　　　　　　　　　　　　　　　).

(4) 本文中では，あるデパートの取組についてどのように述べられているか。最も適当なものを，次のアからエまでの文の中から一つ選んで，そのかな符号を書きなさい。(　　)

ア A department store in Osaka is growing a garden in a park.

イ A department store in Osaka is giving birds and animals food.

ウ A department store in Osaka is telling people about bees and the environment.

エ A department store in Osaka is telling people how to make pollen.

(5) 次のアからカまでの文の中から，その内容が本文に書かれていることと一致するものを二つ選んで，そのかな符号を書きなさい。(　　)(　　)

ア Over 60% of all the known species on the earth are insects.

イ A lot of chemicals are used on plants to save some kinds of insects.

ウ There is only one reason for the change of the insect population.

エ Insects are not important for the environment and for humans.

オ If the number of insects continues decreasing, plants and animals will also decrease.

カ Scientists are working together to understand the problems of insects.

5　高校に入学した智（Satoshi）と留学生のアマンダ（Amanda）が話しています。次の対話文を読んで，あとの(1)から(4)までの問いに答えなさい。

Satoshi ： Hello, Amanda. I'm working on my report. Can I ask you some questions?

Amanda ： 【　a　】

Satoshi ： It's about smartphones.

Amanda ： 【　b　】

Satoshi ： Yes, smartphones are very popular today. Now, some high school students can use smartphones in the classroom. I think this topic is interesting. What do you think about it?

Amanda ： Well, I think there are both good points and bad points.

Satoshi ： 【　c　】

Amanda ： These days, most high school students have a smartphone. They have easy access to the internet. ①If the students can use smartphones in the classroom, their school life is more convenient (　　) before.

Satoshi ： I don't understand your point. Could you give me an example?

Amanda ： Sure! For example, students can surf the internet and work on classroom activities more effectively. Sharing information with classmates and teachers is easy. Using the internet from your smartphones is the fastest.

Satoshi ： 【　d　】

Amanda ： Well, students can find and watch videos about a variety of topics. They can even use it as a calculator or for taking notes in the classroom. A smartphone can be useful for learning.

Satoshi ： ②Well, what do you think about the (　　) points?

Amanda ： I think that it's easy for students to lose focus when they use a smartphone. They play games and do various things that are not related to school work. If students cannot use their smartphone properly, there will be a lot of problems in the classroom. This situation will (A) other people uncomfortable.

Satoshi ： 【　e　】 I understand what you think. We should know how to use smartphones properly.

Amanda ： You're welcome. I'm glad to hear that.

（注）access　アクセス（情報システムへの接続）　effectively　効率よく　calculator　計算機
notes　メモ，覚え書き　focus　集中　properly　適切に

(1) 次のアからオまでの英文を，対話文中の【 a 】から【 e 】までのそれぞれにあてはめて，対話の文として最も適当なものにするには，【 b 】と【 d 】にどれを入れたらよいか，そのかな符号を書きなさい。ただし，いずれも一度しか用いることができません。

b (　　　)　d (　　　)

ア　I agree. I want to know about the good points first.

イ　I understand. What else can students do with their smartphones?

ウ　Of course. What is your report about?

エ　Sounds exciting. I know a lot of people use smartphones in their daily lives.

オ　Thank you for sharing your opinion. It helped me a lot.

(2)　下線①，②のついた文が，対話の文として最も適当なものとなるように，それぞれの（　　）にあてはまる語を書きなさい。①(　　　)　②(　　　)

(3)　（ A ）にあてはまる最も適当な語を，次のアからエまでの中から選んで，そのかな符号を書きなさい。(　　　)

ア　become　　イ　remove　　ウ　perform　　エ　make

(4)　次の英文は，この対話があった日の夜，智が英語の授業で発表するために書いたスピーチ原稿です。この原稿が対話文の内容に合うように，英文中の（ X ），（ Y ）にそれぞれあてはまる最も適当な語を書きなさい。X(　　　)　Y(　　　)

Using smartphones in high school

I want to talk about using smartphones in high school. Some high school students can use smartphones in their classroom. I'm interested in this topic. So, I decided to ask Amanda about her opinion.

According to her, there are both good points and bad points. Students can find more information from the internet. They can also（ X ）the information with their classmates and teachers easily. However, if they lose focus, they may start playing games.

I learned from her opinion. I think it is（ Y ）for us to use smartphones properly. Thank you.

〈放送原稿〉

（聞き取り検査指示）

これから，2022年度愛知県公立高等学校全日制課程Bグループ入学試験，英語の聞き取り検査を行います。

それでは，聞き取り検査の説明をします。問題は第1問と第2問の二つに分かれています。

第1問。

第1問は，1番から3番までの三つあります。それぞれについて，最初に対話を聞き，続いて，対話についての問いと，問いに対する答え，a，b，c，dを聞きます。そのあと，もう一度，その対話，問い，問いに対する答えを聞きます。必要があればメモをとってもよろしい。

問いの答えとして正しいものは解答欄の「正《せい》」の文字を，誤っているものは解答欄の「誤《ご》」の文字を，それぞれ○《まる》でかこみなさい。正しいものは，各問いについて一つしかありません。それでは，聞きます。

（第1問）

1番

Jane： Ben, tell me about your town, please.

Ben ： OK, Jane. There're no tall buildings, or shopping malls, but we have a great national park.

Jane： You like your town, right?

Question：What will Ben say next?

a Yes. I like the big buildings.　　b Yes. The park is beautiful.

c No. My town has no park.　　d No. The shopping mall is old.

それでは，もう一度聞きます。（対話，問い，問いに対する答えを繰り返す。）

2番

Chris： Hello. This is Chris. May I speak to Steve?

Ellen： Hi, Chris. I'm Ellen, Steve's sister. He's not home. I can tell him to call you back.

Chris： Thanks. When will he get home?

Question：What will Ellen say next?

a He'll be back in a few hours.　　b I like to stay at home.

c He studies after dinner.　　d I'll see you at school tomorrow.

それでは，もう一度聞きます。（対話，問い，問いに対する答えを繰り返す。）

3番

Mary： What are your plans for tomorrow, Brian?

Brian： Well, Mary, I'll study for a math test, help my aunt with her shopping, and attend a charity event on the internet.

Mary： Why don't you change your plans and help me with my homework?

Brian： Sure. I'll attend the charity event next week.

Question：What is true about this dialog?

a　Brian went shopping with his aunt yesterday.

b　Brian will have a science test tomorrow.

c　Brian will change his plan for tomorrow.

d　Brian had many things to do yesterday.

それでは，もう一度聞きます。(対話，問い，問いに対する答えを繰り返す。)

第2問。

第2問では，最初に，英語のスピーチを聞きます。続いて，スピーチについての問いと，問いに対する答え，a，b，c，dを聞きます。問いは問1と問2の二つあります。そのあと，もう一度，スピーチ，問い，問いに対する答えを聞きます。必要があればメモをとってもよろしい。

問いの答えとして正しいものは解答欄の「正《せい》」の文字を，誤っているものは解答欄の「誤《ご》」の文字を，それぞれ〇《まる》でかこみなさい。正しいものは，各問いについて一つしかありません。それでは，聞きます。

(第2問)

Hello, I'm Kate. Last spring, I went camping with my family. I enjoyed walking in forests and mountains. I saw beautiful flowers, trees, and birds. Some people say night is a little scary. But I really enjoyed eating dinner outside under bright stars. That night I stayed up late, and talked a lot. I had great experiences! Thank you.

問1　Which is the best title for this speech?

a　My family　　b　A popular mountain　　c　Scary places in forests

d　My wonderful experiences

問2　What did Kate do on that day?

a　She went fishing in forests.　　b　She had a scary night.

c　She had dinner outside under stars.　　d　She went to bed early.

それでは，もう一度聞きます。(スピーチ，問い，問いに対する答えを繰り返す。)

これで，聞き取り検査を終わります。

社会

時間　45分　　　　満点　22点

1　次のⅠ，Ⅱ，Ⅲの資料には，歴史上の人物の絵や写真と，その人物が行ったことが示されている。あとの(1)から(3)までの問いに答えなさい。

Ⅰ

この人物は，アメリカ合衆国の大統領で，（ ① ）中に奴隷解放宣言を出した。

Ⅱ

この人物は，国号を「元」と改め，（ ② ）を滅ぼし，中国全土を支配した。

Ⅲ

この人物は，（ ③ ）の方針を批判して，ドイツで宗教改革を始めた。

(1)　Ⅰ，Ⅱ，Ⅲの資料中の（ ① ），（ ② ），（ ③ ）にあてはまることばの組み合わせとして最も適当なものを，次のアからクまでの中から選んで，そのかな符号を書きなさい。（　　）

ア　①　南北戦争　②　宋（南宋）　③　ムハンマド

イ　①　南北戦争　②　宋（南宋）　③　ローマ教皇

ウ　①　南北戦争　②　明　③　ムハンマド

エ　①　南北戦争　②　明　③　ローマ教皇

オ　①　独立戦争　②　宋（南宋）　③　ムハンマド

カ　①　独立戦争　②　宋（南宋）　③　ローマ教皇

キ　①　独立戦争　②　明　③　ムハンマド

ク　①　独立戦争　②　明　③　ローマ教皇

(2)　Ⅱの資料で示されたできごとが起こった年代とほぼ同じ時期の日本のようすについて述べた文として最も適当なものを，次のアからエまでの中から選んで，そのかな符号を書きなさい。

（　　）

ア　山城国（現在の京都府南部）では，武士や農民らが団結して守護大名を追い出し，8年間にわたって自治を行った。

イ　町や村には多くの寺子屋が開かれ，読み・書き・そろばんなどの実用的な知識や技能を身につけた民衆が増えた。

ウ　幕府や荘園領主に反抗する悪党と呼ばれる者が現れたが，幕府は有効な対策をとることができず，幕府の力は次第に衰えていった。

エ　ものさしやますを統一して行われた太閤検地や，農民や寺社から武器を取り上げる刀狩が行われ，武士と農民の身分の区別が明確になった。

(3)　Ⅰ，Ⅱ，Ⅲの資料で示されたできごとを年代の古い順に並べたものとして最も適当なものを，次

のアからカまでの中から選んで，そのかな符号を書きなさい。(　　　)

ア　Ⅰ→Ⅱ→Ⅲ　　イ　Ⅰ→Ⅲ→Ⅱ　　ウ　Ⅱ→Ⅰ→Ⅲ　　エ　Ⅱ→Ⅲ→Ⅰ　　オ　Ⅲ→Ⅰ→Ⅱ
カ　Ⅲ→Ⅱ→Ⅰ

2　次のⅠ，Ⅱ，Ⅲ，Ⅳ，Ⅴの資料は，生徒が日本社会についての発表を行うために用意したものの一部である。あとの(1)から(4)までの問いに答えなさい。

Ⅰ

Ⅱ

Ⅲ

Ⅳ

Ⅴ

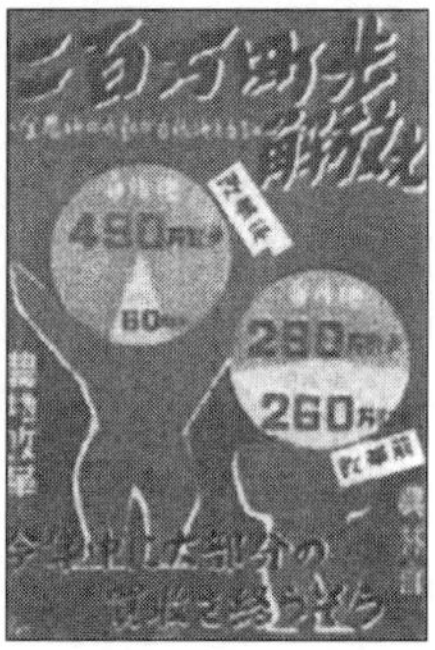

(1)　Ⅰの写真は，千《せんの》利《り》休《きゅう》がつくったと伝えられる茶室を示している。次のA，B，Cの日本のできごとのうち，千利休がわび茶の作法を完成させた時期よりも前のできごとを選び，それらを年代の古い順に並べたものとして最も適当なものを，あとのアからシまでの中から選んで，そのかな符号を書きなさい。(　　　)

A　足利義政《あしかがよしまさ》によって，書院造の部屋である東求堂同仁斎がつくられた。

B　幕府の命令によって，オランダ人が長崎の出島に集められ，商館がつくられた。

C　奥州藤原《ふじわら》氏によって，金をふんだんに用いた中尊寺金色堂がつくられた。

ア　A→B　　イ　A→C　　ウ　B→A　　エ　B→C　　オ　C→A　　カ　C→B
キ　A→B→C　　ク　A→C→B　　ケ　B→A→C　　コ　B→C→A
サ　C→A→B　　シ　C→B→A

(2)　次の文章は，生徒がⅡの絵について発表した際のメモの一部である。文章中の（ ① ），[②] にあてはまることばと文の組み合わせとして最も適当なものを，あとのアからカまでの中から選んで，そのかな符号を書きなさい。

なお，文章中の２か所の（ ① ）には同じことばがあてはまる。(　　　)

この絵は，江戸時代に踊りから演劇としての形を整えて発達した（ ① ）を楽しむ江戸の人々を描いたものです。こののちも，（ ① ）は江戸幕府の取り締まりもありましたが，人気を保ちました。［　②　］明治時代にも流行し，現代に至るまでわが国の伝統的な芸能として親しまれています。

ア　①　歌舞伎
　　②　テレビや洗濯機などの家庭電化製品が普及し，休日に余暇を楽しむ余裕が生まれた
イ　①　歌舞伎
　　②　ラジオ放送が始まり，歌謡曲や野球中継などが人気を集めた
ウ　①　歌舞伎
　　②　中江《なかえ》兆民《ちょうみん》らが新聞や雑誌を通して，欧米の近代思想を社会に広めていった
エ　①　浄瑠璃
　　②　テレビや洗濯機などの家庭電化製品が普及し，休日に余暇を楽しむ余裕が生まれた
オ　①　浄瑠璃
　　②　ラジオ放送が始まり，歌謡曲や野球中継などが人気を集めた
カ　①　浄瑠璃
　　②　中江兆民らが新聞や雑誌を通して，欧米の近代思想を社会に広めていった

(3)　次の文章は，生徒がⅢの写真を用いて1930年代後半から1940年代半ばまでの戦時体制について発表した際のメモの一部である。文章中の［　　］にあてはまることばを，あとの語群のことばを全て用いて，15字以上20字以下で書きなさい。［　　　　　　　　　　　　　　　　　　　　］

1938年，近衛《このえ》文麿《ふみまろ》内閣の下で国家総動員法が制定されました。この法律によって，政府は戦争のために，［　　　　］ことができるようになりました。

【語群】　動員　　議会　　労働力や物資

(4)　次の文章は，生徒がⅣの写真とⅤのポスターを用いて戦後の日本の改革について説明したものである。文章中の（ ③ ），（ ④ ），（ ⑤ ）にあてはまることばの組み合わせとして最も適当なものを，あとのアからエまでの中から選んで，そのかな符号を書きなさい。（　　　）

Ⅳの写真は1947年ごろの小学校のようすを撮影したものです。（ ③ ）が制定され，小学校6年，中学校3年の9年間の義務教育が始まりました。

また，Ⅴのポスターは農地改革を示したものです。農地改革は地主が持つ土地を（ ④ ）に解放する政策で，これによって（ ⑤ ）が大幅に増加することになりました。

ア　③　教育基本法　　④　小作人　　⑤　自作農
イ　③　教育基本法　　④　自作農　　⑤　小作人
ウ　③　教育勅語　　④　小作人　　⑤　自作農
エ　③　教育勅語　　④　自作農　　⑤　小作人

3 次のⅠの表は，日本の都道府県の中で面積が大きい5道県と面積が小さい5都府県の面積，島の数，都道府県庁所在地の1月の日照時間および2008年，2013年，2018年の海面漁業の漁業従事者数を示したものである。また，Ⅱの表は，4道県の水稲の作付面積，製造品出荷額等，第3次産業就業者の割合を示したものである。あとの(1)から(3)までの問いに答えなさい。

なお，Ⅰの表中のA，B，C，D，Eは，大阪府，香川県，長野県，新潟県，福島県のいずれかであり，Ⅱの表中のa，b，c，dは，岩手県，沖縄県，神奈川県，北海道のいずれかである。

Ⅰ 面積が大きい5道県と面積が小さい5都府県の面積等

都道府県名	面積(km^2)	島の数	都道府県庁所在地の1月の日照時間(時間)	海面漁業の漁業従事者数(人)		
				2008年	2013年	2018年
北海道	83 424	508	92.5	33 568	29 652	24 378
岩手県	15 275	286	116.9	9 948	6 289	6 327
A	13 784	13	132.0	1 743	343	1 080
B	13 562	—	127.2	—	—	—
C	12 584	92	58.2	3 211	2 579	1 954
神奈川県	2 416	27	186.4	2 496	2 273	1 848
沖縄県	2 281	363	94.2	3 929	3 731	3 686
東京都	2 194	330	184.5	1 243	972	896
D	1 905	—	142.6	1 089	1 036	870
E	1 877	112	141.2	3 218	2 484	1 913

(注1) 島の数は，周囲が0.1km以上のものとし，埋め立て地は除いている。
(注2) 表中の「—」は全くない，もしくはデータがないことを示している。
(注3) 「海面漁業」とは，海で行われる漁業のことである。

(「理科年表 2021」などをもとに作成)

Ⅱ 4道県の水稲の作付面積等

道県名	水稲の作付面積(千 ha)	製造品出荷額等(十億円)	第3次産業就業者の割合(%)
a	103	6 131	76.5
b	51	2 526	63.8
c	3	17 956	78.1
d	1	480	80.7

(「データブック オブ・ザ・ワールド 2021年版」をもとに作成)

(1) 次の文章は，生徒がⅠの表中のAからEまでのいずれかの府県を説明するために作成したメモである。この文章の内容にあてはまる府県として最も適当なものを，Ⅰの表中のAからEまでの中から選んで，その符号を書きなさい。(　　　)

> 伝統的工芸品としては，会津塗が有名です。1970年代以降，この地方に高速道路が整備されると，沿線の地域に工場が増えて，電気機械工業がさかんになりました。また，沿岸部の原子力発電所は，2011年の東日本大震災までは関東地方に多くの電力を供給していました。

(2) 次のアからエまでは，Ⅱの表中のaからdまでの道県の略地図である。Ⅱの表中のbとcを表しているものを，アからエまでの中からそれぞれ選んで，そのかな符号を書きなさい。なお，アからエまでの略地図の縮尺は統一されていない。また，沖縄県については，本島のみを示しており，その他の道県については，離島を示していない。b（　　　）c（　　　）

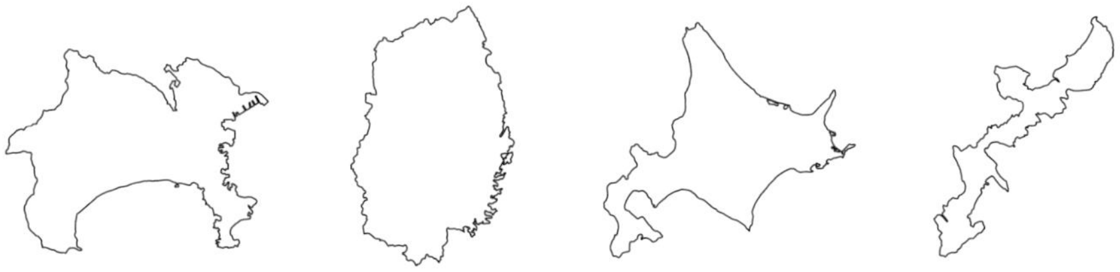

ア　　　イ　　　ウ　　　エ

(3) 次の文章は，生徒が東京都などの都市部でみられる現象や災害について説明するためにまとめたものの一部である。文章中の（ ① ），（ ② ），（ ③ ）にあてはまることばの組み合わせとして最も適当なものを，あとのアからクまでの中から選んで，そのかな符号を書きなさい。

（　　　）

> 東京都などの都市部では，地面が太陽で熱せられやすいアスファルトなどでおおわれていて，人々の活動によって熱い排気が出されるため，都市部の気温が周辺部よりも（ ① ）なる（ ② ）現象がみられます。また，近年，都市やその周辺では，夏の午後に突然降り出す激しい雷雨も増えていて，洪水などの被害が問題になっています。自然災害が発生したときに，どのような被害が起こるかを予測した（ ③ ）などを参考にして，予測される災害について理解を深め，対策を立てておく必要があります。

ア　① 高く　② ドーナツ化　③ 人口ピラミッド
イ　① 高く　② ドーナツ化　③ ハザードマップ
ウ　① 高く　② ヒートアイランド　③ 人口ピラミッド
エ　① 高く　② ヒートアイランド　③ ハザードマップ
オ　① 低く　② ドーナツ化　③ 人口ピラミッド
カ　① 低く　② ドーナツ化　③ ハザードマップ
キ　① 低く　② ヒートアイランド　③ 人口ピラミッド
ク　① 低く　② ヒートアイランド　③ ハザードマップ

4　次のⅠの略地図は，北アメリカ州と南アメリカ州を示したものであり，Ⅱの表は，とうもろこしと（ X ）の生産量上位5国とその生産量を示している。また，Ⅲのグラフは，4都市の月別降水量と月別平均気温を示したものである。あとの(1)から(3)までの問いに答えなさい。

なお，Ⅰの略地図は面積が正しく，緯線が赤道に平行で等間隔で表現される図法で描かれており，A，Cは緯線を，Bは山脈を示している。また，Ⅰの略地図中のw，x，y，zおよびⅢのグラフのa，b，c，dは，それぞれサンティアゴ，ニューヨーク，ブエノスアイレス，ロサンゼルスのいずれかである。

Ⅰ　北アメリカ州と南アメリカ州の略地図

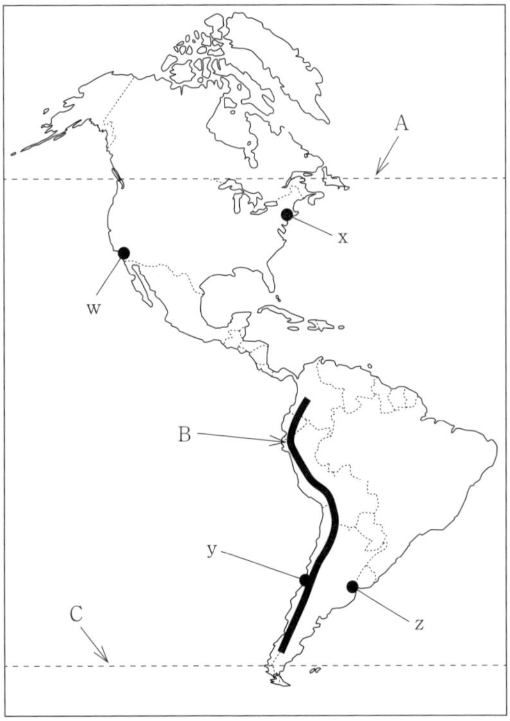

Ⅱ　とうもろこしと（ X ）の生産量上位5国とその生産量

	とうもろこし		（ X ）	
順位	国名	生産量（万 t）	国名	生産量（万 t）
1位	アメリカ	39 245	ブラジル	74 683
2位	中国	25 717	インド	37 690
3位	ブラジル	8 229	中国	10 810
4位	アルゼンチン	4 346	タイ	10 436
5位	ウクライナ	3 580	パキスタン	6 717

（「データブック　オブ・ザ・ワールド　2021年版」をもとに作成）

Ⅲ　4都市の月別降水量と月別平均気温

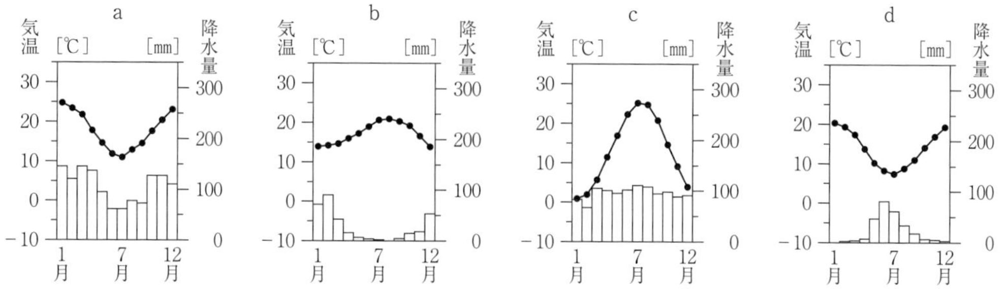

（「理科年表　2021」をもとに作成）

⑴　次の文章は，生徒がⅠの略地図について説明したメモの一部である。文章中の（ ① ）にあてはまる最も適当なことばを，カタカナ4字で書きなさい。また，（ ② ）にあてはまることばとして最も適当なものを，あとのアからエまでの中から選んで，そのかな符号を書きなさい。

①(　　　　)　②(　　　　)

> Aは北緯49度の緯線で，アメリカとカナダの国境の一部になっています。Bは（ ① ）山脈を表しており，この山脈には6000m級の山々が連なり，高度によって異なる自然環境がみられます。南アメリカ大陸の南端付近を通るCは，（ ② ）の緯線を表しています。

ア　南緯20度　　イ　南緯30度　　ウ　南緯40度　　エ　南緯50度

⑵　Ⅱの表のとうもろこしや（ X ）は，アメリカやブラジルなどで石油に代わるエネルギー源であるバイオ燃料（バイオエタノールなど）の原料として利用されている。（ X ）にあてはまる最も適当な農作物の名称を，ひらがなまたはカタカナ5字で書きなさい。(　　　　)

⑶　次の文章は，生徒がロサンゼルスについてまとめたものの一部である。ロサンゼルスの位置をⅠの略地図中のwからzまでの中から選んで，その符号を書きなさい。また，ロサンゼルスの月別降水量と月別平均気温を示したグラフとして最も適当なものを，Ⅲのaからdまでの中から選んで，その符号を書きなさい。位置(　　　　)　グラフ(　　　　)

> 太平洋岸に位置するロサンゼルスは，年間を通して温暖で，比較的降水量が少なく，好天に恵まれていることが多いです。ロサンゼルス郊外のハリウッドは，映画産業の中心地となっていますが，このような気候が屋外での撮影に向いていたことも一つの理由だそうです。

5　次のⅠからⅣまでの資料は，生徒が企業についてのレポートを作成するために用意したものの一部である。あとの(1)から(4)までの問いに答えなさい。

なお，Ⅱ，Ⅲの資料中のX，Y，Zには，それぞれ同じ項目があてはまり，飲食料品，機械器具，繊維・衣服等のいずれかである。

Ⅰ　業種別の企業数と従業者数における中小企業と大企業の割合

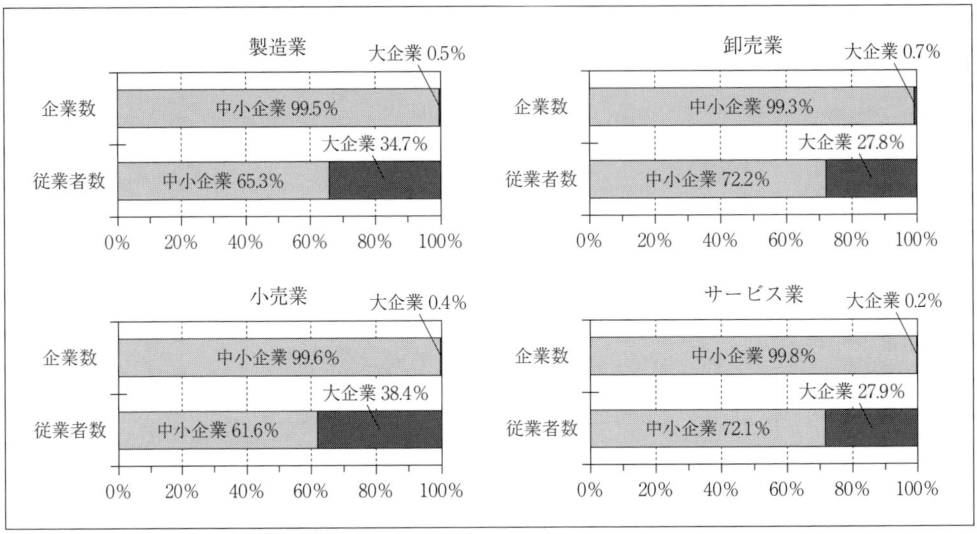

(「中小企業白書　2021年版」をもとに作成)

Ⅱ　卸売業における事業所数の業種別割合

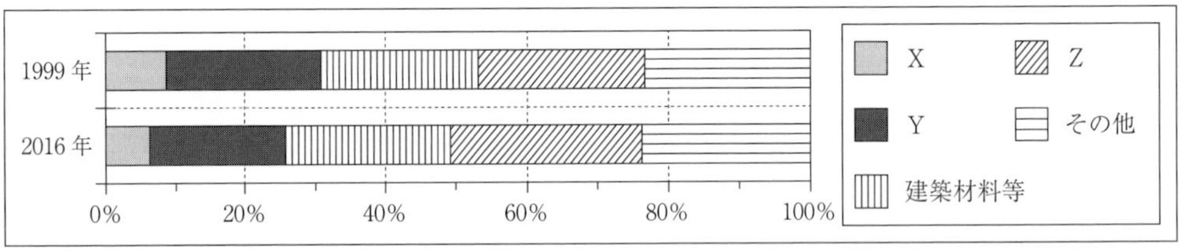

Ⅲ　卸売業における年間商品販売額の業種別割合

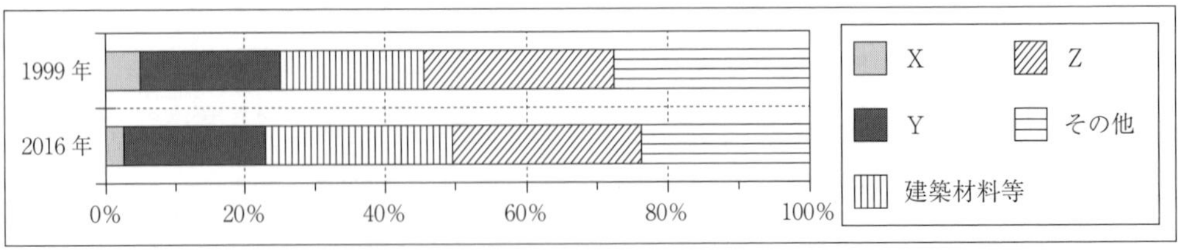

(Ⅱ，Ⅲともに「数字でみる日本の100年　改訂第7版」をもとに作成)

Ⅳ　労働に関する環境整備について

近年，企業における長時間労働やストレスの増大など，働き方の持続可能性に照らして懸念される状況がみられる中で，「『企業の(　　)』(＝CSR)」に関する取り組みが大きな潮流となっています。CSRとは，企業活動において，社会的公正や環境などへの配慮を組み込み，従業員，投資家，地域社会などの利害関係者に対して責任ある行動をとるとともに，説明責任を果たしていくことを求める考え方です。

(厚生労働省ウェブページをもとに作成)

(1)　次の文章は，生徒がⅠの資料をもとに作成したレポートの一部である。文章中の(　①　)，(　②　)

にあてはまることばの組み合わせとして最も適当なものを，あとのアからエまでの中から選んで，そのかな符号を書きなさい。（　　　）

> Ⅰの資料をみると，企業数では，製造業，卸売業，小売業，サービス業の全てにおいて，大企業の占める割合が（ ① ）未満となっている。一方，従業者数では，（ ② ）において，中小企業の占める割合が最も小さくなっている。

ア　①　1.0％　　②　製造業　　イ　①　1.0％　　②　小売業
ウ　①　0.5％　　②　製造業　　エ　①　0.5％　　②　小売業

(2)　次の文章は，生徒がⅡ，Ⅲの資料をもとに，卸売業における事業所数，年間商品販売額の業種別割合の推移について発表した際のメモの一部である。Ⅱ，Ⅲの資料中のX，Y，Zの組み合わせとして最も適当なものを，あとのアからカまでの中から選んで，そのかな符号を書きなさい。

（　　　）

> Ⅱ，Ⅲの資料をみると，繊維・衣服等の割合は，事業所数，年間商品販売額ともに1999年と比べて2016年は減少していることがわかる。また，機械器具，飲食料品の割合は，年間商品販売額では1999年と2016年の間に大きな変化はみられないが，事業所数では，1999年と比べて2016年は機械器具の割合が増加し，飲食料品の割合は減少している。

ア　X　飲食料品　　Y　機械器具　　Z　繊維・衣服等
イ　X　飲食料品　　Y　繊維・衣服等　　Z　機械器具
ウ　X　機械器具　　Y　飲食料品　　Z　繊維・衣服等
エ　X　機械器具　　Y　繊維・衣服等　　Z　飲食料品
オ　X　繊維・衣服等　　Y　飲食料品　　Z　機械器具
カ　X　繊維・衣服等　　Y　機械器具　　Z　飲食料品

(3)　Ⅳの資料中の（　　）にあてはまる最も適当なことばを，漢字5字で書きなさい。（　　　）

(4)　企業の活動や商品の価格について述べた次のX，Y，Zの文について，正しい文を「正」，誤っている文を「誤」とするとき，それぞれの文の「正」，「誤」の組み合わせとして最も適当なものを，あとのアからクまでの中から選んで，そのかな符号を書きなさい。（　　　）

X　ある商品の価格が均衡価格よりも高い場合は，一般に，供給量よりも需要量の方が多くなり，品不足が生じる。

Y　企業が活動するのに必要な資金を，株式や債券などを発行して，貸し手から調達することを間接金融という。

Z　公正取引委員会は，寡占の状態にある企業が示し合わせて価格を引き上げることを禁止するなどして，企業に公正で自由な競争をうながしている。

ア　X：正　Y：正　Z：正　　イ　X：正　Y：正　Z：誤
ウ　X：正　Y：誤　Z：正　　エ　X：正　Y：誤　Z：誤
オ　X：誤　Y：正　Z：正　　カ　X：誤　Y：正　Z：誤
キ　X：誤　Y：誤　Z：正　　ク　X：誤　Y：誤　Z：誤

6　次の文章は，生徒が環境問題についてまとめたレポートの一部である。あとの(1)から(3)までの問いに答えなさい。

> 高度経済成長の時期の日本では，水質汚濁や大気汚染，騒音，振動，悪臭，土壌汚染，地盤沈下などによって，地域の住民の健康や生活が損なわれる公害が多く発生し，社会問題となりました。これを受けて，政府は 1967 年に公害対策基本法を制定し，1971 年には環境庁を設置しました。さらに，1993 年には公害対策基本法を発展させた形で（ Ｘ ）が制定され，地球温暖化の抑制や生態系保全，リサイクルなどへの取り組みが強化されています。現在，私たちはさまざまな地球規模の環境問題に直面していますが，これらの解決には国際的な協力が重要となっています。

(1)　次の文は，文章中の公害について，生徒が説明したメモの一部である。文中の（ ① ），（ ② ）にあてはまることばの組み合わせとして最も適当なものを，あとのアからカまでの中から選んで，そのかな符号を書きなさい。(　　)

> 熊本県で発生した（ ① ）による水俣病，三重県の四日市市で発生した四日市ぜんそく，また，（ ② ）県の神通川下流域で発生したイタイイタイ病は，いずれも四大公害病に含まれます。

ア　①　水質汚濁　②　富山　　イ　①　水質汚濁　②　新潟
ウ　①　大気汚染　②　富山　　エ　①　大気汚染　②　新潟
オ　①　地盤沈下　②　富山　　カ　①　地盤沈下　②　新潟

(2)　文章中の（ Ｘ ）にあてはまる法律の名称を，漢字５字で書きなさい。(　　)

(3)　2020 年以降の地球温暖化対策を定めたパリ協定の内容について述べた文として最も適当なものを，次のアからエまでの中から選んで，そのかな符号を書きなさい。(　　)
ア　温室効果ガスの排出量が多い先進国に，排出量の削減を義務づけた。
イ　「かけがえのない地球」を合い言葉として，国際社会が協力することが決められた。
ウ　気候変動枠組条約などが結ばれ，その後も継続的な話し合いを行うことが決められた。
エ　発展途上国を含めた全ての参加国に，温室効果ガスの排出量削減を求めた。

理科

時間　45分　　　　満点　22点

1　次の(1)，(2)の問いに答えなさい。

(1)　地下のごく浅い場所で発生したある地震を地点A，Bで観測した。表は，震源から地点A，Bまでの距離をそれぞれ示したものである。

この地震では，地点Aにおける初期微動継続時間が10秒であり，地点Bでは午前9時23分33秒に初期微動がはじまった。地点Bで主要動がはじまる時刻は午前何時何分何秒か，求めなさい。

ただし，地点A，Bは同じ水平面上にあり，P波とS波は一定の速さで伝わるものとする。

表

地点	震源からの距離
A	80km
B	144km

（午前　　時　　分　　秒）

(2)　図のように，垂直な壁に固定されている表面が平らな鏡がある。鏡の正面の位置Aにまっすぐに立ち，自分の姿を鏡にうつしたところ，鏡にうつって見えた範囲はひざから上のみであった。次の文章は，鏡の真下の点Oと位置Aの中点である位置Bにまっすぐに立ったときに，鏡にうつって見える範囲について説明したものである。文章中の（　Ⅰ　）には下のアからウまでの中から，（　Ⅱ　）には下のエからカまでの中から，それぞれ最も適当なものを選んで，そのかな符号を書きなさい。

図

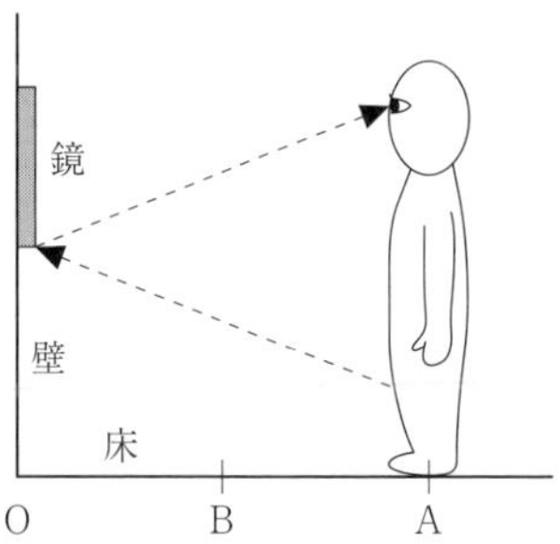

Ⅰ（　　　）　Ⅱ（　　　）

位置Aから位置Bまで鏡に近づき，鏡の正面にまっすぐに立ったとき，鏡にうつって見える範囲は位置Aに立ったときと比べて（　Ⅰ　）。この理由は，（　Ⅱ　）からである。

ア　広くなり，ひざの下まで見える

イ　狭くなり，ひざが見えなくなる

ウ　変わらず，ひざまで見える

エ　鏡に近づいたときも，光の反射角は入射角と等しい

オ　鏡に近づくと，鏡にうつる虚像が大きくなる

カ　鏡に近づくと，屈折により小さく見える

2　植物の光合成と呼吸について調べるため，次の〔実験1〕と〔実験2〕を行った。

〔実験1〕

① ふ入りの葉をもつアサガオを，暗所に1日置いた。

② その後，図1のように，ふ入りの葉の一部分を紙とアルミニウムはくでおおい，光を十分に当てた。

③ ②の葉から紙とアルミニウムはくを外し，葉を温めたエタノールに浸した後，水洗いした。

④ ③の葉をヨウ素液に浸して，図2のAからFまでの葉の部分の色の変化を観察した。

図1

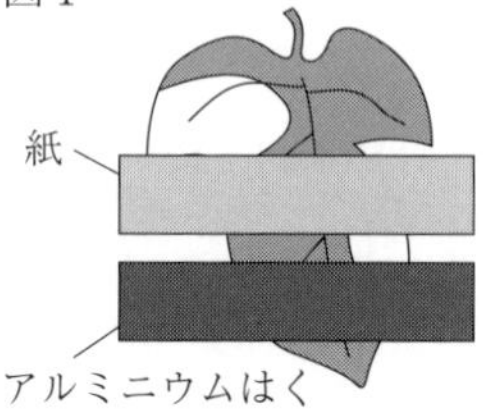

なお，〔実験1〕で用いた紙は光をある程度通すが，アルミニウムはくは光を通さない。

図2

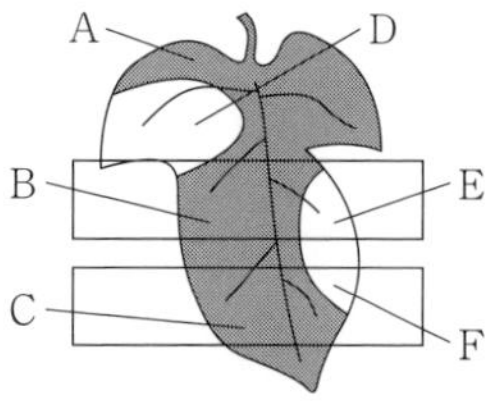

A：緑色の部分
B：緑色の部分，紙あり
C：緑色の部分，アルミニウムはくあり
D：緑色ではない部分
E：緑色ではない部分，紙あり
F：緑色ではない部分，アルミニウムはくあり

表1は，〔実験1〕の結果をまとめたものである。

表1

部分	A	B	C	D	E	F
色	青紫色	うすい青紫色	変化なし	変化なし	変化なし	変化なし

〔実験2〕

① ビーカーに入れた青色のBTB溶液に息を吹きこんで，溶液の色が緑色になるように調整した。

② 6本の試験管ⅠからⅥまでを用意し，①の緑色の溶液で満たした。

③ 図3のように，試験管Ⅰ，Ⅱ，Ⅲには葉の数と大きさ，茎の長さと太さをそろえたオオカナダモを入れ，試験管Ⅳ，Ⅴ，Ⅵにはオオカナダモを入れずに，6本の試験管の口に栓をした。

④ 〔実験1〕で用いた紙とアルミニウムはくを用意し，試験管Ⅱ，Ⅴは紙で，試験管Ⅲ，Ⅵはアルミニウムはくで包んだ。

⑤ 6本の試験管を温度が同じになるようにして，十分な光の当たる場所に一定の時間置いた後，試験管内の溶液の色を調べた。

図3

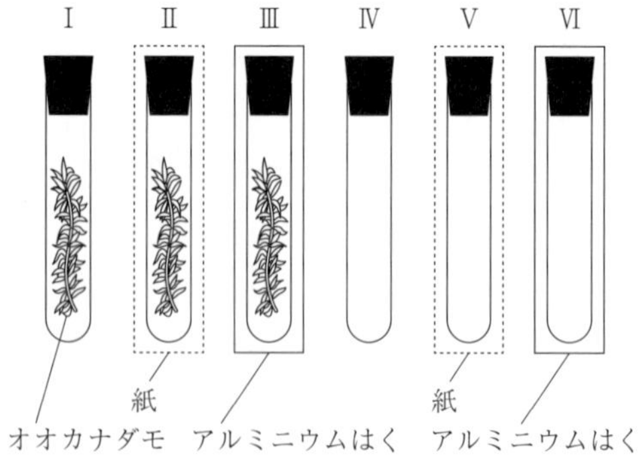

表2は，〔実験2〕の結果をまとめたものである。

表2

試験管	Ⅰ	Ⅱ	Ⅲ	Ⅳ	Ⅴ	Ⅵ
溶液の色	青色	緑色	黄色	緑色	緑色	緑色

次の(1)から(4)までの問いに答えなさい。

(1) アサガオは双子葉類である。図4は，双子葉類の茎の断面を模式的に示したものである。光合成によってつくられたデンプンは水に溶けやすい物質になって植物の体の各部に運ばれるが，この物質を運ぶ管があるのは図4のGとHのどちらの部分か。また，その管の名称を漢字2字で答えなさい。部分(　　　)　名称(　　　)

図4
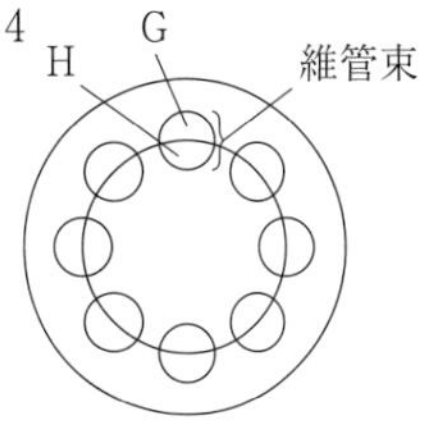

(2) 〔実験1〕の①で，アサガオを暗所に置いた理由として最も適当なものを，次のアからウまでの中から，また，③でエタノールに浸す理由として最も適当なものを，次のエからカまでの中からそれぞれ選んで，そのかな符号を書きなさい。①の理由(　　　)　③の理由(　　　)

ア　葉の中のデンプンをなくすため。

イ　葉の呼吸のはたらきを止めるため。

ウ　葉からの蒸散を止めるため。

エ　葉の色をより濃い緑色にして，色の変化を見やすくするため。

オ　葉を脱色して，色の変化を見やすくするため。

カ　葉の細胞内での化学変化を活発にして，色の変化を見やすくするため。

(3) 次の文章は，〔実験1〕の結果からわかることについて説明したものである。文章中の（ i ）と（ ii ）にあてはまるものの組み合わせとして最も適当なものを，下のアからカまでの中から選んで，そのかな符号を書きなさい。(　　　)

図2の葉のAの部分と（ i ）の部分の実験結果の比較から，光合成に光が必要であることがわかる。また，葉のAの部分と（ ii ）の部分の実験結果の比較から，光合成が葉緑体のある部分で行われることがわかる。

ア　i C，ii D　　イ　i C，ii F　　ウ　i D，ii C　　エ　i D，ii F

オ　i F，ii C　　カ　i F，ii D

(4) 図5は，自然界において，植物，肉食動物，草食動物が光合成や呼吸によって気体Xと気体Yを取り入れたり，出したりするようすを模式的に示したものである。

なお，気体Xと気体Yは，酸素と二酸化炭素のいずれかであり，矢印（➡）は気体Xの出入りを，矢印（⇨）は気体Yの出入りを表している。

図5
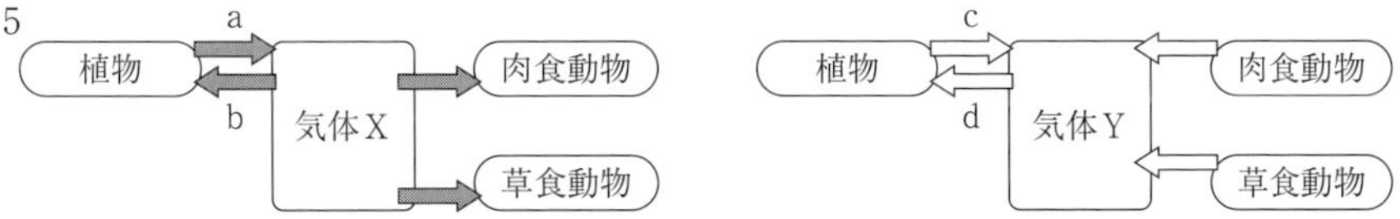

〔実験2〕の試験管ⅡとⅢで，オオカナダモが行った気体Xと気体Yの出入りは，図5のaからdまでの矢印のどれにあたるか。それぞれの試験管について，あてはまるものの組み合わせとして最も適当なものを，次のアからケまでの中から選んで，そのかな符号を書きなさい。(　　　)

	ア	イ	ウ	エ	オ	カ	キ	ク	ケ
Ⅱ	a，b，c，d	a，b，c，d	a，b，c，d	a，b	a，b	a，b	b，c	b，c	b，c
Ⅲ	a，b，c，d	a，b	b，c	a，b，c，d	a，b	b，c	a，b，c，d	a，b	b，c

3　炭酸水素ナトリウムと酸化銀を加熱したときの変化を調べるため，次の〔実験1〕から〔実験3〕までを行った。

〔実験1〕

① 少量の炭酸水素ナトリウムを試験管Aに入れて，図1のような装置をつくり，ガスバーナーで十分に加熱した。

② ガラス管の口から出てくる気体を試験管Bに集めた。

図1

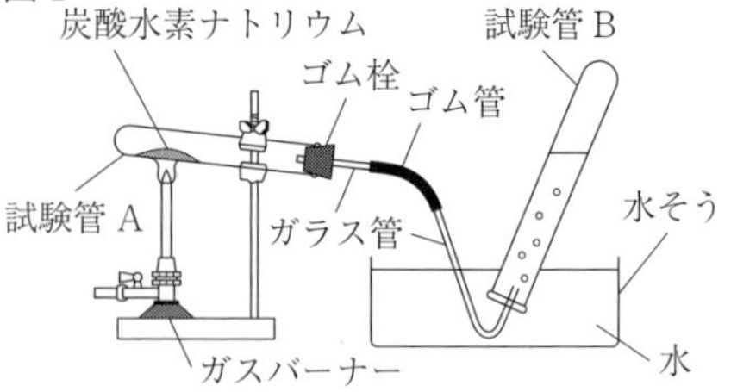

③ 気体が発生しなくなってから，ガラス管を水から取り出し，ガスバーナーの火を止めた。

④ 試験管Aが冷えてからゴム栓を外し，試験管Aの口の付近にできた液体に，青色の塩化コバルト紙をつけ，色の変化を観察した。

⑤ 試験管A内に残った物質を水に溶かし，フェノールフタレイン溶液を数滴加えて，色の変化を観察した。

〔実験2〕

① 酸化銀1.00gを試験管Cに入れて，図2のような装置をつくり，ガスバーナーで十分に加熱した。

② ガラス管の口から出てくる気体を試験管Dに集めた。

③ 気体が発生しなくなってから，ガラス管を水から取り出し，ガスバーナーの火を止めた。

図2

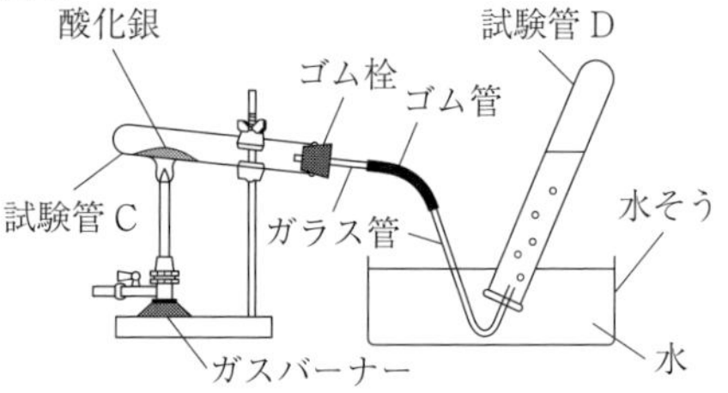

④ 試験管Cが冷えてからゴム栓を外し，試験管Cの中にある固体の物質の質量を測定した。

⑤ 次に，酸化銀の質量を3.00g，5.00gに変えて，①から④までと同じことを行った。

表は，〔実験2〕の結果をまとめたものである。

表

酸化銀の質量〔g〕	1.00	3.00	5.00
反応後の試験管Cの中にある固体の物質の質量〔g〕	0.93	2.79	4.65

〔実験3〕

① 試験管Cを，酸化銀6.00gの入った試験管Eにかえて，図2のような装置をつくり，ガスバーナーで加熱した。

② 気体が発生している最中に，ガラス管を水から取り出し，ガスバーナーの火を止めた。

③ 試験管Eが冷えてから，試験管Eの中にある固体の物質の質量を測定した。

次の(1)から(4)までの問いに答えなさい。

(1) 〔実験1〕の①で，ガスバーナーに点火すると，炎が赤色（オレンジ色）であった。ガスの量を変えずに，空気の量を調節して青色の炎にするときの，図3のガスバーナーの操作について説明した文として最も適当なものを，次のアからクまでの中から選んで，そのかな符号を書きなさい。(　　　)

図3

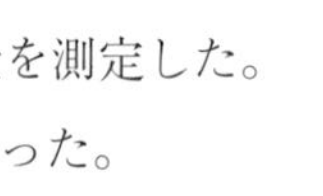

ア　空気の量が不足しているので，ねじgを動かさないで，ねじfをFの向きに回す。

イ　空気の量が不足しているので，ねじgを動かさないで，ねじfをGの向きに回す。

ウ　空気の量が不足しているので，ねじfを動かさないで，ねじgをFの向きに回す。

エ　空気の量が不足しているので，ねじfを動かさないで，ねじgをGの向きに回す。

オ　空気の量が多すぎるので，ねじgを動かさないで，ねじfをFの向きに回す。

カ　空気の量が多すぎるので，ねじgを動かさないで，ねじfをGの向きに回す。

キ　空気の量が多すぎるので，ねじfを動かさないで，ねじgをFの向きに回す。

ク　空気の量が多すぎるので，ねじfを動かさないで，ねじgをGの向きに回す。

(2)　次の文章は，〔実験1〕の結果について説明したものである。文章中の（　Ⅰ　）から（　Ⅲ　）までのそれぞれにあてはまる語の組み合わせとして最も適当なものを，下のアからクまでの中から選んで，そのかな符号を書きなさい。（　　　）

〔実験1〕の④の結果，塩化コバルト紙は赤色（桃色）に変わったため，試験管Aの口の付近にできた液体は（　Ⅰ　）であることがわかる。また，〔実験1〕の⑤の結果，（　Ⅱ　）に変わったので，試験管A内に残った物質を水に溶かすと（　Ⅲ　）を示すことがわかる。

ア　Ⅰ　エタノール，Ⅱ　青色，Ⅲ　酸性　　イ　Ⅰ　エタノール，Ⅱ　青色，Ⅲ　アルカリ性

ウ　Ⅰ　エタノール，Ⅱ　赤色，Ⅲ　酸性　　エ　Ⅰ　エタノール，Ⅱ　赤色，Ⅲ　アルカリ性

オ　Ⅰ　水，Ⅱ　青色，Ⅲ　酸性　　カ　Ⅰ　水，Ⅱ　青色，Ⅲ　アルカリ性

キ　Ⅰ　水，Ⅱ　赤色，Ⅲ　酸性　　ク　Ⅰ　水，Ⅱ　赤色，Ⅲ　アルカリ性

(3)　〔実験1〕で試験管Bに集めた気体と〔実験2〕で試験管Dに集めた気体について説明した文章として最も適当なものを，次のアからエまでの中から選んで，そのかな符号を書きなさい。

ただし，〔実験1〕で集めた気体をX，〔実験2〕で集めた気体をYとする。（　　　）

ア　XとYは同じ気体である。この気体は，石灰石にうすい塩酸を加えると発生する。

イ　XとYは同じ気体である。この気体は，二酸化マンガンにうすい過酸化水素水（オキシドール）を加えると発生する。

ウ　XとYは異なる気体である。Xは，石灰石にうすい塩酸を加えると発生する。また，Yは，二酸化マンガンにうすい過酸化水素水（オキシドール）を加えると発生する。

エ　XとYは異なる気体である。Xは，二酸化マンガンにうすい過酸化水素水（オキシドール）を加えると発生する。また，Yは，石灰石にうすい塩酸を加えると発生する。

(4)　〔実験3〕の③で，試験管Eの中にある固体の物質の質量は5.86gであった。この物質に含まれている酸素の質量は何gか。最も適当なものを，次のアからコまでの中から選んで，そのかな符号を書きなさい。（　　　）

ア　0.07g　　イ　0.12g　　ウ　0.14g　　エ　0.18g　　オ　0.21g　　カ　0.24g　　キ　0.28g

ク　0.32g　　ケ　0.35g　　コ　0.40g

4　おもりを持ち上げたときの滑車のはたらきについて調べるため，次の〔実験1〕から〔実験3〕までを行った。

ただし，ばねばかり，滑車及び糸の質量は無視できるものとし，滑車に摩擦力ははたらかないものとする。

〔実験1〕

①　図1のように，スタンドに定規を固定し，ばねばかりに糸のついたおもりを取り付けた。

②　糸にたるみがなく，ばねばかりの示す力の大きさが0Nとなる位置から，ゆっくりと一定の速さでばねばかりを24.0cm真上に引いた。このとき，ばねばかりを引いた距離とばねばかりの示す力の大きさとの関係を調べた。

図1

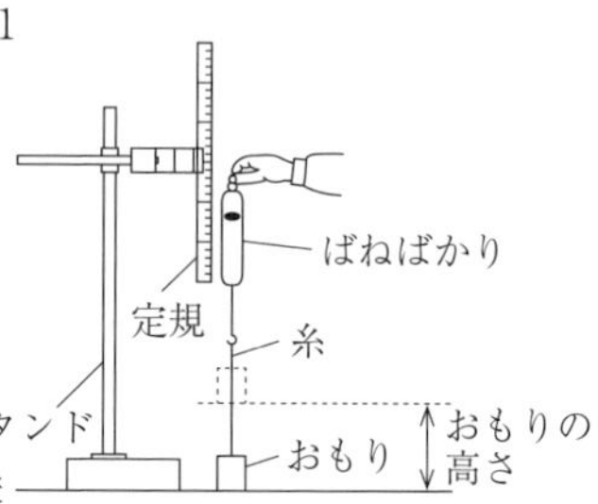

図2は，〔実験1〕の②の結果について，横軸にばねばかりを引いた距離〔cm〕を，縦軸にばねばかりの示す力の大きさ〔N〕をとり，その関係をグラフに表したものである。

図2

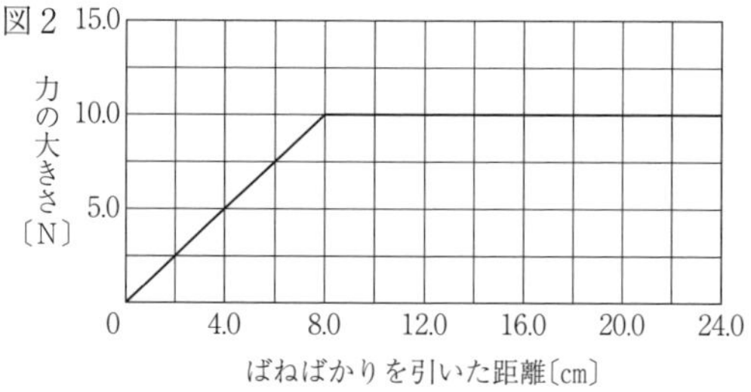

〔実験2〕

①　スタンド，定規，動滑車，定滑車，糸，ばねばかりと〔実験1〕で用いたおもりを用いて，図3のような装置をつくった。

②　糸にたるみがなく，ばねばかりの示す力の大きさが0Nとなる位置から，ゆっくりと一定の速さでばねばかりを24.0cm水平に引いた。このとき，ばねばかりを引いた距離とばねばかりの示す力の大きさとの関係を調べた。

図3

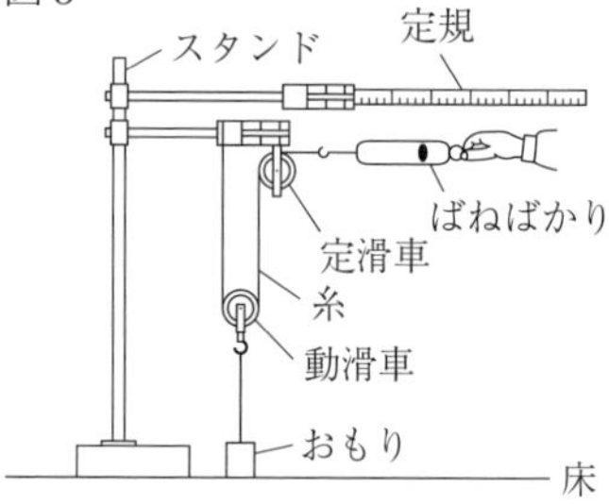

〔実験3〕

①　図4のように，2つの動滑車を棒で固定し，棒にフックを取り付けた。なお，棒とフックの質量は無視できるものとする。

②　スタンド，定規，定滑車，糸，ばねばかり，図4の動滑車，〔実験1〕で用いたおもりを用いて，図5のような装置をつくった。

③　糸にたるみがなく，ばねばかりの示す力の大きさが0Nとなる位置から，ゆっくりと一定の速さでばねばかりを24.0cm水平に引いた。このとき，ばねばかりを引いた距離と床からのおもりの高さとの関係を調べた。

図4

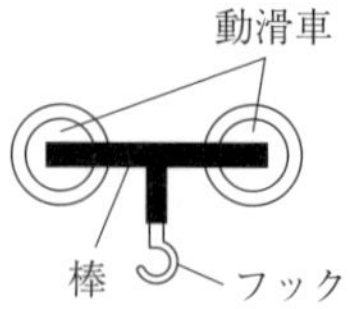

図5

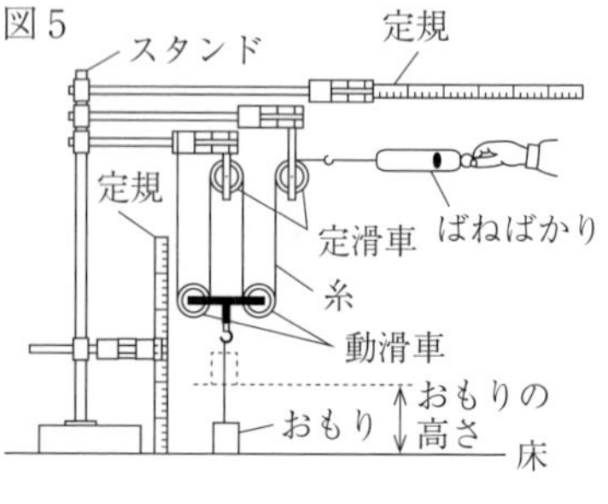

なお，２つの動滑車を固定した棒は常に水平を保ちながら動くものとする。

次の(1)から(4)までの問いに答えなさい。

(1) 〔実験１〕の②の途中で，ばねばかりを16.0cm真上に引いたとき，床からのおもりの高さは何cmか，小数第１位まで求めなさい。(　　　cm)

(2) 〔実験１〕の②の途中で，おもりが床から離れた直後から，12.0cmの高さになるまで，おもりを引き上げた仕事は何Ｊか，小数第１位まで求めなさい。(　　　J)

(3) 〔実験２〕の②で，ばねばかりを0cmから24.0cmまで引いたとき，ばねばかりを引いた距離とばねばかりの示す力の大きさの関係はどのようになるか。横軸にばねばかりを引いた距離〔cm〕を，縦軸に力の大きさ〔N〕をとり，その関係を表すグラフを解答欄の図６に書きなさい。

図６

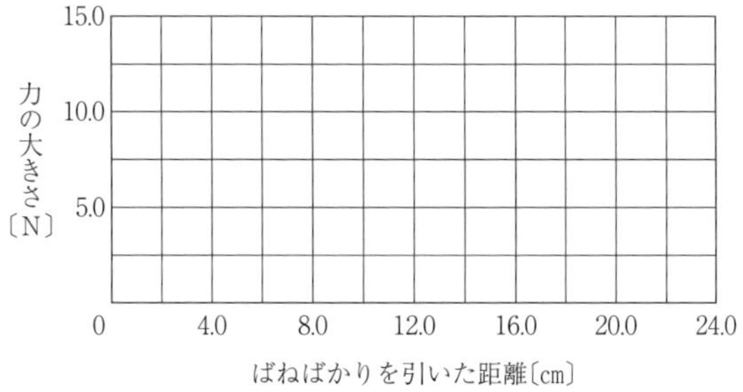

(4) 〔実験３〕の③で，ばねばかりを0cmから24.0cmまで引いたとき，ばねばかりを引いた距離と床からのおもりの高さの関係はどのようになるか。横軸にばねばかりを引いた距離〔cm〕を，縦軸に床からのおもりの高さ〔cm〕をとり，その関係をグラフに表したものとして最も適当なものを，次のアからカまでの中から選んで，そのかな符号を書きなさい。(　　　)

ア

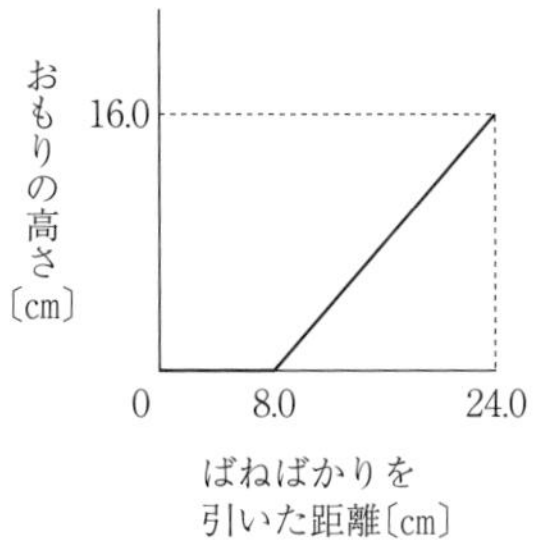

イ

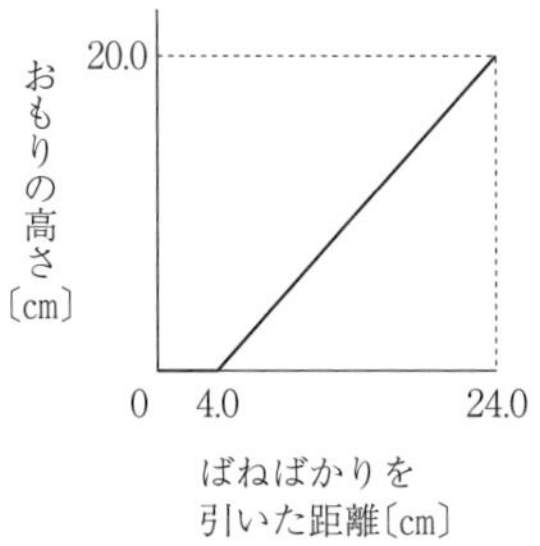

ウ

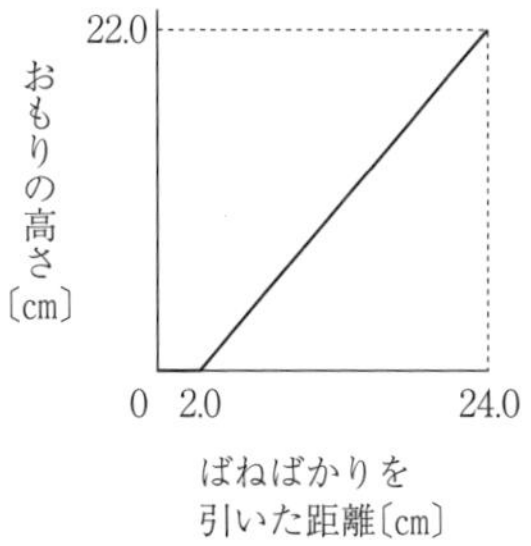

エ

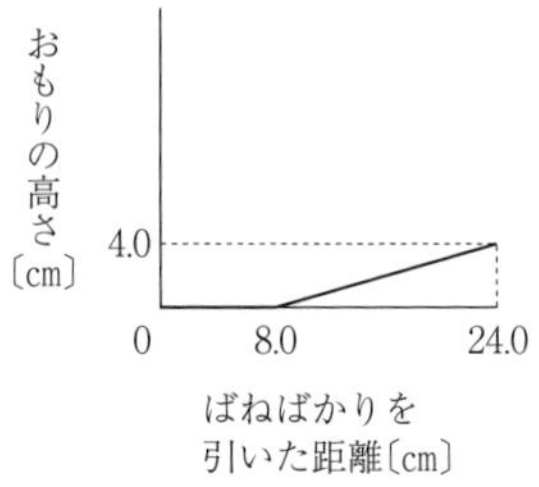

オ

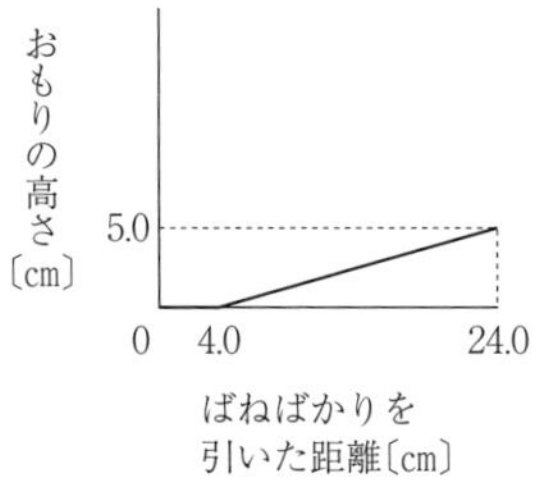

カ

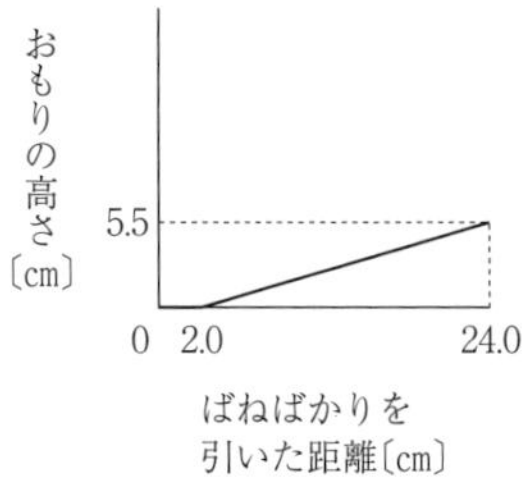

5　太陽の動きについて調べるため，日本のある地点Xで，次の〔観察1〕から〔観察3〕までを行った。

〔観察1〕

①　冬至の日に，図1のように，直角に交わるように線を引いた厚紙に透明半球を固定し，日当たりのよい水平な場所に東西南北を合わせて置いた。

図1

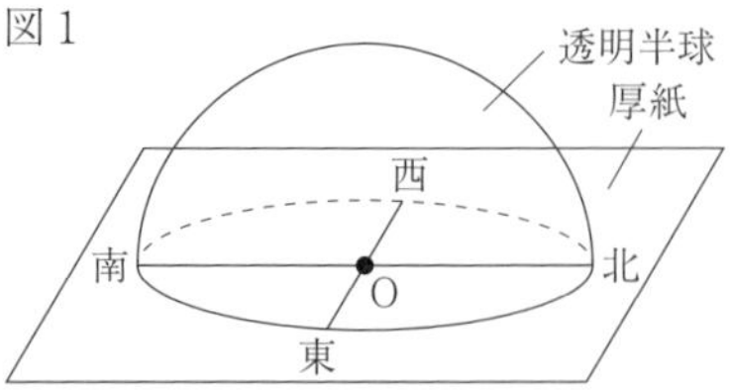

②　午前8時から午後4時までの1時間ごとに，サインペンの先端を透明半球の上で動かし，サインペンの先端の影が透明半球の中心Oと重なるようにして，透明半球上に点をつけ，太陽の位置を記録した。

③　②で記録した点をなめらかな線で結び，さらにその線を透明半球の縁まで伸ばした。このとき，図2のように，透明半球の縁まで伸ばした線の端をそれぞれ点P，点Qとした。

図2

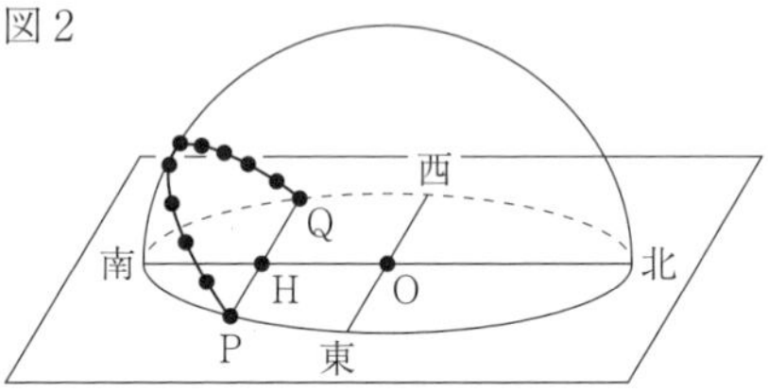

④　③で透明半球上に結んだ線にビニールテープを重ね，点P，点Q，②で記録した太陽の位置をビニールテープに写し，各点の間の長さをはかった。

図2の点Hは，点Oを通る南北の線と線分PQとの交点である。また，図3は，図2の透明半球を真横から見たものであり，図4は，〔観察1〕の④の結果を示したものである。ただし，図3では，透明半球上に記録された太陽の位置を示す点は省略してある。

図3

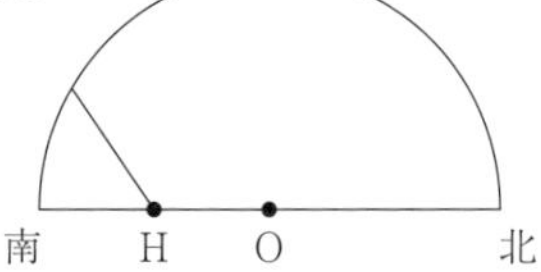

図4

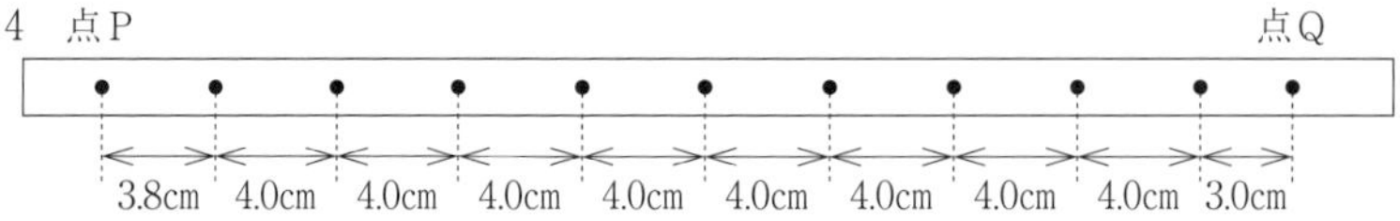

〔観察2〕

〔観察1〕で用いた透明半球を使って，春分の日と夏至の日にそれぞれ〔観察1〕と同じことを行った。

〔観察3〕

①　冬至の日に，図5のように，直角に交わるように線を引いた厚紙上の交点Rに棒を垂直に立て，日当たりのよい水平な場所に東西南北を合わせて置いた。

図5

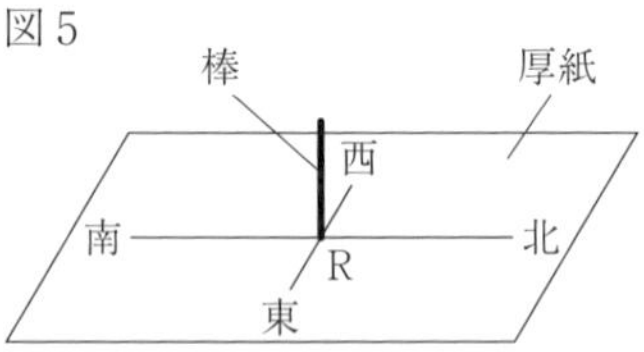

②　午前8時から午後4時までの1時間ごとに，棒の影の先端の位置を厚紙に記録して，なめらかな線で結んだ。

③　夏至の日に，①，②と同じことを行った。

次の(1)から(4)までの問いに答えなさい。

(1)　〔観察1〕で，太陽が南中した時刻として最も適当なものを，次のアからオまでの中から選んで，そのかな符号を書きなさい。(　　　)

ア　午前11時48分　　イ　午前11時54分　　ウ　正午　　エ　午後0時06分

オ　午後0時12分

(2) 図6は，〔観察2〕で春分の日と夏至の日に太陽の動きを記録した透明半球を真横から見たものであり，点A，Bは，それぞれ春分の日と夏至の日のいずれかに太陽が南中した位置を示している。

夏至の日の太陽の南中高度はどのように表されるか。最も適当なものを，次のアからカまでの中から選んで，そのかな符号を書きなさい。

図6

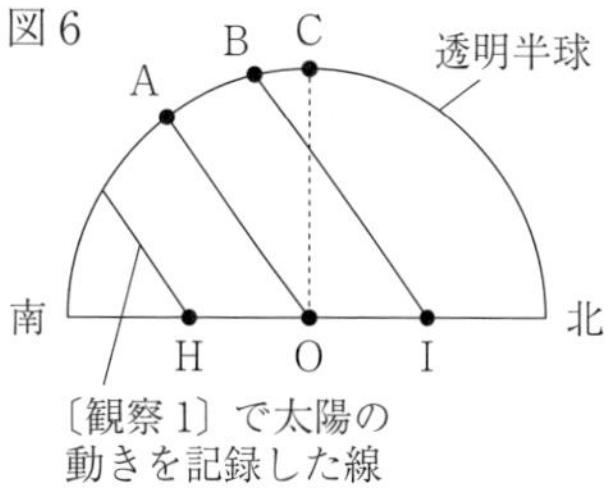

ただし，点Cは天頂を示しており，点Iは直線HO上の点である。(　　　)

ア　∠AOH　　イ　∠AIO　　ウ　∠AOC　　エ　∠BOH　　オ　∠BIO　　カ　∠BOC

(3) 春分の日に，赤道上で〔観察1〕と同じことを行ったとすると，〔観察2〕で春分の日に地点Xで観察した場合と比べてどうなるか。次の文章中の（ i ），（ ii ）にあてはまる語句の組み合わせとして最も適当なものを，下のアからカまでの中から選んで，そのかな符号を書きなさい。

(　　　)

赤道上で観察した場合は，地点Xで観察した場合と比べると，日の出の方角は（ i ），南中高度は高くなる。また，日の出から日の入りまでの時間は（ ii ）。

ア　i 北よりになり，ii 長くなる　　イ　i 北よりになり，ii 変わらない

ウ　i 南よりになり，ii 長くなる　　エ　i 南よりになり，ii 変わらない

オ　i 変わらず，ii 長くなる　　カ　i 変わらず，ii 変わらない

(4) 〔観察3〕で，冬至の日と夏至の日に記録して結んだ線を真上から見たものとして最も適当なものを，次のアからカまでの中からそれぞれ選んで，そのかな符号を書きなさい。

冬至の日(　　　)　夏至の日(　　　)

ア

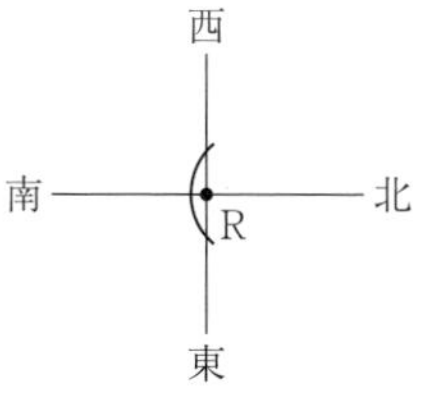

イ

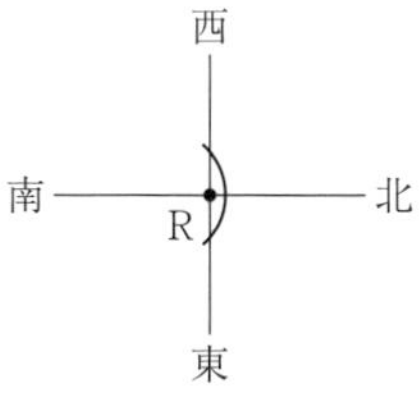

ウ

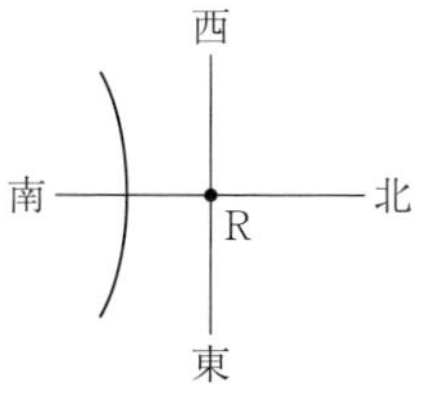

エ

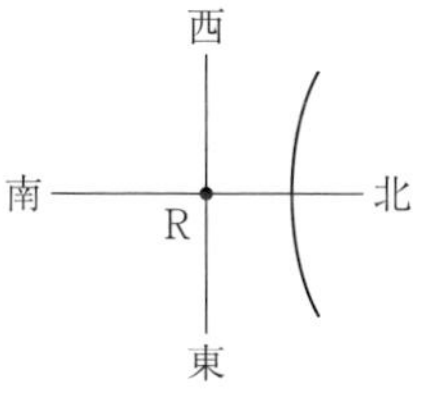

オ

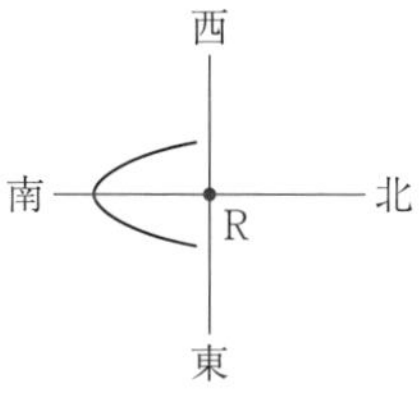

カ

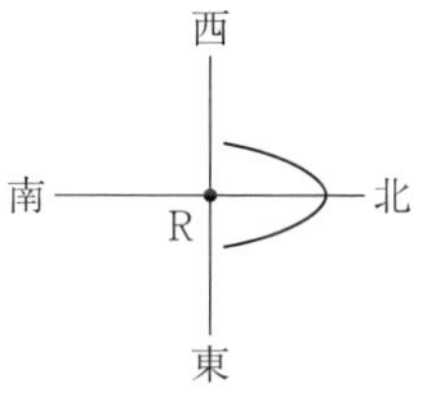

6　次の(1)，(2)の問いに答えなさい。

(1)　電池について調べるため，金属板A，金属板Bと水溶液の組み合わせをさまざまに変えて，図のような装置をつくった。表は，金属板A，金属板Bと水溶液の組み合わせをまとめたものである。図の装置の光電池用モーターが回る金属板と水溶液の組み合わせとして最も適当なものを，表のアからカまでの中から選んで，そのかな符号を書きなさい。(　　　)

図

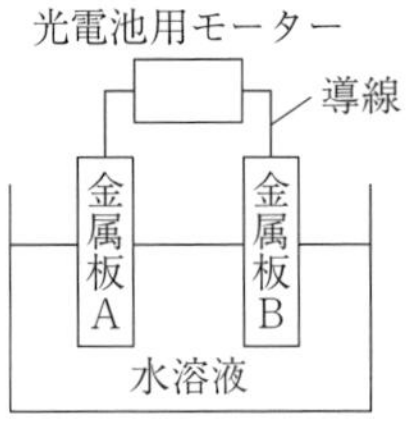

表

	金属板A	金属板B	水溶液
ア	亜鉛板	亜鉛板	砂糖水
イ	銅板	銅板	砂糖水
ウ	亜鉛板	銅板	砂糖水
エ	亜鉛板	亜鉛板	うすい塩酸
オ	銅板	銅板	うすい塩酸
カ	亜鉛板	銅板	うすい塩酸

(2)　ヒトの刺激に対する反応について調べるため，次の〔実験〕を行った。

〔実験〕

①　図のように，16人が手をつないで輪をつくった。

②　Aさんは，左手にもったストップウォッチをスタートさせるのと同時に，右手でとなりの人の左手をにぎった。

③　左手をにぎられた人は，右手でとなりの人の左手をにぎることを順に行った。

④　16人目のBさんは，Aさんから右手でストップウォッチを受け取り，自分の左手をにぎられたらストップウォッチを止め，時間を記録した。

⑤　②から④までを，さらに2回繰り返した。

図

〔実験〕における3回の測定結果の平均は，4.9秒であった。

この〔実験〕において，左手の皮膚が刺激を受け取ってから右手の筋肉が反応するまでにかかる時間は，次のaからcまでの時間の和であるとする。

a	左手の皮膚から脳まで，感覚神経を信号が伝わる時間
b	脳が，信号を受け取ってから命令を出すまでの時間
c	脳から右手の筋肉まで，運動神経を信号が伝わる時間

この〔実験〕において，脳が，信号を受け取ってから命令を出すまでの時間は，1人あたり何秒であったか，小数第1位まで求めなさい。

ただし，感覚神経と運動神経を信号が伝わる速さを60m/秒とし，信号を受けた筋肉が収縮する時間は無視できるものとする。また，左手の皮膚から脳までの神経の長さと，脳から右手の筋肉までの神経の長さは，それぞれ1人あたり0.8mとする。

なお，Aさんは，ストップウォッチをスタートさせるのと同時にとなりの人の手をにぎっているので，計算する際の人数には入れないこと。(　　　秒)

㈢　③立ちかへつて思案をめぐらし見ればの現代語訳として最も適当なものを、次のアからエまでの中から選んで、そのかな符号を書きなさい。（　）

ア　これまでの行動を振り返ってよく反省してみると
イ　現在の視点から過去のことをあれこれ考えてみると
ウ　家に戻ってから対局をじっくり思い出してみると
エ　囲碁をした場所を訪れて様子をうかがってみると

㈣　次のアからエまでの中から、その内容がこの文章に書かれていることと一致するものを一つ選んで、そのかな符号を書きなさい。（　）

ア　現在の出来事には過去の出来事と似ているところがあり、過去の失敗を知ると今やるべきことに思い至ることが多い。
イ　現在よりも過去のほうが善悪の判断基準がはっきりしていたため、歴史を学んだ人には適切に善悪を判断できる人が多い。
ウ　過去の出来事が複雑にからみ合って現在の出来事があるため、過去を学ぶことで今を深く理解することができる。
エ　過去の失敗に学ぶという点で歴史と囲碁には通じるものがあり、歴史を学んで得たことは囲碁に生かすことができる。

イ　筆者は、「小さな建築」に必要な「小さな単位」として水のレンガを考案し、建築する試みを行った。さらに近年では、同じ「小さな単位」として小さな木のピースを用い、全体は大きくても目の前にあるのは小さな点や線という国立競技場の完成に至った。筆者のテーマ「コンクリートから木へ」が形になったといえる。

ウ　筆者は、二十世紀を工業化社会、二十一世紀をポスト工業化社会と捉え、その上で建築に用いる素材の違いに注目している。一度作ると簡単には壊せないコンクリートで作った建築よりも、パラパラとした開放感のある、木を素材とした建築が求められる社会が来ることを予想している。

エ　人間は、コンクリートによる「大きな建築」に閉じ込められた生活を幸福と錯覚していたことへの反省から「小さな建築」を目指すようになった。そこで筆者は、国立競技場に見られるように、全国から集めた木を用いて建築を作っている。これは自然への回帰と自然保護の両立を図ろうとする試みである。

オ　筆者は、「小さな建築」を建築全体の小ささと捉えるのではなく、何を用いて作るかを問題としている。本文では、身近な場所で利用されているものからヒントを得た水のレンガを考案し、建築に応用する過程が語られている。また参考文では、小さな木のピースを使って作り上げる建築が紹介されている。

4　次の古文を読んで、あとの(一)から(四)までの問いに答えなさい。(本文の------の左側は現代語訳です。)

①いにしへより碁をうつに、当局の人《実際に囲碁をしている人》は闇《くら》く、傍《かたはら》観《み》るの者は明らかなりといひ伝へて、俗にいへる②脇目百目《わきめひゃくもく》なれば、人のした事、過ぎ去りし事を、跡《あと》からその評判をつけ《あとからそのことについての論評を加え》、③立ちかへつて思案をめぐらし見れば、格別によき分別《考え》も出《い》づるものなり。前にいへるごとく、昔ありし事は、必ず今もそれに似たる事あるものなれば、古人のし損なひし事に気がついてあれば、今日する事の考へになる事多かるべし《多いだろう》。是《こ》れ史《歴史書》を学ぶの大利益《だいりやく》なり。人君の学文《君主の学問》には、史を読む事甚だ当用なる《必要な》事と知るべし。

(「不尽言《ふじんげん》」より)

(注)○　前にいへるごとく＝本文の前に「いにしへにありし事は、今日の上にちやうど似たる事多くあるものなれば」という記述がある。

(一)　①いにしへは歴史的かなづかいである。これを現代かなづかいになおして、ひらがなで書きなさい。(　　)

(二)　②脇目百目《わきめひゃくもく》ということばの意味として最も適当なものを、次のアからエまでの中から選んで、そのかな符号を書きなさい。(　　)

ア　当事者よりも第三者のほうが物事を難しく捉えてしまうこと
イ　当事者よりも第三者のほうが物事の深みを感じられること
ウ　当事者よりも第三者のほうが物事の是非を見極められること
エ　当事者よりも第三者のほうが物事を厳しく評価してしまうこと

のレンガ』は、……」という書き出しで書くこと。二つのことばはどのような順序で使ってもよろしい。

（注意）・句読点も一字に数えて、一字分のマスを使うこと。
・文は、一文でも、二文以上でもよい。

「水のレンガ」は、

(五) ③コンクリートでできた巣ということばに込められた筆者の気持ちとして最も適当なものを、次のアからエまでの中から選んで、そのかな符号を書きなさい。（　　）

ア　感服　イ　皮肉　ウ　憧れ　エ　妬み

(六) あとのアからオまでは、本文を読んだ生徒五人が、次の参考文も踏まえて、筆者の建築に対する考えをまとめたものである。その内容が本文及び参考文に書かれていない考えを含むものを一つ選んで、そのかな符号を書きなさい。（　　）

（参考文）

コンクリート建築は、無意識のうちにヴォリュームを指向し、ヴォリュームになりたがるのである。砂利と砂とセメントと水とをまぜた、ドロドロとした液体を乾燥させ、固めたものがコンクリートなので、そもそも塊＝ヴォリュームだからである。逆に、ひとつの塊（ヴォリューム）になることを拒否した、パラパラとした、さわやかな物のあり方が、点・線・面である。

「コンクリートから木へ」が生涯のテーマだと、僕はずっと考え続けてきた。二十世紀とは要約すれば工業化社会であり、コンクリートの時代であった。工業化社会は、コンクリートという素材によって、実際に建設されたし、同時にコンクリートという物質によって表象される社会であった。

その後、僕らが生きているポスト工業化の社会は、木という素材によって、さまざまな物たちが作られるべきであるし、木によって表象される社会になるであろう。それは僕の予測であると同時に、熱望である。だからこそ、二〇二〇年の東京オリンピック、パラリンピックのために建設された国立競技場は、全国から木を集めて、小さな木のピースを、ひとつずつ手で組み上げるようにして作り上げた。

そして、木を使うなら、可能な限り、ヴォリュームとして閉じることを避け、木独特の、パラパラとした開放感を作り出したいと考えた。一〇・五センチの幅しかない、点のように小さく、あるいは線のように細い寸法の杉の板で国立競技場の外壁は覆われた。全体は大きいが、僕らの目の前にあるのは、小さな点や線である。

（隈　研吾「点・線・面」より）

（注）○　表象＝象徴。イメージ。
○　ポスト工業化の社会＝工業化社会の次に現れる社会。
○　ピース＝断片。

ア　本文と参考文のいずれにおいても、筆者が目指しているものは、工業化社会からの脱却である。人々は、コンクリートという強く大きな塊に頼ってきたが、世界と切り離され、幸せではないことに気づいた。今、大切なのは、小ささや「点・線・面」という物のあり方である。

建築」とは呼べないのである。そこで思いついたのがレゴ式のジョイントであった。一つ一つのブロックに突出（凸）と孔（凹）がついていて、凸を凹にはめこめば、二つのブロックは接合されて、しっかりと固まるという仕掛けである。この要領でどんどん積んでいけば、簡単に壁ができる。壊したくなれば、凸凹をはずせば、もとのばらばらのブロックに戻るだけである。このような「取り返しのつく」気楽なジョイントが、「小さな建築」にはふさわしい。

（隈《くま》　研吾《けんご》「小さな建築」より）

（注）○ 1～6は段落符号である。
○ リスボン大地震＝一七五五年十一月一日に発生した巨大地震。ポルトガルのリスボンを中心に大きな被害が生じた。
○ ハコモノ建築＝ここでは、公共事業で建設された施設のこと。
○ 媒介＝二つのものの間をとりもつもの。
○ 舵《かじ》を切る＝ここでは、方針を転換する。
○ ハンドル＝扱うこと。
○ OS＝オペレーティング・システムの略。ここでは、建築の基本的な材料の意味で用いられている。
○ バリケード＝ここでは、侵入を防ぐために設置する資材のこと。
○ レゴブロック＝プラスチックの部品を組み合わせていろいろな造形をするレゴ社製の玩具。
○ 極致＝ここでは、それ以上は行き着くことができない状態のこと。
○ ジョイント＝接合。
○ 孔＝くぼみ。

(一) ①「大きなシステム」の説明として最も適当なものを、次のアからエまでの中から選んで、そのかな符号を書きなさい。（　　）

ア 近代以降、人間に自分の弱さや小ささを自覚させてきたものであるが、一方で人間のこれからの可能性を感じさせてくれたもの
イ 近代以降、人間が壮大な世界と自らをつなぐものとして求めてきたものであるが、逆に人間と世界を切り離すことになったもの
ウ 近代以降、人間は世界と自分をつなぐことの重要性を認識するようになり、その目的を達成するために人間が手作業で作ったもの
エ 近代以降、人間の弱さや小ささを痛感して開発されてきたものであり、建築をはじめあらゆる分野で人間を幸福にしてきたもの

(二) ②「小ささ」とは何かを考えなくてはいけないとあるが、筆者が考える「小ささ」とはどのようなことか。その説明として最も適当なものを、次のアからエまでの中から選んで、そのかな符号を書きなさい。（　　）

ア 小さくて非力な人間と同様に、弱々しくすぐに壊れてしまうこと
イ 身近で親しみやすいが、手を加えることは簡単にできないこと
ウ 全体の小ささではなく、単位として適切な大きさや重さであること
エ 人間の身体に合わせて、全体の大きさが縮小されているということ

(三) 〔A〕、〔B〕にあてはまる最も適当なことばを、次のアからカまでの中からそれぞれ選んで、そのかな符号を書きなさい。

A（　　）B（　　）

ア しかも　イ やがて　ウ いかに
エ とうてい　オ ところが　カ あたかも

(四) 筆者は第四段落で、「水のレンガ」で建築を作ろうと思い立った理由について述べている。それを要約して、七十字以上八十字以下で書きなさい。ただし、「身体」、「合理的」という二つのことばを使って、「『水

な意味で身近でとっつきやすく、気楽な存在でなければならない。そんな小さな、いいヤツ、かわいいヤツを探すときにまず考えなくてはいけないのは、自分が一人で取り扱うことのできる「小さな単位」を見つけることである。「小さな建築」とは、実は「小さな単位」のことなのである。全体の小ささではなく、単位の小ささである。単位が大きすぎたり、重すぎたりしたならば、小さい自分の非力な手には負えない。（中略）

4 建築史においても、そのような適切な単位サイズを探すことは、中心的テーマであった。特に手作業が中心で、機械を用いることが少なかった十九世紀以前の建築工事において、人間の身体がハンドルしやすいサイズの追求は、最も切実なテーマであった。大きすぎず、小さすぎずというサイズを求めた結果、レンガという、一人で、〔 A 〕片手で扱える普遍性の高い建築材料が、普及した。いわばレンガは十九世紀以前の西欧建築というシステムを根本で支えるOSであった。二十世紀にコンクリートと鉄という強力なOSが登場するまで、レンガの人気は絶大で、中国でも数多くのレンガ建築が作られた。レンガは洋の東西を超えた、開かれたOSだったのである。確かにレンガは身体がハンドルしやすい大きさ、重さであった。しかし、自由に重さを変えることができるレンガがあったらどんなに便利だろうか。ある日、道路工事の現場のポリタンクを見ていて、突然にひらめいた。このポリタンクに、水を出し入れして重さを調整するのである。まさに「重さの変わるレンガ」であった。水を抜いた軽い状態で工事現場に運びこみ、現場に設置してから水を入れて重くし、風でも飛ばないバリケードができ上がるのである。用が済んだら、水を抜いてしまえばいい。水が自由に道にばらまけるというのが、この工事用ポリタンクの賢いところである。その一瞬、工事用ポリタンクと同じ原理を用いて、「水のレンガ」で建築を作ろうと思い立った。まず、空のレンガを積んで壁を組み上げ、組み上げが終わったときに水を入れて重たくし、壁の上部は水なしで軽くすれば安定するという合理的で気楽な構造システムである。

5 最初に試みたのは、レゴブロックの形をそのまま拡大したレゴ式ポリタンクである。ポリタンクだから、蓋をつければ水の出し入れは簡単である。問題は、ブロック同士の「つなぎ方」である。単位となるブロック同士をどう結合させるかが、このような「積む」タイプの「小さな」建築の難関となる。本物のレンガなら、レンガとレンガの間に、セメントと砂をまぜてこねた、モルタルという接着剤をつめこむ。モルタルが固まるとレンガとレンガは、結合される。石もレンガも、昔からこのモルタルを使って固定されてきた。このやり方だと、確かに固まることは固まるのだが、やり直しがきかないという大きな欠点があった。壁の位置を変えたくなるなんていうことは、人間のきまぐれな生活の宿命で、しょっちゅう起こる。しかし、レンガで積んだ壁を壊してやり変えようと思っても、モルタルで固めてあるとそう簡単にはくずせない。

6 そもそもコンクリートの壁は、そのような取り返しのつかない存在の極致であった。世の中には、「取り返しがつかない」ことを「強さ」と取り違えて、③コンクリートでできた巣に依存するタイプの人たちもいる。しかし僕は逆に、その「取り返しがつかない」という強迫的時間感覚に耐えられなくて、もっと気楽に作っては壊せる「小さな建築」を探しているわけだから、レンガをモルタルでべたっと接着してしまっては、元も子もない。〔 B 〕レンガが素手でハンドルしやすい「かわいい」サイズでも、モルタルの接着力が障害となって、「小さいのです。私は「お年寄りや子どもが安心して暮らせること」と答えましたが、「公共の交通手段が整備されていること」であったり、「いろいろなお店がそろっていて便利なこと」であったりと、それぞれ異なっていました。

オ　それは、ホームルームでグループに分かれ、「私たちの住む街を暮らしやすくするために何ができるのか」をテーマに意見を述べ合ったときのことです。グループの中でそれぞれの考えを出し合いましたが、そこから議論は深まりませんでした。

2　次の㈠、㈡の問いに答えなさい。

㈠　次の①、②の文中の傍線部について、漢字はその読みをひらがなで書き、カタカナは漢字で書きなさい。

①　街路樹の枝が自転車の通行を妨げている。（　　げて）

②　読まなくなった本を整理し、棚にシュウノウした。（　　）

㈡　次の③の文中の傍線部に用いる漢字を、あとのアからエまでの中から選んで、そのかな符号を書きなさい。

③　窓には、通風やサイ光の役割がある。（　　）

ア　済　　イ　裁　　ウ　催　　エ　採

3　次の文章を読んで、あとの㈠から㈥までの問いに答えなさい。

1　一言でいえば、自分という弱くて小さな存在を、世界という途方もなく大きいものにしなやかにつなぐ方法を探すのが、この本の目的である。そもそも本来はすべてのテクノロジーが、世界と自分をつなぐためにスタートしたはずである。リスボン大地震（一七五五年）以降の近代テクノロジーは、その目標達成のために、①「大きなシステム」を組み上げようとした。リスボン大地震で自分の弱さをつきつけられた人間は、「強く合理的で、大きなもの」に頼ろうとした。（中略）

空間の世界でいえば、超高層建築や巨大なハコモノ建築に代表される「大きな建築」を媒介にして、ちっぽけな人間と、壮大な世界との間をつなごうとしたわけである。一度、大きさに向かって舵《かじ》が切られたら、止まらなくなってしまったのである。

2　二十世紀前半の世界は、システムを大きくすることに血眼になっていた。しかし、二十世紀後半以降、「大きなシステム」「大きな建築」が人間を少しも幸せにしないということに、人々は少しずつ気づきはじめた。「大きなシステム」「大きな建築」は、人間を世界とつなぐどころか、むしろ人間と世界の間に割って入って、人間と世界とを切断し、人間をそのシステムの中に閉じ込めるということに、人々は気づきはじめたのである。（中略）

3　空間において、「小さな機械＝小さな建築」は、どんな形で、世界と人間を接続するのだろう。そのとき、まず②「小ささ」とは何かを考えなくてはいけない。「大きな建築」をただ縮小しても「小さな建築」にはならない。百メートルの高さのコンクリートでできた超高層建築を、十メートルに縮めたからといって、ここで見つけようとしている「小さな建築」とは呼べない。「小さな建築」とは僕らにとって、さまざま義しなければことばの正しさを保つことはできない。

(二)〔 A 〕にあてはまる最も適当なことばを、次のアからエまでの中から選んで、そのかな符号を書きなさい。（　）

ア　のちのち　イ　ますます　ウ　すらすら　エ　せいぜい

(三) ②対象を捉えようとして向けた視線、その向きがことばの意味というものであろうとあるが、このように筆者が考える理由として最も適当なものを、次のアからエまでの中から選んで、そのかな符号を書きなさい。（　）

ア　ことばの意味とは特定の世界だけで通用する約束ではなく、どのような人が用いても変わらない厳密なものだと考えているから。

イ　ことばの意味とは使い方を限定した取り決めではなく、広がりがあって多くの人に共有されている捉え方であると考えているから。

ウ　ことばの意味とは曖昧なままで使用されるものではなく、使用される範囲は限定的で厳密なものであるべきだと考えているから。

エ　ことばの意味とは長い時間を経ても変わらないものではなく、使われる時と場面によってそのつど意味が異なると考えているから。

(四) この文章中の波線部の説明として最も適当なものを、次のアからオまでの中から選んで、そのかな符号を書きなさい。（　）

ア　第一段落の「楽天的」には、辞書の読者に対してことばの将来に明るい展望をもってほしいという期待が込められている。

イ　第三段落の「気づいては」には、たまにしかことばの変化や乱れに気づけない辞典の読者に対する残念な思いが込められている。

ウ　第四段落の「深い信仰心」には、ことばの意味を正確に記述する辞典に信頼を寄せてくれる読者への感謝が込められている。

エ　第五段落の「厳密屋さん」には、ことばの定義を徹底的に追究しようとしている人々の熱意に対する敬意が込められている。

オ　第八段落の「称して」には、厳密さを求めるためにことばの意味を限定する考え方に同意できない気持ちが込められている。

(五) 次の文章は、本文を読んだある生徒の感想をまとめたものであるが、文の順序が入れ替えてある。筋道が通る文章とするためにアからオまでを並べ替えるとき、二番目と四番目にくるものをそれぞれ選び、そのかな符号を書きなさい。二番目（　）　四番目（　）

ア　この経験から、一つのことばが表す世界の幅広さを理解しました。ですから、クラスで話し合って合意を形成する際には、まずそれぞれがテーマ（ことば）から考えた意味を出し合ってことばの「はば」を確認し、クラスとしてどう捉えるかを決めることが大切ではないでしょうか。方向性を定めて共有できれば、そこからさまざまなアイデアが生まれてくると思います。

イ　筆者は「ことばには『はば』がある」と述べていますが、私にも、まさにこのことばの「はば」というものを実感した経験があります。

ウ　そこで私たちは、議論を深めるために「暮らしやすい」ということばの意味を限定し、共有することにしました。結局、私の考えた「お年寄りや子どもが安心して暮らせること」になりましたが、「はば」のあることばの意味を一つに限定して共有することで話し合いの方向性が定まり、さまざまな世代が交流できるイベントを考え、クラス全体に提案することができました。

エ　そのときグループの一人が、「そもそもみんなは『暮らしやすい』ということばをどういう意味で使っていますか」と聞いたばを定義している辞書は専門分野の事典や用語集に見られます。先の「老人」について、普通の国語辞典は「年とった人。年寄り。」くらいしか書いてありません。何歳から、などという明確な取り決めは自然言語にはありません。それは、行政上の都合とか統計をとる便宜とかのために役所や法律が、例えば「老人福祉法」では六十五歳以上を老人とする、と決めただけのものであって、「老人」の意味ではありません。にもかかわらず、老人ということばの意味が曖昧だなどということはないのです。老人の語は、さまざまの場面でさまざまの対象（人）を指すことが可能ですが、その対象（人）をどう捉えようとしているか、それらに向けた視線の方向は共通で、多くの人々に共有されているのです。②対象を捉えようとして向けた視線、その向きがことばの意味というものであろうと思うのです。

7　「砂」は、『広辞苑《こうじえん》』によれば、「細かい岩石の粒の集合。主に各種鉱物の粒子から成る。通常、径二ミリメートル以下、十六分の一ミリメートル以上の粒子をいう。」とあります。岩石学ではこのように取り決めているのですが、それが「通常」かどうかは疑問です。そんな数字を知らなくても、物差しを持ち合わせていなくても、私たちは日常の場で即座に石か砂かを判別し、何の支障もなく会話することができます。投げるのは石、砂はまく。時として石にはつまずき、また砂をかむ思いもするでしょう。ことばが表す世界は思いのほか広くて、がちがちの定義では捉えきれないふくらみをもっているものです。

8　日常普通に使っている日本語なのに、ふと自信がもてなくなって、辞書で意味を確かめるということはあります。それに答えるのが辞書の仕事です。しかし、そこで辞書の記述が不満だとして、とたんに「正確」で「厳密」な定義の方向に向かってしまう方がおられるのが残念でなりません。「厳密」がことばとして正しいとは限らないのです。例えば、天気予報や新聞の報道では、「未明」を「午前零時から午前三時頃まで」と決めていますが、未明の語の本来の意味（まだ夜が明けきらない頃、明け方）に比してずいぶん早過ぎはしないでしょうか。厳密にいうためと称して、正しい意味を壊してしまってよいはずがありません。（中略）

9　ことばについて、こうなくてはならぬという一つだけの正解がないと同時に、絶対的な間違いということも非常に少ないものです。ことばはそんなやわなものではない。ある制約がありながらも、その中で自由にできる余地のことを、「遊び」とか「はば」とかいうことがあります。ことばには「はば」があるのです。

（増井《ますい》　元《はじめ》「辞書の仕事」より）

（注）○　1～9は段落符号である。
○　逸脱＝それること。
○　便宜＝都合のよいこと。
○　『広辞苑《こうじえん》』＝国語辞典の一つ。

(一)　①ことばの正しさについて、筆者の考えを説明したものとして最も適当なものを、次のアからエまでの中から選んで、そのかな符号を書きなさい。（　　）

ア　社会の中で生きていることばは時代とともに必ず変化しているため、一つに限定された正しい意味というものはない。

イ　いつの時代でもどんな場面でも、一つの単語に対応した不変で普遍的な意味領域をもつことがことばの正しさである。

ウ　ことばの意味は時間とともにもとの意味から逸脱していくため、現時点で多くの人が用いていれば正しい意味となる。

エ　多くの人が使っていることばの意味から曖昧さを除き、厳密に定

国語

時間　四五分
満点　二二点

1　次の文章を読んで、あとの㈠から㈤までの問いに答えなさい。

1　辞典の読者と辞典編集者とが行き違うことがあるとすれば、一番の理由は、おそらく、ことばの正しさについて、辞典読者が辞典編集者よりずっと楽天的だという点にあると思われます。

2　古典文学などに現れて以後まったく使われないようなことばでなく、現代社会の中で生きていることばであれば、今に至るまでに必ずなんらかの変化を受け、また今も変化し続けている――いささかでもことばを観察すれば、それは明らかです。その変化とは、もとの意味・用法からの逸脱です。それを「乱れ」と呼ぶのであれば、ことばはいつも乱れています。しかし、①ことばの正しさとはいつの時点での姿をいうのでしょうか。今の日本語は乱れているから、奈良時代のことばに戻れ、とおっしゃる方はいません。現在から見て少し過去のあたりの日本語を「正しい」として、そこからの変化を乱れとして嘆かれるのです。

3　ことばが絶えず変わっていることを、辞典編集者は仕事柄忘れることができません。しかし、辞典を使う方は時折それに気づいては、不快に思ったり怒ったりされるのです。変化することこそ通常のあり方であることばについて、辞典が忠実であろうとすれば、現時点でおおぜいが使っていることばをそのままに記述し、〔　A　〕変化してきた経過について言及する、といった姿勢をとるほかにはありますまい。

4　辞典を使われる方が「正しい日本語を」と言われる内容は、「変化」「乱れ」を抑えようということのほかに、実は、もう一つあるようです。それは、ことばの意味はいつも「正確」「厳密」であるべきだ、とすることです。正しいことば（単語）は、いつどんな場面においても、きちんとその単語に対応した普遍かつ不変の意味領域をもつべきだ、とでもいうような信仰です。そのような深い信仰心をもつ方は、辞典に「正しい日本語」というよりは「厳密な定義」を要求されるのです。「辞典はことばを定義するもの」とおっしゃる方もいますが、それは違います。国語辞典はことばの意味を記述しますが、定義はしません。

5　老人とは厳密には何歳からをいうのか、未明は何時から何時までか、岩と石と砂、あるいは湖と沼と池とはどう定義されるのか。そこを厳密にしたからといって、日々の生活が特に変わることもないという問題が大半ですが、気になると、きちんとしないではいられなくなるもののようです。電話でいきなり「夜中に日付が変わる瞬間は、今日の内に入るのか、翌日か（十二時か零時か）」などと聞かれると、とっさに何のことかととまどうのですが、辞典編集部にこうした問い合わせは少なからずあります。徹底的に厳密にしたいのであれば、すべて定義づけたことばだけで、その定義が通用する閉じた世界の中で生きるほかないのですが、厳密屋さんはそうしたことが可能だと思っておられるようなのです。

6　定義というのはある特定の世界の中での約束のことです。このことばはこういう時にこういう意味で使うことにしましょうという取り決めにほかなりません。私たちは時としてその世界の中で会話することもありますが、いつもはもっと広いのびのびとしたところで、特別に約束をしたこともないことばを使って、感じたり考えたり表現したりしています。そのことばを、人工言語に対して自然言語ということもあります。一般の国語辞典はその自然言語の辞書なのです。一方、こと

2022年度／解答

数　学

1 【解き方】(1) 与式$= -3+7=4$

(2) 与式$=12x-16y+15y-12x=-y$

(3) 与式$=x^2+3x-10-3x+9=x^2-1=(x+1)(x-1)$

(4) $\sqrt{5}+\sqrt{2}=\mathrm{A}$，$\sqrt{5}-\sqrt{2}=\mathrm{B}$とすると，与式$=\mathrm{A}^2-\mathrm{B}^2=(\mathrm{A}+\mathrm{B})(\mathrm{A}-\mathrm{B})=(\sqrt{5}+\sqrt{2}+\sqrt{5}-\sqrt{2})(\sqrt{5}+\sqrt{2}-\sqrt{5}+\sqrt{2})=2\sqrt{5}\times 2\sqrt{2}=4\sqrt{10}$

(5) 左辺を展開して，$4x^2+4x+1-3x^2-9x=0$より，$x^2-5x+1=0$　よって，解の公式より，

$$x=\frac{-(-5)\pm\sqrt{(-5)^2-4\times1\times1}}{2\times1}=\frac{5\pm\sqrt{21}}{2}$$

(6) 生徒に配った消しゴムは，$3\times x=3x$(個)で，yの方が$3x$より多いから，$y>3x$

(7) 6の約数は1，2，3，6の4個なので，確率は$\dfrac{4}{9}$。

(8) 6と8の最小公倍数は24なので，できる正方形は1辺が24cm。よって，必要なカードの枚数は，$(24\div8)\times(24\div6)=12$(枚)

(9) 直線の傾きは，$\dfrac{4-(-8)}{1-(-3)}=3$なので，式を$y=3x+b$とすると，$4=3\times1+b$より，$b=1$だから，$y=3x+1$に$x=3$を代入して，$y=3\times3+1=10$

(10) アは，$1\times1\times1=1$ (cm^3)　イは，$\dfrac{1}{3}\times2\times2\times1=\dfrac{4}{3}$ (cm^3)　ウは，底面の円の半径は，$2\div2=1$ (cm)なので，$\dfrac{1}{3}\pi\times1^2\times1=\dfrac{1}{3}\pi$ (cm^3)　エは，底面の円の半径は，$1\div2=\dfrac{1}{2}$ (cm)なので，$\pi\times\left(\dfrac{1}{2}\right)^2\times1=\dfrac{1}{4}\pi$ (cm^3)　$3<\pi<4$より，イの体積が最大となる。

【答】(1) 4　(2) $-y$　(3) $(x+1)(x-1)$　(4) $4\sqrt{10}$　(5) $x=\dfrac{5\pm\sqrt{21}}{2}$　(6) $y>3x$　(7) $\dfrac{4}{9}$　(8) 12 (枚)　(9) 10　(10) イ

2 【解き方】(1) A，B，Cの合格品の相対度数は，$\dfrac{114}{120}=0.95$，$\dfrac{144}{150}=0.96$，$\dfrac{188}{200}=0.94$　また，表からわかるA，B，Cの平均値はそれぞれ，$(4.6\times4+5.0\times114+5.4\times2)\div120=599.2\div120=4.9\cdots$ (g)，$(4.6\times3+5.0\times144+5.4\times3)\div150=750\div150=5.0$ (g)，$(4.6\times5+5.0\times188+5.4\times7)\div200=1000.8\div200=5.004$ (g)　よって，求める答えは，ウ，オ，キ。

(2) 点Aのy座標は，$y=\dfrac{1}{2}\times(-2)^2=2$より，A $(-2,\ 2)$で，点Bのy座標は，$y=\dfrac{1}{2}\times4^2=8$より，B $(4,\ 8)$　点Dのx座標をtとすると，y座標は，$y=-\dfrac{1}{4}t^2$より，D$\left(t,\ -\dfrac{1}{4}t^2\right)$で，点C，Dの$x$座標の差と$y$座標の差はそれぞれ，点A，Bの$x$座標の差と$y$座標の差に等しいから，点Cの$x$座標は，$t+\{4-(-2)\}=t+6$で，$y$座標は，$-\dfrac{1}{4}t^2+(8-2)=-\dfrac{1}{4}t^2+6$より，C$\left(t+6,\ -\dfrac{1}{4}t^2+6\right)$　よって，$-\dfrac{1}{4}t^2+6=-\dfrac{1}{4}(t+6)^2$が成り立つから，これを解いて，$t=-5$

⑶ ① グラフより，荷物Ａの長さは30cmで面積は$600cm^2$，荷物ＡとＢの間は，$60-30=30$(cm)，荷物Ｂの長さは，$80-60=20$(cm)で面積は，$900-600=300$(cm^2)　したがって，$x=100$のときに荷物Ａが出始め，完全に出るのは，$x=100+30=130$のときで，$y=300$となる。さらに，荷物Ｂが出始めるのは，$x=130+30=160$のときで，$x=160+20=180$のときに完全に出る。よって，(80, 900)，(100, 900)，(130, 300)，(160, 300)，(180, 0) を直線で結べばよい。② $x=80$から，$x=160$までの間だから，$(160-80)\div 20=4$(秒間)

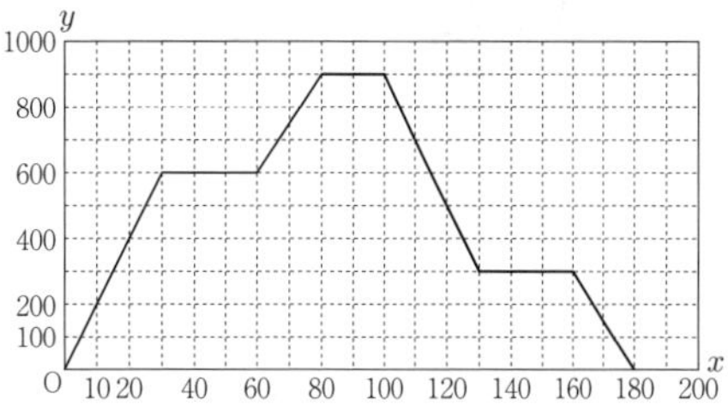

【答】 ⑴ ウ，オ，キ　⑵ -5　⑶ ①（前図）　② 4（秒間）

3 **【解き方】** ⑴ 五角形の内角の和は，$180^\circ\times(5-2)=540^\circ$で，正五角形の１つの内角は，$540^\circ\div 5=108^\circ$　よって，五角形EFGCDにおいて，$21^\circ+108^\circ\times 3+\angle HGC+90^\circ\times 2=540^\circ$より，$\angle HGC=15^\circ$　よって，$\angle FGB=180^\circ-108^\circ-15^\circ=57^\circ$

⑵ ① $CJ=\frac{1}{2}CG=3$(cm)で，△BCJは直角三角形なので，三平方の定理より，$BJ^2=6^2+3^2=45$　さらに，$BI=AB\times\frac{1}{2+1}=2$(cm)で，△BIJも直角三角形なので，$IJ=\sqrt{2^2+45}=7$(cm)　② 底面を台形BIEFとすると，底面積は，$\frac{1}{2}\times(2+6)\times 6=24$($cm^2$)で，高さは，CB＝6cmだから，体積は，$\frac{1}{3}\times 24\times 6=48$($cm^3$)

⑶ ① △CBE＝Sとすると，AO＝BO＝BEより，△ACE＝3S，DC＝CEより，△ADE＝2×3S＝6Sとなる。よって，$\frac{S}{6S-S}=\frac{1}{5}$(倍)　② 右図において，EC：CD＝1：1，EB：BO＝1：1より，中点連結定理から，$BC=\frac{1}{2}OD=\frac{1}{2}AO=2$(cm)　また，直径ABに対する円周角なので，$\angle ACB=90^\circ$　よって，三平方の定理より，$AC=\sqrt{(4\times 2)^2-2^2}=2\sqrt{15}$(cm)　さらに，BC∥ODから，△AOF∽△ABC　よって，AF：FC＝AO：OB＝1：1なので，$AF=\frac{1}{2}AC=\sqrt{15}$(cm)，$OF=\frac{1}{2}BC=1$(cm)となるから，$FD=OD-OF=4-1=3$(cm)　$\angle AFO=\angle ACB=90^\circ$より，△AFDも直角三角形だから，$AD=\sqrt{AF^2+FD^2}=\sqrt{(\sqrt{15})^2+3^2}=2\sqrt{6}$(cm)

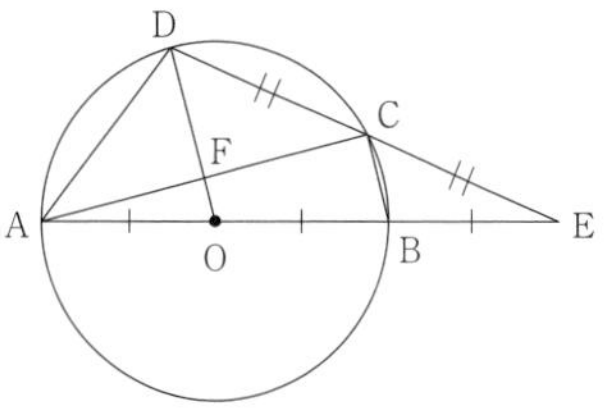

【答】 ⑴ 57°　⑵ ① 7(cm)　② 48(cm^3)　⑶ ① $\frac{1}{5}$(倍)　② $2\sqrt{6}$(cm)

英　語

1 【解き方】（第１問）１番．ベンの「高いビルもショッピングセンターもないけれど，素晴らしい国立公園があります」というせりふから考える。

２番．「彼はいつ戻りますか？」という質問に対する返答。in a few hours =「数時間後に」。

３番．翌日の予定についての会話。予定を変更して宿題を手伝ってほしいというメアリーの依頼に，ブライアンは「いいよ」と答えている。

（第２問）問１．家族と一緒にキャンプをして，素晴らしい経験をしたという内容のスピーチ。

問２．ケイトは外で夕食を食べ，遅くまで起きて，たくさんおしゃべりをした。

【答】（第１問）１番．a．誤　b．正　c．誤　d．誤　２番．a．正　b．誤　c．誤　d．誤

３番．a．誤　b．誤　c．正　d．誤

（第２問）問１．a．誤　b．誤　c．誤　d．正　問２．a．誤　b．誤　c．正　d．誤

◀全訳▶　（第１問）

１番．

ジェーン：ベン，あなたの町について教えてください。

ベン　　：わかりました，ジェーン。高いビルもショッピングセンターもないけれど，素晴らしい国立公園がありますよ。

ジェーン：あなたは自分の町が好きなのですね？

質問：ベンは次に何と言うでしょう？

a．はい。僕は大きなビルが好きです。　b．はい。その公園は美しいです。

c．いいえ。僕の町には公園がありません。　d．いいえ。ショッピングセンターは古いです。

２番．

クリス：もしもし。クリスです。スティーブはいますか？

エレン：こんにちは，クリス。スティーブの姉のエレンです。彼は家にいません。あなたに電話をかけ直すよう彼に伝えますよ。

クリス：ありがとう。彼はいつ戻る予定ですか？

質問：エレンは次に何と言うでしょう？

a．彼は数時間後に戻る予定です。　b．私は家にいるのが好きです。　c．彼は夕食後に勉強します。

d．明日学校で会いましょう。

３番．

メアリー　：明日はどんな予定があるの，ブライアン？

ブライアン：ええとね，メアリー，僕は数学のテスト勉強をして，おばの買い物を手伝って，インターネットのチャリティーイベントに参加する予定だよ。

メアリー　：予定を変更して私の宿題を手伝ってくれない？

ブライアン：いいよ。チャリティーイベントは来週参加することにするよ。

質問：この対話で正しいのはどれですか？

a．ブライアンは昨日，おばと一緒に買い物に行きました。

b．ブライアンは明日，理科のテストがあります。

c．ブライアンは明日の予定を変更するつもりです。

d．ブライアンは昨日，するべきことがたくさんありました。

（第２問）こんにちは，私はケイトです。この前の春，私は家族と一緒にキャンプに行きました。私は森や山を歩いて楽しみました。私は美しい花や木々，そして鳥たちを見ました。夜は少し怖いと言う人もいます。でも

私は屋外の明るい星の下で夕食を食べるのをとても楽しみました。その夜，私は遅くまで起きて，たくさんおしゃべりをしました。私は素晴らしい経験をしました！　ありがとうございました。

問 1．このスピーチの最も適切な題はどれですか？

a．私の家族　　b．人気のある山　　c．森の中の怖い場所　　d．私の素晴らしい経験

問 2．その日，ケイトは何をしましたか？

a．彼女は森へ魚釣りに行きました。　　b．彼女は怖い夜を過ごしました。

c．彼女は屋外の星の下で夕食を食べました。　　d．彼女は早く寝ました。

2 【解き方】①「あなたは何をしているのですか？」という質問に対する返答。「私は机をきれいにしています」などの文が入る。「～している」は現在進行形〈is/am/are ＋～ing〉で表す。

② 直後の「明日，日本に帰る予定です」というせりふから，「私にとって今日が最後の日だからです」などの文が考えられる。

【答】①（例 1）am cleaning my desk now　（例 2）’m trying to make my desk cleaner than before

②（例 1）today is the last day for me　（例 2）this is the last time to use this desk

3 【解き方】①「電車で旅行をすることは難しくありません」。「難しい」＝ difficult。「～(交通機関)で」＝ by ～。

②「彼らはしばしば私が日本語を学ぶのを手伝ってくれます」。「人が～するのを手伝う」＝〈help ＋人＋動詞の原形〉。

③「私たちは毎朝服を選ぶ必要がありません！」。「～する必要がない」＝ don’t have to ～。「～を選ぶ」＝ choose ～。

【答】① difficult，by　② help，learn　③ have，choose

◀全訳▶

恵子　：こんにちは，レオン。名古屋での新しい生活を楽しんでいますか？

レオン：こんにちは，恵子。楽しいですよ。たくさん旅行をしました。電車で旅行するのは難しくありません。ホストファミリーの家の近くで駅をいくつか見つけられるので便利です。

恵子　：あなたの言いたいことはわかります。学校生活はどうですか？

レオン：新しいクラスメートができたのでわくわくします。彼らはしばしば私が日本語を学ぶのを手伝ってくれます。彼らのおかげで私はたくさんの日本語が理解できて，ここでの生活を楽しんでいます。

恵子　：よかったですね。私たちの学校の制服についてはどう思いますか？

レオン：私はそれが気に入っていますし，学校の制服は時間を節約してくれると思います。私たちは毎朝服を選ぶ必要がありません！

4 【解き方】⑴「多くの研究が『進んでいる』」。「進む，進歩する」＝ progress。現在進行形〈is/am/are ＋～ing〉の文。

⑵ 同段落で述べられている「昆虫の数が少なくなると植物の数も少なくなる」，「鳥や動物の食べ物となっている昆虫がいなくなると，それらは生き残ることができない」という内容から考える。「昆虫は小さいが，『昆虫の数の減少は大きな問題だ』」とする。

⑶「この問題は人々が昆虫の重要性を理解したときに解決できると彼らは言います」という意味の文。「～が…したときに」＝〈when ＋主語＋動詞〉。「～の重要性」＝ the importance of ～。

⑷ 第 4 段落の最終文を見る。デパートが屋上でミツバチを飼う目的を，「ミツバチと環境の重要性について地域の人々に伝えること」と説明している。

⑸ ア．「地球上で知られているすべての種の 60 パーセント以上が昆虫である」。第 1 段落の最後の 2 文を見る。正しい。イ．第 2 段落の最終文を見る。化学物質が使用されるのは，昆虫ではなく「植物を助けるため」である。ウ．第 2 段落の 2・3 文目を見る。昆虫の減少には，大気汚染，水質汚染，土壌汚染，化学物質など，多くの理由がある。エ．昆虫の重要性について説明した文章である。オ．「もし昆虫の数が減り続ければ，植

物や動物も減るだろう」。第3段落の4文目以降を見る。正しい。カ．最終段落の6文目を見る。科学者たちがともに努力しているのは，昆虫減少という問題に対して行動を起こすため。

【答】(1) progressing (2) イ (3) when people understand the importance of insects (4) ウ (5) ア・オ

◀全訳▶ 世界は自然に満ちたとても素晴らしく興味深い場所です。植物や動物は生態系の中で重要な役割を担っています。小さな昆虫にさえ，それら自身の役割があります。あなたは地球上で知られているすべての種の60パーセント以上が昆虫であることを知っていますか？ それは本当のことなのです。

多くの研究が進んでおり，科学者たちはその結果について心配しています。ドイツにおけるある研究によれば，飛翔する昆虫の75パーセント以上がすでに減少しています。大気汚染，水質汚染，土壌汚染，植物を助ける大量の化学物質など，多くの理由があります。

たくさんの果実や野菜を食べるため，私たちにとって有害な昆虫もいます。しかし，私たちにとって有益な昆虫もいます。実際，それらは地球上の植物のほとんどに授粉します。もし昆虫の数が少なくなると，植物の数も少なくなってしまいます。それに，これらの昆虫の多くは，鳥やその他の動物の食べ物となっています。食べ物がなくなるとこれらの鳥や動物はどうなるでしょう？ 彼らは生き残ることができません。昆虫は小さいですが，昆虫の数の減少は大きな問題なのです。

この問題はどうすれば解決できるのでしょう？ この問題を解決するために努力している人々がいます。この問題は，人々が昆虫の重要性を理解したときに解決できると彼らは言います。昆虫は人間にとって必要です。一つの例が日本の大阪にあるデパートです。2020年に，それはビルの屋上で約50,000匹のミツバチを育て始めました。ミツバチはデパートの周囲にある花を探し，花から花粉を集めます。花粉を集めるとき，ミツバチは花から花へと移動します。これが授粉を助けます。ミツバチのおかげで，地域の植物のいくつかは成長することができ，ミツバチは巣の中ではちみつを作ることができます。そのデパートでは客にミツバチを見せ，そのはちみつを販売しています。彼らの目的は，ミツバチと環境の重要性について地域の人々に伝えることです。

別の良い例もあります。大都市のある高校でも，ミツバチの重要性を他の人たちと共有しようと，生徒たちがミツバチの世話をしています。その生徒たちは人間と自然との重要な関係を学びました。彼らは絵本を作りました。そのため子どもたちは，その本からその関係を学ぶことができます。ますます多くの人々が深刻な問題を理解し始めており，科学者たちは行動を起こすためにともに努力しています。昆虫は私たちにとって有益です。私たちに何ができるでしょうか？ 私たちは他の例から学び，より多くの昆虫を育て，植物を増やすことができます。さあ，環境を保護するために，互いに助け合い続けましょう！

5 【解き方】(1) b. 智の「それ（レポート）はスマートフォンに関するものだ」というせりふに対する応答。Sounds exciting.＝「おもしろそうね」。また，直後に智が「うん，今日ではスマートフォンはかなり普及しているね」と言っていることにも着目する。d. アマンダから，スマートフォンを使う利点についての説明を聞いた智のせりふ。I understand.＝「なるほど」。また，直後でアマンダは，生徒がスマートフォンでできることをさらにあげている。

(2) ① moreがあることに注目。「もし生徒が教室でスマートフォンを使うことができれば，彼らの学校生活は以前『よりも』便利になる」。「～よりも」＝ than ～。② 直後でアマンダがスマートフォンを利用することの欠点について説明している。「では，『悪い』点についてはどう思う？」。「悪い」＝ bad。

(3)「この状況は他の人たちを不快に『する』でしょう」。「AをBにする」＝ make A B。

(4) X. アマンダの5番目のせりふより，「生徒たちはクラスメートや先生たちと簡単に情報を『共有する』こともできる」とする。「～を共有する」＝ share ～。Y. 智の最後のせりふより，「僕たちが適切にスマートフォンを使うことが『大切』だと思う」とする。「大切だ」＝ important。

【答】(1) b. エ d. イ (2) ① than ② bad (3) エ (4) X. share Y. important

◀全訳▶

智 ：やあ，アマンダ。僕はレポートに取り組んでいるところなんだ。いくつか質問してもいい？

アマンダ：もちろん。あなたのレポートは何についてのものなの？
智　　　：スマートフォンに関するものだよ。
アマンダ：おもしろそうね。私は多くの人が日常生活の中でスマートフォンを利用していることを知っているわ。
智　　　：うん，今日ではスマートフォンはかなり普及しているね。今や，教室でスマートフォンを使うことができる高校生もいるよ。この話題は興味深いと思うんだ。君はそれについてどう思う？
アマンダ：そうね，良い点と悪い点の両方があると思う。
智　　　：僕もそう思う。まず，良い点について知りたいな。
アマンダ：最近は，ほとんどの高校生がスマートフォンを持っているわ。彼らは簡単にインターネットにアクセスすることができる。もし生徒が教室でスマートフォンを使うことができれば，彼らの学校生活は以前よりも便利になるわ。
智　　　：君の言いたいことがわからないな。例をあげてくれる？
アマンダ：いいわよ！　例えば，生徒たちはネットサーフィンをして，より効率よく学級活動に取り組むことができる。クラスメートや先生たちと情報を共有することが簡単になるわ。自分のスマートフォンからインターネットを利用するのが一番速いのよ。
智　　　：なるほど。スマートフォンを使って生徒たちは他に何ができるだろう？
アマンダ：そうね，生徒たちはさまざまな話題に関する動画を見つけて，それを見ることができるわ。スマートフォンを計算機として使ったり，教室でメモを取ったりすることにも使えるわね。スマートフォンは勉強に役立つのよ。
智　　　：では，悪い点についてはどう思う？
アマンダ：スマートフォンを使うと，生徒たちは集中力をなくしやすいと思う。彼らはゲームをしたり，学校の作業に関係のないいろいろなことをしたりしてしまう。もし生徒たちが適切にスマートフォンを使うことができなければ，教室内で多くの問題が起こるでしょうね。この状況は他の人たちを不快にするでしょう。
智　　　：君の意見を聞かせてくれてありがとう。大いに僕の助けになったよ。君の考えが理解できた。僕たちはスマートフォンを適切に使う方法を知るべきだね。
アマンダ：どういたしまして。それを聞いてうれしいわ。

社　会

1 **【解き方】** (1) ① 南北戦争は，貿易制度や奴隷制をめぐってアメリカ南部と北部が対立し，1861 年に始まった内戦。Ⅰはリンカンで，北部を指揮した大統領。② Ⅱはフビライ・ハンで，1279 年に南宋を滅ぼして中国全土を支配した。③ Ⅲはルター。ローマ教皇の免罪符販売を批判し，16 世紀初めに宗教改革を始めた。

(2) 鎌倉時代の後半には，元寇などによって社会が混乱したため，悪党の活動が活発化した。アは室町時代，イは江戸時代，エは安土桃山時代のようす。

【答】 (1) イ　(2) ウ　(3) エ

2 **【解き方】** (1) 千利休は，16 世紀後半の安土桃山時代にわび茶を大成した。A は 15 世紀後半，B は 17 世紀前半，C は 12 世紀前半のできごと。

(2) ①「浄瑠璃」とは，三味線《しゃみせん》に合わせて物語を語る音楽の一種。江戸時代には，浄瑠璃に合わせて人形を操る人形浄瑠璃が発達した。②「三種の神器」と呼ばれた白黒テレビや電気洗濯機は，1950 年代後半から普及した。「ラジオ放送」は，大正時代の 1925 年に始まった。

(3) 日中戦争が長期化したため，政府は，国の総力をあげて戦争を行うために国家総動員法を制定し，政府にすべての人や物資を統制・運用する権限を与えた。

(4) ③「教育勅語」は，明治政府が教育の基本的な理念を示したもので，1890 年に出され，太平洋戦争の終結後に廃止された。④・⑤ 農地改革では，政府が地主から土地を買い上げ，小作人に安く売り払うことで，自作農を大幅に増加させたので，地主・小作制は崩壊した。

【答】 (1) オ　(2) ウ　(3) 議会の承認なしに労働力や物資を動員する（19 字）（同意可）(4) ア

3 **【解き方】** (1) 福島県は都道府県のなかで 3 番目に面積が広い。表中の B は長野県，C は新潟県，D は大阪府，E は香川県。

(2) b. 岩手県は米の生産量が多く，資料Ⅱでは，北海道に次いで「水稲の作付面積」が広い。第一次産業がさかんな反面，商業などはさかんではなく，「第 3 次産業就業者の割合」は低い。c. 神奈川県では，川崎市や横浜市が京浜工業地帯の中心的な都市となっており，「製造品出荷額等」が大きい。a はウの北海道，d はエの沖縄県。

(3) ②「ドーナツ化現象」とは，都市の中心部で人口が減少し，その周囲の郊外で増加すること。③ 自然災害の被害範囲や避難場所への経路などが示されており，災害時に住民の避難に役立つため，地方自治体を中心にハザードマップの作成・内容の周知を行っている。

【答】 (1) A　(2) b. イ　c. ア　(3) エ

4 **【解き方】** (1) ② 赤道がエクアドルやブラジル北部を通っており，C は赤道に対して A とほぼ対称の位置にあるため，南緯 50 度の緯線であることがわかる。

(2) バイオ燃料は，再生可能エネルギーのひとつ。

(3) ロサンゼルスは，アメリカ西海岸の南部に位置する，カリフォルニア州の都市。アメリカ西海岸には，地中海性気候の地域が広がっており，夏に乾燥して降水量が少なくなる。

【答】 (1) ① アンデス　② エ　(2) さとうきび(または，サトウキビ)　(3) (位置) w　(グラフ) b

5 **【解き方】** (1) ① 大企業の占める割合は，製造業と卸売業が 0.5 %以上となっている。

(2) X の割合は事業所数・年間商品販売額ともに減少，Y は事業所数が減少，Z は事業所数が増加していることから判断する。

(4) X. 市場価格が均衡価格を上回る場合，供給量が需要量を上回るため，売れ残りが発生し，市場価格は下落する。Y.「間接金融」ではなく，直接金融が正しい。「間接金融」とは，預金者が金融機関に預けた資金を，企業が金融機関を通して借り受けること。

【答】 (1) イ　(2) オ　(3) 社会的責任　(4) キ

6 【解き方】(1) ① 水俣病は，化学肥料工場の排水に含まれていた有機水銀が原因となって発生した。「地盤沈下」とは，地表面が沈んでいく現象のことで，地下水のくみ上げすぎなどが原因で起こる。②「新潟」県の阿賀野川流域では，四大公害病のうちのひとつである新潟水俣病が発生した。

(3) アは京都議定書，イは国連人間環境会議，ウは地球サミット（国連環境開発会議）の説明。

【答】(1) ア　(2) 環境基本法　(3) エ

理　科

1 【解き方】(1) 初期微動継続時間は震源からの距離に比例し，震源からの距離が 80km の地点 A の初期微動継続時間が 10 秒なので，震源からの距離が 144km の地点 B の初期微動継続時間は，$10\,(秒) \times \frac{144\,(km)}{80\,(km)} = 18\,(秒)$　よって，地点 B で主要動が始まる時刻は，午前 9 時 23 分 33 秒＋ 18 (秒)＝午前 9 時 23 分 51 秒

【答】(1) (午前) 9 (時) 23 (分) 51 (秒)　(2) Ⅰ．ウ　Ⅱ．エ

2 【解き方】(1) 根で吸収した水が通る管は道管，光合成によってできた栄養分が通る管は師管で，道管は茎の内側，師管は外側にある。

(3) 光合成に光が必要かどうかを調べるには，葉緑体がある部分で，光が当たったところと当たらなかったところを比べる。光合成が葉緑体のある部分で行われることを調べるには，光が当たる部分で，葉緑体があるところとないところを比べる。

(4) 動物は呼吸によって，酸素を吸収して二酸化炭素を放出するので，図 5 の気体 X は酸素，気体 Y は二酸化炭素になり，a と d の矢印は植物の光合成による気体の移動，b と c は植物の呼吸による気体の移動を表している。試験管Ⅱの溶液の色が緑色で変わらなかったのは，オオカナダモの呼吸による二酸化炭素の放出量と，光合成による二酸化炭素の吸収量が等しかったと考えられるので，呼吸と光合成のどちらも行っている。試験管Ⅲの溶液の色が黄色に変化したのは，オオカナダモが呼吸だけを行って二酸化炭素を放出したと考えられる。

【答】(1) (部分) G　(名称) 師管　(2) (①の理由) ア　(③の理由) オ　(3) ア　(4) ウ

3 【解き方】(1) 図 3 のねじ f は空気調節ねじ，ねじ g はガス調節ねじで，G の向きに回すとねじが開き，F の向きに回すとねじは閉じる。

(3) 実験 1 では，炭酸水素ナトリウム→炭酸ナトリウム＋水＋二酸化炭素という反応が起き，実験 2 では，酸化銀→銀＋酸素という反応が起こるので，気体 X は二酸化炭素，気体 Y は酸素。

(4) 表より，1.00g の酸化銀に含まれている酸素の質量は，1.00 (g) − 0.93 (g) ＝ 0.07 (g) なので，6.00g の酸化銀に含まれる酸素の質量は，$0.07\,(g) \times \frac{6.00\,(g)}{1.00\,(g)} = 0.42\,(g)$　酸化銀が完全に分解される前に加熱をやめ，試験管 E の中にある固体の質量が 5.86g なので，酸化銀が分解されて発生した酸素の質量は，6.00 (g) − 5.86 (g) ＝ 0.14 (g)　よって，5.86g の固体に含まれる酸素の質量は，0.42 (g) − 0.14 (g) ＝ 0.28 (g)

【答】(1) イ　(2) ク　(3) ウ　(4) キ

4 【解き方】(1) 図 2 より，ばねばかりを引いた距離が 8.0cm 以上のとき，ばねばかりの示す力の大きさが 10.0N で変化しなくなっているので，おもりにはたらく重力の大きさが 10.0N で，ばねばかりを 8.0cm 引いたときにおもりが床から離れるとわかる。よって，ばねばかりを 16.0cm 引いたとき，床からのおもりの高さは，16.0 (cm) − 8.0 (cm) ＝ 8.0 (cm)

(2) おもりを引き上げる力の大きさは 10.0N。12.0cm ＝ 0.12m より，10.0 (N) × 0.12 (m) ＝ 1.2 (J)

(3) 実験 2 のように動滑車を使用すると，おもりにはたらく重力の $\frac{1}{2}$ の力でおもりは持ち上がるので，おもりが持ち上がるときのばねばかりが示す値は，$10.0\,(N) \times \frac{1}{2} = 5.0\,(N)$　図 2 より，このばねばかりは 5.0N の力を加えると 4.0cm のびるばねを使用しているので，ばねばかりを 4.0cm 引いたときに力の大きさは 5.0N を示し，それ以上ばねばかりを引くとおもりが床から離れ，ばねばかりが示す力の大きさは 5.0N で一定になる。

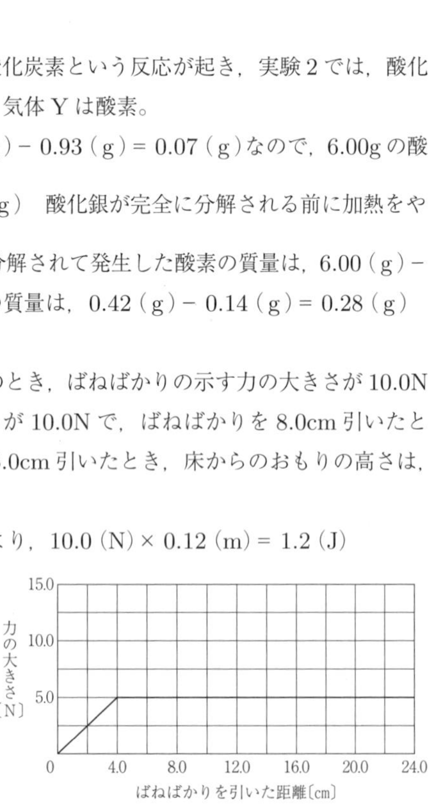

(4) 図5より，図4の動滑車は4本の糸でつり下げられているので，おもりが持ち上がるときの糸を引く力の大きさは，$\frac{10.0\,(\mathrm{N})}{4\,(\text{本})} = 2.5\,(\mathrm{N})$　図2より，2.5Nの力の大きさを示すときにばねばかりを引いた距離は2.0cmなので，おもりが床から離れるのは，ばねばかりを2.0cm引いたときになる。仕事の原理より，おもりを持ち上げるために必要な糸を引く力が，おもりにはたらく重力の大きさの $\frac{1}{4}$ なので，おもりが持ち上がる距離は糸を引く距離の $\frac{1}{4}$ になる。おもりが床から離れるのは，ばねばかりを2.0cm引いたときなので，おもりが床から離れてから糸を引いた距離は，$24.0\,(\mathrm{cm}) - 2.0\,(\mathrm{cm}) = 22.0\,(\mathrm{cm})$　よって，ばねばかりを24.0cm引いたときのおもりが持ち上がる距離（おもりの高さ）は，$22.0\,(\mathrm{cm}) \times \frac{1}{4} = 5.5\,(\mathrm{cm})$

【答】 (1) 8.0 (cm)　(2) 1.2 (J)　(3)（前図）　(4) カ

5 **【解き方】** (1) 図4より，透明半球上を，1時間＝60分に太陽が移動する距離は4.0cmなので，3.8cm移動するのにかかる時間は，$60\,(\text{分}) \times \frac{3.8\,(\mathrm{cm})}{4.0\,(\mathrm{cm})} = 57\,(\text{分})$　3.0cm移動するのにかかる時間は，$60\,(\text{分}) \times \frac{3.0\,(\mathrm{cm})}{4.0\,(\mathrm{cm})} = 45\,(\text{分})$　日の出の時刻は，午前8時－57(分)＝午前7時3分　日の入りの時刻は，午後4時＋45(分)＝午後4時45分　日の出から太陽が南中するまでの時間と，太陽が南中してから日の入りまでの時間は等しく，日の出から日の入りまでの時間は，午後4時45分－午前7時3分＝9時間42分なので，日の出から太陽が南中するまでにかかる時間は，$\frac{9\text{時間}42\text{分}}{2} = 4\text{時間}51\text{分}$　よって，太陽が南中した時刻は，午前7時3分＋4時間51分＝午前11時54分

(2) 春分の日の太陽は真東から出て真西に沈み，夏至の日の太陽は真東より北よりから出て真西より北よりに沈むので，図6の点Aが春分の日に太陽が南中した位置，点Bが夏至の日に太陽が南中した位置を示している。太陽の南中高度は，観測地点と真南の地平線を結ぶ線と，観測地点と南中した太陽を結ぶ線とのなす角。

(3) 春分の日の太陽は，日本で観察しても，赤道上で観察しても真東から出て真西に沈むので，太陽が地平線の上を移動する距離は等しく，日の出から日の入りまでの時間も等しくなる。

(4) 冬至の日の太陽は，真東より南よりから出て，南の空を通り，真西より南よりに沈むので，棒の影は常に東西を結ぶ線より北側にでき，日の出頃や日の入り頃の影の長さは，正午頃の影の長さより長くなる。夏至の日の太陽は，真東より北よりから出て，南の空を通り，真西より北よりに沈むので，日の出頃や日の入り頃の影は東西を結ぶ線の南側にでき，南の空を通っているときの影は北側にできる。

【答】 (1) イ　(2) エ　(3) カ　(4)（冬至の日）エ　（夏至の日）イ

6 **【解き方】** (1) 光電池用モーターが回るのは，電解質の水溶液に異なる種類の金属を入れたとき。

(2) 16(人)－1(人)＝15(人)のa・b・cの反応にかかる時間が4.9秒なので，1人あたりのa・b・cの反応にかかる時間は，$\frac{4.9\,(\text{秒})}{15\,(\text{人})} = \frac{49}{150}\,(\text{秒})$　左手の皮膚から脳までの神経の長さと，脳から右手の筋肉までの神経の長さの和が，$0.8\,(\mathrm{m}) + 0.8\,(\mathrm{m}) = 1.6\,(\mathrm{m})$なので，1人あたりのaとcの反応にかかる時間は，$\frac{1.6\,(\mathrm{m})}{60\,(\mathrm{m}/\text{秒})} = \frac{2}{75}\,(\text{秒})$　よって，1人あたりのbの反応にかかる時間は，$\frac{49}{150}\,(\text{秒}) - \frac{2}{75}\,(\text{秒}) = 0.3\,(\text{秒})$

【答】 (1) カ　(2) 0.3 (秒)

国　語

1【解き方】㈠ 冒頭から「ことばの正しさ」にふれ，「現代社会の中で生きていることばであれば，今に至るまでに必ずなんらかの変化を受け，また今も変化し続けている…それは明らかです」「その変化とは…ことばはいつも乱れています」と述べている。また最後で「ことばには『はば』がある」ことを示し，「ことばについて，こうなくてはならぬという一つだけの正解がない」と言っている。

㈡ 辞典が「忠実」であるためにできることは，「現時点でおおぜいが使っていることばをそのままに記述」すること以外には，「変化してきた経過について言及する」ことが精いっぱいだと述べていることから考える。

㈢ ことばの「意味」が，「明確な取り決め」である「定義」とは違うことを「老人」という単語を例に説明し，「老人の語は…対象（人）をどう捉えようとしているか，それらに向けた視線の方向は共通で，多くの人々に共有されているのです」と述べていることに着目する。

㈣「未明」ということばを「午前零時から午前三時頃まで」と決めている報道に対し，筆者は「未明の語の本来の意味…に比してずいぶん早過ぎはしないでしょうか」と疑問を呈し，「正しい意味を壊してしまってよいはずがありません」と批判的な目を向けていることをおさえる。

㈤ まず，生徒自身に「ことばの『はば』というものを実感した経験」があることを紹介する文から始まる。その経験は「ホームルームでグループに分かれ」て意見を述べ合ったときのことで，「それぞれ異なっ」た答えが出てきたと続く。そこで，「議論を深めるため」に「ことばの意味を限定」したことで，話し合いの方向性が定まったので，この経験から「ことばの『はば』を確認」することが大切だと学んでいる。

【答】㈠ ア　㈡ エ　㈢ イ　㈣ オ　㈤（二番目）オ　（四番目）ウ

2【答】㈠ ① さまた(げて)　② 収納　㈡ エ

3【解き方】㈠「大きなシステム」を組み上げようとした目的を，「『大きな建築』を媒介にして，ちっぽけな人間と，壮大な世界との間をつなごうとした」と説明したあとで，結果としてそれらが「むしろ人間と世界の間に割って入って…そのシステムの中に閉じ込めるということに，人々は気づきはじめた」と述べている。

㈡ まず，ここでの「小ささ」が「小さな建築」を指すことをおさえる。その上で，「『小さな建築』とは…身近でとっつきやすく，気楽な存在でなければならない」と述べたあと，「『小さな建築』とは，実は『小さな単位』のことなのである。全体の小ささではなく，単位の小ささである」と主張していることをおさえる。

㈢ A．建築工事におけるレンガの長所について，「一人で」扱えることに，「片手で」も扱えることを加えている。B．あとに「『かわいい』サイズでも」と続くことに注目。どんなにレンガが素手でハンドルしやすい「かわいい」サイズであっても，という流れにする。

㈣「身体がハンドルしやすい大きさ，重さ」であるという従来のレンガをふまえて，「自由に重さを変えることができる」レンガとして「水のレンガ」を考え出し，それの具体的な使い方を説明して「合理的で気楽な構造システム」と表していることに着目する。

㈤ 筆者は，簡単にくずれないコンクリートの壁を「取り返しのつかない存在の極致」と言い表している。また，「『取り返しがつかない』ことを『強さ』と取り違えて」「依存するタイプの人たちもいる」と批判的に表現していることから考える。

㈥ 筆者はコンクリートによる「大きな建築」を脱却し，「点・線・面」を重視した「小さな建築」を目指して，全国から集めた「小さな木のピース」を国立競技場に用いてはいるものの，「自然への回帰と自然保護の両立」という観点は示していない。

【答】㈠ イ　㈡ ウ　㈢ A．ア　B．ウ

㈣（「水のレンガ」は，）人間の身体がハンドルしやすい大きさ，重さであるだけでなく，自由に重さを変えることができるため，合理的で気楽な構造システムとなるから。(75字)（同意可）

㈤ イ　㈥ エ

4 【解き方】㈠ 語頭以外の「は・ひ・ふ・へ・ほ」は「わ・い・う・え・お」にする。
㈡ 前にある，「碁をうつに，当局の人は闇く，傍観るの者は明らかなり」という状態を表している。
㈢ 直前に「人のした事，過ぎ去りし事を，跡からその評判をつけ」とあることから考える。
㈣ 君主の学問において歴史書を重んじる理由を，「昔ありし事は，必ず今もそれに似たる事あるものなれば，古人のし損なひし事に気がついてあれば，今日する事の考へになる事多かるべし」と述べていることに着目する。

【答】㈠ いにしえ　㈡ ウ　㈢ イ　㈣ ア

◀口語訳▶　遠い昔から碁をうつとき，実際に囲碁をしている人には（局面が）よく見えておらず，そばで見ている者にははっきり見えていると言い伝わっており，俗に言う脇目百目なので，人のしたことや，過ぎ去ったことを，あとからそのことについての論評を加え，現在の視点から過去のことをあれこれ考えてみると，格別によい考えが出てくるものである。前にも述べたように，昔あったことは，必ず今でもそれに似たことがあるものなので，昔の人がし損なったことに気がついていれば，今日することの判断材料になることが多いだろう。これが歴史書を学ぶことの大きな恩恵である。君主の学問には，歴史書を読むことが大いに必要であると理解しなければならない。

~MEMO~

愛知県公立高等学校
（Aグループ）

2021年度
入学試験問題

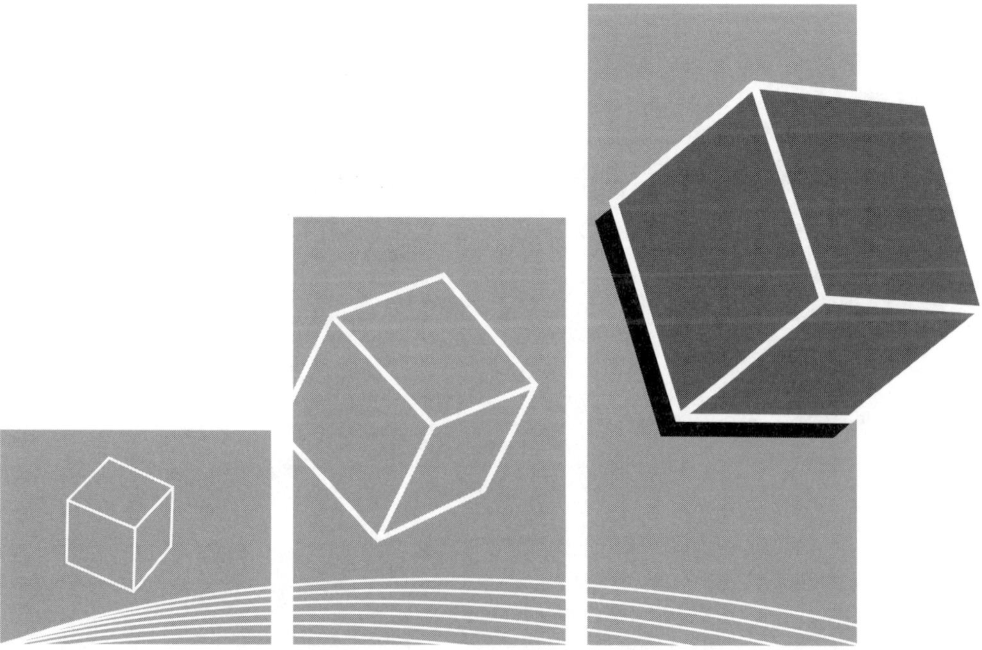

数学

時間　45分　　　　満点　22点

1　次の(1)から(10)までの問いに答えなさい。

(1)　$5-(-6)\div 2$ を計算しなさい。(　　　)

(2)　$\dfrac{3x-2}{4}-\dfrac{x-3}{6}$ を計算しなさい。(　　　)

(3)　$\dfrac{3}{\sqrt{2}}-\dfrac{2}{\sqrt{8}}$ を計算しなさい。(　　　)

(4)　$(2x+1)^2-(2x-1)(2x+3)$ を計算しなさい。(　　　)

(5)　連続する3つの自然数を，それぞれ2乗して足すと365であった。もとの3つの自然数のうち，もっとも小さい数を求めなさい。(　　　)

(6)　次のアからエまでの中から，y が x の一次関数であるものをすべて選んで，そのかな符号を書きなさい。(　　　)

ア　1辺の長さが x cm である立方体の体積 y cm^3

イ　面積が $50cm^2$ である長方形のたての長さ x cm と横の長さ y cm

ウ　半径が x cm である円の周の長さ y cm

エ　5%の食塩水 x g に含まれる食塩の量 y g

(7)　5本のうち，あたりが2本はいっているくじがある。このくじをAさんが1本ひき，くじをもどさずにBさんが1本くじをひくとき，少なくとも1人はあたりをひく確率を求めなさい。

(　　　)

(8)　y が x に反比例し，$x=\dfrac{4}{5}$ のとき $y=15$ である関数のグラフ上の点で，x 座標と y 座標がともに正の整数となる点は何個あるか，求めなさい。(　　　個)

(9)　2直線 $y=3x-5$，$y=-2x+5$ の交点の座標を求めなさい。(　　　)

(10)　図で，A，B，Cは円Oの周上の点である。円Oの半径が6cm，$\angle BAC=30^\circ$ のとき，線分BCの長さは何cmか，求めなさい。

(　　　cm)

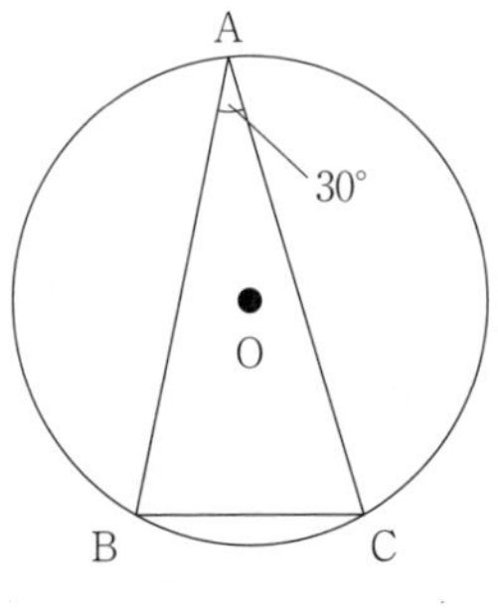

2 次の(1)から(3)までの問いに答えなさい。

(1) 図で，Oは原点，A，Bは関数 $y=\dfrac{1}{4}x^2$ のグラフ上の点で，点Aの x 座標は正，y 座標は9，点Bの x 座標は－4である。また，Cは y 軸上の点で，直線CAは x 軸と平行である。

点Cを通り，四角形CBOAの面積を二等分する直線の式を求めなさい。（　　　）

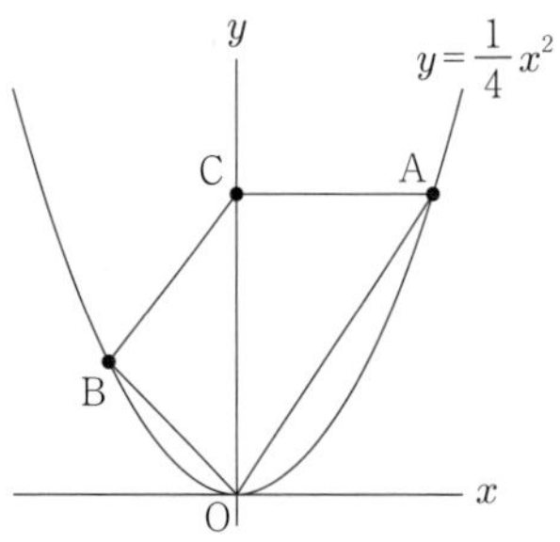

(2) 次の文章は，体育の授業でサッカーのペナルティキックの練習を行ったときの，1人の生徒がシュートを入れた本数とそれぞれの人数について述べたものである。

文章中の $\boxed{\text{A}}$ にあてはまる式を書きなさい。また，$\boxed{\text{a}}$，$\boxed{\text{b}}$，$\boxed{\text{c}}$ にあてはまる自然数をそれぞれ書きなさい。

なお，3か所の $\boxed{\text{A}}$ には，同じ式があてはまる。

A（　　　）　a（　　　）　b（　　　）　c（　　　）

表は，1人の生徒がシュートを入れた本数とそれぞれの人数をまとめたものである。ただし，すべての生徒がシュートを入れた本数の合計は120本であり，シュートを入れた本数の最頻値は6本である。また，表の中の x，y は自然数である。

シュートを入れた本数(本)	0	1	2	3	4	5	6	7	8	9	10
人数(人)	0	1	2	x	3	2	y	2	3	1	1

すべての生徒がシュートを入れた本数の合計が120本であることから，x を y を用いて表すと，$x=\boxed{\text{A}}$ である。x と y が自然数であることから，$x=\boxed{\text{A}}$ にあてはまる x と y の値の組は，全部で $\boxed{\text{a}}$ 組である。

$x=\boxed{\text{A}}$ にあてはまる x と y の値の組と，シュートを入れた本数の最頻値が6本であることをあわせて考えることで，$x=\boxed{\text{b}}$，$y=\boxed{\text{c}}$ であることがわかる。

(3) 図のような池の周りに1周300mの道がある。

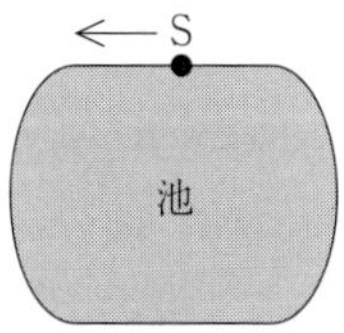

Aさんは，S地点からスタートし，矢印の向きに道を5周走った。1周目，2周目は続けて毎分150mで走り，S地点で止まって3分間休んだ。休んだ後すぐに，3周目，4周目，5周目は続けて毎分100mで走り，S地点で走り終わった。

Bさんは，AさんがS地点からスタートした9分後に，S地点からスタートし，矢印の向きに道を自転車で1周目から5周目まで続けて一定の速さで走り，Aさんが走り終わる1分前に道を5周走り終わった。

このとき，次の①，②の問いに答えなさい。

①　A さんがスタートしてから x 分間に走った道のりを y m とする。A さんがスタートしてから S 地点で走り終わるまでの x と y の関係を，グラフに表しなさい。

②　B さんが A さんを追い抜いたのは何回か，答えなさい。(　　　回)

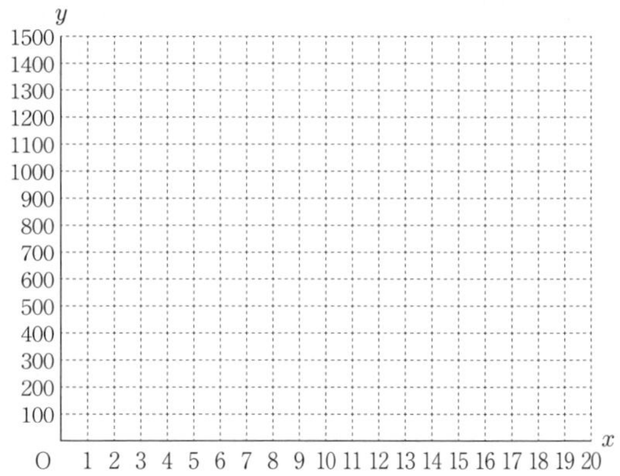

3　次の(1)から(3)までの問いに答えなさい。

ただし，答えは根号をつけたままでよい。

(1)　図で，D は△ABC の辺 AB 上の点で，DB ＝ DC であり，E は辺 BC 上の点，F は線分 AE と DC との交点である。

∠DBE ＝ 47°，∠DAF ＝ 31°のとき，∠EFC の大きさは何度か，求めなさい。(　　　)

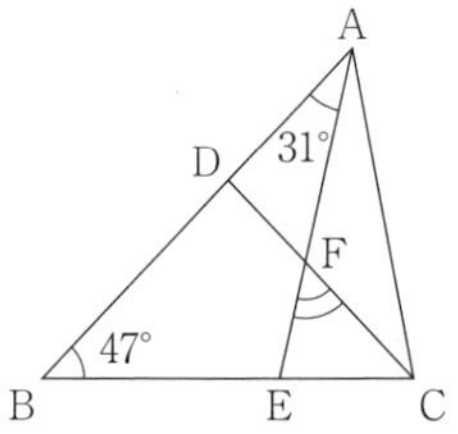

(2)　図で，四角形 ABCD は，AD ∥ BC，∠ADC ＝ 90°の台形である。E は辺 DC 上の点で，DE：EC ＝ 2：1 であり，F は線分 AC と EB との交点である。

AD ＝ 2 cm，BC ＝ DC ＝ 6 cm のとき，次の①，②の問いに答えなさい。

①　線分 EB の長さは何 cm か，求めなさい。(　　　cm)

②　△ABF の面積は何 cm^2 か，求めなさい。(　　　cm^2)

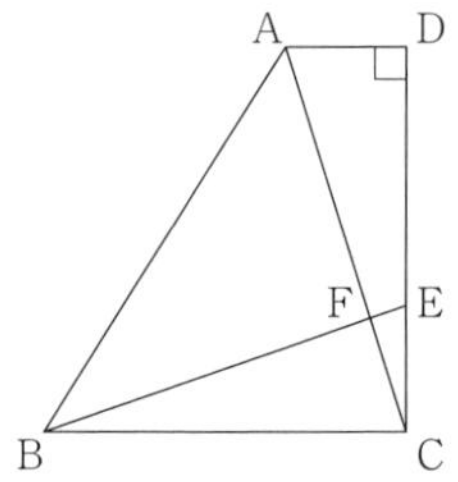

(3)　図で，D は△ABC の辺 BC 上の点で，BD：DC ＝ 3：2，AD ⊥ BC であり，E は線分 AD 上の点である。

△ABE の面積が△ABC の面積の $\dfrac{9}{35}$ 倍であるとき，次の①，②の問いに答えなさい。

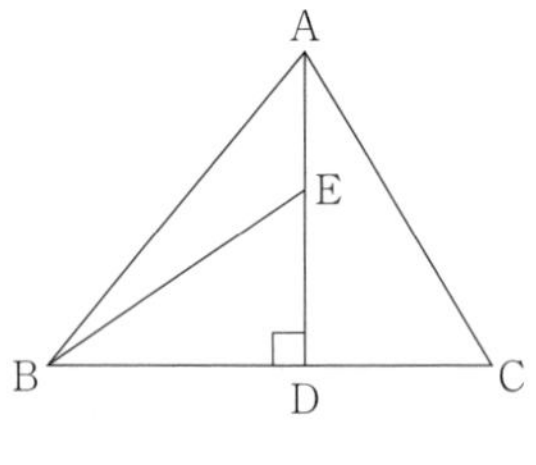

①　線分 AE の長さは線分 AD の長さの何倍か，求めなさい。

(　　　倍)

②　△ABE を，線分 AD を回転の軸として 1 回転させてできる立体の体積は，△ADC を，線分 AD を回転の軸として 1 回転させてできる立体の体積の何倍か，求めなさい。(　　　倍)

英語

時間　50分　　　満点　22点

（編集部注）放送問題の放送原稿は英語の末尾に掲載しています。
音声の再生についてはもくじをご覧ください。

（注）「始め」という指示があってから，聞き取り検査が始まるまで，1分あります。1の「答え方」をよく読みなさい。

1　指示に従って，聞き取り検査の問題に答えなさい。

「答え方」

問題は第1問と第2問の二つに分かれています。

第1問は，1番から3番までの三つあります。それぞれについて，最初に対話を聞き，続いて，対話についての問いと，問いに対する答え，a，b，c，dを聞きます。そのあと，もう一度，その対話，問い，問いに対する答えを聞きます。必要があればメモをとってもよろしい。

問いの答えとして正しいものは解答欄の「正《せい》」の文字を，誤っているものは解答欄の「誤《ご》」の文字を，それぞれ○《まる》でかこみなさい。正しいものは，各問いについて一つしかありません。

第2問では，最初に英語のスピーチを聞きます。続いて，スピーチについての問いと，問いに対する答え，a，b，c，dを聞きます。問いは問1と問2の二つあります。そのあと，もう一度，スピーチ，問い，問いに対する答えを聞きます。必要があればメモをとってもよろしい。

問いの答えとして正しいものは解答欄の「正《せい》」の文字を，誤っているものは解答欄の「誤《ご》」の文字を，それぞれ○《まる》でかこみなさい。正しいものは，各問いについて一つしかありません。

第1問　1番　a（正　誤）　b（正　誤）　c（正　誤）　d（正　誤）
　　　　2番　a（正　誤）　b（正　誤）　c（正　誤）　d（正　誤）
　　　　3番　a（正　誤）　b（正　誤）　c（正　誤）　d（正　誤）
第2問　問1　a（正　誤）　b（正　誤）　c（正　誤）　d（正　誤）
　　　　問2　a（正　誤）　b（正　誤）　c（正　誤）　d（正　誤）

2　次のピクトグラム（pictogram 案内用図記号）を見て，あとの問いに答えなさい。

説明文
Look at this pictogram.
You can see it anywhere in the library.
So you ① .
You should go outside, when you ② .
OK?

（問い）　校外学習で図書館へ行くため，あなたがクラスの外国人留学生にこのピクトグラムについて説明をすることになりました。説明文の ① には，このピクトグラムが示す禁止事項を， ② には，外国人留学生が屋外に出るべき具体的な場面を，それぞれ5語以上の英語で書き，英文を完成させなさい。

ただし， ① には eat ～（～を食べる）， ② には thirsty（のどのかわいた）を必ず使うこと。また，下の語を参考にしてもよい。

① So you (　　　　　　　　　　　　　　　　　　　　　　　　　　　　　　　　).

② You should go outside, when you (　　　　　　　　　　　　　　　　　　　　　　).

〈語〉

飲む，飲み物　drink　　～(の中)で　in ～　　～を感じる　feel ～

3　亜希（Aki）と留学生のジョン（John）が会話をしています。二人の会話が成り立つように，下線部①から③までのそれぞれの（　　）内に最も適当な語を入れて，英文を完成させなさい。ただし，（　　）内に示されている文字で始まる語を解答すること。

① I (　　　) around Kyoto (　　　) my host family.

② Kyoto is (　　　) (　　　) famous restaurants.

③ I liked it because it (　　　) (　　　).

Aki　：　Hi, John. How was your weekend?

John：　Hi, Aki. It was great. ① I (t　　) around Kyoto (w　　) my host family.

Aki　：　Oh, really? You and your host family had a good time. What did you do there?

John：　I could see the real Kyoto. For example, we saw great views of Kinkaku-ji and Arashiyama. I also saw monkeys in the wild for the first time. During our stay in Kyoto, we ate a lot of food. ② Kyoto is (f　　) (o　　) famous restaurants.

Aki　：　What did you eat?

John：　I had ramen for the first time in Japan. ③ I liked it because it (t　　) (d　　).

Aki　：　Wow, I'm happy to hear that you're enjoying ramen in Japan.

4 次の文章を読んで，あとの(1)から(5)までの問いに答えなさい。

These days, more and more people around the world are thinking about how they produce electricity without destroying their environment. So new technologies and cooperation between countries have become more important. Let's share three stories to learn the fact.

In 2016, Portugal tried a test for energy. They used only renewable energy such as wind, water, and sunlight. They could produce all the electricity that was necessary for the whole nation. Now, the government and companies are (A) together to make some new power plants, such as a wind power plant. They want to use more renewable energy because the energy can save oil and protect the environment. The people think using renewable energy is [①]. Their goal is to stop pollution, have more energy, and get economic growth.

In Hungary, a small company is trying a different plan for producing electricity. Instead of building big power plants, they are thinking about something much smaller. The company is designing solar panels made from old plastic bottles. It is a smart way of recycling garbage to build a better future. Twenty square meters of these solar panels can make enough electricity for one house. If your house has them, your family does not have to use the electricity from big power plants. ② <u>This small technology can【big / solve / used / to / be / problems】</u>.

Some countries are helping each other to use renewable energy. Kenya has built geothermal power plants with the help of Japan. These power plants use the heat of the earth. Japan has shown the engineers in Kenya how to build these plants and taught them how to use them. Kenya has set a goal of increasing the electricity the plants can make. It will be a challenge, but they are hoping to reach this goal in the future. With Japan's help, the people of Kenya are trying hard for the economic growth of their country, too. This kind of international help is important when many countries understand global problems and build a better world.

There are various kinds of renewable energy, and countries around the world are trying to use them in a better way. Portugal, Hungary, and Kenya are good examples. Now many countries are doing their best to create newer technologies, and have better cooperation for their brighter future.

（注） cooperation 協力，協働　Portugal ポルトガル　power plant 発電所
economic 経済の　Hungary ハンガリー　solar panel 太陽電池パネル
Kenya ケニア　geothermal power plant 地熱発電所

(1) （ A ）にあてはまる最も適当な語を，次の５語の中から選んで，正しい形にかえて書きなさい。
（　　）

stop　take　blow　work　sell

(2) [①] にあてはまる最も適当な英語を，次のアからエまでの中から一つ選んで，そのかな符号を書きなさい。（　　）

ア not good for the environment because many people use oil

イ much better for protecting the environment than burning oil

ウ not a good example of using wind, water, and sunlight

エ dangerous because renewable energy facilities cannot save oil

(3) 下線②のついた文が，本文の内容に合うように，【　　】内の語を正しい順序に並べかえなさい。

This small technology can (　　　　　　　　　　　　　　　　　　　　　　　　　　).

(4) 本文中では，ケニアの再生可能エネルギーについてどのように述べられているか。最も適当なものを，次のアからエまでの文の中から一つ選んで，そのかな符号を書きなさい。(　　　)

ア Kenya is working with a small company to put solar panels on every house.

イ Kenya has built several new wind power plants with the help of Japan.

ウ Kenya is buying a lot of plastic bottles from Japan to build their power plants.

エ Kenya has built power plants with Japan to use renewable energy.

(5) 次のアからカまでの文の中から，その内容が本文に書かれていることと一致するものを全て選んで，そのかな符号を書きなさい。(　　　)

ア New technologies are important but cooperation between countries is not important.

イ In Portugal, the government and companies are trying to stop pollution and create energy.

ウ Portugal decided to use more energy, have more pollution, and get more economic growth.

エ A small company in Hungary is making solar panels from plastic bottles.

オ Japan has helped the engineers in Kenya to learn how to use geothermal power plants.

カ Countries around the world have found a better way to go without renewable energy.

5 桜（Sakura）と留学生のトム（Tom）が会話をしています。次の会話文を読んで，あとの(1)から(4)までの問いに答えなさい。

Sakura： Hello, Tom. Can I ask you some questions about your school in America?

Tom　： 【　a　】

Sakura： Thank you. ① I'm (　　) in learning about schools in other countries. In Japan, we often eat school lunch in our classrooms together. Please tell me about your school.

Tom　： I see. Well, in my country, we don't eat lunch in the classroom. Students usually go to a cafeteria and eat lunch there.

Sakura： What's a "cafeteria"?

Tom　： It's a big lunch room for students and teachers.

Sakura： 【　b　】 Our school doesn't have one. What do students eat for lunch?

Tom　： Some students bring their own lunch. Other students buy lunch at the cafeteria. We can (A) our food from the menu. For example, hamburgers, pizzas, sandwiches, salads, and so on. We can buy many kinds of food every day.

Sakura： 【　c　】

Tom　： Today is my first day here, so I want to know about school lunch here.

Sakura： OK. In my school, many students usually eat the same dish for school lunch. Of course, the menu changes every day.

Tom　： You have various dishes, too. Do you like your school lunch?

Sakura： 【　d　】 By the way, in this school, some students not only study subjects, but also do other things. ② They (　　) care of our fields and water school flowers. Please tell me about such work in your school.

Tom　： 【　e　】 Students in my school don't have such work at school. However, we help our families at home.

Sakura： That's interesting. How about school uniforms? We have them.

Tom　： Our school does not have school uniforms. I usually wear a T-shirt there.

Sakura： I didn't know that! There are big differences between your school and ours. I want to visit your school someday.

(1) 次のアからオまでの英文を，会話文中の【 a 】から【 e 】までのそれぞれにあてはめて，会話の文として最も適当なものにするには，【 b 】と【 d 】にどれを入れたらよいか，そのかな符号を書きなさい。ただし，いずれも一度しか用いることができません。

b (　　　) d (　　　)

ア Yes, I do. I love our school lunch.

イ Is that so? I hope you'll enjoy our school lunch.

ウ That is usually the job of someone working at the school.

エ Wow, I cannot imagine such a place for lunch.

オ Sure. What do you want to know?

(2) 下線①，②のついた文が，会話の文として最も適当なものとなるように，それぞれの（　　）にあてはまる語を書きなさい。①(　　　) ②(　　　)

(3) （ A ）にあてはまる最も適当な語を，次のアからエまでの中から選んで，そのかな符号を書きなさい。(　　　)

ア depend　イ give　ウ choose　エ write

(4) 次の英文は，この会話が行われた夜，トムが母国にいる友人のライアン（Ryan）に送ったメールです。このメールが会話文の内容に合うように，次の（ X ），（ Y ）のそれぞれにあてはまる最も適当な語を書きなさい。X (　　　) Y (　　　)

Hi, Ryan.
I talked about school in America with my classmate, Sakura.
We eat (X) at our school cafeteria, right? She was surprised to hear that.
She told me about what to wear at school.
Here in Japan, students wear school (Y).
Did you know that?
Bye,
Tom

〈放送原稿〉

（聞き取り検査指示）

これから，2021 年度愛知県公立高等学校全日制課程 A グループ入学試験，英語の聞き取り検査を行います。

それでは，聞き取り検査の説明をします。問題は第 1 問と第 2 問の二つに分かれています。

第 1 問。

第 1 問は，1 番から 3 番までの三つあります。それぞれについて，最初に対話を聞き，続いて，対話についての問いと，問いに対する答え，a，b，c，d を聞きます。そのあと，もう一度，その対話，問い，問いに対する答えを聞きます。必要があればメモをとってもよろしい。

問いの答えとして正しいものは解答欄の「正《せい》」の文字を，誤っているものは解答欄の「誤《ご》」の文字を，それぞれ○《まる》でかこみなさい。正しいものは，各問いについて一つしかありません。それでは，聞きます。

（第 1 問）

1 番

Kate： Oh, no! It's raining. I can't believe it.

Alex： Kate, what's the matter?

Kate： Hi, Alex. I don't have my umbrella with me.

Question：What will Alex say next?

a　Thank you very much.　　b　Here you are. I have another one.

c　I'm sorry. I don't know.　　d　Sure. I'm free this afternoon.

それでは，もう一度聞きます。（対話，問い，問いに対する答えを繰り返す。）

2 番

Peter： Wow! There are many DVDs at this store. Look at this, Jane. This movie looks great. The characters are so scary.

Jane： Really? I'm sorry, Peter. I don't like it very much.

Peter： Why do you think so?

Question：What will Jane say next?

a　I think it's great, too.　　b　It's a very interesting movie.

c　I'm not a fan of scary movies.　　d　The seat in the theater is good.

それでは，もう一度聞きます。（対話，問い，問いに対する答えを繰り返す。）

3 番

Mike： Hi, Mari. Are you cooking now?

Mari： Yes, Mike. I'm making curry and rice.

Mike： Well, I want to help you. I can make curry, too.

Mari： Thanks. How did you learn that?

Mike： My grandmother taught me. My dream is to be a good cook like her.

Question：What is true about this dialog?

a　Mari is helping Mike with cooking.

b　Mike and his grandmother are cooking together.

c　Mike is a good cook like his grandmother.

d　Mike learned cooking from his grandmother.

それでは，もう一度聞きます。(対話，問い，問いに対する答えを繰り返す。)

第２問。

第２問では，最初に英語のスピーチを聞きます。続いて，スピーチについての問いと，問いに対する答え，a，b，c，dを聞きます。問いは問１と問２の二つあります。そのあと，もう一度，スピーチ，問い，問いに対する答えを聞きます。必要があればメモをとってもよろしい。

問いの答えとして正しいものは解答欄の「正《せい》」の文字を，誤っているものは解答欄の「誤《ご》」の文字を，それぞれ○《まる》でかこみなさい。正しいものは，各問いについて一つしかありません。それでは，聞きます。

(第２問)

Hello, everyone. I'm Ken. I want to tell you about my favorite thing. It's drawing pictures. After I finish my homework, I usually draw pictures and relax. I imagine a lot of things and often draw animals, people, or buildings. I like drawing pictures because I can design my own world on the paper. It's a good way to show my ideas or opinions. Now, everyone, why don't you try and relax? Thank you for listening.

問１　What is Ken talking about?

a　He is talking about his favorite book.　　b　He is talking about his best friend.

c　He is talking about drawing pictures.　　d　He is talking about interesting places.

問２　Why does Ken like drawing pictures?

a　Because he can design his own world.

b　Because he can relax before he finishes his homework.

c　Because he can draw pictures without any ideas.

d　Because he likes to draw only animals.

それでは，もう一度聞きます。(スピーチ，問い，問いに対する答えを繰り返す。)

これで，聞き取り検査を終わります。

社会

時間　45分　　　　満点　22点

1　次のⅠ，Ⅱ，Ⅲは，海外から日本にもたらされた作物や物品の写真である。あとの(1)から(3)までの問いに答えなさい。

Ⅰ

Ⅱ

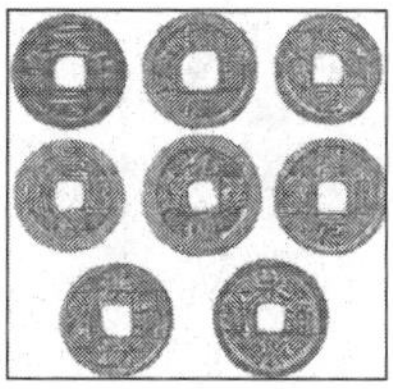

Ⅲ

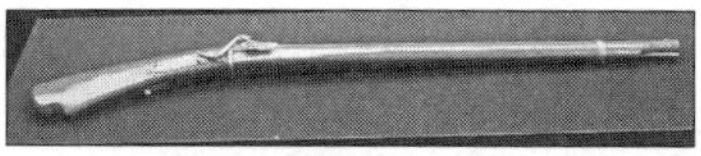

(1)　次の文章は，Ⅰの作物の栽培が始まったことで生じた社会の変化について述べたものである。文章中の□にあてはまることばとして最も適当なものを，あとのアからエまでの中から選んで，そのかな符号を書きなさい。（　　）

Ⅰの作物は日本人の主食の一つとなっている。この作物の栽培が始まった後の遺跡からは，それまでにはみられなかった□が発掘されている。これは土地や水の利用をめぐる戦いが起きていたことを示すものと考えられている。

ア　石包丁などの農具や弥生土器　　イ　銅鏡や銅鐸などの青銅器

ウ　集落を取り囲む堀やへいの跡　　エ　作物を貯蔵する施設の跡

(2)　次の文章は，Ⅱの物品がもたらされていた期間中の日本のようすについて述べたものである。文章中の□にあてはまることばとして最も適当なものを，あとのアからエまでの中から選んで，そのかな符号を書きなさい。（　　）

Ⅱの物品はすべて中国でつくられたものである。これらが大量に輸入されたことで商業活動が活発となり，14世紀には□が行われていた。

ア　十《と》三《さ》湊《みなと》の豪族がアイヌとの交易品を畿内にもたらすなど遠隔地間の取引

イ　商人が農民に材料や道具を貸し出して製品を製造させる問屋制家内工業

ウ　東南アジア各地に日本町がつくられ，大名や豪商によって朱印船貿易

エ　金・銀・銭の貨幣の両替で利益を上げた商人による大名への金銀の貸し付け

(3)　次の文章は，Ⅲの物品が日本にもたらされたことに関連して述べたものである。文章中の（①），（②）にあてはまることばの組み合わせとして最も適当なものを，あとのアからエまでの中から選んで，そのかな符号を書きなさい。（　　）

Ⅲの物品を初めて日本にもたらしたのはポルトガル人であるとされている。15世紀以降，ポルトガルは（①）が支配する地域を経由しない交易路の開発を進めた。また，ポルトガルはカトリック国であり，（②）に対抗して新しい信者を獲得する必要からも海外進出を積極的に行った。

ア　①オスマン帝国，②イエズス会　　イ　①オスマン帝国，②プロテスタント

ウ　①モンゴル帝国，②イエズス会　　エ　①モンゴル帝国，②プロテスタント

2　次のⅠ，Ⅱ，Ⅲの資料とW，X，Y，Zのカードは，生徒が歴史をさまざまな視点から考えることをテーマにした発表を行った際に用いたものの一部である。資料中のAとB，CとD，EとFの部分は，それぞれの資料中の絵や写真に関して，その当時，異なる立場をとった二人の人物の意見であり，そのうちCとD，EとFの部分には，それぞれW，X，Y，Zのカードのいずれかがあてはまる。あとの(1)から(4)までの問いに答えなさい。

なお，Ⅰの資料中のAとBの部分およびWからZまでのカードの中には現代語で要約したものがある。

(資料)

Ⅰ

【当時，こうした社会変革に積極的だった人】

A　「天は人の上に人を造らず，人の下に人を造らず」といわれる。そうであるならば，天から人が生ずる以上、貴賤《きせん》貧富の別はない。

【当時，こうした社会変革に慎重だった人】

B　今までにあったものを研究して、一歩前進させることに努めるべきである。西洋画も参考にするべきであろうが，主体的に進歩しようと心がけるべきである。

Ⅱ

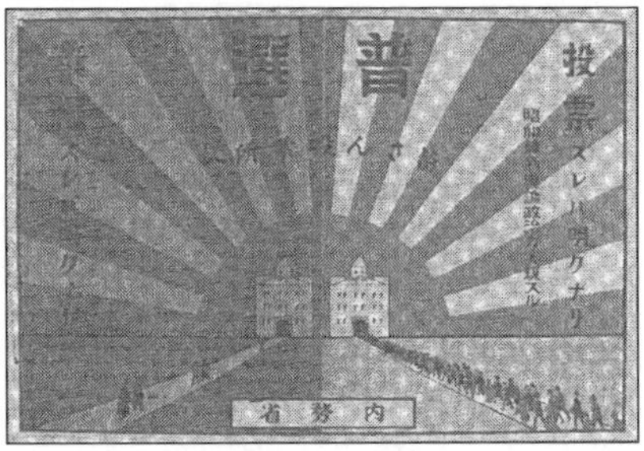

【当時，この制度の導入を訴えた人】

C

【当時，この制度の導入に反対した人】

D

Ⅲ

【当時，この運動のきっかけとなった条約を結ぼうとした人】

E

【当時，この運動のきっかけとなった条約を結ぶことに反対した人】

F

(カード)

W　現在の社会組織に打撃を与えることを目的に，納税資格を撤廃せよという訴えは実に危険である。

X　外国の軍隊が駐留することは，日本の国はじまって以来の不自然なできごとであります。

Y　日米両国の友好関係は，今日まで多少とも残存しておりました戦後的色彩を一掃し，全く新たな段階に入ったのであります。

Z　現在の有権者は地方の地主が大多数であり，彼らの多くは高齢でせまい知識しかもっていない。彼らによって選出された者は地主と富豪の代表でしかない。

(1) 次の文章は，生徒がⅠの資料について発表した際に用いたメモの一部である。文章中の（ ① ），（ ② ）にあてはまることばと人名の組み合わせとして最も適当なものを，あとのアからカまでの中から選んで，そのかな符号を書きなさい。（　　　）

> Aの部分に示された意見は西洋の考え方を当時の人々に紹介した人物のものであり，ここでは（ ① ）制度の不要を説いている。一方，Bの部分に示された意見は（ ② ）のものである。彼は，伝統的な日本文化が軽視されることを心配し，文化財の保護や日本画を教える官立の学校の設立に関わった。

ア　① 教育，② 岡倉天心《おかくらてんしん》　　イ　① 身分，② 岡倉天心
ウ　① 教育，② 中江兆民《なかえちょうみん》　　エ　① 身分，② 中江兆民
オ　① 教育，② 福沢諭吉《ふくざわゆきち》　　カ　① 身分，② 福沢諭吉

(2) Ⅱの資料中のC，Ⅲの資料中のEのそれぞれの部分にあてはまるカードとして最も適当なものを，WからZまでの中からそれぞれ選んで，その符号を書きなさい。C（　　　）　E（　　　）

(3) 次の文章は，生徒がⅡの資料について発表した際に用いたメモの一部である。文章中の［ ③ ］，［ ④ ］にあてはまることばの組み合わせとして最も適当なものを，あとのアからカまでの中から選んで，そのかな符号を書きなさい。（　　　）

> この制度の導入が検討された時期，国内では社会運動が広がりを見せ，［ ③ ］された。また，この時期，ワシントン会議の結果を受けて，対外的には［ ④ ］しようとする政策がとられた。

ア　③ 労働基準法が制定，④ 欧米諸国と対立しても満州の権益を拡大
イ　③ 労働基準法が制定，④ 欧米諸国と協調して平和を維持
ウ　③ 日本最初のメーデーが開催，④ 欧米諸国と対立しても満州の権益を拡大
エ　③ 日本最初のメーデーが開催，④ 欧米諸国と協調して平和を維持
オ　③ 民撰議院設立建白書が提出，④ 欧米諸国と対立しても満州の権益を拡大
カ　③ 民撰議院設立建白書が提出，④ 欧米諸国と協調して平和を維持

(4) 次の文章は，生徒がⅢの資料について発表した際に用いたメモの一部である。文章中の［ ⑤ ］，［ ⑥ ］にあてはまることばの組み合わせとして最も適当なものを，あとのアからエまでの中から選んで，そのかな符号を書きなさい。（　　　）

> Ⅲの資料中の写真で，国会議事堂周辺に集まった人たちの多くは，この運動のきっかけとなった［ ⑤ ］意見を支持していた人たちであった。江戸時代から大日本帝国憲法の制定を経て，日本国憲法の制定へと日本の政治の仕組みが［ ⑥ ］へと移り変わるなかで，集団で意見の表明を行うことが，国民の権利として認められるようになった。

ア　⑤ 条約を結ぼうとする，⑥ 社会主義的なものから資本主義的なもの
イ　⑤ 条約を結ぼうとする，⑥ 専制的なものから民主的なもの
ウ　⑤ 条約を結ぶことに反対する，⑥ 社会主義的なものから資本主義的なもの
エ　⑤ 条約を結ぶことに反対する，⑥ 専制的なものから民主的なもの

3　次のⅠの表は，日本の流域面積上位の河川を示したものであり，Ⅱの表は，Ⅰの表中の河川の流域に位置する4道県の1農家あたり耕地面積等を示したものである。また，Ⅲの表は，米の収穫量等の上位3道県およびその全国に占める割合を示したものであり，Ⅳのグラフは，銚子漁港の水あげ量の推移を，Ⅴのグラフは，日本の漁業種別の漁獲量，魚介類の輸入量の推移を示したものである。あとの(1)から(4)までの問いに答えなさい。

なお，Ⅱの表中のA，B，C，Dは，それぞれ岩手県，群馬県，長野県，北海道のいずれかであり，Ⅲの表中のX，Y，Zは米の収穫量，ばれいしょ（じゃがいも）の収穫量，肉用牛の飼育頭数のいずれかである。

Ⅰ　流域面積上位の河川

順位	河川名
1	利根川
2	石狩川
3	信濃川
4	北上川
5	木曽川

Ⅱ　4道県の1農家あたり耕地面積，製造品出荷額等，人口密度

道県名	1農家あたり耕地面積（ha）	製造品出荷額等（億円）	人口密度（人／km²）
A	1.44	90 985	305.3
B	2.29	25 432	80.3
C	1.04	62 316	151.1
D	25.81	62 126	66.9

（「データでみる県勢　2020年版」などをもとに作成）

Ⅲ　米の収穫量，ばれいしょ（じゃがいも）の収穫量，肉用牛の飼育頭数の上位3道県およびその全国に占める割合（%）

X		Y		Z	
北海道	20.5	新潟県	8.1	北海道	77.1
鹿児島県	13.5	北海道	6.6	鹿児島県	4.3
宮崎県	10.0	秋田県	6.3	長崎県	4.1

（「データでみる県勢　2020年版」をもとに作成）

Ⅳ　銚子漁港の水あげ量の推移（5年ごと）

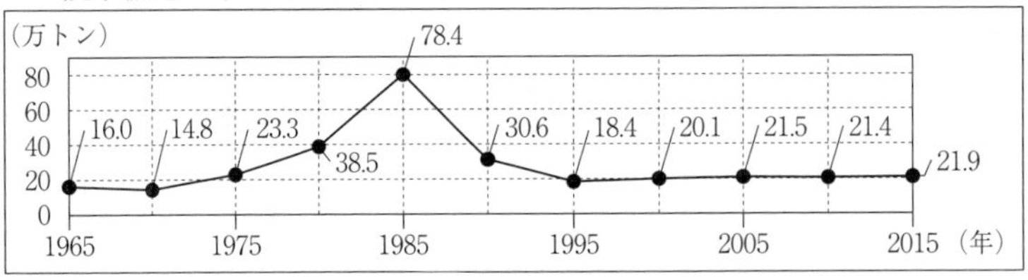

（「数字でみる日本の100年　改訂第7版」などをもとに作成）

Ⅴ　日本の漁業種別の漁獲量，魚介類の輸入量の推移（5年ごと）

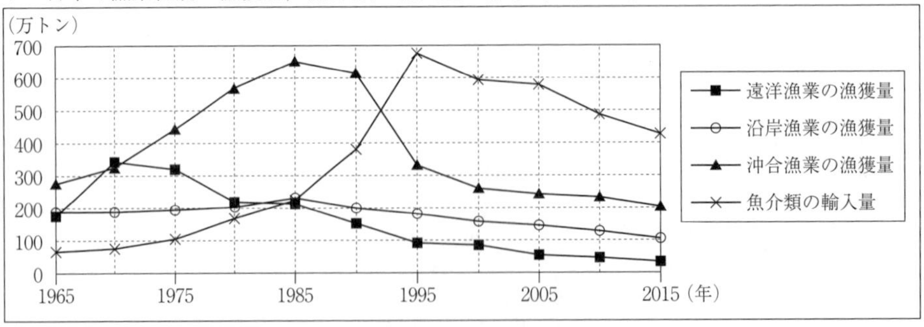

（「数字でみる日本の100年　改訂第7版」をもとに作成）

(1)　次の文章中の（ ① ），（ ② ）にあてはまる符号とことばの組み合わせとして最も適当なものを，あとのアからクまでの中から選んで，そのかな符号を書きなさい。（　　　）

木曽川の上流域が位置するⅡの表中の（ ① ）では，電子機器や情報通信機器の生産がさかん

である。また，夏の冷涼な気候を生かした高原野菜の栽培や，水はけのよい（ ② ）での果樹の栽培などがさかんである。

ア ① A，② 扇状地　イ ① A，② 三角州　ウ ① B，② 扇状地
エ ① B，② 三角州　オ ① C，② 扇状地　カ ① C，② 三角州
キ ① D，② 扇状地　ク ① D，② 三角州

(2) Ⅲの表中のX，Y，Zのうち，「米の収穫量」を示すもの，「肉用牛の飼育頭数」を示すものをそれぞれ選んで，その符号を書きなさい。米の収穫量（　　　）肉用牛の飼育頭数（　　　）

(3) 次の資料中の文章は，Ⅰの表中の二つの河川の下流域の冬季の日照時間について説明したものである。資料中の図を参考にして，文章中の［　　　］にあてはまることばを，あとの語群x，語群yのそれぞれから1語ずつ選び，それらの語を用いて，10字以上15字以下で書きなさい。

（資料）

信濃川と北上川の下流域を比較すると，信濃川下流域の方が冬季の日照時間が短い。これは，大陸からの季節風が，日本海を流れる二つの海流のうち［　　　］ときに大量の水蒸気を含み，日本海側に雲を発生させるためである。

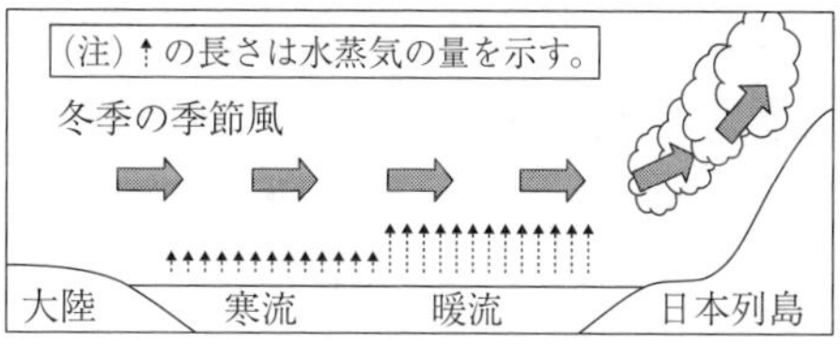

語群x：（寒流，暖流）
語群y：（対馬海流，リマン海流）

(4) Ⅰの表中の利根川の河口付近に位置する銚子漁港および日本の漁業等について，Ⅳ，Ⅴのグラフから読み取ることができる内容をまとめた文として最も適当なものを，次のアからエまでの中から選んで，そのかな符号を書きなさい。（　　　）

ア Ⅳのグラフで銚子漁港の水あげ量が最大となった年について，Ⅴのグラフをみると，この年に日本の遠洋漁業と沖合漁業の漁獲量はいずれも最大となっている。

イ 1970年から1980年までの期間について，Ⅳのグラフをみると，銚子漁港の水あげ量が増加しており，Ⅴのグラフをみると，遠洋漁業と沖合漁業の漁獲量はいずれも増加している。

ウ 1985年と1995年について，Ⅳのグラフをみると，1995年の銚子漁港の水あげ量は1985年の4分の1程度に減少しており，Ⅴのグラフをみると，1995年の日本の魚介類の輸入量は1985年の4倍以上に増加している。

エ 1995年と2015年について，Ⅴのグラフをみると，2015年の遠洋漁業，沿岸漁業，沖合漁業の漁獲量はいずれも1995年よりも減少しており，Ⅳのグラフをみると，2015年の銚子漁港の水あげ量は1995年よりも増加している。

4　次の会話文は，生徒と先生が日本と同緯度の地域に位置する国について話し合った際の会話の一部である。Ⅰ，Ⅱの略地図はそれぞれ北海道地方，ヨーロッパ州の一部を示したものであり，Ⅲの資料はオーストラリアのタウンズビルについて，その位置と月別降水量と月別平均気温を示したものである。また，Ⅳの表は砂糖の原料となる農作物の生産量上位3国を示したものである。あとの(1)から(3)までの問いに答えなさい。なお，Ⅱの略地図中のＡからＤまでは緯線を示している。

（会話文）

生徒：日本の国土の位置は緯度で示すとどのくらいでしょうか。

先生：日本の国土はおよそ北緯20度から北緯46度までの範囲に位置しています。日本と同緯度の地域に位置する国について調べてみましょう。

生徒：Ⅰの略地図中の緯線は日本の北端に近い北緯45度です。Ⅱの略地図中では（ ① ）が北緯45度になるので，Ⅱの略地図中でこの線より南に位置する国が日本とほぼ同緯度に位置するといえます。

先生：次に，日本の国土が位置する緯度の範囲を，緯度0度を示す緯線である（ ② ）をはさんで反転させた，南緯20度から南緯46度までの範囲に首都が位置する国を調べましょう。

生徒：私が知っている国は，アルゼンチンやオーストラリアがあります。

先生：まだまだ他にもありますよ。それでは，課題を出します。北半球と南半球で，緯度20度から46度までに首都が位置する3国を示すので，それらの国について調べてください。

Ⅰ　北海道地方の略地図

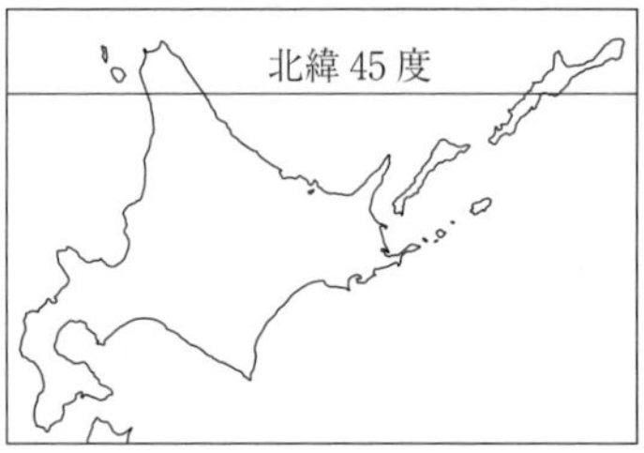

Ⅱ　ヨーロッパ州の一部の略地図

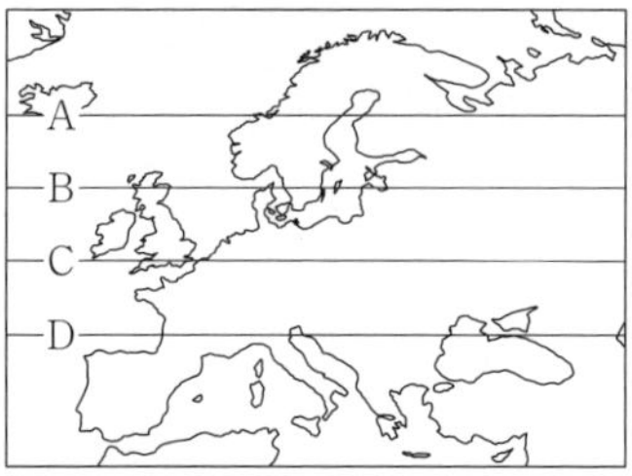

Ⅲ　タウンズビルの位置とその月別降水量と月別平均気温

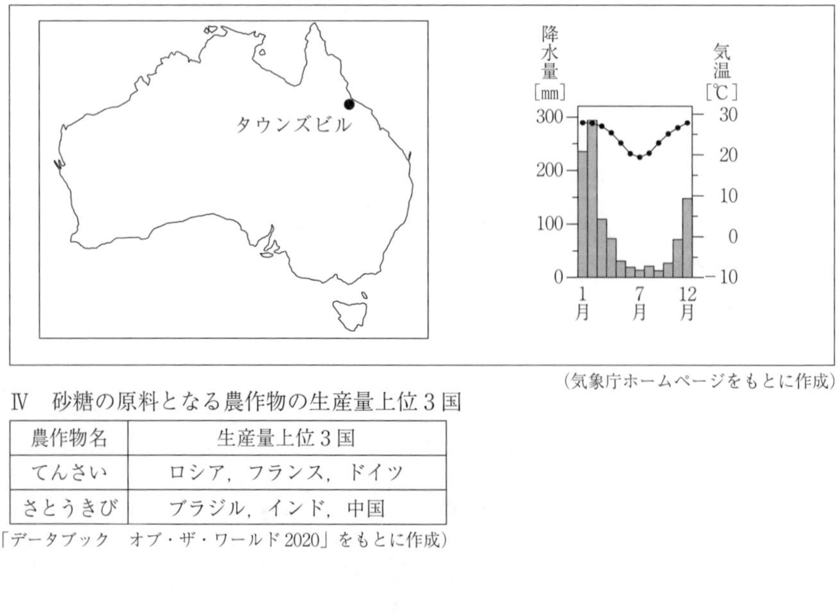

（気象庁ホームページをもとに作成）

Ⅳ　砂糖の原料となる農作物の生産量上位3国

農作物名	生産量上位3国
てんさい	ロシア，フランス，ドイツ
さとうきび	ブラジル，インド，中国

（「データブック　オブ・ザ・ワールド2020」をもとに作成）

(1) 会話文中の（ ① ）にあてはまる最も適当な緯線を，Ⅱの略地図中のAからDまでの中から選んで，その符号を書きなさい。また，会話文中の（ ② ）にあてはまる最も適当なことばを，漢字2字で書きなさい。①(　　　) ②(　　　)

(2) 次の文章は，Ⅲの資料とⅣの表をもとにタウンズビルの農業についてまとめたものである。文章中の（ ③ ），（ ④ ）にあてはまることばの組み合わせとして最も適当なものを，あとのアからエまでの中から選んで，そのかな符号を書きなさい。(　　　)

Ⅲの資料から，南半球に位置するタウンズビルは，年間を通じて温暖で，夏季に降水量が（ ③ ）という気候的な特徴があることがわかる。タウンズビルでは，この特徴を生かし，Ⅳの表中の農作物のうち，熱帯や温帯が分布する国で生産量が多い（ ④ ）の栽培がさかんである。

ア ③ 多い，④ てんさい　　イ ③ 少ない，④ てんさい

ウ ③ 多い，④ さとうきび　　エ ③ 少ない，④ さとうきび

(3) 次の表は，生徒が会話文の最後で先生から示された課題に対して，中国，アルゼンチン，ボツワナについてまとめたものである。表中のxには下のa，bのいずれかの部分が，表中のyにはc，dのいずれかの部分があてはまる。x，yとa，b，c，dの組み合わせとして最も適当なものを，あとのアからエまでの中から選んで，そのかな符号を書きなさい。(　　　)

国名	国土面積	日本への輸出額	日本への輸出品のうち主要3品目	東京から各国の首都までのおよその距離
中国	960.0万km^2	x	電気機器・一般機械・衣類	2100km
アルゼンチン	279.6万km^2		えび・アルミニウム・無機化合物	y
ボツワナ	58.2万km^2	30億円	ダイヤモンド・—・—	

(注) 品目名の「—」は，記載された品目以外に輸出品がほとんどないことを示している。

（「データブック　オブ・ザ・ワールド2020」などをもとに作成）

【表中のxにあてはまる部分】

a	b
191 871億円	742億円
742億円	191 871億円

【表中のyにあてはまる部分】

c	d
13 700km	18 400km
18 400km	13 700km

ア x：a，y：c　　イ x：a，y：d　　ウ x：b，y：c　　エ x：b，y：d

5　次のⅠからⅣまでの資料は，生徒が日本の財政についてのレポートを作成するために用意したものの一部である。あとの(1)から(3)までの問いに答えなさい。

なお，Ⅰ，Ⅱの資料中のX，Y，Zは，それぞれアメリカ，イタリア，日本のいずれかであり，同じ符号には同じ国名があてはまる。

Ⅰ　債務残高（対GDP比）の推移

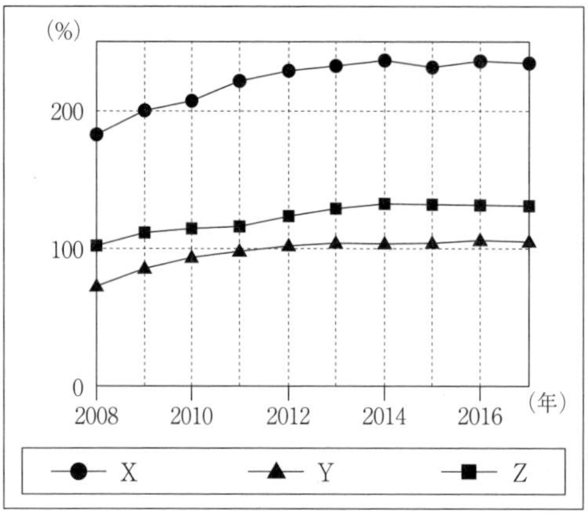

（財務省ホームページをもとに作成）

Ⅱ　1人あたり国内総生産（GDP）の推移

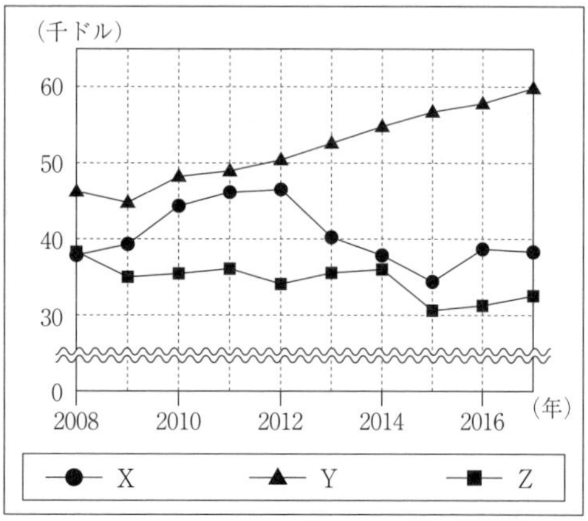

（総務省ホームページをもとに作成）

Ⅲ　日本の一般会計予算（令和元年度）

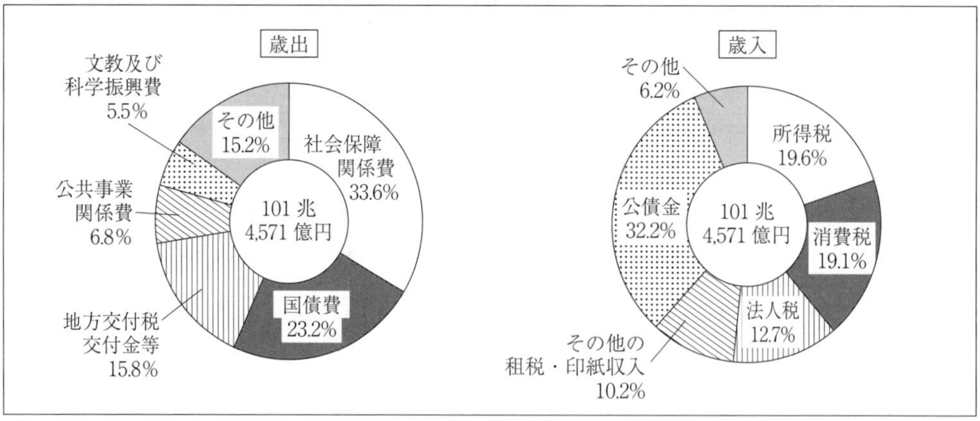

（注）四捨五入の関係で，合計しても100%にならない場合がある。

（財務省ホームページをもとに作成）

Ⅳ　国民生活に関する世論調査結果（年代別割合）

(%)

政府に対して要望したい項目	18〜29歳	30〜39歳	40〜49歳	50〜59歳	60〜69歳	70歳以上
医療・年金等の社会保障の整備	51.8	61.9	64.7	67.0	70.3	63.8
高齢社会対策	43.2	46.5	49.0	57.3	56.3	54.0
景気対策	55.3	62.4	57.1	57.2	48.1	37.6
少子化対策	41.3	45.8	38.8	40.0	37.9	25.4
防災	24.4	29.5	28.2	31.7	30.5	25.1
教育の振興・青少年の育成	29.8	40.3	35.8	29.7	24.1	16.8

（注）複数の項目が選択できる形式での調査のため，合計しても100%にならない。

（内閣府「政府世論調査（平成30年実施）」をもとに作成）

(1)　次の文章は，生徒がⅠ，Ⅱの資料をもとに作成したレポートの一部である。文章を参考にして，Ⅰ，Ⅱの資料中のY，Zの国名の組み合わせとして最も適当なものを，あとのアからカまでの中から選んで，そのかな符号を書きなさい。(　　　)

> 債務残高（対GDP比）については，一貫して日本が他の2国より高い状態が続いている。1人あたり国内総生産（GDP）については，2010年以降，アメリカが毎年増加し続けているのに対し，イタリア，日本はそれぞれ前年より減少している年がある。

ア　Y アメリカ，Z イタリア　　イ　Y アメリカ，Z 日本
ウ　Y イタリア，Z アメリカ　　エ　Y イタリア，Z 日本
オ　Y 日本，Z アメリカ　　カ　Y 日本，Z イタリア

(2)　次の文章は，生徒がⅢの資料をもとに，日本の財政について発表した際に用いたメモの一部である。文章中の（ ① ）にあてはまることばとして最も適当なものを，あとのアからエまでの中から選んで，そのかな符号を書きなさい。また，文章中の（ ② ）にあてはまる最も適当なことばを，漢字4字で書きなさい。①(　　　)　②(　　　)

> 令和元年度一般会計予算では，歳出と歳入それぞれの総額が等しく，歳出における（ ① ）の割合よりも，歳入における公債金の割合が大きいことから，前年度よりも国の債務残高は増加すると考えられる。
> 歳出についてみると，社会保障関係費の占める割合が最大となっている。日本の社会保障制度は，4本の柱からなっているが，そのうち上下水道の整備や感染症の予防などにより，人々が健康で安全な生活を送ることができるようにすることを（ ② ）という。

ア　文教及び科学振興費　　イ　公共事業関係費　　ウ　地方交付税交付金等　　エ　国債費

(3)　Ⅳの表から読み取ることができる内容をまとめた文として最も適当なものを，次のアからエまでの中から選んで，そのかな符号を書きなさい。(　　　)

ア　39歳以下のいずれの年代においても，表中の項目のうち，最も割合が高いのは「景気対策」であり，最も割合が低いのは「防災」である。

イ　40歳以上のいずれの年代においても，表中の項目のうち，最も割合が高いのは「医療・年金等の社会保障の整備」であり，最も割合が低いのは「教育の振興・青少年の育成」である。

ウ　表中の項目のうち「高齢社会対策」について，その割合が最も高い年代は「70歳以上」であり，その割合が最も低い年代は「18～29歳」である。

エ　表中の項目のうち，「景気対策」と「少子化対策」について，その割合が最も高い年代はいずれも「30～39歳」であり，その割合が最も低い年代はいずれも「18～29歳」である。

6　次の会話文は，生徒と先生が地方自治について話し合った際の会話の一部である。あとの(1)から(3)までの問いに答えなさい。

なお，会話文中の2か所の（ B ）には同じことばがあてはまる。

（会話文）

生徒：国と地方公共団体は，どのように仕事を分担しているのですか。

先生：国は，国際社会における日本の立場に関わるような仕事や，［ A ］など，全国的な規模や視点で行われるべき仕事を行います。これに対して地方公共団体は，ごみの収集など，より住民に身近な仕事を行います。

生徒：国と地方公共団体の関係は，どのようになっているのですか。

先生：1999年に成立した（ B ）一括法では，国と地方公共団体の役割分担が明確となりました。この法律によって，地方公共団体の権限が強化され，地域の特性に応じた仕事を行えるようになり，（ B ）が進んでいます。

(1)　次の文章は，地方公共団体について説明したものである。文章中の［ ① ］，［ ② ］にあてはまることばの組み合わせとして最も適当なものを，あとのアからエまでの中から選んで，そのかな符号を書きなさい。(　　　)

地方公共団体では，［ ① ］住民の直接選挙で選ぶ。［ ② ］地方公共団体の運営を行う。

ア　① 首長と地方議会議員をともに，② 首長は地方議会に優越した立場で

イ　① 首長と地方議会議員をともに，② 首長と地方議会は均衡を保ちながら

ウ　① 首長と地方議会議員のうち首長を，② 首長は地方議会に優越した立場で

エ　① 首長と地方議会議員のうち首長を，② 首長と地方議会は均衡を保ちながら

(2)　会話文中の［ A ］にあてはまる最も適当なことばを，次のアからエまでの中から選んで，そのかな符号を書きなさい。(　　　)

ア　住民の転入や転出を管理し住民票を作成する

イ　放置自転車の撤去や駐輪場の増設などを行う

ウ　公的年金や介護保険などの制度を設計する

エ　消防士や警察官の採用に関わる業務を行う

(3)　会話文中の（ B ）にあてはまる最も適当なことばを，漢字4字で書きなさい。(　　　)

理科

時間　45分　　　満点　22点

1　次の(1)，(2)の問いに答えなさい。

(1)　植物の根の成長について調べるため，発芽して根がのびたソラマメを用意し，図1のように，根の先端から3mm，10mm，30mmの位置を，それぞれ順にa，b，cとした。その根をうすい塩酸に1分間浸した後，それぞれの位置の細胞を酢酸オルセイン液で染色して，顕微鏡で観察した。図2のa，b，cは，それぞれ図1のa，b，cで観察された細胞のスケッチである。なお，この観察において顕微鏡の倍率は一定であった。

図1

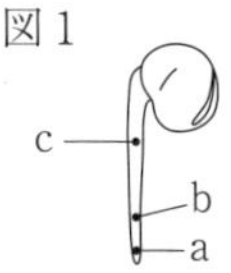

図2

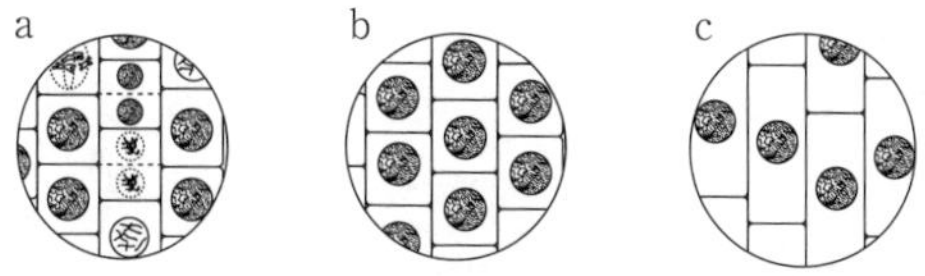

次の文は，観察の結果からわかることについて説明したものである。文中の（Ⅰ）と（Ⅱ）にあてはまる語句の組み合わせとして最も適当なものを，下のアからカまでの中から選んで，そのかな符号を書きなさい。（　　　）

観察の結果から，根では（Ⅰ）の位置に近い部分で細胞が分裂して細胞の数を増やし，その後，（Ⅱ）ことで根が成長する。

ア　Ⅰ　a，Ⅱ　分裂したいくつかの細胞が合体して大きくなる
イ　Ⅰ　a，Ⅱ　分裂したそれぞれの細胞が大きくなる
ウ　Ⅰ　b，Ⅱ　分裂したいくつかの細胞が合体して大きくなる
エ　Ⅰ　b，Ⅱ　分裂したそれぞれの細胞が大きくなる
オ　Ⅰ　c，Ⅱ　分裂したいくつかの細胞が合体して大きくなる
カ　Ⅰ　c，Ⅱ　分裂したそれぞれの細胞が大きくなる

(2)　図1のように，糸の一端に重さ20Nのおもりを取り付け，もう一方の端を手で持って，おもりを水平面に置いた。図2のように，おもりを，30cmの高さまでゆっくりと引き上げた後，その高さのまま水平方向にゆっくりと90cm移動させて，高さ30cmの台の上に静かにのせた。水平面に置いたおもりを台の上にのせるまでに，おもりを持つ手がした仕事は何Jか，整数で求めなさい。（　　　J）

図1

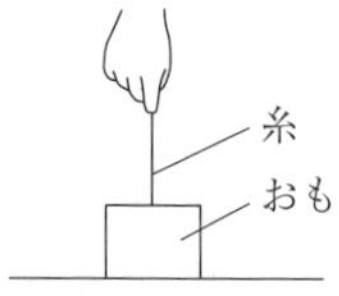

図2

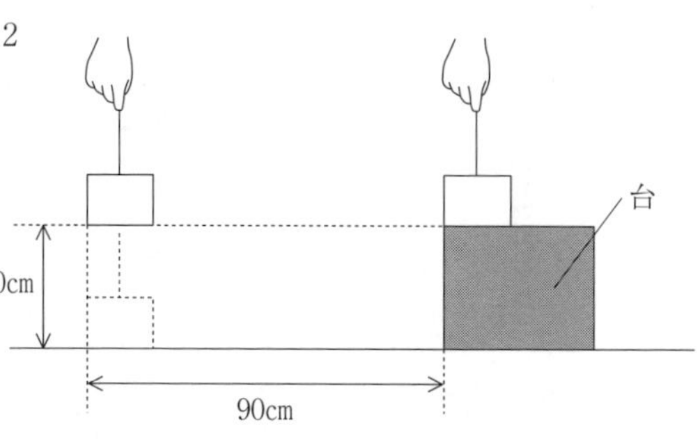

2　植物の葉のつくりと蒸散について調べるため，双子葉類である植物Aと単子葉類である植物Bを用いて，次の〔観察1〕，〔観察2〕と〔実験〕を行った。

〔観察1〕

①　植物Aの葉を薄く切って切片をつくり，スライドガラスの上にのせた。

②　①のスライドガラスに，水を1滴落としてカバーガラスをかぶせ，顕微鏡で葉の断面のつくりを観察した。

図1は，顕微鏡で観察した植物Aの葉の断面のスケッチである。植物Aの葉では，aとbの2種類の管が集まり束になっているようすが観察できた。

図1

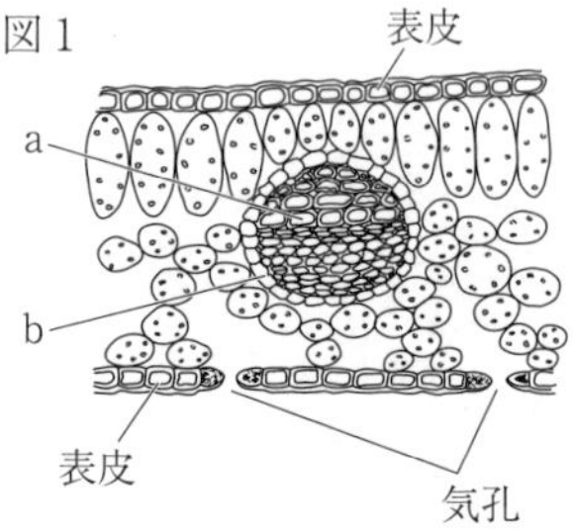

〔観察2〕

①　植物Bの葉の表側と裏側の表皮をはがして，それぞれをスライドガラスの上にのせた。

②　①のそれぞれのスライドガラスに，水を1滴落としてカバーガラスをかぶせ，顕微鏡で葉の表皮にある気孔を観察した。

図2は，観察に用いた植物Bの葉と，葉の表側の表皮を観察した際，顕微鏡の視野全体に観察された気孔をスケッチしたものである。スケッチした範囲は，葉の表皮のうち図2に示した直径0.8mmの円形部分に相当する。

観察の結果，葉の表側と裏側の表皮では，ほぼ同じ数の気孔が観察された。

図2

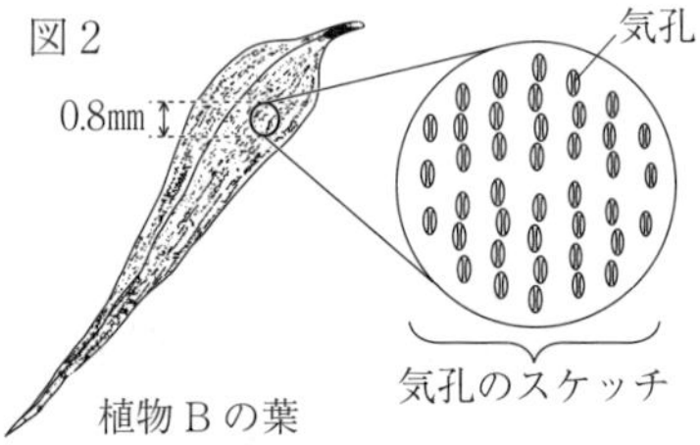

〔実験〕

①　葉の数と大きさ，茎の長さと太さをそろえ，からだ全体から蒸散する水の量が同じになるようにした3本の植物Aと，同じ形で同じ大きさの3本のメスシリンダーを用意した。

②　図3のように，同じ量の水を入れた3本のメスシリンダーに，植物Aを1本ずつ入れて水面にそれぞれ油をたらした。このとき，1本目の植物Aには，全ての葉の表側だけにワセリンを塗り，2本目の植物Aには，全ての葉の裏側だけにワセリンを塗った。また，3本目の植物Aには，ワセリンを塗らなかった。

③　その後，明るく風通しのよい場所に，②の3本のメスシリンダーを一定時間置いて，メスシリンダー内の水の減少量を調べた。

④　次に，植物Aのかわりに植物Bを用いて，①から③までと同じことを行った。

図3

植物Aの葉の表側だけにワセリンを塗った。　植物Aの葉の裏側だけにワセリンを塗った。　植物Aにワセリンを塗らなかった。

表は，〔実験〕の結果をまとめたものである。

なお，ワセリンは，水や水蒸気を通さないものとし，葉の表側，裏側に塗ったワセリンは，塗らなかった部分の蒸散に影響を与えないものとする。また，メスシリンダー内の水の減少量は，植物の蒸散量と等しいものとする。

表

	水の減少量〔cm^3〕	
	植物A	植物B
葉の表側だけにワセリンを塗った。	5.4	2.2
葉の裏側だけにワセリンを塗った。	2.6	2.2
ワセリンを塗らなかった。	6.0	3.5

次の(1)から(4)までの問いに答えなさい。

(1) 植物Aと同じ双子葉類に分類されるものを，次のアからエまでの中から1つ選んで，そのかな符号を書きなさい。（　　）

ア　トウモロコシ　　イ　ツユクサ　　ウ　ユリ　　エ　アブラナ

(2) 次の文章は，図1のa，bのつくりとそれらのはたらきについて説明したものである。文章中の（ Ⅰ ）から（ Ⅲ ）までにあてはまる語の組み合わせとして最も適当なものを，下のアからエまでの中から選んで，そのかな符号を書きなさい。（　　）

a，bは，水や養分が通る管で，茎ではaはbより（ Ⅰ ）にある。根から吸収された水分などは（ Ⅱ ）を通って葉に運ばれ，光合成などで使われる。光合成でつくられたデンプンなどの栄養分は水に溶けやすい物質に変わり，（ Ⅲ ）を通ってからだの各部分に運ばれる。

ア　Ⅰ 内側，Ⅱ a，Ⅲ b　　イ　Ⅰ 内側，Ⅱ b，Ⅲ a

ウ　Ⅰ 外側，Ⅱ a，Ⅲ b　　エ　Ⅰ 外側，Ⅱ b，Ⅲ a

(3) 図2から，葉の表皮の気孔は1 mm^2 あたりにおよそいくつあると考えられるか。最も適当なものを，次のアからオまでの中から選んで，そのかな符号を書きなさい。（　　）

ア　20　　イ　40　　ウ　80　　エ　120　　オ　260

(4) 次の文章は，〔実験〕の結果からわかることについて説明したものである。文章中の（ Ⅰ ）と（ Ⅱ ）にあてはまる数値として最も適当なものを，下のアからカまでの中からそれぞれ選んで，そのかな符号を書きなさい。Ⅰ（　　）　Ⅱ（　　）

〔実験〕の結果から，植物Aの葉の裏側の蒸散量は，表側の蒸散量のおよそ（ Ⅰ ）倍であり，植物Bの葉の裏側の蒸散量は，表側の蒸散量とほぼ同じであった。また，〔実験〕から，植物A，Bでは，葉以外の部分からも蒸散が行われていることがわかり，〔実験〕における植物Bの葉以外の部分からの蒸散量は（ Ⅱ ）cm^3 であった。

ア　0.2　　イ　0.6　　ウ　0.9　　エ　2.1　　オ　4.5　　カ　5.7

3　マグネシウムと銅を加熱したときの変化について調べるため，次の〔実験〕を行った。

〔実験〕

図1

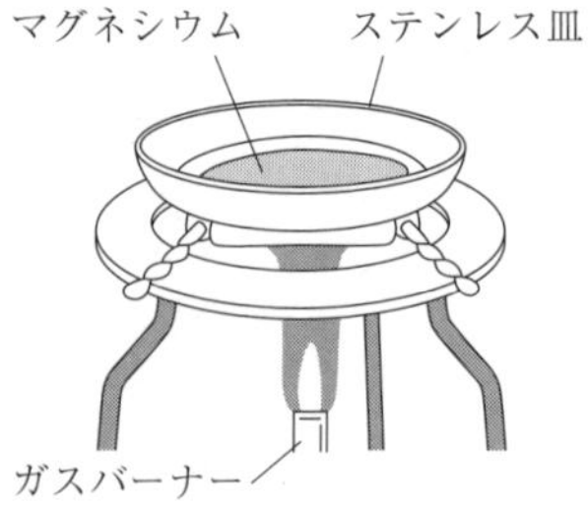

①　空《から》のステンレス皿A，B，C，D，Eを用意し，電子てんびんでそれぞれのステンレス皿の質量を測定した。

②　ステンレス皿Aにマグネシウムの粉末を入れて，ステンレス皿A全体の質量を測定した。

③　粉末をステンレス皿Aの底面全体に広げて，図1のようにガスバーナーで一定時間加熱した。

④　③のステンレス皿Aを冷やしてから，ステンレス皿A全体の質量を測定した。

⑤　その後，④のステンレス皿内の粉末をよくかき混ぜてから，③と④をくり返した。

⑥　次に，空のステンレス皿B，C，D，Eに，質量の異なるマグネシウムの粉末をそれぞれ入れ，②から⑤までと同じことを行った。

⑦　さらに，空のステンレス皿F，G，H，I，Jを用意し，マグネシウムの粉末を銅の粉末にかえて①から⑥までと同じことを行った。

表1は，〔実験〕で，マグネシウムの粉末を用いたときの結果を，表2は，〔実験〕で，銅の粉末を用いたときの結果をまとめたものである。

表1

ステンレス皿		A	B	C	D	E
〔実験〕の①の空のステンレス皿の質量〔g〕		20.00	20.00	20.00	20.00	20.00
〔実験〕の②のステンレス皿全体の質量〔g〕		20.30	20.60	20.90	21.20	21.50
〔実験〕の③で加熱した回数と④のステンレス皿全体の質量〔g〕	1回	20.45	20.90	21.42	21.75	22.15
	2回	20.48	20.97	21.46	21.88	22.33
	3回	20.50	21.00	21.48	21.98	22.45
	4回	20.50	21.00	21.50	22.00	22.50
	5回	20.50	21.00	21.50	22.00	22.50

表2

ステンレス皿		F	G	H	I	J
〔実験〕の①の空のステンレス皿の質量〔g〕		20.00	20.00	20.00	20.00	20.00
〔実験〕の②のステンレス皿全体の質量〔g〕		20.40	20.80	21.20	21.60	22.00
〔実験〕の③で加熱した回数と④のステンレス皿全体の質量〔g〕	1回	20.45	20.90	21.32	21.76	22.20
	2回	20.47	20.94	21.44	21.92	22.38
	3回	20.49	20.97	21.48	21.97	22.46
	4回	20.50	21.00	21.50	22.00	22.50
	5回	20.50	21.00	21.50	22.00	22.50

次の(1)から(4)までの問いに答えなさい。

(1)〔実験〕で，マグネシウムを加熱したときに生じたステンレス皿内の物質を化学式で書きなさい。

(　　　)

(2) 〔実験〕の⑤で，ステンレス皿内のマグネシウムの加熱をくり返すと，やがてステンレス皿全体の質量が変化しなくなった。その理由について説明した文として最も適当なものを，次のアからエまでの中から選んで，そのかな符号を書きなさい。(　　　)

ア　一定の質量のマグネシウムと化合する気体の質量には限度があり，マグネシウムがそれ以上還元されなくなったから。

イ　一定の質量のマグネシウムと化合する気体の質量には限度があり，マグネシウムがそれ以上酸化されなくなったから。

ウ　一定の質量のマグネシウムが加熱によってこわれてしまい，それ以上還元されなくなったから。

エ　一定の質量のマグネシウムが加熱によってこわれてしまい，それ以上酸化されなくなったから。

(3) 〔実験〕の⑦で用いた銅の質量を0gから2.0gまでの間でさまざまに変えて，〔実験〕の②から⑤までと同じことを行い，ステンレス皿全体の質量が変化しなくなるまで加熱をくり返した。このとき，銅の質量と，銅と化合する気体の質量は，どのような関係になるか。横軸に銅の質量を，縦軸に銅と化合する気体の質量をとり，その関係を表すグラフを解答欄の図2に書きなさい。

図2

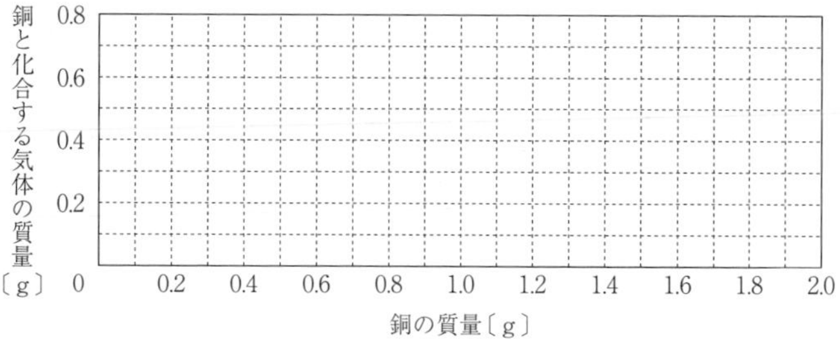

(4) マグネシウムの粉末と銅の粉末を，それぞれ別のステンレス皿にとり，〔実験〕の②から⑤までと同じことを行い，ステンレス皿全体の質量が変化しなくなるまで加熱をくり返した。このとき，どちらの金属にも同じ質量の気体が化合し，反応後のそれぞれのステンレス皿内の物質の質量を合計すると24.0gであった。反応前のステンレス皿内にあったマグネシウムの粉末は何gか，小数第1位まで求めなさい。(　　　g)

4 静電気の性質について調べるため，次の〔実験〕を行った。

〔実験〕

① 図1のように，ポリエチレンのストローA，まち針，木片，紙コップを用いて，ストローAがまち針を軸として自由に回転できる装置をつくった。

② ストローAをティッシュペーパーでよくこすった。

③ ポリエチレンのストローBをティッシュペーパーでよくこすり，図1のようにストローAの点Xに近づけて，ストローAの動きを観察した。

④ 次に，アルミ箔《はく》を丸めて棒状にした物体C，Dをつくった。

⑤ ストローAのかわりに，物体Cを用いて図1の装置をつくった。

⑥ ストローBのかわりに物体Dを，物体Cの点Yに近づけて，物体Cの動きを観察した。

⑦ ストローBをティッシュペーパーでよくこすり，物体Cの点Yに近づけて，物体Cの動きを観察した。

〔実験〕の⑥では，物体Cは動かなかった。

〔実験〕の⑦では，物体Cは図1のbの向きに動いた。

図1

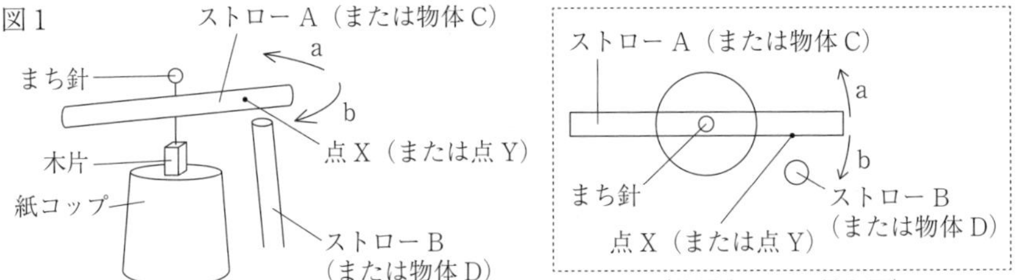

〈装置を上から見た図〉

次の(1)から(4)までの問いに答えなさい。

(1) 〔実験〕の③で，ストローAは図1のa，bのどちらの向きに動くか。また，ストローAとBが帯びた電気の種類は同じ種類か異なる種類か。その組み合わせとして最も適当なものを，次のアからエまでの中から選んで，そのかな符号を書きなさい。(　　　)

	ア	イ	ウ	エ
ストローAの動く向き	a	a	b	b
ストローAとBの電気の種類	同じ種類	異なる種類	同じ種類	異なる種類

(2) 次の文章は，静電気が生じるしくみを説明したものである。文章中の（ Ⅰ ）と（ Ⅱ ）にあてはまる語句の組み合わせとして最も適当なものを，下のアからエまでの中から選んで，そのかな符号を書きなさい。(　　　)

異なる2種類の物質をこすり合わせると，（ Ⅰ ）の電気をもつ粒子が一方の物質の表面から他方の物質の表面に移動するため，（ Ⅰ ）の電気が多くなった物質は，（ Ⅰ ）の電気を帯びる。〔実験〕の③で，ストローBのかわりに，ストローBをこすったティッシュペーパーをストローAに近づけると，ストローAとティッシュペーパーは（ Ⅱ ）。

ア Ⅰ ＋《プラス》，Ⅱ 反発し合う　　イ Ⅰ ＋《プラス》，Ⅱ 引き合う

ウ Ⅰ －《マイナス》，Ⅱ 反発し合う　　エ Ⅰ －《マイナス》，Ⅱ 引き合う

(3) 次の文章は，〔実験〕の⑦の結果について説明したものである。文章中の（ Ⅰ ）と（ Ⅱ ）にあてはまる語句の組み合わせとして最も適当なものを，下のアからエまでの中から選んで，そのかな符号を書きなさい。(　　　)

〔実験〕の⑦の結果については，物体Cの中の電子の動きを考えることで説明することができる。まず，ティッシュペーパーでストローBをこすると，ストローBは −《マイナス》 の電気を帯びる。その後，図1のようにストローBを物体Cの点Yに近づけると，物体Cの中の電子は，−《マイナス》 の電気を帯びたストローBから力を受けて，（ Ⅰ ）向きに移動する。そのため，物体Cの点Y付近が（ Ⅱ ）の電気を帯び，物体Cは図1のbの向きに動いたと考えられる。

ア　Ⅰ 点Yから遠ざかる，Ⅱ +《プラス》　　イ　Ⅰ 点Yから遠ざかる，Ⅱ −《マイナス》

ウ　Ⅰ 点Yに近づく，Ⅱ +《プラス》　　エ　Ⅰ 点Yに近づく，Ⅱ −《マイナス》

(4) 〔実験〕の後，電子の性質を確認するため，図2のように蛍光板，スリット，電極E，電極F，電極板G，電極板Hが入ったクルックス管を用いて実験を行った。次の文章は，このクルックス管を用いた実験とその結果について説明したものである。文章中の（ Ⅰ ）から（ Ⅴ ）までにあてはまる語の組み合わせとして最も適当なものを，下のアからクまでの中から選んで，そのかな符号を書きなさい。(　　　)

図2

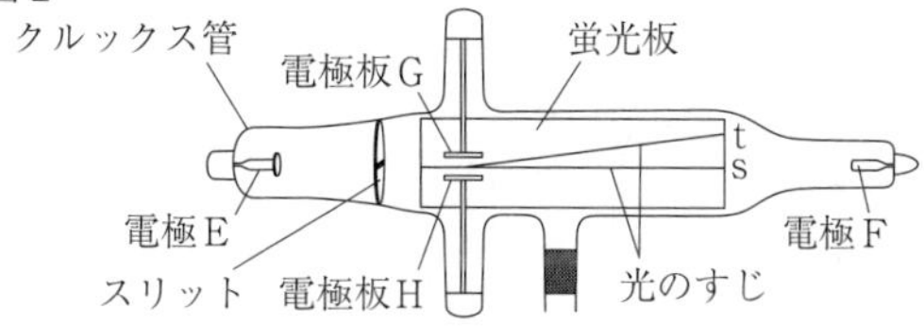

電極Eが（ Ⅰ ），電極Fが（ Ⅱ ）となるように，電極Eと電極Fの間に大きな電圧をかけたところ，真空放電が起こった。このとき，電子の流れに沿って蛍光板が光るため，図2のsのような光のすじを観察した。

この状態で，電極板Gが（ Ⅲ ），電極板Hが（ Ⅳ ）となるように，別の電源を使って，電極板Gと電極板Hの間に電圧をかけたところ，図2のtのように光のすじが上向きに曲がった。これらの結果から，電子は（ Ⅴ ）の電気をもつことがわかる。

	ア	イ	ウ	エ	オ	カ	キ	ク
Ⅰ	+《プラス》極	+《プラス》極	+《プラス》極	+《プラス》極	−《マイナス》極	−《マイナス》極	−《マイナス》極	−《マイナス》極
Ⅱ	−《マイナス》極	−《マイナス》極	−《マイナス》極	−《マイナス》極	+《プラス》極	+《プラス》極	+《プラス》極	+《プラス》極
Ⅲ	+《プラス》極	+《プラス》極	−《マイナス》極	−《マイナス》極	+《プラス》極	+《プラス》極	−《マイナス》極	−《マイナス》極
Ⅳ	−《マイナス》極	−《マイナス》極	+《プラス》極	+《プラス》極	−《マイナス》極	−《マイナス》極	+《プラス》極	+《プラス》極
Ⅴ	−《マイナス》	+《プラス》	−《マイナス》	+《プラス》	−《マイナス》	+《プラス》	−《マイナス》	+《プラス》

5　愛知県のある地点Ａで，梅雨に入った６月中旬のある日の気温と湿度について，乾湿計を用いて観測を行った。図１は，この日の午前９時における乾湿計の一部を表している。表１は，乾湿計用湿度表の一部であり，表２は，この日の午前３時から午後６時までの３時間おきの気温と湿度をまとめたものである。また，表３は，気温と飽和水蒸気量の関係を示した表の一部である。

ただし，表２の午前９時の湿度はａと示している。

図１

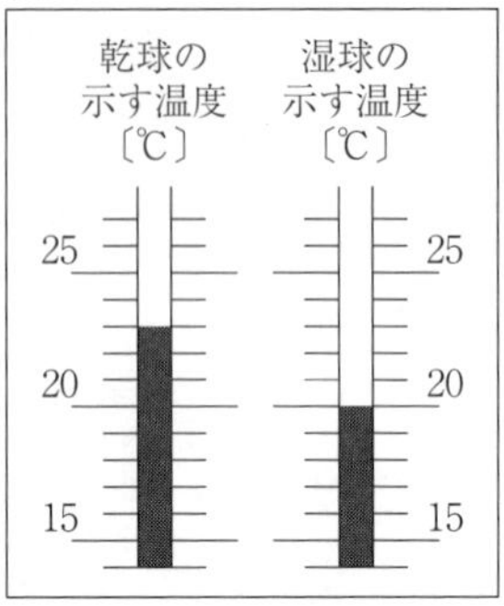

表１

		乾球温度と湿球温度との差〔℃〕					
		0	1	2	3	4	5
乾球温度〔℃〕	24	100	91	83	75	67	60
	23	100	91	83	75	67	59
	22	100	91	82	74	66	58
	21	100	91	82	73	65	57
	20	100	90	81	72	64	56

表２

時刻〔時〕	3	6	9	12	15	18
気温〔℃〕	20	21	23	22	21	19
湿度〔%〕	70	69	a	77	80	90

表３

気温〔℃〕	10	13	15	18	20	23	25	28
飽和水蒸気量〔g/m^3〕	9.4	11.4	12.8	15.4	17.3	20.6	23.1	27.2

次の(1)から(4)までの問いに答えなさい。

(1)　図２は，観測を行った日の日本付近の天気図である。ＸとＹを結んだ線は，地点Ａの近くにかかる前線の位置を示したものであり，図３の実線 xy は，図２のＸとＹを結んだ線の一部を拡大したものである。図３の実線 xy が停滞前線を表す記号になるように，解答欄の図３の点線や実線 xy で囲まれた部分のうち，適当な部分を塗りつぶしなさい。

図２

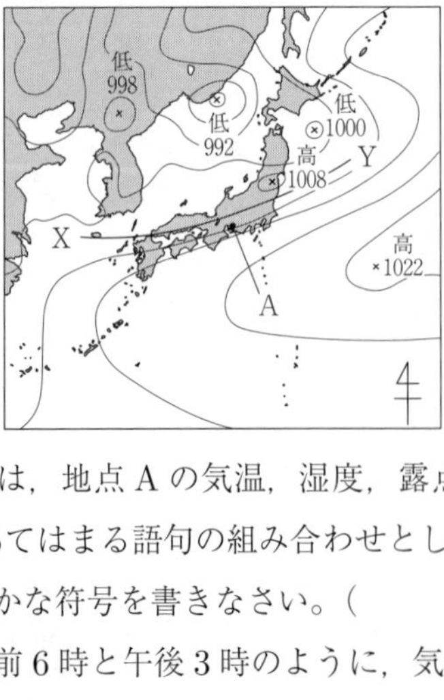

図３

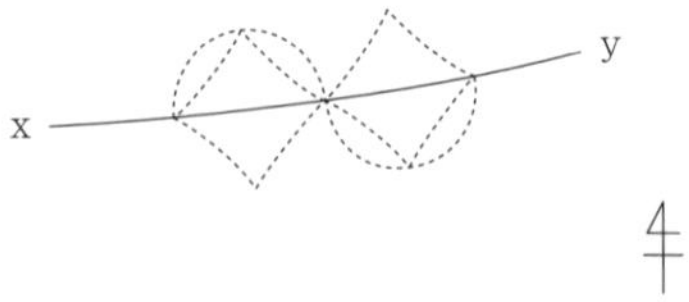

(2)　次の文章は，地点Ａの気温，湿度，露点について説明したものである。文章中の（　Ⅰ　）と（　Ⅱ　）にあてはまる語句の組み合わせとして最も適当なものを，あとのアからカまでの中から選んで，そのかな符号を書きなさい。(　　　)

表２の午前６時と午後３時のように，気温は同じであるが湿度が異なる空気を比べたとき，湿

度が高い方が，露点は（ Ⅰ ）なる。また，観測結果から，午前9時の地点Aの空気の露点を求めると，約（ Ⅱ ）となる。

ア　Ⅰ 高く，Ⅱ 15℃　　イ　Ⅰ 高く，Ⅱ 18℃　　ウ　Ⅰ 高く，Ⅱ 20℃
エ　Ⅰ 低く，Ⅱ 15℃　　オ　Ⅰ 低く，Ⅱ 18℃　　カ　Ⅰ 低く，Ⅱ 20℃

(3) 次の文章は，地点Aにおける梅雨の始まりから，梅雨が明けて本格的な夏になるまでの気象について説明したものである。文章中の（ Ⅰ ）から（ Ⅲ ）までにあてはまる語句の組み合わせとして最も適当なものを，下のアからシまでの中から選んで，そのかな符号を書きなさい。

なお，図4は，日本付近の主な気団とその特徴を示したものである。（　　　）

図4

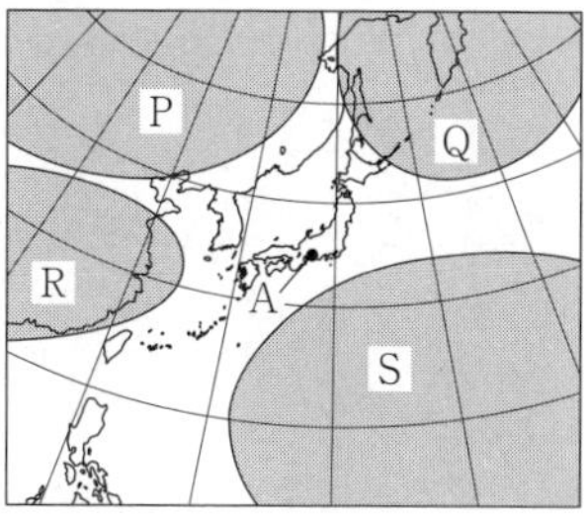

〈気団の特徴〉
気団P：冷たく，乾燥している。
気団Q：冷たく，湿っている。
気団R：あたたかく，乾燥している。
気団S：あたたかく，湿っている。

地点Aでは，夏が近づく頃に図4の気団（ Ⅰ ）と気団Sが接するところにできる梅雨前線の影響で，雨の日が多くなる。やがて気団（ Ⅰ ）がおとろえて気団Sの勢力が増すと，梅雨前線は日本付近から消滅し，梅雨が明けて本格的な夏となる。夏は晴天が多いが，強い日差しによって地表付近の大気があたためられて局地的な（ Ⅱ ）気流が生じると（ Ⅲ ）が発達し，激しい雷雨となることもある。

ア　Ⅰ P，Ⅱ 上昇，Ⅲ 積乱雲　　イ　Ⅰ P，Ⅱ 上昇，Ⅲ 乱層雲
ウ　Ⅰ P，Ⅱ 下降，Ⅲ 積乱雲　　エ　Ⅰ P，Ⅱ 下降，Ⅲ 乱層雲
オ　Ⅰ Q，Ⅱ 上昇，Ⅲ 積乱雲　　カ　Ⅰ Q，Ⅱ 上昇，Ⅲ 乱層雲
キ　Ⅰ Q，Ⅱ 下降，Ⅲ 積乱雲　　ク　Ⅰ Q，Ⅱ 下降，Ⅲ 乱層雲
ケ　Ⅰ R，Ⅱ 上昇，Ⅲ 積乱雲　　コ　Ⅰ R，Ⅱ 上昇，Ⅲ 乱層雲
サ　Ⅰ R，Ⅱ 下降，Ⅲ 積乱雲　　シ　Ⅰ R，Ⅱ 下降，Ⅲ 乱層雲

(4) 日本付近では，四季の天気に特徴がある。この特徴について説明した文章として最も適当なものを，次のアからエまでの中から選んで，そのかな符号を書きなさい。（　　　）

ア　春は，移動性高気圧と低気圧が交互に東から西へ通り過ぎていく。そのため，日本付近では短い周期で天気が変化することが多い。

イ　夏は，太平洋高気圧が発達し，南高北低の気圧配置になりやすい。夏の季節風は，等圧線の間隔がせまいため，ふく風は一般的に弱い。

ウ　秋が近くなると，停滞前線が発生しやすく，日本付近を南下する台風が多くなる。また，停滞前線付近では台風などから運ばれてくる水蒸気を大量に含んだ空気により，大量の雨が降る。

エ　冬はシベリア高気圧が発達し，西高東低の気圧配置になりやすい。そのため，南北方向にのびる等圧線がせまい間隔で並び，北西の風がふく。

6　次の(1), (2)の問いに答えなさい。

(1)　電池の電極と水溶液で起こる化学変化について調べるため，次の〔実験〕を行った。

〔実験〕

①　図のように，うすい塩酸を入れたビーカーに，亜鉛板と銅板を入れ，導線で電子オルゴールとつないだところ，電子オルゴールが鳴った。

②　電子オルゴールを１分間鳴らした後，亜鉛板と銅板のそれぞれのようすを観察した。

図

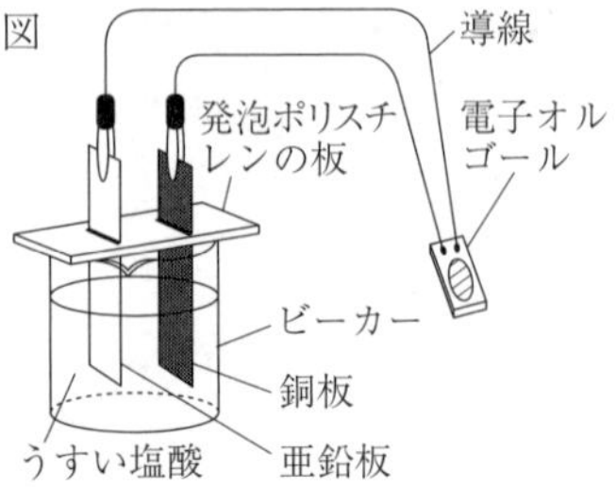

次の文章は，〔実験〕におけるビーカー内の亜鉛板と銅板に起こる化学変化を説明したものである。文章中の（ Ⅰ ）から（ Ⅲ ）までにあてはまる語句の組み合わせとして最も適当なものを，下のアからクまでの中から選んで，そのかな符号を書きなさい。(　　　)

亜鉛板では，亜鉛が電子を（ Ⅰ ）亜鉛イオンとなり，（ Ⅱ ）。また，銅板からは，気体が発生する。このとき，銅板は（ Ⅲ ）極になる。

ア　Ⅰ 受け取って，Ⅱ 水溶液中に溶け出す，Ⅲ ＋《プラス》

イ　Ⅰ 受け取って，Ⅱ 水溶液中に溶け出す，Ⅲ −《マイナス》

ウ　Ⅰ 受け取って，Ⅱ 亜鉛板に付着する，Ⅲ ＋《プラス》

エ　Ⅰ 受け取って，Ⅱ 亜鉛板に付着する，Ⅲ −《マイナス》

オ　Ⅰ 放出して，Ⅱ 水溶液中に溶け出す，Ⅲ ＋《プラス》

カ　Ⅰ 放出して，Ⅱ 水溶液中に溶け出す，Ⅲ −《マイナス》

キ　Ⅰ 放出して，Ⅱ 亜鉛板に付着する，Ⅲ ＋《プラス》

ク　Ⅰ 放出して，Ⅱ 亜鉛板に付着する，Ⅲ −《マイナス》

(2)　表は，金星，地球，火星，木星について，半径，密度，公転周期をまとめたものである。

次の文章中の（ Ⅰ ）から（ Ⅳ ）までにあてはまる語の組み合わせとして最も適当なものを，下のアからクまでの中から選んで，そのかな符号を書きなさい。ただし，表の半径の数値は，地球の値を１としたときのものである。(　　　)

表

	半径	密度〔g/cm^3〕	公転周期〔年〕
金星	0.95	5.24	0.62
地球	1	5.52	1
火星	0.53	3.93	1.88
木星	11.2	1.33	11.9

（ Ⅰ ）は地球より内側を公転しており，一般に（ Ⅱ ）に観察することができる。（ Ⅲ ）は，主に気体からなるため密度が小さい。また，（ Ⅲ ）の質量は地球より（ Ⅳ ）。

ア　Ⅰ 金星，Ⅱ 真夜中，Ⅲ 火星，Ⅳ 小さい

イ　Ⅰ 金星，Ⅱ 明け方か夕方，Ⅲ 木星，Ⅳ 小さい

ウ　Ⅰ 金星，Ⅱ 真夜中，Ⅲ 火星，Ⅳ 大きい

エ　Ⅰ 金星，Ⅱ 明け方か夕方，Ⅲ 木星，Ⅳ 大きい

オ　Ⅰ 火星，Ⅱ 真夜中，Ⅲ 木星，Ⅳ 小さい

カ　Ⅰ 火星，Ⅱ 明け方か夕方，Ⅲ 金星，Ⅳ 小さい

キ　Ⅰ 火星，Ⅱ 真夜中，Ⅲ 木星，Ⅳ 大きい

ク　Ⅰ 火星，Ⅱ 明け方か夕方，Ⅲ 金星，Ⅳ 大きい

言っているのか。その説明として最も適当なものを、次のアからエまでの中から選んで、そのかな符号を書きなさい。（　　）

ア　時間を忘れてひたすら友人と一緒に詩を作ってばかりいること

イ　人を思いやるというこの世で最も大切なことを忘れていること

ウ　この世のはかなさを意識することなく人々と交遊していること

エ　限りある命であることを知らずに何となく修行をしていること

㈢　③白楽天三礼して去れりとあるが、その理由として最も適当なものを、次のアからエまでの中から選んで、そのかな符号を書きなさい。

（　　）

ア　奇抜な行動をする道林禅師が、実は優れた見識をもっていることがわかったから。

イ　優れた詩人でもある道林禅師が、それとなく詩作の極意を伝授してくれたことに気づいたから。

ウ　道林禅師が自分と同じ考えをもっていることを知り、仲間意識が芽生えたから。

エ　道林禅師の発言は仏教を軽んじているが、その裏に自分自身への厳しさが感じられたから。

㈣　次のアからエまでの中から、その内容がこの文章に書かれていることと一致するものを一つ選んで、そのかな符号を書きなさい。

（　　）

ア　悔いのない人生を送るためには、善行を積み重ねる必要がある。

イ　危険を冒して修行を積めば、他者を救う力を身につけられる。

ウ　徳を積んだ僧に対しては、どんなときも敬意を忘れてはならない。

エ　仏の教えは誰でも知っているが、簡単に実行できるものではない。

オ　調査地での不思議な体験を紹介し、自分がその文化に取り込まれた過程を説明したあとで、全身で格闘することでしか自国の文化を本当に理解することはできないと述べている。

4　次の古文を読んで、あとの㈠から㈣までの問いに答えなさい。(本文の‐‐‐の左側は現代語訳です。)

もろこし《中国》に道林禅師《だうりんぜんじ》といへる人は、この世のあまりにはかなきことに堪へわびて《耐えられなくなって》、木の末にのみ住み侍《はべ》りしを、白楽天《はくらくてん》見侍りて、①鳥の巣の禅師などと名付けて、「和尚《くわしやう》の栖《すみか》《住んでいる所》あまりに危ふく見えて侍る物かな」と云《い》へば、和尚答ふ、「汝《なむぢ》《お前》がこの世を忘れて交はり暮らすこそ②猶《なほ》《もっと》危ふけれ」と云へり。また、楽天問ふ、「いかなるかこれ仏法」と。和尚答ふ、「諸《しよ》悪《あく》莫《まく》作《さ》諸《しよ》善《ぜん》奉《ぶ》行《ぎやう》《もろもろの悪を行うなもろもろの善を行え》」。楽天云ふ、「このことわり《道理》は、三歳の嬰児《えいじ》《幼い子》も知れり」。和尚云はく、「知れることは、三歳の嬰児も知れり。行ずることは、八旬《八十歳》の老翁もまどへり」と云へれば、③白楽天三礼して去れり。

(「ひとりごと」より)

(注)　○　道林禅師《だうりんぜんじ》＝唐代の僧。
○　白楽天《はくらくてん》＝唐代の詩人・官吏。
○　和尚《くわしやう》＝修行を積んだ僧。

㈠　白楽天が①鳥の巣の禅師と名付けた理由として最も適当なものを、次のアからエまでの中から選んで、そのかな符号を書きなさい。(　　)

ア　山寺にこもっていたから。　　イ　樹上を居場所にしていたから。
ウ　世間を見下していたから。　　エ　森の中で修行をしていたから。

㈡　②猶《なほ》危ふけれとあるが、和尚はどのようなことに対して危ういと

ことが起こる理由として最も適当なものを、次のアからエまでの中から選んで、そのかな符号を書きなさい。（　　）

ア　人類学者は調査地で、長期間住み込んで調査を行うため、日本に戻ってもしばらくは頭が現地語から日本語に切り替わらないから。

イ　人類学者は調査地で、現地の人びとの声音や身ぶりをまねることで言葉を学んでいくため、現地語が身体に深く染み込んでいるから。

ウ　人類学者は調査地で、現地語と日本語の両方を使うため、日本語の語彙に現地語が自然に取り込まれて違和感を感じなくなるから。

エ　人類学者は調査地で、身ぶりに近い間投詞からまず覚えるため、日本に戻ったあとも感情を表現するときは現地語が便利であるから。

(二)　［②］にあてはまる最も適当なことばを、次のアからエまでの中から選んで、そのかな符号を書きなさい。（　　）

ア　肝を冷やした　　イ　頭を抱えた

ウ　肩をすぼめた　　エ　目を細めた

(三)　③自分の身体感覚や世界認識そのものが揺らぎ、不安定化していくような経験とあるが、その説明として最も適当なものを、次のアからエまでの中から選んで、そのかな符号を書きなさい。（　　）

ア　自文化では現実とは考えられていない超自然的な世界について現地の人たちと語りあううち、いつのまにか自文化の理解が誤ったものであると感じられる経験

イ　異文化の言葉や概念の中で長く暮らすうちに異文化の世界を外側から観察する視点が失われていき、しだいに精霊たちの住む神秘的な世界に取り込まれてしまう経験

ウ　異文化の豊かで多義的な言葉を学びながら呪術師や精霊の住む世界にふれるうちに、いつのまにか母国語を通して身につけた他者や世界との関わり方が変化していく経験

エ　調査地の言葉や概念を母国語に翻訳して自国の人びとに伝えようと試みる中で、自文化の独特な世界観を超えた新たな文化のにない手となる可能性が感じられる経験

(四)　第六段落の内容を説明した次の文の［　　］にあてはまる最も適当なことばを、第六段落の文章中からそのまま抜き出して、四字で書きなさい。（　　）

異文化の言語を自分のものにしていく際には、異文化に生きる「私」と自文化に生きる私との間の［　　］がくりかえされ、しだいに新しい自分が生み出される。

(五)　この文章の内容がどのように展開しているかを説明したものとして最も適当なものを、次のアからオまでの中から選んで、そのかな符号を書きなさい。（　　）

ア　異文化の言語が身についていく過程を自らの体験を通して示し、言語学習によって文化への認識が変わることを論証した上で、その認識の変化が人間を成長させると主張している。

イ　異文化や他者に対する認識を変えることの意義を述べ、別の学者の考えを紹介した上で、機械的な翻訳を行うことが異文化を理解する際の基本となることを主張している。

ウ　言語と身体の関係にふれ、言語学習によって生じる身体感覚の変化を説明した上で、異文化の言語を身につけるためには全身で他者や世界と関わる必要があると述べている。

エ　ある土地で暮らしながら異文化を学んだ経験を紹介し、言葉や概念を学ぶことの難しさを指摘したあとで、異文化の言葉を自国の人びとに伝えられる喜びについて述べている。

話」の世界を観察することではなくて、精霊や呪術師が躍動している現実世界に全身で参入し、その世界を生きることでもある。それは、英文和訳のように、異文化の言葉や概念が自文化の言葉や概念にスムーズに置き換えられることを前提とした言語の学習とは異なり、③自分の身体感覚や世界認識そのものが揺らぎ、不安定化していくような経験だ。だから、人類学のフィールドワークは楽しくもあり、ときに非常に疲れる体験でもある。

5　人類学者のタラル・アサドは、「文化の翻訳」をテーマとした論文の中で次のように書いている。人類学者が調査地の言語を母国語に翻訳しようとするとき、彼／彼女は一組の文と文を対応させるような機械的な翻訳を行うのではない。あるいはまた、現地の人たちの語りが常に論理的にみえるように、都合のよい解釈を施しているのでもない。むしろそれは、フィールドでの生活を通して異なる言語や思考のあり方を学び、それを自国の人びとに伝えようと試みる中で、人類学者自身の言語の新たな可能性が立ち現れてくるような翻訳なのである、と。

6　言葉は何よりもまず声であり、リズムであり、やりとりであるのだから、それを学ぶには全身で他者や世界と関わり、とっくみあわなくてはならない。その過程で、私は言語を自分のものにしていくと同時に、その語彙や身ぶり、リズムが織りなす世界に取り込まれていく。私の身体はそのとき、母国語と現地語を媒介するものになる。現地語の世界に没入し、そこに生きる「私」に変身しながら、母国語でフィールドノートをつけるとき、そこには常に「没入（変身すること）」と「再帰（我に帰ること）」の往復運動がある。そんなふうに没入と再帰をくりかえしていくうちに、自分自身がしだいに根底から変容してゆき、ついにはどちらが「我」で、どちらが「変身」なのかもわからなくなってくる。日本に戻って、日本人の学生としてふるまっているつもりでも、思わず口から飛び出す「ハッ」というあいづちとともに、長く暮らしたフィールドでの「私」がふいによみがえってくることがあるのだ。からだ全体を使って、身ぶりやリズム、やりとりとしての言葉を身につけることは、常に変わらないこの私が異文化の言語を知り、理解し、習得する、といった一方的なプロセスではない。そうではなくて、それは変身の経験、別な世界に生きる「私」の生成であると同時に、その世界によって私が少しずつ知られ、のっとられていくような経験でもあるのだろう。

（石井《いしい》美保《みほ》「あいづちと変身」〈「わたしの外国語漂流記　未知なる言葉と格闘した25人の物語」所収〉より）

（注）○ 1～6は段落符号である。
○ なりわい＝生活をしていくための仕事。
○ 人類学者＝文化人類学を研究している人。
○ タンザニア、ガーナ＝ともにアフリカ大陸にある国。
○ 口蓋＝口の中の上側の部分。
○ 間投詞＝ことばの間や切れ目に入れて用いられることば。
○ ／＝ここでは、「又は」の意味で用いられている記号。
○ 呪術＝超自然的、神秘的なものの力を借りて、望む事柄を起こさせる行為。
○ フィールドワーク＝野外などの現場や現地で行う調査・研究。
○ タラル・アサド＝サウジアラビア出身の人類学者。
○ フィールドノート＝フィールドワークの記録。
○ プロセス＝過程。

(一)　①日本で思わず現地語が出てきちゃうケースとあるが、このような

3 次の文章を読んで、あとの㈠から㈤までの問いに答えなさい。

1 私がなりわいとしている文化人類学は、フィールドと呼ばれる調査地に出かけてゆき、そこに長期間住み込んで、人びとの暮らしについて調査をするという学問だ。人びとの暮らしや考えていることを理解するためには、その土地の言葉ができなくてはならない。少なからぬ人類学者は、日本であらかじめ調査地の言語を勉強してから調査に出かけるのではなく、とりあえずフィールドに入り、そこで暮らしながら少しずつ言葉を学んでいく。私自身もそんなふうにして、これまでタンザニアやガーナ、南インドで調査を行ってきた。

2 大学院に在籍していた頃、同じく人類学者の卵としてモンゴル研究をしていた友人と、「①日本で思わず現地語が出てきちゃうケース」について語りあったことがあった。モンゴル語では、「ハッ」と息を吸い込むあいづちがあるらしく、彼女は日本語で会話をしている最中にも、思わず「ハッ」ってやっちゃうことがあるという。私も同じく、舌で口蓋を「タッ」と軽く打つあいづちがひょっこり出てしまうことがあった。驚いたときの「エイ！」といった間投詞も、現地語が思わず出ちゃうケースに含まれる。日本語で話しているにもかかわらず、なぜそんな表現が飛び出してしまうのか。それは、それらが言語というよりも声、もっといえば身ぶりに近い表現であって、だからこそフィールドに滞在しているうちに、人類学者の身体に深く染《し》み込んで離れないものになるからではないだろうか。ある土地に暮らしながら言葉を学んでいくとき、言葉は常に声であり、身ぶりであり、やりとりの中にある。それをまるごと学んでいくことは、人びとの声音や身ぶり、やりとりの作法を学ぶことだ。そのとき、「学ぶ」ことはまさに「まねる」ことであり、身体的な行為にほかならない。だから長期の調査から戻って間もなく、頭では日本にいるとわかっていても、身体はまだフィールドの感覚のままであるとき、とっさに出てくる間投詞が現地語になってしまうのだろう。（中略）

3 ガーナの村に住んでいた頃、よく耳にするにもかかわらず、意味のわからない単語があった。ある日、近所の子どもと一緒に幹線道路の端を歩いていたら、ミニバスが私たちの横すれすれを猛スピードで追い抜かしていき、［②］ことがあった。そのとき、その子がすかさずバスに向かって拳を振り上げ「クワッシア！」と叫んだのを見て、私は悟った。クワッシア＝バカだったのか。そんなふうに、ある状況の中で発せられる言葉を、声音や身ぶりや表情と一緒に全身でまねて／学んでいるうちに、だんだんと自分の思考や独り言や夢の一部が現地語のそれになってくる。それは、単に語彙が増えた、文法がわかってきた、という以上に、自分の身体感覚、ひいては身のまわりの世界や他者との関わり方が少しずつ変化していることを感じる段階だ。ある言語が「自分のものになっていく」という感覚をもつとき、同時に私はその言語の語彙や、リズムや、やりとりが生み出しつづける独特な世界の網の目の中に少しずつ取り込まれている。

4 雪の多い土地で、雪を表現する語彙が豊富だというのは有名な話だけれど、私はガーナで暮らすうちに、さまざまな儀礼や霊的存在に関する語彙の豊かさを知ることになった。私自身の研究テーマがそうした土着の宗教実践だということにもよるが、英語や日本語には簡単に翻訳できない、豊かで多義的な語彙を学び、同時に儀礼や呪術の実践にふれるうちに、私はいつのまにか呪術師や精霊たちの住む世界を、現実そのものとして受けとめている自分に気づいた。ガーナの村で、「オボソン」と呼ばれる精霊について語りあうことは、外側からそうした「お

までの中から選んで、そのかな符号を書きなさい。（　　）

ア　第三段落の「たしかに一理あったのかもしれない」は、昔の登山者が人間社会のことを「下界」と呼んだからといって、彼らを反社会的存在とみなすのは誤りであったことを言い表している。

イ　第四段落の「特殊な作法」は、何が起こるかわからない不安定な状況の中にあえて身を置き、未知の世界を経験することが登山という行為であることを言い表している。

ウ　第五段落の「ダイレクト」「イメージ」「シビア」「キーワード」は、外来語を多用することで、現在の富士登山の問題が世界的な広がりをもっていることを言い表している。

エ　第六段落の「単なる地形上のでっぱり」は、日本最高峰の富士山をありふれたもののように表現することで、富士山に対する社会の関心が失われていることを言い表している。

(六)　この文章中の段落の関係を説明したものとして最も適当なものを、次のアからオまでの中から選んで、そのかな符号を書きなさい。（　　）

ア　第二段落では、第一段落に続いて雪山での体験を示したのち、冬の登山で登山者が留意すべきことについて説明している。

イ　第三段落では、第二段落までの富士登山の体験を踏まえて、日常と非日常という視点から山に登ることの意味を述べている。

ウ　第四段落では、第三段落とは異なる視点から現在の富士登山の問題を述べ、登山による自然破壊から富士山を守るよう主張している。

エ　第五段落では、第四段落の内容とは異なる登山の厳しさについて説明し、文明の力を過信した登山者に注意を促している。

オ　第六段落では、第五段落で示した登山の自由を守るために、登山者にとって不自由な規則をいかに運用するかを説いている。

2　次の(一)、(二)の問いに答えなさい。

(一)　次の①、②の文中の傍線部について、漢字はその読みをひらがなで書き、カタカナは漢字で書きなさい。

①　後半が始まった直後に得点が入り、試合の均衡が破られた。（　　）

②　彼は自らつくった劇団をヒキいて公演を行った。（　　いて）

(二)　次の文中の〔③〕にあてはまる最も適当なことばを、あとのアからエまでの中から選んで、そのかな符号を書きなさい。（　　）

叔父は温厚〔③〕な人柄で、誰からも慕われている。

ア　折衷　　イ　倹約　　ウ　一遇　　エ　篤実

○ アイゼン＝登山靴の底に取り付ける滑り止めの金具。
○ クサったザラメ雪＝ここでは、日中に溶けた雪が日没後に再び凍結し、それが繰り返されてできる積雪のこと。
○ 颯爽《さっそう》と＝見た目にさわやかで勇ましいさま。
○ ショッピングモール＝多くの小売店が集まった大規模な複合商業施設。
○ ニュアンス＝微妙な意味合い。
○ 範疇《はんちゅう》＝同じ種類のものが全て含まれる領域。
○ 無頼＝無法な行いをすること。
○ 混沌《こんとん》＝区別がつかず、入り混じっている状態。
○ ダイレクトに＝直接であるさま。
○ シビアな＝厳しいさま。　○ 屹立《きつりつ》＝高くそびえ立つこと。

(一) ①まぶしかったとあるが、そこには「私」のどのような気持ちが表れているか。その説明として最も適当なものを、次のアからエまでの中から選んで、そのかな符号を書きなさい。（　）

ア　突然斜面に現れたスキーヤーに驚くとともに、訓練中の自分よりずっと洗練された滑りを見て、ねたましく思う気持ち
イ　訓練中の自分と比べると、目の前のスキーヤーはあまりに技術のレベルが高く、簡単には追いつけないと落胆する気持ち
ウ　訓練中の自分とは対照的に、斜面を見事に滑走していくスキーヤーの姿に心を引かれ、とても美しいと感じる気持ち
エ　広大な斜面を難なく滑り降りるスキーヤーを見て、訓練中の自分の未熟さに気づき、早く上達したいと強く望む気持ち

(二) 〔Ａ〕、〔Ｂ〕にあてはまる最も適当なことばを、次のアからカまでの中からそれぞれ選んで、そのかな符号を書きなさい。

ア　もちろん　イ　しばらく　ウ　いっぽう
エ　たとえ　オ　もはや　カ　せめて

Ａ（　）　Ｂ（　）

(三) ②「非登山的」な試みであるとあるが、筆者がこのように考える理由として最も適当なものを、次のアからエまでの中から選んで、そのかな符号を書きなさい。（　）

ア　弾丸登山の自粛呼びかけや入山料の徴収は、日常生活とは対極にある登山をスポーツとして世の中に示すための行為であるから。
イ　弾丸登山の自粛呼びかけや入山料の徴収は、命の危険を顧みようとしない登山者に強く警告を与えることになるから。
ウ　弾丸登山の自粛呼びかけや入山料の徴収は、人間の制御がきかない自然に対して主導権を握ろうとする危険な行為であるから。
エ　弾丸登山の自粛呼びかけや入山料の徴収は、文明社会の外に出る登山という行為を人間が決めた規則で管理することになるから。

(四) 筆者は第五段落で、登山の自由について述べている。それを要約して、六十字以上七十字以下で書きなさい。ただし、「離脱」、「責任」、「裁量」という三つのことばを全て使って、「登山の自由とは、……」という書き出しで書き、「……ものである。」で結ぶこと。三つのことばはどのような順序で使ってもよろしい。

（注意）・句読点も一字に数えて、一字分のマスを使うこと。
・文は、一文でも、二文以上でもよい。

登山の自由とは、

(五) この文章中の波線部の説明として最も適当なものを、次のアからエ

の外側にのびる広大な領域のことであり、そこには人間の制御やコントロールがきかない恐ろしい世界がひろがっている。文明社会とは人間が決めた規則や人間自身に管理された内側の世界のことをさすので、文明にとどまりさえすれば人間は人間自身で主導権を握って暮らすことができるのだが、しかしひとたび文明社会から離れて自然のなかに足を踏み入れると、そこでは人間は生きる主導権を完全に自然に握られるので、いつなんどき死が訪れるかわからない不安定な状況下で生きのびなければならない。山というのはそうした自然の混沌《こんとん》を最も劇的に体験できる現場であり、その山に登る登山という行為は、人間が主導権を握って生きることのできる枠組み（＝人間界）の外側に飛びだして、未知の世界を経験するためにあえて実践される特殊な作法のことだと理解してよい。（中略）

5　また、山は人間界の外の、社会の管理の及ばない場所にあるのだから、そこを目指す登山もまた、社会の束縛の及ばない自由な行為であるはずだ。もちろん社会の管理から自主的に離脱する以上、登山者は原則的に他人の力は一切あてにできず、必ず自分の力で登って戻ってこなければならない。山に登る以上は完全に自分の責任のもとに判断を下し、その判断にもとづいて行動を組み立て、結果的にその判断が誤りだったときはダイレクトに自分の命に跳ね返ってくる。つまり、他者と切り離されているので束縛はないのだが、その分、自分の裁量で命を管理しなければならないのが、登山における自由なのだ。登山の自由とは、ふだんわれわれが自由と聞いてイメージするような「好き勝手ができて居心地がいい状態」とは正反対の位置にある、きわめて苦しくてシビアなものなのである。しかし、それがどれだけ苦しくても、自由と自力は登山を語るうえで欠かせないキーワードである。自由をまったく感じることのできない登山は、たとえ山に登っていても登山とは呼べない。私はさきほど山というのは世間と対極的な関係にあると書いたが、それは登山が社会の枠組みの外側で、自らの責任において展開される自由な行為であるという意味である。登山とは厳密にいうと「自由＝自力＝自己責任」の原則が適用されている行為のことであり、単に歩いて山頂に立てばいいというものではない。

6　ところが、弾丸登山の自粛呼びかけや入山料の徴収が本格的に行われている現在の富士山では、こうした自由や自力、自己責任といった登山の原則からは大きくかけ離れた状況が現出している。弾丸登山というのは夜を徹して富士山に登ることのようであるが、それがたとえどのような登り方であれ、人によって体力がある人もいればない人もいるのだから登る速度や登り方が変わるのは当たり前だし、それ以前にどのような登り方をしようとそれは当人の自由なわけで、そんなことを他人からとやかく言われる筋合いは本来はないはずだ。だが、現実として今の富士山はこうした不自由な規則を運用しなければならない状況になっている。それは富士山という山が〔　Ｂ　〕人間界の外側の荒々しい自然に屹立《きつりつ》する未知なる存在ではなく、人間社会の枠組みの内側にある単なる地形上のでっぱりに変質してしまったからである。だから夏の富士山に登っても、それは厳密な意味での登山ではなく、管理された世界の内側で行われる、山を舞台にした単なる運動行為にすぎないということになる。

（角幡唯介《かくはたゆうすけ》「旅人の表現術」より）

（注）○　1～6は段落符号である。
○　ピッケル＝つえの先に金具がついた、氷雪の上に足場を作るときや体を支えるときに用いる登山用具。

国語

時間　四五分
満点　二二点

［1］　次の文章を読んで、あとの㈠から㈥までの問いに答えなさい。

［1］　富士山にはこれまで三度ばかり登頂した。一度目は大学時代に、私が所属していたクラブの先輩が雪山訓練を行うというので、それに参加したときのことだ。その日は五月の天気のいい日で、途中でテントで一泊し、滑落したときにピッケルを使って停止するための訓練やアイゼンの歩行訓練などを学んで、ひざしで溶けてクサったザラメ雪の斜面をグサグサと音を立てながら下山した。広大な斜面を颯爽《さっそう》と滑り降りるスキーヤーの姿が①まぶしかったことを覚えている。二度目は登山というよりも、半分取材だった。数年前から富士登山者が急増しているという話を頻繁に耳にするようになり、どんな状況になっているのか確かめてやろうと思ったのだ。（中略）

［2］　三度目は二〇一三年の冬のことだ。十一月に突然、熱病のように雪山に行きたくてたまらなくなり、友人を誘って日帰りで登ってきた。冬の富士山は初めてだったが、風が強くて気温が低いので、それだけで体力が奪われた。このときは時間切れで登頂を断念した登山者も何人かいたようで、夏とはちがって非常に登り応えのある、いい山だったという印象が残っている。登山として心に残っているのは〔Ａ〕三度目の冬富士で、日帰りであれだけどっしりとした手応えを感じられる山はなかなかないので、時間が許せば今季も初冬の時期に登りに行きたいと思っている。だが、対象に関する興味という点では夏の混雑した富士山にはかなわない。このときに私が登頂したのは、バスの時間の関係で、最も混雑する日の出の時間ではなく午後の早い時間帯だったが、それでも頂上付近では三十分ほどのプチ渋滞が発生していたし、頂上に出ると数えきれないほどの群集が手を振ってはしゃいだり、大声で盛り上がったりしていて、そこにはどこか秋の日の運動会か、休日の郊外のショッピングモールのような、のんびりとした平和な雰囲気が感じられた。（中略）

［3］　要するに、現在の富士山には世間があるのである。これまで私は山というのは特殊な世界だと思っていた。山と世間はいろいろな意味で対極的な関係にある。昔の登山者のなかには山の下の人間社会のことを「下界」と呼ぶ人が多く、その下界という言い方が、私にはなんだか山を特別視するようなニュアンスが感じられて嫌いだったのだが、しかし、今考えると山と世間を分けて捉える彼らの見方には、たしかに一理あったのかもしれない。本来の登山には、世間や日常から非日常に足を踏み入れるという、単なるスポーツの範疇《はんちゅう》をこえた意味がある。山に登ることは、日常から一時的に離脱することだ。昔の登山者が反社会や無頼を気取ったような雰囲気を身にまとっていたのは、そのためである。ところが夏の富士山にはそうした日常からの離脱といった空気は一切流れていない。むしろ、そこにあるのは日常の延長そのものである。いったいこれは何を意味しているのだろう。

［4］　富士山が世界文化遺産に登録されたことに伴って、二〇一四年六月、弾丸登山を自粛する呼びかけや入山料の本格的な徴収が始まったとのニュースを新聞で読んだが、こうした一連の努力は、そのよしあしはともかく、登山の本来の姿からはかけ離れた、きわめて②「非登山的」な試みであるという点で興味深かった。もともと山とは、人間にとっては荒々しい自然の象徴である。自然とは人間が生活する社会や文明

2021年度／解答

数学

1 **【解き方】** (1) 与式 $= 5-(-3)=5+3=8$

(2) 与式 $= \dfrac{3(3x-2)-2(x-3)}{12} = \dfrac{9x-6-2x+6}{12} = \dfrac{7}{12}x$

(3) 与式 $= \dfrac{3\sqrt{2}}{2} - \dfrac{2}{2\sqrt{2}} = \dfrac{3\sqrt{2}}{2} - \dfrac{1}{\sqrt{2}} = \dfrac{3\sqrt{2}}{2} - \dfrac{\sqrt{2}}{2} = \dfrac{2\sqrt{2}}{2} = \sqrt{2}$

(4) 与式 $= 4x^2+4x+1-(4x^2+6x-2x-3) = 4x^2+4x+1-4x^2-4x+3 = 4$

(5) 連続する3つの自然数を，n，$n+1$，$n+2$ とすると，$n^2+(n+1)^2+(n+2)^2 = n^2+n^2+2n+1+n^2+4n+4 = 3n^2+6n+5$ より，$3n^2+6n+5=365$ なので，$3n^2+6n-360=0$　よって，$n^2+2n-120=0$ より，$(n-10)(n+12)=0$ なので，$n=10$，-12　n は自然数なので，$n=10$

(6) アは，$y=x^3$　イは，$xy=50$ より，$y=\dfrac{50}{x}$　ウは，$y=2\pi x$　エは，$y=x\times\dfrac{5}{100}$ より，$y=\dfrac{1}{20}x$　よって，ウとエ。

(7) くじのひき方は全部で，$5\times4=20$（通り）　また，はずれくじは，$5-2=3$（本）なので，2人ともはずれをひく場合は，$3\times2=6$（通り）　よって，求める確率は，$1-\dfrac{6}{20}=\dfrac{7}{10}$

(8) 比例定数を a として，反比例の式を $y=\dfrac{a}{x}$ とすると，$a=xy=\dfrac{4}{5}\times15=12$　よって，$y=\dfrac{12}{x}$ なので，求める座標は，(1, 12)，(2, 6)，(3, 4)，(4, 3)，(6, 2)，(12, 1)の6個。

(9) 2式から y を消去して，$3x-5=-2x+5$ より，$5x=10$ なので，$x=2$　よって，$y=3\times2-5=1$ だから，交点の座標は，(2, 1)

(10) 円周角の定理より，$\angle\mathrm{BOC}=2\angle\mathrm{BAC}=60^\circ$ で，$\mathrm{BO}=\mathrm{CO}$ より，△BOC は正三角形となるから，線分BC は円O の半径と等しく 6cm。

【答】 (1) 8　(2) $\dfrac{7}{12}x$　(3) $\sqrt{2}$　(4) 4　(5) 10　(6) ウ，エ　(7) $\dfrac{7}{10}$　(8) 6（個）　(9) (2, 1)　(10) 6（cm）

2 **【解き方】** (1) 点C と点A の y 座標は等しいから，C(0, 9)　$y=\dfrac{1}{4}x^2$ に $y=9$ を代入して，$9=\dfrac{1}{4}x^2$ より，$x^2=36$　$x>0$ より，$x=6$ だから，A(6, 9)　$y=\dfrac{1}{4}x^2$ に $x=-4$ を代入して，$y=\dfrac{1}{4}\times(-4)^2=4$ より，B(−4, 4)　△OCB は，OC = 9 を底辺としたときの高さが，点B の x 座標より，4 だから，$\triangle\mathrm{OCB}=\dfrac{1}{2}\times9\times4=18$，同様に，$\triangle\mathrm{OCA}=\dfrac{1}{2}\times9\times6=27$ なので，四角形CBOA の面積は，$18+27=45$　求める直線は，点C を通り辺OA と交わるので，その交点をD とすると，$\triangle\mathrm{OCD}=\dfrac{1}{2}$（四角形CBOA）− $\triangle\mathrm{OCB}=\dfrac{45}{2}-18=\dfrac{9}{2}$　点D の x 座標を d とおくと，$\dfrac{1}{2}\times9\times d=\dfrac{9}{2}$ だから，$d=1$　直線OA の傾きは，$\dfrac{9}{6}=\dfrac{3}{2}$ より，式は $y=\dfrac{3}{2}x$ なので，点D の y 座標は，$y=\dfrac{3}{2}\times1=\dfrac{3}{2}$ で，$\mathrm{D}\left(1,\ \dfrac{3}{2}\right)$　したがって，求める直線は，傾きが，$\left(9-\dfrac{3}{2}\right)\div(0-1)=-\dfrac{15}{2}$ で，切片は9 だから，式は $y=-\dfrac{15}{2}x+9$

(2) $1\times1+2\times2+3\times x+4\times3+5\times2+6\times y+7\times2+8\times3+9\times1+10\times1=120$ より，$1+$

$4 + 3x + 12 + 10 + 6y + 14 + 24 + 9 + 10 = 120$ なので，$3x = -6y + 36$ だから，$x = -2y + 12$　これにあてはまる自然数 x，y の組は，$(x,\ y) = (10,\ 1)$，$(8,\ 2)$，$(6,\ 3)$，$(4,\ 4)$，$(2,\ 5)$ の5組であり，最頻値が6本なので，$y > 3$，$y > x$ となる。したがって，$x = 2$，$y = 5$ と決まる。

(3) ① 2周するのに，$300 \times 2 \div 150 = 600 \div 150 = 4$（分）かかるので，原点Oと点$(4,\ 600)$を線分で結び，その後に，3分間休むから，$4 + 3 = 7$（分）より，点$(4,\ 600)$と点$(7,\ 600)$を線分で結ぶ。次に，3周走るのに，$300 \times 3 \div 100 = 9$（分）かかるから，$7 + 9 = 16$（分），$600 + 900 = 1500$（m）より，点$(7,\ 600)$と点$(16,\ 1500)$を線分で結べばよい。② Bさんは，$16 - 1 = 15$（分後）には走り終わり，$15 - 9 = 6$（分）で，$300 \times 5 = 1500$（m）走るから，速さは毎分，$1500 \div 6 = 250$（m）　9分後にBさんが出発するとき，Aさんとの距離は，$100 \times (9 - 7) = 200$（m）離れているので，1回目に追いつくのは，$9 + 200 \div (250 - 100) = 9 + \dfrac{4}{3} = \dfrac{31}{3}$（分後）で，2回目に追いつくのは，$\dfrac{31}{3} + 300 \div (250 - 100) = \dfrac{31}{3} + 2 = \dfrac{37}{3}$（分後），3回目に追いつくのは，$\dfrac{37}{3} + 2 = \dfrac{43}{3}$（分後）　4回目以降は15分を超えるから，BさんがAさんを追い抜いたのは，3回。

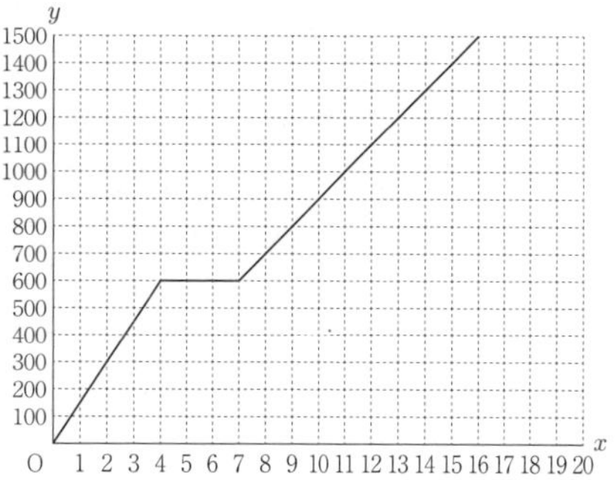

【答】 (1) $y = -\dfrac{15}{2}x + 9$　(2) A. $-2y + 12$　a. 5　b. 2　c. 5　(3) ①（前図）　② 3（回）

3 **【解き方】** (1) △DBCは二等辺三角形なので，$\angle FCE = \angle DBE = 47°$　$\angle AEB = 180° - 31° - 47° = 102°$ より，$\angle EFC = \angle AEB - \angle FCE = 102° - 47° = 55°$

(2) ① $EC = 6 \times \dfrac{1}{2 + 1} = 2$（cm）　AD ∥ BC，$\angle ADC = 90°$ より，$\angle ECB = 90°$ だから，△EBCにおいて三平方の定理より，$EB = \sqrt{2^2 + 6^2} = \sqrt{40} = 2\sqrt{10}$（cm）　② $CD = BC$，$AD = EC = 2$ cm，$\angle ADC = \angle ECB = 90°$ だから，△CAD ≡ △BECより，$AC = EB = 2\sqrt{10}$ cm　$\angle CAD = \angle BEC = \angle CEF$，$\angle ACD = \angle ECF$ より，△CAD ∽ △CEFだから，CA：CE = CD：CF より，$2\sqrt{10} : 2 = 6 : CF$　よって，$CF = \dfrac{2 \times 6}{2\sqrt{10}} = \dfrac{3\sqrt{10}}{5}$（cm）より，$CF : FA = \dfrac{3\sqrt{10}}{5} : \left(2\sqrt{10} - \dfrac{3\sqrt{10}}{5}\right) = 3\sqrt{10} : 7\sqrt{10} = 3 : 7$　したがって，$\triangle ABF = \triangle ABC \times \dfrac{7}{3 + 7} = \dfrac{1}{2} \times 6 \times 6 \times \dfrac{7}{10} = \dfrac{63}{5}$（$cm^2$）

(3) ① △ABCの面積を a とすると，$\triangle ABD = a \times \dfrac{3}{3 + 2} = \dfrac{3}{5}a$，$\triangle BDE = \triangle ABD - \triangle ABE = \dfrac{3}{5}a - a \times \dfrac{9}{35} = \dfrac{12}{35}a$　よって，$AE : ED = \triangle ABE : \triangle BDE = \dfrac{9}{35}a : \dfrac{12}{35}a = 3 : 4$ より，AEの長さはADの長さの，$3 \div (3 + 4) = \dfrac{3}{7}$（倍）　② ADを回転の軸として，△ABDと△ACDをそれぞれ1回転させると，高さが等しい円すいとなるから，体積の比は，底面の円の面積の比で，$BD^2 : DC^2 = 3^2 : 2^2 = 9 : 4$　それぞれの体積を $9b$，$4b$ とすると，ADを回転の軸として，△EBDを1回転させてできる円すいは，△ABDを一回転させてできる円すいと底面の面積が等しく，高さは，$\dfrac{ED}{AD} = \dfrac{4}{4 + 3} = \dfrac{4}{7}$ だから，体積は，$9b \times \dfrac{4}{7} = \dfrac{36}{7}b$ となり，△ABEを1回転させてできる立体の体積は，$9b - \dfrac{36}{7}b = \dfrac{27}{7}b$　よって，$\dfrac{27}{7}b \div 4b = \dfrac{27}{28}$（倍）

【答】 (1) 55°　(2) ① $2\sqrt{10}$（cm）　② $\dfrac{63}{5}$（cm^2）　(3) ① $\dfrac{3}{7}$（倍）　② $\dfrac{27}{28}$（倍）

英　語

1 【解き方】(第１問) １番. 雨が降っていて，ケイトは「傘を持っていない」と言っている→「はい，どうぞ。ぼくは別の傘を持っているんだ」。

２番. ピーターが気に入った登場人物がとても怖そうな映画について，ジェーンが「あまり好きではない」と言った理由→「私は恐怖映画のファンではないの」。

３番. カレーライスの作り方について，マイクは「祖母がぼくに教えてくれた」と言っている。

(第２問) 問1. ケンは「絵を描くこと」を話題にしている。

問2. ケンは「紙の上で自分自身の世界を考案することができるので，私は絵を描くことが好きです」と話している。

【答】(第１問) １番. a. 誤　b. 正　c. 誤　d. 誤　２番. a. 誤　b. 誤　c. 正　d. 誤

３番. a. 誤　b. 誤　c. 誤　d. 正

(第２問) 問1. a. 誤　b. 誤　c. 正　d. 誤　問2. a. 正　b. 誤　c. 誤　d. 誤

◀全訳▶ (第１問)

１番.

ケイト　　：あら，いやだ！　雨が降っているわ。信じられない。

アレックス：ケイト，どうしたの？

ケイト　　：こんにちは，アレックス。私は傘を持っていないの。

質問：アレックスは次に何と言うでしょうか？

a. どうもありがとう。　b. はい，どうぞ。ぼくは別の傘を持っているんだ。

c. ごめん。ぼくにはわからない。　d. もちろん。ぼくは今日の午後ひまだよ。

２番.

ピーター：わあ！　この店にはたくさんのDVDがあるね。これを見て，ジェーン。この映画はすごそうだよ。登場人物がとても怖そうだ。

ジェーン：本当？　ごめんね，ピーター。私はそれがあまり好きではないわ。

ピーター：どうしてそう思うの？

質問：ジェーンは次に何と言うでしょうか？

a. 私もそれが素晴らしいと思うわ。　b. それはとてもおもしろい映画ね。

c. 私は恐怖映画のファンではないの。　d. その映画館の座席はいいわね。

３番.

マイク：やあ，マリ。きみは今料理をしているの？

マリ　：ええ，マイク。私はカレーライスを作っているの。

マイク：じゃあ，ぼくはきみを手伝いたいな。ぼくもカレーライスを作ることができるんだ。

マリ　：ありがとう。あなたはそれをどうやって習ったの？

マイク：ぼくのおばあさんが教えてくれたよ。ぼくの夢は彼女のように上手な料理人になることなんだ。

質問：この対話について正しいのはどれですか？

a. マリはマイクの料理を手伝っています。　b. マイクと彼の祖母は一緒に料理をしています。

c. マイクは彼の祖母のように上手な料理人です。　d. マイクは彼の祖母から料理を習いました。

(第２問) こんにちは，みなさん。私はケンです。私はみなさんに私が大好きなことについて話したいと思います。それは絵を描くことです。宿題が終わると，私はたいてい絵を描いてくつろぎます。私はたくさんのものを想像して，よく動物や人々，あるいは建物を描きます。紙の上で自分自身の世界を考案することができるので，私は絵を描くことが好きです。それは私の考えや意見を示すための良い方法なのです。さあ，みなさん，絵を描いてくつろいでみてはいかがですか？　聞いていただきありがとうございました。

問1．ケンは何について話していますか？

a．彼は自分が大好きな本について話しています。　b．彼は自分の親友について話しています。

c．彼は絵を描くことについて話しています。　d．彼は興味深い場所について話しています。

問2．ケンはなぜ絵を描くことが好きなのですか？

a．彼は彼自身の世界を考案することができるからです。

b．彼は宿題を終える前にくつろぐことができるからです。

c．彼は何も考えずに絵を描くことができるからです。

d．彼は動物だけを描くのが好きだからです。

2 **【解き方】**①「飲食禁止」を表すピクトグラム。「そこで食べたり飲んだりしてはいけない」などの文が考えられる。

②「『建物の中でのどがかわいた』ときは，あなたは外へ行くべきである」などの文が考えられる。

【答】（例）① must not eat or drink there　② are（または，feel）thirsty in the building

3 **【解き方】**①「私はホストファミリーと一緒に京都中を旅行しました」。「旅行する」＝ travel。「～と一緒に」＝ with ～。

②「京都は有名なレストランでいっぱいだ」。「～でいっぱいだ」＝ be full of ～。

③「それはとてもおいしかったので，私はそれを気に入りました」。「おいしい」＝ taste delicious。

【答】① traveled，with　② full，of　③ tasted，delicious

◀全訳▶

亜希　：こんにちは，ジョン。あなたの週末はどうだった？

ジョン：やあ，亜希。素晴らしかったよ。ぼくはホストファミリーと一緒に京都中を旅行したんだ。

亜希　：まあ，本当？　あなたとあなたのホストファミリーは楽しい時間を過ごしたのね。あなたたちはそこで何をしたの？

ジョン：ぼくは本物の京都を見ることができたよ。例えば，ぼくたちは金閣寺と嵐山の素晴らしい景色を見た。ぼくは初めて野生のサルも見たよ。京都での滞在中，ぼくたちはたくさんの食べ物を食べた。京都には有名なレストランでいっぱいだからね。

亜希　：あなたは何を食べたの？

ジョン：ぼくは日本で初めてラーメンを食べた。それはとてもおいしかったから，ぼくはそれを気に入ったよ。

亜希　：わあ，あなたが日本のラーメンを楽しんでいるのを聞いてうれしいわ。

4 **【解き方】**(1)「今，政府と企業は，風力発電所のような新しい発電所を作るため共に『働いている』」。現在進行形〈am/is/are ＋～ing〉の文なので，work を現在分詞にする。

(2) 直前の文の「再生可能エネルギーは石油を節約し環境を守ることができる」という内容から考える。「人々は，再生可能エネルギーを使うことは『石油を燃やすことより環境を守るためにはずっと良い』と考えている」。

(3) 下線部を直訳すると，「この小さな技術は『大きな問題を解決するために使われる』ことができる」。This small technology が主語なので，can のあとは受動態〈be 動詞＋過去分詞〉になる。「～するために」は不定詞〈to ＋動詞の原形〉で表す。

(4) 第4段落の2文目を見る。ケニアは日本の協力で地熱発電所を建設した。

(5) ア．第1段落の2文目を見る。新しい技術だけでなく，国々の間での協力も重要である。イ．「ポルトガルでは，政府と企業が汚染を止めてエネルギーを生み出すことに努めている」。第2段落の4文目以降を見る。正しい。ウ．第2段落の最終文を見る。ポルトガルの目標は，汚染を止めながら経済を成長させることである。エ．「ハンガリーのある小さな企業はペットボトルから太陽電池パネルを作っている」。第3段落の前半を見る。正しい。オ．「日本は，ケニアの技術者たちが地熱発電所の使い方を学ぶのを助けてきた」。第4段落の前半を見る。正しい。カ.「世界中の国々は再生可能エネルギーなしでやっていくより良い方法を見つけた」という内容は書かれていない。

【答】(1) working　(2) イ　(3) be used to solve big problems　(4) エ　(5) イ・エ・オ

◀全訳▶　最近，世界中のますます多くの人々が，環境を壊すことなくどのように電気を生み出すかについて考えています。そのため，新しい技術と国々の間での協力はより重要になってきています。その事実を知るために三つの話を共有しましょう。

2016年，ポルトガルはエネルギーに対するテストを行いました。彼らは風や水，日光のような再生可能エネルギーのみを利用しました。それらは国全体に必要な全ての電気を生み出すことができました。今，政府と企業は，風力発電所のようないくつかの新しい発電所を作るため共に働いています。再生可能エネルギーは石油を節約し，環境を守ることができるので，彼らはもっと多くの再生可能エネルギーを使いたいと思っています。人々は，再生可能エネルギーを使うことは，石油を燃やすことより環境を守るためにはずっと良いと考えています。彼らの目標は汚染を止め，より多くのエネルギーを得て，経済を成長させることです。

ハンガリーでは，ある小さな企業が電気を生み出すための異なる計画に取り組んでいます。巨大な発電所を建設する代わりに，彼らはずっと小さいものについて考えています。その企業は古いペットボトルから作られる太陽電池パネルを設計しています。それはより良い未来をつくるためにゴミをリサイクルする賢明な方法です。20平方メートルのこれらの太陽電池パネルは，一軒の家に十分な電気を生み出すことができます。もし家にそれらを設置すれば，あなたの家族は巨大な発電所からの電気を使う必要がありません。この小さな技術が大きな問題を解決するために使われるのです。

いくつかの国々は，再生可能エネルギーを使うためにお互いに助け合っています。ケニアは日本の協力で地熱発電所を建設してきました。これらの発電所は地球の熱を利用します。日本はケニアの技術者たちにこれらの発電所の建て方を示し，それらの使い方を教えてきました。ケニアはそれらの発電所が生み出すことのできる電気を増やすことを目標としています。それは困難な仕事になるでしょうが，彼らは将来，この目標を達成することを望んでいます。日本の援助を得て，ケニアの人々は彼らの国の経済成長のためにも熱心に取り組んでいます。多くの国々が地球規模の問題を理解し，より良い世界を築くとき，この種の国際協力は重要です。

さまざまな種類の再生可能エネルギーがあり，世界中の国々はより良い方法でそれらを使うよう努めています。ポルトガル，ハンガリー，そしてケニアは良い例です。今，多くの国々が，より新しい技術を作り出し，より明るい未来に向けてよりよく協力できるよう最善を尽くしています。

5 【解き方】(1) b. トムがカフェテリアについて，「それは生徒と教師用の昼食のための大きな部屋です」と説明したあとのせりふ。桜が直後に「私たちの学校にはそのような場所はありません」と言っていることから考える。d. トムの「あなたは学校給食が好きですか？」という質問に対する返答。

(2) ①「私は他の国々の学校について学ぶことに興味があります」。「～に興味がある」= be interested in ～。②「彼らは私たちの校庭の手入れをしたり，学校の花に水をあげたりします」。「～の手入れをする」= take care of ～。

(3)「ぼくたちはメニューから自分の食事を選ぶことができます」。「～を選ぶ」= choose。

(4) X.「ぼくたちは学校のカフェテリアで『昼食』を食べますよね？」。Y.「ここ日本では，生徒たちは学校の『制服』を着ます」。

【答】(1) b. エ　d. ア　(2) ① interested　② take　(3) ウ　(4) X. lunch　Y. uniforms

◀全訳▶

桜　：こんにちは，トム。アメリカのあなたの学校について，あなたにいくつか質問をしてもいいですか？

トム：もちろんです。何を知りたいのですか？

桜　：ありがとう。私は他の国々の学校について学ぶことに興味があります。日本では，私たちはよく教室で一緒に学校給食を食べます。あなたの学校について教えてください。

トム：わかりました。そうですね，ぼくの国では，教室で昼食を食べません。生徒たちは普通カフェテリアへ行って，そこで昼食を食べます。

桜　：「カフェテリア」というのは何ですか？

トム：それは生徒と教師用の昼食のための大きな部屋です。

桜　：わあ，私は昼食のためのそのような場所を想像することができません。私たちの学校にはそのような場所はありません。生徒は昼食に何を食べるのですか？

トム：自分の昼食を持ってくる生徒たちがいます。カフェテリアで昼食を買う生徒たちもいます。ぼくたちはメニューから自分の食事を選ぶことができます。例えば，ハンバーガー，ピザ，サンドイッチ，サラダなどです。ぼくたちは毎日，たくさんの種類の食べ物を買うことができます。

桜　：そうなのですか？　私はあなたが私たちの学校給食を楽しんでくれたらいいと思います。

トム：今日はここでのぼくの最初の日なので，ここの学校給食について知りたいです。

桜　：いいですよ。私の学校では，多くの生徒たちが普通，学校給食で同じ料理を食べます。もちろん，メニューは毎日かわります。

トム：あなたたちもいろいろな料理を食べるのですね。あなたは学校給食が好きですか？

桜　：はい，好きです。私は私たちの学校給食が大好きです。ところで，この学校には，科目を勉強するだけでなく，他のこともしている生徒がいます。彼らは私たちの校庭の手入れをしたり，学校の花に水をあげたりします。あなたの学校のそのような仕事について教えてください。

トム：それは普通，学校で働いているだれかの仕事です。ぼくの学校の生徒たちは，学校でそのような仕事はしません。でも，ぼくたちは家で家族を手伝います。

桜　：それは興味深いです。学校の制服はどうですか？　私たちには制服があります。

トム：ぼくたちの学校には制服はありません。ぼくは普段，学校でＴシャツを着ています。

桜　：それは知りませんでした！　あなたの学校と私たちの学校には大きな違いがありますね。私はいつかあなたの学校を訪れたいです。

社　会

1 **【解き方】**(1) 周囲を堀で囲んだ「環濠集落」の遺跡が発見されている。文章の後半に「戦い」とあることがヒント。

(2) 十三湊は平安時代から室町時代にかけて栄えた津軽半島にあった港町。イは18世紀ごろから，ウは16世紀後半から17世紀前半，エは17世紀以降のこと。

(3) ① オスマン帝国は，15世紀半ばにビザンツ帝国を滅ぼし，バルカン半島や地中海東部に勢力を広げたイスラム王朝。② プロテスタントは，16世紀の宗教改革によって生まれた，聖書を元にした信仰を提唱した宗派。

【答】(1) ウ　(2) ア　(3) イ

2 **【解き方】**(1) ① 福沢諭吉は，著書の『学問のすゝめ』において，人が平等であることや教育の必要性を説いた。② 岡倉天心は，アメリカ人のフェノロサとともに日本美術の復興を目指し，東京美術学校や日本美術院を設立した。

(2) C．Ⅱは男子普通選挙が認められ，国民に投票をうながしたポスター。E．Ⅲは日米安全保障条約の改定に反対する運動のようす。

(3) ③ 男子普通選挙は，1925年の普通選挙法により実現した。日本最初のメーデーは1920年に開催された。「労働基準法」は1947年に制定され，「民撰議院設立建白書」は1874年に提出された。④ 日本は，主力艦の保有を制限するワシントン海軍軍縮条約に調印し，二十一カ条の要求で得た山東省の権益を中国に返還するなど，欧米諸国に協調的な姿勢をとった。

(4) ⑥ 大日本帝国憲法では天皇が主権者であると定めていたが，日本国憲法における天皇は日本国と日本国民統合の象徴とされ，国民主権が定められた。

【答】(1) イ　(2) C．Z　E．Y　(3) エ　(4) エ

3 **【解き方】**(1) ① 長野県は，関東圏の群馬県よりも「人口密度」が低く，岩手県や北海道よりも高い。Aは群馬県，Bは岩手県，Dは北海道。また，長野県には盆地が多く，扇状地が各地で発達している。

(2) じゃがいもは本来，冷涼な気候が栽培に適しているので，北海道での生産割合が高い。

(3) 信濃川の下流域は日本海側，北上川の下流域は太平洋側に位置している。

(4) ア．銚子漁港の水あげ量は，1985年に最大となっているが，遠洋漁業は，1970年に漁獲量が最大となっている。イ．1970年から1980年にかけて，遠洋漁業の漁獲量は減少している。ウ．1985年から1995年にかけて，魚介類の輸入量は4倍以上ではなく約3倍になっている。

【答】(1) オ　(2)（米の収穫量）Y　（肉用牛の飼育頭数）X

(3) 暖流の対馬海流の上を通過する（14字）（同意可）　(4) エ

4 **【解き方】**(1) ① 北海道の北部は，フランス南部やイタリア北部とほぼ同緯度となっている。

(2) ③ 南半球に位置するタウンズビルは，北半球とは季節が逆になる（およそ12月から2月にかけてが夏となる）ことに注意。④「てんさい」は，冷涼な気候の地域での栽培が適している。

(3) x．中国は日本にとっての最大の輸入相手国なので，中国から「日本への輸出額」は大きい。y．ブエノスアイレスは，東京からみた時に，ほぼ地球の反対側に位置するため，地球一周の距離である約4万kmの半分の距離に近い。

【答】(1) ① D　② 赤道　(2) ウ　(3) イ

5 **【解き方】**(1) Ⅰのグラフで，「債務残高」が常に大きいXが日本となる。残りの2か国のうち，Ⅱのグラフで，2012年や2015年に「1人あたり国内総生産」が前年よりも減少しているZがイタリアだとわかる。

(2) ① 国債費とは，国債の返済や利子の支払いのための費用のこと。公債金は，税収の不足を補うため，国債などを発行して借りたお金を指す。

(3) イ．40～49歳の年代は，「防災」の割合が最も低い。ウ．「高齢社会対策」について，割合が最も高い年代は

「50～59 歳」。エ．景気対策・少子化対策について，割合が最も低い年代はいずれも「70 歳以上」。

【答】 (1) ア　(2) ① エ　② 公衆衛生　(3) ア

6 **【解き方】** (1) 首長と地方議会がともに住民を代表し，対等な機関として地方自治を担うしくみを「二元代表制」という。

(2) 地方公共団体は，自治事務として住民票の作成や交通の整備，警察・消防事務，公共施設（学校・図書館など）の運営管理などを行う。

(3) 地方分権一括法により，国と地方公共団体は対等の関係とされ，国から地方公共団体へさまざまな権限や財源が移されている。

【答】 (1) イ　(2) ウ　(3) 地方分権

理　科

1 **【解き方】**(1) 根の先端近くにある成長点でさかんに細胞が分裂する。

(2) 物体に力を加えて，その力の向きに動かしたとき，力は物体に対して仕事をしたことになるので，おもりを水平方向に移動させたときには仕事をしていない。おもりを，30cm = 0.3m の高さまで引き上げたときにした仕事の大きさは，20 (N) × 0.3 (m) = 6 (J)

【答】(1) イ　(2) 6 (J)

2 **【解き方】**(2) a は，根から吸収された水分などが通る道管，b は，栄養分が通る師管。

(3) スケッチした範囲の半径は，$\dfrac{0.8\ (\text{mm})}{2} = 0.4\ (\text{mm})$　円周率を 3.14 とすると，スケッチした範囲の面積は，$0.4\ (\text{mm}) \times 0.4\ (\text{mm}) \times 3.14 = 0.5024\ (\text{mm}^2)$　図 2 より，スケッチには気孔が 40 個あるので，1 mm^2 あたりにある気孔の数は，$\dfrac{40\ (個)}{0.5024\ (\text{mm}^2)} \fallingdotseq 80\ (個)$

(4) Ⅰ．植物 A において，葉の表側だけにワセリンを塗ったとき，葉の裏側と葉以外の部分から 5.4cm^3 蒸散する。葉の裏側だけにワセリンを塗ったとき，葉の表側と葉以外の部分から 2.6cm^3 蒸散する。ワセリンを塗らなかったとき，葉の表側と葉の裏側と葉以外の部分から 6.0cm^3 蒸散する。したがって，葉の表側の蒸散量は，$6.0\ (\text{cm}^3) - 5.4\ (\text{cm}^3) = 0.6\ (\text{cm}^3)$　葉の裏側からの蒸散量は，$6.0\ (\text{cm}^3) - 2.6\ (\text{cm}^3) = 3.4\ (\text{cm}^3)$　よって，葉の裏側の蒸散量は，葉の表側の蒸散量の，$\dfrac{3.4\ (\text{cm}^3)}{0.6\ (\text{cm}^3)} \fallingdotseq 5.7\ (倍)$　Ⅱ．植物 B において，葉の表側だけにワセリンを塗ったとき，葉の裏側と葉以外の部分から 2.2cm^3 蒸散する。葉の裏側だけにワセリンを塗ったとき，葉の表側と葉以外の部分から 2.2cm^3 蒸散する。ワセリンを塗らなかったとき，葉の表側と葉の裏側と葉以外の部分から 3.5cm^3 蒸散する。よって，葉の表側の蒸散量は，$3.5\ (\text{cm}^3) - 2.2\ (\text{cm}^3) = 1.3\ (\text{cm}^3)$，葉以外の部分からの蒸散量は，$2.2\ (\text{cm}^3) - 1.3\ (\text{cm}^3) = 0.9\ (\text{cm}^3)$

【答】(1) エ　(2) ア　(3) ウ　(4) Ⅰ．カ　Ⅱ．ウ

3 **【解き方】**(1) マグネシウム Mg と酸素 O_2 が化合して酸化マグネシウム MgO ができる。

(3) 表 2 のステンレス皿 F に入れた銅の質量は，20.40 (g) − 20.00 (g) = 0.40 (g)　ステンレス皿全体の質量が変化しなくなるまで加熱をくり返したときにできる酸化銅の質量は，20.50 (g) − 20.00 (g) = 0.50 (g)　よって，0.40g の銅と化合する酸素の質量は，0.50 (g) − 0.40 (g) = 0.10 (g)　銅の質量と，銅と化合する酸素の質量は比例するので，グラフは原点と，銅が 0.40g のとき，銅と化合する気体の質量が 0.10g になる点を通る直線となる。

(4) 表 1 のステンレス皿 A に入れたマグネシウムの質量は，20.30 (g) − 20.00 (g) = 0.30 (g)　ステンレス皿全体の質量が変化しなくなるまで加熱をくり返したときにできる酸化マグネシウムの質量は，20.50 (g) − 20.00 (g) = 0.50 (g)　0.30g のマグネシウムと化合する酸素の質量は，0.50 (g) − 0.30 (g) = 0.20 (g)　また，0.20g の酸素と結びつく銅の質量は，$0.40\ (\text{g}) \times \dfrac{0.20\ (\text{g})}{0.10\ (\text{g})} = 0.80\ (\text{g})$　このときにできる酸化銅の質量は，0.80 (g) + 0.20 (g) = 1.00 (g)　したがって，酸素 0.20g と銅 0.80g，酸素 0.20g とマグネシウム 0.30g が結びついたときにできる酸化銅と酸化マグネシウムの質量の合計は，1.00 (g) + 0.50 (g) = 1.50 (g)　よって，反応後のそれぞれのステンレス皿内の物質（酸化銅と酸化マグネシウム）の質量の合計が 24.0g のとき，反応前のステンレス皿内にあったマグネシウムの質量は，$0.30\ (\text{g}) \times \dfrac{24.0\ (\text{g})}{1.50\ (\text{g})} = 4.8\ (\text{g})$

【答】(1) MgO　(2) イ　(3) (次図)　(4) 4.8 (g)

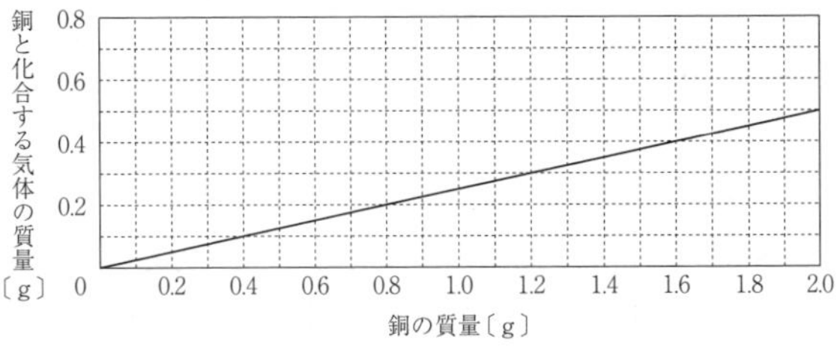

4 【解き方】(1)・(2) ストローをティッシュペーパーでこすると，ティッシュペーパーの中の電子がストローに移動する。電子は−の電気をもつので，ティッシュペーパーは＋，ストローは−の電気を帯びる。同じ種類の電気どうしは反発し，異なる種類の電気どうしは引き合うので，ストローAとストローBは反発し，ストローAとティッシュペーパーは引き合う。

(3) −の電気を帯びたストローBと，物体Cの中にある−の電気をもつ電子が反発し，Cの中の電子は点Yから遠ざかる向きに移動する。よって，物体Cの点Y付近が＋の電気を帯び，−の電気を帯びたストローBと引き合い，図1のbの向きに動く。

(4) 光のすじ（電子の流れ）が電極板Gによって曲げられていることから，光のすじは電極Eから電極Fに向かって進んでいることがわかる。光のすじは−の電気を帯びているので，電極Eは−極，電極Fは＋極。光のすじは，電極板Gの向きに曲がっているので，電極板Gは＋極，電極板Hは−極。

【答】(1) ア　(2) エ　(3) ア　(4) オ

5 【解き方】(2) Ⅰ．午前6時と午後3時の地点Aの気温はどちらも21℃なので，空気の飽和水蒸気量は等しい。午前6時の湿度は69％，午後3時の湿度は80％なので，空気中に含まれる水蒸気量は午後3時の方が大きい。よって，露点は湿度が高い方が高くなる。Ⅱ．図1より，午前9時の乾球温度は23℃，乾球温度と湿球温度の差は，23（℃）− 20（℃）= 3（℃）　表1より，午前9時の湿度は75％。気温が23℃，湿度75％の空気$1\,m^3$中に含まれる水蒸気量は，$20.6\ (g/m^3) \times \frac{75}{100} = 15.45\ (g)$　よって，表3より，午前9時の空気の露点は18℃。

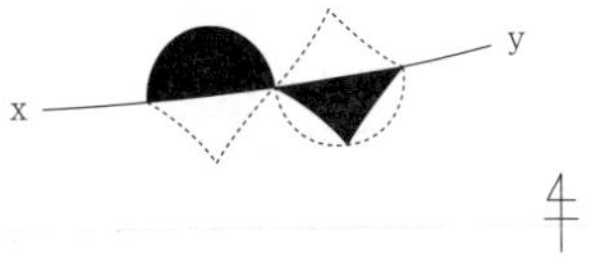

(4) ア．春は，移動性高気圧と低気圧が交互に西から東へ移動する。イ．等圧線の間隔がせまいと，ふく風は一般的に強く，等圧線の間隔が広いと，ふく風は一般的に弱い。ウ．台風は，日本付近を北上しながら，西から東へ移動することが多い。

【答】(1)（前図）(2) イ　(3) オ　(4) エ

6 【解き方】(1) 銅よりも亜鉛の方がイオンになりやすいので，亜鉛板では，亜鉛Znが2個の電子を放出して亜鉛イオンZn^{2+}となり，水溶液中に溶け出す。このときに放出された2個の電子は，亜鉛板から導線を通って銅板に移動する。電子が移動する向きは，電流の向きと反対になるので，電流は銅板から亜鉛板に向かって流れる。よって，銅板は＋極，亜鉛板は−極。

(2) Ⅰ．太陽の周りを公転する惑星は，太陽から近い順に，水星，金星，地球，火星，木星，土星，天王星，海王星。また，地球より内側を公転している惑星の公転周期は，地球より短い。

【答】(1) オ　(2) エ

国　語

1 **【解き方】** ㈠ 訓練のために「クサったザラメ雪」の斜面をグサグサと音を立てながら下山する自分と対照的な，スキーヤーの滑降する「颯爽と」した様子が印象に残ったことを表している。

㈡ A. 筆者の富士山登頂の経験は，一度目は大学時代の雪山訓練，二度目は半分取材，三度目は「行きたくてたまらなく」なって行った冬の富士山とあることから，三回のうちで筆者にとって「心に残っている」のは当然三度目だと認めている。B.「人間界の外側の…未知なる存在」であった富士山が，今では「人間社会の枠組みの内側にある…でっぱりに変質してしまった」ことを強調している。

㈢「登山の本来の姿」について，山は「人間の制御やコントロールがきかない恐ろしい世界」であり，登山という行為は「未知の世界を経験するため…特殊な作法」だと筆者は考えている。一方で「弾丸登山を自粛する呼びかけ」や「入山料の本格的な徴収」は，人間がコントロールしているものであることをおさえる。

㈣ 自由な行為であるはずの登山とは「社会の管理から自主的に離脱する以上…必ず自分の力で登って戻ってこなければならない」という完全に自己責任なものであり，「つまり，他者と切り離されているので束縛はないのだが…管理しなければならないのが，登山における自由なのだ」と述べている。

㈤ 4段落で筆者は「登山の本来の姿」を，「人間が主導権を握って生きることのできる枠組み」から飛び出して，不安定な「未知の世界を経験するため」にあえて実践される行為だという考えを示している。

㈥ 2段落では，筆者にとって最も心に残っている冬の登山の経験とともに「夏の混雑した富士山」への興味を示している。そして3段落ではその興味を受けて，「日常から非日常に足を踏み入れる」という本来の登山の意味を示している。

【答】 ㈠ ウ　㈡ A. ア　B. オ　㈢ エ

㈣（登山の自由とは，）社会の管理から自主的に離脱する以上，自分の責任で判断し，自分の裁量で命を管理しなければならない苦しいものである。(64字)（同意可）

㈤ イ　㈥ イ

2 **【解き方】** ㈡「温厚」は穏やかなこと。「篤実」はまじめなこと。

【答】 ㈠ ① きんこう　② 率(いて)　㈡ エ

3 **【解き方】** ㈠「思わず現地語が出てきちゃう」ケースとして，あいづちや間投詞の具体例を挙げ，「なぜそんな表現が飛び出してしまうのか」という疑問を提示し，「フィールドに滞在しているうちに…離れないものになるからではないだろうか」と説明している。

㈡ ミニバスが自分の「横すれすれを猛スピード」で追い抜いていくという，危険な状態に置かれたときの気持ちを表している。

㈢ 筆者は日本人なので，もともとは日本語や日本の文化に基づいて世界を理解しているはずだが，ガーナの村で暮らしているうちに，呪術師や精霊たちの住む世界を「現実そのもの」として受けとめるようになったことに着目する。つまり呪術師や精霊の世界という「異文化の言葉や概念」を「自文化の言葉や概念」に置き換えて理解するのではなく，理解のしかたのほうが変化して「その世界を生きる」経験をしている。

㈣ 異文化の言葉を学ぶ過程について，身体を媒介にして「没入と再帰」をくりかえし，「自分自身がしだいに根底から変容」していくと述べている。

㈤ 文章の初めから2段落までは，言葉を学ぶことが「身体的な行為」であるという筆者の考えが示されている。3段落からは，ガーナの村での体験を具体例として，言葉を学ぶうちに「身体感覚や世界認識」が変化することを述べている。また5段落で「翻訳」の話題も挙げたあと，「言葉は何よりもまず声であり…それを学ぶには全身で他者や世界と関わり，とっくみあわなくてはならない」と述べている。

【答】 ㈠ イ　㈡ ア　㈢ ウ　㈣ 往復運動　㈤ ウ

4 【解き方】(一) 白楽天は，和尚が「木の末」に住んでいるのを見て「鳥の巣の禅師」と名付けている。

(二) 住んでいる場所の危うさを指摘された和尚は，それよりも白楽天の「この世を忘れて交はり暮らす」生き方のほうが危ういと言っている。和尚は，この世を「あまりにはかなき」ものだと考えていることにも着目する。

(三) ここでは「三礼」は，三度のお辞儀のことで，相手に対する深い敬意を表している。白楽天は和尚に「鳥の巣の禅師」と名付けたり，仏法についての和尚の見解には「三歳の嬰児も知れり」と言うなどしたが，「この世を忘れて…猶危ふけれ」「知れることは…八旬の老翁もまどへり」と返されたことから考える。

(四) 和尚から「知れることは…行ずることは，八旬の老翁もまどへり」と言われて，白楽天は「三礼」している。

【答】(一) イ　(二) ウ　(三) ア　(四) エ

◀口語訳▶　中国にいた道林禅師という人は，この世があまりにはかないことに耐えられなくなって，木の枝の上に住んでいましたのを，白楽天が見まして，鳥の巣の禅師などと名付けて，「和尚の住んでいる所はあまりに危なっかしく見えますなあ」と言うと，和尚が答えて「お前がこの世のはかなさを意識することなく人々と交遊していることはもっと危なっかしい」と言った。また，白楽天が問うた，「どのようなものであるのか仏法とは」と。和尚は答えて「もろもろの悪を行うなもろもろの善を行え」と。白楽天が言う，「この道理は三歳の幼い子でも知っている」と。和尚が言うには，「知っているということは，三歳の幼い子でも知っている。実行するということは，八十歳の老人でも迷うものである」と言ったので，白楽天は三礼して立ち去った。

~MEMO~

愛知県公立高等学校
（Bグループ）

2021年度
入学試験問題

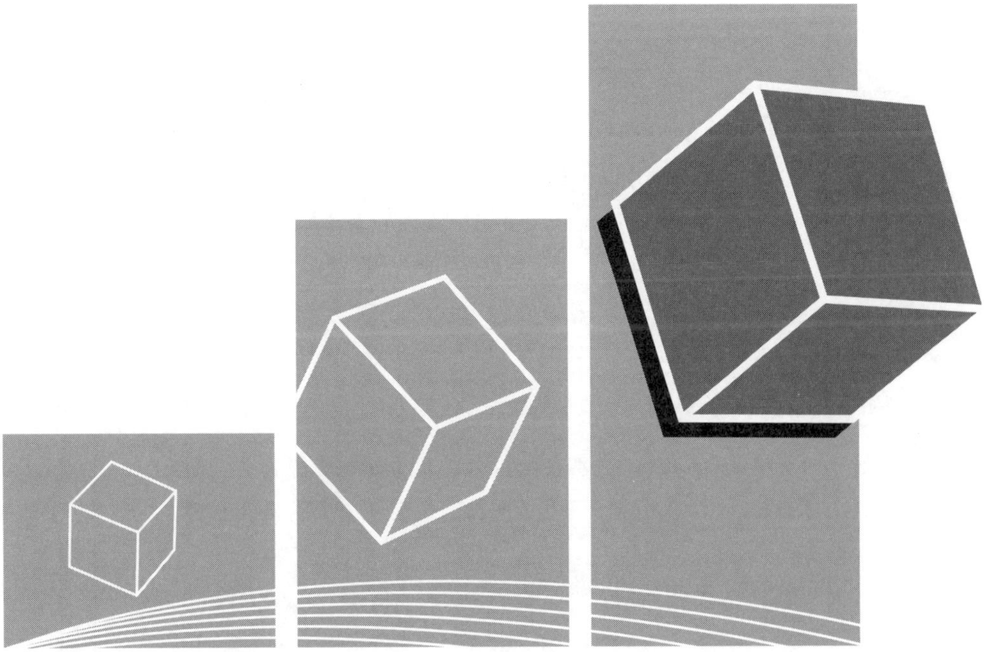

数学

時間　45分　　　　満点　22点

1　次の(1)から(10)までの問いに答えなさい。

(1)　$3 - 7 \times (5 - 8)$ を計算しなさい。(　　　)

(2)　$27x^2y \div (-9xy) \times (-3x)$ を計算しなさい。(　　　)

(3)　$\sqrt{48} - 3\sqrt{6} \div \sqrt{2}$ を計算しなさい。(　　　)

(4)　$(x + 1)(x - 8) + 5x$ を因数分解しなさい。(　　　)

(5)　方程式 $(x + 2)^2 = 7$ を解きなさい。(　　　)

(6)　a 個のあめを10人に b 個ずつ配ったところ，c 個余った。この数量の関係を等式に表しなさい。

$a =$ (　　　)

(7)　男子生徒8人の反復横跳びの記録は，右のようであった。

この記録の代表値について正しく述べたものを，次のアからエまでの中からすべて選んで，そのかな符号を書きなさい。(　　　)

（単位：回）

53	45	51	57	49	42	50	45

ア　平均値は，49回である。　イ　中央値は，50回である。　ウ　最頻値は，57回である。

エ　範囲は，15回である。

(8)　大小2つのさいころを同時に投げるとき，大きいさいころの目の数が小さいさいころの目の数の2倍以上となる確率を求めなさい。(　　　)

(9)　関数 $y = ax^2$（a は定数）と $y = 6x + 5$ について，x の値が1から4まで増加するときの変化の割合が同じであるとき，a の値を求めなさい。(　　　)

(10)　図で，Dは△ABCの辺AB上の点で，∠DBC = ∠ACD である。

AB = 6 cm，AC = 5 cm のとき，線分ADの長さは何cmか，求めなさい。(　　　cm)

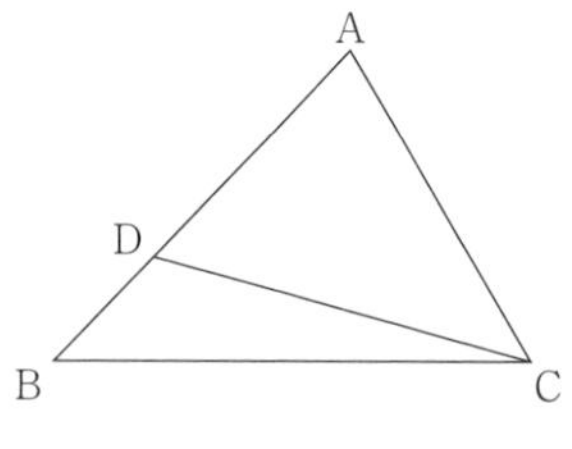

2　次の(1)から(3)までの問いに答えなさい。

(1)　図で，Oは原点，A，Bは関数 $y = \dfrac{5}{x}$ のグラフ上の点で，点A，Bの x 座標はそれぞれ1，3であり，C，Dは x 軸上の点で，直線AC，BDはいずれも y 軸と平行である。また，Eは線分ACとBOとの交点である。

四角形ECDBの面積は△AOBの面積の何倍か，求めなさい。

(　　　倍)

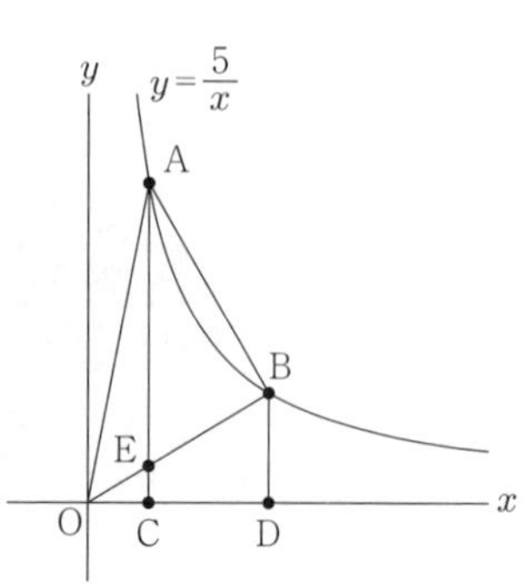

(2) 次の文章は，連続する 2 つの自然数の間にある，分母が 5 で分子が自然数である分数の和について述べたものである。

文章中の Ⅰ ， Ⅱ ， Ⅲ にあてはまる数をそれぞれ書きなさい。また， Ⅳ にあてはまる式を書きなさい。Ⅰ(　　　)　Ⅱ(　　　)　Ⅲ(　　　)　Ⅳ(　　　)

> 1 から 2 までの間にある分数の和は $\frac{6}{5}+\frac{7}{5}+\frac{8}{5}+\frac{9}{5}=6$
>
> 2 から 3 までの間にある分数の和は Ⅰ
>
> 3 から 4 までの間にある分数の和は Ⅱ
>
> 4 から 5 までの間にある分数の和は Ⅲ
>
> また，n が自然数のとき，n から $n+1$ までの間にある分数の和は Ⅳ である。

(3) A さんが使っているスマートフォンは，電池残量が百分率で表示され，0 %になると使用できない。このスマートフォンは，充電をしながら動画を視聴するとき，電池残量は 4 分あたり 1 %増加し，充電をせずに動画を視聴するとき，電池残量は一定の割合で減少する。

A さんは，スマートフォンで 1 本 50 分の数学講座の動画を 2 本視聴することとした。

A さんは，スマートフォンの充電をしながら 1 本目の動画の視聴をはじめ，動画の視聴をはじめてから 20 分後に充電をやめ，続けて充電せずに動画を視聴したところ，1 本目の動画の最後まで視聴できた。

スマートフォンの電池残量が，A さんが 1 本目の動画の視聴をはじめたときは 25 %，1 本目の動画の最後まで視聴したときはちょうど 0 %であったとき，次の①，②の問いに答えなさい。

① A さんが 1 本目の動画の視聴をはじめてから x 分後の電池残量を y %とする。A さんが 1 本目の動画の視聴をはじめてから 1 本目の動画の最後まで視聴するまでの，x と y の関係をグラフに表しなさい。

② A さんが 1 本目の動画の最後まで視聴したのち，2 本目の動画の最後まで視聴するためには，2 本目の動画はスマートフォンの充電をしながら何分以上視聴すればよいか，求めなさい。(　　　分以上)

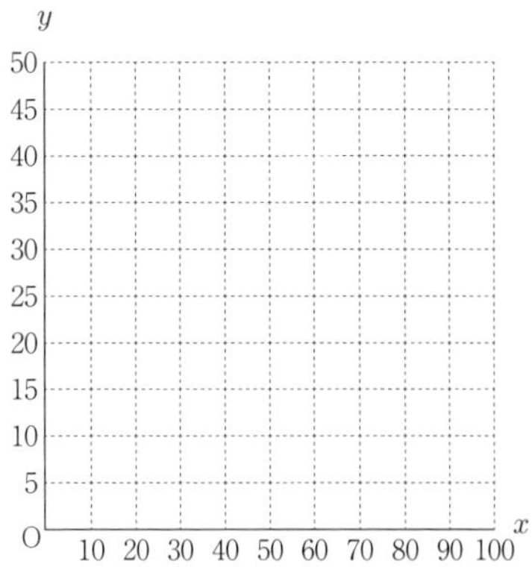

3　次の(1)から(3)までの問いに答えなさい。

ただし，答えは根号をつけたままでよい。

(1)　図で，C，D は AB を直径とする円 O の周上の点，E は直線 AB と点 C における円 O の接線との交点である。

$\angle$CEB = 42° のとき，$\angle$CDA の大きさは何度か，求めなさい。

(　　　)

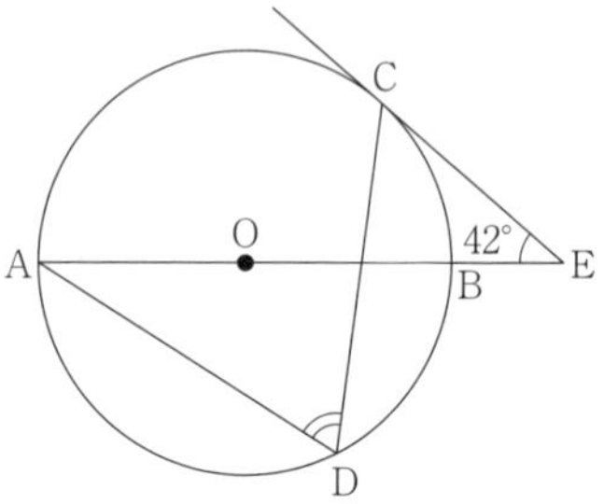

(2)　図で，四角形 ABCD は正方形であり，E は辺 DC の中点，F は線分 AE の中点，G は線分 FB の中点である。

AB = 8 cm のとき，次の①，②の問いに答えなさい。

①　線分 GC の長さは何 cm か，求めなさい。(　　　cm)

②　四角形 FGCE の面積は何 cm^2 か，求めなさい。(　　　cm^2)

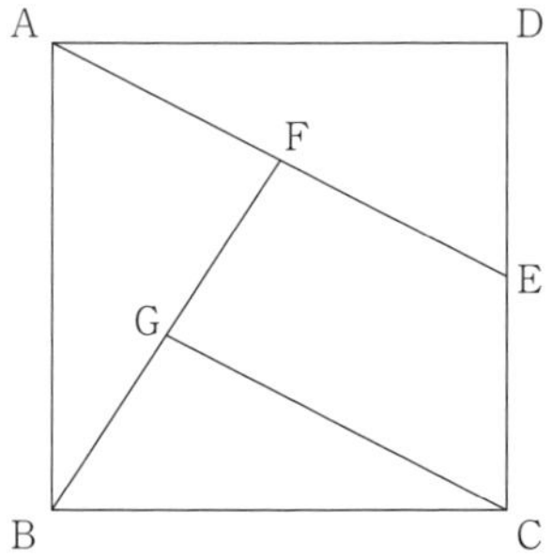

(3)　図で，立体 OABC は△ABC を底面とする正三角すいであり，D は辺 OA 上の点で，△DBC は正三角形である。

OA = OB = OC = 6 cm，AB = 4 cm のとき，次の①，②の問いに答えなさい。

①　線分 DA の長さは何 cm か，求めなさい。(　　　cm)

②　立体 ODBC の体積は正三角すい OABC の体積の何倍か，求めなさい。(　　　倍)

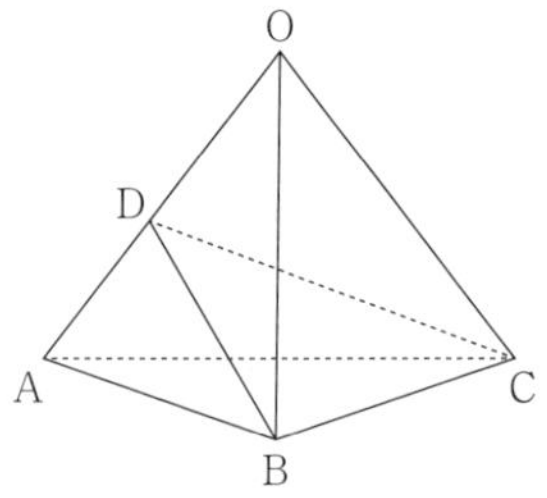

英語

時間　50分　　　　満点　22点

（編集部注）放送問題の放送原稿は英語の末尾に掲載しています。
音声の再生についてはもくじをご覧ください。

（注）「始め」という指示があってから，聞き取り検査が始まるまで，1分あります。1の「答え方」をよく読みなさい。

1　指示に従って，聞き取り検査の問題に答えなさい。

「答え方」

問題は第1問と第2問の二つに分かれています。

第1問は，1番から3番までの三つあります。それぞれについて，最初に対話を聞き，続いて，対話についての問いと，問いに対する答え，a，b，c，dを聞きます。そのあと，もう一度，その対話，問い，問いに対する答えを聞きます。必要があればメモをとってもよろしい。

問いの答えとして正しいものは解答欄の「正《せい》」の文字を，誤っているものは解答欄の「誤《ご》」の文字を，それぞれ〇《まる》でかこみなさい。正しいものは，各問いについて一つしかありません。

第2問では，最初に，来日予定の留学生からの音声メッセージを聞きます。続いて，音声メッセージについての問いと，問いに対する答え，a，b，c，dを聞きます。問いは問1と問2の二つあります。そのあと，もう一度，音声メッセージ，問い，問いに対する答えを聞きます。必要があればメモをとってもよろしい。

問いの答えとして正しいものは解答欄の「正《せい》」の文字を，誤っているものは解答欄の「誤《ご》」の文字を，それぞれ〇《まる》でかこみなさい。正しいものは，各問いについて一つしかありません。

第1問	1番	a（正　誤）	b（正　誤）	c（正　誤）	d（正　誤）
	2番	a（正　誤）	b（正　誤）	c（正　誤）	d（正　誤）
	3番	a（正　誤）	b（正　誤）	c（正　誤）	d（正　誤）
第2問	問1	a（正　誤）	b（正　誤）	c（正　誤）	d（正　誤）
	問2	a（正　誤）	b（正　誤）	c（正　誤）	d（正　誤）

[2]　次の道路標識（road sign）を見て，あとの問いに答えなさい。

説明文

Look at this road sign.

The sign is red and a Japanese word is written in white.

It tells [①], because you [②].

I hope it'll be sunny all day!

（問い）　あなたは次の休日に，日本を訪れた外国人の友人と二人でサイクリングに行くため，この標識について説明をすることになりました。説明文の[①]には，この標識が伝えている内容を，[②]にはその理由を，それぞれ5語以上の英語で書き，英文を完成させなさい。

ただし，[①]には you（あなた），[②]には traffic（交通，交通の）を必ず使うこと。また，下の語句を参考にしてもよい。

① It tells (　　　　　　　　　　　　　　　　　　　　　　　　　　　　　　　　),

② because you (　　　　　　　　　　　　　　　　　　　　　　　　　　　　　).

〈語句〉

場所　place　　～を確認する　check ～　　右側　right side　　自転車　bike

[3]　太朗（Taro）と留学中のサリー（Sally）が会話をしています。二人の会話が成り立つように，下線部①から③までのそれぞれの（　　）内に最も適当な語を入れて，英文を完成させなさい。ただし，（　　）内に示されている文字で始まる語を解答すること。

① But (　　　) did you (　　　) there?

② I really (　　　) (　　　) them.

③ You (　　　) (　　　) them in summer again!

Taro：　I heard you went to Marine Aquarium. Is that right?

Sally：　Yes. With my host sisters.

Taro：　Great. ① But (h　　　) did you (g　　　) there? It's far away.

Sally：　I took a train.

Taro：　I see. Did you see the dolphins?

Sally：　Yes, I did. ② I really (e　　　) (w　　　) them.

Taro：　It was cold outside the building, wasn't it?

Sally：　Yes. That was a problem. I missed the summer heat!

Taro：　③ You (s　　　) (v　　　) them in summer again!

（注）　miss ～　～を懐《なつ》かしく思う

4　次の文章を読んで，あとの(1)から(5)までの問いに答えなさい。

Now we live in a convenient world thanks to technology, especially communication tools. If we use our telephone, we can easily talk with a friend who (A) far away, and even see the face through our cell phone or computer. Such tools are so useful that it is very difficult for us to imagine our life without them.

Cell phones and computers, however, also have bad points. For example, they do not work well when a disaster happens. We cannot contact our family if a big earthquake hits Japan and destroys the electricity networks. Our society may depend on ［ ① ］. We need to do something for that situation.

A young boy in Japan is trying to change the situation with his unique project. He has come up with an idea of using homing pigeons. The birds were once used as a popular communication tool all over the world. ②He【using / useful / thinks / will / the birds again / be】. Our communication networks may be much stronger with his project.

For thousands of years, people have used many kinds of communication tools, such as drums, smoke, lights, letters, and so on. They have developed the tools to send their messages faster and further. Homing pigeons were one of those tools. The birds have a strong habit to fly back to their home from any place. People used this habit and built a network of homing pigeons to send messages fast. In the early twentieth century, newspaper companies had pigeon houses on their buildings, and the birds played an important role for sending messages. In 1923, when a big earthquake hit Tokyo, journalists brought pigeons outside their office, interviewed people, and wrote articles about the disaster. Then they put the articles into a small case which was attached to the bird's leg. After that, the bird was set free and flew back to the office with the articles.

The Japanese boy's idea of building the pigeon network may sound strange or impossible, but his ambitious challenge won the prize of the government's project. Maybe in the near future his idea will become reality, and we will have a better communication network. Why don't you follow his example? The future of communication may be in your hands. Be ambitious, boys and girls.

（注） network　ネットワーク　　project　プロジェクト
homing pigeon　伝書バト（通信に利用するためのハト）　further　より遠くに　habit　習性
play a ～ role　～な役割を担《にな》う　attached　取り付けられた　ambitious　意欲的な

(1) （ A ）にあてはまる最も適当な語を，次の5語の中から選んで，正しい形にかえて書きなさい。
（　　）

bring　do　think　live　take

(2) ［ ① ］にあてはまる最も適当な英語を，次のアからエまでの中から一つ選んで，そのかな符号を書きなさい。（　　）

ア　kind people even in a disaster

イ　the reality of having no serious earthquake

ウ　the network of families for a long time

エ　the convenience of the technology too much

(3)　下線②のついた文が，本文の内容に合うように，【　　】内の語句を正しい順序に並べかえなさい。

He (　　　　　　　　　　　　　　　　　　　　　　　　　　　　　　).

(4)　本文中では，通信手段についてどのように述べられているか。最も適当なものを，次のアからエまでの文の中から一つ選んで，そのかな符号を書きなさい。(　　　)

ア　Humans have used many kinds of communication tools in history over thousands of years.

イ　New communication tools were made to send messages slower than before.

ウ　Thanks to the habit of homing pigeons, they can fly to any place and cannot come back.

エ　People have never built a network of sending messages in their history.

(5)　次のアからカまでの文の中から，その内容が本文に書かれていることと一致するものを全て選んで，そのかな符号を書きなさい。(　　　)

ア　If you live far from your friends, you have no way to talk with them.

イ　Computers give us good information, but they cannot be used as communication tools.

ウ　Cell phones and computers are so perfect that these tools work well even in a disaster.

エ　The young boy in Japan is trying to build a communication network with homing pigeons.

オ　Homing pigeons were used as an important communication tool in the early 20th century.

カ　The young boy won the prize of the government because his idea was strange and impossible.

5 早紀（Saki）と留学生のピーター（Peter）が会話をしています。次の会話文を読んで，あとの(1)から(4)までの問いに答えなさい。

Saki ： Nice to meet you. I'm Saki.

Peter： 【 a 】 I'm Peter from Australia. Have you ever been to Australia?

Saki ： Yes. Two years ago, I studied at our sister school in Melbourne for two weeks.

Peter： I'm from Sydney, but I went there with my family to watch the Australian Open.

Saki ： 【 b 】 My host sister, Emily, told me about its history and Melbourne. The city was full of many smiles, and I learned a lot from their culture.

Peter： Well, I want to learn something from Japanese culture, too. ①When I was in Sydney, I watched Japanese anime on TV for the first (　　) and started to read Japanese comic books written in English. But comic books in English were very expensive, so I bought original comics written in Japanese, and studied the language to enjoy the stories.

Saki ： 【 c 】 The pictures in the books will be a great help.

Peter： That's true. I was attracted by the characters. ②They were my first Japanese (　　) who taught me Japanese conversation very well. Then I started to become more interested in Japanese pop culture.

Saki ： 【 d 】 Japanese people should learn its good points. When I came back to Japan from Melbourne, I found some good points of Japan myself.

Peter： Could you tell me one of the (A)?

Saki ： Let me see... the trains. When I took a train in Melbourne, there were just a few announcements at stations or in the trains. I didn't understand the announcements, so I missed my station several times!

Peter： 【 e 】

Saki ： How about trains in Japan? I think they give us good service.

Peter： I think that they're also a part of Japanese culture. You were able to discover the good points of Japan through your experience in Australia.

Saki ： Exactly. I'm sure that you'll broaden your horizons here and also find good points about Australia!

（注） Melbourne メルボルン　Australian Open 全豪オープン（テニスの国際大会の一つ）

(1) 次のアからオまでの英文を，会話文中の【 a 】から【 e 】までのそれぞれにあてはめて，会話の文として最も適当なものにするには，【 b 】と【 d 】にどれを入れたらよいか，そのかな符号を書きなさい。ただし，いずれも一度しか用いることができません。b (　　) d (　　)

ア I'm very happy to hear your feelings about our culture.

イ I understand. I took trains several times there.

ウ Wow, reading comics is a good way to learn a new language.

エ Hi, Saki. Nice to meet you, too.

オ　During my stay there, I often heard the name.

(2)　下線①，②のついた文が，会話の文として最も適当なものとなるように，それぞれの（　　）にあてはまる語を書きなさい。①(　　　)　②(　　　)

(3)　（ A ）にあてはまる最も適当な語を，次のアからエまでの中から選んで，そのかな符号を書きなさい。(　　　)

ア　ways　　イ　problems　　ウ　examples　　エ　arts

(4)　次の英文は，この会話が行われた日の夜，早紀（Saki）がエミリー（Emily）に送ったメールです。このメールが会話文の内容に合うように，次の（ X ），（ Y ）のそれぞれにあてはまる最も適当な語を書きなさい。X (　　　)　Y (　　　)

> Hi, Emily.
> How's everything?
> My school welcomed a student, Peter, from Sydney.
> He wants to learn Japanese (X), so we talked about it.
> We enjoyed our conversation about Japanese anime and trains.
> By the way, in your town, I forgot to (Y) off at my station several times.
> Your friend,
> Saki

〈放送原稿〉

（聞き取り検査指示）

これから，2021 年度愛知県公立高等学校全日制課程Ｂグループ入学試験，英語の聞き取り検査を行います。

それでは，聞き取り検査の説明をします。問題は第１問と第２問の二つに分かれています。

第１問。

第１問は，１番から３番までの三つあります。それぞれについて，最初に対話を聞き，続いて，対話についての問いと，問いに対する答え，a，b，c，d を聞きます。そのあと，もう一度，その対話，問い，問いに対する答えを聞きます。必要があればメモをとってもよろしい。

問いの答えとして正しいものは解答欄の「正《せい》」の文字を，誤っているものは解答欄の「誤《ご》」の文字を，それぞれ○《まる》でかこみなさい。正しいものは，各問いについて一つしかありません。それでは，聞きます。

（第１問）

１番

Woman： Excuse me. Is this your wallet?

Man　： Oh, yes! It's mine! Where did you find it?

Woman： You left it on the seat in the train. Here you are.

Question：What will the man say next?

a　You're very kind. Thank you very much.　　b　It's not easy, but I'll try.

c　No, I don't. I'll take another one.　　d　Well, you didn't find it.

それでは，もう一度聞きます。（対話，問い，問いに対する答えを繰り返す。）

２番

John： Good night, Mom. What will we have for breakfast tomorrow?

Mom： We'll have toast and milk. Why do you ask, John?

John： I want to enjoy your delicious breakfast in my dream, too.

Question：What is John going to do?

a　John is going to finish dinner.　　b　John is going to cook rice for breakfast.

c　John is going to sleep soon.　　d　John is going to eat toast at night.

それでは，もう一度聞きます。（対話，問い，問いに対する答えを繰り返す。）

３番

Kate： Hi, Mike.

Mike： Hi, Kate. You look fine. How's your brother, Bob?

Kate： Well, Bob is enjoying his life in Gold Coast as a university student.

Mike： Really? The city has many beautiful beaches. He goes to the beach every day, right?

Kate： No, he goes to the beach just on weekends. He's busy at his university.

Question：Why does Bob visit the beach just on weekends?

a Because he does not like swimming at the beach.

b Because he has many things to do from Monday to Friday.

c Because he lives in Gold Coast as a high school student.

d Because he thinks that Gold Coast has no beautiful beaches.

それでは，もう一度聞きます。(対話，問い，問いに対する答えを繰り返す。)

第2問。

第2問では，最初に，来日予定の留学生からの音声メッセージを聞きます。続いて，音声メッセージについての問いと，問いに対する答え，a，b，c，dを聞きます。問いは問1と問2の二つあります。そのあと，もう一度，音声メッセージ，問い，問いに対する答えを聞きます。必要があればメモをとってもよろしい。

問いの答えとして正しいものは解答欄の「正《せい》」の文字を，誤っているものは解答欄の「誤《ご》」の文字を，それぞれ○《まる》でかこみなさい。正しいものは，各問いについて一つしかありません。それでは，聞きます。

(第2問)

Hello. My name is Kate. I'll visit Japan and stay for two weeks. I hope you enjoy this message from London. I study Japanese in my school. It's difficult but I want to talk with you in Japanese. Listening to Japanese pop music is one of my favorite things. What music do you like? I'm looking forward to meeting you. Let's talk about music and my favorite singers! Thank you.

問1 How long will Kate stay in Japan?

a She will stay in Japan for two weeks.

b She will study Japanese pop culture in London.

c She will stay in London for two years.

d She will move from London to Japan by airplane.

問2 What does Kate want to do with the Japanese students?

a She wants to listen to pop music in London.

b She wants to talk with her favorite singers.

c She wants to meet her favorite singers at school.

d She wants to talk about music and her favorite singers.

それでは，もう一度聞きます。(音声メッセージ，問い，問いに対する答えを繰り返す。)

これで，聞き取り検査を終わります。

社会

時間　45分　　　満点　22点

1　次のⅠ，Ⅱの絵やⅢの資料には，過去の災害のようすなどが示されている。あとの(1)から(3)までの問いに答えなさい。なお，Ⅲの資料については，当時の記録を現代語で要約してある。

Ⅰ

Ⅱ

Ⅲ

今年のききんで多くの人々が飢え死にする状態になっており，北条泰時《ほうじょうやすとき》は，蓄えてある米を放出して伊豆と駿河両国の人々を救うように指示した。

(1)　次の文章は，Ⅰの絵について説明したものである。文章中の（ ① ），［ ② ］にあてはまることばと文の組み合わせとして最も適当なものを，あとのアからエまでの中から選んで，そのかな符号を書きなさい。なお，2か所の（ ① ）には同じことばがあてはまる。（　　　）

Ⅰの絵は，安政の大地震の後に描かれた錦絵であり，地震を引き起こすと信じられていたナマズを，（ ① ）たちがこらしめているという構図で描かれている。当時は，こうした絵が安い値段で大量に販売され，おもに（ ① ）が購入するなど，［ ② ］ことがわかる。

ア　① 貴族，② 民衆が文化のにない手となっていた

イ　① 貴族，② 都の文化が地方に広まっていた

ウ　① 町人，② 民衆が文化のにない手となっていた

エ　① 町人，② 都の文化が地方に広まっていた

(2)　次の文章は，Ⅱの絵に関連して述べたものである。文章中の（ ③ ），（ ④ ）にあてはまることばの組み合わせとして最も適当なものを，あとのアからエまでの中から選んで，そのかな符号を書きなさい。（　　　）

Ⅱの絵には，平安京の（ ③ ）に位置する大内裏（平安宮）に雷が落ち，藤原《ふじわら》氏などの貴族たちが逃げまどうようすが描かれている。藤原氏はこの絵のできごとの後も摂関政治を展開するなど，中央の政治をになったが，地方の政治はほとんど（ ④ ）に任されるようになった。

ア　③ 北，④ 国司　　イ　③ 北，④ 守護　　ウ　③ 南，④ 国司　　エ　③ 南，④ 守護

(3)　Ⅲの資料中のききんが発生した年代とほぼ同じ時期に起こった世界のできごとについて述べた

文として最も適当なものを，次のアからエまでの中から選んで，そのかな符号を書きなさい。

(　　　)

ア　イギリスでマグナ・カルタが制定される。　　イ　中国で明が建国される。
ウ　アメリカで奴隷解放宣言が出される。　　エ　インカ帝国が滅亡する。

2　次のⅠからⅣまでの資料や絵は，生徒が関門海峡をはさんで位置する下関と門司《もじ》の歴史についての発表を行うために用意したものの一部である。あとの(1)から(4)までの問いに答えなさい。

なお，Ⅰの資料は下関と門司で起こったできごとを年代の古い順に並べたものであり，Ⅲの資料中の法律は，一部を抜粋して現代語に要約したものである。

Ⅰ　下関と門司で起こったできごと

四国連合艦隊が下関を攻撃
↕ A
日露戦争に派遣される兵士が門司や下関から出発
↕ B
連合国軍が門司港の一部施設の占有を開始
↕ C
石油危機による物価上昇で門司港の貿易額が増加
↕ D
門司港の再開発計画を決定

Ⅱ　下関での会議のようす

Ⅲ　日本の海運業の発展について

説明文

下の法律は，日本の海運の国際競争力を高める目的で制定された。輸出入品の輸送について，下の表をみると，この法律の制定後，日本船の貨物積載額は増えた。その後，日本船と外国船の貨物積載額が逆転しているが，これは（　a　）の影響によると考えられる。日本では輸出入品の輸送は海運が中心であり，下関は海運でさかえた。

法律（1896 年に制定）

第一条
（　b　）の経営する会社が専有する船舶で日本と外国の港の間に貨物や旅客の運搬を行う際は，国が補助金を与える。
第二条
この法律に定める補助金を受け取ることができる船舶は国の定める規定を満たした（　c　）に限る。

表　船籍別貨物積載額　（単位 千円）

年	輸出入合計	
	日本船	外国船
1895	7 786	250 168
1900	148 385	333 814
1905	65 986	633 627
1910	416 604	499 050
1915	877 777	338 377
1920	3 082 242	1 121 205

（「日本経済統計総観」をもとに作成）

Ⅳ　門司港の歴史と再開発について

カードX

日本の支配下にあった遼東半島の大連までの航路の発着港や石炭の輸出港として栄え，近代的な建造物が多数建設された。

カードY

船だまりを埋め立て，周辺の歴史的建造物を解体して造成した土地を売却，道路整備を行う。

カードZ

船だまりを周辺の歴史的建造物とともに保存し，親水空間・歩行者空間として整備する。

現在の門司港
（円で示した部分が船だまり）

(1)　次の文は，生徒がⅠの資料中の四国連合艦隊が下関を攻撃したことについて発表した際のメモの一部である。文中の□にあてはまる適当なことばを，「天皇」という語を用いて，5字以上10字以下で書きなさい。□□□□□□□□□□

> 長州藩は尊王攘夷運動とよばれる [　　　] を排除しようとする運動の中心であったが，この事件の後，攘夷は不可能だと考え，幕府を倒し，天皇中心の政権をつくる考えを強めた。

(2)　Ⅱの絵に描かれた会議以降に，伊藤博文《いとうひろぶみ》が行ったことについて述べた文として適当なものを，次のアからエまでの中から全て選んで，そのかな符号を書きなさい。(　　　)

ア　条約改正交渉のために岩倉具視《いわくらともみ》らとともにアメリカに渡ったが，交渉は成功しなかった。

イ　日清戦争の後に帝国議会で政党の力が強まると，立憲政友会を結成し，総裁に就任した。

ウ　国会の開設が決まると，憲法や議会政治の研究のためにドイツ（プロイセン）に渡った。

エ　義和団事件の後に，東アジアにおける日本とロシアの勢力範囲についてロシアと交渉した。

(3)　Ⅲの資料について，説明文中の（ a ）および法律中の（ b ），（ c ）にあてはまることばの組み合わせとして最も適当なものを，次のアからクまでの中から選んで，そのかな符号を書きなさい。(　　　)

ア　a シベリア出兵，b 日本人，c 鋼鉄製の汽船

イ　a シベリア出兵，b 日本人，c 大型の軍艦

ウ　a シベリア出兵，b 外国人，c 鋼鉄製の汽船

エ　a シベリア出兵，b 外国人，c 大型の軍艦

オ　a 第一次世界大戦，b 日本人，c 鋼鉄製の汽船

カ　a 第一次世界大戦，b 日本人，c 大型の軍艦

キ　a 第一次世界大戦，b 外国人，c 鋼鉄製の汽船

ク　a 第一次世界大戦，b 外国人，c 大型の軍艦

(4)　次の文章は，生徒がⅣの資料を用いて門司港の歴史と再開発について発表した際のメモの一部である。文章中の（ ① ），[②] にあてはまる符号と文の組み合わせとして最も適当なものを，あとのアからケまでの中から選んで，そのかな符号を書きなさい。(　　　)

> Ⅳの資料中のカードＸは，Ⅰの資料中の（ ① ）の期間内の門司港のようすを述べたものである。その後，門司港のにぎわいは急激に失われたため，Ⅰの資料中のＤの期間内にはⅣの資料中のカードＹ，Ｚの二つの再開発計画案が検討され，最終的には1988年にカードＺの案に決定した。日本ではＤの期間内の大部分が [②]。

ア　① Ａ，② バブル経済後の不況期にあたり，株価や地価が急激に下落していた

イ　① Ａ，② 高度経済成長後の安定成長期にあたり，生活の豊かさも求められていた

ウ　① Ａ，② 高度経済成長期にあたり，臨海部にはコンビナートが建設されていた

エ　① Ｂ，② バブル経済後の不況期にあたり，株価や地価が急激に下落していた

オ　① Ｂ，② 高度経済成長後の安定成長期にあたり，生活の豊かさも求められていた

カ　① Ｂ，② 高度経済成長期にあたり，臨海部にはコンビナートが建設されていた

キ　① Ｃ，② バブル経済後の不況期にあたり，株価や地価が急激に下落していた

ク　① Ｃ，② 高度経済成長後の安定成長期にあたり，生活の豊かさも求められていた

ケ　① Ｃ，② 高度経済成長期にあたり，臨海部にはコンビナートが建設されていた

3 次のⅠからⅣまでの略地図や表，グラフは，生徒が瀬戸内海沿岸の地域についてレポートを作成するために用意したものの一部である。あとの(1)から(3)までの問いに答えなさい。

なお，Ⅰの略地図中のAからDまでは経線を示しており，Ⅱの表中のX，Y，ZおよびⅢのグラフ中のx，y，zは，それぞれ京浜工業地帯，瀬戸内工業地域，中京工業地帯のいずれかである。また，Ⅳの表中のa，b，c，dは愛媛県，香川県，兵庫県，広島県のいずれかである。

Ⅰ　略地図

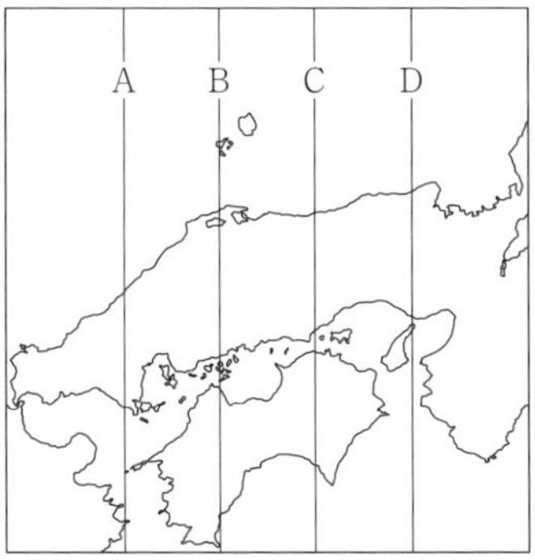

Ⅱ　京浜工業地帯，瀬戸内工業地域，中京工業地帯の製造品出荷額等の推移

（単位　億円）

	1990年	2000年	2010年	2017年
X	515 908	402 530	257 710	259 961
Y	445 033	427 472	481 440	577 854
Z	266 875	242 029	292 784	306 879

（「日本国勢図会　2020／21年版」をもとに作成）

Ⅲ　京浜工業地帯，瀬戸内工業地域，中京工業地帯の製造品出荷額等の産業別割合

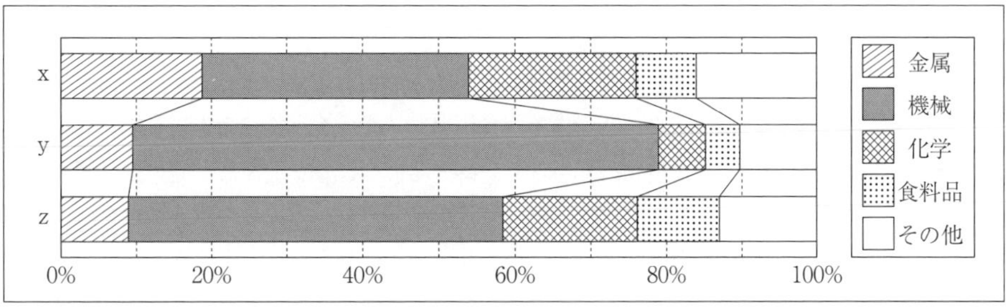

（注）Ⅱの表，Ⅲのグラフにおいては，京浜工業地帯は東京都，神奈川県，瀬戸内工業地域は岡山県，広島県，山口県，香川県，愛媛県，中京工業地帯は愛知県，三重県の製造品出荷額等をそれぞれ合計したものである。

（「日本国勢図会　2020／21年版」をもとに作成）

Ⅳ　4県の小麦の収穫量，果実の産出額等

	a	b	c	d
小麦の収穫量（t）	6 060	2 900	684	262
果実の産出額（億円）	62	37	537	172
海面養殖業収穫量（t）	25 456	71 077	62 762	107 243
第1次産業就業者の割合（%）	4.8	1.9	7.9	2.7
商業地の平均地価（千円／㎡）	74.6	314.1	95.0	204.3
人口密度（人／㎢）	512.6	652.8	238.1	332.2

（「データでみる県勢　2020年版」をもとに作成）

(1) 次の文章中の（ ① ）にあてはまる符号として最も適当なものを，Ⅰの略地図中のAからDまでの中から選んで書きなさい。また，文章中の（ ② ），（ ③ ）にあてはまることばの組み合わせとして最も適当なものを，あとのアからクまでの中から選んで，そのかな符号を書きなさい。

①(　　　)　②・③(　　　)

日本ではⅠの略地図中の（ ① ）を標準時子午線として定め，国内の時刻を統一している。日本の国土は南北3000kmにわたって弓のようにのび，東西の経度の差も30度程度あるため，国土の東端に位置する（ ② ）の日の出の時刻は，国土の西端に位置する与那国島の日の出の時刻よりも（ ③ ）なる。

ア　② 南鳥島，③ 1時間程度早く　　　イ　② 南鳥島，③ 2時間程度早く

ウ　② 南鳥島，③ 1時間程度遅く　　　エ　② 南鳥島，③ 2時間程度遅く

オ　② 沖ノ鳥島，③ 1時間程度早く　　カ　② 沖ノ鳥島，③ 2時間程度早く

キ　② 沖ノ鳥島，③ 1時間程度遅く　　ク　② 沖ノ鳥島，③ 2時間程度遅く

(2)　Ⅱの表中のXからZまでとⅢのグラフ中のxからzまでのうち，瀬戸内工業地域を示す符号の組み合わせとして最も適当なものを，次のアからケまでの中から選んで，そのかな符号を書きなさい。(　　　)

ア　X，x　　イ　X，y　　ウ　X，z　　エ　Y，x　　オ　Y，y　　カ　Y，z

キ　Z，x　　ク　Z，y　　ケ　Z，z

(3)　次の表は，Ⅳの表中の4県の産業や交通などについて説明したものであり，表中のe，f，g，hはⅣの表中のa，b，c，dのいずれかである。a，b，c，dとe，f，g，hのうち，香川県と兵庫県を示す符号の組み合わせとして最も適当なものを，あとのアからタまでの中からそれぞれ選んで，そのかな符号を書きなさい。香川県(　　　)　兵庫県(　　　)

県名	産業や交通などについての説明
e	県庁所在地には国内有数の貿易港があり，この港の西部には，かつて平 清盛《たいらのきよもり》が整備した港があった。また，この港の沖合に埋立地がつくられ，空港が整備された。
f	全都道府県の中で総面積が最も小さく，特産品のうどんをPRし，観光客の誘致をはかっている。降水量が少ないため，ため池を利用した農業が行われている。
g	県庁所在地には世界遺産があり，国際平和都市として発展しているこの都市の象徴となっている。穏やかな海を利用して，かきの養殖がさかんである。
h	本州四国連絡橋のうち，最後に全通したルートで本州と結ばれている。和歌山県，静岡県とともに，みかんの栽培がさかんである。

ア　a，e　　イ　a，f　　ウ　a，g　　エ　a，h　　オ　b，e　　カ　b，f

キ　b，g　　ク　b，h　　ケ　c，e　　コ　c，f　　サ　c，g　　シ　c，h

ス　d，e　　セ　d，f　　ソ　d，g　　タ　d，h

4　次のⅠの略地図は，イギリス，チャド，フィリピン，モンゴルの４国の首都の位置を示したものであり，Ⅱのグラフは，４国の首都の月別降水量と月別平均気温を，Ⅲの表は，４国の人口等を示したものである。また，Ⅳの表は，ある発電方式による発電量上位４国を示したものである。あとの(1)から(3)までの問いに答えなさい。

なお，Ⅲの表中のＡ，Ｂ，Ｃは，イギリス，フィリピン，モンゴルのいずれかである。

Ⅰ　４国の首都の位置を示した略地図

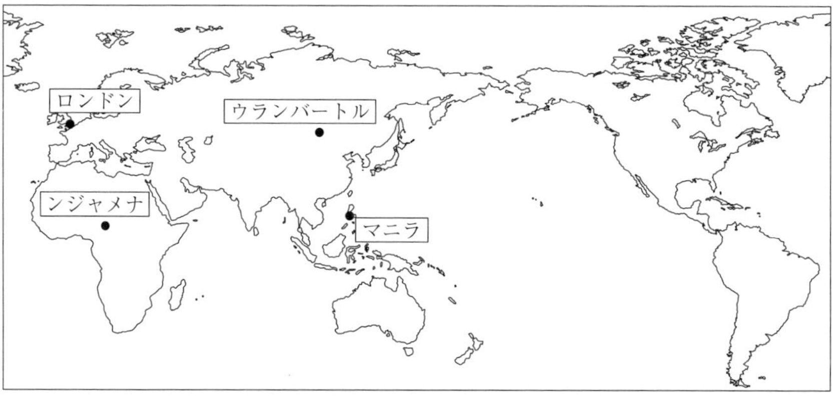

Ⅱ　４国の首都の月別降水量と月別平均気温

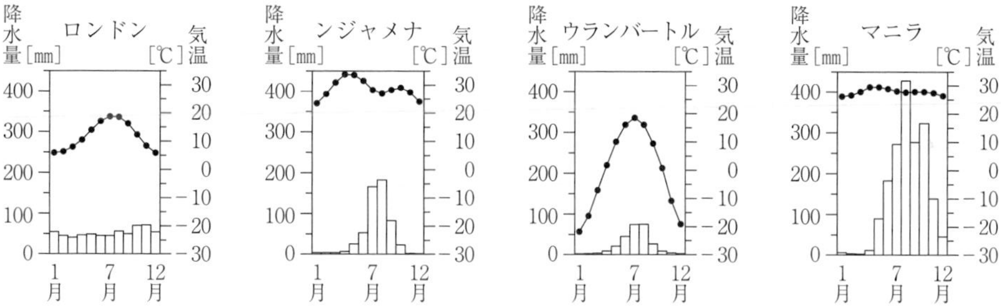

（「理科年表　2020」をもとに作成）

Ⅲ　４国の人口，GDP，羊の飼育頭数，米の生産量

国名	人口（千人）	GDP（百万ドル）	羊の飼育頭数（千頭）	米の生産量（千t）
A	108 117	313 595	30	19 276
B	67 530	2 631 228	34 832	－
チャド	15 947	10 717	30 789	264
C	3 225	11 135	30 110	－

（注）表中の「－」は全くないことを示している。

（「世界国勢図会　2019／20年版」をもとに作成）

Ⅳ　（ Ｘ ）発電の発電量上位４国

国名	発電量（億kWh）
アメリカ	186
フィリピン	111
インドネシア	107
ニュージーランド	74

（「世界国勢図会　2019／20年版」をもとに作成）

(1)　次の文章は，生徒と先生がⅠの略地図とⅡのグラフをもとに４国の首都の位置と気温の関係について話し合った際の会話の一部である。文章中の（ ① ），（ ② ）にあてはまる首都名の組み合わせとして最も適当なものを，あとのア，イ，ウ，エの中から選んで，そのかな符号を書きなさい。また，（ ③ ），（ ④ ）にあてはまることばの組み合わせとして最も適当なものを，あとのオ，カ，キ，クの中から選んで，そのかな符号を書きなさい。

なお，文章中の3か所の（ ① ），（ ② ）にはそれぞれ同じ首都名があてはまる。

①・②(　　　)　③・④(　　　)

生徒：4国の首都は，こんなに気温が違うのですね。

先生：Ⅱのグラフで月別平均気温の最も高い月と最も低い月の気温の差について，4国の首都のうち緯度の近い都市どうしで比較してみましょう。まず，ロンドンとウランバートルではどちらがその差が大きいですか。

生徒：（ ① ）の方が大きいです。

先生：そうですね。次に，ンジャメナとマニラではどちらが大きいですか。

生徒：（ ② ）の方が大きいです。

先生：そのとおりです。緯度が近いにもかかわらず，どうしてこうした差が生まれるのか，Ⅰの略地図で考えてみましょう。

生徒：緯度が近い都市どうしを比較すると，（ ③ ）都市の方が，その差が大きくなる傾向がありそうですね。

先生：そのとおりです。今度はこの（ ① ）と（ ② ）について，先ほどと同じようにⅡのグラフで月別平均気温の最も高い月と最も低い月の気温の差について比較してください。

生徒：（ ② ）よりも（ ① ）の方が，その差が大きくなります。

先生：そうですね。この場合には（ ④ ）都市の方が月別平均気温の最も高い月と最も低い月の気温差が大きくなっています。

ア　① ロンドン，② ンジャメナ　　　イ　① ロンドン，② マニラ

ウ　① ウランバートル，② ンジャメナ　　　エ　① ウランバートル，② マニラ

オ　③ 海に近い，④ 高緯度の　　　カ　③ 海に近い，④ 低緯度の

キ　③ 内陸の，④ 高緯度の　　　ク　③ 内陸の，④ 低緯度の

(2) 次のx，yの文章は，Ⅲの表中のA，B，Cのいずれかの国について説明したものである。x，yで説明されている国として最も適当なものを，AからCまでの中からそれぞれ選んで，その符号を書きなさい。x(　　　)　y(　　　)

x	この国では，世界に先がけて産業革命が起こり，近代工業社会が成立した。また，近年EUから離脱した。
y	この国には広大な草原が広がり，ゲルとよばれる住居で暮らす遊牧民もいる。また，豊富な鉱産資源が経済を支えている。

(3) 次の文章を参考にして，Ⅳの表の（ X ）にあてはまる最も適当なことばを，漢字2字で書きなさい。(　　　)

Ⅳの表の発電方式の発電量上位4国は，火山活動の活発な環太平洋造山帯に国土の全部または一部が位置している。この発電方式は，再生可能エネルギーを活用し，天候や季節，昼夜を問わず電力を供給できることが特徴である。

5　次のⅠ，Ⅱ，Ⅲのグラフは，生徒が価格や貿易についてのレポートを作成するために用意したものの一部である。あとの(1)から(4)までの問いに答えなさい。

Ⅰ　かいわれ，だんしゃく，トマトの月別取扱数量と月別平均価格（2019年）

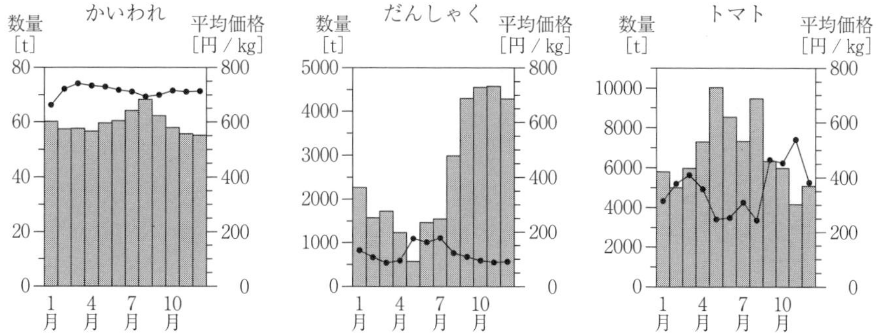

（注）棒グラフは取扱数量を，折れ線グラフは平均価格を示している。

（東京都中央卸売市場ホームページをもとに作成）

Ⅱ　円とドルの交換比率の推移

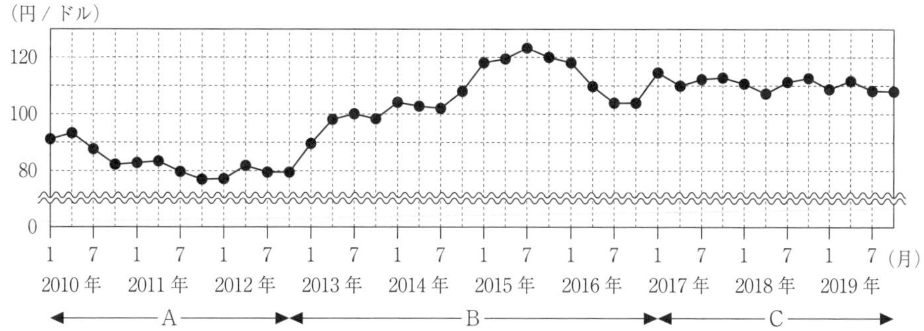

（注）円とドルの交換比率は，1，4，7，10月のそれぞれの月の1か月間の平均値を示している。

（日本銀行ホームページをもとに作成）

Ⅲ　日本の輸出入額の推移

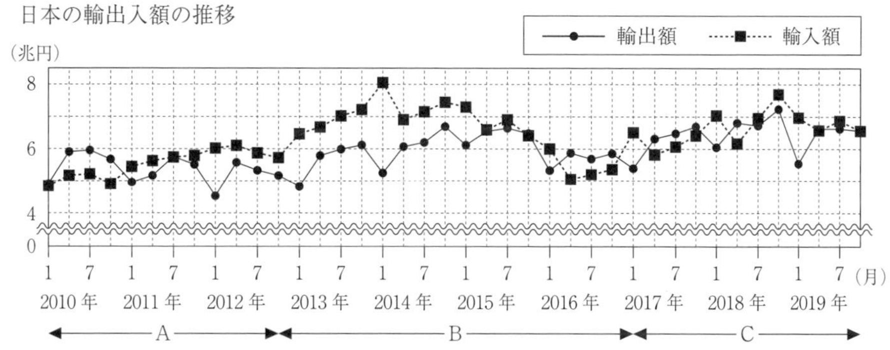

（注）輸出入額は，1，4，7，10月のそれぞれの月の1か月間の総額を示している。

（「財務省貿易統計」をもとに作成）

(1)　次の文章は，生徒がⅠのグラフについて説明したものの一部である。文章中の（ ① ），（ ② ）にあてはまることばの組み合わせとして最も適当なものを，あとのアからカまでの中から選んで，そのかな符号を書きなさい。

なお，文章中の2か所の（ ① ）には，同じことばがあてはまる。（　　　）

三つの農作物のうち，平均価格の最も高い月と最も安い月の差が最大のものは，（ ① ）である。

Ⅰのグラフによると，(①)の取扱数量は，(②)が最も少なく，その月の平均価格は，最も安い月の平均価格の2倍以上となっている。

ア　① かいわれ，② 5月　　　イ　① かいわれ，② 11月

ウ　① だんしゃく，② 5月　　エ　① だんしゃく，② 11月

オ　① トマト，② 5月　　　　カ　① トマト，② 11月

(2)　次の文は，生徒がⅡのグラフについて説明したものの一部である。文中の(　　)にあてはまる最も適当なことばを，漢字2字で書きなさい。(　　　)

貿易などの際，自国の通貨と他国の通貨を交換する比率を(　　)相場というが，この比率は一般に，商品の価格と同様に需要と供給の変化により変動する。

(3)　Ⅱ，Ⅲのグラフから読み取ることができる内容をまとめた文として最も適当なものを，次のアからエまでの中から選んで，そのかな符号を書きなさい。(　　　)

ア　それぞれのグラフでA，B，Cの三つの期間を比較すると，Aの期間は円高の傾向が最も強く，この期間中は輸入額が減少し続けている。

イ　それぞれのグラフでA，B，Cの三つの期間を比較すると，Bの期間は円安の傾向が最も強く，この期間中は輸出額が増加し続けている。

ウ　それぞれのグラフのBの期間についてみると，Aの期間と比べて円安の傾向にあり，期間を通して輸出額が輸入額よりも多い状態が続いている。

エ　それぞれのグラフのCの期間についてみると，Aの期間と比べて円安の傾向にあり，期間を通して輸出額が5兆円を超えている。

(4)　次の文章は，総務省がスマートフォン等のモバイルサービスの価格についてまとめた報告書の一部である。文章中の(③)，(④)にあてはまることばの組み合わせとして最も適当なものを，あとのアからエまでの中から選んで，そのかな符号を書きなさい。(　　　)

スマートフォン等のモバイルサービスは，あらゆる社会・経済活動を支えるインフラとして，また，国民生活に不可欠なライフラインとして重要な役割を果たしている。大手携帯電話事業者3グループの寡占的な状況となっているモバイル市場において，多様なモバイルサービスが低廉《ていれん》な料金で提供され，(③)を向上させるためには，…(中略)…事業者間の(④)を促進する必要がある。

(注)　○低廉＝価格が安いこと。

(総務省「平成30年版　情報通信白書」より抜粋)

ア　③ メディアリテラシー，④ 公正な競争　　イ　③ メディアリテラシー，④ 経済統合

ウ　③ 利用者利益，④ 公正な競争　　　　　　エ　③ 利用者利益，④ 経済統合

6 次のⅠ，Ⅱ，Ⅲは，日本国憲法の条文の一部である。あとの(1)から(3)までの問いに答えなさい。

Ⅰ	すべて国民は，法の下に（　　）であって，人種，信条，性別，社会的身分又は門地により，政治的，経済的又は社会的関係において，差別されない。（第 14 条）
Ⅱ	国会は，国権の最高機関であって，国の唯一の立法機関である。（第 41 条）
Ⅲ	選挙区，投票の方法その他両議院の議員の選挙に関する事項は，法律でこれを定める。（第 47 条）

(1) Ⅰの条文中の（　　）にあてはまる最も適当なことばを，漢字２字で書きなさい。（　　　）

(2) 次の文章は，Ⅱの条文に関連して，国会の働きの一つについて述べたものである。文章中の ① ，（ ② ）にあてはまることばの組み合わせとして最も適当なものを，あとのアからエまでの中から選んで，そのかな符号を書きなさい。（　　　）

国会は国の予算についての審議・議決を行う。予算とは国民が納めた税金などの国の収入を ① であり，その原案は（ ② ）が作成する。

ア ① どのように使うかの見積もり，② 予算委員会

イ ① どのように使うかの見積もり，② 内閣

ウ ① どのように使ったかの報告，② 予算委員会

エ ① どのように使ったかの報告，② 内閣

(3) 次の資料は，Ⅲの条文に関連して，選挙について説明したものである。資料中の ③ ，（ ④ ）にあてはまることばと符号の組み合わせとして最も適当なものを，あとのアからエまでの中から選んで，そのかな符号を書きなさい。（　　　）

（資料）

日本ではおもに国政選挙において， ③ が課題の一つとなっている。この課題について，右の表を例に考えてみると，表中のＡの選挙区とＢの選挙区では（ ④ ）の選挙区の方が選出議員一人あたりの有権者数が多くなっている。全国を複数の選挙区に分けて選挙を行うときは，各選挙区の議員一人あたりの有権者数ができるだけ等しく保たれることが重要である。

	選挙区	
	A	B
選出議員数	1人	1人
有権者数	20万人	40万人

ア ③ 比例代表選挙の議席配分，④ A

イ ③ 比例代表選挙の議席配分，④ B

ウ ③ 一票の格差の改善，④ A

エ ③ 一票の格差の改善，④ B

理科

時間　45分　　　　満点　22点

1　次の(1)，(2)の問いに答えなさい。

(1)　地球は，地軸が公転面に対して垂直な方向から23.4°傾いて公転しており，図1は，公転面に対する地軸の傾きと，夏至のときの太陽からの光の方向を模式的に示したものである。北緯45°の地点Xにおける1年間の太陽の南中高度はどのように変化するか。最も適当なものを，図2のアからエまでの中から選んで，そのかな符号を書きなさい。ただし，図2のyは，北緯35°の地点Yにおける1年間の太陽の南中高度の変化をグラフに表したものである。(　　　)

図1

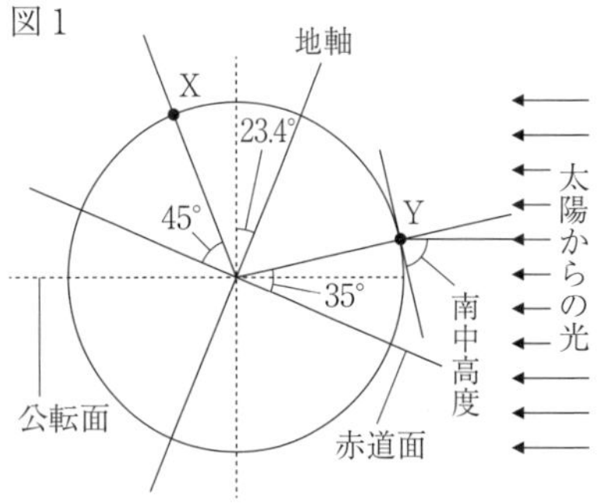

図2

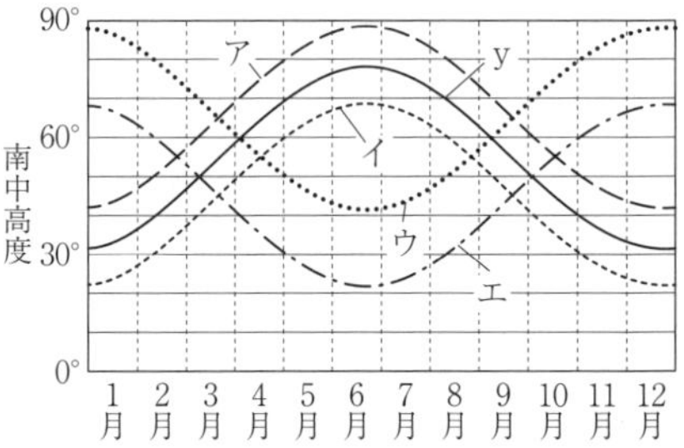

(2)　アルカリ性を示す物質の性質を調べるため，次の〔実験〕を行った。

〔実験〕

①　図のように，スライドガラスに硫酸ナトリウム水溶液をしみこませたろ紙をのせ，両端を金属製のクリップでとめた。

②　ろ紙の上に，赤色と青色のリトマス紙をのせてしばらく置いた。

③　うすい水酸化ナトリウム水溶液をしみこませた糸を，赤色リトマス紙と青色リトマス紙の中央にのせた。

④　電源とクリップを導線でつなぎ，10Vの電圧を加えて，赤色リトマス紙と青色リトマス紙の色の変化を観察した。

図

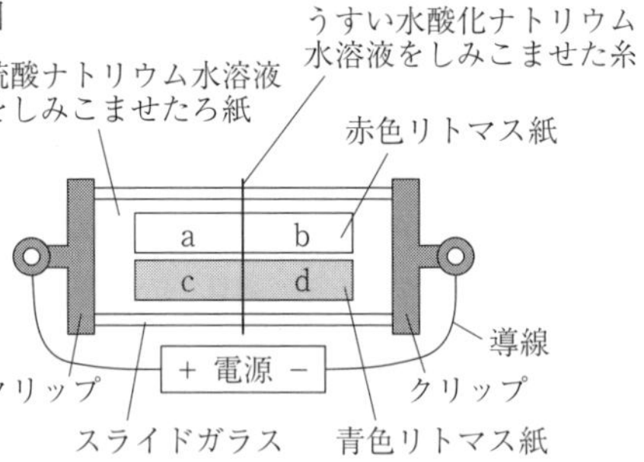

次の文章は，〔実験〕の結果と，〔実験〕の結果からわかることについて説明したものである。文章中の（ Ⅰ ）と（ Ⅱ ）にあてはまる語の組み合わせとして最も適当なものを，下のアからクまでの中から選んで，そのかな符号を書きなさい。(　　　)

電流を流すと，リトマス紙の（ Ⅰ ）の部分の色が変化した。このことから，アルカリ性の性質を示す物質は，（ Ⅱ ）の電気をもったイオンであると考えられる。

ア　Ⅰ a，Ⅱ +《プラス》　　イ　Ⅰ a，Ⅱ −《マイナス》　　ウ　Ⅰ b，Ⅱ +《プラス》　　エ　Ⅰ b，Ⅱ −《マイナス》

オ　Ⅰ c，Ⅱ +《プラス》　　カ　Ⅰ c，Ⅱ −《マイナス》　　キ　Ⅰ d，Ⅱ +《プラス》　　ク　Ⅰ d，Ⅱ −《マイナス》

2　ヒトのだ液に含まれる消化酵素のはたらきについて調べるため，次の〔実験1〕と〔実験2〕を行った。

〔実験1〕

① デンプンを水に溶かしたうすいデンプン溶液をつくり，試験管X，Yのそれぞれに5 cm^3 ずつ入れた。さらに，試験管Xには水でうすめたヒトのだ液2 cm^3 を，試験管Yには水2 cm^3 を入れてよく混ぜた。

② 試験管Xと試験管Yを40℃の湯の中に入れた。10分後，試験管Xの液の半分を試験管aに，残りを試験管bに移した。同様に，試験管Yの液の半分を試験管cに，残りを試験管dに移した。

③ 試験管aとcにはヨウ素液を数滴加えて混ぜた後，液の色の変化を観察した。また，試験管bとdにはベネジクト液を少量加えて混ぜた後，ガスバーナーで加熱して液の色の変化を観察した。

図1は，〔実験1〕の手順の一部を模式的に表したものであり，表1は，〔実験1〕の③の結果をまとめたものである。

図1

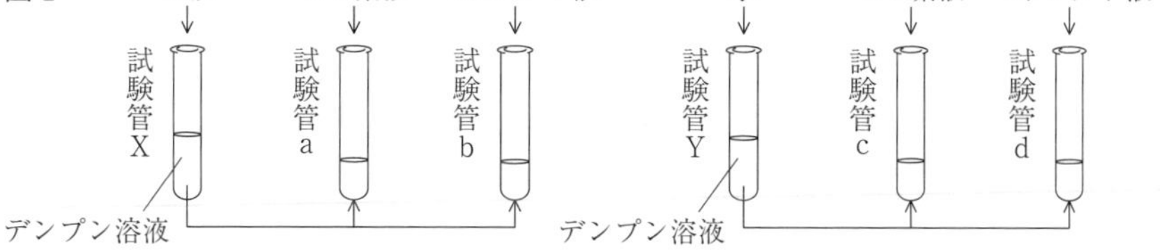

表1

試験管	a	b	c	d
試験管の液の色	変化なし	赤かっ色に変化	青紫色に変化	変化なし

〔実験2〕

① 2つのセロファンの袋を用意し，一方に〔実験1〕の①の試験管Xと同じ液を入れ，もう一方に〔実験1〕の①の試験管Yと同じ液を入れた。なお，セロファンには肉眼では見えない小さな穴があいている。

② ①のセロファンの袋を，40℃の湯を入れた2つのビーカーⅠとⅡの中にそれぞれ入れた。10分後，ビーカーⅠの湯を試験管eとfに，ビーカーⅡの湯を試験管gとhに入れた。

③ 試験管eとgにはヨウ素液を数滴加えて混ぜた後，液の色の変化を観察した。また，試験管fとhにはベネジクト液を少量加えて混ぜた後，ガスバーナーで加熱して，液の色の変化を観察した。

図2は，〔実験2〕の手順の一部を模式的に表したものであり，表2は，〔実験2〕の③の結果をまとめたものである。

図2

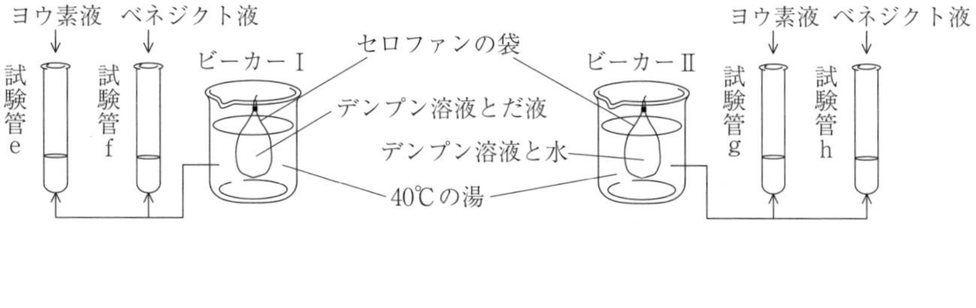

表2

試験管	e	f	g	h
試験管の液の色	変化なし	（ P ）	（ Q ）	変化なし

次の(1)から(4)までの問いに答えなさい。

(1) 〔実験1〕と〔実験2〕で，ガスバーナーを使い試験管を加熱するときの操作として最も適当なものを，次のアからエまでの中から選んで，そのかな符号を書きなさい。(　　　)

ア　試験管に温度計を入れ，試験管を動かさないようにして加熱する。

イ　試験管に温度計を入れ，試験管を軽くふりながら加熱する。

ウ　試験管に沸騰石を入れ，試験管を動かさないようにして加熱する。

エ　試験管に沸騰石を入れ，試験管を軽くふりながら加熱する。

(2) 次の文章は，〔実験1〕の結果からわかることについて説明したものである。文章中の（ i ）と（ ii ）にあてはまる語の組み合わせとして最も適当なものを，下のアからカまでの中から選んで，そのかな符号を書きなさい。(　　　)

試験管aと（ i ）の比較から，だ液のはたらきによりデンプンが分解されたことがわかる。また，試験管（ ii ）の比較から，だ液のはたらきにより糖ができたことがわかる。

ア　i b，ii aとc　　イ　i b，ii bとc　　ウ　i b，ii bとd

エ　i c，ii aとb　　オ　i c，ii bとc　　カ　i c，ii bとd

(3) 〔実験1〕と〔実験2〕の結果から，だ液のはたらきでデンプンが分解されてできる糖は，セロファンの小さな穴を通り抜けるが，デンプンはその穴を通り抜けないことがわかった。〔実験2〕の③は，どのような結果になったと考えられるか。表2の（ P ）と（ Q ）にあてはまる語句の組み合わせとして最も適当なものを，次のアからエまでの中から選んで，そのかな符号を書きなさい。(　　　)

ア　P 赤かっ色に変化，Q 青紫色に変化　　イ　P 赤かっ色に変化，Q 変化なし

ウ　P 変化なし，Q 青紫色に変化　　エ　P 変化なし，Q 変化なし

(4) 図3は，ヒトの体内における食物の消化に関係する器官を模式的に示したものである。①から④までの器官のはたらきを説明したものとして正しいものを，次のアからカまでの中から2つ選んで，そのかな符号を書きなさい。(　　　)(　　　)

図3

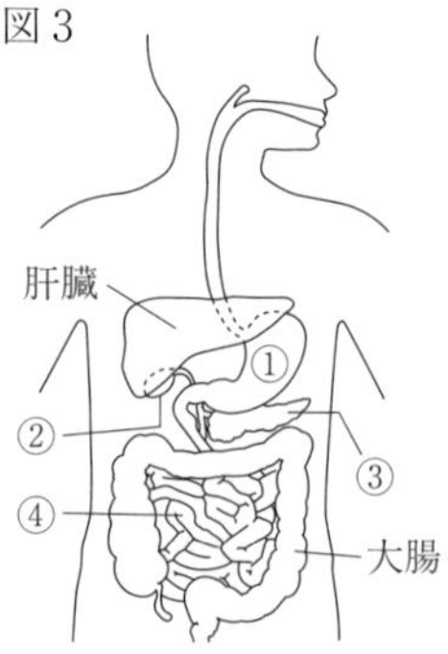

ア　①は，デンプンにはたらく消化酵素であるアミラーゼを含む消化液を出す。

イ　②は，体内に吸収された糖のほとんどをグリコーゲンという物質に変えて貯蔵する。

ウ　②は，脂肪の消化を助ける液を出す。

エ　③は，たんぱく質にはたらく消化酵素であるペプシンを含む消化液を出す。

オ　③から出る消化液に含まれる消化酵素のリパーゼは，モノグリセリドを脂肪と脂肪酸に分解する。

カ　④は，その壁に柔毛とよばれるたくさんの突起があり，糖などの栄養分を吸収している。

3　水溶液の性質を調べるため，3種類の白色の物質a，b，cを用いて〔実験1〕から〔実験3〕までを行った。これらの実験で用いた物質a，b，cは，硝酸カリウム，塩化ナトリウム，ミョウバンのいずれかである。

〔実験1〕

① 図1のように，ビーカーA，B，Cを用意し，それぞれのビーカーに15℃の水75gを入れた。

② ①のビーカーAには物質aを，ビーカーBには物質bを，ビーカーCには物質cを，それぞれ20g加え，ガラス棒で十分にかき混ぜ，物質a，b，cが水に溶けるようすを観察した。

図1

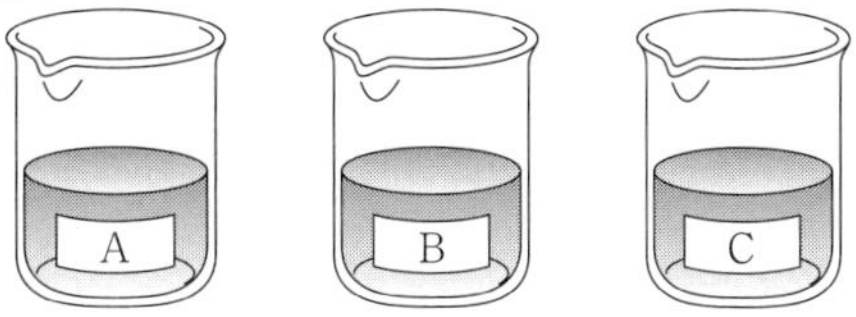

〔実験1〕の②では，ビーカーBとCには，白色の物質が溶けきらずに残っていた。

〔実験2〕

① 〔実験1〕の②の後，ビーカーA，B，Cの水溶液をそれぞれガラス棒でかき混ぜながら，水溶液の温度が35℃になるまでおだやかに加熱し，水溶液のようすを観察した。

② 全てのビーカーについて水溶液の温度が5℃になるまで冷却し，水溶液のようすを観察した。

表1は，〔実験1〕と〔実験2〕の結果についてまとめたものである。また，表2は，硝酸カリウム，塩化ナトリウム，ミョウバンについて，5℃，15℃，35℃の水100gに溶かすことができる最大の質量を示したものである。

表1

白色の物質	5℃のとき	15℃のとき	35℃のとき
a	全て溶けた	全て溶けた	全て溶けた
b	結晶が見られた	結晶が見られた	結晶が見られた
c	結晶が見られた	結晶が見られた	全て溶けた

表2

物質名	5℃	15℃	35℃
硝酸カリウム	11.7g	24.0g	45.3g
塩化ナトリウム	35.7g	35.9g	36.4g
ミョウバン	6.2g	9.4g	19.8g

〔実験3〕

① 図2のように，ビーカーDを用意し，硝酸カリウム50gと水を入れた。この水溶液をおだやかに加熱し，硝酸カリウムを全て溶かして，質量パーセント濃度20％の水溶液をつくった。

② ①の水溶液を冷やし，水溶液の温度を5℃まで下げた。

図2

次の(1)から(4)までの問いに答えなさい。

(1) 次の文章は，物質が水に溶ける現象について説明したものである。文章中の（ Ⅰ ）から（ Ⅲ ）までにあてはまる語の組み合わせとして最も適当なものを，あとのアからクまでの中から選んで，

そのかな符号を書きなさい。(　　　)

塩化ナトリウムや砂糖などの物質が，水に溶けて均一になる現象を（ Ⅰ ）という。このとき，水に溶けている物質を（ Ⅱ ），それを溶かしている水を（ Ⅲ ）という。

ア　Ⅰ 溶解，Ⅱ 溶質，Ⅲ 溶媒　　イ　Ⅰ 溶解，Ⅱ 溶質，Ⅲ 溶液
ウ　Ⅰ 溶解，Ⅱ 溶媒，Ⅲ 溶質　　エ　Ⅰ 溶解，Ⅱ 溶媒，Ⅲ 溶液
オ　Ⅰ 再結晶，Ⅱ 溶質，Ⅲ 溶媒　　カ　Ⅰ 再結晶，Ⅱ 溶質，Ⅲ 溶液
キ　Ⅰ 再結晶，Ⅱ 溶媒，Ⅲ 溶質　　ク　Ⅰ 再結晶，Ⅱ 溶媒，Ⅲ 溶液

(2) 〔実験1〕と〔実験2〕の結果から考えると，白色の物質a，b，cはそれぞれ何か。その組み合わせとして最も適当なものを，次のアからカまでの中から選んで，そのかな符号を書きなさい。
(　　　)

ア　a 硝酸カリウム，b 塩化ナトリウム，c ミョウバン
イ　a 硝酸カリウム，b ミョウバン，c 塩化ナトリウム
ウ　a 塩化ナトリウム，b 硝酸カリウム，c ミョウバン
エ　a 塩化ナトリウム，b ミョウバン，c 硝酸カリウム
オ　a ミョウバン，b 硝酸カリウム，c 塩化ナトリウム
カ　a ミョウバン，b 塩化ナトリウム，c 硝酸カリウム

(3) 〔実験3〕の②で，水溶液の温度を5℃まで下げたところ，硝酸カリウムが結晶として出てきた。出てきた硝酸カリウムの結晶は何gか。次のアからクまでの中から最も適当なものを選んで，そのかな符号を書きなさい。(　　　)

ア　15.9g　　イ　20.8g　　ウ　23.4g　　エ　26.6g　　オ　30.2g　　カ　32.4g　　キ　34.7g
ク　38.3g

(4) 物質aについては，〔実験2〕の後，ビーカーAの水溶液の温度をさらに下げても結晶が得られなかった。一度溶かした物質aを再び結晶としてとり出すためにはどのようにすればよいか，20字以内で説明しなさい。

ただし，「水溶液を…」という書き出しで始め，「水」という語を用いること。

(注意)　句読点も1字に数えて，1字分のマスを使うこと。

水溶液を

4　電熱線に電流を流したときの電熱線の発熱について調べるため，次の〔実験〕を行った。

〔実験〕

① 図1のように，発泡ポリスチレンのコップの中に，室温と同じ温度の水100g，7.0Ωの電熱線，温度計を入れ，電熱線，スイッチ，電流計，電源装置を導線で接続した。

② スイッチを入れ，電流計を流れる電流が2.0Aになるように調節した。

③ ②の直後，水の温度を測定し，それから30秒ごとに300秒まで，コップの中の水をかき混ぜながら水の温度を測定した。

④ 次に，電流計を流れる電流を1.0Aに変えて，①から③までと同じことを行った。

⑤ さらに，①でコップの中の水の量を50g，200gに変えて，それぞれ②から④までと同じことを行った。

図1

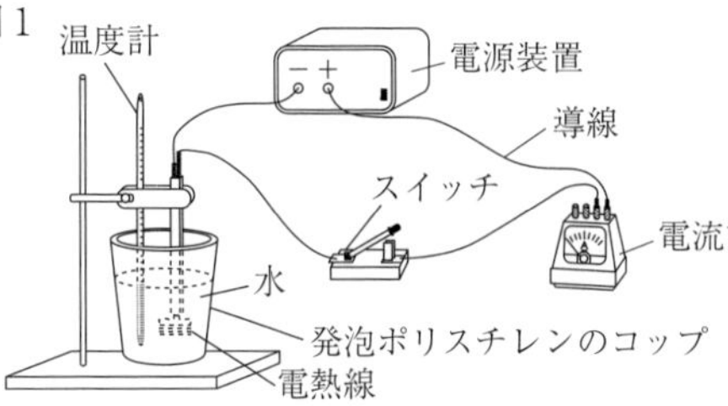

ただし，室温は一定であり，発泡ポリスチレンのコップを用いて〔実験〕を行うとき，電熱線で生じた熱は，全て水の温度上昇に使われるものとする。

図2は，〔実験〕の結果をもとに，コップの中の水の温度を測定し始めてからの経過時間と，コップの中の水の温度との関係をそれぞれグラフに表したものである。

図2

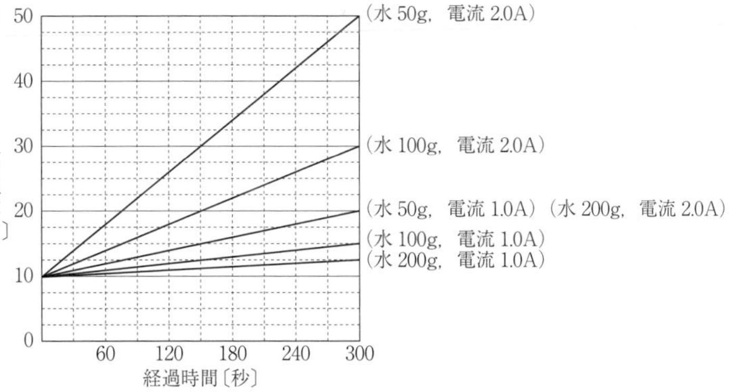

次の(1)から(4)までの問いに答えなさい。

(1) 〔実験〕の②で電流計を流れる電流が2.0Aのとき，電熱線で消費される電力は何Wか，整数で求めなさい。(　　　W)

(2) 〔実験〕の①でコップの中の水の量を300gに変えて，②で電流計を流れる電流が3.0Aとなるように調節し，③と同じことを行った。このとき，経過時間と水の温度との関係はどのようになるか。横軸にコップの中の水の温度を測定し始めてからの経過時間を，縦軸にコップの中の水の温度をとり，その関係を表すグラフを解答欄の図3に書きなさい。

ただし，測定を開始したときの水の温度は10℃であった。

図3

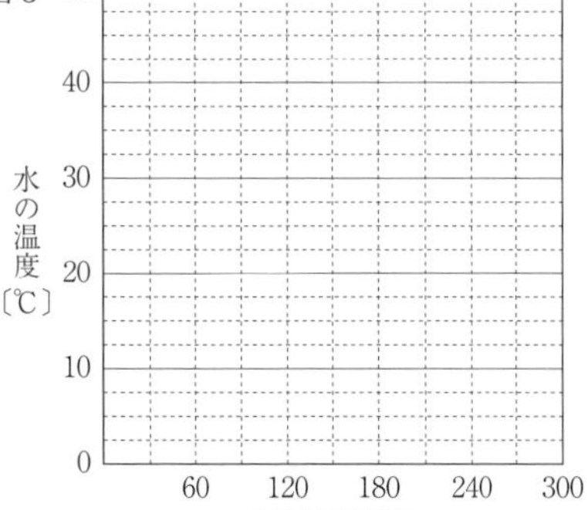

(3)〔実験〕の結果から，1 g の水の温度を 1 ℃上昇させるのに必要な熱量は何 J か，小数第 1 位まで求めなさい。(　　　J)

(4)〔実験〕の後，発泡ポリスチレンのコップをガラスのコップにかえて，〔実験〕の①から③までと同じことを行い，コップの中の水の温度を測定し始めてからの経過時間と，コップの中の水の温度との関係をグラフに表すと，発泡ポリスチレンのコップを用いた〔実験〕の結果をもとに表したグラフとは異なっていた。

次の文章中の（ Ⅰ ）と（ Ⅱ ）にあてはまる語の組み合わせとして最も適当なものを，下のアからエまでの中から選んで，そのかな符号を書きなさい。(　　　)

この実験で用いたガラスのコップは，〔実験〕で用いた発泡ポリスチレンのコップよりも熱を伝えやすい。そのため，このガラスのコップを用いて実験を行うと，300 秒後の水の温度は，発泡ポリスチレンのコップを用いた〔実験〕よりも（ Ⅰ ）なる。また，ガラスのコップを用いたこの実験において得られた結果から，1 g の水の温度を 1 ℃上昇させるのに必要な熱量を計算すると，(3)で求めた値よりも（ Ⅱ ）なる。

ア　Ⅰ 高く，Ⅱ 大きく　　イ　Ⅰ 高く，Ⅱ 小さく　　ウ　Ⅰ 低く，Ⅱ 大きく
エ　Ⅰ 低く，Ⅱ 小さく

5　ある場所で発生した地震のゆれを，震源からの距離がそれぞれ30km，48km，60kmの地点A，B，Cで観測した。図1は，ばねとおもりを利用して，地面の上下方向のゆれを記録する地震計を模式的に示したものである。図2は，地震計を用いて地点A，B，Cでこの地震のゆれを観測したときのそれぞれの記録を模式的に表したもので，図2に記した時刻は，初期微動と主要動が始まった時刻である。

図1

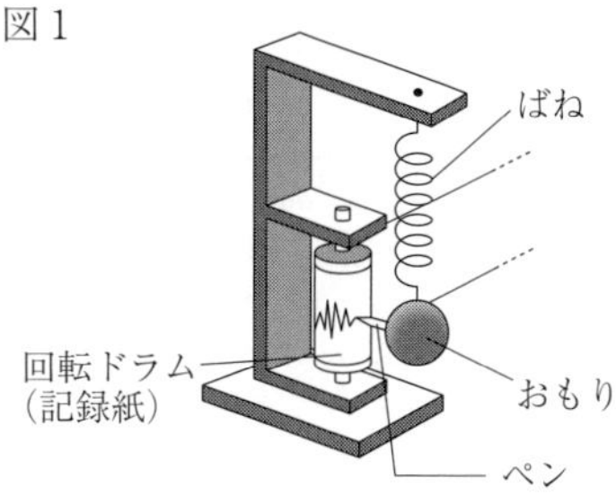

なお，この地震は地下のごく浅い場所で発生し，地点A，B，Cは同じ水平面上にあるものとする。また，発生するP波，S波はそれぞれ一定の速さで伝わるものとする。

図2

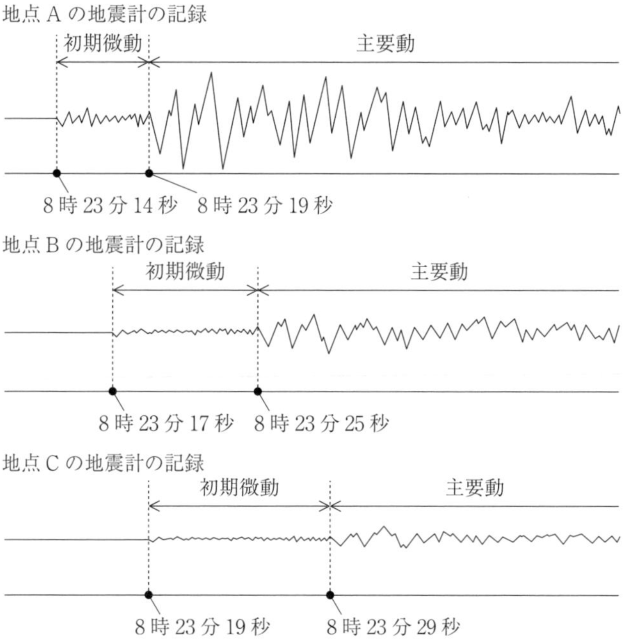

次の(1)から(4)までの問いに答えなさい。

(1)　図1の地震計のしくみについて説明した文として最も適当なものを，次のアからカまでの中から選んで，そのかな符号を書きなさい。（　　　）

ア　地震で地面がゆれると，記録紙とおもりは，地面のゆれと同じ方向に動く。

イ　地震で地面がゆれると，記録紙とおもりは，地面のゆれと反対方向に動く。

ウ　地震で地面がゆれると，記録紙はほとんど動かないが，おもりは地面のゆれと同じ方向に動く。

エ　地震で地面がゆれると，記録紙はほとんど動かないが，おもりは地面のゆれと反対方向に動く。

オ　地震で地面がゆれると，おもりはほとんど動かないが，記録紙は地面のゆれと同じ方向に動く。

カ　地震で地面がゆれると，おもりはほとんど動かないが，記録紙は地面のゆれと反対方向に動く。

(2)　この地震のP波の伝わる速さは何km/秒か。最も適当なものを，次のアからエまでの中から選んで，そのかな符号を書きなさい。(　　　)

ア　3km/秒　　イ　4km/秒　　ウ　6km/秒　　エ　8km/秒

(3)　この地震では，緊急地震速報が発表された。この地震の震源からの距離が96kmである地点Xで，緊急地震速報を受信してからS波によるゆれが到達するまでにかかる時間は何秒か，整数で求めなさい。

ただし，地点Aの地震計にP波が届いた時刻の5秒後に，地点Xで緊急地震速報は受信されるものとする。

なお，緊急地震速報は，震源に近い地震計の観測データを解析して，主要動の到達時刻をいち早く予想して各地に知らせる情報のことで，この情報により避難行動をとることができる。

(　　　秒)

(4)　次の文章は，日本で発生した地震とそれに伴う災害についてまとめたものである。文章中の(Ⅰ)と(Ⅱ)にあてはまる語として最も適当なものを，下のアからコまでの中からそれぞれ選んで，そのかな符号を書きなさい。Ⅰ(　　　)　Ⅱ(　　　)

地震によるゆれの大きさは(Ⅰ)で表される。1995年兵庫県南部地震における最大の(Ⅰ)は7とされ，家屋の倒壊や火災などの被害を引き起こした。

2011年の東北地方太平洋沖地震は，海底で地震が起こって地形が急激に変化したため，巨大な波が沿岸部に押し寄せ，建物などが流される被害をもたらした。また，地盤のやわらかい埋め立て地が多い千葉県浦安市などでは地面から土砂や水がふき出たが，これは(Ⅱ)によるものである。

ア　マグニチュード　　イ　ハザードマップ　　ウ　震度　　エ　プレート　　オ　活断層

カ　液状化現象　　キ　土砂くずれ　　ク　土石流　　ケ　侵食　　コ　津波

6　次の(1)，(2)の問いに答えなさい。

(1)　物体の力学的エネルギーについて調べるため，次の〔実験〕を行った。ただし，小球にはたらく摩擦力や空気の抵抗は無視でき，小球は運動している間，斜面や水平面から離れることなく，また，斜面と水平面がつながる点をなめらかに通過するものとする。

〔実験〕

①　図のように，水平面上の点A，Bから続く斜面X，Yをつくった。

②　小球を，水平面から高さ10cmの斜面X上の点Pの位置に置いて手で支えた。

図

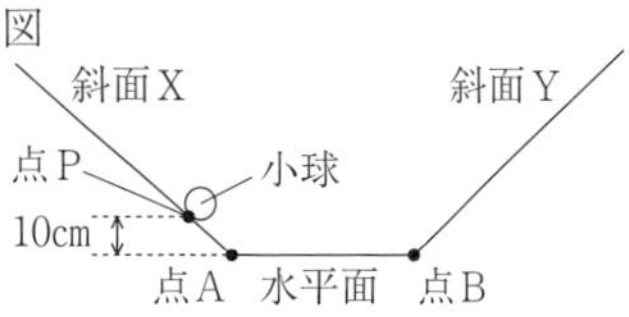

③　小球を支えていた手を静かに離したところ，小球は斜面Xを下り，水平面を等速直線運動した。このときの小球の速さを測定した。

④　小球は③の後，点Bから斜面Yを上り，最高点に達した。このときの，水平面から最高点までの高さを測定した。

⑤　次に，斜面X上に小球を置く位置を，水平面から高さ20cm，30cm，40cmに変えて，②から④までと同じことを行った。

表は，〔実験〕の結果をまとめたものである。

表

小球を置いた位置の水平面からの高さ〔cm〕	10	20	30	40
小球の水平面上における速さ〔m/s〕	V_1	V_2	V_3	V_4
小球が斜面Y上で達した水平面から最高点までの高さ〔cm〕	10	20	30	40

小球を高さ10cmの点Pから，斜面を下る向きに手で押し出したところ，小球は斜面Yを上り，最高点の高さが水平面から40cmとなった。このとき点Pで，小球が手から離れた瞬間の小球の速さとして最も適当なものを，次のアからカまでの中から選んで，そのかな符号を書きなさい。

（　　）

ア　V_1　　イ　V_2　　ウ　V_3　　エ　V_4　　オ　$V_2 + V_3$　　カ　$V_3 + V_4$

(2)　エンドウには，種子を丸形にする遺伝子としわ形にする遺伝子があり，種子の形はエンドウがもつ1対の遺伝子によって決まる。また，この1対の遺伝子のうち，一方の遺伝子が子に伝わる。図のように，親の代として，丸形の種子をつくる純系のエンドウのめしべに，しわ形の種子をつくる純系のエンドウの花粉をつけたところ，できた種子（子）は全て丸形となった。

図

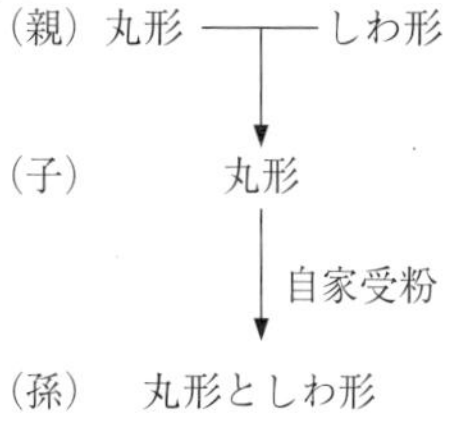

次に，子の代の種子のうちの1個をまいて育て，自家受粉させたところ，孫の代の種子が360個得られ，この中には丸形の種子としわ形の種子があった。孫の代の種子のうち，丸形の種子は何個できたと考えられるか。最も適当なものを，次のアからオまでの中から選んで，そのかな符号を書きなさい。（　　）

ア　90個　　イ　180個　　ウ　240個　　エ　270個　　オ　300個

4　次の漢文（書き下し文）を読んで、あとの㈠から㈣までの問いに答えなさい。（本文の-----の左側は現代語訳です。）

冬、晋荐《しんしき》りに饑《う》う（昨年に続き不作であった）。糴《てき》を秦《しん》に乞はしむ（秦に(使いを送り)米を送るよう願い求めさせた）。秦伯《しんぱく》、子桑《しさう》に謂《い》ふ（言った）、「諸《これ》を与へんか。」と。対《こた》へて曰《い》はく（お答えして言うことには）、「重く施して報いば（おおいに恩恵を施して晋がその恩に報いたら）、君、将《は》た何をか求めん（何も求めることはないでしょう）。重く施して報いずんば、其《そ》の民必ず攜《はな》れん（離れるでしょう）。攜れて討たば、①衆無くして必ず敗れん。」と。百里《ひやくり》に謂ふ、「諸を与へんか。」と。②対へて曰はく、「天災の流行するは、国家代はるがはる有り。災を救ひ隣を恤《あはれ》むは、道なり（人の行うべき道である）。道を行へば、福有り。」と。丕鄭《ひてい》の子、豹《へう》、秦に在り。晋を伐《う》たんことを請《こ》ふ（願い出た）。秦伯曰はく、「③其の君是《こ》れ悪《あ》しきも、其の民何の罪かある。」と。秦是《ここ》に於《お》いて、粟《ぞく》を晋に輸《いた》す。

（「春秋左氏伝《しゆんじゆうさしでん》」より）

（注）○ 晋《しん》、秦《しん》＝ともに、春秋時代の国名。
○ 秦伯《しんぱく》＝秦の君主。
○ 子桑《しさう》、百里《ひやくり》＝秦の家臣。
○ 丕鄭《ひてい》＝晋の家臣。晋にむほんを起こして殺された。
○ 豹《へう》＝父の丕鄭が殺された後、秦に亡命した。
○ 粟《ぞく》＝穀物。

㈠　①衆無くして必ず敗れんとあるが、子桑がこのように述べた理由として最も適当なものを、次のアからエまでの中から選んで、そのかな符号を書きなさい。（　）

ア　晋の民の多くが飢え、命を落としてしまうと考えたから。
イ　晋の民が秦の侵攻を恐れ、逃亡するに違いないと考えたから。
ウ　晋の君主が民の信頼を失い、味方がいなくなると考えたから。
エ　晋の君主が民に重税を課し、国中で不満が高まると考えたから。

㈡　②対へて曰はくとあるが、百里は誰に対してどのようなことを言っているか。その説明として最も適当なものを、次のアからエまでの中から選んで、そのかな符号を書きなさい。（　）

ア　子桑に対して、秦の民にこそ米を与えるべきだと言っている。
イ　子桑に対して、秦は晋に恩返しをするべきだと言っている。
ウ　秦伯に対して、秦も災害に備えるべきだと言っている。
エ　秦伯に対して、秦のために晋を援助するべきだと言っている。

㈢　③其の君是《こ》れ悪《あ》しきも、其の民何の罪かあるの現代語訳として最も適当なものを、次のアからエまでの中から選んで、そのかな符号を書きなさい。（　）

ア　晋の君主が悪人でも、民には少しの罪もない
イ　晋の君主が悪人なら、民もまた同罪である
ウ　秦の君主が悪人でも、民に罪を着せることはしない
エ　秦の君主が悪人なら、民にも多少の罪はある

㈣　次のアからエまでの中から、その内容がこの文章に書かれていることと一致するものを一つ選んで、そのかな符号を書きなさい。（　）

ア　豹は、父の恨みを晴らすため、不作で苦しんでいる晋に攻め入った。
イ　百里は、災害時でも、国益を優先することが人の道だと言った。
ウ　子桑は、晋が必ず恩を返すので、米を送るべきだと助言した。
エ　秦伯は、豹の願いを退け、人の道を重んじる家臣の意見に従った。

隠そうと強がっている人物

エ　漁師という仕事に自負心をもっており、飾らない人柄で他人への思いやりがある人物

(三)　第二段落における有人の心情を説明したものとして適当なものを、次のアからオまでの中から二つ選んで、そのかな符号を書きなさい。（　　）（　　）

ア　誠の両親があれこれと世話を焼いてくれ、自然とそのペースに巻き込まれていることに戸惑いを覚えている。

イ　誠の両親がさりげなく気を遣ってくれるおかげで、人と接することが苦手だったのにうちとけてくつろいでいる。

ウ　誠の両親がどんどんごちそうを出してくれるが、うまく感謝の気持ちが伝えられないことをもどかしく思っている。

エ　誠の両親とのやりとりを通じて家族との生活を思い出し、東京で過ごした頃をなつかしむ気持ちになっている。

オ　誠の両親の歓迎にわずらわしさを感じながらも、家族の一員のように接してくれることを素直に喜んでいる。

(四)　次の一文が本文から抜いてある。この一文が入る最も適当な箇所を、あとのアからエまでの中から選んで、そのかな符号を書きなさい。（　　）

だったら、加工を逆手に取るのはどうかと提案したのだった。

ア　本文中の〈1〉　イ　本文中の〈2〉

ウ　本文中の〈3〉　エ　本文中の〈4〉

(五)　次のアからカは、この文章を読んだ生徒六人が、意見を述べ合ったものである。その内容が本文に書かれていることに近いものを二つ選んで、そのかな符号を書きなさい。（　　）（　　）

ア　（Aさん）第一段落から第二段落にかけて、誠の家の茶の間の様子が描写されています。片づけられていない雑然とした部屋の様子からは、有人の訪問が本当は歓迎されていないことがわかります。

イ　（Bさん）第三段落では、有人が自分の意見を発表しています。会話文の中で多く使われている「……」からは、有人が慎重にことばを選びながらも、自信をもって発言している様子がわかります。

ウ　（Cさん）第四段落には、さまざまな個性をもつ生徒が出てきます。誠は、ディスカッションの流れを常に意識していて、話の方向を修正して適切な話題を提供できる、とても機転のきく人だと思います。

エ　（Dさん）私は、涼先輩に着目しました。前向きな発言で周囲の雰囲気を明るくする快活な人だと思います。また、自分の考えを伝えつつ、周囲にも積極的に働きかけることのできる人だと思います。

オ　（Eさん）私は、ハル先輩が気になります。自分の経験にこだわって周囲を納得させようとするところはあるけれど、話題がそれていかないように順序立てて整理できる冷静な人だと思います。

カ　（Fさん）第五段落では、「おまえじゃなきゃ」という誠のことばを聞いて胸を高ぶらせる有人の内面が、比喩を用いて効果的に表現されています。誠のこの一言が、有人に自信を与えるきっかけになりそうです。

する。誠も「やるじゃんか」と親指をぐっと立てる。「パッケージのデザインはどうするの?」ハル先輩が一歩立ち止まれば、涼先輩が桃花の手を取り「私たち二人がめっちゃかわいいの考える！　男子はキャッチコピーみたいなの考えて」と、三歩先に進む。注がれている視線に気づいて、有人はそちらに顔を向けた。教室にいた校長と森《もり》先生が、そろって恵比須《えびす》のような笑顔で有人らを見守っていた。「有人、すげーなおまえ」隣の誠が肩をたたいた。「おまえじゃなきゃ出ない意見だぜ。俺もそれ食ってみてー」

5　おまえじゃなきゃ。誠の言葉は小さな火花を有人に飛ばした。飛んできたそれは有人の心に届いて、ささやかではあるが、確かな熱を与えた。熱。熱があれば、なにかが芽を吹く。もう寒々しいだけじゃない。今までとは違う。変わるかもしれない。そんな予感に、有人の胸は高鳴った。

（乾《いぬい》　ルカ「明日の僕に風が吹く」より）

（注）○ 1～5は段落符号である。
○ 沓脱《くつぬぎ》＝玄関や縁側などの上がり口にある、はきものを脱ぐところ。
○ ステテコ＝膝の下まであるゆったりとした男性用の下着。
○ ラフ＝くだけたさま。
○ 鮭《さけ》とば＝棒状に切った鮭の身を塩水につけ、乾燥させた食品。
○ リスペクト＝尊敬する気持ち。
○ 恰幅《かっぷく》＝体つき。
○ ペースト＝食材をすりつぶし、柔らかく滑らかにした状態のもの。
○ ミョウバン＝食品添加物。食品の形状保持などに使用される。
○ シミュレーション＝ここでは、実際の場面を想像して練習すること。
○ 魚醤《ぎょしょう》＝魚介類を塩漬けにして発酵・熟成させて出てくる汁をこして作った調味料。
○ 茶々＝人の話の途中で割り込んで言う冗談。
○ 恵比須《えびす》＝七福神の一つ。にこにこした顔つきのことをえびす顔という。

（一）①思いがけなく破顔したとあるが、その説明として最も適当なものを、次のアからエまでの中から選んで、そのかな符号を書きなさい。（　）

ア　叔父の評価が高いことがわかってうれしく思った有人だったが、予想外に誠の父は複雑な表情をしたということ

イ　叔父のおかげで自分が受け入れられたことに胸をなで下ろした有人だったが、思いのほか誠の父が厳しい表情をしたということ

ウ　この島では叔父と比較されているのかと不安を感じた有人だったが、意外にも誠の父はにこやかに笑ったということ

エ　島での叔父に対する評価が気になっていた有人だったが、予想に反して誠の父がおだやかに笑ったということ

（二）②誠の父の人物像の説明として最も適当なものを、次のアからエまでの中から選んで、そのかな符号を書きなさい。（　）

ア　漁師という仕事に携わっているという誇りから、他人にも妥協を許さない人物

イ　漁師という仕事を継いだことに宿命を感じており、いちずな性格で納得するまでやり抜こうとする人物

ウ　漁師という仕事に自信をもちながら、危険と隣り合わせの恐怖を

ぼりもくれた。「すっげ！　サクランボなんていつぶりだよ」「そりゃあ、有人くんが来るんだもん。買っとくわよ。さあ、食べて食べて。有人くん細っこいからいっぱい食べて」「親父、有人にやるウニは？」「ちゃんととってある。さっき母ちゃんがさばいたばっかりだ」あれも食え、これも食べろ。有人は今まで友人の家に行ってこれほどの歓待を受けたことがなかった。そもそも東京では、友人の家に遊びに行くこと自体、ほとんどなかった。小学校低学年のころにあったかもしれないが、それきりだった。この島は一つの家族みたいなものだと叔父が言っていたのを、思い出した。有人は勧められるがまま炭酸飲料を飲み、菓子を食べ、合間にサクランボを口にした。自分しかいない部屋と、風の音と海鳥の鳴き声しかしない断崖絶壁の光景を、救いを求めるように思い起こしながらも、斎藤家に歓迎されている事実は消したくなかった。おせっかいで距離が近すぎて面倒くさい。一人になったらどっと疲れるだろう。でも、自分が受け入れられていることはうれしかった。（中略）

3　次に行われた水産実習のディスカッションで、有人は思い切って口を開いた。〈1〉「誠んちからもらったウニ食べて思ったんだけど……」生ウニの味には絶対勝てない。〈2〉「獲れたて生ウニの味は絶対に無理だ。でも生ウニの形状に近いものを出したら、逆に期待させてしまう可能性がある。だとしたら、いっそうんと加工して、最初からペーストにするとかだと、形は無くなってもいいから、ミョウバンは使わずにいけるかもしれない。使うとしても、最低限で済むかなって……」有人は東京で食べたウニのクリームパスタの話をした。〈3〉手汗がにじむ。「これは、パスタにあえるウニクリームソースだって、もう用途をこっちで決めてしまえば……そうしたら、口にする人は生ウニの味を絶対期待しないし、こういう調理に使うってわかってたら、買う人も買いやすいし、調理のときに好みで味付けするだろうし、もちろんこっちでも買った人がアレンジできる程度でベースの味を付けると、アルコールとかの味も紛れるし……とにかく添加物を極力少なくできる」どういうふうに話すか、前夜から頭の中でシミュレーションしたはずなのに、全然うまくいかなかった。〈4〉有人は何度もつっかえ、声を上ずらせ、言葉を途切れさせた。「ベースの味は……こないだ涼先輩のお母さんからもらったタコの煮つけが、なんかヒントになるかなって……普通に東京で食べてたのと違う味がして。深みがあったというか。魚醤《ぎょしょう》っていうのを使っているんじゃないかって、叔父に聞いた。その……タラを使った魚醤を隠し味にしているんだろうって。漁協で作ってるんだよね、タラ魚醤。それ、こっちの味付けに使えないかな」途切れ途切れの言葉なのに、他の四人は茶々の一つも入れず、ずっと真剣に有人の話をうなずきながら聞いた。「だから……ウニのクリームパスタソースって限定するのはどうかなって」

4　少しの沈黙ののち、誠が言った。「ウニのクリームパスタ？　なんだそれ。うまいのか？」「おいしいよ」桃花だった。「私も札幌《さっぽろ》で食べたことある。好き」「マジ？　桃花が言うならいいんじゃね？」「僕は食べたことないけど、ペーストにするのはいいと思う」ハル先輩が淡々とメリットを指摘した。「ミョウバンの点はもちろん、最初から崩れていてもいいなら原価を安く抑えられる」「え、有人くんの意見、普通に良くない？」涼先輩も賛同してくれた。「ウニのクリームパスタとか、めっちゃおしゃれじゃない？　これでいこう？　めっちゃいけそう！」誠、ハル先輩、桃花はためらわずうなずいた。「良かった、やっと方針が決まったね。有人くん、すごい」涼先輩が胸の前でかわいらしく拍手

3　次の文章を読んで、あとの㈠から㈤までの問いに答えなさい。

〔本文にいたるまでのあらすじ〕

東京の中学校を卒業した川嶋有人《かわしまゆうと》は、訳あって親元を離れ、叔父が医師として赴任している北海道の離島にある照羽尻《てうじり》高校に進学した。六月、水産実習の授業の一環で、島の名産のウニを物産展に出品することになり、斎藤誠《さいとうまこと》、東村桃花《ひがしむらももか》、八木陽樹《やぎはるき》（ハル先輩）、野呂涼《のろりょう》（涼先輩）とともにディスカッションを行ったが、有人は思うようにアイデアを出すことができなかった。二度目のディスカッションが行われた日の放課後、有人はウニを分けてくれるという誠の家を初めて訪れた。

〔本文〕

1　小声で「お邪魔します」と言いながら、誠について中へ入ると、沓脱《くつぬぎ》からすぐの茶の間はドアが開け放たれており、中が丸見えだった。日焼けをした中年男性の顔がこちらを向いた。せいかんな顔つきは誠にそっくりだ。「有人。これが俺の親父《おやじ》。この島一の漁師で、照羽尻高校の先輩」「またおまえは、この島一とか適当なこと言いやがって。他の漁師に失礼だべ」誠の父はシャツにステテコというラフすぎるスタイルで、座布団《ざぶとん》の上で片膝を立て、鮭《さけ》とばをかじっていた。体格は誠より一回り小柄だが、全身にがっちりと筋肉がついている。「あんたが川嶋先生んとこの有人か。先生には世話になってる。よろしく言っといてくれや」島内で叔父リスペクトは挨拶言葉みたいなものなのだ。それだけ慕われている叔父を誇らしく思うのと並行して、有人は「その叔父のおい」である自分自身への評価が気になってくる。東京にいたころの比較対象は兄だったが、島ではまさか、叔父に比べてあのおいは、となっているのか。しかし、誠の父は①思いがけなくも破顔したのだった。「有人。ありがとうな。おまえが来たって誠がえらい喜んでるんだわ」「親父、余計なこと言うな」「なんも余計なことでねえべ。おまえ毎日言ってるべ。やっと同じクラスに男友達ができたーって。ええ?」

2　突っ立ってないで座れ座れと座布団を渡され、有人はちんまりと正座する。木製の丸い座卓を中央に配した茶の間はいささか狭く、テレビやサイドボードなどの一般的な家具家電のほか、ラジオ、ファックス付き電話機、新聞紙、書類といったものが床の上に転がっている。雑然としていて、お世辞にも片づけられているとは言えない。しかし、港に向いた窓からは、先刻教えられた誠の父の船がよく見えた。それがこの漁師の心意気を物語っているように感じられた。隣の台所から、鼻歌が聞こえた。聞いたことがあるようなないような歌だ。夜明けの来ない夜はないとかなんとか繰り返すのを、誠の父はふんと笑った。壁には額に入った表彰状が幾つもあった。人命救助の表彰だ。「海難事故があったら、船持ってる人間が助けるのは当たり前だべ。他の漁師の家にだっていくらもある。俺らは救命講習も受けてんだ」表彰状を見つめる有人に

②誠の父がこともなげに言い、台所に声をかけた。「母ちゃん。下手な歌、歌ってねえで、有人になんか出してやれや」「今持って行く」明るい声が返ってきたのとほぼ同時に、オペラ歌手を思わせる、恰幅《かっぷく》の良い女性が現れた。漁師の夫よりも大きい。誠の体格は、どうやら母親似のようだ。「有人くん、よく来てくれたわね。おばちゃん、うれしい」誠の母は、コップに入った炭酸飲料と菓子を盛った器、それから洗って水を切ったサクランボをザルごと座卓に置き、それぞれにおし

㈥　次の文章は、ある生徒が本文の内容に触発され、自分で調べたことをまとめたものであるが、文の順序が入れ替えてある。筋道が通る文章とするためにアからオまでを並べ替えるとき、二番目と四番目にくるものをそれぞれ選び、そのかな符号を書きなさい。

二番目（　　）　四番目（　　）

ア　具体的には、米をすりつぶして水を混ぜただけの真っ白な絵の具と竹を削ったペンを用いて、赤土を塗った壁に描きます。素朴でのびのびとした画風が特徴だと言われています。

イ　一九七〇年代から、ワルリー画は、インド政府の勧めによって紙にも描かれるようになりました。それによって持ち運びができるようになり、美術館での展示が可能になりました。

ウ　ワルリー画は、もともとはインドの先住民族のワルリー族によって描かれた壁画です。神話や物語などを題材に、線描や三角形、円などの単純な形を組み合わせて描くのですが、用いる材料は、彼らの身近にあるものばかりです。

エ　ワルリー画の魅力を世界の人々が身近に感じられるのはよいことだと思いますが、材料が壁から紙に変わることによって、ワルリー族の人々の文化観や価値観に何か影響があったのではないかと想像します。この点については、もう少し調べてみたいと思います。

オ　この文章を読んで、私は絵と材料の関係に興味をもちました。世界にはほかにどのような例があるか調べてみたところ、ワルリー画という絵があることを知りました。

2　次の㈠、㈡の問いに答えなさい。

㈠　次の①、②の文中の傍線部について、漢字はその読みをひらがなで書き、カタカナは漢字で書きなさい。

①　僕たちは、最後の大会で悲願の優勝を遂げた。（　　げた）

②　春の陽気に包まれながら、野山をサンサクする。（　　）

㈡　次の文中の〔③〕にあてはまる最も適当なことばを、あとのアからエまでの中から選んで、そのかな符号を書きなさい。（　　）

すばらしい演奏を聴き、感動の余韻に〔③〕。

ア　沈む　　イ　浸る　　ウ　注ぐ　　エ　浮かぶ

の違いを説明したものとして最も適当なものを、次のアからエまでの中から選んで、そのかな符号を書きなさい。（　）

ア　ヨーロッパの絵画がそこにあるものを見えるとおりに描くのに対し、東洋画や日本画には空間を埋め尽くすという考え方がない。

イ　ヨーロッパの絵画が風景を象徴的に描くのに対し、東洋画や日本画には空間を可視的なものによって処理するという発想がない。

ウ　ヨーロッパの絵画が目に見えるもの全てを描くのに対し、東洋画や日本画には背景は空白のままがよいという美意識がある。

エ　ヨーロッパの絵画が遠くのものも細部まで描くのに対し、東洋画や日本画には必要のないものは描かないという合理的な面がある。

㈡　〔Ａ〕、〔Ｂ〕にあてはまることばの組み合わせとして最も適当なものを、次のアからエまでの中から選んで、そのかな符号を書きなさい。（　）

ア　Ａ　つまり　Ｂ　しかも

イ　Ａ　つまり　Ｂ　だから

ウ　Ａ　ところが　Ｂ　しかも

エ　Ａ　ところが　Ｂ　だから

㈢　筆者は第三段落で、日本の絵の特徴について述べている。それを要約して、六十字以上七十字以下で書きなさい。ただし、「顔料」、「特色」、「二次元の世界」という三つのことばを全て使って、「日本の絵は、……」という書き出しで書き、「……特徴がある。」で結ぶこと。三つのことばはどのような順序で使ってもよろしい。

（注意）・句読点も一字に数えて、一字分のマスを使うこと。

・文は、一文でも、二文以上でもよい。

日本の絵は、

㈣　②そうはならなかったとあるが、その理由として最も適当なものを、次のアからエまでの中から選んで、そのかな符号を書きなさい。

（　）

ア　絵画の材料は絵を描く技術と密接なつながりがあり、日本人は自分たちの技術に合わない材料を受け入れられなかったから。

イ　絵画の材料は民族性や宗教、生活などと深い関わりがあり、日本人は自分たちの心になじむ材料を自然に選んでいたから。

ウ　油絵の具やキャンバスはヨーロッパの絵画に適したものであり、日本の絵の性格に合う材料となるには時間が必要であったから。

エ　油絵の具やキャンバスはヨーロッパの精神と関係の深いものであり、当時の日本人は魅了されつつも使いこなせなかったから。

㈤　次のアからオまでの中から、その内容がこの文章に書かれていることと一致するものを一つ選んで、そのかな符号を書きなさい。（　）

ア　ヨーロッパの絵画における三次元への志向が根本から変化したのは、日本の様式化された絵の影響を受けたためである。

イ　日本の伝統的な絵画が自然を象徴的に描くようになったのは、自然の三次元的な実在感を描こうとしたためである。

ウ　日本人が自国の文化とヨーロッパの文化を融合させることができたのは、日本古来の文化を破壊しなかったためである。

エ　明治以降に油絵が普及したのは、明治の日本人が技術だけでなく思想や文化までヨーロッパから導入したためである。

オ　中国や日本の山水画が宇宙のひろがりや生命の美しさを写実的に描いたのは、東洋に共通する美意識があったためである。

るのは、印象派以降であることは、私たちもよく知るところだ。しかし、変化はしても、ヨーロッパ絵画の本質は、キュービスムなどを見てもわかるように、三次元的な実在感の希求である。これは文化観、価値観の根底に関わる問題なのだろう。日本がそうしたヨーロッパの写実というものを意識し始めたのは、十六世紀に、ポルトガル人が種子島《たねがしま》に来島したときからである。日本人は、ポルトガル人が伝えた鉄砲をさっそく戦に用いたが、同時に、ヨーロッパの宣教師たちの手によって持ち込まれたキリスト教美術にも、目をみはったことだろう。油絵で描かれたキリスト像や、聖母像などを初めて目にした人々は、絵の中から人間が飛び出してくるような気がしたに違いない。

5 もし、絵画というものが、材料と技術が先にあるものならば、この安土桃山時代に、日本の絵画はすっかり変わってしまっていただろう。日本の絵画が顔料や紙という、材料の制約だけで成り立っていたものなら、少なくとも油絵が十六世紀以降、もっと急速に普及したはずである。それが②そうはならなかった。だから、先ほど私は、日本の絵の性格が材料と深い関わりがあると言ったのは、必ずしも材料がそれしかなかったからやむを得ず、という意味ではない。ヨーロッパ人が、おのずから油絵の具にキャンバスという材料をつくり出したように、日本人も自分たちの絵画に合う材料を自然に選んだのである。あくまで材料が先にあるのではなく、民族性や宗教や精神や生活といったものがあって、そうした心の面と不即不離の関係で絵画の材料があり、絵の特性が表れているのだ。

6 こういう見方をすると、明治以降、なぜこれだけ油絵が普及してきたかということも、よく理解できる。明治の日本人は、安土桃山時代の日本人と違って、ヨーロッパの思想、精神というものまで積極的に導入しようとした。技術だけを利用しようとしたのではないのである。その意味では、飛鳥《あすか》時代の仏教の導入と似ている。ヨーロッパのものの考え方、生活といったものまで輸入しなければ、油絵も普及しなかった。洋服を着、ヨーロッパ風の建物を建てて、その空間に親しむことによって、ようやく油絵に情熱を傾ける人々も現れたのである。〔 B 〕、飛鳥時代の人々が仏教文化を全面的に導入しながら、一方で神社を破壊するようなことはしなかったように、近代の日本人も、油絵が普及しても日本古来の絵画を忘れなかった。そこに日本人の本質があると思うのである。

（平山郁夫《ひらやまいくお》「絵と心」より）

（注）○ 1～6は段落符号である。
○ 点景＝風景画などで、趣を出すために風景の中に取り入れられた人物や動物など。
○ 琳《りん》派＝江戸時代の絵画の一流派。
○ 顔料＝水に溶けない性質の絵の具。土や貝殻を粉砕したものなどがある。
○ 岩絵の具＝顔料の一つ。鉱物から作る絵の具。
○ 南画＝中国山水画の一つで、日本では江戸時代中期頃からその影響を受けて描かれるようになったもの。
○ 印象派＝十九世紀後半にフランスで起こった芸術の流派。
○ キュービスム＝二十世紀初めにフランスで起こった芸術運動。
○ 希求＝願い求めること。
○ 不即不離＝二つのものが、つきもせず離れもしない関係を保つこと。

(一) ①空間の捉え方について、ヨーロッパの絵画と東洋画および日本画

国語

時間　四五分
満点　二二点

1　次の文章を読んで、あとの㈠から㈥までの問いに答えなさい。

1　①空間の捉え方では、東洋画および日本画と、ヨーロッパの絵画とでは際立った違いがある。ヨーロッパの絵画は、人物や静物の背景に、そこが壁であれば壁を、棚があれば棚を、窓があれば窓を、窓が開いていて風景が見えればそのとおりに描く。要するに、背景には目に見える何かがあるはずであって、それを描くのが当たり前という考え方である。見上げた位置から描いているのか、やや見下ろしているのか、描く人間の視点、角度というものをしっかりと定め、森や川、点景の人物など、どんなに遠くのものでも、遠近法によってきちんと処理していくのだ。ルネッサンスあたりの絵画でも、そういう点は実に正確である。

2　〔A〕、中国や日本の山水画などでは、何も描かれていない部分がいくらでもある。ときによると、花の咲く木を一本だけ、鳥を二、三羽だけ描き、バックに何も描いていないようなものでも、立派に背景のある絵として成立している。こういう絵は、合理主義的な、物理的な空気空間の意識をもつヨーロッパの美意識からすると、このうしろは何ですか、壁ですか、空ですか、と尋ねたくなるだろう。東洋人にとって、何も描かれていない背景は、空やかすんだ風景などのいずれでもあり、いずれでもないものである。そこに描かれているのが一本の小枝、一つの花、小鳥であっても、描こうとしているのは宇宙のひろがりであり、生命の美しさであるからだ。自然の中の細かい一部分を画題にはしていても、それを象徴的に描こうとしている。そこに何かある以上は描かなければならない、空間を埋め尽くさなければならないという発想を、もともともっていない。東洋画では、空間を可視的なものによって想像する必要がないのである。

3　そういう東洋画、とりわけ日本の絵には、写実という観念が希薄だった。むしろ自然を描くに当たっても、その心を表す写意が尊ばれた。日本の絵は、大和絵にしても、琳《りん》派にしても浮世絵にしても、それぞれにかなり様式化されているように見える。しかし、どう様式化されても、描こうとしているのは自然のもっている生命であって、それを捉えていない絵はつまらないものになる。様式そのものをなぞっても、本当の絵にはならない。日本の絵がさまざまに様式化されていく傾向は、装飾化とも言い換えることができるだろう。私はこれは、日本の伝統的な絵画が用いてきた絵の具やその他の材料と、深く関わっていると考えている。紙や絹に顔料や岩絵の具で描く日本の絵は、油絵のように、ものを立体的に見せるために、影をつけたりすることには向かない。平面的な絵だから、どうしても平面での変化を求めることになった。平面での変化とは、線と面でいかに独自の特色を出していくかということである。そこに、互いに共通した点はもちながらも、多様な絵の流れが、日本には生まれた。南画と狩野《かのう》派、琳派と浮世絵というふうに比べてみると、かなり違う。ただ、いずれにも共通しているのは、いわば二次元の世界での工夫である。

4　これに対して油絵の材料は、限りなく三次元への追求を誘発するものであった。奥行き、立体感、遠近法と、すべては平面という二次元の中で、いかに三次元の世界を実現するかということへ向けての努力である。いろいろな例外はあっても、こうした三次元への志向が本流であったヨーロッパの絵画が、日本美術の影響などもあって変化してく

2021年度／解答

数学

1 【解き方】(1) 与式 $= 3 - 7 \times (-3) = 3 + 21 = 24$

(2) 与式 $= \dfrac{27x^2y \times 3x}{9xy} = 9x^2$

(3) 与式 $= 4\sqrt{3} - 3\sqrt{3} = \sqrt{3}$

(4) 与式 $= x^2 - 7x - 8 + 5x = x^2 - 2x - 8 = (x - 4)(x + 2)$

(5) 両辺の平方根をとって，$x + 2 = \pm\sqrt{7}$ より，$x = -2 \pm \sqrt{7}$

(6) $a - 10 \times b = c$ より，$a = 10b + c$

(7) 平均値は，$(53 + 45 + 51 + 57 + 49 + 42 + 50 + 45) \div 8 = 49$（回）　中央値は，記録を小さい順に並べたときの4番目と5番目の平均。4番目は49回，5番目は50回なので，$(49 + 50) \div 2 = 49.5$（回）　最頻値は2人いる45回で，範囲は，$57 - 42 = 15$（回）　よって，求める答えはアとエ。

(8) 全体の場合の数は，$6 \times 6 = 36$（通り），求める目の出方は，（大，小）=（6，3），（6，2），（6，1），（5，2），（5，1），（4，2），（4，1），（3，1），（2，1）の9通り。よって，確率は，$\dfrac{9}{36} = \dfrac{1}{4}$

(9) 関数 $y = ax^2$ について，$x = 1$ のとき，$y = a \times 1^2 = a$，$x = 4$ のとき，$y = a \times 4^2 = 16a$　関数 $y = 6x + 5$ の変化の割合は一定で6だから，$\dfrac{16a - a}{4 - 1} = 6$ が成り立つ。よって，$5a = 6$ となり，$a = \dfrac{6}{5}$

(10) ∠ABC（∠DBC）= ∠ACD と∠A が共通だから，△ABC ∽ △ACD となり，AC：AD = AB：AC　よって，5：AD = 6：5 より，$AD = \dfrac{5 \times 5}{6} = \dfrac{25}{6}$（cm）

【答】(1) 24　(2) $9x^2$　(3) $\sqrt{3}$　(4) $(x - 4)(x + 2)$　(5) $x = -2 \pm \sqrt{7}$　(6) $(a =)\ 10b + c$　(7) ア，エ　(8) $\dfrac{1}{4}$　(9) $\dfrac{6}{5}$　(10) $\dfrac{25}{6}$（cm）

2 【解き方】(1) 点C，Dの座標は(1，0)，(3，0)　$y = \frac{5}{x}$ に $x = 1$ を代入して，$y = \frac{5}{1} = 5$ だから，A(1，5)，$x = 3$ を代入して，$y = \frac{5}{3}$ だから，$B\left(3,\ \frac{5}{3}\right)$　直線OBは，傾きが，$\frac{5}{3} \div 3 = \frac{5}{9}$ なので，直線の式は $y = \frac{5}{9}x$　点Eの x 座標は1で，y 座標は，$y = \frac{5}{9} \times 1 = \frac{5}{9}$ だから，$E\left(1,\ \frac{5}{9}\right)$　四角形ECDBは，EC∥BDの台形となるから，四角形ECDB $= \frac{1}{2} \times \left(\frac{5}{9} + \frac{5}{3}\right) \times (3 - 1) = \frac{1}{2} \times \frac{20}{9} \times 2 = \frac{20}{9}$ であり，$\triangle AOB = \triangle AEO + \triangle AEB = \frac{1}{2} \times \left(5 - \frac{5}{9}\right) \times 1 + \frac{1}{2} \times \left(5 - \frac{5}{9}\right) \times (3 - 1) = \frac{1}{2} \times \frac{40}{9} \times 1 + \frac{1}{2} \times \frac{40}{9} \times 2 = \frac{20}{9} + \frac{40}{9} = \frac{20}{3}$　よって，四角形ECDBの面積は△AOBの面積の，$\frac{20}{9} \div \frac{20}{3} = \frac{20}{9} \times \frac{3}{20} = \frac{1}{3}$ (倍)

(2) 2から3までの間にある分数の和は，$\frac{11}{5} + \frac{12}{5} + \frac{13}{5} + \frac{14}{5} = 10$　3から4までの間にある分数の和は，$\frac{16}{5} + \frac{17}{5} + \frac{18}{5} + \frac{19}{5} = 14$　4から5までの間にある分数の和は，$\frac{21}{5} + \frac{22}{5} + \frac{23}{5} + \frac{24}{5} = 18$　n が自然数のとき，$n = \frac{5n}{5}$，$n + 1 = \frac{5n + 5}{5}$ と表せるから，n から $n + 1$ までの間にある分数の和は，$\frac{5n + 1}{5} + \frac{5n + 2}{5} + \frac{5n + 3}{5} + \frac{5n + 4}{5} = \frac{20n + 10}{5} = 4n + 2$

(3) ① 動画視聴をはじめたときは25％で，20分後までは充電をしていたので電池残量は，$25 + 20 \div 4 \times 1 = 30$ (％)になるから，点(0，25)と点(20，30)を線分で結ぶ。また，動画を最後まで視聴した50分後には電池残量が0％となるから，点(20，30)と点(50，0)を線分で結べばよい。② 充電をしながら動画を視聴すると，電池残量は4分で1％増加するので，x 分では，$x \div 4 \times 1 = \frac{1}{4}x$ (％)だけ増加する。また，充電せずに動画を視聴すると電池残量は，$50 - 20 = 30$ (分)で30％減少するから，y 分では，$30 \div 30 \times y = y$ (％)だけ減少する。よって，充電をしながら x 分，充電をせずに y 分視聴するとして，動画を視聴する時間より，$x + y = 50$……㋐，そのときの電池残量の関係より，$\frac{1}{4}x - y = 0$……㋑が成り立つので，㋐＋㋑より，$\frac{5}{4}x = 50$ だから，$x = 40$　したがって，充電をしながら40分以上視聴すれば，最後まで視聴できることになる。

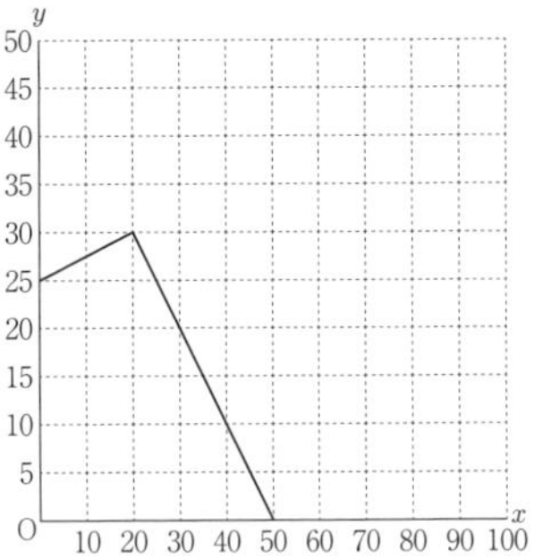

【答】(1) $\frac{1}{3}$ (倍)　(2) Ⅰ．10　Ⅱ．14　Ⅲ．18　Ⅳ．$4n + 2$　(3) ① (前図)　② 40 (分以上)

③【解き方】(1) 2点O，Cを結ぶと，点Cが円Oの接点より，$\angle\mathrm{OCE} = 90^\circ$だから，△COEの内角と外角の関係より，$\angle\mathrm{COA} = 90^\circ + 42^\circ = 132^\circ$　よって，円周角の定理より，$\angle\mathrm{CDA} = \dfrac{1}{2}\angle\mathrm{COA} = 66^\circ$

(2) ① 点Eは辺DCの中点だから, $\mathrm{DE} = \mathrm{EC} = 8 \div 2 = 4$ (cm)　△ADEにおいて三平方の定理より，$\mathrm{AE} = \sqrt{8^2 + 4^2} = 4\sqrt{5}$ (cm)　右図のようにAEとBCの延長線の交点をHとすると，△ADE ≡ △HCEなので，$\mathrm{HC} = \mathrm{AD} = 8$ (cm)となり，BC：CH = 8：8 = 1：1，BG：GF = 1：1だから，△BHFで中点連結定理より，GC：FH = 1：2　点Fは線分AEの中点だから，$\mathrm{FE} = \mathrm{AF} = 4\sqrt{5} \div 2 = 2\sqrt{5}$ (cm)で，$\mathrm{EH} = \mathrm{AE} = 4\sqrt{5}$ cmなので，$\mathrm{FH} = 2\sqrt{5} + 4\sqrt{5} = 6\sqrt{5}$ (cm)より，$\mathrm{GC} = 6\sqrt{5} \times \dfrac{1}{2} = 3\sqrt{5}$ (cm)　② $\triangle\mathrm{HCE} = \triangle\mathrm{ADE} = \dfrac{1}{2} \times 8 \times 4 = 16$ (cm^2)　$\mathrm{FE} : \mathrm{EH} = 2\sqrt{5} : 4\sqrt{5} = 1 : 2$より，△CEF：△HCE = FE：EH = 1：2なので，$\triangle\mathrm{CEF} = 16 \times \dfrac{1}{2} = 8$ (cm^2)　$\triangle\mathrm{ABE} = \dfrac{1}{2} \times 8 \times 8 = 32$ (cm^2)で，AF：FE = 1：1より，$\triangle\mathrm{ABF} = \triangle\mathrm{ABE} \times \dfrac{1}{1+1} = 32 \times \dfrac{1}{2} = 16$ (cm^2)　よって，△BCF = (四角形ABCD) − △ADE − △CEF − △ABF = $8 \times 8 - 16 - 8 - 16 = 24$ (cm^2)で，BG：GF = 1：1より，$\triangle\mathrm{CFG} = \triangle\mathrm{BCF} \times \dfrac{1}{1+1} = 24 \times \dfrac{1}{2} = 12$ (cm^2)　したがって，四角形FGCE = △CEF + △CFG = $8 + 12 = 20$ (cm^2)

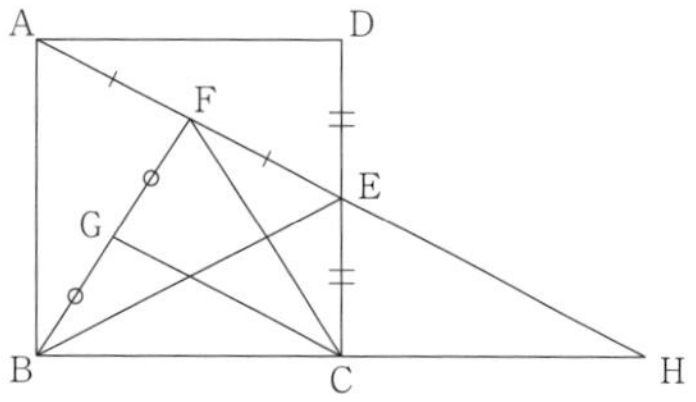

(3) ① △OABはOA = OBの二等辺三角形，BD = BC = BAより，△BDAはBA = BDの二等辺三角形で，等しい角のうち一方の∠Aが共通だから，△OAB ∽ △BDAより，AB：DA = OB：BAなので，4：DA = 6：4　よって，$\mathrm{DA} = \dfrac{4 \times 4}{6} = \dfrac{8}{3}$ (cm)　② 立体ODBCと正三角すいOABCの底面をそれぞれ，△ODB，△OABとみると，高さが等しい三角すいだから，体積の比は底面積の比に等しくなる。$\mathrm{OD} = \mathrm{OA} - \mathrm{DA} = 6 - \dfrac{8}{3} = \dfrac{10}{3}$ (cm)より，$\mathrm{OD} : \mathrm{OA} = \dfrac{10}{3} : 6 = 5 : 9$で，△ODBと△OABは底辺をOD，OAとみたときの高さが等しいから，△ODB：△OAB = OD：OA = 5：9　よって，立体ODBCの体積は正三角すいOABCの体積の$\dfrac{5}{9}$倍。

【答】(1) 66°　(2) ① $3\sqrt{5}$ (cm)　② 20 (cm^2)　(3) ① $\dfrac{8}{3}$ (cm)　② $\dfrac{5}{9}$ (倍)

英　語

1 **【解き方】**（第１問）１番．男性が電車の席に忘れた財布を渡してくれた女性に言う言葉→「あなたはとても親切です。どうもありがとうございました」。

２番．ジョンは母親に明日の朝食が何かをたずね，夢の中でもおいしい朝食を楽しみたいと話している→「ジョンはすぐに眠ろうとしています」。

３番．ケイトが「彼（ボブ）は大学で忙しい」と話している→「彼は月曜日から金曜日までするべきたくさんのことがあるからです」。

（第２問）問１．ケイトは「私は日本を訪れ，２週間滞在する予定です」と話している。

問２．ケイトは「音楽と私の好きな歌手について話しましょう！」と言っている。

【答】（第１問）１番．a．正　b．誤　c．誤　d．誤　２番．a．誤　b．誤　c．正　d．誤

３番．a．誤　b．正　c．誤　d．誤

（第２問）１番．a．正　b．誤　c．誤　d．誤　２番．a．誤　b．誤　c．誤　d．正

◀全訳▶（第１問）

１番．

女性：すみません。これはあなたの財布ですか？

男性：ああ，そうです！　それは私のです！　どこでそれを見つけたのですか？

女性：あなたはそれを電車の席に忘れていました。はい，どうぞ。

質問：男性は次に何と言うでしょうか？

a．あなたはとても親切です。どうもありがとうございました。

b．それは簡単ではありませんが，私はやってみます。

c．いいえ，違います。私は他のものをもらいます。

d．そうですね，あなたはそれを見つけませんでした。

２番．

ジョン：おやすみなさい，お母さん。ぼくたちは明日，朝食に何を食べるの？

母親　：トーストとミルクよ。なぜそんなことをたずねるの，ジョン？

ジョン：ぼくは夢の中でもお母さんのおいしい朝食を楽しみたいんだ。

質問：ジョンは何をしようとしていますか？

a．ジョンは夕食を食べ終えようとしています。

b．ジョンは朝食のための米を料理しようとしています。

c．ジョンはすぐに眠ろうとしています。

d．ジョンは夜にトーストを食べようとしています。

３番．

ケイト：こんにちは，マイク。

マイク：やあ，ケイト。元気そうだね。きみのお兄さんのボブはどうだい？

ケイト：ええ，ボブは大学生として，ゴールドコーストで彼の生活を楽しんでいるわ。

マイク：本当？　その都市にはたくさんの美しい砂浜があるよ。彼は毎日砂浜に行っているだろうね？

ケイト：いいえ，彼は週末にだけ砂浜に行っているわ。彼は大学で忙しいの。

質問：なぜボブは週末にだけ砂浜を訪れるのですか？

a．彼は砂浜で泳ぐのが好きではないからです。

b．彼は月曜日から金曜日までするべき多くのことがあるからです。

c．彼は高校生としてゴールドコーストに住んでいるからです。

d. 彼はゴールドコーストに美しい砂浜がないと思っているからです。

（第２問）こんにちは。私の名前はケイトです。私は日本を訪れ，２週間滞在する予定です。私はみなさんがロンドンからのこのメッセージを楽しんでくれればいいなと思います。私は学校で日本語を勉強しています。日本語は難しいですが，私はみなさんと日本語で話したいと思っています。日本のポピュラー音楽を聴くことは，私の大好きなことの一つです。みなさんはどんな音楽が好きですか？　私はみなさんとお会いするのを楽しみにしています。音楽と私の好きな歌手について話しましょう！　ありがとうございました。

問1. ケイトはどれくらい日本に滞在する予定ですか？

a. 彼女は日本に２週間滞在する予定です。

b. 彼女はロンドンで日本のポップカルチャーを勉強する予定です。

c. 彼女はロンドンに２年間滞在する予定です。

d. 彼女は飛行機でロンドンから日本へ移動する予定です。

問2. ケイトは日本の生徒たちと何をしたいと思っていますか？

a. 彼女はロンドンでポピュラー音楽を聴きたいと思っています。

b. 彼女は自分の好きな歌手と話したいと思っています。

c. 彼女は学校で自分の好きな歌手に会いたいと思っています。

d. 彼女は音楽と自分の好きな歌手について話したいと思っています。

2 **【解き方】** ①「一時停止」を表す標識。「それは『あなたにその場所で自転車を止める』よう伝えています」などの文が考えられる。「Ａに～するよう伝える」= tell A to ～。

② 一時停止する理由として，「あなたが『交通事故に遭うかもしれない』からです」などが考えられる。「交通事故」= a traffic accident。

【答】（例）① you to stop your bike at the place　② may have a traffic accident

3 **【解き方】** ①「しかし，あなたはどのようにしてそこへ行ったのですか？」。交通手段をたずねる疑問詞の how を使う。

②「私は彼らを見ることをとても楽しみました」。「～して楽しむ」= enjoy ～ing。

③「あなたは夏にもう一度彼らを訪ねるべきです！」。「～すべきである」= should ～。

【答】 ① how，get　② enjoyed，watching　③ should，visit

◀全訳▶

太朗　：ぼくはきみが海洋水族館へ行ったと聞いたよ。そうなの？

サリー：ええ。ホストシスターたちと一緒にね。

太朗　：いいね。でも，きみはどのようにしてそこへ行ったの？　そこは遠いよ。

サリー：私は電車に乗ったの。

太朗　：なるほど。きみはイルカを見たかい？

サリー：ええ，見たわ。私は彼らを見ることをとても楽しんだわ。

太朗　：建物の外は寒かっただろう？

サリー：ええ。それが問題だったわ。私は夏の暑さを懐かしく思ったわ！

太朗　：きみは夏にもう一度彼らを訪ねるべきだね！

4 **【解き方】** (1)「もし電話を使えば，私たちは遠くに『住んでいる』友達と簡単に話すことができる」。関係代名詞 who の先行詞が三人称単数で現在の文なので，live に三単現の s が必要である。

(2) 携帯電話やコンピュータはとても便利だが，災害によりそのようなものが使えなくなるかもしれない→「私たちの社会は『技術の便利さにあまりにも』頼り過ぎているのかもしれない」。

(3)「彼はその鳥をもう一度使うことが役に立つだろうと考えている」。He thinks のあとには接続詞 that が省略されている。直前の文に「その鳥はかつて通信手段として使われていた」とあることから，「その鳥をもう一度使うこと」があとの節の主語となる。

(4) 第4段落の1文目を見る。何千年もの間，人々は多くの種類の通信手段を使ってきた。

(5) ア．第1段落の2文目を見る。電話を使えば遠くに住んでいる友達と簡単に話すことができる。イ．第1段落の2文目を見る。コンピュータも通信手段として使われている。ウ．第2段落の2文目を見る。携帯電話やコンピュータは，災害時にうまく機能しない。エ．「日本の幼い少年は伝書バトを使って通信ネットワークを構築しようとしている」。第3段落を見る。正しい。オ．「伝書バトは20世紀の初めに重要な通信手段として使われていた」。第4段落の中ごろを見る。正しい。カ．最終段落の1文目を見る。幼い少年のアイデアは「奇妙あるいは不可能に聞こえるかもしれないが」，その意欲的な挑戦が政府の賞を勝ち取った。

【答】 (1) lives　(2) エ　(3) thinks using the birds again will be useful　(4) ア　(5) エ・オ

◀全訳▶　私たちは今，技術，特に通信手段のおかげで，便利な世界で生活しています。もし電話を使えば，私たちは遠くに住んでいる友達と簡単に話すことができ，携帯電話やコンピュータを通してその顔を見ることさえできます。そのような道具はとても役に立つので，私たちがそれらのない生活を想像することはとても困難です。

しかしながら，携帯電話やコンピュータには短所もあります。例えば，災害が起こるとそれらはうまく機能しません。もし大地震が日本を襲い，電気のネットワークを破壊したら，私たちは家族と連絡を取ることができません。私たちの社会は，技術の便利さにあまりにも頼り過ぎているのかもしれません。私たちはその状況に対して何かをする必要があります。

日本のある幼い少年が，彼のユニークなプロジェクトでその状況を変えようとしています。彼は伝書バトを使うというアイデアを思いつきました。その鳥はかつて世界中で人気のある通信手段として使われていました。彼はその鳥をもう一度使うことが役に立つだろうと考えています。私たちの通信ネットワークは彼のプロジェクトでずっと強力になるかもしれません。

何千年もの間，人々は太鼓，煙，光，手紙など，多くの種類の通信手段を使ってきました。彼らはメッセージをより速く，より遠くに送るためにそれらの手段を発達させてきました。伝書バトはそれらの手段の一つでした。その鳥はどんな場所からでも自分のすみかに飛んで帰るという強い習性を持っています。人々はこの習性を利用して，メッセージを速く送るための伝書バトのネットワークを構築しました。20世紀の初めに，新聞社は彼らのビルに伝書バトの家を持ち，その鳥はメッセージを送るのに重要な役割を担っていました。1923年，大地震が東京を襲ったとき，記者たちは伝書バトを彼らの事務所の外へ連れ出し，人々にインタビューを行い，その災害についての記事を書きました。それから，彼らはそれらの鳥の脚に取り付けられた小さな入れ物にその記事を入れました。そのあと，鳥は放たれ，記事と共に事務所に飛んで帰りました。

その日本人の少年の，伝書バトのネットワークを構築するというアイデアは，奇妙あるいは不可能に聞こえるかもしれませんが，彼の意欲的な挑戦は政府のプロジェクトの賞を勝ち取りました。おそらく近い将来，彼のアイデアは現実となり，私たちはより良い通信ネットワークを持つことでしょう。彼の例に続いてはいかがですか？　通信の未来はあなたの手の中にあるかもしれません。少年少女よ，大志を抱け。

5 **【解き方】** (1) b．直前で，ピーターが全豪オープンに行ったと言っている→「そこでの滞在中，私はよくその名前を聞きました」。直後の文の its history は「全豪オープンの歴史」を指している。d．直前で，ピーターがマンガ本を通して日本のポップカルチャーにさらに興味を持ち始めたと言っている→「私たちの文化についてのあなたの気持ちを聞いて，私はとてもうれしいです」。

(2) ①「初めて」= for the first time。② あとの taught me Japanese conversation という表現に着目する。「彼ら（マンガの登場人物たち）はぼくに日本語の会話をとてもよく教えてくれた最初の日本語の『先生』でした」。主語が They なので複数形にする。

(3) 直前で早紀が「私は自分自身で日本の良い点をいくつか見つけました」と言っていることから考える。「その『例』の一つを教えてもらえませんか？」。

(4) X．「彼は日本『文化』を学びたいと思っているので，私たちはそれについて話しました」。Y．「ところで，あなたの町で，私は何度か自分の駅で『降りる』のを忘れました」。「降りる」= get off。

【答】 (1) b. オ　d. ア　(2) ① time　② teachers　(3) ウ　(4) X. culture　Y. get

◀全訳▶

早紀　　：お会いできてうれしいです。私は早紀です。

ピーター：こんにちは，早紀。こちらこそお会いできてうれしいです。ぼくはオーストラリア出身のピーターです。あなたは今までにオーストラリアへ行ったことがありますか？

早紀　　：はい。2年前，私はメルボルンにある私たちの姉妹校で2週間勉強しました。

ピーター：ぼくはシドニーの出身ですが，全豪オープンを見るために家族とそこへ行きました。

早紀　　：そこでの滞在中，私はよくその名前を聞きました。私のホストシスターのエミリーが，その歴史とメルボルンについて私に話してくれました。その都市はたくさんのほほ笑みに満ちていて，私は彼らの文化から多くを学びました。

ピーター：実は，ぼくも日本文化から何かを学びたいと思っています。シドニーにいたとき，ぼくはテレビで初めて日本のアニメを見て，英語で書かれた日本のマンガ本を読み始めました。でも英語のマンガ本はとても高価だったので，ぼくは日本語で書かれたオリジナルのマンガ本を買い，物語を楽しむためにその言語を勉強しました。

早紀　　：わあ，マンガ本を読むことは，新しい言語を学ぶ良い方法ですね。本の中の絵がおおいに役立つでしょう。

ピーター：その通りです。ぼくは登場人物に魅了されました。彼らはぼくに日本語の会話をとてもよく教えてくれた最初の日本語の先生でした。それからぼくは日本のポップカルチャーにより興味を持ち始めました。

早紀　　：私たちの文化についてのあなたの気持ちを聞いて，私はとてもうれしいです。日本人は日本の良い点を知るべきです。メルボルンから日本に戻って来たとき，私は自分自身で日本の良い点をいくつか見つけました。

ピーター：その例の一つを教えてもらえませんか？

早紀　　：そうですね…電車です。私がメルボルンで電車に乗ったとき，駅や電車の中で，ほんの数回しかアナウンスがありませんでした。私はアナウンスが理解できなかったので，何度も駅で降りそこねました！

ピーター：わかります。ぼくはそこで何度か電車に乗りましたから。

早紀　　：日本の電車はどうですか？　彼らは私たちに良いサービスを提供してくれていると思います。

ピーター：それらもまた日本文化の一つだとぼくは思います。あなたはオーストラリアでの体験を通して，日本の良い点を発見することができたのですね。

早紀　　：その通りです。きっとあなたはここであなたの視野を広げ，オーストラリアについての良い点も見つけるでしょう！

社　会

1 **【解き方】**(1) 17 世紀末から 18 世紀初めにかけて栄えた元禄文化や，19 世紀前半に発達した化政文化は，町人がにない手となる文化だった。

(2)「守護」は 1185 年から設置され，鎌倉時代には領国内の治安維持や御家人の統率にあたった。

(3) 北条泰時は，1232 年に御成敗式目を制定した鎌倉幕府の 3 代執権。マグナ・カルタは 1215 年に制定された。イは 1368 年，ウは 1863 年，エは 1533 年のできごと。

【答】(1) ウ　(2) ア　(3) ア

2 **【解き方】**(1) 尊王攘夷とは，天皇を尊ぶ尊王思想と，外国勢力を退ける攘夷思想が合わさった思想で，幕末には尊王倒幕運動へと変化していった。

(2) Ⅱは，1895 年に結ばれた下関条約の交渉のようす。イ・エは 1900 年のこと。アは 1871 年～，ウの「国会の開設」が決まったのは 1881 年のこと。

(3) a. 表から，1915 年に初めて「日本船」が「外国船」を上回ったことがわかる。1914 年に第一次世界大戦が始まり，世界的に船舶が不足したため，日本では海運・造船業が急速に発達した。b・c. 1896 年に制定された法律（航海奨励法）は，一定以上の性能の船舶による海運を支援し，造船業に対する補助金とあわせて，日本の海運業を成長させた。

(4) ① 日本は，日露戦争の講和条約であるポーツマス条約により，旅順・大連の租借権をロシアから譲り受けた。② 高度経済成長は，1950 年代後半から 1973 年まで続いた。1973 年の石油危機で高度経済成長は終わったが，自動車・機械類，半導体などの輸出が急増したことで，日本は安定成長期に入った。

【答】(1) 天皇を尊び外国の勢力（同意可）(2) イ・エ　(3) オ　(4) オ

3 **【解き方】**(1) ① 東経 135 度の経線は，兵庫県の明石市や淡路島の北部などを通る。③ 緯度が等しい地点の場合，日の出の時刻は，時差と同じく経度差 15 度ごとに 1 時間の差が生じ，東に位置する場所ほど日の出が早い。

(2) Ⅱ. 瀬戸内工業地域の製造品出荷額等は増加傾向にあり，現在は X の京浜工業地帯を上回っている。Ⅲ. 瀬戸内工業地域は，製造品出荷額等に占める「化学」や「金属」の割合が高い。y は中京工業地帯，z は京浜工業地帯。

(3) a. 香川県は「小麦の収穫量」が多く，讃岐うどんが特産品となっている。b. 兵庫県は，神戸市を中心に大阪湾・瀬戸内海沿岸に都市部が広がっており，「商業地の平均地価」が高く，「人口密度」も高い。e. 平清盛は，現在の神戸港の一部にあたる「大輪田泊」を整備した。神戸港内には，大規模な人工島であるポートアイランドがつくられ，その沖合に神戸空港も建設された。f. 香川県には，日本最大のため池である「満濃池」など，多数のため池がつくられている。

【答】(1) ① D　②・③ イ　(2) キ　(3)（香川県）イ　（兵庫県）オ

4 **【解き方】**(1) ①・② ウランバートルの方が冬の寒さが厳しいため，夏と冬の気温差が大きくなっている。③ 海洋は，あたたまりにくく冷めにくいが，陸地（内陸部）はあたたまりやすく冷めやすい。④ 赤道から遠い地域ほど高緯度となる。

(2) x はイギリスの説明で，「GDP」が大きいことがポイント。y はモンゴルの説明で，「人口」が少なく，「GDP」も小さい。

【答】(1) ①・② ウ　③・④ キ　(2) x. B　y. C　(3) 地熱

5 **【解き方】**(1) ① トマトの平均価格は，11 月には約 550 円，5 月と 8 月には約 250 円になっている。② 取扱数量が最も少ない月に，平均価格は最も高くなっている。

(3) ア. A の期間の輸入額は増加傾向にある。イ. 輸出額は増加傾向にはあるが，「増加し続けている」わけではない。ウ. B の期間では，2013 年から 2015 年にかけて，輸入額が輸出額を上回っている。

(4) 独占（寡占）価格が設定され，市場競争が弱まると，価格が下がりにくくなり消費者が不利益をこうむる。

【答】 (1) カ　(2) 為替　(3) エ　(4) ウ

6 **【解き方】** (2) ① 税金などを「どのように使ったかの報告」は，決算と呼ばれる。② 予算（案）は内閣が作成し，国会の議決によって成立する。

(3) ③ 参議院議員通常選挙では，複数の都道府県を一つの選挙区とする「合区」を設けるなどして，一票の格差を是正しようとしている。④ 議員一人あたりの有権者数を比べると，Bの選挙区はAの選挙区の倍となるため，有権者の一票の価値は半分になってしまう。

【答】 (1) 平等　(2) イ　(3) エ

理　科

1 【解き方】(1) 北緯45°の地点Xにおける南中高度は，北緯35°の地点Yの南中高度よりも，1年を通して，$45° - 35° = 10°$低くなる。

(2) 水酸化ナトリウムが水に溶けると，ナトリウムイオンNa^+，水酸化物イオンOH^-に電離する。電流を流すと，＋極（左側のクリップ）には水酸化物イオンが引き寄せられ，－極（右側のクリップ）にはナトリウムイオンが引き寄せられる。よって，アルカリ性を示す水酸化物イオンOH^-が移動してきたaの部分では，赤色リトマス紙が青色に変化する。

【答】 (1) イ　(2) イ

2 【解き方】(1) 液体の突沸を防ぐために，試験管に沸騰石を入れ，軽くふりながら加熱する。

(3) デンプンはセロファンの穴を通り抜けないので，試験管e，gにヨウ素液を加えても色は変化しない。ビーカーⅠのセロファンの袋ではデンプンがだ液によって分解され，糖ができる。糖はセロファンの穴を通り抜けるので，試験管fにベネジクト液を加えて加熱すると，赤かっ色に変化する。ビーカーⅡのセロファンの袋ではデンプンが分解されず，そのまま残るので，試験管hにベネジクト液を加えて加熱しても，色は変化しない。

(4) ①は胃，②は胆のう，③はすい臓，④は小腸。アはだ液せん，イは肝臓，エは胃のはたらき。オはすい臓のはたらきで，すい液に含まれる消化酵素のリパーゼは，脂肪をモノグリセリドと脂肪酸に分解する。

【答】 (1) エ　(2) カ　(3) イ　(4) ウ・カ

3 【解き方】(2) 水溶液の温度が5℃のときに全て溶けたaは，5℃の水100gに溶かすことができる最大の質量が最も大きい塩化ナトリウム。水溶液の温度が35℃のときに結晶が見られたbは，35℃の水100gに溶かすことができる最大の質量が最も小さいミョウバン。よって，cは硝酸カリウム。

(3) 硝酸カリウム50gを溶かしてつくった質量パーセント濃度20％の水溶液の質量は，$50\,(\mathrm{g}) \div \dfrac{20}{100} = 250\,(\mathrm{g})$　この水溶液250gに含まれている水の質量は，$250\,(\mathrm{g}) - 50\,(\mathrm{g}) = 200\,(\mathrm{g})$　5℃の水200gに溶かすことができる硝酸カリウムの最大の質量は，$11.7\,(\mathrm{g}) \times \dfrac{200\,(\mathrm{g})}{100\,(\mathrm{g})} = 23.4\,(\mathrm{g})$　よって，出てきた硝酸カリウムの結晶の質量は，$50\,(\mathrm{g}) - 23.4\,(\mathrm{g}) = 26.6\,(\mathrm{g})$

【答】 (1) ア　(2) エ　(3) エ　(4) (水溶液を)加熱して，水を蒸発させる。(17字)（同意可）

4 【解き方】(1) オームの法則より，7.0Ωの電熱線に2.0Aの電流が流れるときに加わる電圧の大きさは，$7.0\,(\Omega) \times 2.0\,(\mathrm{A}) = 14.0\,(\mathrm{V})$　よって，電熱線で消費される電力の大きさは，$14.0\,(\mathrm{V}) \times 2.0\,(\mathrm{A}) = 28\,(\mathrm{W})$

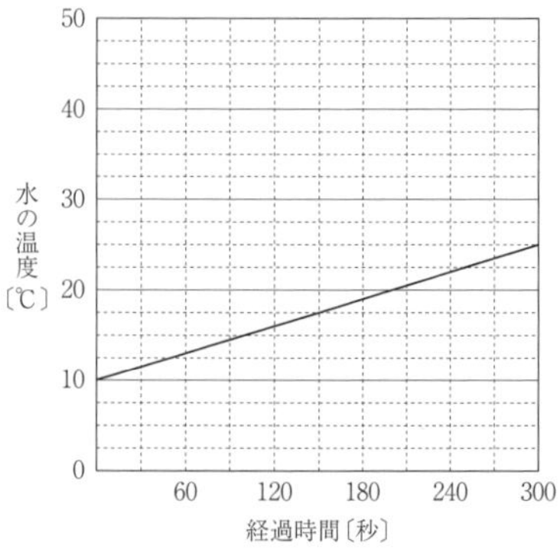

(2) 水50g，電流1.0Aのときと，水100g，電流1.0Aのときで300秒後の上昇温度を比べると，$\dfrac{100\,(\mathrm{g})}{50\,(\mathrm{g})} = 2$（倍），$\dfrac{(15 - 10)(℃)}{(20 - 10)(℃)} = \dfrac{1}{2}$（倍）より，水の質量を2倍にすると，上昇温度は$\dfrac{1}{2}$倍になることがわかる。また，水100g，電流1.0Aのときと，水100g，電流2.0Aのときで300秒後の上昇温度を比べると，$\dfrac{2.0\,(\mathrm{A})}{1.0\,(\mathrm{A})} = 2$（倍），$\dfrac{(30 - 10)(℃)}{(15 - 10)(℃)} = 4 = 2^2$（倍）より，電流を2倍にすると，上昇温度は，$2^2$倍になることがわかる。したがって，水100g，電流1.0Aのときに対する，水300g，電流3.0Aのときの300秒後の上昇温度は，$\dfrac{100\,(\mathrm{g})}{300\,(\mathrm{g})} = \dfrac{1}{3}$（倍），$\dfrac{3.0\,(\mathrm{A})}{1.0\,(\mathrm{A})} = 3$（倍）より，

$\frac{1}{3}$（倍）× 3^2（倍）＝ 3（倍）　水 100g，電流 1.0A のときの 300 秒後の上昇温度は 5 ℃なので，水 300g，電流 3.0A のときの 300 秒後の上昇温度は，5（℃）× 3 ＝ 15（℃）　よって，水 300g，電流 3.0A のときの 300 秒後の水の温度は，10（℃）＋ 15（℃）＝ 25（℃）

(3) 電流計を流れる電流が 2.0A のとき，電熱線で消費される電力は，(1)より，28W。水 100g，電流 2.0A のときの 300 秒後の上昇温度は 20 ℃，300 秒間に消費される電力量(熱量)は，28（W）× 300（秒）＝ 8400（J）　よって，1 g の水の温度を 1 ℃上昇させるのに必要な熱量は，$\frac{8400\,(\mathrm{J})}{100\,(\mathrm{g}) \times 20\,(℃)}$ ＝ 4.2（J）

(4) 発泡ポリスチレンのコップに比べ，ガラスのコップは熱を伝えやすいので，電熱線で発生した熱の一部が空気中に逃げていく。そのため，(3)のときよりも，1 g の水の温度を 1 ℃上昇させるためには，多くの熱量が必要になる。

【答】(1) 28（W）　(2)（前図）　(3) 4.2（J）　(4) ウ

5 【解き方】(2) 地点 A と地点 B の震源からの距離の差は，48（km）－ 30（km）＝ 18（km）　地点 A と地点 B で，初期微動が始まった時刻の差は，8 時 23 分 17 秒 － 8 時 23 分 14 秒 ＝ 3（秒）　よって，P 波の伝わる速さは，$\frac{18\,(\mathrm{km})}{3\,(秒)}$ ＝ 6（km/秒）

(3) 地点 A と地点 B で，主要動が始まった時刻の差は，8 時 23 分 25 秒 － 8 時 23 分 19 秒 ＝ 6（秒）なので，S 波の伝わる速さは，$\frac{18\,(\mathrm{km})}{6\,(秒)}$ ＝ 3（km/秒）　地点 A の地震計に P 波が届いた時刻は 8 時 23 分 14 秒，地点 X で緊急地震速報が受信された時刻は，8 時 23 分 14 秒 ＋ 5（秒）＝ 8 時 23 分 19 秒　また，地震が発生してから地点 A に P 波が届くまでの時間は，$\frac{30\,(\mathrm{km})}{6\,(\mathrm{km}/秒)}$ ＝ 5（秒）　地点 A に P 波が届いた時刻は 8 時 23 分 14 秒なので，地震が発生した時刻は，8 時 23 分 14 秒 － 5（秒）＝ 8 時 23 分 9 秒　地震が発生してから，地点 X に S 波が届くまでの時間は，$\frac{96\,(\mathrm{km})}{3\,(\mathrm{km}/秒)}$ ＝ 32（秒）　地点 X に，S 波によるゆれが届いた時刻は，8 時 23 分 9 秒 ＋ 32（秒）＝ 8 時 23 分 41 秒　よって，地点 X で，緊急地震速報を受信してから S 波によるゆれが到達するまでの時間は，8 時 23 分 41 秒 － 8 時 23 分 19 秒 ＝ 22（秒）

【答】(1) オ　(2) ウ　(3) 22（秒）　(4) Ⅰ．ウ　Ⅱ．カ

6 【解き方】(1) 水平面にある小球がもつ位置エネルギーの大きさを 0，水平面からの高さが 10cm の位置に置いた小球がもつ位置エネルギーの大きさを 1 とすると，20cm，30cm，40cm の位置に置いた小球がもつ位置エネルギーの大きさは，それぞれ 2，3，4。また，水平面にある小球の位置エネルギーは 0 となり，はじめにもっていた位置エネルギーはすべて運動エネルギーに変わるので，速さが V_1，V_2，V_3，V_4 の小球がもつ運動エネルギーの大きさは，それぞれ 1，2，3，4。高さ 10cm の点 P にある小球がもつ位置エネルギーの大きさは 1，高さ 40cm にある小球がもつ位置エネルギーの大きさは 4 なので，手から離れた瞬間の小球がもつ運動エネルギーの大きさは，4 － 1 ＝ 3　よって，V_3 の速さで押し出されたことになる。

(2) 丸形の種子をつくる遺伝子を A，しわ形の種子をつくる遺伝子を a とすると，丸形の種子をつくる純系のエンドウがもつ遺伝子の組み合わせは AA，しわ形の種子をつくる純系のエンドウがもつ遺伝子の組み合わせは aa。これらのエンドウをかけ合わせたときにできる子の代のエンドウの遺伝子の組み合わせは Aa。遺伝子の組み合わせが Aa のエンドウどうしをかけ合わせたとき，孫の代のエンドウの遺伝子の組み合わせは，AA，Aa，aa となり，このうち，AA と Aa は丸形，aa はしわ形の種子。その数の比は，AA：Aa：aa ＝ 1：2：1　よって，孫の代の種子が 360 個得られたとき，丸形の種子の数は，360（個）× $\frac{1+2}{1+2+1}$ ＝ 270（個）

【答】(1) ウ　(2) エ

国　語

1 **【解き方】** (一) ヨーロッパの絵画の空間の捉え方は，1段落に「背景には目に見える何かがあるはずであって，それを描くのが当たり前」とある。一方，2段落を見ると，中国や日本の山水画などででは「何も描かれていない部分がいくらでもある」とある。

(二) Aは，遠近法によって「遠くのもの」でもきちんと描くヨーロッパの絵画とは対照的に，空間を埋め尽くすという発想を「もっていない」東洋画や日本の絵のあり方を示している。Bは前で，明治以降に「油絵に情熱を傾ける人々」が現れたという事実を示しつつ，それと同時に，日本古来の絵画を「忘れなかった」ことを示している。

(三) 日本の絵は「様式化されていく傾向」があり，筆者はその理由を「日本の伝統的な絵画が用いてきた絵の具…と，深く関わっている」と考えている。紙や絹に「顔料や岩絵の具」で描く日本の絵は，「平面的な絵だから…線と面でいかに独自の特色を出していくか」というものになり，多様な絵の流れが生まれたが「いずれにも共通しているのは…工夫である」と述べていることに着目する。

(四)「そうはならなかった」は，安土桃山時代の日本にキリスト教美術が持ち込まれたが，油絵の急速な普及は起こらなかったことを指している。油絵が「急速に普及したはず」という推測は，「絵画というものが，材料と技術が先にあるものならば」という仮定から導かれている。実際には油絵が普及していないので，「材料と技術が先にある」という仮定は間違いであり，「あくまで材料が先にあるのではなく…心の面と不即不離の関係で絵画の材料があり，絵の特性が表れている」と指摘している。

(五) 5段落で筆者は，絵画の材料や絵の特性の背景には「民族性や宗教や精神や生活」という心の面があると指摘している。その上で，6段落では，明治の日本人はヨーロッパの技術だけではなく「思想，精神」を積極的に導入し，洋服や建物などの「生活」も取り入れたので，そういった心の面と相関する材料で描く油絵も普及したのだと述べている。

(六) まず導入として，本文の内容に触発されて調べ学習をしたことを述べ，「ワルリー画」の存在を示した上で，「ワルリー画」について概要を説明し，本文でも着目していた「材料」に言及し，具体的な材料や描き方，画風を説明する。続けて「赤土を塗った壁」に描く伝統的な「ワルリー画」を紙にも描くようになったという変化があったことを示し，本文の，絵画の材料は文化観や価値観と不即不離の関係にあるという考えをふまえながら自分の考えを述べ，今後の課題を示してまとめている。

【答】 (一) ア　(二) ウ

(三) (日本の絵は，) 紙や絹に顔料や岩絵の具で描く平面的な絵なので，線と面でいかに独自の特色を出すかという二次元の世界での工夫に特徴がある。(65字) (同意可)

(四) イ　(五) エ　(六) (二番目) ウ　(四番目) イ

2 **【解き方】** (二)「余韻に浸る」は，ある出来事が終わった後にも残っている，その出来事に対する感動などに身を任せている様子をいう。

【答】 (一) ① と(げた)　② 散策　(二) イ

3 **【解き方】** (一)「破顔」は，表情をやわらかくして笑顔を見せること。島内でリスペクトされている叔父のおいである「自分自身への評価」が気になっていた有人の心情と，実際には誠の父から，息子に男友達ができたことを喜び「ありがとうな」と言われたことに着目する。

(二) 有人が訪れた際の「シャツにステテコというラフすぎるスタイル」や，息子に友達ができたことを喜んで率直に伝えている様子などに，飾り気のない人柄が表現されている。海難事故での人命救助を，漁師である「俺ら」にとっては「当たり前」と考えていることにも着目する。

(三) 有人はこれまで友人の家で「これほどの歓待を受けたことがなかった」ため，「勧められるがまま」にしながらも自分一人の部屋を「救いを求めるように思い起こし」ている。その一方で，「歓迎されている事実は消したくなかった」「自分が受け入れられていることはうれしかった」とも感じている。

㈣ 抜いてある文に「だったら，加工を」とあるので，ウニを「いっそうんと加工」する案を出しているところをおさえる。

㈤「涼先輩」は，有人の意見に言葉を重ねて賛同し「有人くん，すごい」と拍手してくれたり，パッケージとキャッチコピーの役割分担を決めてみんなに行動を促したりしている。5段落では，「おまえじゃなきゃ」という言葉が「小さな火花」となって有人の心に熱を与え，「なにかが芽を吹く」というたとえを用いて「変わるかもしれない」という有人の予感を表現している。

【答】 ㈠ ウ　㈡ エ　㈢ ア・オ　㈣ イ　㈤ エ・カ

4 **【解き方】** ㈠ 直前の「重く施して報いずんば…討たば」に注目。子桑は，もし晋に米を送って，晋がその恩に報いなければ，そのような恩知らずの君主の国からは民が離れてしまうだろうと推測した上で，国から民が離れてしまった状態で晋を討伐すれば，国を守って戦う民がいないのだから，晋は必ず敗れるだろうと結論づけている。

㈡ 秦伯は晋の求めに応じて米を送るか否かを判断するために，家臣の子桑・百里に意見を求めている。「天災の流行するは，国家代はるがはる有り…道を行へば，福有り」と言っていることから考える。

㈢ 晋を討つことを願い出た豹に対する秦伯の答えなので，「其の君」は晋の君主を指す。「何の罪かある」は，ここでは反語的な使い方で「何の罪があるだろうか，何の罪もない」という意味を表している。

㈣ 秦に亡命中の豹は，晋の家臣だった父を殺されているため，「晋を伐たんこと」を願っている。しかし秦伯は，晋の民に罪はないと述べ「粟を晋に輸す」ことを決めている。

【答】 ㈠ ウ　㈡ エ　㈢ ア　㈣ エ

◀口語訳▶　冬，晋は昨年に続き不作であった。秦に使いを送り米を送るように願い求めさせた。秦伯は，子桑に言った，「晋に米を与えようか」と。子桑がお答えして言うことには，「おおいに恩恵を施して晋がその恩に報いたら，君主は，何も求めることはないでしょう。おおいに恩恵を施して晋がその恩に報いなければ，晋の民は必ず晋の君主から離れるでしょう。民が離れてから晋を討てば，晋は味方がいなくて必ず敗れるでしょう」と。（秦伯は）百里に言った，「晋に米を与えようか」と。お答えして言うことには，「天災が流行することは，どの国にも起こることです。災害に際して救援しそばにいる者に思いやりを持つことは，人の行うべき道である。人の行うべき道を実行すれば，国にとって幸福があります」と。そのとき丕鄭の子の，豹は秦にいた。（豹は）晋を討つことを願い出た。秦伯が言うことには，「晋の君主が悪人でも，民には少しの罪もない」と。秦はそこで，穀物を晋に送った。

~MEMO~

愛知県公立高等学校
（Aグループ）

2020年度
入学試験問題

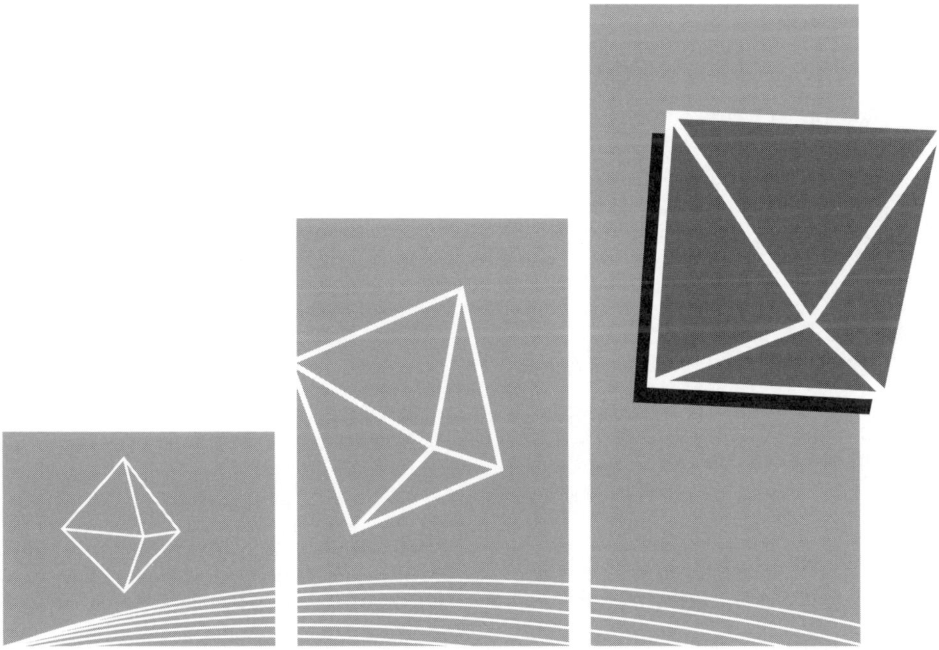

数学

時間　45分　　　　満点　22点

1　次の(1)から(9)までの問いに答えなさい。

(1)　$3-4\times(-2)$ を計算しなさい。(　　　)

(2)　$\dfrac{2}{3}(2x-3)-\dfrac{1}{5}(3x-10)$ を計算しなさい。(　　　)

(3)　$(\sqrt{10}+\sqrt{5})(\sqrt{6}-\sqrt{3})$ を計算しなさい。(　　　)

(4)　方程式 $2x^2+5x+3=x^2+6x+6$ を解きなさい。$x=$(　　　)

(5)　$5x(x-2)-(2x+3)(2x-3)$ を因数分解しなさい。(　　　)

(6)　クラスで調理実習のために材料費を集めることになった。1人300円ずつ集めると材料費が2600円不足し，1人400円ずつ集めると1200円余る。

このクラスの人数は何人か，求めなさい。(　　　人)

(7)　ボールが，ある斜面をころがりはじめてから x 秒後までにころがる距離を y m とすると，x と y の関係は $y=3x^2$ であった。

ボールがころがりはじめて2秒後から4秒後までの平均の速さは毎秒何mか，求めなさい。

(毎秒　　　m)

(8)　Aの箱には1，2，3，4，5の数が書かれたカードが1枚ずつはいっており，Bの箱には1，3，5，6の数が書かれたカードが1枚ずつはいっている。

A，Bの箱からそれぞれカードを1枚ずつ取り出したとき，書かれている数の積が奇数である確率を求めなさい。(　　　)

(9)　図で，円P，Qは直線 ℓ にそれぞれ点A，Bで接している。

円P，Qの半径がそれぞれ4cm，2cmで，PQ = 5cmのとき，線分ABの長さは何cmか，求めなさい。

ただし，答えは根号をつけたままでよい。(　　　cm)

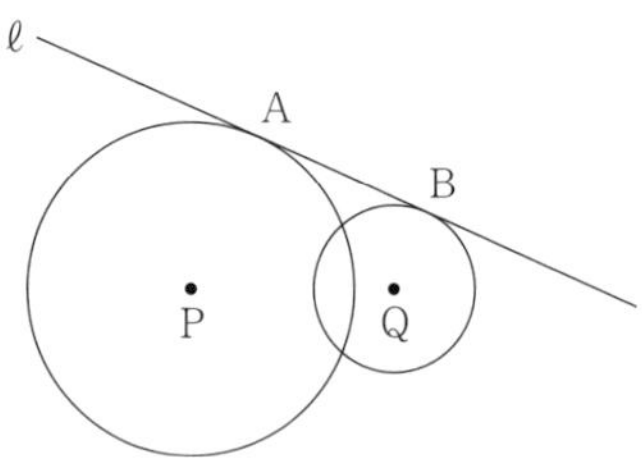

2　次の(1)から(4)までの問いに答えなさい。

(1)　図の○の中には，三角形の各辺の3つの数の和がすべて等しくなるように，それぞれ数がはいっている。

ア，イにあてはまる数を求めなさい。ア(　　　)　イ(　　　)

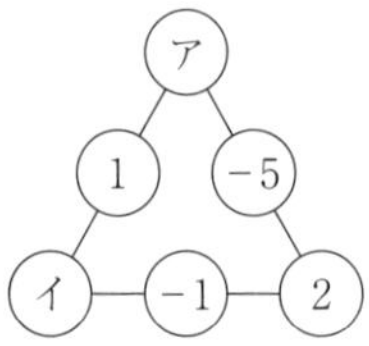

(2)　次の文章は，40人で行ったクイズ大会について述べたものである。

文章中の［a］，［b］，［c］，［d］にあてはまる数を書きなさい。

a(　　　)　b(　　　)　c(　　　)　d(　　　)

クイズ大会では，問題を3問出題し，第1問，第2問，第3問の配点は，それぞれ1点，2点，2点であり，正解できなければ0点である。表は，クイズ大会で獲得した点数を度数分布表に表したものである。度数分布表から，獲得した点数の平均値は [a] 点，中央値は [b] 点である。

獲得した点数の度数分布表

点数(点)	5	4	3	2	1	0	計
度数(人)	9	9	10	6	5	1	40

また，各問題の配点をあわせて考えることで，第1問を正解した人数と正解した問題数の平均値がわかる。第1問を正解した人数は [c] 人であり，正解した問題数の平均値は [d] 問である。

(3) 図で，Oは原点，A，Bは関数 $y=\dfrac{2}{x}$ のグラフ上の点で，x 座標はそれぞれ1，3である。また，Cは x 軸上の点で，x 座標は正である。

△AOBの面積と△ABCの面積が等しいとき，点Cの座標を求めなさい。（　　，　　）

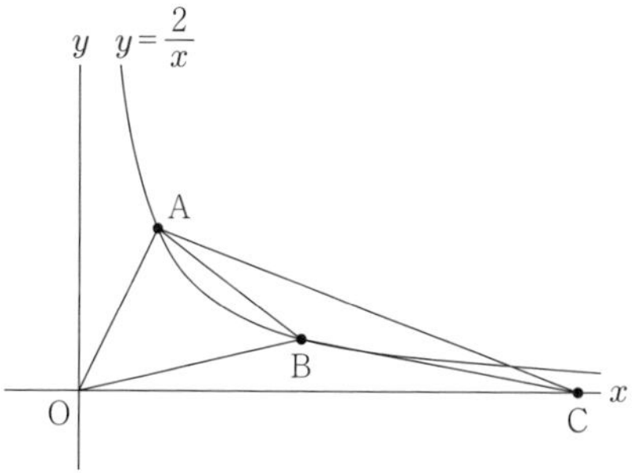

(4) A地点からB地点までの距離が12kmの直線の道がある。A地点とB地点の間には，C地点があり，A地点からC地点までの距離は8kmである。

Sさんは，自転車でA地点を出発してC地点に向かって毎時12kmの速さで進み，C地点で5分間の休憩をとったのち，C地点を出発してB地点に向かって毎時12kmの速さで進み，B地点に到着する。

1台のバスがA地点とB地点の間を往復運行しており，バスはA地点からB地点までは毎時48km，B地点からA地点までは毎時36kmの速さで進み，A地点またはB地点に到着すると，5分間停車したのち出発する。

Sさんが A地点を，バスがB地点を同時に出発するとき，次の①，②の問いに答えなさい。

① Sさんが A地点を出発してから x 分後のA地点からSさんまでの距離を y kmとする。Sさんが A地点を出発してからB地点に到着するまでの x と y の関係を，グラフに表しなさい。

② Sさんが A地点を出発してからB地点に到着するまでに，Sさんとバスが最後にすれ違うのは，SさんがA地点を出発してから何分後か，答えなさい。

（　　　分後）

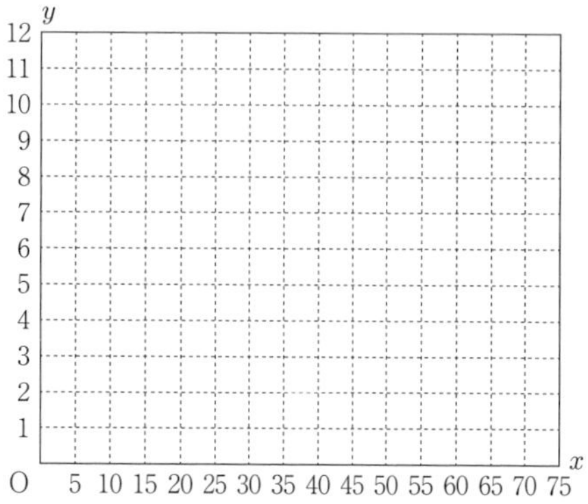

3　次の(1)から(3)までの問いに答えなさい。

ただし，答えは根号をつけたままでよい。

(1)　図で，C，D は AB を直径とする半円 O の周上の点で，E は線分 CB と DO との交点である。

$\angle COA = 40^\circ$，$\angle DBE = 36^\circ$ のとき，$\angle DEC$ の大きさは何度か，求めなさい。(　　　度)

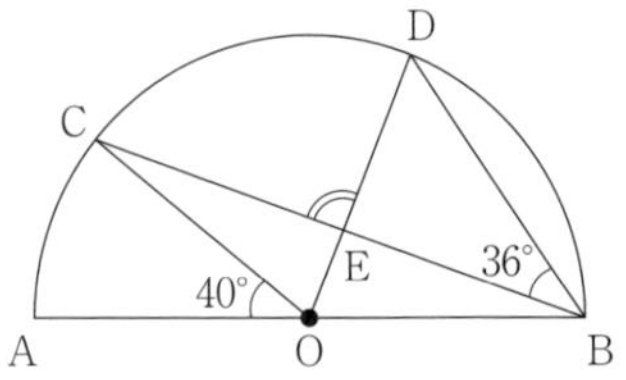

(2)　図で，四角形 ABCD は長方形である。E，F はそれぞれ辺 BC，DC 上の点で，EC = 2BE，FC = 3DF である。また，G は線分 AE と FB との交点である。

AB = 4 cm，AD = 6 cm のとき，次の①，②の問いに答えなさい。

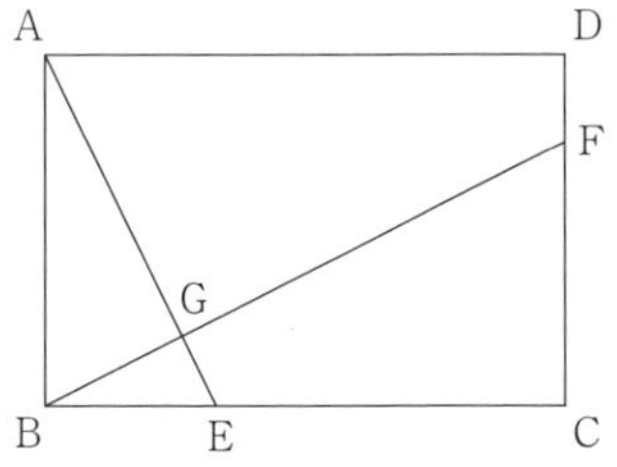

①　線分 AG の長さは線分 GE の長さの何倍か，求めなさい。

(　　　倍)

②　3 点 A，F，G が周上にある円の面積は，3 点 E，F，G が周上にある円の面積の何倍か，求めなさい。(　　　倍)

(3)　図で，立体 OABCD は，正方形 ABCD を底面とする正四角すいである。

OA = 9 cm，AB = 6 cm のとき，次の①，②の問いに答えなさい。

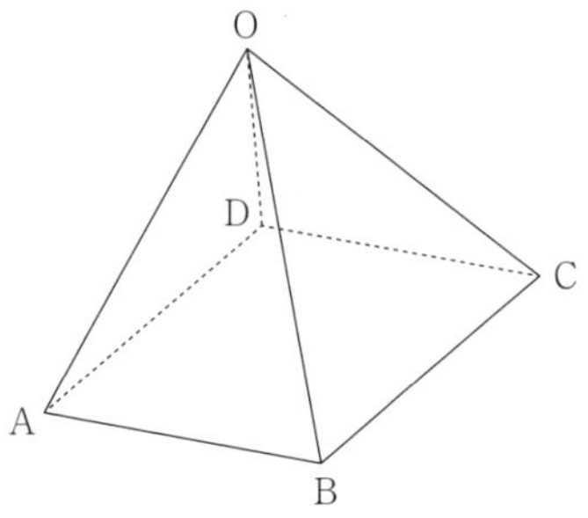

①　正四角すい OABCD の体積は何 cm^3 か，求めなさい。

(　　　cm^3)

②　頂点 A と平面 OBC との距離は何 cm か，求めなさい。

(　　　cm)

英語

時間　50分　　満点　22点

（編集部注）放送問題の放送原稿は英語の末尾に掲載しています。
音声の再生についてはもくじをご覧ください。

（注）「始め」という指示があってから，聞き取り検査が始まるまで，1分あります。1の「答え方」をよく読みなさい。

1　指示に従って，聞き取り検査の問題に答えなさい。

「答え方」

問題は第1問と第2問の二つに分かれています。

第1問は，1番から3番までの三つあります。それぞれについて，最初に会話文を読み，続いて，会話についての問いと，問いに対する答え，a，b，c，dを読みます。そのあと，もう一度，その会話文，問い，問いに対する答えを読みます。必要があればメモをとってもよろしい。

問いの答えとして正しいものは解答欄の「正《せい》」の文字を，誤っているものは解答欄の「誤《ご》」の文字を，それぞれ○《まる》でかこみなさい。正しいものは，各問いについて一つしかありません。

第2問は，最初に英語のスピーチを読みます。続いて，スピーチについての問いと，問いに対する答え，a，b，c，dを読みます。問いは問1と問2の二つあります。そのあと，もう一度，スピーチ，問い，問いに対する答えを読みます。必要があればメモをとってもよろしい。

問いの答えとして正しいものは解答欄の「正《せい》」の文字を，誤っているものは解答欄の「誤《ご》」の文字を，それぞれ○《まる》でかこみなさい。正しいものは，各問いについて一つしかありません。

第1問	1番	a（正　誤）	b（正　誤）	c（正　誤）	d（正　誤）
	2番	a（正　誤）	b（正　誤）	c（正　誤）	d（正　誤）
	3番	a（正　誤）	b（正　誤）	c（正　誤）	d（正　誤）
第2問	問1	a（正　誤）	b（正　誤）	c（正　誤）	d（正　誤）
	問2	a（正　誤）	b（正　誤）	c（正　誤）	d（正　誤）

2 次のグラフを見て，あとの問いに答えなさい。

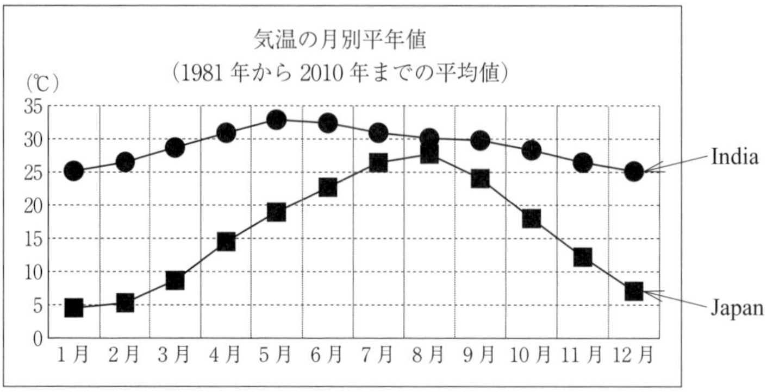

(問い) このグラフから読み取れることは何か。また，グラフを見て，あなた自身は3月にどちらの国で，どのように過ごそうと思うか。次に示す答え方により，英語で述べなさい。ただし，前半の下線部にはhot（暑い），後半の下線部にはin ～（～で）を必ず使うこと。なお，語の形を変えて使用してもよい。

〈答え方〉

下線部をそれぞれ5語以上の英語で書く。

In March, India _____. So, in March, I _____.

なお，下の語句を参考にしてもよい。

In March, India (   ).

So, in March, I (   ).

〈語句〉

～よりも than ～　　水上または水中で行うスポーツ water sports

3 梨奈（Rina）と留学生のマーク（Mark）が会話をしています。二人の会話が成り立つように，下線部①から③までのそれぞれの（　）内に最も適当な語を入れて，英文を完成させなさい。ただし，（　）内に文字が示されている場合は，その文字で始まる語を解答すること。

① They are very (　　) (　　) me.

② But did you have (　　) (　　) here in Japan?

③ You'll (　　) the Japanese way of (　　).

Rina : Hi, Mark. How's your host family?

Mark : Hi, Rina. ① They are very (k　　) (　　) me. I'm getting along with my host family. My host mother especially helps me very much.

Rina : I see. ② But did you have (　　) (p　　) here in Japan?

Mark : Yes, I had some. I forgot to take off my shoes in the house. But now I'm all right!

Rina : That's good. ③ You'll (e　　) the Japanese way of (　　).

(注) shoes 靴

4　次の文章を読んで，あとの(1)から(5)までの問いに答えなさい。

These days, we can see many tall buildings all over the world. In 2018, the tallest building in the world was over 800 meters tall. Now some countries are (A) plans to have buildings which are over 1,000 meters tall. In Aichi, some tall buildings which are over 200 meters tall stand around the main station. If you go to the top floor of a tall building, which do you choose to go up, stairs, elevators or escalators?

Some people say that stairs were first made in nature when people went up or down a steep hill many years ago. Now there are a lot of stairs around you. You often see ramps by the stairs in front of the entrance of a building. If you are pushing a stroller, you can use the ramp. Today, there are not only stairs but also elevators and escalators in many buildings.

In 1890, the first electric elevator in Japan was put in a 12-floor building in Asakusa, Tokyo, and now you can use elevators everywhere. People go into a machine like a box, then it goes up or down to different levels. Elevators in buildings help people in wheelchairs to move up or down to different floors. Now many of them have floor buttons lower on the wall, so those people can push the buttons more easily when they use elevators to go up or down.

In 1914, people in Japan used an escalator for the first time. It was put outside at first. Then a department store in Tokyo had one in the building in the same year. Escalators are like stairs, but [①]. You just stand on a moving step and hold a handrail, and the escalator takes you upstairs or downstairs. There are various types, such as very long ones, short ones or even spiral ones.

Elevators and escalators are efficient moving ways for many kinds of people, such as people pushing strollers, people in wheelchairs, children, elderly people and so on. Today, there are about 781,000 elevators and about 71,000 escalators in Japan. ② They【increase / the number / useful that / will / are / of them / so】more and more.

Thanks to researchers and mechanical engineers, elevators and escalators have improved a lot. Now you can move up or down more quickly, more silently and more safely by escalators or elevators. What is a future elevator like? Some people are trying to build an elevator which takes you to the moon. Someday you may be able to see the beautiful Earth from an elevator!

（注）elevator　エレベーター　　escalator　エスカレーター　　level　（水平面の）高さ
button　押しボタン　　step　（階段などの）段　　upstairs　階上へ　　spiral　らせん(状)の
researcher　研究者

(1)　(A) にあてはまる最も適当な語を，次の５語の中から選んで，正しい形にかえて書きなさい。
(　　　)

play　　feel　　make　　look　　search

(2)　[①] にあてはまる最も適当な英語を，次のアからエまでの中から一つ選んで，そのかな符号を書きなさい。(　　　)

ア　people have to walk when they take elevators

イ　people do not have to walk when they take stairs

ウ　people have to walk when they take escalators

エ　people do not have to walk when they take escalators

(3)　下線②のついた文が，本文の内容に合うように，【　　】内の語句を正しい順序に並べかえなさい。

They (　　　　　　　　　　　　　　　　　　　　　) more and more.

(4)　本文中では，エレベーターについてどのように述べられているか。最も適当なものを，次のアからエまでの文の中から一つ選んで，そのかな符号を書きなさい。(　　　)

ア　The first elevator in Japan was used by Japanese people in 1914.

イ　Elevators are used only by children and elderly people.

ウ　Everyone used elevators to climb the mountain a long time ago.

エ　Elevators can take a person in a wheelchair to different levels.

(5)　次のアからカまでの文の中から，その内容が本文に書かれていることと一致するものを全て選んで，そのかな符号を書きなさい。(　　　)

ア　In Aichi, there are many tall buildings near every station.

イ　There is often a ramp for people pushing strollers in front of a building entrance.

ウ　In Japan, an electric elevator was born after people began to use escalators.

エ　An escalator takes you to the next floor when you stand on a moving step.

オ　Elevators and escalators are not helpful for people using wheelchairs.

カ　Some researchers and engineers have made elevators and escalators better.

5 留学中のエリー（Ellie）と明（Akira）が会話をしています。次の会話文を読んで，あとの(1)から(4)までの問いに答えなさい。

Ellie ： Hello, Akira. I haven't seen you for a long time.

Akira ： Hello, Ellie. I went to America to study English with my friends.

Ellie ： 【 a 】 Which state of America did you go to?

Akira ： Texas. It's north of Mexico. I felt it was far away from Japan.

Ellie ： I'm from New York, so Texas is far away from my state, too, and I've never been to Texas. 【 b 】

Akira ： It was so great! It's the second largest state and its population is also the second largest in America. ① The roads are very wide and people there like to use their own (　　) to travel. However, the people sometimes waste time in a traffic jam. To my great surprise, my town in Texas was not so big, but it had a small airport. My host mother said to me, "Some people in America often use their own airplanes to travel."

Ellie ： I see. American people usually travel by car. ② But it's better to travel by airplane than by car, because there is no traffic jam in the (　　)! By the way, did you have a chance to go to a high school there?

Akira ： 【 c 】 Thanks to him, I really enjoyed my school life in America.

Ellie ： 【 d 】 Did you see the differences between an American high school and a Japanese one?

Akira ： Of course. American students wear no school uniforms and some of them drive cars to go to school. George is 17 years old and he has a driver's license. The school has a very large parking area for students!

Ellie ： In America, each state has（ A ）to get the licenses and even 16-year-old students can drive a car in some states.

Akira ： 【 e 】 But I think that American people need to get the licenses to live in a large country.

Ellie ： That's right. The longer you stay in America, the more you know about America!

（注） state 州　Texas テキサス州（アメリカ南西部の州）　Mexico メキシコ
driver's license 運転免許　parking area 駐車場

(1) 次のアからオまでの英文を，会話文中の【 a 】から【 e 】までのそれぞれにあてはめて，会話の文として最も適当なものにするには，【 b 】と【 d 】にどれを入れたらよいか，そのかな符号を書きなさい。ただし，いずれも一度しか用いることができません。

b（　　）　d（　　）

ア How was it? Please tell me about it.
イ That's good. In education, America is different from Japan.
ウ Yes, with George. He's one of my host family.
エ Wow, that's my country!

オ　Really? I can't believe it.

(2)　下線①，②のついた文が，会話の文として最も適当なものとなるように，それぞれの（　　）にあてはまる語を書きなさい。①(　　　)　②(　　　)

(3)　（ A ）にあてはまる最も適当な語を，次のアからエまでの中から選んで，そのかな符号を書きなさい。(　　　)

ア　museums　　イ　rules　　ウ　advice　　エ　stores

(4)　次の英文は，この会話が行われた夜，エリーが母国にいる友人のオリビア（Olivia）に送ったメールです。このメールが会話文の内容に合うように，次の（ X ），（ Y ）のそれぞれにあてはまる最も適当な語を書きなさい。X(　　　)　Y(　　　)

Hi, Olivia.
One of my Japanese friends, Akira, went to a town in Texas to study English.
The town in Texas has many cars and a small airport.
He was (X) to hear that some American people travel by their own airplanes.
In Japan, only a few people have their own airplanes.
I think it's interesting to (Y) about America in Japan!
I want my Japanese friends to visit America more.
Bye,
Ellie

〈放送原稿〉

（聞き取り検査指示）

これから，2020 年度愛知県公立高等学校全日制課程 A グループ入学試験，英語の聞き取り検査を行います。

それでは，聞き取り検査の説明をします。問題は第 1 問と第 2 問の二つに分かれています。

第 1 問。

第 1 問は，1 番から 3 番までの三つあります。それぞれについて，最初に会話文を読み，続いて，会話についての問いと，問いに対する答え，a，b，c，d を読みます。そのあと，もう一度，その会話文，問い，問いに対する答えを読みます。必要があればメモをとってもよろしい。

問いの答えとして正しいものは解答欄の「正《せい》」の文字を，誤っているものは解答欄の「誤《ご》」の文字を，それぞれ○《まる》でかこみなさい。正しいものは，各問いについて一つしかありません。それでは，読みます。

（第 1 問）

1 番

Mike ： My name is Mike. Nice to meet you.

Elena ： Hi, Mike. I'm Elena. Nice to meet you, too. Where are you from?

Mike ： I'm from Canada. And you?

Question ： What will Elena say next?

a　I play the piano every day.　b　I like Japan very much.　c　I'm from Italy.

d　I'm a junior high school student.

それでは，もう一度繰り返します。（会話文と問いを繰り返す。）

2 番

Woman ： Show me your passport, please.

Man ： Sure. Here you are.

Woman ： Where are you going to stay?

Man ： At ABC Hotel in Kyoto.

Woman ： OK. Have a nice trip.

Question ： Where are they?

a　They are at an airport.　b　They are at a school.　c　They are at ABC Hotel.

d　They are at a library.

それでは，もう一度繰り返します。（会話文と問いを繰り返す。）

3 番

Ken ： That was a nice restaurant! Lunch was delicious. I'm so full.

Jessie ： Me, too. Oh, we should go home now. How can we go back to our town?

Ken ： Well, I'll call home and ask my mother.... Oh, no!

Jessie ： Ken, what's the matter?

Ken ： Oh, Jessie, I left my cell phone at the restaurant!

Question：What will they do next?

a　They will have lunch at the restaurant.　　b　They will cook lunch together.

c　They will buy a new cell phone for Jessie.　　d　They will go back to the restaurant.

それでは，もう一度繰り返します。(会話文と問いを繰り返す。)

第２問。

第２問は，最初に英語のスピーチを読みます。続いて，スピーチについての問いと，問いに対する答え，a，b，c，dを読みます。問いは問１と問２の二つあります。そのあと，もう一度，スピーチ，問い，問いに対する答えを読みます。必要があればメモをとってもよろしい。

問いの答えとして正しいものは解答欄の「正《せい》」の文字を，誤っているものは解答欄の「誤《ご》」の文字を，それぞれ〇《まる》でかこみなさい。正しいものは，各問いについて一つしかありません。それでは，読みます。

(第２問)

Hello, everyone. I'm Hiroto. I'm going to talk about my future. I wish to become a nurse, because I want to help sick people. When I was a little child, I was very weak, so I often went to the hospital. The nurses around me always encouraged me very much. Thanks to them, I can do a lot of things now. So I want to work for patients. This is my dream. Thank you for listening.

問１　When did Hiroto often go to the hospital?

a　He went there when he was busy.

b　He went there when he was lonely.

c　He went there when he was a little child.

d　He went there when he was a junior high school student.

問２　What does Hiroto want to do in the future?

a　He wants to work for sick people.　　b　He wants to become a doctor.

c　He wants to encourage his mother.　　d　He wants to talk about his dream.

それでは，もう一度繰り返します。(スピーチと問いを繰り返す。)

これで，聞き取り検査を終わります。

社会

時間　45分　　　　満点　22点

1　次のⅠ，Ⅱ，Ⅲは，それぞれ現在の長野県にあたる地域と関係の深い歴史遺産や遺物の写真と，その説明である。あとの(1)から(3)までの問いに答えなさい。

Ⅰ

（説明）
これは旧中込学校の写真である。この学校は1872年に政府が公布した（ ① ）を受けて開設され，現在の長野県にあたる地域でも小学校教育が実施されたことがわかる。旧中込学校が開設された当時，東京には教員を養成する学校が開設されていた。

Ⅱ

（説明）
これは藤原京跡から出土した木簡の写真である。この木簡の記録から，天皇の命令で現在の長野県にあたる地域の産物が都まで運ばれていたことがわかる。この木簡が使われた当時，藤原京では（ ② ）がつくられていた。

Ⅲ

（写真提供：甲府市教育委員会）

（説明）
これは16世紀後半，現在の長野県にあたる地域の一部において使用されていた甲州ますの写真である。甲州ますは京で使われていたますとは異なる容量だった。このますが使用されていた当時，京では足《あし》利義昭《かがよしあき》が将軍に就任した。

(1)　Ⅰ，Ⅱの説明の中の（ ① ），（ ② ）にあてはまることばの組み合わせとして最も適当なものを，次のアからエまでの中から選んで，そのかな符号を書きなさい。（　　）

ア　① 学制，② 大宝律令　　イ　① 学制，② 東大寺　　ウ　① 教育基本法，② 大宝律令
エ　① 教育基本法，② 東大寺

(2)　16世紀に起こった世界のできごとについて述べた文として最も適当なものを，次のアからエまでの中から選んで，そのかな符号を書きなさい。（　　）

ア　イギリスでワットが蒸気機関を改良した。
イ　地中海を囲む地域をローマ帝国が統一した。
ウ　マゼランの船隊が世界一周に成功した。
エ　モンゴル帝国の支配領域が最大となった。

(3)　次の文は，Ⅰ，Ⅱ，Ⅲの説明の中で「当時」として示されている時期のいずれかについて述べたものである。文中の［　　］にあてはまる最も適当な文を，Ⅰ，Ⅱ，Ⅲのいずれかの説明の中から，そのまま抜き出して，25字で書きなさい。

［　　　　　　　　　　　　　　　　　　　　　　　　　］

この時期の現在の長野県にあたる地域について，他の二つの時期と比べると，説明の中に「［　　　　］」とあることから，天皇を中心とする中央集権的な政治のしくみが十分にはたらいていなかったと考えられる。

2　次のＡ，Ｂ，Ｃは，岩手県釜石市に関係するできごとの記録を年代の古い順に並べたものであり，Ⅰ，Ⅱ，Ⅲは，釜石市にある釜石製鉄所に関係する資料である。あとの(1)から(3)までの問いに答えなさい。

A	「ここ大石出河岸を起点に海上引縄をもって真北の海岸佛ヶ崎まで測量した」 (「伊能忠敬《いのうただたか》海上引縄測量之碑」から一部を抜粋)
B	「アメリカの軍艦が十数せき来て沖から撃った…(中略)…艦砲射撃も終わり六日目，八月十五日終戦となった。…(中略)…釜石は焼野原となった」 (釜石市郷土資料館ホームページから一部を抜粋)
C	「「三陸鉄道」の名前が初めて登場するのは明治 29 年にさかのぼります。…(中略)…それから数えること 88 年後の昭和 59 年 4 月 1 日に，地元の方たちが待ち望んでいた「おらが鉄道」として開業したのでした」　(「東日本大震災と三陸鉄道」から一部を抜粋)

Ⅰ　全国および生産拠点別の鉄の生産量　(単位　t)

年	全国	中国地方	釜石	(Ｘ)
1891	15 495	8 112	5 499	0
1896	26 570	9 162	15 417	0
1901	55 180	6 398	15 037	25 338
1906	210 654	6 449	31 833	163 072
1911	394 767	3 512	53 498	312 499

(「現代日本産業発達史　鉄鋼」などをもとに作成)

Ⅱ　略地図

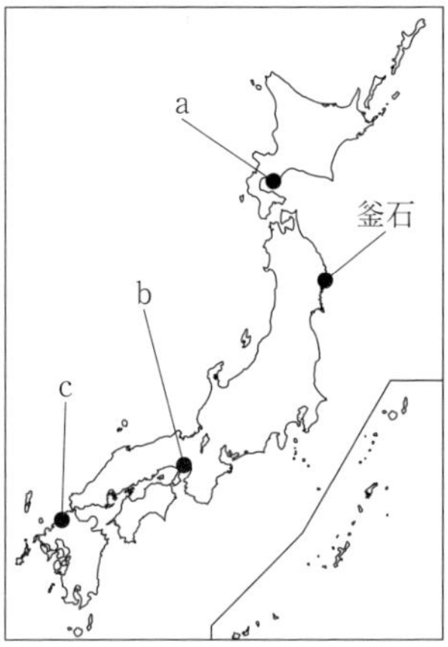

Ⅲ　釜石製鉄所における鉄の生産量とその全国の生産量に占める割合の推移

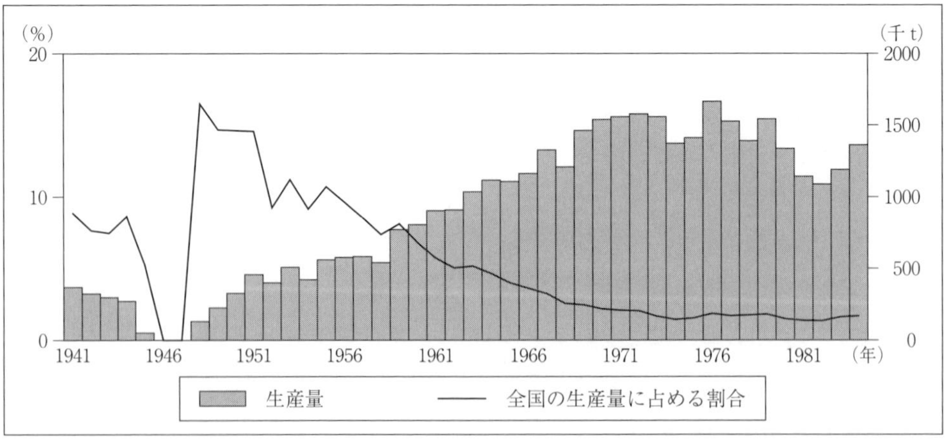

(「数字でみる日本の 100 年　改訂第 6 版」などをもとに作成)

(1)　次のアからオまでの文は，現在の岩手県にあたる地域に関係するできごとについて述べたものである。このうち，Ａの記録のできごとが起こった年代からＢの記録のできごとが起こった年代までの間に起こったできごとを三つ選び，それらを年代の古い順に並べたとき，2 番目と 3 番目になるもののかな符号をそれぞれ書きなさい。2 番目(　　　)　3 番目(　　　)

ア　盛岡藩が廃止され，盛岡県がおかれた。

イ　岩手県出身の原敬《はらたかし》が内閣総理大臣に就任した。

ウ　松尾《まつお》芭蕉《ばしょう》が中尊寺金色堂を訪れた。

エ　岩手県に陸上自衛隊の駐屯地が開設された。

オ　天保の飢饉が発生し，百姓一揆が起きた。

(2)　次の文章は，Bの記録のできごとについて，Ⅰの表を用いて説明したものである。文章中の（　X　）にあてはまる最も適当な地名を，漢字2字で書きなさい。また，文章中の（　X　）の位置として最も適当なものを，Ⅱの略地図中のa，b，cの中から選んで，その符号を書きなさい。

なお，Ⅰの表中と文章中の（　X　）には，同じ地名があてはまる。

地名（　　　）　符号（　　　）

Ⅰの表のように，20世紀に入ると日本における鉄の生産の大部分が，欧米の技術を導入した釜石製鉄所や，日清戦争後に設立された官営の（　X　）製鉄所で行われるようになった。鉄の生産は戦争を続けるためには不可欠であり，アメリカは製鉄所のある釜石に対して，Bに記録されたような攻撃を実施した。

(3)　次の文章は，アメリカとの戦争が始まった年代からCの記録のできごとが起こった年代までの期間の釜石製鉄所について，Ⅲのグラフを用いて説明したものである。文章中の（　①　），（　②　），（　③　）にあてはまる年代やことばの組み合わせとして最も適当なものを，あとのアからクまでの中から選んで，そのかな符号を書きなさい。（　　　）

Ⅲのグラフによると，Bの記録のできごとで大きな被害を受けた釜石製鉄所であったが，（　①　）には，アメリカとの戦争が始まった年代の生産量を回復した。また，高度経済成長期の前後を比べると，釜石製鉄所の鉄の生産量は増加し，その全国の生産量に占める割合は（　②　）した。これは全国の生産量が，この時期に（　③　）したからと考えられる。

ア　① 1951年，② 上昇，③ 増加　　イ　① 1951年，② 低下，③ 増加

ウ　① 1951年，② 上昇，③ 減少　　エ　① 1951年，② 低下，③ 減少

オ　① 1971年，② 上昇，③ 増加　　カ　① 1971年，② 低下，③ 増加

キ　① 1971年，② 上昇，③ 減少　　ク　① 1971年，② 低下，③ 減少

3　次のⅠからⅣまでの資料は，生徒が伝統工芸品についてのレポートを作成するために集めたものの一部である。あとの(1)から(4)までの問いに答えなさい。なお，Ⅰ，Ⅱ，Ⅳの資料中のAからFまでのうち同じ符号には同じ都府県があてはまり，それぞれ愛知県，石川県，沖縄県，京都府，東京都，新潟県のいずれかである。

Ⅰ　経済産業省から伝統工芸品として10品目以上が指定を受けている都府県の人口密度等

都府県名	品目数	おもな品目名	人口密度（人/km²）	米の収穫量（千t）	外国人延べ宿泊者数（千人泊）
A	17	江戸べっ甲，江戸木版画	6 218.1	0.6	18 060
B	17	（　X　）	564.9	76.4	4 603
C	16	（　Y　）	181.7	678.6	267
D	16	琉球漆器，三線	631.0	2.3	3 860
E	14	有松・鳴海絞，常滑焼	1 451.2	144.3	2 393
F	10	（　Z　）	274.9	136.7	623

（「データでみる県勢　2018年版」などをもとに作成）

Ⅱ　Cの製造業における事業所数と製造品出荷額等の産業別割合

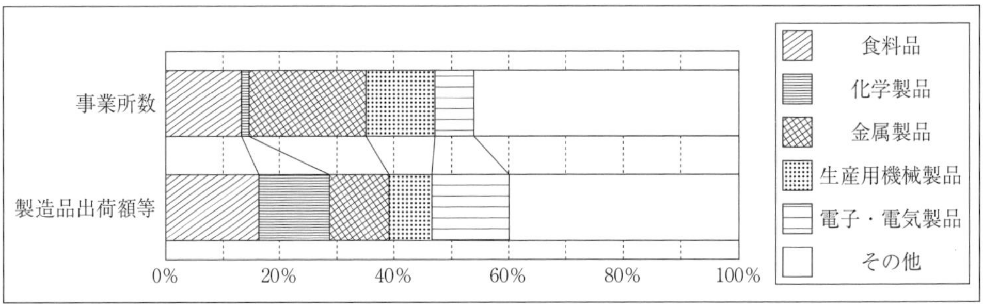

（経済産業省「平成29年度　工業統計調査」をもとに作成）

Ⅲ　伝統工芸品指定の用件

- 日本人の生活に密着し，日常生活で使用されるもの
- 主要工程が手作業中心（手工業的）であるもの
- 技術・技法が100年以上の歴史をもち，今日まで継続しているもの
- 100年以上の歴史をもつ伝統的な原材料を使用したもの
- 一定の地域で，地域産業として成立しているもの

（経済産業省資料より）

Ⅳ　全国およびA，B，Fの小売業における販売方法別の年間商品販売額割合

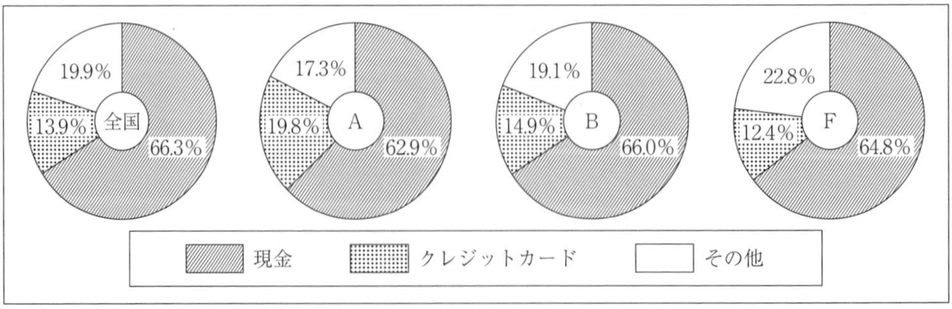

（注）　四捨五入の関係で，合計しても100%にならない場合がある。
（「データでみる県勢　2018年版」をもとに作成）

(1)　Ⅰの表中の（ X ），（ Y ），（ Z ）にあてはまる伝統工芸品の品目名として最も適当なものを，次のアからカまでの中からそれぞれ選んで，そのかな符号を書きなさい。

X（　　　）　Y（　　　）　Z（　　　）

ア　出雲石燈ろう，石見焼　　イ　薩摩焼，大島紬　　ウ　小千谷縮，燕鎚起銅器《ついきどうき》

エ　九谷焼，輪島塗　　オ　西陣織，清水焼　　カ　箱根寄木細工，小田原漆器

(2)　次の文章は，生徒がCの製造業について，Ⅱのグラフを用いて発表した際のメモの一部である。文章中の［　①　］，（　②　）にあてはまることばの組み合わせとして最も適当なものを，あとのアからエまでの中から選んで，そのかな符号を書きなさい。（　　　）

> Cの伝統工芸品の製造は［　　①　　］として受け継がれ，その中でも金属製品産業は今も地域の経済を支えている。金属製品産業については，Ⅱのグラフから化学製品産業よりも一事業所あたりの製造品出荷額等が（　②　）ことがわかる。

ア　①　冬季に農作物を栽培できない農家の副業，②　小さい

イ　①　冬季に農作物を栽培できない農家の副業，②　大きい

ウ　①　長く都がおかれていたという歴史を背景，②　小さい

エ　①　長く都がおかれていたという歴史を背景，②　大きい

(3)　次のアからエまでの文は，生徒が「伝統工芸品の生産を維持するための方策」として発表した意見である。Ⅲの資料に示された伝統工芸品としての要件を満たしつつ，生産を維持する方策として適当なものを，アからエまでの中から全て選んで，そのかな符号を書きなさい。（　　　）

ア　機械生産を導入し，全工程の自動化を進めることによって供給量を増やす。

イ　海外に工場を設立し，生産費を低くおさえることで販売価格を下げる。

ウ　伝統的な原材料を継続的に確保できるように，購入費用を国が補助する。

エ　伝統工芸品の生産技術を伝承し，後継者を育成するための学校を設立する。

(4)　次の文章は，生徒がFの商品販売について，Ⅰの表とⅣのグラフを用いて発表した際のメモの一部である。文章中の（　③　），（　④　）にあてはまることばの組み合わせとして最も適当なものを，あとのアからエまでの中から選んで，そのかな符号を書きなさい。（　　　）

> Ⅳのグラフで，クレジットカードによる年間商品販売額の割合を比べてみると，Ⅰの表中の6都府県の中で外国人延べ宿泊者数が上位のA，Bでは，その割合が全国より高く，Fでは，その割合が全国より低くなっている。クレジットカードの利用は，代金が（　③　）であること，日本円への両替の必要がないことなど，日本を訪れる外国人にとって利便性が高いと考えられる。Fでは，2015年の（　④　）により，今後は外国人観光客のさらなる増加が見込まれるので，クレジットカードが利用できる小売店の拡大に取り組んではどうか。

ア　③　先払い，④　オリンピック・パラリンピックの開催　　イ　③　先払い，④　新幹線の開業

ウ　③　後払い，④　オリンピック・パラリンピックの開催　　エ　③　後払い，④　新幹線の開業

4　次のⅠ，Ⅱの表，Ⅲの略地図は，生徒がインドネシア，コートジボワール，トルコ，メキシコの4国についてのレポートを作成する際にまとめた資料の一部である。あとの(1)から(3)までの問いに答えなさい。

なお，ⅠおよびⅡの表中のA，B，C，Dには，それぞれ同じ符号には同じ国名があてはまる。また，Ⅱの表中の4か所の（　X　）と2か所の（　Y　）には，それぞれ同じ符号には同じ国名があてはまり，Ⅲの略地図中のaからdまでは，4国のいずれかの首都の位置を示している。

Ⅰ　4国の農業や食文化

国名	農業や食文化などについての説明
A	トウモロコシの栽培がさかんで，食文化にはスペインの影響がみられる。トウモロコシからつくる生地に肉や野菜などをはさんだ料理が有名である。
B	米の栽培がさかんで，香辛料の産地としても有名である。人口の多数を占めるイスラム教の信者は，その教えにより（　x　）を食べることを禁じられている。
C	アジアとヨーロッパの陸上交易ルート上に位置し，東西の食文化が融合している。米，羊，ヨーグルトやナッツ類などを食材に用い，黒海沿岸では魚介料理も多い。
D	チョコレートの原料となるカカオの生産・輸出が世界一である。モノカルチャー経済とよばれる（　y　）に依存する状況から抜け出すことが課題となっている。

Ⅱ　4国の相手先別輸出額の上位5か国それぞれが輸出額全体に占める割合（2015年）

A		B		C		D	
国名	(%)	国名	(%)	国名	(%)	国名	(%)
（ X ）	81.2	日本	12.0	（ Y ）	9.3	オランダ	12.1
カナダ	2.8	（ X ）	10.8	イギリス	7.3	（ X ）	8.1
中国	1.3	中国	10.0	イラク	5.9	ベルギー	6.5
ブラジル	1.0	シンガポール	8.4	イタリア	4.8	フランス	6.4
コロンビア	1.0	インド	7.8	（ X ）	4.5	（ Y ）	6.1

（「世界国勢図会　2017／2018年版」などをもとに作成）

Ⅲ　4国の首都の位置を示した略地図

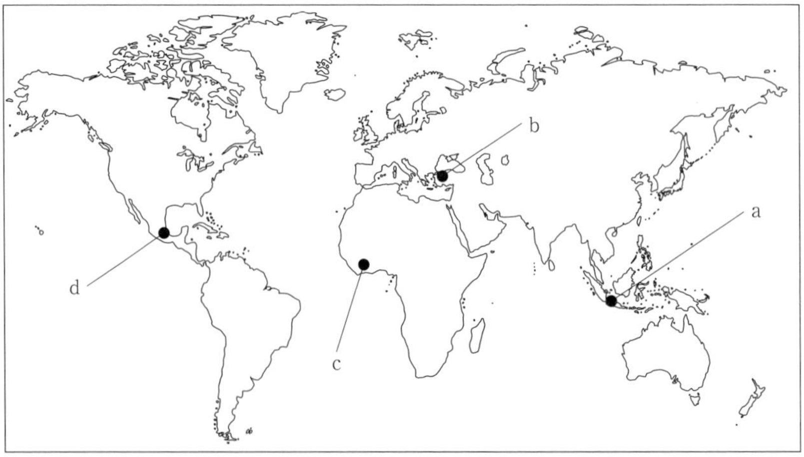

(1)　次の文章は，生徒がⅠの表中のA，Cについて，Ⅱの表とⅢの略地図を用いて発表した際のメモの一部である。文章中の（ ① ），（ ② ）にあてはまる最も適当な国名を，それぞれカタカナで書きなさい。また，文章中の（ ③ ），（ ④ ）にあてはまる符号として最も適当なものを，Ⅲ

の略地図中のaからdまでの中からそれぞれ選んで書きなさい。

①(　　　)　②(　　　)　③(　　　)　④(　　　)

Ⅱの表中のXには（ ① ）が，Yには（ ② ）があてはまる。AからX，CからYにはそれぞれ多くの労働者が移住しており，Ⅱの表からもそれぞれの2国間の経済的な結びつきの強さがうかがえる。Ⅲの略地図ではAの首都は（ ③ ）に位置し，Cの首都は（ ④ ）に位置している。

(2)　Ⅰの表中の（ x ），（ y ）にあてはまることばの組み合わせとして最も適当なものを，次のアからエまでの中から選んで，そのかな符号を書きなさい。(　　　)

ア　x 牛肉，y 特定の産品の輸出　　イ　x 牛肉，y 国際機関による支援

ウ　x 豚肉，y 特定の産品の輸出　　エ　x 豚肉，y 国際機関による支援

(3)　次の資料は，アフリカ州に対する農業支援計画について示したものの一部を要約したものであり，下の表は，この計画の成果を示したものである。資料と表から読み取れることを説明した文として最も適当なものを，あとのアからエまでの中から選んで，そのかな符号を書きなさい。

(　　　)

（資料）

【支援目標】　支援開始時のアフリカ（サハラ砂漠以南）の米の生産量を，2018年までに倍増させる。

（国際協力機構（JICA）「アフリカ稲作振興のための共同体」より）

（表）　アフリカ（サハラ砂漠以南）の米の生産量等

	米の生産量（t）	米の栽培面積（ha）	米の単位面積あたり収穫量（t/ha）
支援開始時	14 246 000	7 340 000	1.94
2016年	32 631 892	z	2.11

（「FAO STAT」などをもとに作成）

ア　表中のzにあてはまる数値から考えて，米の生産量は，栽培面積の拡大よりも単位面積あたり収穫量の増大によって増加し，支援目標は計画よりも早く達成された。

イ　表中のzにあてはまる数値から考えて，米の生産量は，単位面積あたり収穫量の増大よりも栽培面積の拡大によって増加し，支援目標は計画よりも早く達成された。

ウ　表中のzにあてはまる数値から考えて，米の生産量は，栽培面積の拡大よりも単位面積あたり収穫量の増大によって増加し，支援目標は計画よりも遅れたものの達成された。

エ　表中のzにあてはまる数値から考えて，米の生産量は，単位面積あたり収穫量の増大よりも栽培面積の拡大によって増加し，支援目標は計画よりも遅れたものの達成された。

5　次のⅠからⅢまでの資料は，生徒が「日本の労働と雇用」についてのレポートを作成するために集めたものの一部である。あとの(1)から(4)までの問いに答えなさい。

Ⅰ　失業率と年間労働時間の推移

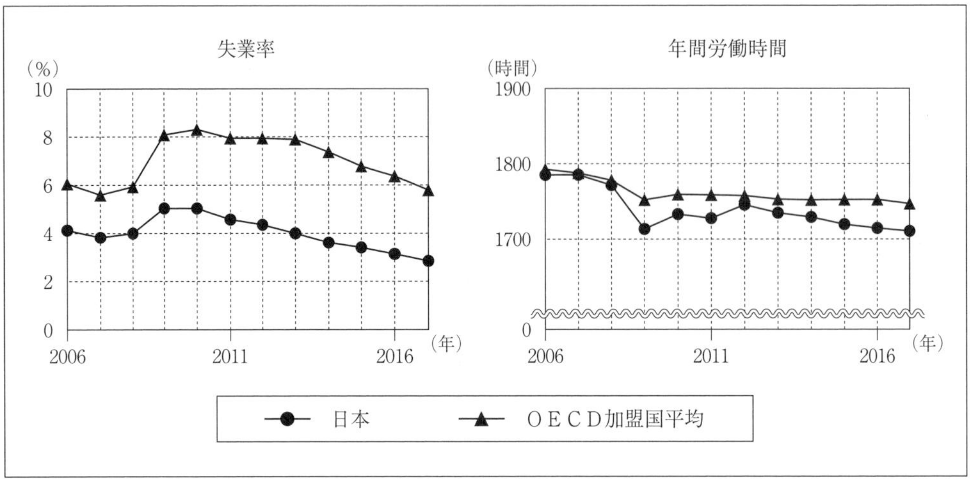

(注)「ＯＥＣＤ(経済協力開発機構)」は日本を含む先進国を中心に構成される国際機関で，加盟各国の政策の分析等を行っている。

(ＯＥＣＤホームページをもとに作成)

Ⅱ　若者（16～29歳）の初職の就職から離職までの継続期間

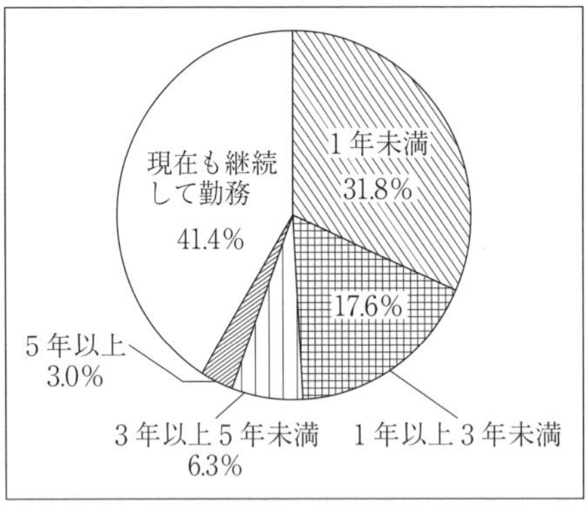

(注)「初職」とは学校等を卒業または中途退学した後の最初の就職先を示している。
四捨五入の関係で，合計しても100%にならない。

(「平成30年版　子供・若者白書」をもとに作成)

Ⅲ　使用者（企業）と労働者（正社員）が重要だと考える能力に関して生じている意識の差

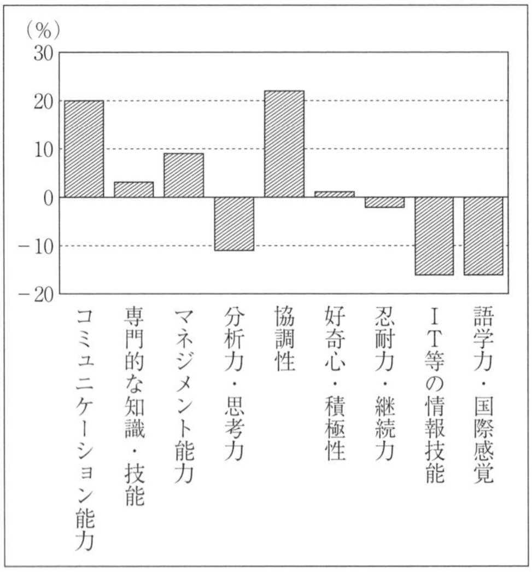

(注)　それぞれの項目について，使用者が「正社員に向上を求める能力」として回答した割合から労働者が「重要と考える能力」として回答した割合を差し引いた数値を示している。

(「平成30年版　労働経済白書」をもとに作成)

(1)　次の文章は，生徒がⅠの資料のうち，失業率のグラフを用いて作成したレポートの一部である。文章中の（ ① ），（ ② ）にあてはまることばの組み合わせとして最も適当なものを，あとのアからエまでの中から選んで，そのかな符号を書きなさい。(　　　)

> 失業率について，2008年から2009年にかけての変化をみると，日本およびOECD加盟国平均ともに（ ① ）している。このことから，2008年から2009年にかけては（　②　）であったと考えることができる。

ア　① 上昇，② 世界的に好況　　イ　① 上昇，② 世界的に不況
ウ　① 低下，② 世界的に好況　　エ　① 低下，② 世界的に不況

(2)　次の文章は，生徒がⅠの資料のうち，年間労働時間のグラフを用いて作成したレポートの一部である。文章中の［　　　］にあてはまることばとして最も適当なものを，あとのアからエまでの中から選んで，そのかな符号を書きなさい。（　　　）

> 年間労働時間は，景気の動向など，さまざまな要因で増減すると考えられる。近年，日本の年間労働時間がOECD加盟国平均よりも減っている要因の一つとしては，ワーク・ライフ・バランスの実現に向けて，企業が［　　　］などの取組を進めていることもあげられる。

ア　育児や介護にともなう休業の取得促進　　イ　オンブズパーソン制度の導入
ウ　育児・介護休業法の制定　　エ　インフォームド・コンセントの実施

(3)　次の文章は，生徒がⅠの資料に関連して，労働者の権利について発表した際のメモの一部である。文章中の（ ③ ），（ ④ ）にあてはまることばと数字の組み合わせとして最も適当なものを，あとのアからエまでの中から選んで，そのかな符号を書きなさい。（　　　）

> 賃金や労働時間などの労働条件は労働者と使用者が対等の立場で取り決めることが労働基準法に定められている。しかし，現実には（　③　）に対して弱い立場にあるので，この法律では使用者が労働者を解雇する場合に予告が必要であることや，使用者は労働者に1週間について（ ④ ）時間を超えて労働させてはならないことなども定められている。

ア　③ 使用者は労働者，④ 80　　イ　③ 使用者は労働者，④ 40
ウ　③ 労働者は使用者，④ 80　　エ　③ 労働者は使用者，④ 40

(4)　次の文章は，生徒がⅡ，Ⅲのグラフについて発表した際のメモの一部である。文章中の（ ⑤ ），（ ⑥ ）にあてはまることばの組み合わせとして最も適当なものを，あとのアからエまでの中から選んで，そのかな符号を書きなさい。（　　　）

> Ⅱのグラフからは，半数近くの若者が初職を（ ⑤ ）で離職していることがわかる。また，Ⅲのグラフからは，使用者と労働者のそれぞれが仕事の上で重要と考えている能力に違いがあることがわかり，とくに協調性やコミュニケーション能力については，（　⑥　）よりも仕事の上で重要だと考えている。

ア　⑤ 1年未満，⑥ 使用者は労働者　　イ　⑤ 1年未満，⑥ 労働者は使用者

ウ　⑤ 3年未満，⑥ 使用者は労働者　　エ　⑤ 3年未満，⑥ 労働者は使用者

6　次のⅠ，Ⅱの文章は，参議院におかれていた憲法調査会が日本国憲法について総合的に調査を行った結果をまとめた報告書の一部を抜粋したものである。あとの(1)から(3)までの問いに答えなさい。

Ⅰ　国民主権と民主主義制度の在り方

> 日本国憲法は，…(中略)…代表民主制を基本とした。直接民主制的制度としては，憲法改正の承認の是非を問う国民投票と，（　　）裁判官の国民審査制とが設けられており，国政レベルでは，憲法解釈として，この二つの場合に限定されると言われている。
>
> 現代国家では，決定すべき事項が複雑多岐にわたり，また有権者の数も非常に多いため，直接民主制を採用することは技術的にも著しく困難であると言われてきた。しかし，近時はインターネットが普及するなど，①IT技術が著しく進歩し…(中略)…その導入を図ることを積極的に考えるべきとの意見がある。
>
> (注)　○代表民主制＝間接民主制のこと。

Ⅱ　財政

> 憲法の財政に関する規定は手続的なものが中心で…(中略)…規律条項は置かれていない。現在の②財政危機状況にかんがみ，…(中略)…諸外国の例にならい規律条項を検討してはどうかなどの意見が出された。

(1)　Ⅰの文章中の（　　）にあてはまる最も適当なことばを，漢字5字で書きなさい。(　　　)

(2)　次の文章は，①IT技術の進歩が民主主義制度におよぼす影響について説明したものである。文章中の（ X ），（ Y ）にあてはまることばの組み合わせとして最も適当なものを，あとのアからエまでの中から選んで，そのかな符号を書きなさい。(　　　)

どのような政治制度にも一長一短がある。公正と効率の観点から考えた場合，（ X ）の短所は，多くの人びとが議論に参加するため，その意見の集約に時間がかかり（ Y ）の面で課題があるという点にある。しかし，Ⅰの文章はIT技術の活用により，この短所を補うことができる可能性について説明している。

ア　X 直接民主制，Y 公正　　イ　X 直接民主制，Y 効率　　ウ　X 代表民主制，Y 公正

エ　X 代表民主制，Y 効率

(3)　②財政危機状況について確認するための資料として最も適当なものを，次のアからエまでの中から選んで，そのかな符号を書きなさい。(　　　)

ア　毎年の国内総生産を総人口で割った額の推移を示したグラフ

イ　毎年の歳入に占める間接税と直接税の割合の推移を示したグラフ

ウ　毎年の国内総生産に対する輸出額と輸入額の割合の推移を示したグラフ

エ　毎年の歳入に占める国債発行額の割合と国債残高の推移を示したグラフ

理科

時間　45分　　　　満点　22点

1　次の(1)，(2)の問いに答えなさい。

(1)　次のaからfまでの文は，図の顕微鏡の操作について説明したものである。このうち，正しい内容を述べている文の組み合わせとして最も適当なものを，下のアからクまでの中から選んで，そのかな符号を書きなさい。（　　　）

図

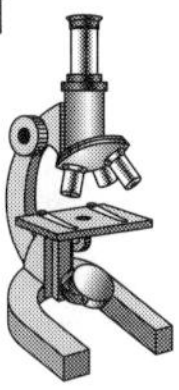

a　低倍率から高倍率にすると，視野は広く，明るくなる。

b　低倍率から高倍率にすると，視野は狭く，暗くなる。

c　観察を行うときは，対物レンズをプレパラートに近づけながらピントを合わせる。

d　観察を行うときは，対物レンズをプレパラートから遠ざけながらピントを合わせる。

e　ピントが合ったままの状態でレボルバーを回して対物レンズを高倍率のものにかえたところ，対物レンズとプレパラートの距離が近くなった。

f　ピントが合ったままの状態でレボルバーを回して対物レンズを高倍率のものにかえたところ，対物レンズとプレパラートの距離が遠くなった。

ア　a，c，e　　イ　a，c，f　　ウ　a，d，e　　エ　a，d，f
オ　b，c，e　　カ　b，c，f　　キ　b，d，e　　ク　b，d，f

(2)　3つのビーカーA，B，Cを用意し，それぞれのビーカーに表1に示した体積の，濃度aの塩酸と濃度bの水酸化ナトリウム水溶液を入れて混ぜた後，BTB溶液を加えて色の変化を調べたところ，ビーカーBの水溶液だけが緑色になり，中性であることがわかった。

表1

ビーカー	A	B	C
濃度aの塩酸の体積〔cm^3〕	80	60	70
濃度bの水酸化ナトリウム水溶液の体積〔cm^3〕	50	40	50

また，別の3つのビーカーD，E，Fを用意し，それぞれのビーカーに表2に示した体積の，濃度cの塩酸と表1と同じ濃度bの水酸化ナトリウム水溶液を入れて混ぜた後，BTB溶液を加えて色の変化を調べたところ，ビーカーEの水溶液だけが緑色になり，中性であることがわかった。

表2

ビーカー	D	E	F
濃度cの塩酸の体積〔cm^3〕	60	30	30
濃度bの水酸化ナトリウム水溶液の体積〔cm^3〕	50	40	50

その後，ビーカーAからFまでの全ての水溶液を別の大きな容器に入れて混ぜ合わせた。この大きな容器の水溶液に，ある液体を加えたら中性になった。このとき，加えた液体とその体積として最も適当なものを，次のアからカまでの中から選んで，そのかな符号を書きなさい。（　　　）

ア　濃度aの塩酸10cm^3　　イ　濃度aの塩酸20cm^3　　ウ　濃度aの塩酸60cm^3
エ　濃度bの水酸化ナトリウム水溶液10cm^3　　オ　濃度bの水酸化ナトリウム水溶液20cm^3
カ　濃度bの水酸化ナトリウム水溶液40cm^3

2　生物と環境とのかかわりについて調べるため，ある林の落ち葉の下の土を採取して持ち帰り，次の〔実験1〕と〔実験2〕を行った。

〔実験1〕

①　ペトリ皿の中に，デンプン溶液を寒天で固めた培地をつくり，ふたをした。

②　持ち帰った土の一部を①の培地にのせ，ふたをして，25℃に保った。

③　②の7日後，培地の表面を観察した。

〔実験1〕の③では，白い毛のようなものが観察できた。

〔実験2〕

①　ビーカーに，水と林から持ち帰った土を入れてよくかき回した後，布でこしてろ液をつくった。

②　同じ大きさのペットボトルＡとＢを用意し，ペットボトルＡには①のろ液 $100cm^3$ とデンプン溶液 $200cm^3$ を入れた。また，ペットボトルＢには水 $100cm^3$ とデンプン溶液 $200cm^3$ を入れた。

③　ペットボトルＡとＢの中の気体に含まれる二酸化炭素の濃度を気体検知管で調べてから，それぞれふたをして密閉し，25℃に保った。

④　③の7日後，ペットボトルＡとＢの中の気体に含まれる二酸化炭素の濃度を気体検知管で調べ，それぞれ③の濃度と比較した。

⑤　4本の試験管a，b，c，dを用意し，図1のように，ペットボトルＡの液を試験管aとbに，ペットボトルＢの液を試験管cとdにそれぞれ $3cm^3$ ずつ入れた。

⑥　試験管aとcにヨウ素液を加えた。また，試験管bとdにベネジクト液を加えた後に加熱し，それぞれの試験管の液の色を調べた。

表は，〔実験2〕の結果をまとめたものである。

図1

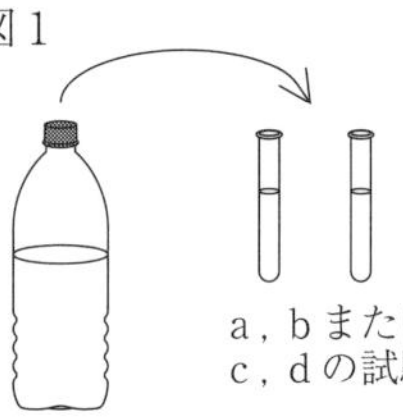

a，bまたは
c，dの試験管

ＡまたはＢの
ペットボトル

表

ペットボトル	ペットボトル中の二酸化炭素の濃度	試験管	使用した試薬	試験管の液の色の変化
Ａ	③より④のほうが濃度は高かった。	a	ヨウ素液	変化しなかった。
		b	ベネジクト液	赤かっ色に変化した。
Ｂ	③と④の濃度は同じであった。	c	ヨウ素液	青紫色に変化した。
		d	ベネジクト液	変化しなかった。

次の(1)から(4)までの問いに答えなさい。

(1)　〔実験1〕の③で見られた白い毛のようなものは，菌糸であった。菌糸でできている生物として適当なものを，次のアからオまでの中から2つ選んで，そのかな符号を書きなさい。

(　　)(　　)

ア　スギゴケ　　イ　シイタケ　　ウ　ミカヅキモ　　エ　アオカビ　　オ　乳酸菌

(2)　次の文章は，〔実験2〕の結果について説明したものである。文章中の（ⅰ）から（ⅲ）までにあてはまる語句の組み合わせとして最も適当なものを，あとのアからクまでの中から選んで，そのかな符号を書きなさい。(　　)

試験管（ⅰ）において液の色の変化が（ⅱ）ことから，試験管（ⅰ）ではデンプンが分解されたことがわかる。また，試験管（ iii ）のベネジクト液の反応から，試験管（ iii ）には糖があることがわかる。

ア　i　a，ii　起こった，iii　b　　　イ　i　a，ii　起こった，iii　d

ウ　i　a，ii　起こらなかった，iii　b　　　エ　i　a，ii　起こらなかった，iii　d

オ　i　c，ii　起こった，iii　b　　　カ　i　c，ii　起こった，iii　d

キ　i　c，ii　起こらなかった，iii　b　　　ク　i　c，ii　起こらなかった，iii　d

(3)　次の文章は，〔実験1〕と〔実験2〕についての太郎さんと花子さんと先生の会話である。会話中の（ i ）から（ iii ）までにあてはまる語句の組み合わせとして最も適当なものを，下のアからクまでの中から選んで，そのかな符号を書きなさい。(　　　)

太郎：〔実験1〕と〔実験2〕の結果から，土の中には肉眼では見えない微生物がいて，その微生物がデンプンを分解して，二酸化炭素を発生させていることが考えられます。

花子：しかし，〔実験1〕と〔実験2〕だけではデンプンの分解や二酸化炭素の発生が，土の中の微生物のはたらきであることはわからないと思います。それを確認するためには，ペットボトル（ i ）の実験の対照実験として，〔実験2〕の①のろ液を沸騰させてから冷ましたものをあらたに用意したペットボトルCに入れ，〔実験2〕と同じ実験を行う方法があると思います。

太郎：ペットボトルAとBの実験を比較するだけではいけないのですか。

先生：その比較では，（ ii ）がデンプンを分解しないことはわかりますが，それだけでは，微生物のはたらきによりデンプンが分解されたかどうかはわからないですね。土をこしたろ液を沸騰させることによって，微生物の活動が（ iii ），ペットボトルBとCの実験が同じ結果になれば，土の中の微生物のはたらきによってデンプンが分解されたことを確かめることができます。

ア　i　A，ii　水，iii　活発になり　　　イ　i　A，ii　水，iii　停止し

ウ　i　A，ii　ろ液，iii　活発になり　　　エ　i　A，ii　ろ液，iii　停止し

オ　i　B，ii　水，iii　活発になり　　　カ　i　B，ii　水，iii　停止し

キ　i　B，ii　ろ液，iii　活発になり　　　ク　i　B，ii　ろ液，iii　停止し

(4)　太郎さんと花子さんは，〔実験1〕と〔実験2〕の後，土の中の微生物が分解者としてはたらき，生態系における炭素の循環と関係していることを学んだ。図2は，ある生態系における，大気と生物P，Q，R，Sとの間の炭素の流れを矢印で表したものである。生物P，Q，R，Sは，それぞれ光合成を行う植物，草食動物，肉食動物，土の中の微生物のいずれかであり，この肉食動物が光合成を行う植物を食べることはないものとする。

図2

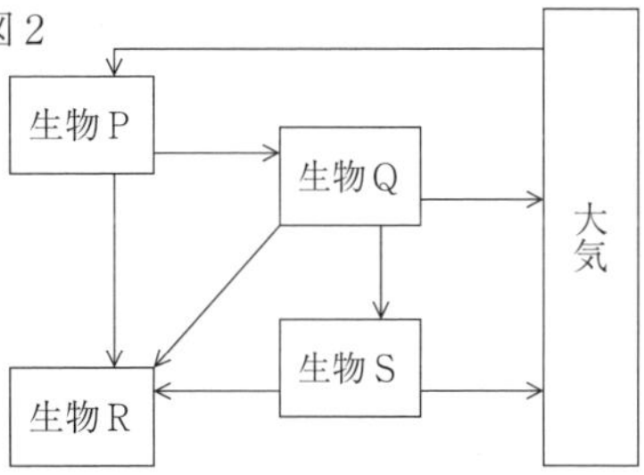

なお，図2では矢印が2本省略されている。

この生態系の生物P，Q，R，Sの中で分解者はどれか。解答欄の図2の生物Pから生物Sまでの中から1つ選んで，◯《まる》で囲みなさい。また，省略されている2本の矢印を解答欄の図2に書きなさい。

3　酸化銅の反応について調べるため，次の〔実験〕を行った。

〔実験〕

① 黒色の酸化銅2.40gに，乾燥した黒色の炭素粉末0.12gを加え，よく混ぜてから試験管Aに全てを入れた。

② 図1のような装置をつくり，①の試験管Aをスタンドに固定した後，ガスバーナーで十分に加熱して気体を発生させ，試験管Bの石灰水に通した。

③ 気体が発生しなくなってから，ガラス管を試験管Bから取り出し，その後，ガスバーナーの火を消してから，空気が試験管Aに入らないようにピンチコックでゴム管をとめた。

④ その後，試験管Aを室温になるまで冷やしてから，試験管Aの中に残った物質の質量を測定した。

⑤ 次に，酸化銅の質量は2.40gのままにして，炭素粉末の質量を0.15g，0.18g，0.21g，0.24g，0.27g，0.30gに変えて，①から④までと同じことを行った。

図1

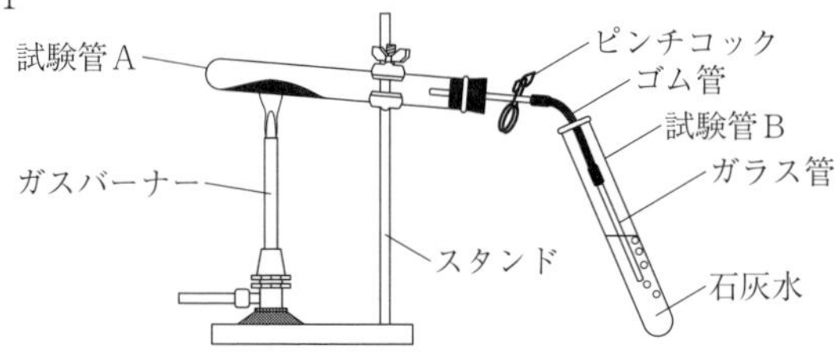

〔実験〕の②では，石灰水が白く濁った。

また，〔実験〕の⑤で，加えた炭素粉末が0.15g，0.18g，0.21g，0.24g，0.27g，0.30gのいずれかのとき，酸化銅と炭素がそれぞれ全て反応し，気体と赤色の物質だけが生じた。この赤色の物質を薬さじで強くこすると，金属光沢が見られた。

表は，〔実験〕の結果をまとめたものである。ただし，反応後の試験管Aの中にある気体の質量は無視できるものとする。

表

酸化銅の質量〔g〕	2.40	2.40	2.40	2.40	2.40	2.40	2.40
加えた炭素粉末の質量〔g〕	0.12	0.15	0.18	0.21	0.24	0.27	0.30
反応後の試験管Aの中にある物質の質量〔g〕	2.08	2.00	1.92	1.95	1.98	2.01	2.04

次の(1)から(4)までの問いに答えなさい。

(1) 〔実験〕で起こった化学変化について説明した文として最も適当なものを，次のアからエまでの中から選んで，そのかな符号を書きなさい。(　　　)

ア　酸化銅は酸化され，同時に炭素も酸化された。

イ　酸化銅は還元され，同時に炭素も還元された。

ウ　酸化銅は酸化され，同時に炭素は還元された。

エ　酸化銅は還元され，同時に炭素は酸化された。

(2) 〔実験〕では，黒色の酸化銅と黒色の炭素粉末が反応して，気体と赤色の物質が生じた。このときの化学変化を表す化学反応式を書きなさい。(　　　　　→　　　　　)

(3) 酸化銅の質量を2.40gのままにして，加える炭素粉末の質量を0gから0.30gまでの間でさまざまに変えて，〔実験〕と同じことを行ったとき，加えた炭素粉末の質量と発生した気体の質量との関係はどのようになるか。横軸に加えた炭素粉末の質量を，縦軸に発生した気体の質量をとり，その関係を表すグラフを解答欄の図2に書きなさい。

図2

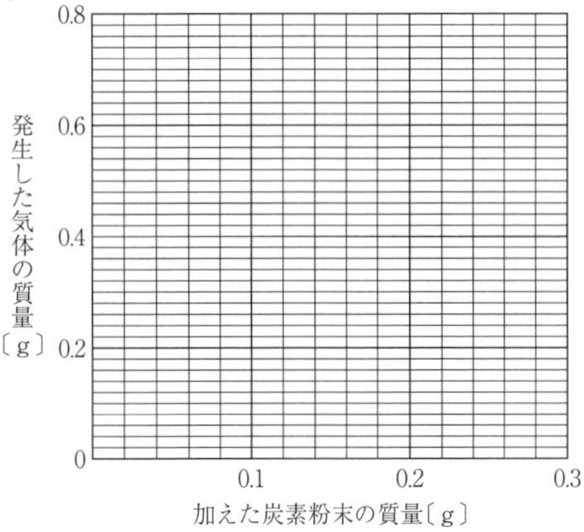

(4) 酸化銅の質量を3.60g，加える炭素粉末の質量を0.21gに変えて，〔実験〕と同じことを行った。このとき，気体と赤色の物質が生じたほか，黒色の物質が一部反応せずに残っていた。反応後の試験管中の赤色の物質と黒色の物質はそれぞれ何gか。次のアからシまでの中から，それぞれ最も適当なものを選んで，そのかな符号を書きなさい。

赤色の物質（　　　）　黒色の物質（　　　）

ア　0.69g　　イ　0.80g　　ウ　0.99g　　エ　1.20g　　オ　1.36g　　カ　1.52g　　キ　1.65g
ク　1.76g　　ケ　2.00g　　コ　2.24g　　サ　2.40g　　シ　2.88g

4　物体にはたらく浮力について調べるため，次の〔実験1〕と〔実験2〕を行った。ただし，糸の質量は無視できるものとする。

〔実験1〕

① 高さ4.0cm，重さ1.0Nの直方体である物体Aの上面に糸を取り付け，底面が水平になるようにばねばかりにつるした。

② ビーカーを用意し，ビーカーに水を入れた。

③ 図1のように，ばねばかりにつるした物体Aを，底面が水平になるように②のビーカーの水面の位置に合わせた。

④ 次に，物体Aをビーカーに触れないように，底面が水面と平行な状態を保って，図2のように物体Aの上面が水面の位置になるまで，ゆっくりと沈めた。このときの，水面から物体Aの底面までの距離とばねばかりの示す値との関係を調べた。

⑤ さらに，物体Aを，底面が水面と平行な状態を保って，図3のように水面から物体Aの底面までの距離が5.0cmとなる位置まで沈めた。

図4は，〔実験1〕の④の結果をグラフに表したものである。

図1

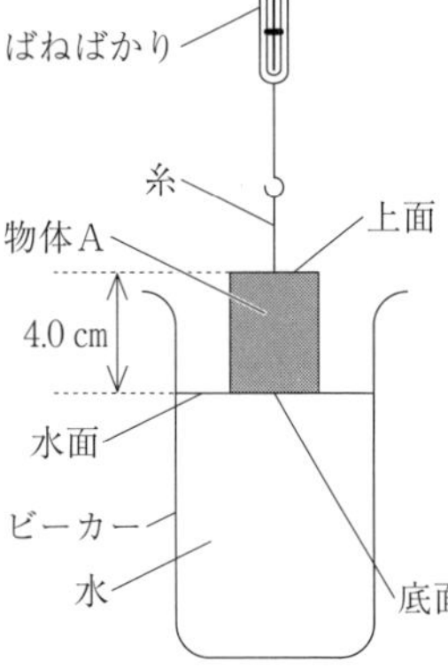

図2

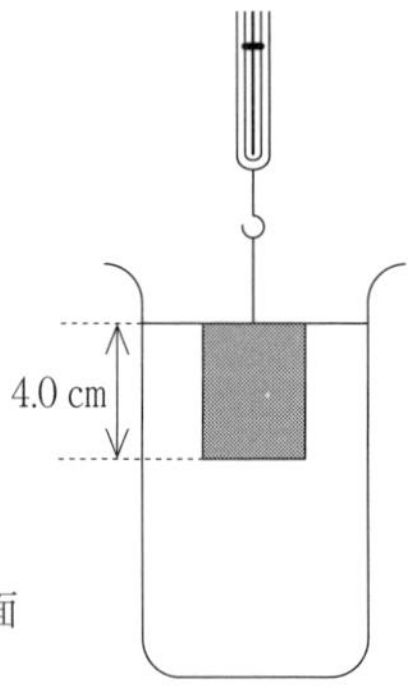

図3

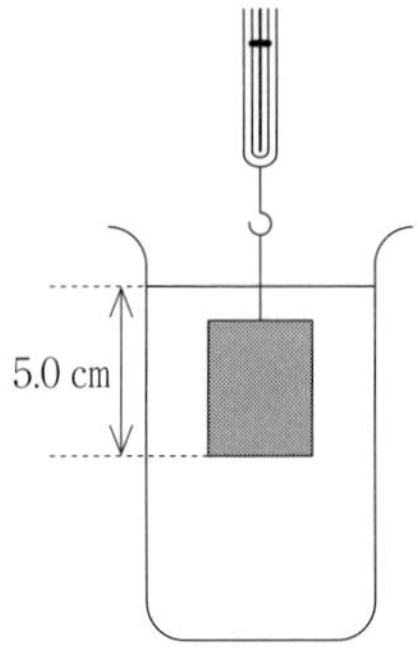

図4

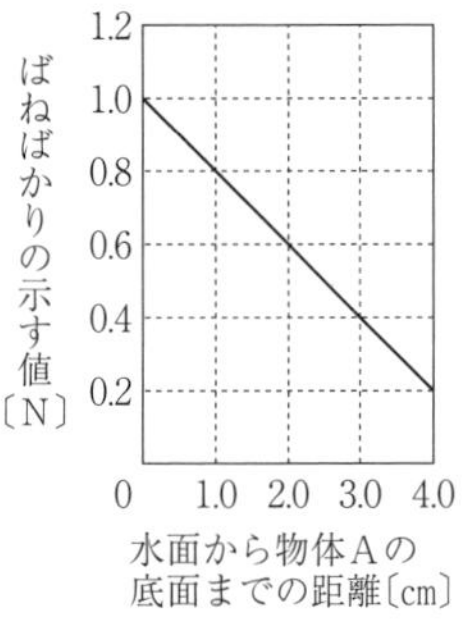

〔実験2〕

① 物体Aをもう1つ用意し，図5のように，2つの物体Aをすき間がないよう接着させて，高さ8.0cm，重さ2.0Nの直方体である物体Bをつくり，物体Bの上面に糸を取り付け，底面が水平になるようにばねばかりにつるした。

② 次に，物体Bをビーカーに触れないように，底面が水面と平行な状態を保って，水の中に沈めた。

図5

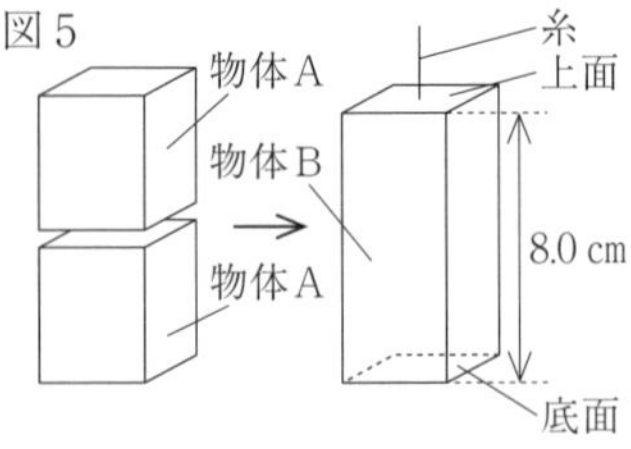

次の(1)から(4)までの問いに答えなさい。

(1) 〔実験1〕の④で，水面から物体Aの底面までの距離が1.0cmになったとき，物体Aにはたらく浮力の大きさは何Nか，小数第1位まで求めなさい。(　　　N)

(2) 次の文章は，〔実験1〕の④の結果からわかることについて説明したものである。文章中の（ Ⅰ ）にはあとのアとイのいずれかから，（ Ⅱ ）にはあとのウからオまでの中から，（ Ⅲ ）にはあとのカからクまでの中から，それぞれ最も適当なものを選んで，そのかな符号を書きなさい。

Ⅰ(　　　) Ⅱ(　　　) Ⅲ(　　　)

〔実験1〕の④では，水面から物体Aの底面までの距離が大きくなるほど，ばねばかりの示す値が小さくなった。これは，物体Aの底面の位置が水面から深くなるほど，底面にはたらく水圧が（ Ⅰ ）なり，それに伴って物体Aの受ける浮力が（ Ⅰ ）なるためである。図2の位置に物体Aがあるとき，物体Aにはたらく重力と浮力の大きさを比べると，（ Ⅱ ）ため，その位置で物体Aが静止した状態で糸を切ると，物体Aは（ Ⅲ ）。

ア　大きく　　イ　小さく

ウ　浮力のほうが大きい　　エ　重力のほうが大きい　　オ　どちらも同じ大きさである

カ　静止したままである　　キ　沈んでいく　　ク　浮き上がる

(3) 次の文章は，〔実験1〕の⑤の結果について説明したものである。文章中の（ Ⅰ ）には下のアからウまでの中から，（ Ⅱ ）には下のエからカまでの中から，（ Ⅲ ）には下のキからコまでの中から，それぞれ最も適当なものを選んで，そのかな符号を書きなさい。

Ⅰ(　　　) Ⅱ(　　　) Ⅲ(　　　)

〔実験1〕の⑤で，図3の位置に物体Aがあるとき，ばねばかりの示す値は（ Ⅰ ）Nである。また，水面から物体Aの底面までの距離が4.0cmより大きくなっていくとき，ばねばかりの示す値が（ Ⅱ ）のは，物体Aの底面にはたらく水圧と，上面にはたらく水圧の（ Ⅲ ）が（ Ⅱ ）ためである。

ア　0　　イ　0.2　　ウ　0.4

エ　大きくなっていく　　オ　小さくなっていく　　カ　変わらない

キ　積　　ク　商　　ケ　和　　コ　差

(4) 〔実験2〕の②で，物体Bを水の中に沈めたところ，ばねばかりの示す値が0.8Nとなった。このときの，水面から物体Bの底面までの距離は何cmか，整数で答えなさい。(　　　cm)

5　次の文章は，花子さんと太郎さんが天気図について調べたときに話し合った会話である。

太郎：春の天気の特徴を表した天気図（図1）と冬の天気の特徴を表した天気図（図2）を探してきたよ。天気図からはどんな情報がわかるのかな。

花子：この2つの天気図には天気を表す記号が書かれていないけれど，その記号が書かれていたら，各地の天気や風向，風力がわかるよ。それから，天気図には，気圧の値の等しい地点を結んだ等圧線が示されているね。図2の天気図に見られる西高東低の気圧配置は，冬の特徴だよ。

太郎：冬のように，それぞれの季節に特徴的な天気や気圧配置があるのかな。

花子：あると思うわ。日本は広い大陸と海洋にはさまれていて，大陸と海洋上には，季節ごとに気温や湿度の違う気団が発達するから，その影響でそれぞれの季節に特徴的な天気をもたらすそうよ。

太郎：それなら，夏や秋に台風が日本付近に近づくことが多いのはどうしてなのかな。もう少し天気のことを調べてみたいな。

図1

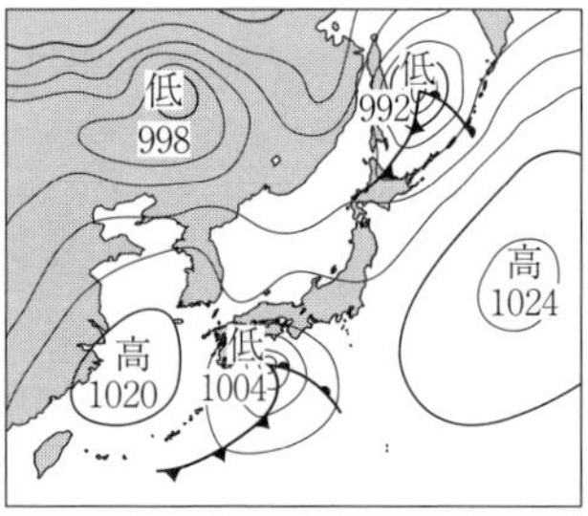

図2

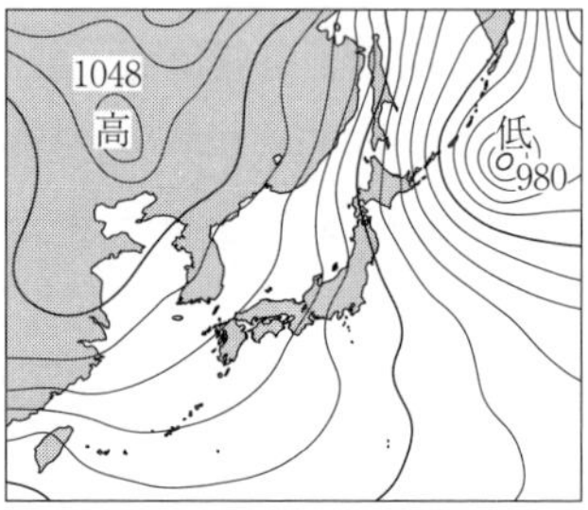

次の(1)から(4)までの問いに答えなさい。

(1)　図1は，ある年の3月の天気図である。図3は，このときのある地点での風向，風力，天気を表した記号である。この記号が表す風向，風力，天気をそれぞれ書きなさい。

図3

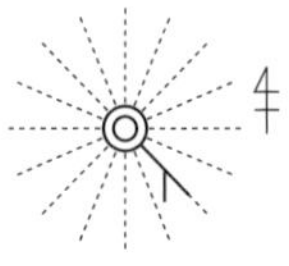

なお，図3の点線は，16方位を表している。

風向(　　　)　風力(　　　)　天気(　　　)

(2)　次の文章は，地上付近での風のふき方について説明したものである。文章中の（ Ⅰ ）から（ Ⅲ ）までにあてはまる語句の組み合わせとして最も適当なものを，下のアからクまでの中から選んで，そのかな符号を書きなさい。(　　　)

地上付近の風は，（ Ⅰ ）へ向かって空気が移動することで生じ，等圧線の間隔が（ Ⅱ ）ほど風は強くふく。また，低気圧の中心部では（ Ⅲ ）気流が起こっている。

ア　Ⅰ 高気圧から低気圧，Ⅱ 広い，Ⅲ 上昇　　イ　Ⅰ 高気圧から低気圧，Ⅱ 広い，Ⅲ 下降
ウ　Ⅰ 高気圧から低気圧，Ⅱ 狭い，Ⅲ 上昇　　エ　Ⅰ 高気圧から低気圧，Ⅱ 狭い，Ⅲ 下降
オ　Ⅰ 低気圧から高気圧，Ⅱ 広い，Ⅲ 上昇　　カ　Ⅰ 低気圧から高気圧，Ⅱ 広い，Ⅲ 下降
キ　Ⅰ 低気圧から高気圧，Ⅱ 狭い，Ⅲ 上昇　　ク　Ⅰ 低気圧から高気圧，Ⅱ 狭い，Ⅲ 下降

(3)　図4は，ある年に日本に上陸した台風の移動経路を模式的に示したものである。黒点（●）は，台風の中心位置を，9月29日午前9時から9月30日午前9時まで3時間ごとに表したものであり，これらの黒点を通る線はその移動経路を表したものである。図4の台風の進路の西側にある

地点Xと，東側にある地点Yの風向の変化について，次の文章中の（　　）にあてはまる最も適当な語句を，下のアからエまでの中から選んで，そのかな符号を書きなさい。

また，表は，図4の地点AからDまでのいずれかの地点における3時間ごとの気温，湿度，気圧，天気，風力，風向を記録したものである。この表の記録は，地点AからDまでのどの地点のものか，最も適当なものを，下のオからクまでの中から選んで，そのかな符号を書きなさい。

風向の変化（　　　）　地点（　　　）

台風の中心は，地点Xの東側を移動している。地点Xでは，台風の移動に伴い，9月29日午後6時から6時間後までの間に，風向が（　　）に変化した。地点Yでは台風の中心がその西側を移動している。地点Yでも，風向が大きく変化した。

ア　北よりから西よりへ反時計回り　　イ　東よりから南よりへ時計回り

ウ　南よりから東よりへ反時計回り　　エ　西よりから北よりへ時計回り

オ　A　　カ　B　　キ　C　　ク　D

図4

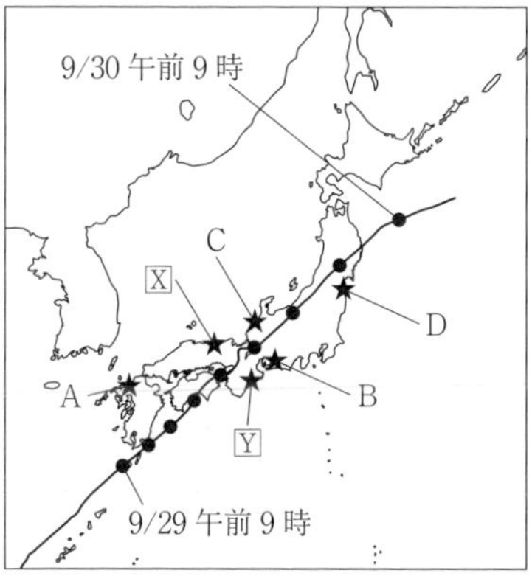

表

日	時刻〔時〕	気温〔℃〕	湿度〔%〕	気圧〔hPa〕	天気	風力	風向
9/29	9	20	86	1007	雨	2	北東
	12	22	82	1004	雨	2	東
	15	25	87	999	雨	4	南東
	18	26	79	992	雨	6	南東
	21	25	90	979	雨	6	南東
	24	24	92	977	雨	4	南
9/30	3	23	75	994	くもり	4	西南西
	6	22	70	998	晴れ	2	西
	9	24	48	1004	晴れ	4	北西

(4)　次の文章は，下線部の台風の進路について説明したものである。文章中の（ Ⅰ ）から（ Ⅲ ）までにあてはまる語句の組み合わせとして最も適当なものを，下のアからクまでの中から選んで，そのかな符号を書きなさい。（　　　）

秋が近くなると，太平洋の（ Ⅰ ）が（ Ⅱ ）ので，台風は日本付近に近づくように北上する。その後，北上した台風が東向きに進路を変えるのは，（ Ⅲ ）の影響によるものだと考えられる。

ア　Ⅰ 高気圧，Ⅱ 発達する，Ⅲ 偏西風　　イ　Ⅰ 高気圧，Ⅱ おとろえる，Ⅲ 偏西風

ウ　Ⅰ 低気圧，Ⅱ 発達する，Ⅲ 偏西風　　エ　Ⅰ 低気圧，Ⅱ おとろえる，Ⅲ 偏西風

オ　Ⅰ 高気圧，Ⅱ 発達する，Ⅲ 季節風　　カ　Ⅰ 高気圧，Ⅱ おとろえる，Ⅲ 季節風

キ　Ⅰ 低気圧，Ⅱ 発達する，Ⅲ 季節風　　ク　Ⅰ 低気圧，Ⅱ おとろえる，Ⅲ 季節風

6　次の(1)，(2)の問いに答えなさい。

(1)　凸レンズによってできる像について調べるため，次の実験を行った。

〔実験〕

①　図のように，光源，厚紙を立てる台，凸レンズ，スクリーンを一直線上に並べ，光軸（凸レンズの軸）とスクリーンが垂直になるように机の上に立てた。

②　厚紙を立てる台に，「令」の文字をくりぬいた厚紙を取り付け，その像がスクリーンにはっきりと映る位置までスクリーンを動かした。

図

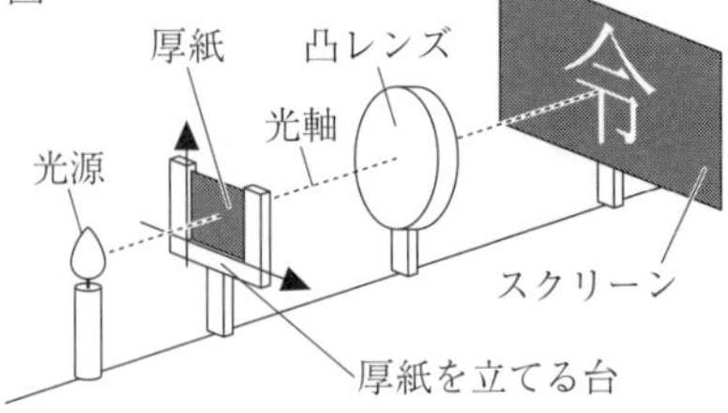

なお，厚紙を立てる台の矢印は，厚紙を取り付ける向きを確認するためのものである。

〔実験〕では，光源側からスクリーンを観察したとき，スクリーンに図の「令」の文字が見られた。このとき，厚紙は厚紙を立てる台にどのように取り付けられていたか。光源側から見たときの，厚紙を取り付けた向きとして最も適当なものを，次のアからクまでの中から選んで，そのかな符号を書きなさい。(　　　)

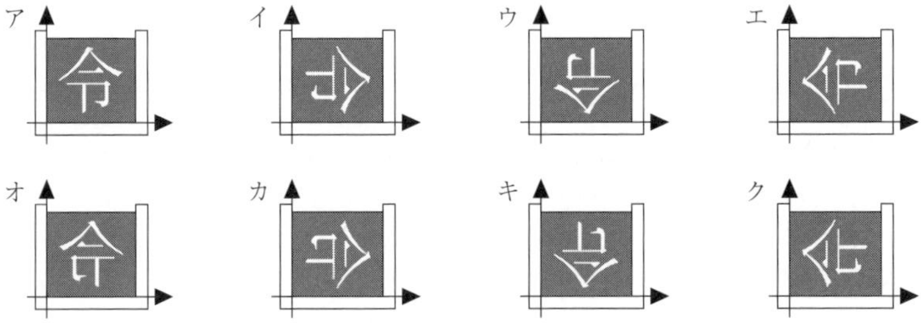

(2)　日本のある地点で，ある年の冬から夏にかけてオリオン座を観察した。その年の1月1日午後5時には図の①のようにオリオン座のベテルギウスが東の地平線付近に見え，同じ日の午後11時には図の②のように南中した。

次の文章は，その後，同じ地点でベテルギウスを観察したときのようすについて説明したものである。文章中の（ Ⅰ ）と（ Ⅱ ）にあてはまる語句の組み合わせとして最も適当なものを，下のアからエまでの中から選んで，そのかな符号を書きなさい。(　　　)

図

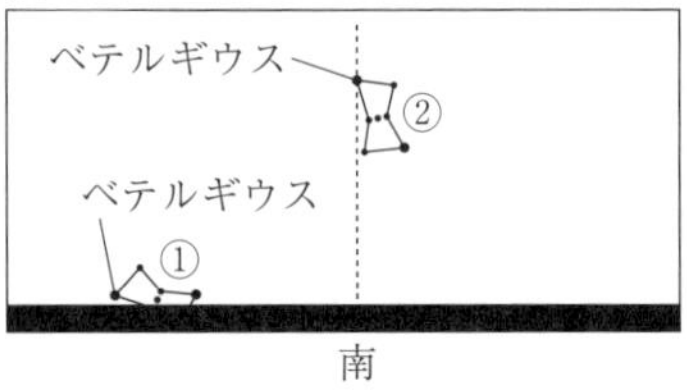

1月1日から1か月後，ベテルギウスが南中したのは（ Ⅰ ）頃である。また，オリオン座は夏にも観察することができ，（ Ⅱ ）頃には，図の①と同じように東の地平線付近に見えた。

ア　Ⅰ 午後9時，Ⅱ 7月1日午後9時　　イ　Ⅰ 午後9時，Ⅱ 8月1日午前3時

ウ　Ⅰ 午前1時，Ⅱ 7月1日午後9時　　エ　Ⅰ 午前1時，Ⅱ 8月1日午前3時

4　次の漢文（書き下し文）を読んで、あとの㈠から㈣までの問いに答えなさい。（本文の------の左側は現代語訳です。）

西伯《せいはく》陰《ひそか》〔人知れず〕に善を行ふ。諸侯皆来たつて〔周辺の国の君主が〕平《たひ》らぎを決す〔公平な解決をつけてもらった〕。是《ここ》に於《お》いて虞《ぐ》・芮《ぜい》の人、獄有りて決すること能《あた》はず〔訴訟が起きて裁決がつかなかった〕。乃《すなは》ち周《しう》に如《ゆ》く〔そこで周へ行った〕。界《さかひ》〔国境〕に入るに、耕す者皆畔《あぜ》を譲り、民の俗は皆長に譲る〔人々の風習は年長者を尊重するものであった〕。虞・芮の人、未《いま》だ西伯を見ざるに、①皆慙《は》ぢ相謂《い》ひて曰《い》はく〔恥じて互いに言うことには〕、「吾《わ》が争ふ所は、周人の恥づる所なり。何ぞ往《ゆ》くことを為さんや〔どうして（西伯のところへ）行く必要があろうか〕、②祇《まこと》に辱《はぢ》を取らんのみ。」と。遂《つひ》に還《かへ》り〔そのまま引き返し〕倶《とも》に［③］去る。諸侯之《これ》を聞きて曰はく、「西伯は蓋《けだ》し受命の君なり〔思うに天から使命を受けた君主である〕。」と。

（「史記《しき》」より）

（注）○　西伯《せいはく》＝中国の周王朝の基礎をつくった人物。西方の諸侯の長。
○　虞《ぐ》・芮《ぜい》＝ともに、中国古代の国名。
○　畔《あぜ》＝田んぼの中の小道。

㈠　①皆慙《は》ぢとあるが、虞と芮の人がそのような気持ちになった理由として最も適当なものを、次のアからエまでの中から選んで、そのかな符号を書きなさい。（　　）

ア　周の民が君主に頼ることなく自ら訴訟問題を解決したから。
イ　周の民は誰もが相手を重んじ優先する態度を身につけていたから。
ウ　周の民は自分たちの生活に不満をもつことなく暮らしていたから。
エ　周の民が他国から来た自分たちを温かく迎えてくれたから。

㈡　②祇《まこと》に辱《はぢ》を取らんのみの現代語訳として最も適当なものを、次のアからエまでの中から選んで、そのかな符号を書きなさい。（　　）

ア　絶対に恥だけはかきたくない
イ　まだ恥をかく覚悟ができない
ウ　きっと恥をかかされるはずだ
エ　ただ恥をかくだけであろう

㈢　［③］にあてはまる最も適当なことばを、次のアからエまでの中から選んで、そのかな符号を書きなさい。（　　）

ア　譲りて　　イ　見て　　ウ　争ひて　　エ　取りて

㈣　次のアからエまでの中から、その内容がこの文章に書かれていることと一致するものを一つ選んで、そのかな符号を書きなさい。（　　）

ア　人々が互いに尊重する心をもっていれば、国が大きな困難に直面したとしても、一つにまとまって乗り越えることができる。
イ　国と国の争いを収めるためには、第三国が仲介に入り、それぞれの国が譲り合えるよう調整を図ることが必要である。
ウ　国を治める者がふだんから正しく行動することによって、人々は影響を受け、国全体が自然と治まっていくものである。
エ　いつの時代のどこの国においても、年長者を敬うことは、人々が暮らしていく上で大切にしなければならないことである。

(四)　④権威主義の内容を説明している部分を、第六段落の文章中から二十五字程度で抜き出して、始めの五字を書きなさい。

(五)　この文章中の段落の関係を説明したものとして最も適当なものを、次のアからエまでの中から選んで、そのかな符号を書きなさい。（　　）

ア　第二段落では、第一段落で述べた科学の発展の歴史について具体例を挙げながら整理することにより、問題を提起している。

イ　第三段落では、第二段落で挙げた具体例をもとに科学的知見の不確かさを説明し、科学の在り方に対して疑問を投げかけている。

ウ　第四段落では、第三段落で述べた科学の長所が悪用される可能性を指摘し、科学者が今後解決すべき課題を導き出している。

エ　第五段落では、第四段落で述べた科学の性質についての分析を踏まえ、我々が科学的知見にどう向き合うべきかを考察している。

(六)　次のアからオは、この文章を読んだ生徒五人が、意見を述べ合ったものである。その内容が本文に書かれた筆者の考えに近いものを二つ選んで、そのかな符号を書きなさい。（　　）（　　）

ア　（Aさん）　ノーベル賞を受賞した業績でも、何十年もたってから誤りが見つかることがあります。また、科学者が栄誉を求めるあまり不完全なままで仮説を発表することも考えられるので、科学の知見に対しては疑いの目をもって接していく必要があると思います。

イ　（Bさん）　科学の仮説は、修正が繰り返されることによって正しい仮説へと高められます。現実を例外なく説明できる正しい科学的知見をつくり上げることが科学者の使命であり、そのプロセスに多少の誤りがあっても、私たちは科学者を信頼する必要があると思います。

ウ　（Cさん）　科学的知見は百パーセントの正しさが保証されるものではないので、その確からしさを判断することが必要です。それはとても困難なことですが、私たちは信頼できる情報を集め、先入観なく物事を見て、自らの理性で考えようと努めることが大切であると思います。

エ　（Dさん）　新たに発見された科学的知見が正しいかどうかを専門家ではない人間が判断することは、現実的には難しいと思います。ですから、『ネイチャー』に論文が載るようなすぐれた研究者の判断に任せる姿勢が大切であると思います。

オ　（Eさん）　私たちは教科書や専門書に書かれていることは正しいと信じてしまいがちですが、科学の仮説は長い時間の中で批判に耐え、適応度を上げていくものです。このように、科学の知見は不動の真理でないことを理解した上で、科学に接していく必要があると思います。

断する方法として採用されているのは、この権威主義に基づいたものが主であると言わざるを得ないだろう。（中略）

7　科学が生きたものであるためには、その中の何物も不動の真実ではなく、それが修正され変わり得る可塑性を持たなければならない。④権威主義はそれをむしばんでしまう。そして、何より権威主義と、自らの理性でこの世界の姿を解き明かそうとする科学は、その精神性において実はまったく正反対のものである。科学を支える理性主義の根底にあるのは、物事を先入観なくあるがままに見て、自らの理性でその意味や仕組みを考えることである。それは何かに頼って安易に「正解」を得ることとは、根本的に真逆の行為だ。「科学的に生きる」ことにとっては、「信頼に足る情報を集め、真摯に考える」、そのことが唯一大切なことではないかと思う。

（中屋敷《なかやしき》　均《ひとし》「科学と非科学　その正体を探る」より）

（注）○　1～7は段落符号である。
○　バリエーション＝ここでは、変種。
○　漸進的な＝段階を追って少しずつ進んでいくさま。
○　ラット＝ここでは、実験用のネズミのこと。
○　『ネイチャー』＝イギリスの総合学術雑誌。
○　可塑性＝自在に変化することのできる性質。
○　強靱《きょうじん》＝しなやかで強いさま。
○　プロセス＝過程。
○　峻別《しゅんべつ》＝きびしく区別すること。

（一）　①にあてはまる最も適当なことばとそのことばの意味を、それぞれ次のアからエまでの中から選んで、そのかな符号を書きなさい。

ことば（　　）

ア　らちが明かない　　イ　枚挙にいとまがない
ウ　取るに足りない　　エ　みじんもない

意味（　　）

ア　数えたらきりがない　　イ　少しもない
ウ　全くないわけがない　　エ　仕方がない

（二）　②まるで生態系における生物の適者生存のようであるとあるが、これは科学のどのような点をたとえたものか。その説明として最も適当なものを、次のアからエまでの中から選んで、そのかな符号を書きなさい。（　　）

ア　多くの研究者から支持を集めることができれば、現実への適応度が低い仮説であっても定説として認められていく点
イ　すぐれた仮説と不完全な仮説が入り交じっている中から、修正の必要がない適応度の高い仮説だけが選ばれて生き残っていく点
ウ　現実を説明しきれていない適応度の低い仮説でも、完全に誤りであることが証明されなければそのまま受け入れられていく点
エ　さまざまな仮説の中で適応度の高い仮説が生き残り、さらに適応度を高める修正が繰り返されて発展していく点

（三）　③科学の進化し成長するというすばらしい性質とあるが、科学がこのような性質をもつ理由を、科学的知見の特徴を踏まえて要約し、八十字以上九十字以下で書きなさい。ただし、「不完全」、「努力」、「確度」という三つのことばを全て使って、「科学的知見は、……」という書き出しで書くこと。三つのことばはどのような順序で使ってもよろしい。

（注意）・句読点も一字に数えて、一字分のマスを使うこと。
・文は、一文でも、二文以上でもよい。

科学的知見は、

現実をよく説明する適応度の高い仮説は長い時間の中で批判に耐え、その有用性や再現性ゆえに、後世に残っていくことになる。そして、その仮説の適応度をさらに上げる修正仮説が提出されるサイクルが繰り返される。それは②まるで生態系における生物の適者生存のようである。ある意味、科学は「生きて」おり、生物のように変化を生み出し、より適応していたものが生き残り、どんどん成長・進化していく。それが最大の長所である。現在の姿が、いかにすばらしくとも、そこからまったく変化しないものに発展はない。可塑性こそが科学の生命線である。

4　しかし、このことは「科学が教えるところは、全て修正される可能性がある」ということを論理的必然性をもって導くことになる。③科学の進化し成長するというすばらしい性質は、その中の何物も不動の真理ではない、ということに論理的に帰結してしまうのだ。たとえば夜空の星や何百年に一回しかやってこない彗星《すいせい》の動きまで正確に予測できたニュートン力学さえも、アインシュタインの一般相対性理論の登場により、一部修正を余儀なくされている。法則中の法則とも言える物理法則でさえ修正されるのである。科学の知見が常に不完全ということは、ある意味、科学という体系が持つ構造的な宿命であり、絶え間ない修正により、少しずつより強靱《きょうじん》で真実の法則に近い仮説ができ上がってくるが、それでもそれらは決して百パーセントの正しさを保証しない。より正確に言えば、もし百パーセント正しいところまで修正されていたとしても、それを完全な百パーセント、つまり科学として「それで終わり」と判定するようなプロセスが体系の中に用意されていない。どんなに正しく見えることでも、それをさらに修正するための努力は、科学の世界では決して否定されない。だから科学的知見には、「正しい」or「正しくない」という二つのものがあるのではなく、その仮説がどれくらい確からしいのかという確度の問題が存在するだけなのである。

5　では、我々はそのような原理的に不完全な科学的知見をどう捉えて、どのように使っていけば良いのだろうか？　一体、何が信じるに足るもので、何を頼りに行動すれば良いのだろう？　優等生的な回答をするなら、より正確な判断のために、対象となる科学的知見の確からしさに対して、正しい認識を持つべきだ、ということになるのだろう。科学的な知見という大雑把なくくりの中には、それが基礎科学なのか、応用科学なのか、成熟した分野のものか、まだ成長過程にあるような分野なのか、あるいはどんな手法で調べられたものなのかなどによって、確度が大きく異なったものが混在している。ほぼ例外なく現実を説明できる非常に確度の高い法則のようなものから、その事象を説明する多くの仮説のうちの一つに過ぎないような確度の低いものまで、幅広く存在している。それらの確からしさを正確に把握して峻別《しゅんべつ》していけば、少なくともより良い判断ができるはずである。（中略）

6　しかし、一つの問題に対して専門家の間でも意見が分かれることは非常に多く、そのような問題を非専門家が完全に理解し、それらを統合して専門家たちを上回る判断をすることは、現実的には相当に困難なことである。こういった科学的知見の確度の判定という現実的な困難さに忍び寄ってくるのが、いわゆる権威主義である。たとえばノーベル賞を取ったから、『ネイチャー』に載った業績だから、有名大学の教授が言っていることだから、といった権威の高さと情報の確度を同一視して判断するというやり方だ。この手法の利点は、なんと言っても分かりやすいことで、現在の社会で科学的な根拠の確からしさを判していくことの必要性を説いている。

イ　筆者の経験から見ることに関する問題を提示し、合理的な判断の限界にも目を向けた上で、何かにとらわれることなく物を見ることは日常に充実感をもたらすと指摘している。

ウ　自然の中での経験が人間の世界観に与える影響に着目し、筆者自身の慌ただしい日常生活と対比しながら、自然をじっくりと観察したり体験したりすることの大切さを説いている。

エ　常識とされていることの誤りを示す事例を複数紹介し、自分の目や耳で確認することには限界があることを明らかにした上で、合理的に思考することの重要性を指摘している。

2　次の㈠、㈡の問いに答えなさい。

㈠　次の①、②の文中の傍線部について、漢字はその読みをひらがなで書き、カタカナは漢字で書きなさい。

①　最後の一文に筆者の思いが凝縮されている。（　　）

②　京都には世界各国から観光客がオトズれる。（　　れる）

㈡　次の文中の〔③〕にあてはまる最も適当なことばを、あとのアからエまでの中から選んで、そのかな符号を書きなさい。（　　）

妹は、海外に出張している父の帰国を〔③〕の思いで待っている。

ア　東奔西走　　イ　日進月歩　　ウ　一日千秋　　エ　千載一遇

3　次の文章を読んで、あとの㈠から㈥までの問いに答えなさい。

1　科学と生命は、実はとても似ている。それはどちらも、その存在を現在の姿からさらに発展・展開させていく性質を内包しているという点においてである。その特徴的な性質を生み出す要点は二つあり、一つは過去の蓄積をきちんと記録する仕組みを持っていること、そしてもう一つはそこから変化したバリエーションを生み出す能力が内在していることである。この二つの特徴が漸進的な改変を繰り返すことを可能にし、それを長い時間続けることで、生命も科学も大きく発展してきた。

2　だから、と言って良いのかよく分からないが、科学の歴史をひもとけば、たくさんの間違いが発見され、そして消えていった。科学における最高の栄誉とされるノーベル賞を受賞した業績でも、後に間違いであることが判明した例もある。たとえば一九二六年にデンマークのヨハネス・フィビゲルは、世界で初めてがんを人工的に引き起こすことに成功したという業績で、ノーベル生理学・医学賞を受賞した。しかし、彼の死後、寄生虫を感染させることによって人工的に誘導したとされたラットのがんは、実際には良性の腫瘍であったことや、腫瘍の誘導そのものも寄生虫が原因ではなく、餌のビタミンA欠乏が主因であったことなどが次々と明らかになった。ノーベル賞を受賞した業績でも、こんなことが起こるのだから、多くの普通の発見であれば、誤りであった事例など、実は［①］。誤り、つまり現実に合わない、現実を説明していない仮説が提出されることは、科学において日常茶飯事であり、二〇一三年の『ネイチャー』には、医学生物学論文の七〇パーセント以上で結果を再現できなかったという衝撃的なレポートも出ている。

3　しかし、そういった玉石混交の科学的知見と称されるものの中でも、

ア　むしろ　　イ　しかも　　ウ　そして
エ　たとえ　　オ　ところが　　カ　なぜなら

(二)　①それは違うと思いますとあるが、このように筆者が述べる理由として最も適当なものを、次のアからエまでの中から選んで、そのかな符号を書きなさい。（　　）

ア　子供が大人より優れた観察ができるのは、子供だから未知のものに強くひかれるのではなく、大人がさまざまな経験を積む中で好奇心を失ってしまったからだと考えているため。

イ　子供が大人より見過ごされがちな事実を発見できるのは、子供だから優れた観察力があるのではなく、大人が必要なものしか注意深く見ようとしなくなっているからだと考えているため。

ウ　子供が大人より貴重なものを見つけ出せるのは、子供だから物事の真の姿を探し求めようとするのではなく、大人が合理性を優先するあまり探究心を失ってしまったからだと考えているため。

エ　子供が大人より多くのことに気づくのは、子供だから物事を丁寧に見ることができるのではなく、大人が真剣に物を見ない怠慢さを身につけてしまっているからだと考えているため。

(三)　②芸術家の眼の説明として最も適当なものを、次のアからエまでの中から選んで、そのかな符号を書きなさい。（　　）

ア　物を見るときに、見る必要があるかどうかに関係なく、細部まで見落とすことがないように観察しようとする姿勢

イ　物を見るときに、ただ単に細部まで注意深く見るのではなく、目新しいものを見逃さないようにしようとする姿勢

ウ　物を見るときに、目に見える部分だけで満足することなく、隠れて見えない部分まで見つけ出そうとする姿勢

エ　物を見るときに、必要であるかどうかという判断にとらわれることなく、自由に対象を見ようとする姿勢

(四)　次のアからオまでの中から、その内容がこの文章に書かれていることに近いものを二つ選んで、そのかな符号を書きなさい。
（　　）（　　）

ア　外出先で見たものをノートに書いて持ち帰ることがあるが、その際の記録には足りないものがあることが多い。丁寧に観察したとしても、気づかずに見過ごしていることがある。

イ　研究を行う際には粘り強く実験を行い、確実な根拠を得ることが大切である。一度失敗したとしても、何度も実験を繰り返して大きな発見に至った経験は貴重である。

ウ　観察で気づいたことがきっかけとなって大きな発見に至ることがある。不思議に思ったことを大切にして一生懸命観察したり実験したりする中で、貴重なものを見つけるのである。

エ　自分ではよく見ているつもりでも、見落としがあるなど不完全なことが多い。物を注意深く見る力は、目の前にあるさまざまなものを日常的に記録する習慣を通して養われる。

オ　大人になると、これまでの経験に照らして物事を理解したつもりになってしまうことがある。自然と向き合う時間を確保し、子供の頃の感受性を取り戻すことが必要である。

(五)　この文章の内容がどのように展開しているかを説明したものとして最も適当なものを、次のアからエまでの中から選んで、そのかな符号を書きなさい。（　　）

ア　日頃の自然観察の経験と旅先で見た子供たちの自然観察の記録を比較して、そこから得られる教訓を示し、子供の頃の好奇心を維持

種の怠け癖のようなものができてしまっているのです。

[4] 今「必要」ということを申しましたが、私たちの行為すべては、単に眼で物を見たり、耳で聞いたりするそういうことだけに限らず、すべての行為は必要というわば鞭《むち》で叩《たた》かれてそれをしているようなところが多分にあります。空の雲の動きなどをよく見ますのは、大体気象観測の仕事をしている人に限られています。普通一般の人たちが雲の様子を気にかけて見る時といえば、気象台から台風が近づいているという警告を受けているとか、その翌日が遠足であるとか、雨に降られては困る仕事がある時とか、そんな場合に限られていまして、空を見る必要がなければわざわざそれを注意深く見ることがありません。そんな具合に、全く理由もないのに、あるいは何かの必要に迫られることもなしに、私たちが何かをすることは、考えてみますと実際に少ないのです。ベルグソンはある時の講演の中で、この必要ということを取り上げまして、普通の人間はみな必要によって何かをしている。そしてこの必要は物を見る時にはそれをよく見るように仕向けるのではなしに、かえってそれが一種のヴェールになって、物をよく見ることをできなくしてしまうということを言っています。そしてその必要から解き放されている人、何の拘束も受けずに物を見ることのできる人が芸術家だというわけです。たとえば、摘み草に行く時に、摘み取る草だけを一心にさがしていますと、その草原にどんな珍しい花が咲いていましても、かえってぼんやりそこを歩いている時よりも気がつかないだろうと思うのです。

[5] 私たちが何もみな芸術家になった方がいいということではありません。けれども、これは私が前々から望んでいることなのですが、ある場合には私たちも②芸術家の眼をもって物を見ることがあってもよいと思うのです。あってもよいというより、同じ眼を持ちながら、見れば何でもよく見える眼を持ちながら、必要なものと不必要なものとをあっさりと見分けをつけて、見ても仕方のないもの、見たところで一文《いちもん》にもならないものは見ずに済ますことがあたかも賢明であるように思い込んでしまうことは、実は非常に愚かなことなのではないかと思います。一体見ても仕方がないという判断は、それほど的確なものなのでしょうか。第一、そういうふうに、生活の中から、自分で不必要なものと決め込んで、どんどん切り捨て、必要なものだけでいいという態度、それはいかにも味気ないように思われます。その人は、自分の生活をそれによって合理化しているつもりかもしれませんが、おそらく、あくせくと一日一日をすごし、そのことをどこかで嘆いたりこぼしたりしているに違いありません。

[6] 必要という鎖を自分から解いて窓の外を見れば、建て込んだ屋根の向こうの空にも、通り過ぎる狭い路地の間にも見るべきものはたくさんあると思います。そこに何かを見つけ出して、それがせかせかと追われている毎日の仕事の苦労をさっぱりと忘れさせるに足るものであることが必ずあると思います。

（串田孫一《くしだまごいち》「見ることについて」〈「緑の色鉛筆」所収〉より）

（注）○ [1]～[6]は段落符号である。
○ 往々にして＝たびたび。
○ ベルグソン＝フランスの哲学者。
○ ヴェール＝物を覆って隠すもの。

(一) 〔 A 〕、〔 B 〕にあてはまる最も適当なことばを、次のアからカまでの中からそれぞれ選んで、そのかな符号を書きなさい。

A（　　）　B（　　）

国語

時間　四五分
満点　二二点

1 次の文章を読んで、あとの㈠から㈤までの問いに答えなさい。

1 私は野原を歩いたり、山を歩いたりしています時に、名前を知らない植物などによく出会います。名前を知らないものの方が多いのですが、そういう時に、取って来ることができる場合には、なるべくその植物の特徴のはっきりしたものを摘むなり、あるいは根から掘って大切に持ち帰りまして、植物図鑑だの、その他の私が持っている書物をたよりに調べてみます。

2 〔 A 〕持ち帰ることのできない場合が往々にしてあるわけです。たとえばそれが大きな木であるとか、掘ることを禁じられている高山植物であるとか、あるいは町を歩いている時に見つけたよその家の庭に生えているものであるとか、〔 B 〕それを持ち帰ることのできないことの方が多いかもしれません。その時は仕方がありませんから、自分の眼《め》で、それをよく見て、覚えて帰るより方法はありません。あまり不思議なものならば、その特徴をノートに書いてくることがあります。ところがそうして特徴をノートに書いてきましても、いざ植物図鑑だの他の書物で調べ出しますと、すぐそれと分かることは実に少ないのでして、大概の時は、何か見落としています。花の花弁だの雌しべ雄しべの数などは大体覚えていられますけれども、どこか一部分に細かい毛があるかないか、それが今年伸びたところか去年のものか、というようなことになりますと、私の観察は実に不完全であって、どっちだったか分からなくなってしまいます。(中略)

3 私はしばらく前に、ある地方を旅行しました時に、その地方の小学校の生徒たちが、平素観察をしたものの記録が、展覧されているのを見ました。主として理科の勉強に属するものでしたが、そこには本当に驚くようなものがたくさんありました。その中の一例をお話ししてみますと、これは確か小学校の二年の女の子の観察記録だったと思いますが、蟻地獄《ありじごく》と俗にいわれている、あの軒下や縁の下のような乾いた土のところに見られる漏斗形《ろうとがた》の小さい穴、ウスバカゲロウの幼虫がその中にいて、蟻などがすべり落ちてくるとそれを食べて育っている、あの蟻地獄を見ています時に、ふと気がつくと、その中のあるものは穴が浅く、またあるものはそれが深いのです。これをその小学生は不思議に思いまして、一生懸命観察をしました。そしてただ観察するだけではなしに、そこの土を取ってきまして、自分の机の平らな板の上にそれをさらさらとこぼして、蟻地獄とは逆に小さな山を造ってみました。すると、蟻地獄の穴の浅いところの土は盛り上がり方が平たくて、穴の深いところの土は高く盛り上がりました。そこで更にその土をよく見ますと、それは土の粒の粗い細かいによることが分かったというのです。これは何でもないことですが、やはり大きな発見だと思います。こうした子供たちの観察の結果が展覧されているのを見ますと、同じ人間の眼をもって一つの物を見ながら、その注意の向け方で、物はいろいろに見えるばかりでなく、うっかりしているために、私たちはどのくらい貴いものを見損なっているか、また目の前には常に発見されるべきものがたくさんあることを、改めて思わずにはいられないのです。幼い者の眼だからそういうものに気がつくのだという方がいるかもしれませんが、①それは違うと思います。大人はむしろたくさんのものを見慣れてしまっていますし、それよりも、必要であるものしか本気で見ないような、一

2020年度／解答

数学

1 **【解き方】**(1) 与式 $= 3 + 8 = 11$

(2) 与式 $= \dfrac{4}{3}x - 2 - \dfrac{3}{5}x + 2 = \dfrac{20}{15}x - \dfrac{9}{15}x = \dfrac{11}{15}x$

(3) 与式 $= 2\sqrt{15} - \sqrt{30} + \sqrt{30} - \sqrt{15} = \sqrt{15}$

(4) 移項して整理すると，$x^2 - x - 3 = 0$ なので，解の公式より，$x = \dfrac{-(-1) \pm \sqrt{(-1)^2 - 4 \times 1 \times (-3)}}{2 \times 1} = \dfrac{1 \pm \sqrt{13}}{2}$

(5) 与式 $= 5x^2 - 10x - (4x^2 - 9) = 5x^2 - 10x - 4x^2 + 9 = x^2 - 10x + 9 = (x - 1)(x - 9)$

(6) クラスの人数を x 人とすると，$x \times 300 + 2600 = x \times 400 - 1200$ より，$100x = 3800$ なので，$x = 38$

(7) 2秒後までの距離は，$y = 3 \times 2^2 = 12$（m），4秒後までの距離は，$y = 3 \times 4^2 = 48$（m）　よって，$4 - 2 = 2$（秒）で，$48 - 12 = 36$（m）ころがるので，平均の速さは毎秒，$36 \div 2 = 18$（m）

(8) 積が奇数となるのは，A，Bそれぞれから奇数を取り出すときで，$3 \times 3 = 9$（通り）　全体の場合の数は，$5 \times 4 = 20$（通り）なので，求める確率は $\dfrac{9}{20}$。

(9) 右図のように，点QからAPに垂線QHをひくと，$\mathrm{HP} = \mathrm{AP} - \mathrm{BQ} = 4 - 2 = 2$（cm）なので，△HPQにおいて三平方の定理より，$\mathrm{AB} = \mathrm{HQ} = \sqrt{\mathrm{PQ}^2 - \mathrm{HP}^2} = \sqrt{5^2 - 2^2} = \sqrt{21}$（cm）

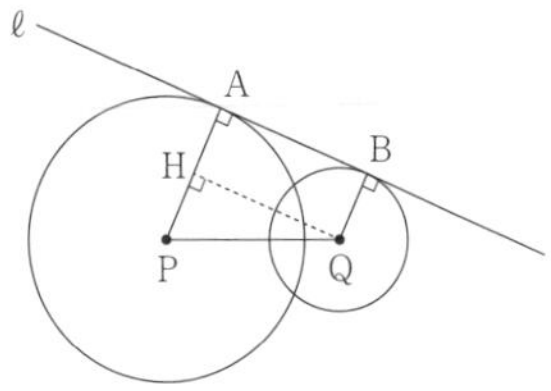

【答】(1) 11　(2) $\dfrac{11}{15}x$　(3) $\sqrt{15}$　(4) $(x =)\ \dfrac{1 \pm \sqrt{13}}{2}$　(5) $(x - 1)(x - 9)$

(6) 38（人）　(7)（毎秒）18（m）　(8) $\dfrac{9}{20}$　(9) $\sqrt{21}$（cm）

2 **【解き方】**(1) ア + 1 + イ = イ + (− 1) + 2 より，ア = 0　よって，ア + (− 5) + 2 = イ + (− 1) + 2 に代入して，0 − 3 = イ + 1 より，イ = − 4

(2) a.（$5 \times 9 + 4 \times 9 + 3 \times 10 + 2 \times 6 + 1 \times 5 + 0 \times 1$）$\div 40 = 128 \div 40 = 3.2$（点）　b.（$40 + 1$）$\div 2 = 20.5$ より，20番目と21番目の平均で，両方とも3点だから，3点。c. 第1問を正解した人は，5点，3点，1点の人数の和だから，$9 + 10 + 5 = 24$（人）　d. 正解した問題数は，5点が3問，4点が2問，3点が2問，2点が1問，1点が1問より，平均値は，$(3 \times 9 + 2 \times 9 + 2 \times 10 + 1 \times 6 + 1 \times 5) \div 40 = 1.9$（問）

(3) Aの y 座標は，$y = \dfrac{2}{1} = 2$ より，A（1，2）　Bの y 座標は，$y = \dfrac{2}{3}$ より，$\mathrm{B}\left(3,\ \dfrac{2}{3}\right)$　C（c，0）とすると，右図で，H（3，0），I（0，2），J（1，0）から，$\triangle\mathrm{AOB} =$ 台形BHJA $+ \triangle\mathrm{OAJ} - \triangle\mathrm{OBH} = \dfrac{1}{2} \times \left(\dfrac{2}{3} + 2\right) \times (3 - 1) + \dfrac{1}{2} \times 1 \times 2 - \dfrac{1}{2} \times 3 \times \dfrac{2}{3} = \dfrac{8}{3} + 1 - 1 = \dfrac{8}{3}$　また，$\triangle\mathrm{ABC} = \triangle\mathrm{ACJ} -$ 台形BHJA $- \triangle\mathrm{BCH} = \dfrac{1}{2} \times (c - 1) \times 2 - \dfrac{8}{3} - \dfrac{1}{2} \times (c - 3) \times \dfrac{2}{3} = c - 1 - \dfrac{8}{3} - \dfrac{1}{3}c + 1 = \dfrac{2}{3}c - \dfrac{8}{3}$　よって，$\dfrac{2}{3}c - \dfrac{8}{3} = \dfrac{8}{3}$ より，$\dfrac{2}{3}c = \dfrac{16}{3}$ なので，$c = 8$ より，C（8，0）

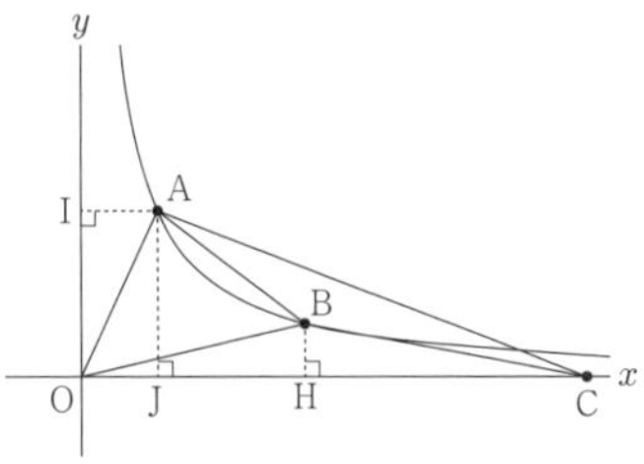

(4) ① A 地点から C 点までの 8 km は，$8 \div 12 \times 60 = 40$ (分)かかり，そこで，$40 + 5 = 45$ (分後)まで休み，残りの，$12 - 8 = 4$ (km)は，$4 \div 12 \times 60 = 20$ (分)かかるから，B 地点に到着するのは，$45 + 20 = 65$ (分後)となる。よって，右図の太線のように，(0，0)，(40，8)，(45，8)，(65，12)を直線で結べばよい。② バスは A 地点から B 地点まで，$12 \div 48 \times 60 = 15$ (分)，B 地点から A 地点まで，$12 \div 36 \times 60 = 20$ (分)かかるから，バスの x と y の関係のグラフは右図の実線のようになる。したがって，45 分後にバスが B 地点を出発するとき，S さんとバスは 4 km 離れているから，さらに t 分後にすれ違うとすると，$36 \times \dfrac{t}{60} + 12 \times \dfrac{t}{60} = 4$ より，$t = 5$　よって，$45 + 5 = 50$ (分後)

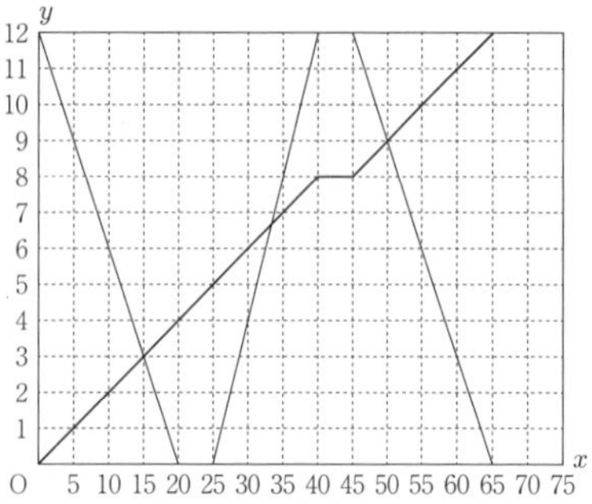

【答】 (1) ア．0　イ．-4　(2) a．3.2　b．3　c．24　d．1.9　(3) (8，0)　(4) ① (前図)　② 50 (分後)

3 **【解き方】** (1) 円周角の定理より，$\angle ABC = \dfrac{1}{2}\angle AOC = 20°$，$\angle COD = 2\angle CBD = 72°$　△OBC は OB = OC の二等辺三角形で，$\angle OCE = \angle ABC = 20°$ より，$\angle DEC = \angle OCE + \angle COD = 20° + 72° = 92°$

(2) ① EC = 2BE より，BE : EC = 1 : 2　FC = 3DF より，DF : FC = 1 : 3　右図で，△HDF ∽ △BCF より，HD : BC = DF : CF = 1 : 3 から，$HD = BC \times \dfrac{1}{3} = 2$ (cm)　また，$BE = BC \times \dfrac{1}{1+2} = 2$ (cm)で，△HAG ∽ △BEG より，AG : EG = AH : EB = (6 + 2) : 2 = 4 : 1　よって，4 倍。② 三平方の定理より，$AE = \sqrt{4^2 + 2^2} = 2\sqrt{5}$ (cm)，$GE = AE \times \dfrac{1}{4+1} = \dfrac{2\sqrt{5}}{5}$ (cm)　△ABE と△BGE は，$AE : BE = 2\sqrt{5} : 2 = \sqrt{5} : 1$，$BE : GE = 2 : \dfrac{2\sqrt{5}}{5} = \sqrt{5} : 1$ より，△ABE ∽ △BGE なので，$\angle BGE = \angle ABE = 90°$　よって，3 点 A，F，G が通る円の直径は，$\angle AGF = 90°$ より，AF となるので，AD = 6 cm，$DF = 4 \times \dfrac{1}{1+3} = 1$ (cm)から，$AF = \sqrt{6^2 + 1^2} = \sqrt{37}$ (cm)　また，3 点 E，F，G が通る円の直径は，$\angle EGF = 90°$ より，EF となるので，$EC = 6 - 2 = 4$ (cm)，$FC = 4 - 1 = 3$ (cm)から，$EF = \sqrt{4^2 + 3^2} = 5$ (cm)　したがって，面積は，$\pi \times \left(\dfrac{\sqrt{37}}{2}\right)^2 \div \pi \times \left(\dfrac{5}{2}\right)^2 = \dfrac{37}{25}$ (倍)

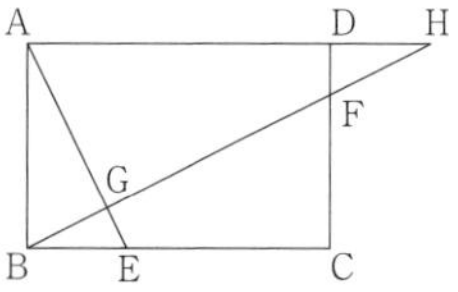

(3) ① △ABC で三平方の定理より，$AC = \sqrt{6^2 + 6^2} = 6\sqrt{2}$ (cm)　点 O から AC へ垂線 OH をひくと，$AH = \dfrac{1}{2}AC = 3\sqrt{2}$ (cm)　△OHA において，$OH = \sqrt{9^2 - (3\sqrt{2})^2} = 3\sqrt{7}$ (cm)　よって，求める体積は，$\dfrac{1}{3} \times 6 \times 6 \times 3\sqrt{7} = 36\sqrt{7}$ (cm^3)　② 点 O から辺 BC に垂線 OI をひくと，$BI = \dfrac{1}{2}BC = 3$ (cm)より，$OI = \sqrt{9^2 - 3^2} = 6\sqrt{2}$ (cm)なので，$\triangle OBC = \dfrac{1}{2} \times 6 \times 6\sqrt{2} = 18\sqrt{2}$ (cm^2)　また，三角すい OABC は，①の立体を二等分しているから，その体積は，$36\sqrt{7} \div 2 = 18\sqrt{7}$ (cm^3)　求める距離を h cm とすると，h は，三角すい OABC において，底面を△OBC としたときの高さなので，$\dfrac{1}{3} \times 18\sqrt{2} \times h = 18\sqrt{7}$ が成り立つ。これを解いて，$h = \dfrac{3\sqrt{7}}{\sqrt{2}} = \dfrac{3\sqrt{14}}{2}$

【答】 (1) 92 (度)　(2) ① 4 (倍)　② $\dfrac{37}{25}$ (倍)　(3) ① $36\sqrt{7}$ (cm^3)　② $\dfrac{3\sqrt{14}}{2}$ (cm)

英　語

1 【解き方】（第1問）1番．マイクの「私はカナダ出身です。あなたは？」という質問に対するエレナの返答。

2番．女性の「パスポートを見せてください」，「楽しいご旅行を」というせりふから，空港での会話であることがわかる。

3番．ケンの「レストランに携帯電話を置き忘れました！」というせりふから考える。二人はレストランに戻る。

（第2問）問1．「幼い子どもだったとき，とても身体が弱かったため，私はよく病院に行った」と言っている。

問2．「私は病気の人たちの手助けがしたいので，看護師になりたい」と言っている。

【答】（第1問）1番．a．誤　b．誤　c．正　d．誤　2番．a．正　b．誤　c．誤　d．誤

3番．a．誤　b．誤　c．誤　d．正

（第2問）問1．a．誤　b．誤　c．正　d．誤　問2．a．正　b．誤　c．誤　d．誤

◀全訳▶（第1問）

1番．

マイク：私の名前はマイクです。お会いできてうれしいです。

エレナ：こんにちは，マイク。私はエレナです。こちらこそお会いできてうれしいです。あなたはどこの出身ですか？

マイク：私はカナダ出身です。あなたは？

質問：エレナは次に何と言うでしょう？

a．私は毎日ピアノを弾きます。　b．私は日本がとても好きです。　c．私はイタリア出身です。

d．私は中学生です。

2番．

女性：パスポートを見せてください。

男性：わかりました。はいどうぞ。

女性：あなたはどこに滞在する予定ですか？

男性：京都のABCホテルです。

女性：結構です。楽しいご旅行を。

質問：彼らはどこにいるのですか？

a．彼らは空港にいます。　b．彼らは学校にいます。　c．彼らはABCホテルにいます。

d．彼らは図書館にいます。

3番．

ケン　　：あそこは素敵なレストランでしたね！　昼食がおいしかったです。僕はお腹がいっぱいです。

ジェシー：私もそうです。ああ，もう家に帰らなければなりません。私たちの町までどうやって帰ればいいのですか？

ケン　　：そうですね，家に電話してお母さんに…。ああ，しまった！

ジェシー：ケン，どうしたのですか？

ケン　　：ああ，ジェシー，レストランに携帯電話を置き忘れました！

質問：彼らは次に何をするでしょう？

a．彼らはレストランで昼食を食べるでしょう。　b．彼らはいっしょに昼食を料理するでしょう。

c．彼らはジェシーのための新しい携帯電話を買うでしょう。　d．彼らはレストランに戻るでしょう。

（第2問）こんにちは，みなさん。私はヒロトです。私の将来についてお話しします。私は病気の人たちの手助けがしたいので，看護師になりたいと思っています。幼い子どもだったとき，とても身体が弱かったため，私はよく病院に行きました。私の周囲にいる看護師たちはいつも私をとても勇気づけてくれました。彼らのおか

げで，私は今，たくさんのことをすることができます。だから私は患者のために働きたいのです。これが私の夢です。お聞きいただいてありがとうございました。

問1．ヒロトがよく病院に行ったのはいつですか？

a．彼は忙しいとき，そこに行きました。　b．彼はさびしいとき，そこに行きました。

c．彼は幼い子どものとき，そこに行きました。　d．彼は中学生のとき，そこに行きました。

問2．将来，ヒロトは何がしたいと思っていますか？

a．彼は病気の人々のために働きたいと思っています。　b．彼は医者になりたいと思っています。

c．彼は母親を勇気づけたいと思っています。　d．彼は夢について話したいと思っています。

2 【解き方】「～は…よりも暑い」＝～ is hotter than …や「～したい」＝ want to ～などの表現を用いて英文を完成させる。

【答】(例1)(順に) is much hotter than Japan，want to enjoy water sports in India

(例2)(順に) is too hot for me，will enjoy skiing in Japan

3 【解き方】① マークはホストファミリーと仲が良く，特にホストマザーはとても助けてくれると続けているので，「彼らは私にとても親切です」とする。「～に親切だ」＝ be kind to ～。

② マークが次のせりふで「いくつかあった」と答え，具体的な問題例を述べている。「でもあなたはここ日本で何か問題はありませんでしたか？」とする。「(疑問文で) 何か問題がある」＝ have any problems。

③「あなたは日本の生活様式を楽しめるでしょう」とする。「～を楽しむ」＝ enjoy ～。「日本の生活様式」＝ Japanese way of life。

【答】① kind，to　② any，problems　③ enjoy，life

4 【解き方】(1)「計画を立てる」＝ make plans。直前に are があるので現在進行形〈be 動詞＋～ing〉の文で，「計画を立てている」とする。

(2) 直前に「エスカレーターは階段のようだが」とあるので，「エスカレーターに乗るときには歩く必要がない」という階段とは異なる点の説明が続く。直後の「動く階段の上に立ち，手すりにつかまっていれば，エスカレーターがあなたを上の階や下の階に連れていってくれる」という内容にも着目する。

(3)「それらはとても便利なので，それらの数はますます増えるだろう」という意味の文。「とても～なので…」＝ so ～ that …。「それらの数」＝ the number of them。

(4) ア．第3段落の1文目を見る。日本で最初のエレベーターは1890年に設置された。イ．第5段落の1文目を見る。エレベーターとエスカレーターは，ベビーカーを押す人や車いすに乗った人，子ども，高齢者など，多くの人によって利用されている。ウ．「昔はみんな山を登るためにエレベーターを使っていた」という記述はない。エ．「エレベーターは車いすに乗った人を別の階に連れていくことができる」。第3段落の3文目を見る。正しい。

(5) ア．第1段落の最後から2文目を見る。愛知で高層ビルがあるのは主要駅の周辺。イ．「ビルの入り口の前にはベビーカーを押す人のためにしばしば傾斜路がある」。第2段落の3・4文目を見る。正しい。ウ．第3段落の1文目と第4段落の1文目を見る。日本で最初のエレベーターが設置されたのは1890年で，日本で初めてエスカレーターが設置されたのが1914年である。日本ではエレベーターの方がエスカレーターよりも早く誕生した。エ．「動く階段に立てば，エスカレーターがあなたを次の階へ連れていってくれる」。第4段落の最後から2文目を見る。正しい。オ．第5段落の1文目を見る。エレベーターとエスカレーターは車いすに乗った人にとって便利である。カ．「エレベーターとエスカレーターをより良いものにしてきた研究者と技師がいる」。最終段落の1文目を見る。正しい。

【答】(1) making　(2) エ　(3) are so useful that the number of them will increase　(4) エ　(5) イ・エ・カ

◀全訳▶　最近では，世界中で多くの高層建築を見ることができます。2018年には，世界で最も高いビルは800メートル以上の高さがありました。現在いくつかの国々は，1,000メートル以上の高さがあるビルを建設する計画を立てています。愛知では，200 メートル以上の高さのいくつかの高層ビルが主要駅周辺に立っています。もしあなたが高層ビルの最上階に行くとすれば，あなたは階段，エレベーター，エスカレーターのどれを選んで上がりますか？

最初の階段は昔，人々が急な坂を上り下りするときに自然に作られたのだと言う人がいます。今ではあなたの周囲にたくさんの階段があります。ビルの入り口前の階段のそばにはよく傾斜路を見かけます。もしあなたがベビーカーを押していたら，その傾斜路を利用することができます。今日では，多くのビルには階段だけでなくエレベーターとエスカレーターもあります。

1890 年，日本で最初の電動式エレベーターが東京の浅草にある 12 階建てのビルに設置され，現在ではあらゆる場所でエレベーターを利用することができます。人々が箱のような機械に乗り込むと，それが別の階まで上がったり下りたりします。ビルのエレベーターは，車いすに乗った人々が別の階まで上がったり下りたりするのを助けてくれます。今では多くのエレベーターが壁の低いところに行き先階の押しボタンを設置しているので，そのような人々が上がったり下りたりするためにエレベーターを利用する際，より簡単にボタンを押すことができます。

1914 年，日本の人々は初めてエスカレーターを利用しました。それは最初，屋外に設置されました。そのあと，同じ年に東京のデパートがビルの中にエスカレーターを設置しました。エスカレーターは階段のようですが，エスカレーターに乗るときには歩く必要がありません。ただ動く階段の上に立ち，手すりにつかまっていれば，エスカレーターがあなたを上の階や下の階に連れていってくれます。とても長いものや，短いもの，らせん状のものなど，さまざまなタイプのエスカレーターがあります。

エレベーターとエスカレーターは，ベビーカーを押す人や車いすに乗った人，子ども，高齢者など，多くのさまざまな人々にとって能率的な移動方法です。現在，日本には約 781,000 のエレベーターと約 71,000 のエスカレーターがあります。それらはとても便利なので，それらの数はますます増えるでしょう。

研究者と機械技師のおかげで，エレベーターとエスカレーターはずいぶん進歩してきました。今ではエスカレーターやエレベーターで，より速く，より静かに，そしてより安全に上がったり下りたりすることができます。未来のエレベーターはどのようなものでしょうか？　月まで行くことができるエレベーターを建設しようとしている人々もいます。いつかあなたはエレベーターから美しい地球を見ることができるかもしれません！

5 **【解き方】** (1) b. 直後で明がテキサス州の説明をしていることから考える。テキサス州に行った感想を尋ねる文が入る。d. 直前で明がアメリカでの学校生活を楽しんだと言い，直後でエリーがアメリカと日本の高校の違いについて質問していることから考える。「それはよかったですね。教育の面では，アメリカは日本と異なっています」という文が入る。

(2) ①「道路がとても広くて」という表現や，直後の文にある「交通渋滞」という単語から考える。人々は移動するのに自分の「車」を好んで利用する。② 車で移動するより飛行機で移動する方が良いのは，「空」には交通渋滞がないから。

(3) 同じ文の後半にある「いくつかの州では 16 歳の生徒でも車の運転をすることができます」という文から考える。アメリカでは，州ごとに免許取得の「規則」がある。

(4) X. 明の 3 番目のせりふを見る。それほど大きくない町にも空港があり，アメリカには自家用飛行機で移動する人がいると聞いたことを，To my great surprise（とても驚いたことに）と表現している。「驚く」= be surprised。Y. エリーが明とアメリカについて話したことを伝える手紙であることから，「日本でアメリカについて話すのはとても面白いことだと思います」とする。「～について話す」= talk about ～。

【答】 (1) b. ア　d. イ　(2) ① cars　② sky　(3) イ　(4) X. surprised　Y. talk

◀全訳▶

エリー：こんにちは，明。長い間顔を見ませんでしたね。

明　　：こんにちは，エリー。僕は友人たちといっしょに英語を勉強するためアメリカに行ったのです。

エリー：まあ，私の国ですね！　アメリカのどの州に行ったのですか？

明　　：テキサスです。メキシコの北にあります。日本からとても遠いと感じました。

エリー：私はニューヨーク出身なので，テキサスは私の州からも遠く，私は一度もテキサスに行ったことがありません。どうでしたか？　そのことについて私に話してください。

明　　：とても素晴らしかったです！　テキサスはアメリカで2番目に大きい州で，人口も2番目に多いのです。道路がとても広くて，そこの人々は移動するのに自分の車を好んで利用します。しかし，人々は時々，交通渋滞で時間を無駄にします。とても驚いたことに，私がいたテキサスの町はそれほど大きくなかったのに，小さな空港があったのです。ホストマザーは私に「アメリカには移動するのによく自家用飛行機を使う人もいるのですよ」と言いました。

エリー：なるほど。アメリカ人はたいてい車で移動します。でも車よりも飛行機で移動する方が良いのです，空には交通渋滞がありませんから！　ところで，あなたは向こうで高校に行く機会はあったのですか？

明　　：はい，ジョージといっしょに。彼はホストファミリーの一人です。彼のおかげで，私はアメリカでの学校生活を本当に楽しむことができました。

エリー：それはよかったですね。教育の面では，アメリカは日本と異なっています。アメリカの高校と日本の高校の違いがわかりましたか？

明　　：もちろんです。アメリカの生徒は制服を着ませんし，生徒の中には車で学校に行く人もいます。ジョージは17歳ですが，運転免許を持っています。その学校には生徒のためのとても広い駐車場があるのですよ！

エリー：アメリカでは，州ごとに免許取得の規則があり，いくつかの州では16歳の生徒でも車を運転することができます。

明　　：本当ですか？　信じられません。でもアメリカ人は広い国土で生活するために免許を取得する必要があるのだと思います。

エリー：その通りです。アメリカに長く滞在すればするほど，あなたはアメリカのことがよくわかりますよ！

社　会

1 【解き方】(1) ①「教育基本法」は1947年に制定され，義務教育の期間を9年間に延長するなどの内容を含む。②「藤原京」は，694年から710年にかけての都。「東大寺」は，奈良時代に聖武天皇によって建立された寺院。

(2) マゼランの船隊は1522年にスペインに帰還し，世界一周を達成した。アは18世紀後半，イは紀元前1世紀ごろ，エは13世紀後半のできごと。

(3) 律令制の崩壊にともない，日本ではさまざまな「ます」が使用されるようになった。これを正すために，豊臣秀吉は太閤検地を行う際，使用する「ます」を京ますに統一した。

【答】(1) ア　(2) ウ　(3) 甲州ますは京で使われていたますとは異なる容量だった（25字）

2 【解き方】(1) 伊能忠敬は，1800年から1816年にかけて全国を測量した。また，太平洋戦争は1945年に終結した。アの廃藩置県は1871年，イは1918年，オは1830年代のできごと。なお，ウは17世紀後半，エの自衛隊は1954年に設立された。

(2) この製鉄所は，日清戦争で得た賠償金の一部を用いて現在の福岡県北九州市に建設された。1901年に操業を開始し，日本の鉄鋼生産の中心となった。

(3) ① 太平洋戦争は，1941年に始まった。その年の生産量は約36万トンであり，1951年には約45万トンとなっている。② 高度経済成長期は，1950年代後半から1973年にかけて続いた。③ 日本の経済が復興すると，釜石製鉄所だけではなく，全国各地の製鉄所での生産量も大きく増加したため，釜石製鉄所の全国生産量に占める割合は低下した。

【答】(1)（2番目）ア　（3番目）イ　(2)（地名）八幡　（符号）c　(3) イ

3 【解き方】A.「江戸」とあるので東京都。B. 観光地が多く外国人の宿泊者も多い京都府。C. 米の収穫量が多いので新潟県。D.「琉球」とあるので沖縄県。E. Aに次いで人口密度が高いので愛知県。F. 残る石川県。

(1) アは島根県，イは鹿児島県，カは神奈川県の伝統工芸品。

(2) ① 北陸地方には水田単作地帯が多い。② 金属製品と化学製品を比べたとき，金属製品の方が事業所数は多いが，出荷額は少ない点から考える。

(3) ア.「主要工程が手作業中心」であることが要件となっており，全工程を自動化すると要件を満たさなくなる。イ.「一定の地域で，地域産業として成立している」必要があり，海外に工場を設立すると，地域産業ではなくなってしまう。

(4) ③ プリペイドカードなどが「前払い」方式を採用している。④ 北陸新幹線の長野駅―金沢駅間が開通した。

【答】(1) X. オ　Y. ウ　Z. エ　(2) ア　(3) ウ・エ　(4) エ

4 【解き方】(1) Aはメキシコ，Bはインドネシア，Cはトルコ，Dはコートジボワール。① メキシコは，アメリカ・カナダとNAFTA（北米自由貿易協定）を結んでおり，アメリカへの輸出が非常に大きな割合を占めている。② トルコは，EUと関税同盟を結んでいる。また，第2次世界大戦後の労働力不足をきっかけに，ドイツはトルコから多くの労働者を受け入れた。

(2) x.「牛肉」を食べないのはヒンドゥー教徒。y. モノカルチャー経済は，輸出の大部分を占める作物が不作などになった場合，一国の経済に与える影響が大きくなる。

(3) 支援目標は「支援開始時の米の生産量を2018年までに倍増させる」ことであり，2016年には既に2倍以上になっていることから，計画より早く達成されたことがわかる。また，「米の単位面積あたり収穫量」は大きく増加していないことから，収穫量の増加は「米の栽培面積」の拡大によるものだとわかる。

【答】(1) ① アメリカ　② ドイツ　③ d　④ b　(2) ウ　(3) イ

5 【解き方】(1) 2008年のリーマン・ショック以降，世界的な恐慌が広がったことが背景にある。

(2) 特に男性の育児休業の取得率が低いことから，政府は，男性の育児休業取得を推進する企業を支援するなど，企業に取得率の向上に向けた取り組みを促している。イの「オンブズパーソン」とは，行政を市民の側から監視し，行政に関する苦情を処理する人のこと。ウの「育児・介護休業法」は，1995年に育児休業法を改正して成立した法律。エの「インフォームド・コンセント」とは，医師が治療について患者に十分な説明を行い，同意を得ること。

(4) ⑤「1年未満」と「1年以上3年未満」を合わせると49.4％に達する。⑥ グラフの数値が大きい項目ほど，使用者の方が労働者よりも重要だと考えている能力になる。

【答】(1) イ　(2) ア　(3) エ　(4) ウ

6 **【解き方】**(2) X.「代表民主制」は，国民から選ばれた代表者が議論をするので，意見を集約する時間は短くできる。現在，多くの国がこのような制度を採用している。Y. ムダをなくすにはどうしたらよいかという観点。

(3) 国債とは，国が国民などからする借金のことなので，歳入に占める国債発行額の割合が高いほど，歳入を税収だけではまかなえていないこととなる。また，国債残高が多かったり，急激に増加したりしていると，財政状況が悪いことがわかる。

【答】(1) 最高裁判所　(2) イ　(3) エ

理　科

1 【解き方】(1) 高倍率の対物レンズのほうが，低倍率の対物レンズよりも長いので，ピントが合ったままの状態でレボルバーを回して対物レンズを高倍率のものにかえると，対物レンズとプレパラートの距離が近くなる。

(2) ビーカーＡからＣとビーカーＤからＦに分けて考える。ビーカーＢの水溶液が中性であることから，表１より，濃度 a の塩酸 60cm^3 と濃度 b の水酸化ナトリウム水溶液 40cm^3 が過不足なく中和するので，濃度 a の塩酸と濃度 b の水酸化ナトリウム水溶液が過不足なく中和するときの体積比は，60 (cm^3) : 40 (cm^3) = 3 : 2　ビーカーＡとＣの水溶液を混ぜ合わせた混合液に含まれる濃度 a の塩酸の体積は，80 (cm^3) + 70 (cm^3) = 150 (cm^3)　混合液に含まれる濃度 b の水酸化ナトリウム水溶液の体積は，50 (cm^3) + 50 (cm^3) = 100 (cm^3)　ビーカーＡとＣの水溶液を混ぜ合わせた混合液に含まれる濃度 a の塩酸と濃度 b の水酸化ナトリウム水溶液の体積比は，150 (cm^3) : 100 (cm^3) = 3 : 2 なので，ビーカーＡとＣの水溶液を混ぜ合わせた混合液は中性とわかる。次に，ビーカーＥの水溶液が中性であることから，表２より，濃度 c の塩酸 30cm^3 と濃度 b の水酸化ナトリウム水溶液 40cm^3 が過不足なく中和することがわかる。ビーカーＤとＦの水溶液を混ぜ合わせた混合液に含まれる濃度 c の塩酸の体積は，60 (cm^3) + 30 (cm^3) = 90 (cm^3)　混合液に含まれる濃度 b の水酸化ナトリウム水溶液の体積は，50 (cm^3) + 50 (cm^3) = 100 (cm^3)　濃度 c の塩酸 90cm^3 と過不足なく中和する濃度 b の水酸化ナトリウム水溶液の体積は，$90\ (\text{cm}^3) \times \dfrac{40\ (\text{cm}^3)}{30\ (\text{cm}^3)} = 120$ (cm^3)　よって，中性になったときに加えた濃度 b の水酸化ナトリウム水溶液の体積は，120 (cm^3) − 100 (cm^3) = 20 (cm^3)

【答】(1) キ　(2) オ

2 【解き方】(1) シイタケ・アオカビは菌類。スギゴケはコケ植物，ミカヅキモは藻類，乳酸菌は細菌類。

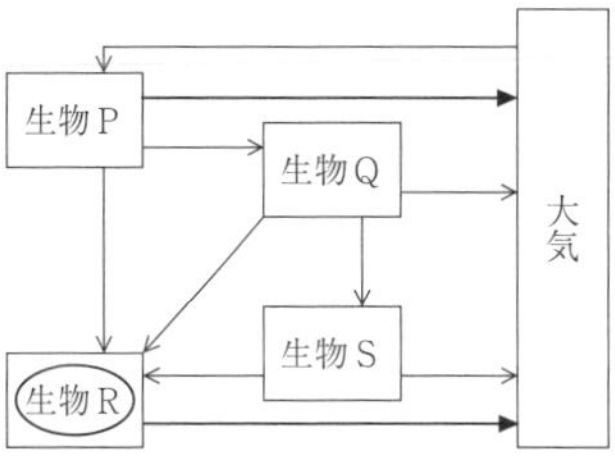

(4) 図２より，大気から生物Ｐへ炭素の流れがあることから，生物Ｐは二酸化炭素を吸収して光合成を行う植物。植物を食べる生物Ｑは草食動物，草食動物を食べる生物Ｓは肉食動物。残る生物Ｒは土の中の微生物で，かれ葉や動物の死がい，ふんなどを吸収し，無機物に分解している。すべての生物は呼吸を行い二酸化炭素を放出するので，生物Ｐと生物Ｒから大気に向かう２本の矢印をかけばよい。

【答】(1) イ・エ　(2) ウ　(3) イ　(4) (前図)

3 【解き方】(2) 酸化銅＋炭素→銅＋二酸化炭素

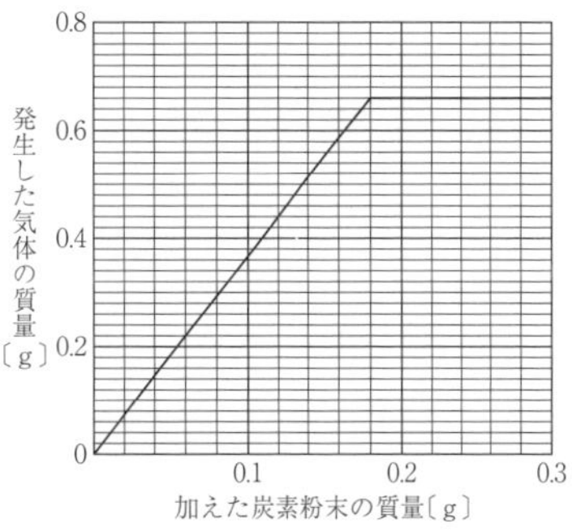

(3) 表より，試験管Ａに入れた酸化銅の質量が 2.40g，加えた炭素粉末の質量が 0.12g のとき，反応前の質量の合計は，2.40 (g) + 0.12 (g) = 2.52 (g)　反応後の試験管Ａの中にある物質の質量は 2.08g なので，発生した二酸化炭素の質量は，2.52 (g) − 2.08 (g) = 0.44 (g)　同様に，加えた炭素粉末の質量を変えたときに発生した二酸化炭素の質量をまとめると次の表のようになる。これより，炭素粉末 0.18g と酸化銅 2.40g が過不足なく反応して，二酸化炭素 0.66g が発生し，このときに銅 1.92g が生じることがわかる。

酸化銅の質量〔g〕	2.40	2.40	2.40	2.40	2.40	2.40	2.40
加えた炭素粉末の質量〔g〕	0.12	0.15	0.18	0.21	0.24	0.27	0.30
反応後の試験管Ａの中にある物質の質量〔g〕	2.08	2.00	1.92	1.95	1.98	2.01	2.04
発生した二酸化炭素の質量〔g〕	0.44	0.55	0.66	0.66	0.66	0.66	0.66

(4) 酸化銅3.60gをすべて還元するのに必要な炭素粉末の質量は，(3)より，$0.18\,(\mathrm{g}) \times \dfrac{3.60\,(\mathrm{g})}{2.40\,(\mathrm{g})} = 0.27\,(\mathrm{g})$なので，この実験では，炭素粉末0.21gはすべて反応し，酸化銅が余ることがわかる。炭素粉末0.21gと過不足なく反応する酸化銅の質量は，$2.40\,(\mathrm{g}) \times \dfrac{0.21\,(\mathrm{g})}{0.18\,(\mathrm{g})} = 2.80\,(\mathrm{g})$　このとき生じる赤色の物質の質量は，$1.92\,(\mathrm{g}) \times \dfrac{0.21\,(\mathrm{g})}{0.18\,(\mathrm{g})} = 2.24\,(\mathrm{g})$　また，酸化銅3.60gのうち，2.80gが還元されたので，反応せずに残った黒色の物質の質量は，$3.60\,(\mathrm{g}) - 2.80\,(\mathrm{g}) = 0.80\,(\mathrm{g})$

【答】 (1) エ　(2) $2CuO + C \rightarrow 2Cu + CO_2$　(3) (前図)　(4) (赤色の物質) コ　(黒色の物質) イ

4 **【解き方】** (1) 空気中で物体Aをつるしたとき，ばねばかりの示す値は1.0N。図4より，水面から物体Aの底面までの距離が1.0cmのとき，ばねばかりの示す値は0.8Nなので，物体Aにはたらく浮力の大きさは，$1.0\,(\mathrm{N}) - 0.8\,(\mathrm{N}) = 0.2\,(\mathrm{N})$

(2) 図2の位置に物体があるとき，水面から物体Aの底面までの距離が4.0cmなので，図4より，ばねばかりの示す値は0.2N。このとき物体Aにはたらく浮力の大きさは，$1.0\,(\mathrm{N}) - 0.2\,(\mathrm{N}) = 0.8\,(\mathrm{N})$　物体Aにはたらく浮力の大きさ0.8Nよりも物体Aにはたらく重力の大きさ1.0Nのほうが大きいので，この状態で糸を切ると，物体Aは沈んでいく。

(4) 物体Bにはたらく重力の大きさは，$1\,(\mathrm{N}) + 1\,(\mathrm{N}) = 2\,(\mathrm{N})$　ばねばかりの示す値が0.8Nのとき，物体Bにはたらく浮力の大きさは，$2.0\,(\mathrm{N}) - 0.8\,(\mathrm{N}) = 1.2\,(\mathrm{N})$　図5より，物体Bの底面積は物体Aと等しいので，物体Bも物体Aと同様に，水に1.0cm沈めるごとに，はたらく浮力の大きさは0.2Nずつ大きくなると考えてよい。よって，物体Bにはたらく浮力の大きさが1.2Nのとき，水面から物体Bの底面までの距離は，$1.0\,(\mathrm{cm}) \times \dfrac{1.2\,(\mathrm{N})}{0.2\,(\mathrm{N})} = 6\,(\mathrm{cm})$

【答】 (1) 0.2 (N)　(2) Ⅰ. ア　Ⅱ. エ　Ⅲ. キ　(3) Ⅰ. イ　Ⅱ. カ　Ⅲ. コ　(4) 6 (cm)

5 **【解き方】** (3) 台風の中心に向かって反時計回りに風が吹き込むので，台風の進路の西側にある地点Xでは，風向が北よりから西よりへ反時計回りに変化する。また，表の9月29日24時の風向が南になっているので，表の記録は，台風の中心位置の南東側にある地点Bのものと考えられる。

(4) 夏の間は，日本全体を太平洋高気圧がおおっており，台風はそのふちに沿って移動する。秋になると，太平洋高気圧がおとろえるので，台風は偏西風に流されるように移動する。

【答】 (1) (風向) 南東　(風力) 1　(天気) くもり　(2) ウ　(3) (風向の変化) ア　(地点) カ　(4) イ

6 **【解き方】** (1) スクリーンにうつる実像は，上下左右が反対になる。

(2) Ⅰ. 地球が公転しているので，星を毎日同じ時刻に観察すると，1か月に約30°，東から西へずれていく。1月1日午後11時に南中していたベテルギウスは，1か月後の午後11時には真南よりも西に30°ずれた位置に見える。地球が自転しているので，星は1時間に15°，東から西に動く。よって，1か月後にベテルギウスが南中していた時刻は，午後11時の，$1\,(\text{時間}) \times \dfrac{30^\circ}{15^\circ} = 2\,(\text{時間前})$の午後9時。Ⅱ. ベテルギウスが1月1日午後5時に東の地平線付近に見えたので，7か月後の8月1日午後5時にベテルギウスは，西に，$30^\circ \times \dfrac{7\,(\text{か月})}{1\,(\text{か月})} = 210^\circ$ずれた位置に見える。8月1日にベテルギウスが東の地平線付近に見えるのは，午後5時の，$1\,(\text{時間}) \times \dfrac{210^\circ}{15^\circ} = 14\,(\text{時間前})$の午前3時。

【答】 (1) ウ　(2) イ

国　語

1 【解き方】㈠ A.「大切に持ち帰りまして…調べてみます」という場合に反して,「持ち帰ることのできない場合が往々にしてある」と述べている。B.「持ち帰ることのできないことの方が多いかもしれません」と強調している。

㈡「幼い者の眼だから」蟻地獄の発見のように気づけるのではなく,大人のほうに「必要であるものしか本気で見ないような,一種の怠け癖のようなものができてしまっている」と説明している。

㈢「物を見ること」や「芸術家」について述べている,前の段落に着目する。普通の人間は,「必要によって」物を見るため,かえって物がよく見えなくなっているが,そうした「必要から解き放されて…物を見ることのできる人が芸術家」であることをおさえる。

㈣ 野原や山を歩いた時に,筆者は気になった植物の「特徴をノート書いて」帰るが,大概の時は「何か見落として」いて,「私の観察は実に不完全」であると述べている。また,小学校二年の女の子が,蟻地獄を観察して気がついたことを「不思議」に思い,観察するだけでなく「土を取って」きて山を造ったことで,「大きな発見」をしている。

㈤ 筆者の「不完全」な観察や,蟻地獄に関する子供の「大きな発見」の例をふまえて,物を見ることに対する「普通の人間」と「芸術家」の違いを挙げている。その上で筆者は「ある場合には…芸術家の眼をもって物を見ることがあってもよい」と考えており,「合理化」した物の見方をする生活は味気なくとりこぼしがあるので,「必要」にとらわれずに物を見れば「毎日の仕事の苦労を…忘れさせるに足るもの」が必ずあると述べている。

【答】㈠ A. オ　B. ア　㈡ イ　㈢ エ　㈣ ア・ウ　㈤ イ

2 【解き方】㈡「父の帰国を」「待っている」ことから考える。アは,あちこち走り回ること。イは,止まることなく成長し続けること。ウは,実際よりも長く感じられるほど待ちわびること。エは,めったにないチャンスのこと。

【答】㈠ ① ぎょうしゅく　② 訪(れる)　㈡ ウ

3 【解き方】㈠「現実に合わない」仮説が提出されることは,「科学において日常茶飯事」であることから考える。

㈡「それ」とあるので,前で述べている「現実をよく説明する適応度の高い仮説は…後世に残っていく」「そして,その仮説の適応度をさらに上げる修正仮説が提出されるサイクルが繰り返される」ことに着目する。

㈢ 科学が「進化し成長する」性質を持っている理由については,ニュートン力学が修正された例のように,「科学の知見が常に不完全」であり,「どんなに正しく見えることでも,それをさらに修正するための努力」がされてきた結果であることに着目する。また特徴については,科学的知見が不完全なため,正しいかどうかではなく,「その仮説がどれくらい確からしいのか」だけが問題となることをおさえる。

㈣「権威」を判断の根拠にしている主義なので,「ノーベル賞を取った」「『ネイチャー』に載った」「有名大学の教授が言っている」からといった判断をしているやり方をおさえる。

㈤ 第四段落では科学的知見の「不完全」さを述べ,第五段落ではそのうえで「我々は…科学的知見をどう捉えて,どのように使っていけば良いのだろうか？」という問題提起をし,「より良い判断ができるはず」の方法を導いている。

㈥ 科学的知見は「不完全」なため,第七段落で「科学的に生きる」ことにとっては,「信頼に足る情報を集め,真摯に考える」ことが大切だと述べている。また,現代の社会で科学的な根拠の確からしさを判断する方法として,主に「権威主義」が採用されているが,科学が「生きたものであるためには…可塑性を持たなければならない」とも述べている。

【答】㈠（ことば）イ　（意味）ア　㈡ エ

㈢（科学的知見は,）常に不完全で,どれくらい確からしいのかという確度だけが問題であるため,どんなに正

しく見える仮説でも，それをさらに修正する努力が絶え間なく続けられているから。(85字)(同意可)

㈣ 権威の高さ　㈤ エ　㈥ ウ・オ

4 **【解き方】** ㈠ 虞と芮の人が周へ行って，「耕す者皆畔を譲り，民の俗は皆長に譲る」という様子を見たことに着目する。

㈡「吾が争ふ所は，周人の恥づる所なり」に注目。

㈢「耕す者皆畔を譲り，民の俗は皆長に譲る」という周の人々の姿勢を見て，反省したことから考える。

㈣「西伯陰に善を行ふ」ことや，周の人々が「耕す者皆畔を譲り，民の俗は皆長に譲る」という姿勢で暮らしていることから，周辺の国の人々が「西伯は蓋し受命の君なり」と評価していることをおさえる。

【答】 ㈠ イ　㈡ エ　㈢ ア　㈣ ウ

◀口語訳▶　西伯は人知れず善行を行っていた。周辺の国の君主が皆来ては公平な解決をつけてもらった。そのころ虞と芮の人が，(土地の) 訴訟が起きて裁決がつかなかった。そこで (西伯に会うために) 周へ行った。国境に入ると，畑を耕す者は皆畔道を譲り合い，人々の風習は年長者を尊重するものであった。虞と芮の人は，まだ西伯に会っていないのだが，二人で恥じて互いに言うことには，「我々の争っていることは，周の人々が恥じ入ることである。どうして (西伯のところへ) 行く必要があろうか，ただ恥をかくだけであろう」と。そのまま引き返し共に譲り合い (争っていた土地を) 去った。周辺の国の君主がこれを聞いて言ったことには，「西伯は思うに天から使命を受けた君主である。」ということだ。

愛知県公立高等学校
（Bグループ）

2020年度
入学試験問題

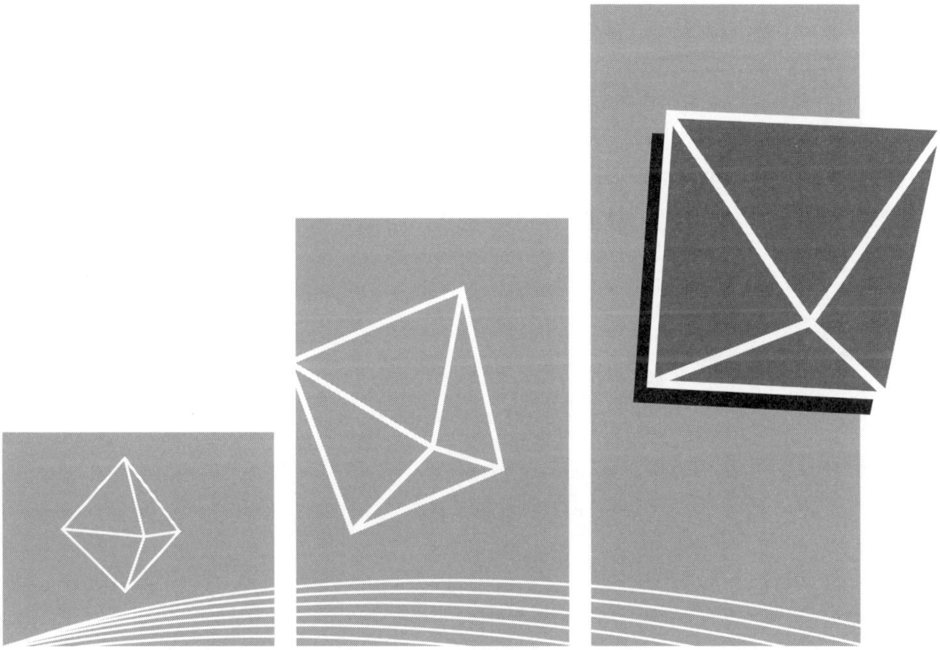

数学

時間　45分　　　　満点　22点

1　次の(1)から(9)までの問いに答えなさい。

(1)　$4 - 6 \div (-2)$ を計算しなさい。(　　　)

(2)　$(2x + 1)(3x - 1) - (2x - 1)(3x + 1)$ を計算しなさい。(　　　)

(3)　$(\sqrt{5} - 1)^2 + \sqrt{20}$ を計算しなさい。(　　　)

(4)　方程式 $(x + 1)(x - 1) = 3(x + 1)$ を解きなさい。x =(　　　)

(5)　500円出して，a 円の鉛筆5本と b 円の消しゴム1個を買うと，おつりがあった。
この数量の関係を不等式で表しなさい。(　　　)

(6)　2種類の体験学習A，Bがあり，生徒は必ずA，Bのいずれか一方に参加する。
A，Bそれぞれを希望する生徒の人数の比は1：2であった。その後，14人の生徒がBからAへ希望を変更したため，A，Bそれぞれを希望する生徒の人数の比は5：7となった。
体験学習に参加する生徒の人数は何人か，求めなさい。(　　　人)

(7)　関数 $y = x^2$ について正しく述べたものを，次のアからエまでの中からすべて選んで，そのかな符号を書きなさい。(　　　)

ア　x の値が増加すると，y の値も増加する。

イ　グラフが y 軸を対称の軸として線対称である。

ウ　x の変域が $-1 \leqq x \leqq 2$ のとき，y の変域は $1 \leqq y \leqq 4$ である。

エ　x がどんな値をとっても，$y \geqq 0$ である。

(8)　男子生徒6人のハンドボール投げの記録は，右のようであった。
6人のハンドボール投げの記録の中央値は何mか，求めなさい。
(　　　m)

(単位：m)

23，26，25，26，20，18

(9)　図で，A，B，Cは円Oの周上の点である。
∠ABO＝31°，∠BOC＝154°のとき，∠ACOの大きさは何度か，求めなさい。(　　　度)

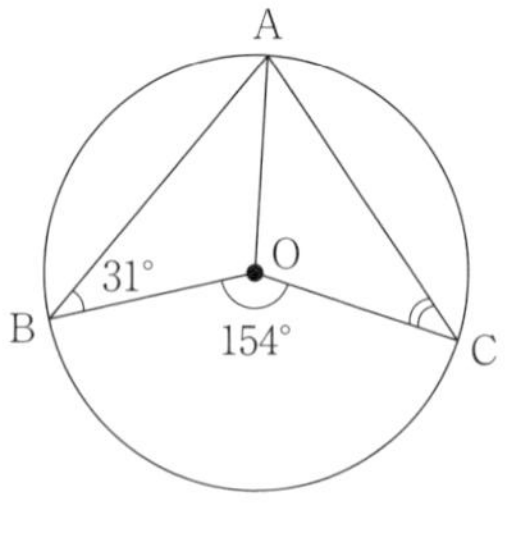

2　次の(1)から(4)までの問いに答えなさい。

(1)　図のように，1から6までの数が書かれたカードが1枚ずつある。
1つのさいころを2回続けて投げる。1回目は，出た目の数の約数が書かれたカードをすべて取り除く。2回目は，出た目の数の約数が書かれたカードが残っていれば，そのカードをさらに取り除く。
このとき，カードが1枚だけ残る確率を求めなさい。(　　　)

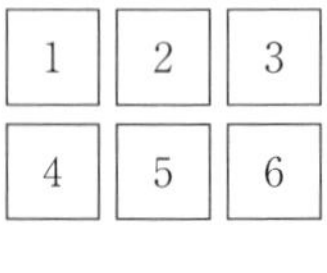

(2) 次の文章は，自然数の計算について述べたものである。

文章中の［ a ］，［ b ］にあてはまる数を書きなさい。a（　　　）b（　　　）

> 与えられた自然数を次の規則にしたがって計算する。
>
> 奇数ならば，3倍して1を加え，偶数ならば，2で割る。
> 結果が1となれば，計算を終わり，結果が1とならなければ，上の計算を続ける。
>
> 例えば，与えられた自然数が3のときは，下のように7回の計算で1となる。
>
> ①　②　③　④　⑤　⑥　⑦
> 3 → 10 → 5 → 16 → 8 → 4 → 2 → 1
>
> このとき，7回の計算で1となる自然数は，3を含めて4個あり，小さい順に並べると，3，［ a ］，［ b ］，128である。

(3) 図で，Oは原点，A，Bはともに直線 $y = 2x$ 上の点，Cは直線 $y = -\frac{1}{3}x$ 上の点であり，点A，B，Cの x 座標はそれぞれ1，4，－3である。

このとき，点Aを通り，△OBCの面積を二等分する直線と直線BCとの交点の座標を求めなさい。（　　，　　）

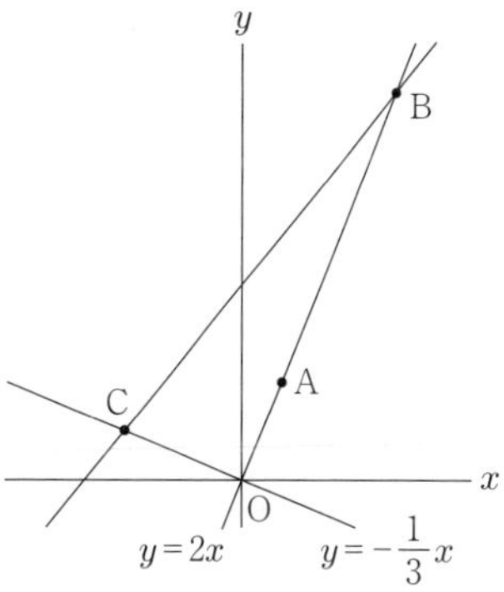

(4) 円柱の容器A，B，Cがあり，3つの容器の底面積は等しく，高さは80cmである。また，ポンプP，Qがあり，それぞれ容器AからCへ，容器BからCへ水を移すためのものである。ポンプPによって容器Aにはいっている水の高さは1分間あたり2cmずつ，ポンプQによって容器Bにはいっている水の高さは1分間あたり1cmずつ低くなり，ポンプP，Qは，それぞれ容器A，Bにはいっている水がなくなったら止まる。

容器A，Bに水を入れ，容器Cは空の状態で，ポンプP，Qを同時に動かしはじめる。

このとき，次の①，②の問いに答えなさい。

なお，容器A，Bに入れる水の量は，①，②の問いでそれぞれ異なる。

① ポンプP，Qを動かす前の容器Aの水の高さが40cmであり，ポンプP，Qの両方が止まった後の容器Cの水の高さが75cmであったとき，先に止まったポンプの何分後にもう一方のポンプは止まったか，答えなさい。（　　　分後）

② ポンプP，Qを同時に動かしはじめてから x 分後の容器Cの水の高さを y cmとする。ポンプP，Qを動かしはじめてから，25分後，50分後の容器Cの水の高さがそれぞれ45cm，65cmであったとき，$0 \leqq x \leqq 50$ における x と y の関係を，グラフに表しなさい。

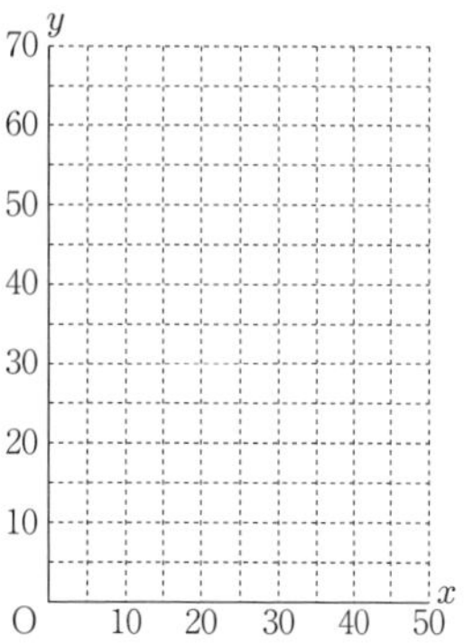

③　次の(1)から(3)までの問いに答えなさい。

ただし，円周率は π とする。また，答えは根号をつけたままでよい。

(1)　図で，四角形 ABCD は平行四辺形である。E は辺 BC 上の点，F は線分 AE と∠ADC の二等分線との交点で，AE ⊥ DF である。

∠FEB ＝ 56° のとき，∠BAF の大きさは何度か，求めなさい。(　　　度)

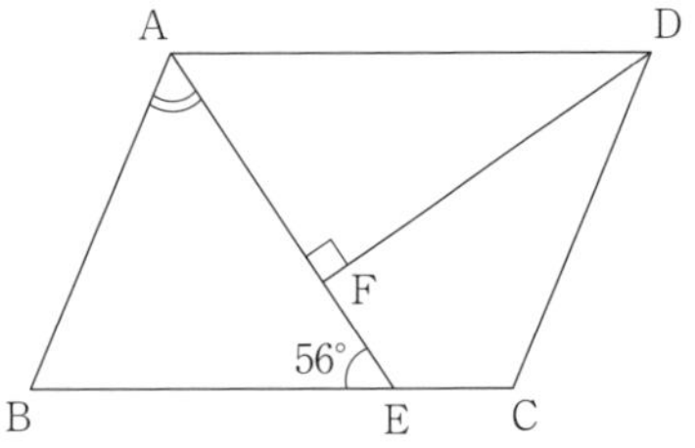

(2)　図で，四角形 ABCD は，AD ∥ BC の台形である。E は辺 AB の中点，F は辺 DC 上の点で，四角形 AEFD と四角形 EBCF の周の長さが等しい。

AD ＝ 2 cm，BC ＝ 6 cm，DC ＝ 5 cm，台形 ABCD の高さが 4 cm のとき，次の①，②の問いに答えなさい。

①　線分 DF の長さは何 cm か，求めなさい。(　　　cm)

②　四角形 EBCF の面積は何 cm^2 か，求めなさい。

(　　　cm^2)

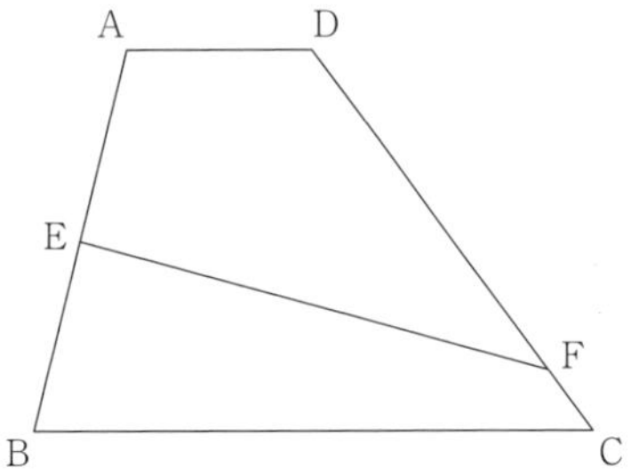

(3)　図は，ある立体の展開図である。弧 AB，DC はともに点 O を中心とする円周の一部で，直線 DA，CB は点 O を通っている。また，円 P，Q はそれぞれ弧 AB，DC に接している。

DA ＝ CB ＝ 3 cm，弧 AB，DC の長さがそれぞれ 6π cm，4π cm のとき，次の①，②の問いに答えなさい。

①　円 P の面積と円 Q の面積の和は何 cm^2 か，求めなさい。

(　　　cm^2)

②　展開図を組み立ててできる立体の体積は何 cm^3 か，求めなさい。(　　　cm^3)

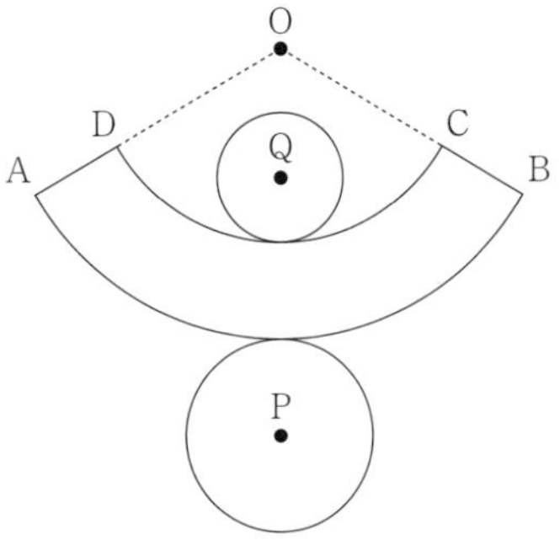

英語

時間　50分　　　満点　22点

（編集部注）放送問題の放送原稿は英語の末尾に掲載しています。
音声の再生についてはもくじをご覧ください。

（注）「始め」という指示があってから，聞き取り検査が始まるまで，1分あります。1の「答え方」をよく読みなさい。

1　指示に従って，聞き取り検査の問題に答えなさい。

「答え方」

問題は第1問と第2問の二つに分かれています。

第1問は，1番から3番までの三つあります。それぞれについて，最初に会話文を読み，続いて，会話についての問いと，問いに対する答え，a，b，c，dを読みます。そのあと，もう一度，その会話文，問い，問いに対する答えを読みます。必要があればメモをとってもよろしい。

問いの答えとして正しいものは解答欄の「正《せい》」の文字を，誤っているものは解答欄の「誤《ご》」の文字を，それぞれ〇《まる》でかこみなさい。正しいものは，各問いについて一つしかありません。

第2問は，最初に英語のスピーチを読みます。続いて，スピーチについての問いと，問いに対する答え，a，b，c，dを読みます。問いは問1と問2の二つあります。そのあと，もう一度，スピーチ，問い，問いに対する答えを読みます。必要があればメモをとってもよろしい。

問いの答えとして正しいものは解答欄の「正《せい》」の文字を，誤っているものは解答欄の「誤《ご》」の文字を，それぞれ〇《まる》でかこみなさい。正しいものは，各問いについて一つしかありません。

第1問	1番	a（正　誤）	b（正　誤）	c（正　誤）	d（正　誤）
	2番	a（正　誤）	b（正　誤）	c（正　誤）	d（正　誤）
	3番	a（正　誤）	b（正　誤）	c（正　誤）	d（正　誤）
第2問	問1	a（正　誤）	b（正　誤）	c（正　誤）	d（正　誤）
	問2	a（正　誤）	b（正　誤）	c（正　誤）	d（正　誤）

② 次のグラフを見て，あとの問いに答えなさい。

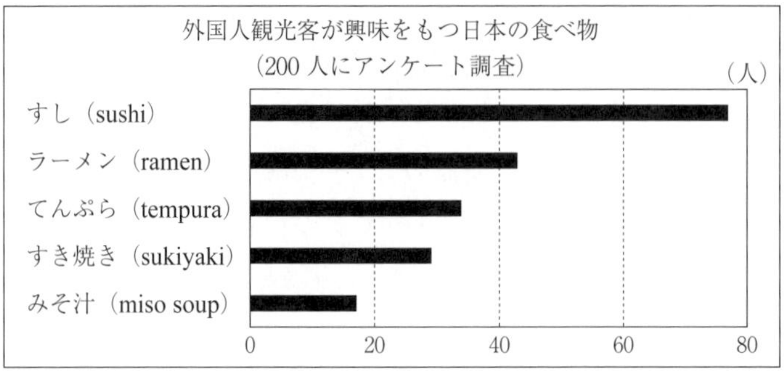

(問い) あなたは日本を訪れた外国人の友人と食事に行くとしたら，何を食べたいですか。グラフを参考にし，次に示す答え方により，英語で述べなさい。ただし，前半の下線部には with ～ (～といっしょに)，後半の下線部には many (多くの) を必ず使うこと。

〈答え方〉

下線部をそれぞれ5語以上の英語で書く。

I ＿＿＿＿, because ＿＿＿＿.

なお，下の語句を参考にしてもよい。

I (   ),

because (   ).

〈語句〉

レストラン restaurant　外国人観光客 foreign tourist　とてもおいしい delicious

③ 由美 (Yumi) と留学生のアレックス (Alex) が会話をしています。二人の会話が成り立つように，下線部①から③までのそれぞれの (　　) 内に最も適当な語を入れて，英文を完成させなさい。ただし，(　　) 内に文字が示されている場合は，その文字で始まる語を解答すること。

① It (　　) (　　) a long time ago.　② I don't (　　) (　　) "Ookini" means.

③ Yumi, may I (　　) you a (　　)?

Yumi : Hi, Alex. How was your trip to Osaka?

Alex : Hi, Yumi. I enjoyed it very much. This is the picture of Osaka Castle. ① It (　　) (b　　) a long time ago.

Yumi : Wow, that's beautiful. Alex, did you find something new in Osaka?

Alex : At shops, I heard "Ookini" from clerks many times. When I bought a gift at a shop, a clerk said to me "Ookini." ② I don't (　　) (w　　) "Ookini" means.

Yumi : It means "Thank you." That is one example of dialects in that area.

Alex : ③ Yumi, may I (　　) you a (f　　)? I want to learn more about dialects in some areas of Japan.

Yumi : Sure, I'm happy to help you.

(注) clerk 店員　dialect 方言　area 地域

4　次の文章を読んで，あとの(1)から(5)までの問いに答えなさい。

A sense of value is different in different places, in different times and to different people. Some of the people who are popular now were not famous when they were alive. Vincent van Gogh and Miyazawa Kenji are good examples of such people. Do you know that both of them had many terrible experiences in their lives?

Vincent van Gogh was born in 1853 in Holland. His first job was an art dealer in a company. Soon he became one of the best dealers in the company but he had to stop his job because he got sick. After he got well, he tried some other jobs. Then he decided to become a painter when he was 27. In France he met a lot of painters and he was (A) by them. So his painting style changed and his works got brighter, but his disease got worse again. He kept painting in the hospital. ① His works【him / really famous / after / the world / he / made / around】died. In fact, he left more than 2,100 works of art, but only a few works were sold in his life. Now his works are loved by a great number of people in the world.

Miyazawa Kenji was born in Iwate in 1896. When he was a student, he met many kinds of people, read many kinds of books and was interested in science, agriculture, art and so on. Then he became a teacher and taught agriculture and some other subjects in a school. He also wrote poems, stories and *tanka*. His first book was published while he was working as a teacher. When he was 30, he [②]. He became a farmer and lived with poor farmers. They learned good ways to grow rice from Kenji. He wanted them to be happy and to enjoy their lives. Two years later, he suffered from disease but he kept writing. Though he wrote about 800 poems, 100 stories and so on, he published only two books in his life. Now we can find more than 200 works of his. Many people in the world love his works.

Vincent van Gogh and Miyazawa Kenji had many things in common. Both of them met many people, experienced several jobs and got sick. Perhaps, thanks to the people they met through their experiences, a lot of great works were created. Perhaps, their works became wonderful because they experienced hardship. Many people impressed with their works may understand their messages which the works show. They had one more thing in common. They never stopped their efforts to create their works. They kept creating something special for themselves even in their bad condition.

If you are trying to do something, you should keep making efforts. There is always someone around you who understands such efforts. The more efforts you make, the better results you will get in the future.

（注） value　価値　　alive　生きている　　Holland　オランダ　　art dealer　美術商
agriculture　農業　　*tanka*　短歌　　publish　出版する　　in common　共通に

(1) (A) にあてはまる最も適当な語を，次の5語の中から選んで，正しい形にかえて書きなさい。
(　　　)

stop　　grow　　influence　　produce　　worry

(2)　下線①のついた文が，本文の内容に合うように，【　　】内の語句を正しい順序に並べかえなさい。

His works (　　　　　　　　　　　　　　　　　　　　　　　　) died.

(3)　[　②　] にあてはまる最も適当な英語を，次のアからエまでの中から一つ選んで，そのかな符号を書きなさい。(　　　)

ア　went back home and published hundreds of books

イ　got sick and decided to live alone

ウ　stopped his job and started a new life

エ　entered university to study science

(4)　本文中では，ゴッホと宮沢賢治の共通点についてどのように述べられているか。最も適当なものを，次のアからエまでの文の中から一つ選んで，そのかな符号を書きなさい。(　　　)

ア　Both of them sold many works when they were alive.

イ　Both of them became teachers to make good works.

ウ　Both of them met many people to become good painters.

エ　Both of them kept creating works even when they were sick.

(5)　次のアからカまでの文の中から，その内容が本文に書かれていることと一致するものを全て選んで，そのかな符号を書きなさい。(　　　)

ア　A sense of value is the same at any time all over the world.

イ　Vincent van Gogh decided to become a painter after he did some other jobs.

ウ　Vincent van Gogh never changed his painting ways so he got sick again.

エ　Miyazawa Kenji became a farmer to teach poems, stories and *tanka*.

オ　Miyazawa Kenji published many books and they were sold well in his life.

カ　If you keep making efforts, you will get better results in the future.

5 綾（Aya）と留学生のトム（Tom）が会話をしています。次の会話文を読んで，あとの(1)から(4)までの問いに答えなさい。

Aya ： Tom, can I talk with you now?

Tom ： No problem. What happened?

Aya ： Well, the TV news I watched last night surprised me very much. It was about some foreign people here who were afraid of living in Japan （ A ） of earthquakes. Tom, what do you think about it?

Tom ： I think that many foreign people haven't experienced big earthquakes in their own countries. ① They should know how to protect themselves in （　　） of an earthquake.

Aya ： I see. Tom, do you worry about earthquakes here?

Tom ： 【 a 】 I've experienced evacuation drills at school and in our town. I can only understand the Japanese language a little, so I don't know what to do when we have earthquakes in Japan.

Aya ： 【 b 】 ② I think many foreign people have the same impressions of Japan （　　） you. What should we do about that?

Tom ： 【 c 】 If they don't understand Japanese well, they can't get all of the information that they need. So we need more pictures to show instructions in an emergency.

Aya ： 【 d 】

Tom ： Exactly. They are things like "universal designs" we learned in our art class.

Aya ： I think so, too. They'll be helpful to people who can't read Japanese well.

Tom ： Aya, why don't you walk around the town with me?

Aya ： OK, but why?

Tom ： Because I want to find something they need for their safety.

Aya ： Sounds good! We should understand that they can't read important signs written in Japanese. Let's go walking around the town to find them!

Tom ： 【 e 】 It'll be sunny and warm here tomorrow.

Aya ： OK. Let's meet in front of our school at 10 a.m.

Tom ： OK. Thank you very much, Aya. See you then.

（注） impression 印象　instruction 指示，説明　safety 安全

(1) 次のアからオまでの英文を，会話文中の【 a 】から【 e 】までのそれぞれにあてはめて，会話の文として最も適当なものにするには，【 b 】と【 d 】にどれを入れたらよいか，そのかな符号を書きなさい。ただし，いずれも一度しか用いることができません。

b（　　）　d（　　）

ア You mean signs everyone can understand easily are necessary, right?

イ Yes, I do. Actually, I worry about them.

ウ How about tomorrow morning?

エ　I think their biggest problem is language.

オ　I understand you.

(2)　(A) にあてはまる最も適当な語を，次のアからエまでの中から選んで，そのかな符号を書きなさい。(　　　)

ア　when　　イ　because　　ウ　instead　　エ　most

(3)　下線①，②のついた文が，会話の文として最も適当なものとなるように，それぞれの (　　) にあてはまる語を書きなさい。①(　　　)　②(　　　)

(4)　次の英文は，この会話が行われた日の夜，トム (Tom) がクラスの友人たちに送ったメールです。このメールが会話文の内容に合うように，次の (X)，(Y) のそれぞれにあてはまる最も適当な語を書きなさい。X (　　　)　Y (　　　)

Hi, my friends.
Tomorrow, I will walk around the town with Aya.
She wants to help some foreign people who (X) around here.
Some of them worry about earthquakes in Japan.
They don't know what to do in an emergency.
They also can't understand the Japanese language well.
Aya and I think more pictures for safety are (Y) in this town.
They'll help people who can't read Japanese well.
See you,
Tom

〈放送原稿〉

（聞き取り検査指示）

これから2020年度愛知県公立高等学校全日制課程Bグループ入学試験，英語の聞き取り検査を行います。

それでは，聞き取り検査の説明をします。問題は第1問と第2問の二つに分かれています。

第1問。

第1問は，1番から3番までの三つあります。それぞれについて，最初に会話文を読み，続いて，会話についての問いと，問いに対する答え，a，b，c，dを読みます。そのあと，もう一度，その会話文，問い，問いに対する答えを読みます。必要があればメモをとってもよろしい。

問いの答えとして正しいものは解答欄の「正《せい》」の文字を，誤っているものは解答欄の「誤《ご》」の文字を，それぞれ〇《まる》でかこみなさい。正しいものは，各問いについて一つしかありません。それでは，読みます。

（第1問）

1番

Ellen： Ken, how's the pizza?

Ken ： It's delicious. You are a good cook. Thank you for inviting me to lunch, Ellen.

Ellen： You're welcome, Ken.

Ken ： I like your pizza very much. How many pizzas have you baked today?

Ellen： Just two, but I can make more. Would you like some more?

Question：What will Ken say next?

a Of course. You can take it. b I'm sorry. I can't cook well.

c Help yourself, Ellen. d Yes, please. I want more.

それでは，もう一度繰り返します。（会話文と問いを繰り返す。）

2番

Woman： I want this blue pen. How much is it?

Man ： Now we're having a sale. It's 1,500 yen this week.

Woman： I'll take it. It's a birthday present for my father.

Question：Where are they?

a They are at a birthday party. b They are at a stationery shop.

c They are in the library. d They are in the nurse's office.

それでは，もう一度繰り返します。（会話文と問いを繰り返す。）

3番

Mom： John, have you finished your homework?

John： Yes, Mom. I'm very hungry.

Mom： OK. Dinner is ready. Please tell Dad to come to the dining room.

John： Sure. I'm coming with Dad.

Question：What is John's mother going to do?

a　She is going to eat dinner with her husband and John.

b　She is going to go to the dining room with John.

c　She is going to cook dinner in the dining room.

d　She is going to do John's homework with her husband.

それでは，もう一度繰り返します。(会話文と問いを繰り返す。)

第2問。

第2問は，最初に英語のスピーチを読みます。続いて，スピーチについての問いと，問いに対する答え，a，b，c，dを読みます。問いは問1と問2の二つあります。そのあと，もう一度，スピーチ，問い，問いに対する答えを読みます。必要があればメモをとってもよろしい。

問いの答えとして正しいものは解答欄の「正《せい》」の文字を，誤っているものは解答欄の「誤《ご》」の文字を，それぞれ○《まる》でかこみなさい。正しいものは，各問いについて一つしかありません。それでは，読みます。

(第2問)

Hello. I'm Rika, the student council president. Welcome to our school's global festival. This festival is one of the biggest global events in our school. In the festival, a lot of people from many countries come together here to our school, and enjoy the time with our students. Today, we have many shows that help you to experience a lot of cultures from all over the world. Let's enjoy the festival together! Thank you.

問1　What is Rika talking about?

a　She is talking about all the biggest global events in her school.

b　She is talking about a student who will come from abroad.

c　She is talking about the global festival of her school.

d　She is talking about the shows that she saw in foreign countries.

問2　What can the people do at Rika's school today?

a　They can be the members of the student council.

b　They can go to many countries with her school's students.

c　They can help the students of her school.

d　They can experience a lot of cultures.

それでは，もう一度繰り返します。(スピーチと問いを繰り返す。)

これで，聞き取り検査を終わります。

社会

時間　45分　　　満点　22点

1　次のⅠ，Ⅱは，法隆寺についての資料である。あとの(1)から(3)までの問いに答えなさい。

Ⅰ　配置図と現存するおもな建造物についての説明

A　大講堂
摂関政治の時期に建造

B　五重塔
「日本書紀」が完成した時期までには建造

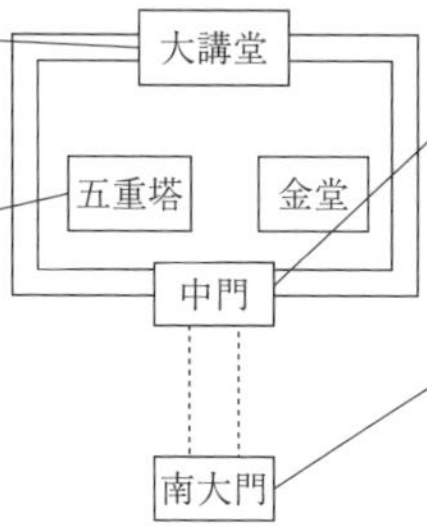

C　中門
豊臣秀吉《とよとみひでよし》の子である，豊臣秀頼《ひでより》が修理

D　南大門
琉球王国が成立した時期に建造

Ⅱ　説明資料

法隆寺は7世紀の木造建造物の姿を現在に伝える寺院である。こうした寺院は仏教発祥の地の（ ① ）にもない。しかも，法隆寺は現在も信仰を集める生きた寺院として存在していることに意義があり，1993年12月には（ ② ）に登録された。

（小学館編「法隆寺」から一部を要約）

(1)　ⅠのA，B，Dの現存する建造物の中で，建造の年代が2番目に古いものが建てられた年代とほぼ同じ時期に起こった世界のできごとについて述べた文として最も適当なものを，次のアからエまでの中から選んで，そのかな符号を書きなさい。（　　　）

ア　イエスがキリスト教をおこした。　　イ　隋が中国を統一した。
ウ　オランダがスペインから独立した。　エ　宋（北宋）が中国を統一した。

(2)　ⅠのCの説明にある修理が行われた年代以前に起こった日本のできごとについて述べた文を，次のアからエまでの中から一つ選んで，そのかな符号を書きなさい。（　　　）

ア　公事方御定書が定められ，江戸の町で増加した裁判の基準とされた。
イ　島原・天草一揆が起こり，その後，ポルトガル船の来航が禁止された。
ウ　安土城が築かれ，支配者の権威を示すために壮大な5層の天守が建設された。
エ　水戸藩主が学者を集めて，日本の歴史書である「大日本史」の編集を始めた。

(3)　Ⅱの文章中の（ ① ），（ ② ）にあてはまることばの組み合わせとして最も適当なものを，次のアからエまでの中から選んで，そのかな符号を書きなさい。（　　　）

ア　① インド，② 国宝　　イ　① インド，② 世界文化遺産　　ウ　① 中国，② 国宝
エ　① 中国，② 世界文化遺産

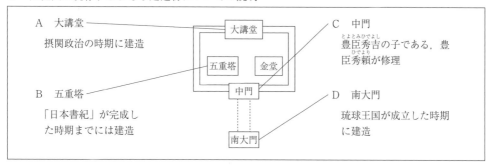

2　次の年表は，新渡戸《にとべ》稲造《いなぞう》についてまとめたものの一部である。あとの(1)から(4)までの問いに答えなさい。

年	年齢	新渡戸稲造や日本に関するできごと
1862	0歳	現在の盛岡市に生まれる。
1894	32歳	札幌で貧しい人のために夜間学校を開く。この年，日清戦争が起こる。
A	38歳	アメリカで「Bushido—the soul of Japan（武士道）」を出版する。
B	56歳	東京女子大学初代学長となる。
1920	58歳	国際連盟が設立され，初代事務局次長をつとめる。
1933	71歳	カナダで亡くなる。この年，日本が国際連盟から脱退する。
1962	—	盛岡市に新渡戸稲造文学碑が建てられる。この年，冷戦による国際緊張が高まる。
1984	—	新渡戸稲造の肖像が5000円紙幣に印刷（2004年まで）される。

(1)　次の文章は，年表中のAの年代のころの日本の外交について述べたものである。文章中の（ ① ），（ ② ）にあてはまることばの組み合わせとして最も適当なものを，あとのアからエまでの中から選んで，そのかな符号を書きなさい。（　　　）

Aの年代までには欧米諸国との条約改正交渉の結果，（　①　）が認められた。また，Aの年代のあとには東アジア地域における（　②　）に対抗するために，イギリスと同盟関係を結んだ。

ア　①　関税自主権の完全な回復，②　アメリカの中国進出
イ　①　関税自主権の完全な回復，②　ロシアの南下
ウ　①　治外法（領事裁判）権の撤廃，②　アメリカの中国進出
エ　①　治外法（領事裁判）権の撤廃，②　ロシアの南下

(2)　次の表は，1920年から1970年までの日本の就業者全体に占める女性の割合を5年ごとにまとめたものであり，あとの文章は，この表について述べたものである。文章中の［　　　］にあてはまることばを「長期化」，「労働力」の二つの語を，この順番で用いて，15字以上18字以下で書きなさい。［　　　　　　　　　　　　　　　　　　］

年	1920	1925	1930	1935	1940	1945	1950	1955	1960	1965	1970
就業者全体に占める女性の割合(%)	37.6	36.7	35.7	36.2	39.2	49.8	38.6	39.1	39.1	39.0	39.2

（「近代日本経済史要覧」などをもとに作成）

年表中のBの年代のできごとから，新渡戸稲造が女性の高等教育の発展にもつとめたことがわかる。上の表で，就業者全体に占める女性の割合についてみると，1935年から1945年にかけて，中国やアメリカとの［　　　　　］ため上昇した時期があるものの，その後低下し，1970年までは40％を下回る状況となっている。

(3)　次のグラフは，年表中にある新渡戸稲造の肖像が5000円紙幣に印刷されていた期間の日本の輸出額と輸入額の推移を示したものであり，あとの文章は，このグラフについて述べたものである。文章中の（ ③ ），（ ④ ）にあてはまることばの組み合わせとして最も適当なものを，あとのアからエまでの中から選んで，そのかな符号を書きなさい。

なお，グラフ中のa，bは輸出額，輸入額のいずれかである。（　　　）

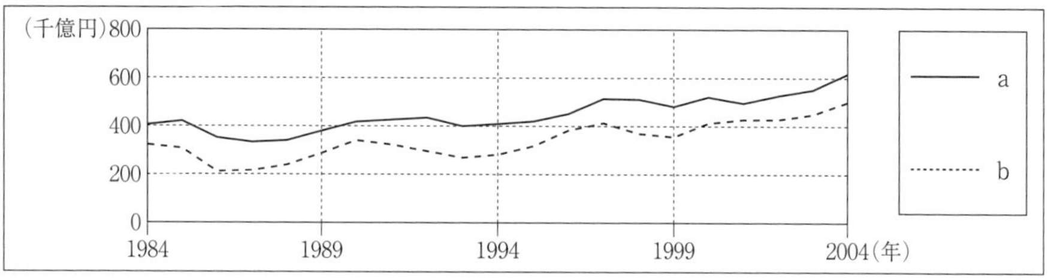

（「数字でみる日本の100年　改訂第6版」をもとに作成）

グラフ中のaは（ ③ ）を示している。この期間中の海外情勢としては（ ④ ）に象徴されるような冷戦の終結があった。

ア　③ 輸出額，④ ベルリンの壁崩壊　　イ　③ 輸出額，④ イラク戦争

ウ　③ 輸入額，④ ベルリンの壁崩壊　　エ　③ 輸入額，④ イラク戦争

(4)　次のグラフは，五つの時期の日本の輸入先の州別割合（それぞれの時期の5か年平均）を示したものである。年表を参考にして，グラフ中のX，Y，Zが示す州の組み合わせとして最も適当なものを，あとのアからカまでの中から選んで，そのかな符号を書きなさい。

なお，グラフ中のX，Y，Zは，アジア州，北アメリカ州，ヨーロッパ州のいずれかである。

（　　）

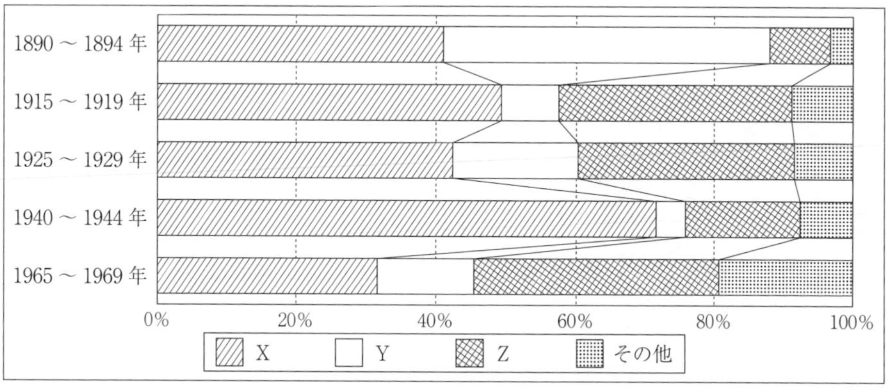

（「近代日本経済史要覧」をもとに作成）

ア　X アジア州，Y 北アメリカ州，Z ヨーロッパ州

イ　X アジア州，Y ヨーロッパ州，Z 北アメリカ州

ウ　X 北アメリカ州，Y アジア州，Z ヨーロッパ州

エ　X 北アメリカ州，Y ヨーロッパ州，Z アジア州

オ　X ヨーロッパ州，Y アジア州，Z 北アメリカ州

カ　X ヨーロッパ州，Y 北アメリカ州，Z アジア州

3　次の文章は，生徒と先生が奈良県吉野町へ地域調査に出かける前に話し合った際の会話の一部であり，Ⅰ，Ⅱの地形図は，吉野町のほぼ同じ地域について示したもので，それぞれ令和元年と平成７年に発行されたものである。あとの(1)から(3)までの問いに答えなさい。

なお，文章中の３か所の（ ② ）には同じことばがあてはまる。

Ⅰ　令和元年発行の地形図

Ⅱ　平成７年発行の地形図

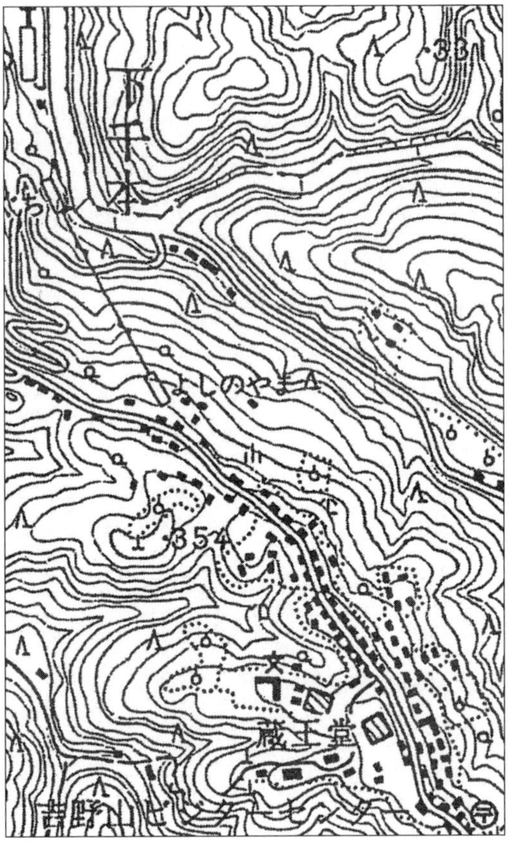

生徒：地域調査の前に地形図などで確認しておくとよいことはありますか。

先生：では，吉野町の現在の地形図（Ⅰの地形図）中の金峯山寺と古い地形図（Ⅱの地形図）中の蔵王堂のあたりを見比べてみましょう。古い地形図には記されている，ある公共的な施設を示す地図記号が現在の地形図からはなくなっていますが，わかりますか。

生徒：あっ。現在の地形図には「（ ① ）」の地図記号がありません。

先生：そうです。これは（ ② ）化や少子高齢化の影響と考えられます。吉野町は法律で定められた基準で「（ ② ）地域」とされています。他に何か気づきますか。

生徒：吉野町には針葉樹林が多い気がします。

先生：そうですね。吉野町には尾鷲，天竜とともに③日本三大人工林に数えられる豊かな森林がありますが，木材の出荷額は最盛期に比べれば落ち込んでいます。

生徒：（ ② ）化と関係あるのでしょうか。

先生：それは地形図からはわかりません。吉野町は桜が有名で，④桜の開花時期には大勢の観光客が訪れるのですが，これについても地形図ではわかりませんね。地域調査では地形図などの資料からは読み取れない吉野町の現状を確認してきてください。

(1) 文章中の（ ① ）にあてはまる最も適当な地図記号を，Ⅱの地形図から抜き出して書きなさい。また，（ ② ）にあてはまる最も適当なことばを，漢字2字で書きなさい。

①（　　　）②（　　　）

(2) 次の表は，③日本三大人工林が位置する3県の木材・木製品事業所数等（2016年）をまとめたものである。この表と3県の産業や社会のようすについて述べた文として最も適当なものを，あとのアからカまでの中から選んで，そのかな符号を書きなさい。

なお，表中のX，Y，Zは静岡県，奈良県，三重県のいずれかである。（　　　）

県名	木材・木製品事業所数	パルプ，紙，紙加工品出荷額等（億円）	漁業生産量（t）	宿泊旅行者数（千人）	国宝・重要文化財に指定されている建造物件数
X	573	617	19	2 244	264
Y	554	8 192	188 778	15 289	33
Z	374	887	197 217	7 261	25

（「データでみる県勢　2019年版」などをもとに作成）

ア　静岡県はパルプの生産がさかんで，3県の中で木材・木製品事業所数が最も多い。

イ　静岡県は遠洋漁業がさかんで，3県の中で漁業生産量が最も多い。

ウ　奈良県は国宝・重要文化財に指定されている建造物が多く，3県の中で宿泊旅行者数が最も多い。

エ　奈良県は和紙の生産がさかんで，3県の中でパルプ，紙，紙加工品出荷額等の額が最も多い。

オ　三重県は養殖漁業がさかんで，3県の中で漁業生産量が最も多い。

カ　三重県はパルプの生産がさかんで，3県の中でパルプ，紙，紙加工品出荷額等の額が最も多い。

(3) 次の図と表は，④桜の開花時期についてまとめたものである。表中の（ A ），（ B ）にあてはまることばの組み合わせとして最も適当なものを，あとのアからケまでの中から選んで，そのかな符号を書きなさい。（　　　）

図　桜の開花日（平均値）の等期日線図

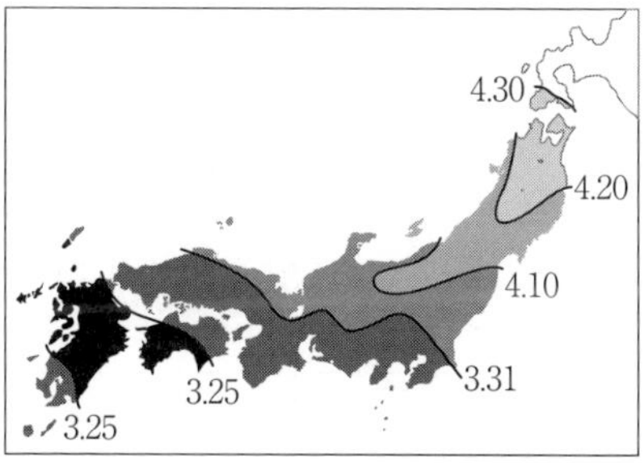

表　桜の開花日（2018年）

都市名	開花日	平年値（1981～2010年）との比較
名古屋市	3月19日	平年より早い開花
宇都宮市	3月26日	（ A ）開花
仙台市	3月30日	（ B ）開花

（注）図中の等期日線は桜の開花日の平均値（1981～2010年）が同じ地点を結んだ線で，数字は月日を示している。

（図，表ともに気象庁ホームページをもとに作成）

ア　A 平年と同じ，B 平年より早い

イ　A 平年と同じ，B 平年と同じ

ウ　A 平年と同じ，B 平年より遅い

エ　A 平年より遅い，B 平年より早い

オ　A 平年より遅い，B 平年と同じ

カ　A 平年より遅い，B 平年より遅い

キ　A 平年より早い，B 平年より早い

ク　A 平年より早い，B 平年と同じ

ケ　A 平年より早い，B 平年より遅い

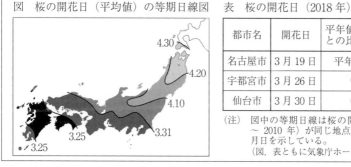

4　次の文章は，生徒と先生がⅠの略地図とⅡの資料をもとに南極について話し合った際の会話の一部である。あとの(1)から(3)までの問いに答えなさい。

生徒：南極大陸にはパスポートなしで上陸できるというのは本当ですか。

先生：本当です。Ⅰの略地図に示された南緯60度以南の地域については，国際条約により各国の領有権主張が凍結されており，どこの国にも属しません。日本はⅡの資料からわかるように南極に観測基地を設置していますが，領有権は主張していません。

生徒：南極は特別な地域なのですね。一度行ってみたいです。

先生：南極とは別に，ヨーロッパでも多くのEU加盟国のあいだで，パスポートなしで国境を通過できます。

Ⅰ　南極の略地図

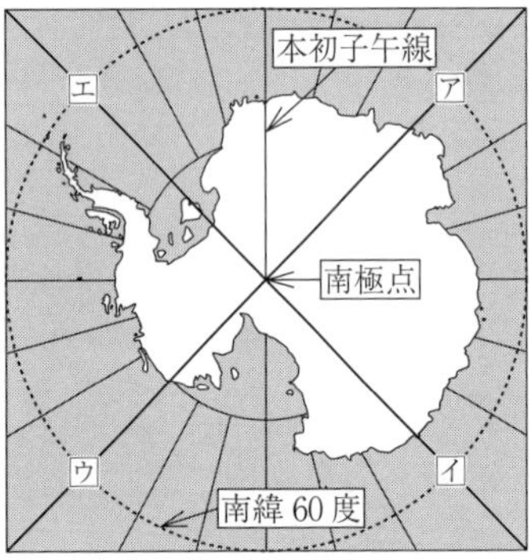

(注)　略図中の南極点を起点とするア，イ，ウ，エの直線は経線を示している。

Ⅱ　南極観測船「しらせ」航行日程

11月中旬	東京港を出港
11月下旬	オーストラリアに到着
12月下旬	昭和基地に到着
2月中旬	昭和基地を出発

(国立極地研究所ホームページをもとに作成)

日本の南極観測の拠点である昭和基地まで物資を輸送する南極観測船「しらせ」の航行日程は，基地への物資輸送がスムーズに行えるように，出発時期が設定されている。

(1)　次の文は，南極と世界の諸地域の位置関係について，Ⅰの略地図を用いて説明したものである。文中の（ ① ），（ ② ）にあてはまる経線として最も適当なものを，Ⅰの略地図中のアからエまでの中からそれぞれ選んで，そのかな符号を書きなさい。①(　　　)　②(　　　)

Ⅰの略地図中のアからエまでの経線上を，それぞれ南極点から北極点まで移動したとすると，日本とイギリス（ロンドン）の時差が9時間であることから考えて，移動の途中に日本を通過することとなるのは（ ① ）の経線であり，ブラジルを通過することとなるのは（ ② ）の経線である。

(2)　次のアからオまでのグラフは，北極点，東京，シンガポール，シドニー，南極点のいずれかの昼間の時間（太陽が出ている時間）の1年間の推移を示している。Ⅱの資料を参考にして，これらのグラフのうち，南極点の昼間の時間（太陽が出ている時間）の1年間の推移を示すものとして最も適当なものを，アからオまでの中から選んで，そのかな符号を書きなさい。(　　　)

ア　イ　ウ　エ　オ

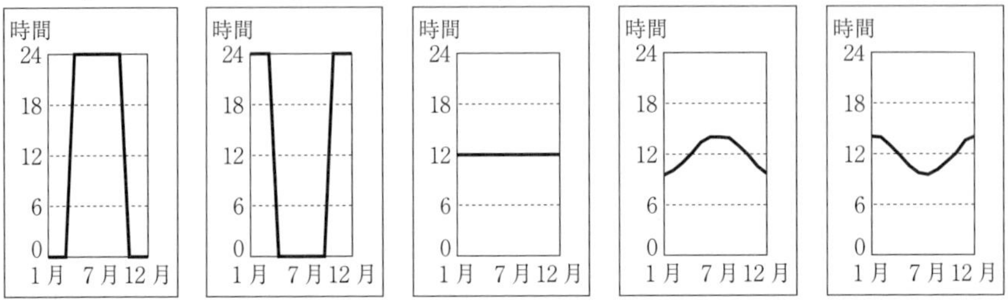

(3)　次の文章は，生徒がヨーロッパについて，あとのⅢの表とⅣの略地図を用いて発表を行った際

のメモの一部である。文章中の（ ③ ），（ ④ ）にあてはまる符号の組み合わせとして最も適当なものを，あとのアからクまでの中から選んで，そのかな符号を書きなさい。

なお，Ⅲの表中のＡからＤまではアジア，北アメリカ，南アメリカ，ヨーロッパのいずれかであり，ａからｅまではアメリカ，カナダ，中国，ブラジル，ロシアのいずれかである。また，Ⅳの略地図中のＸ，Ｙはそれぞれ河川を示している。（　　　）

Ⅲの表中の（ ③ ）はヨーロッパを示している。Ⅳの略地図とあわせてみると，せまい地域に多くの国が密集していることがわかる。したがって，Ⅳの略地図中の（ ④ ）のような河川で水質汚染（汚濁）が発生すると，流域で国際的な環境問題に発展することもある。

Ⅲ　各州および国土面積上位５国の面積，人口

州名（国数）・国名	面積（千㎢）	人口（千人）
Ａ（ｄを含む47か国）	31 033	4 545 133
アフリカ（54か国）	29 648	1 287 921
Ｂ（ａを含む45か国）	22 135	742 648
Ｃ（ｂ，ｃを含む23か国）	21 330	587 615
Ｄ（ｅを含む12か国）	17 461	428 241
オセアニア（16か国）	8 486	41 261
ａ	17 098	143 965
ｂ	9 985	36 954
ｃ	9 834	326 767
ｄ	9 600	1 415 046
ｅ	8 516	210 868

（「2019　データブック　オブ・ザ・ワールド」をもとに作成）

Ⅳ　略地図

（注）　国境は一部省略している。

ア　③：Ａ，④：Ｘ　　イ　③：Ａ，④：Ｙ　　ウ　③：Ｂ，④：Ｘ　　エ　③：Ｂ，④：Ｙ

オ　③：Ｃ，④：Ｘ　　カ　③：Ｃ，④：Ｙ　　キ　③：Ｄ，④：Ｘ　　ク　③：Ｄ，④：Ｙ

5 次のⅠ，Ⅱ，Ⅲの資料は，生徒が家計や消費行動についてのレポートを作成するために集めたものの一部である。あとの(1)から(4)までの問いに答えなさい。

なお，ⅠのAおよびBの表中のa，b，cは「10歳代後半」，「40歳代」，「60歳代」のいずれかであり，同じ符号には，それぞれ同じことばがあてはまる。また，Ⅱの資料中のWからZまではそれぞれ「消費スタイル」を示している。

Ⅰ 世代別のお金のかけ方

A 「現在お金をかけているもの」上位3項目（%）

順位	a		b		c	
1	食べること	69.8	食べること	69.1	食べること	68.1
2	子供の教育	47.7	ファッション	50.2	医療	36.1
3	住まい	28.4	スポーツ観戦・映画・コンサート鑑賞等	34.6	旅行	31.8

B 「今後節約したいもの」上位3項目（%）

順位	a		b		c	
1	通信（電話，インターネット等）	45.3	食べること	34.2	ファッション	42.0
2	ファッション	39.9	通信（電話，インターネット等）	32.2	車	39.4
3	車	38.0	車	29.6	家電・AV機器	33.9

（注） 選択肢から複数の回答が選択できる形式での調査のため，合計しても100%にならない。

（消費者庁「平成29年版 消費者白書」をもとに作成）

Ⅱ 「消費スタイル」別の構成割合とその推移

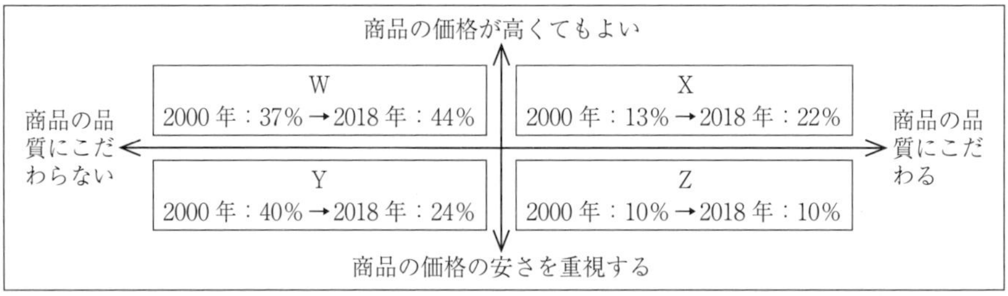

（野村総合研究所「生活者1万人アンケート調査」（2018年）をもとに作成）

Ⅲ 倫理的消費に関する資料

児童労働をさせることで賃金コストを抑えたり，不法投棄など環境への負荷を減らすためのコストを負担しなかったりすることにより低価格を実現したという情報を得ていたならば，消費者はそれでもその商品やサービスを選択するだろうか。これらの，物のライフサイクルを通じて社会や環境に与える負担や影響といった社会的費用を意識しないまま価格の安さのみを追い求める消費行動を続ければ，倫理的消費に誠実に取り組む事業者が逆に市場から淘汰《とうた》されることにもつながりかねない。

（注） ○倫理的消費＝人や社会・環境に配慮した消費行動のこと。
○淘汰《とうた》される＝不用・不適のものとして排除されること。

（消費者庁「「倫理的消費」調査研究会取りまとめ」から抜粋）

(1) Ⅰの資料から読み取れることについて述べた文として最も適当なものを，次のアからエまでの中から選んで，そのかな符号を書きなさい。（　　　）

ア それぞれの世代の「食べること」に現在お金をかけていると回答した人の割合を比較すると，年齢が高い世代ほど，その割合が高くなっていることがわかる。

イ それぞれの世代の「車」にかけるお金を今後節約したいと回答した人の割合を比較すると，年齢が高い世代ほど，その割合が高くなっていることがわかる。

ウ　それぞれの世代の「旅行」に現在お金をかけていると回答した人の割合を比較すると，年齢が低い世代ほどその割合が高くなっていることがわかる。

エ　それぞれの世代の「通信（電話，インターネット等）」にかけるお金を今後節約したいと回答した人の割合を比較すると，年齢が低い世代ほどその割合が高くなっていることがわかる。

(2)　次の文章は，生徒がⅠの資料について発表した際のメモの一部である。文章中の（　　）にあてはまる最も適当なことばを，漢字4字で書きなさい。（　　　）

> Bの表の各項目が実際に節約されると，家計の中で貯蓄が増える場合もあると考えられる。貯蓄が銀行に預金されると，預金は，銀行によって資金を必要とする企業などに貸し付けられる。企業が銀行や保険会社などをなかだちとして資金調達することを（　　）というが，これに対して企業は株式を発行するなどして直接資金を集めることもできる。

(3)　次の文章は，生徒がⅡの資料について発表した際のメモの一部である。文章中の（ ① ），（ ② ）にあてはまることばの組み合わせとして最も適当なものを，あとのアからエまでの中から選んで，そのかな符号を書きなさい。（　　　）

> 「生活者1万人アンケート調査」について，2000年と2018年の調査結果を比べると，「商品の（ ① ）」とした消費者の割合の合計が減少している。また，2018年にはWからZまでの「消費スタイル」のうち，Wの割合が最大となっている。同調査の分析では，Wの「消費スタイル」をもつ消費者は「価格が高くても便利な手段で手に入りやすいものを買う」傾向があるとされており，商品を選択する際に（ ② ）の制約を受けていることが推測される。

ア　① 品質にこだわる，② 収入　　イ　① 品質にこだわる，② 時間

ウ　① 価格の安さを重視する，② 収入　　エ　① 価格の安さを重視する，② 時間

(4)　次の文章は，生徒がⅢの資料について発表した際のメモの一部である。文章中の（ ③ ），（ ④ ）にあてはまる符号とことばの組み合わせとして最も適当なものを，あとのアからエまでの中から選んで，そのかな符号を書きなさい。（　　　）

> Ⅲの資料では，Ⅱの資料中の（ ③ ）にあたる「消費スタイル」が社会や環境に与える影響について述べられている。消費者が倫理的消費を実践しようとするには，事業者による（ ④ ）が必要である。

ア　③：X，④ 情報公開　　イ　③：X，④ 個人情報の保護　　ウ　③：Y，④ 情報公開

エ　③：Y，④ 個人情報の保護

6　次の表は，日本，アメリカ，イギリスの政治体制についてまとめたものである。あとの(1)から(3)までの問いに答えなさい。

	日本	アメリカ	イギリス
行政など	議会から選出された首相が内閣を組織する。天皇は憲法で「日本国の象徴」とされ，その地位は「（ A ）の存する日本国民の総意に基く」とされている。天皇に政治的権限はない。	国民の直接選挙により選出された大統領が最高責任者として，大きな権限をもつが，議会に法案を提出する権限はない。	議会から選出された首相が内閣を組織する。儀礼的な権限をもつ君主が存在する。
立法	衆議院と参議院の二院制。 衆議院が優越。	上院と下院の二院制。 両院は対等。	上院と下院の二院制。 下院が優越。

(1)　表中の（ A ）にあてはまる最も適当なことばを，漢字2字で書きなさい。（　　　）

(2)　次の文章は，表中の3国の行政と立法の関係について説明したものである。文章中の（ ① ），（ ② ）にあてはまることばの組み合わせとして最も適当なものを，あとのアからエまでの中から選んで，そのかな符号を書きなさい。（　　　）

日本では表中の説明に加えて，憲法の規定により，内閣総理大臣は内閣を構成する国務大臣の（ ① ）を国会議員から選ぶこととされている。一方，アメリカでは大統領に議会を解散する権限がないなど，日本やイギリスと比べて行政と立法それぞれの（ ② ）といえる。

ア　① 過半数，② 独立性が強い　　イ　① 過半数，② 独立性が弱い

ウ　① 3分の2以上，② 独立性が強い　　エ　① 3分の2以上，② 独立性が弱い

(3)　次の文は，日本の政党政治について説明したものである。文中の（ ③ ），（ ④ ）にあてはまることばの組み合わせとして最も適当なものを，あとのアからエまでの中から選んで，そのかな符号を書きなさい。（　　　）

日本では1955年から1993年までの長期にわたって（ ③ ）内閣を組織していたが，21世紀に入り，アメリカやイギリスのように（ ④ ）の性格が強まった時期があり，2009年には政権交代が起こった。

ア　③ 同じ政党が単独で，④ 多党制　　イ　③ 複数の政党が連立して，④ 多党制

ウ　③ 同じ政党が単独で，④ 二大政党制　　エ　③ 複数の政党が連立して，④ 二大政党制

理科

時間　45分　　　　満点　22点

1　次の(1)，(2)の問いに答えなさい。

(1)　仕事と物体の速さとの関係について調べるため，次の〔実験〕を行った。

ただし，〔実験〕では，物体にはたらく摩擦力や空気の抵抗は無視でき，物体は水平面から離れることなく運動するものとする。

〔実験〕

①　図のように，点Aに質量0.50kgの物体Pを置き，水平方向に一定の大きさ4.0Nの力で押して，その力の向きに点Aから点Bまで0.090m動かした。

②　点Bで力を加えるのをやめたところ，物体Pは水平面上を等速直線運動した。このときの物体Pの速さを測定した。

③　次に，質量2.0kgの物体Qにかえて，①，②と同じことを行った。

図

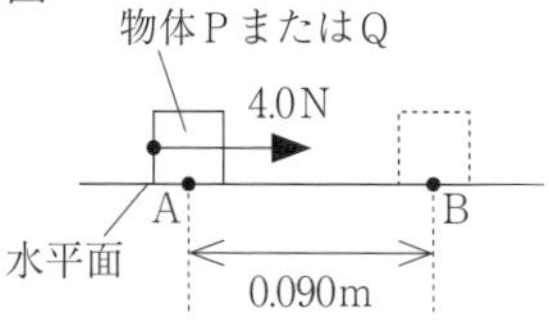

〔実験〕で，物体に仕事をすると，その分だけ物体の運動エネルギーが変化する。4.0Nの力が質量0.50kgの物体Pにした仕事をW_1，点Bにおける物体Pの速さをV_1とする。また，4.0Nの力が質量2.0kgの物体Qにした仕事をW_2，点Bにおける物体Qの速さをV_2とするとき，W_1とW_2の値と，V_1とV_2の値の大小関係を表している組み合わせとして最も適当なものを，次のアからカまでの中から選んで，そのかな符号を書きなさい。（　　　）

ア　$W_1 = 0.18$J，$W_2 = 0.72$J，$V_1 < V_2$　　イ　$W_1 = 0.36$J，$W_2 = 0.36$J，$V_1 < V_2$

ウ　$W_1 = 0.18$J，$W_2 = 0.72$J，$V_1 = V_2$　　エ　$W_1 = 0.36$J，$W_2 = 0.36$J，$V_1 = V_2$

オ　$W_1 = 0.18$J，$W_2 = 0.72$J，$V_1 > V_2$　　カ　$W_1 = 0.36$J，$W_2 = 0.36$J，$V_1 > V_2$

(2)　混合物の分離について調べるため，次の〔実験〕を行った。

〔実験〕

①　水11cm^3とエタノール13cm^3の混合液と，沸騰石を試験管Xに入れ，図のような装置を用いて弱火でゆっくり加熱した。

②　ガラス管から出てくる物質を試験管aに集め，液体が4cm^3集まるたびに，新しい試験管と交換し，順に試験管b，c，d，eとした。

図

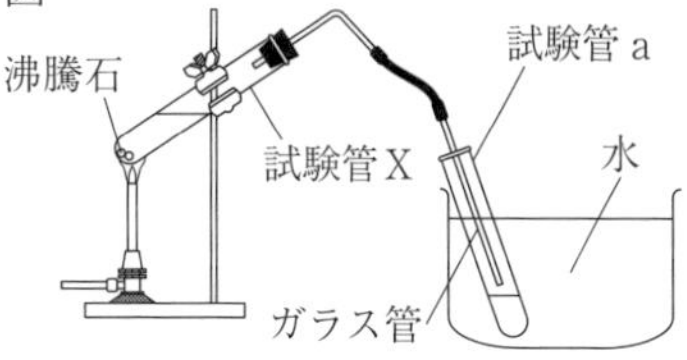

③　試験管a，b，c，d，eに集めたそれぞれの液体に密度0.90g/cm^3のポリプロピレンの小片を入れたときの浮き沈みと，脱脂綿にそれぞれの液体をしみこませて火をつけたときのようすを調べた。

表は，〔実験〕の③の結果をまとめたものである。

表

試験管	a	b	c	d	e
ポリプロピレンの小片の浮き沈み	沈んだ	沈んだ	沈んだ	浮いた	浮いた
火をつけたときのようす	燃えた	燃えた	燃えた	燃えるがすぐ消えた	燃えなかった

この実験について説明した文として正しいものを，次のアからオまでの中から2つ選んで，そのかな符号を書きなさい。(　　)(　　)

ア　この〔実験〕では，物質の密度のちがいを利用して，混合液から純物質を取り出している。

イ　試験管 a の液体の質量は，試験管 d の液体の質量よりも小さい。

ウ　試験管 b の液体の質量は，4.0g よりも大きい。

エ　脱脂綿に試験管 c から e までの液体をしみこませて火をつけたときのようすを比較すると，試験管 c の液体は水であるといえる。

オ　試験管 a から e までの液体のうち，水を最も多く含んでいるのは，試験管 e の液体である。

2 動物には，外界のさまざまな刺激を受けとる感覚器官や，刺激に応じてからだを動かす運動器官がある。次の文章は，太郎さんと花子さんが運動器官について調べるため，ニワトリの翼の先端に近い部分である手羽先の解剖《かいぼう》を行ったときの先生との会話である。

先生：前回の授業では，運動器官について勉強しました。図1は，①ヒトの腕の骨格と筋肉を模式的に表したものです。今日の授業では，ニワトリの手羽先を解剖して，動物の骨格と筋肉のしくみを学びます。まず，手羽先の皮を解剖ばさみで取り除き，ピンセットで筋肉をつまんでみてください。

花子：②手羽先の筋肉をピンセットで直接引くと，先端部が動きます（図2）。

先生：そうですね。次に筋肉を取り除いて，手羽先を骨格のみにしてください。

太郎：できました（図3）。先端部にある2つのとがった部分は何ですか。

先生：はい。これらはヒトの親指にあたる骨と人差し指にあたる骨です。さらに，中指にあたる骨も痕跡《こんせき》として観察できます。

花子：図3のとう骨と尺骨《しやつこつ》は，調理された手羽先を食べたときに見たことがあります。

先生：図1を見るとヒトの腕にも同じ骨があることがわかりますね。このように③共通の祖先から進化した生物は，共通する構造を残しながら環境に適応して，少しずつかたちを変えています。

太郎：④ヒトとニワトリで，他にも似ているところがあるのかな。調べてみようと思います。

図1

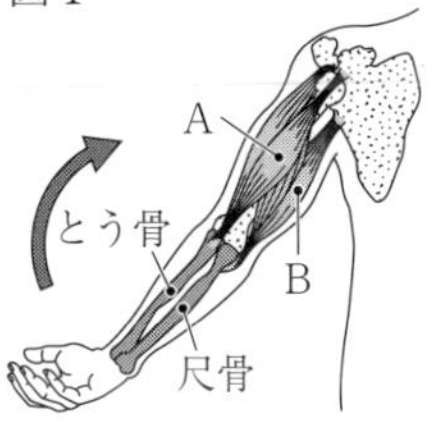

図2

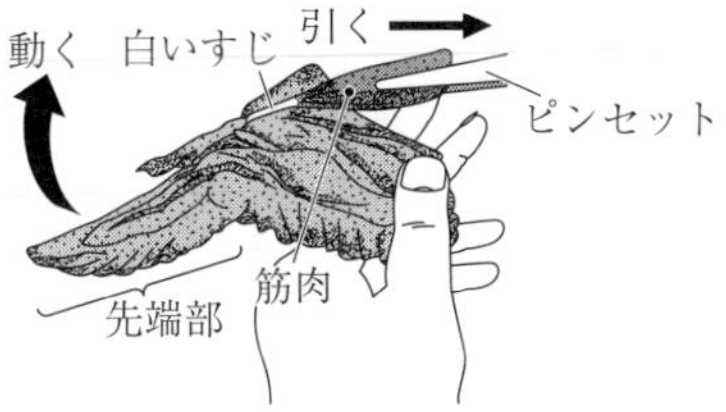

図3

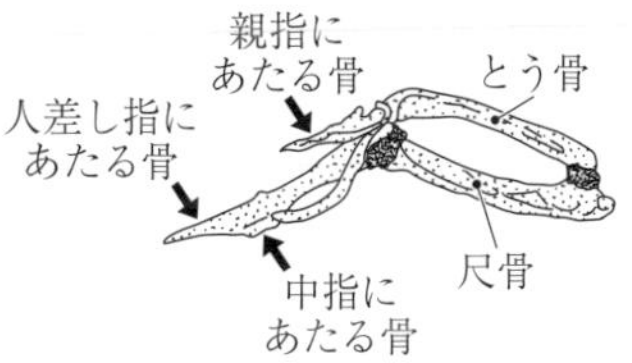

次の(1)から(4)までの問いに答えなさい。

(1) 下線部①と②について，次の文章は，ヒトとニワトリの筋肉のはたらきを説明したものである。文章中の（ Ⅰ ）から（ Ⅳ ）までにあてはまる語の組み合わせとして最も適当なものを，下のアからクまでの中から選んで，そのかな符号を書きなさい。（　　　）

ヒトは，筋肉で骨格を動かすことによってからだを動かしている。筋肉は（ Ⅰ ）で骨とつながっており，図1で矢印の向きに腕を曲げるとき，Aの筋肉は（ Ⅱ ），Bの筋肉は（ Ⅲ ）。図2で花子さんが手羽先の筋肉を引き，先端部を動かしたことは，その筋肉が（ Ⅳ ）ことで，からだが動くことを確認した実験である。

ア　Ⅰ けん，Ⅱ 縮み，Ⅲ ゆるむ，Ⅳ ゆるむ

イ　Ⅰ 運動神経，Ⅱ 縮み，Ⅲ ゆるむ，Ⅳ ゆるむ

ウ　Ⅰ けん，Ⅱ 縮み，Ⅲ ゆるむ，Ⅳ 縮む

エ　Ⅰ 運動神経，Ⅱ 縮み，Ⅲ ゆるむ，Ⅳ 縮む

オ　Ⅰ けん，Ⅱ ゆるみ，Ⅲ 縮む，Ⅳ ゆるむ

カ　Ⅰ 運動神経，Ⅱ ゆるみ，Ⅲ 縮む，Ⅳ ゆるむ

キ　Ⅰ けん，Ⅱ ゆるみ，Ⅲ 縮む，Ⅳ 縮む

ク　Ⅰ 運動神経，Ⅱ ゆるみ，Ⅲ 縮む，Ⅳ 縮む

(2)　ヒトやニワトリなどの動物には，外界からの刺激を受けとると，それに反応するしくみが備わっている。刺激は電気的な信号として神経に伝わる。右の図4は，刺激を受けとってから感覚が生じ，反応が起こるまでの信号が伝わる経路を模式的に示したものである。脳とせきずいがあてはまるものとして最も適当なものを，図4のアからエまでの中からそれぞれ選んで，そのかな符号を書きなさい。ただし，アからエまでは，それぞれ感覚器官，筋肉，脳，せきずいのいずれかであり，矢印は信号が伝わる向きを表している。脳(　　　)　せきずい(　　　)

図4

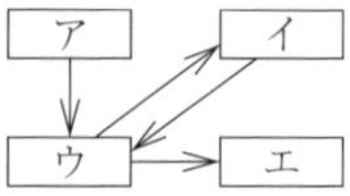

(3)　下線部③について，ヒトの腕とニワトリの翼のように，現在の見かけのかたちやはたらきは異なっていても，基本的なつくりが同じで，もとは同じものであったと考えられる器官を何というか。漢字4字で書きなさい。

(4)　下線部④について，太郎さんは，ヒトやニワトリなどいくつかの動物のからだのつくりや生活の特徴を調べた。次の表は太郎さんが調べた結果をまとめたものであり，ⅠからⅣまでの特徴について，その特徴をもつ場合は○，もたない場合は×，子と親で特徴が異なる場合は△を記入してある。なお，アからカまでは，ヒト，ニワトリ，カメ，カエル，メダカ，イカのいずれかである。表のアからカまでの中から，ヒトとニワトリにあてはまるものとして最も適当なものをそれぞれ選んで，そのかな符号を書きなさい。ヒト(　　　)　ニワトリ(　　　)

表

特徴＼動物	ア	イ	ウ	エ	オ	カ
Ⅰ　胎生である	×	×	○	×	×	×
Ⅱ　恒温動物である	×	×	○	×	○	×
Ⅲ　背骨がある	○	○	○	×	○	○
Ⅳ　肺で呼吸する	×	○	○	×	○	△

3　水溶液の電気分解と発生した気体の性質について調べるため，次の〔実験1〕から〔実験3〕までを行った。

〔実験1〕

①　図1のように，陽極と陰極に炭素棒を使用して，H形のガラス管を用いて電気分解装置を組み立てた。

②　H形のガラス管の中にうすい水酸化ナトリウム水溶液を入れた。

③　炭素棒Aが陽極（＋《プラス》極）に，炭素棒Bが陰極（－《マイナス》極）になるようにして電流を流し，炭素棒付近から発生する気体をそれぞれ集めた。

図1

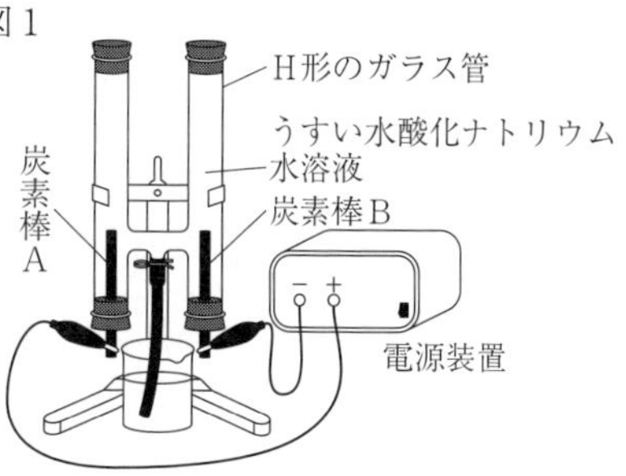

〔実験1〕の③で発生した気体の性質を確かめたところ，気体は酸素と水素であった。

〔実験2〕

①　図2のような装置を準備し，2.0cm^3 の酸素と 4.0cm^3 の水素をプラスチックの筒に入れた。

②　点火装置を用いて筒の中の気体に点火し，プラスチックの筒が冷えてから，プラスチックの筒の中に残った気体の体積を測定した。

③　①の水素の体積は 4.0cm^3 のままにして，酸素の体積を 0cm^3，1.0cm^3，3.0cm^3，4.0cm^3，5.0cm^3，6.0cm^3 に変え，それぞれについて②と同じことを行った。

④　次に，プラスチックの筒に入れる気体の体積が，酸素と水素を合わせて 6.0cm^3 になるように，酸素と水素の体積をさまざまに変えて，②と同じことを行った。

図2

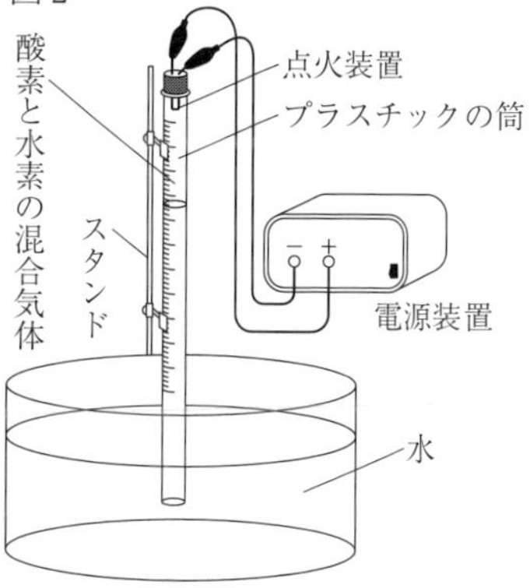

表は，〔実験2〕の①から③までの結果をまとめたものである。

表

酸素の体積〔cm^3〕	0	1.0	2.0	3.0	4.0	5.0	6.0
水素の体積〔cm^3〕	4.0	4.0	4.0	4.0	4.0	4.0	4.0
残った気体の体積〔cm^3〕	4.0	2.0	0	1.0	2.0	3.0	4.0

〔実験3〕

①　図3のように，塩化銅水溶液の入ったビーカーに，発泡ポリスチレンの板に取り付けた炭素棒Aと炭素棒Bを入れ，炭素棒Aが陽極（＋極）に，炭素棒Bが陰極（－極）になるようにして，0.25Aの電流を流した。

②　10分ごとに電源を切って，炭素棒を取り出し，炭素棒の表面に付いていた金属の質量を測定した。

③　①と同じ塩化銅水溶液を用意し，電流の値を0.50A，0.75Aに変え，それぞれについて②と同じことを行った。

図3

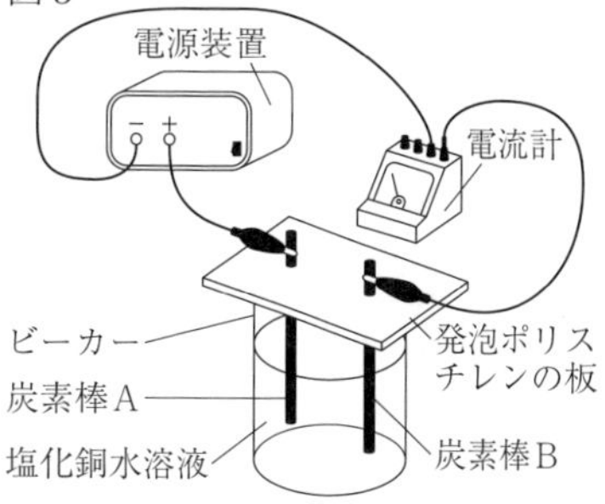

次の(1)から(4)までの問いに答えなさい。

(1)〔実験1〕で起こった化学変化を化学反応式で表しなさい。(　　　　→　　　　)

(2)〔実験2〕の④で，プラスチックの筒に入れた酸素の体積と，点火後にプラスチックの筒の中に残った気体の体積との関係はどのようになるか。横軸に筒に入れた酸素の体積を，縦軸に筒の中に残った気体の体積をとり，その関係を表すグラフを解答欄の図4に書きなさい。

図4

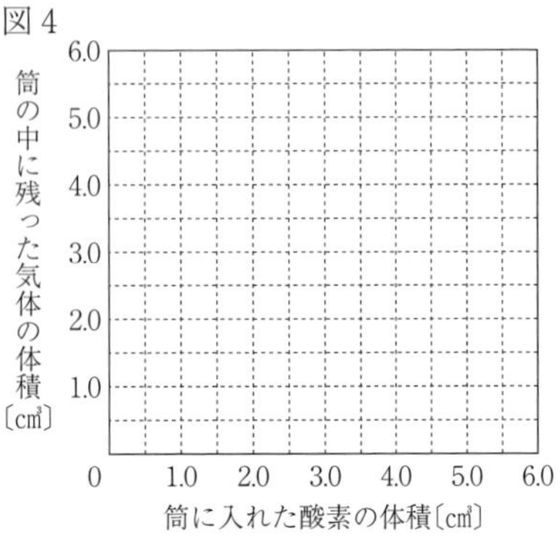

(3)〔実験3〕の①では，一方の炭素棒付近から気体が発生した。炭素棒A，Bのどちらから気体が発生したか，AまたはBで答えなさい。また，発生した気体は何か，化学式で書きなさい。炭素棒(　　　)　気体の化学式(　　　)

(4)　図5は，〔実験3〕のうち，0.25Aと0.75Aの電流を流した2つの実験について，電流を流した時間と炭素棒の表面に付いていた金属の質量との関係をグラフに表したものである。0.25A，0.50A，0.75Aの電流をそれぞれ同じ時間流したときに，炭素棒の表面に付いていた金属の質量を合計すると1.5gであった。このとき，それぞれの電流を流した時間は何分か。最も適当なものを，下のアからコまでの中から選んで，そのかな符号を書きなさい。(　　　)

図5

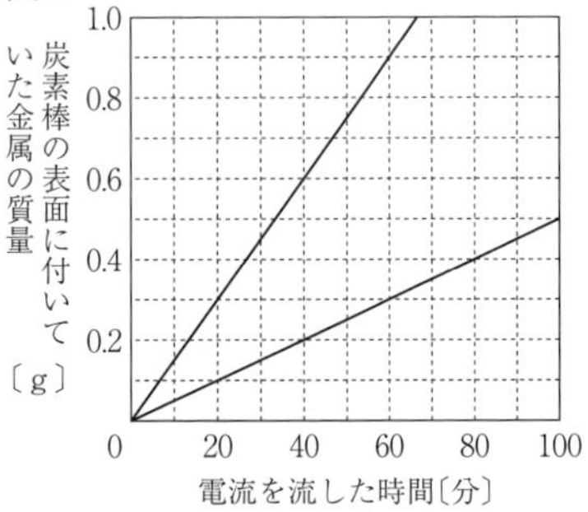

ア　30分　　イ　40分　　ウ　50分　　エ　60分　　オ　70分　　カ　80分　　キ　90分
ク　100分　　ケ　110分　　コ　120分

4　電熱線の長さと抵抗の大きさとの関係を調べるため，次の〔実験1〕と〔実験2〕を行った。

〔実験1〕

① 図1のように，抵抗器a，電源装置，スイッチ，電流計，クリップを導線で接続し，クリップの金属部分Aを端子Qに接続した回路をつくった。なお，抵抗器aの電熱線は，一定の太さの金属線でできたらせん状の電熱線を一直線にのばし，その両端を端子P，Qに固定したものである。また，この電熱線の抵抗は40Ωであり，端子Pから端子Qまでの長さは40cmである。

② スイッチを入れ，電源装置の電圧を10Vにして，電流計が示す値を測定した。

③ 次に，図2のように，端子Pから10cmの位置にクリップの金属部分Aを接続して②と同じことを行った。

④ さらに，クリップの金属部分Aを抵抗器aの電熱線に接続する位置をさまざまに変えて，②と同じことを行った。

図1

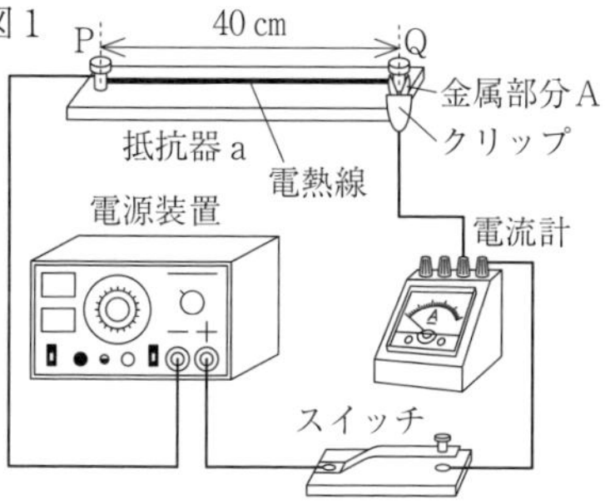

図2

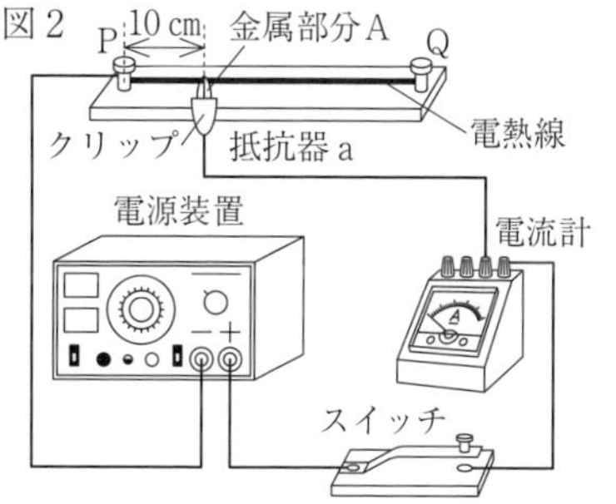

〔実験1〕の③では，電流計の示す値が②の4倍であった。図3は，〔実験1〕の結果をもとに端子Pからクリップの金属部分Aまでの距離と電流計が示す値との関係をグラフに表したものであり，縦軸の目盛りに数値は示していない。

図3

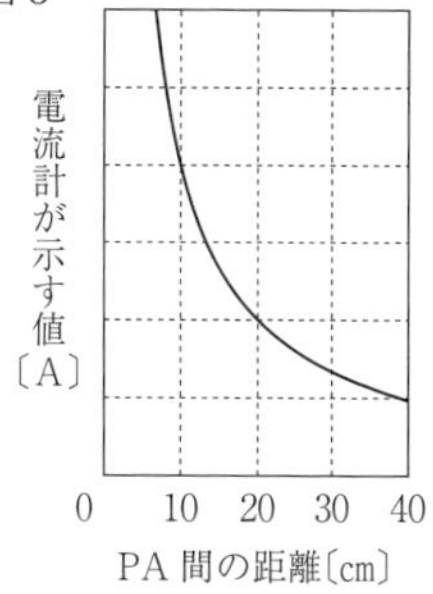

〔実験2〕

① 電熱線の長さと抵抗の大きさが抵抗器aと等しい抵抗器bを用意した。

② 図4のように，抵抗器a，抵抗器b，電源装置，スイッチ，電流計，クリップを導線で接続し，クリップの金属部分Aを端子Qに接続した回路をつくった。

③ スイッチを入れ，電源装置の電圧を10Vにして，電流計が示す値を測定した。

④ 次に，クリップの金属部分Aを抵抗器aの電熱線に接続する位置をさまざまに変えて，③と同じことを行った。

図4

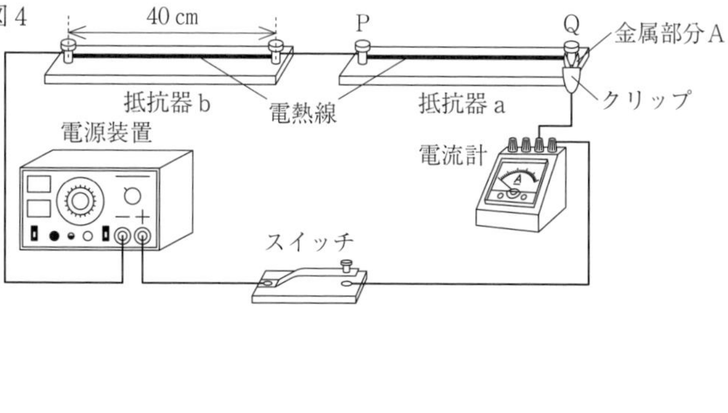

次の(1)から(4)までの問いに答えなさい。

(1) 〔実験1〕の②で，電流計が示す値は何Aか，小数第2位まで求めなさい。(　　　A)

(2) 次の文章は，〔実験1〕の結果からわかることについて説明したものである。文章中の（ Ⅰ ）から（ Ⅲ ）までにあてはまる数値と語句の組み合わせとして最も適当なものを，下のアからクまでの中から選んで，そのかな符号を書きなさい。(　　　)

〔実験1〕で，PA間の距離が10cm，20cm，40cmのとき，端子Pとクリップの金属部分Aとの間の抵抗の大きさは順に，（ Ⅰ ），（ Ⅱ ），40Ωとなる。この結果から，PA間の抵抗の大きさは，PA間の距離に（ Ⅲ ）することがわかる。

ア　Ⅰ 160Ω，Ⅱ 80Ω，Ⅲ 比例　　イ　Ⅰ 160Ω，Ⅱ 80Ω，Ⅲ 反比例
ウ　Ⅰ 80Ω，Ⅱ 60Ω，Ⅲ 比例　　エ　Ⅰ 80Ω，Ⅱ 60Ω，Ⅲ 反比例
オ　Ⅰ 20Ω，Ⅱ 30Ω，Ⅲ 比例　　カ　Ⅰ 20Ω，Ⅱ 30Ω，Ⅲ 反比例
キ　Ⅰ 10Ω，Ⅱ 20Ω，Ⅲ 比例　　ク　Ⅰ 10Ω，Ⅱ 20Ω，Ⅲ 反比例

(3) 次の文章は，〔実験2〕について説明したものである。文章中の（ Ⅰ ）から（ Ⅲ ）までにあてはまる数値と語句の組み合わせとして最も適当なものを，下のアからクまでの中から選んで，そのかな符号を書きなさい。(　　　)

〔実験2〕の③で，図4の回路全体の抵抗の大きさは（ Ⅰ ）である。

また，〔実験2〕の④で，PA間の距離を小さくしていくとき，抵抗器aのPA間にかかる電圧は（ Ⅱ ）なり，抵抗器bで消費される電力は（ Ⅲ ）なる。

ア　Ⅰ 80Ω，Ⅱ 大きく，Ⅲ 大きく　　イ　Ⅰ 80Ω，Ⅱ 大きく，Ⅲ 小さく
ウ　Ⅰ 80Ω，Ⅱ 小さく，Ⅲ 大きく　　エ　Ⅰ 80Ω，Ⅱ 小さく，Ⅲ 小さく
オ　Ⅰ 20Ω，Ⅱ 大きく，Ⅲ 大きく　　カ　Ⅰ 20Ω，Ⅱ 大きく，Ⅲ 小さく
キ　Ⅰ 20Ω，Ⅱ 小さく，Ⅲ 大きく　　ク　Ⅰ 20Ω，Ⅱ 小さく，Ⅲ 小さく

(4) 〔実験1〕の図2の回路で，抵抗器aの端子Qに固定していた電熱線の端を取り外し，図5のように電熱線を曲げ，円周の長さが40cmの1つの円になるようにして端子Pに固定した。さらに，クリップの金属部分Aを，端子Pから円形に曲げた電熱線に沿って10cmの位置に接続してスイッチを入れ，電源装置の電圧を12Vにしたとき，電流計が示す値は何Aか，小数第1位まで求めなさい。(　　　A)

図5

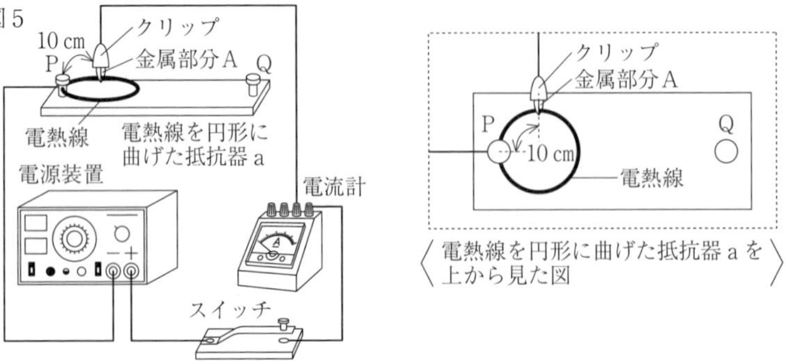

〈電熱線を円形に曲げた抵抗器aを上から見た図〉

5　次の文章は，火山活動と大地の運動についての太郎さんと先生との会話である。

太郎：家族でハワイに行ったときに，授業で学んだキラウエア火山の周辺が国立公園になっていて，溶岩が流れているようすを間近で見ることができました。

先生：①キラウエア火山はねばりけが弱いマグマを噴出しているので，溶岩が流れるようすが観察できたのでしょう。

太郎：先生は，ハワイ島が火山活動によってつくられたとおっしゃっていましたね。

先生：そうです。図１を見てください。ハワイ島付近には，地球内部からマグマが上昇してくるホットスポットとよばれる場所があり，その付近の島や海山は，火山活動によって形成されていると一般的には考えられています。また，ホットスポットは，長い年月にわたり同じ場所で火山活動をしていると考えられています。

太郎：図２のように，ハワイ島から島々がつらなっているのはなぜですか。

先生：図１のように，②太平洋プレートが動いていて，そのプレート上にホットスポットの断続的な火山活動で島や海山がつくられているためだと考えられています。この③プレートの動きは，地震の発生にも関係しています。

図１

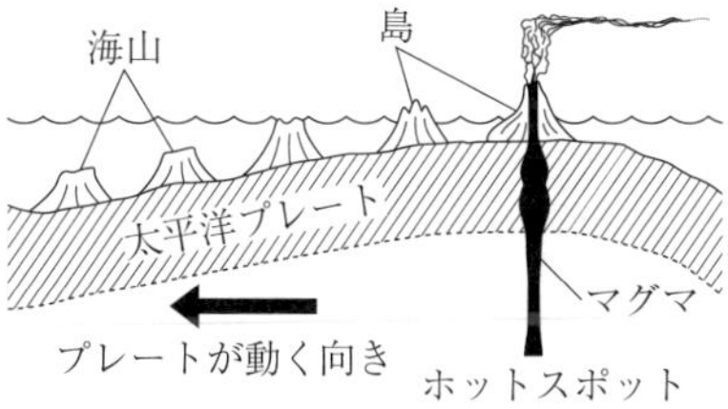

図２

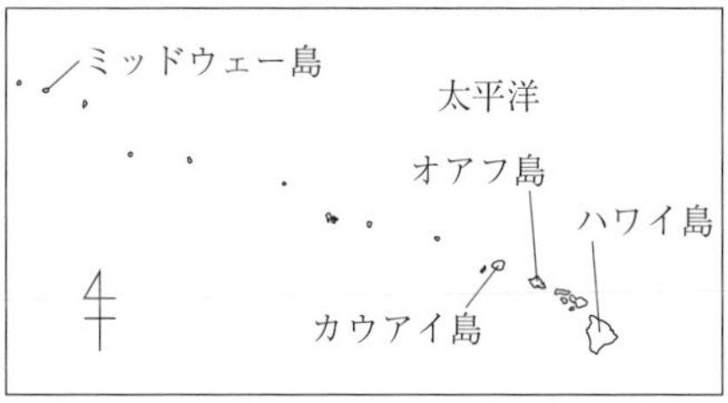

次の(1)から(4)までの問いに答えなさい。

(1)　下線部①について，図３はキラウエア火山の岩石の模式図とその一部の拡大図である。この岩石の名称を次のアからカまでの中から１つ選んで，そのかな符号を書きなさい。また，拡大図に見られる大きな結晶の周りにあるごく小さな鉱物の集まりやガラス質の部分の名称を次のキからケまでの中から１つ選んで，そのかな符号を書きなさい。

図３

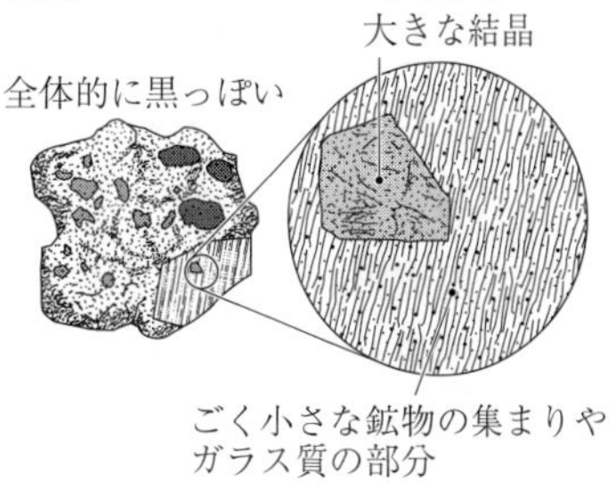

岩石(　　　)　鉱物の集まりの部分(　　　)

ア　流紋岩　　イ　凝灰岩　　ウ　玄武岩　　エ　花こう岩　　オ　石灰岩　　カ　はんれい岩

キ　石基　　ク　斑晶　　ケ　れき

(2)　下線部②について，太郎さんはハワイ島からミッドウェー島まで島々がつらなっていることから，点在する島のハワイ島からの距離と，その島が形成された年代を調べることでプレートの移動の速さと向きを推定できると考えた。

表は，太郎さんが集めたデータをまとめたものである。表と図２からわかることを説明した文として最も適当なものを，次のアからエまでの中から選んで，そのかな符号を書きなさい。

(　　　)

表

島の名称	ハワイ島からの距離	形成年代
オアフ島	320km	370万年前
カウアイ島	490km	530万年前
ミッドウェー島	2400km	2800万年前

ア　プレートは年間約9cmの速さで西北西の向きに移動している。

イ　プレートは年間約9cmの速さで東南東の向きに移動している。

ウ　プレートは年間約90cmの速さで西北西の向きに移動している。

エ　プレートは年間約90cmの速さで東南東の向きに移動している。

(3)　下線部③について，図4は日本付近のプレートを示したものである。プレートの移動やプレートどうしの境界で起こる地震について説明した次のaからfまでの文の中から正しい内容を述べている文の組み合わせとして最も適当なものを，下のアからクまでの中から選んで，そのかな符号を書きなさい。(　　　)

図4

a　東に移動する北アメリカプレートと西に移動する太平洋プレートが押し合って，プレートの境界が隆起している。

b　西に移動する北アメリカプレートと東に移動する太平洋プレートが引き合って，プレートの境界が沈降している。

c　ユーラシアプレートの下にフィリピン海プレートが沈みこんで生じたひずみが限界になると，もとにもどるようにはね返るため，地震が起こる。

d　フィリピン海プレートの下にユーラシアプレートが沈みこんで生じたひずみが限界になると，もとにもどるようにはね返るため，地震が起こる。

e　プレートの境界で起こる地震の震源は，大陸側から太平洋側にいくにしたがって深くなる。

f　プレートの境界で起こる地震の震源は，大陸側から太平洋側にいくにしたがって浅くなる。

ア　a，e　　イ　a，f　　ウ　b，e　　エ　b，f　　オ　c，e　　カ　c，f

キ　d，e　　ク　d，f

(4)　ある日の朝，日本のある地点Xで震度4の地震Aを観測した。このとき，地点Xでの初期微動継続時間は8秒であった。同じ日の夜，地点Xで震度2の地震Bを観測した。このとき，地点Xでの初期微動継続時間は4秒であった。次の文章は，地点Xで観測した2つの地震について説明したものである。文章中の（Ⅰ）と（Ⅱ）にあてはまる語の組み合わせとして最も適当なものを，下のアからエまでの中から選んで，そのかな符号を書きなさい。ただし，2つの地震のP波とS波の速さはそれぞれ同じであり，地点Xにおける震度は地震の規模と震源からの距離により決まるものとする。(　　　)

地点Xから震源までの距離は，地震Aの方が地震Bよりも（Ⅰ）。また，地震の規模を表すマグニチュードは，地震Aの方が地震Bよりも（Ⅱ）。

ア　Ⅰ 近い，Ⅱ 小さい　　イ　Ⅰ 近い，Ⅱ 大きい　　ウ　Ⅰ 遠い，Ⅱ 小さい

エ　Ⅰ 遠い，Ⅱ 大きい

6 次の(1), (2)の問いに答えなさい。

(1) 図は，校庭で見られたツユクサ，トウモロコシ，アブラナ，エンドウの模式図である。太郎さんはこの4種類の植物をなかま分けしようと考えた。図の植物を2種類ずつの2つのなかまに分けることができる特徴として適当なものを，下のアからオまでの中から2つ選んで，そのかな符号を書きなさい。(　　　)(　　　)

図

ア　種子で増えるか，胞子で増えるか　　イ　葉脈は網状脈か，平行脈か

ウ　維管束があるか，ないか　　エ　根はひげ根か，主根と側根の区別があるか

オ　胚珠《はいしゅ》が子房に包まれているか，胚珠がむき出しか

(2) 図1は，ある日に，日本のある地点から天体望遠鏡で観察した金星の像を，上下左右を入れかえて肉眼で見える形に直して，模式的に表したものである。また，図2は，地球と金星の公転軌道と，太陽，金星，地球の位置関係を模式的に表したものである。

図1のような金星の像が観察できるのは，図2において，金星がa，b，c，dのどの位置にあるときか。また，金星はどの方角に見られるか。その組み合わせとして最も適当なものを，下のアからシまでの中から選んで，そのかな符号を書きなさい。(　　　)

図1

図2

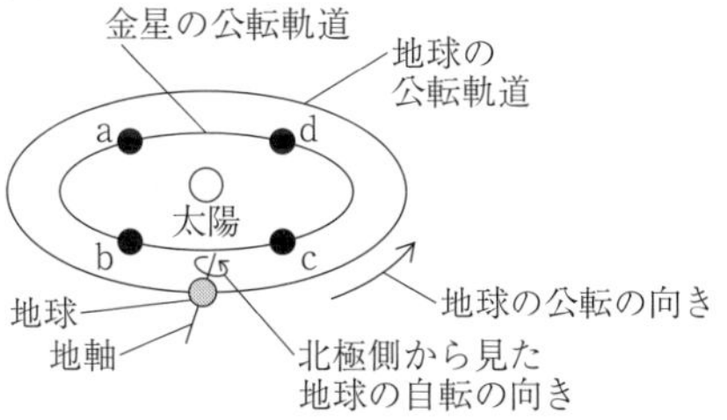

ア　a，東　イ　a，西　ウ　a，南　エ　b，東　オ　b，西　カ　b，南

キ　c，東　ク　c，西　ケ　c，南　コ　d，東　サ　d，西　シ　d，南

4　次の古文を読んで、あとの(一)から(四)までの問いに答えなさい。（本文の----の左側は現代語訳です。）

仁斎《じんさい》先生存在の時《生きていらっしゃる時》、大高清助《おほだかせいすけ》といふ人、『適従録』を著して大いに先《先》生を誹譏《ひき》す《生の学説を非難した》。①門人かの書を持ち来たりて示し、且《すぐに》つこれが弁駁《べんばく》《反論》を作らん事をア勧む。先生微笑してことばなし。かの門人怒りつぶやきていふ、「もし先生弁ぜずんば《反論をしないのならば》吾《われ》其《そ》の任にイあたらん。」と。先生しづかに言ひていはく、「彼是ならば吾非を改めて彼が是にウしたがふべし。もし吾是に彼非ならば吾が是は即天下の公共なり《知れ渡ることとなる》。②固《もと》より弁をまた《もともと反論するまで》ず《もない》。久しうして彼も又みづからその非をエしらん。③汝《なむぢ》《あなた》只《ただ》みづから修めよ。他をオかへりみる事なかれ。」とぞ。先生の度量、大旨《おほむね》此《こ》のたぐひなりと、ある人かたりき。

（「仮名世説《かなせせつ》」より）

（注）○ 仁斎《じんさい》＝伊藤仁斎。江戸時代前期の学者。
　　○ 大高清助《おほだかせいすけ》＝江戸時代前期の学者。

(一) 波線部アからオまでの中から、①門人が主語であるものを全て選んで、そのかな符号を書きなさい。（　　）

(二) ②固《もと》より弁をまたずとあるが、仁斎先生がこのように述べた理由として最も適当なものを、次のアからエまでの中から選んで、そのかな符号を書きなさい。（　　）

ア　反論することで相手の自尊心に傷がつくことを恐れているから。
イ　相手に対する反論は公的な場で行うべきであると思っているから。
ウ　自分の説が正しければすぐに世に認められると考えているから。
エ　門人が自分の学説に異を唱えたことを残念に思っているから。

(三) ③汝只《なむぢただ》みづから修めよの現代語訳として最も適当なものを、次のアからエまでの中から選んで、そのかな符号を書きなさい。（　　）

ア　あなたはひたすら自分自身の修養に努めなさい
イ　あなたはすぐにでも自分の考えを改めなさい
ウ　あなたはとにかく自力で争いを解決しなさい
エ　あなたはじっと彼が誤りに気づくのを待ちなさい

(四) この文章に描かれている仁斎先生の人物像として最も適当なものを、次のアからエまでの中から選んで、そのかな符号を書きなさい。（　　）

ア　誤りを指摘されても、自分の学説を守ることに全力を注ぐ人物
イ　他者からの批判に動じず、学問的な正しさを追究する人物
ウ　意見の相違があれば、対話を重ねて相手を知ろうとする人物
エ　素直に忠告を受け入れ、自分の短所を改めることのできる人物

たらすなど、人々の心を豊かにすることに役立てられてきた。

(三) 筆者は第五段落で、音という知覚資源の特性について述べている。それを要約して、七十字以上八十字以下で書きなさい。ただし、「区分け」、「強制性」、「高揚感」という三つのことばを全て使って、「色に比べて音は、……」という書き出しで書くこと。三つのことばはどのような順序で使ってもよろしい。

（注意）・句読点も一字に数えて、一字分のマスを使うこと。
・文は、一文でも、二文以上でもよい。

色に比べて音は、

(四) ④生物の営みの本源と深く結びついた知覚であると言えるのは、匂いがどのような特性をもっているからか。その内容を説明した次の文の□にあてはまる最も適当なことばを、第六段落の文章中から抜き出して、八字で書きなさい。

匂いは、故郷への帰属意識を呼びおこす□をかき立てるなど、暗黙裏のレベルで人間に刺激を与える特性をもっている知覚である。

(五) この文章の論の進め方の特徴として最も適当なものを、次のアからオまでの中から選んで、そのかな符号を書きなさい。（　　）

ア はじめに結論を示した後、結論と対立する考え方の問題点を根拠とともに示すことで自分の主張の妥当性を強調している。

イ 一般的に認められている考え方に対して疑問を投げかけた後、複数の具体例を根拠として独自の意見を述べている。

ウ 日常生活で感動した体験から話を始め、徐々に抽象的な事柄へと話題を広げることで自分の主張を一般化しようとしている。

エ 身の周りの現象や日常的な事柄の考察から自分の主張を導き、その後に根拠となる具体例を幅広く示すことで説得力を高めている。

オ 根拠となる事例を分かりやすい表現で次々と提示し、それらの共通点を抽出することで自分の意見の正しさを明らかにしている。

ポーターのみならず、画面を通じて声援を送る人びとにも共有され、誇示されて、一体となった高揚感を演出する手段となっている。

5　色に比べると、音や匂いや味は、一つ一つに色のような分類名称をつけて特定することが難しく、なおかつ、その場かぎりで消え去っていく知覚であるために、企図して社会的に利用される機会は多くない。社会的な区分けにこれらの知覚資源を用いたり、制度化したりすることは難しかっただろう。ただし、音についていえば、その音波を運ぶ空気でつながっている人びとには、色以上にいやおうなく一様にそれを共有させることができる。視覚は、姿勢や視線によってある程度は取捨選択できるが、聴覚はそれが難しい分、強制性が高いといえるのである。そのことを生かし、一体的な高揚感をかもし出す有効な手段として、儀礼や宗教の場で、音はさかんに利用されてきた。寺院や教会の鐘、読経《どきょう》や聖歌の合唱の声などが、その場の雰囲気をどれほどに盛り上げるかを思い浮かべてみれば、音という知覚資源を利用する効果のほどが容易にうかがわれる。

6　そういう意味では、匂いもまた同様の特性をもっている。しかも匂いは、ヒトがパートナーを選ぶときにも潜在的な役割を演じているという説があるほど、言葉にされることのない暗黙裏のレベルで、私たち人間も含めた④生物の営みの本源と深く結びついた知覚だ。生まれ育った場所に久しぶりに帰ったときのなつかしさの感情が、匂いによって強烈に刺激される体験などは、匂いという知覚のもつこのような性質をよく物語っている。身分や階層の区分けには不向きだが、なつかしさの感情と結びついた帰属意識などを深く呼びおこす知覚資源として、匂いもまた人類社会の歴史の中で大きな役割を果たしてきたと考えられる。

(松木《まつぎ》武彦《たけひこ》「美の考古学―古代人は何に魅せられてきたか」より)

(注)　○ 1～6は段落符号である。
○ スペクトル＝光をプリズム(分光器)で分解したときにできる色の帯。
○ バリエーション＝変化。
○ 希少＝きわめて少なく珍しいこと。
○ いらか＝かわらぶきの屋根。
○ 企図する＝ねらいをもって計画する。
○ いやおうなく＝承知、不承知に関係なく。

(一)　①、②にあてはまる最も適当なことばを、次のアからカまでの中からそれぞれ選んで、そのかな符号を書きなさい。

①(　　)　②(　　)

ア　または　　イ　このように　　ウ　さすがに
エ　あるいは　オ　ただし　　　　カ　ついに

(二)　③知覚資源の多彩化と多量化の歩みとあるが、人類の歴史において知覚資源はどのように役立てられてきたか。その説明として最も適当なものを、次のアからエまでの中から選んで、そのかな符号を書きなさい。(　　)

ア　知覚資源は新たな価値の源となり、人々の社会的な地位を向上させることで、国家の政治的・経済的発展に役立てられてきた。
イ　知覚資源は人間の美的感情の源となり、社会で広く利用され制度化されていく中で、儀礼や宗教の発展と継承に役立てられてきた。
ウ　知覚資源はさまざまな美の源となり、生み出された美の多くが価値あるものと認識され、社会の組織化に役立てられてきた。
エ　知覚資源は美の革新の源となり、社会の中に高揚感や一体感をも

3 次の文章を読んで、あとの㈠から㈤までの問いに答えなさい。

1 私たちをとりかこむ世界は、実にカラフルだ。俗に七色とか虹色とかいう、光のスペクトルに沿って赤から緑をへて紫へと並ぶ色彩のバリエーションは、ほとんどすべて、身のまわりのありきたりの人工物に見つけることができる。

2 バリエーションは、色彩だけではない。私たちは、視覚によって色彩以外の質感や輝きを、さらには聴覚による音、嗅覚による匂い、味覚による味など、さまざまな知覚でバリエーションを享受している。音楽でいえば民族音楽からハードロックまで、生活音でいえばテレビの音から飛行機の爆音まで、各種の音の洪水の中で翻弄されるがごとくだし、一年三百六十五日、毎日ちがった味の晩御飯のメニューを楽しむことだってさほど困難ではない。 ① 、私たちがこのようにバラエティに富んだ各種の知覚を享受するようになったのは、さほど古いことではないと思われる。たとえば、私がいまこの文字をつづっているパソコンの画面の形や色や質感を、百年前の人が体験できていたとは思えない。このパソコンのキーをまちがえたときに鳴る電子音も、百年前の人には無縁だっただろう。キッチンからただよってくるコーヒーの匂いや洗面所の石けんの香りも、ありふれたものになったのはどれくらい前のことだろうか。歯みがき粉の味も、相当に新しい時代のものにちがいない。

3 ② 、色や形、質感や輝き、音、匂い、味などのバリエーションは、現代にむかって時代が進むにつれて多彩になってきた。これらのバラエティの一つ一つを「知覚できるもの」という意味で「知覚資源」と呼ぶと、人類の歴史は、③知覚資源の多彩化と多量化の歩みだということも可能だ。知覚を通じて心を動かす力を広い意味での美とするとらえ方からすれば、知覚資源は美の源泉とも呼びかえられる。人類史は、このような美の源泉を生み出し、革新する歩みだったともいえる。重要なのは、これらの知覚資源がかもし出す美の多くが、経済的価値や人間関係を演出し、社会を複雑に組織化していくのに役立てられたことである。たとえば金《きん》は、その独特の色彩、質感、輝きが、希少さともあいまって、歴史のかなり早い段階から地球上の各地で価値あるものと認識され、それを持ったり見せたりすることが、社会的な立場や権威のありかをしめすのに役立てられてきた。

4 金のように希少な物質ならまだしも、ある色彩を用いることが社会的に限定され、制約を受ける場合さえあった。中国・北京《ぺきん》の紫禁城《しきんじょう》のいらかを彩《いろど》る濃い黄色は、皇帝の権威の象徴だといわれる。また、自分以外がピンク色で装《よそお》うことを禁じたという十八世紀のロシア女帝エリザヴェートの逸話なども、どこまでが真実かは別にしても、権力による色彩の利用の端的な例として思い浮かぶ。エリザヴェート女帝の逸話ほど極端でなくとも、特定の色で特定の地位や階層をあらわす制度は、歴史上たびたび登場している。日本古代朝廷の「冠位十二階」で、紫を最高位とするランクづけの色表示がおこなわれたことは、その典型例だ。現代でも、たとえば大相撲の行司の位階が、装束の房の色であらわされている例をはじめ、伝統文化の慣習などの中にその名残を見つけることはたやすい。いっぽう、このような区分けとはちょうど反対に、色はまた、それを共有することによって人びとを一つにまとめる心理的手段としても、しばしば利用されてきた。黄色の頭巾を結束の目印にしたといわれる中国古代後漢末の内乱・黄巾の乱は、事実だとすればそのような例になるだろう。現代でも、サッカーの国際試合で日本チームが身にまとう「サムライ・ブルー」は、スタンドのサ

号を書きなさい。X（　　）Y（　　）

筆者は、友人や学生の「人生に意味や価値があるのかどうかわからない、生きていく意味がわからない」という意見に対して、「私には、この感覚がわからない」と述べています。私は、この筆者の考えが最初は理解できませんでした。〔ア〕なぜなら、人が生きていく上で迷ったり悩んだりするのは当然だと思うからです。

また、筆者自身が「決して順風満帆ではなかった」と述べているこれまでの人生の中で、どうして生きる意味や価値を見つけることができたのかも分かりませんでした。〔イ〕

しかし、文章を読み進めるうちにだんだん分かってきました。〔ウ〕そして、人間の成長にとっては、環境がとても大切な要素であるということに気づきました。〔エ〕

私たちのからだと脳は、私たちを懸命に生き続けさせようと働いています。私たちはたいていそのことに気づかないまま、「生きている意味は何か?」などといった疑問を抱きます。〔オ〕

私は、これから生きていく中で、スマートフォンやインターネットだけでは得られない経験を大切にして、「私の生きる意味」について考え続けていきたいと思います。

X　こうした哲学的な問いは、実は、生きているからこそ生まれるものであり、筆者は、人間以外の動物たちの行動や生活を詳細に観察したことから、そのことに思い至りました。

Y　それは、子どもの頃に住んでいた土地の豊かな自然や学校の先生とのすばらしい出会いが、筆者にあったからです。

2　次の㈠、㈡の問いに答えなさい。

㈠　次の①、②の文中の傍線部について、漢字はその読みをひらがなで書き、カタカナは漢字で書きなさい。

①　自分の至らないところを省みて、明日から努力することを誓う。（　　みて）

②　現状をダハするためには、想像力を働かせることが大切である。（　　）

㈡　次の文中の〔③〕にあてはまる最も適当なことばを、漢字一字で書きなさい。（　　）

被災地でボランティアを募っていることを知り、〔③〕は急げと応募した。

イ　人生経験の多少にかかわらず、大学生にもなれば生きることの意味は理解できるようになると考えているから。

ウ　自然現象を科学的に探究していくだけでは、生きることの意味や価値は見えてこないと考えているから。

エ　美しくて不思議に満ちている自然を探究できるだけでも、生きることの価値は十分にあると思っているから。

㈡　②それはそれは印象的な出来事であったとあるが、どのような点が強く印象に残ったのか。その説明として最も適当なものを、次のアからエまでの中から選んで、そのかな符号を書きなさい。（　　）

ア　大野先生が珍しい生物の名前までよく知っており、校長先生の知らないことまで即座に答えたところから、生物学の奥深さを感じた点

イ　大野先生は生物の名前だけでなく、図鑑に載っていない具体的な生態についても知っており、野外で実物を観察することの大切さに気づかされた点

ウ　大野先生は専門とする貝類についてよく知っているだけでなく、あらゆる自然物に対して関心をもち、知識も豊富であることに驚かされた点

エ　大野先生がいつも採集瓶を持ち歩き、生物を採取しては観察している姿を目にして、先生の自然に対する探究心にはとてもかなわないと思った点

㈢　[A]と[B]には同じことばが入る。その最も適当なことばを、同じ段落からそのまま抜き出して、九字で書きなさい。

㈣　③氷山の一角に過ぎないとはどういうことか。その説明として最も適当なものを、次のアからエまでの中から選んで、そのかな符号を書きなさい。（　　）

ア　人間の脳は、意識下の部分でからだを生き続けさせることを第一の業務にしているということ

イ　人間の脳は、生きるために必要な問いが意識に上るように意識下から働きかけているということ

ウ　人間の意識は、生き続けるためのからだと脳の働き全体のほんのわずかな部分であるということ

エ　人間の意識は、からだを生き続けさせようと意識下で働いている脳に支配されているということ

㈤　次のアからオまでの中から、その内容がこの文章に書かれていることと一致するものを二つ選んで、そのかな符号を書きなさい。（　　）（　　）

ア　自然界には理不尽なことが存在する一方で、自然のもつ美しさには、日常のいやなことを忘れさせてくれる力がある。

イ　生物学とは、客観的で詳細な観察によって、生物が生きているという自然現象を論理的に理解しようとする試みである。

ウ　筆者が生物学者を目指したのは、子どもたちが自然を美しいと感じる経験が減っており、人間の将来に危機感をもったからである。

エ　文字情報や二次元の視覚情報ではなく、身近にある自然などの本当の現実に触れた経験こそ、人生の原点となる。

オ　都市部では、子どもが触れることのできる自然がほぼなくなっているため、郊外に残る自然を守っていく必要がある。

㈥　次の文章は、ある生徒が本文を読んで書いた感想である。文章中の〔ア〕から〔オ〕までのいずれか二箇所に、あとのX、Yを補って文章を完成させたい。その最も適切な箇所をそれぞれ選んで、そのかな符

ということである。社会生活をする動物には、たいてい、社会的な順位がある。順位が高ければ好きなことができるが、低いとそうはできない。上の順位の個体からはいじめられるし、好きなときに好きなことをする自由がない。しかし、彼らは決してあきらめず、自分にできる範囲において、少しでも得になること、心地よいことをしようとする。ときには、大きなけんかも辞さない。つまり、もう生きることを「投げている」ように見える個体は一匹もいないのだ。それは、観察している私が、生きることはすばらしいという価値観を持っているから、すべての生き物が[A]ように見えるだけなのだろうか? そうではないと思う。それは、客観的な行動の観察に基づくからだ。この行動観察記録を見れば、どんな人生の価値観を持っている人でも、動物たちが[B]ことは否《いな》めないと思う。

5 私たちのからだと脳の意識下の部分は、何がなんでもからだを生き続けさせようとして働いている。その働き自体は意識に上らないので自分ではわからないが、呼吸すること、体温を維持すること、痛みを回避すること、栄養とエネルギーを取り込むこと、などなどは、私たちのからだと脳が、それこそ一生懸命になって取り組んでいる、第一の業務である。意識とは、そのてっぺんで、そういう作業全体を認識している部分だが、それは③氷山の一角に過ぎない。ところが、人間の自意識は、その氷山の一角だけの部分であるにもかかわらず、「生きるとは何か?」「生きている意味は何か?」といった「哲学的」疑問を生じさせる。この自意識は、からだと脳が自分を懸命に生き続けさせているからこそ、こんな疑問を(ぜいたくにも)問いかけるゆとりがあるのだという事実を知らない。

6 こんなことのすべてを私がわかるようになったのは、人間以外の動物の生き方を詳細に観察したからである。そして、そのような観察をしたいと思ったそもそもの始まりは、自然界が美しいと子ども心に感じたからであった。それには、まだ三歳だった私が実際に見て触れてすばらしいと感じる自然があったから始まったのだ。今、身近な自然はどんどんなくなっている。それでも、見ようと思えばまだ自然はあるのだが、スマートフォンやインターネットに夢中になる時間が増えて、子どもたちが身近な自然に触れる時間が減っている。ネットで見たことは「現実」ではない。ネットが提供する情報は、文字情報か、二次元的な視覚の情報だけである。現実は三次元であり、匂いも、温度も、動きもある。本当の現実を見るとどれほど多次元的に感動するか、それが、人生の原点なのだと思うのである。

(長谷川《はせがわ》眞理《まり》子《こ》「世界は美しくて不思議に満ちている―「共感」から考えるヒトの進化」より)

(注) ○ 1～6は段落符号である。
○ 院生=大学院の学生。
○ テトラポッド=海岸などに積み上げて波の浸食を防ぐコンクリートブロック。
○ 森羅万象=宇宙に存在する全てのもの。
○ 博物学者=動物・植物・鉱物などの自然物について研究を行う学者。

(一) ①私には、この感覚がわからないとあるが、筆者がこのように感じる理由として最も適当なものを、次のアからエまでの中から選んで、そのかな符号を書きなさい。( )

ア 幼少期に自然の中で遊ぶ経験があれば、人生の楽しさや意味はおのずと理解されるはずであると思っているから。

国語

時間　四五分
満点　二二点

1　次の文章を読んで、あとの㈠から㈥までの問いに答えなさい。

1　知りあいや友人、学生、院生の中から、人生に意味や価値があるのかどうかわからない、生きていく意味がわからない、という意見（感じ）を聞くことがある。そうですか、人生は楽しくないですか？　と聞くと、それはそれなりに楽しいし、一生懸命生きてはいるのだけれど、本質的に価値や意味があるとは思えない、ということなのだ。そこで困ったことには、①私には、この感覚がわからない。だから、「そうですよね」と共感して次の話をすることができないのだ。実は、私は、人生は楽しいし、世界は美しくて不思議に満ちているので、それを探究するために、ずっと生きていたいと思っているのだ。もちろん、毎日の仕事では、いやなことも悪いこともたくさんある。これまでの人生は決して順風満帆ではなかった。でも、本質的に人生は生きる価値があるし、楽しいと感じている。だから、先のような相談者には、本心で対応に困ってしまうのである。

2　では、なぜ私が世界は美しくて不思議に満ちていると感じているかといえば、それは、自然が美しくて不思議に満ちているからである。人間世界には、理不尽なことも美しくないことも山ほどあるが、自然は本当に美しい。そして、私がまだ実際にこの目で見て体験したことのない自然が、世界にはまだまだたくさんある。それらを見たいし、探究したい。私にとってはそれだけで、生きる意味は十分にある。生きていなければ、見られないし、探究できないからだ。

3　こんなふうに自然は美しいと感動したのは、まだほんの子どものころだった。三歳か四歳ぐらいのとき、和歌山県の紀伊《きい》田辺《たなべ》に住んでいたときだ。テトラポッドなど一つもなかった田辺湾の海に生息する貝やイソギンチャク、小さな魚たち。その美しさが私をとらえた。以後、そこから始まって、貝殻や草花や昆虫を集めて図鑑で調べることが無二の喜びとなった。東京に戻ってからも、この興味は尽きることがなかった。小学校の二年から三年にかけての担任の先生（大野《おおの》先生）が、生物学を専攻した方だったことは、おおいに幸いした。彼女は貝類が専門で、ツメタガイという大きな巻き貝は、他の貝類の殻を溶かして中を食べてしまう捕食者だということを教えてくれた。高尾山《たかおさん》に遠足に行ったときには、そのときの校長先生が、ことのほか大きなミミズを捕まえ、「こんな大きなミミズは見たことがない」とおっしゃると、大野先生は、「ああ、これは普通のミミズではありません。オオミミズです」と言って採集瓶の中に入れた。二年生の児童にとって、②それはそれは印象的な出来事であった。つまり、大野先生は、昨今たくさん存在するただの生物学者ではなくて、森羅万象の大筋の全体を知っている、本物の博物学者だったのだ。

4　自然科学とは、さまざまな自然現象を論理的に理解しようとする試みである。それやこれやで、私は、ごく小さいころから自然に興味が湧き、結局は生物学の研究をする学者になった。その間、ニホンザル、チンパンジー、ダマジカ、ソイシープ、クジャク、タニシなどを野生の状態で観察し、そして、これらの動物が食べる植物なども研究のために観察してきた。そうした揚げ句に得た結論は、生物はみな、一生懸命生きている、ということだ。何か意味や価値があるから生きているのではない、生きているからこそ、意味や価値が生まれてくるのだ、

2020年度／解答

数　学

1 【解き方】(1) 与式$= 4 - (-3) = 4 + 3 = 7$

(2) 与式$= 6x^2 - 2x + 3x - 1 - 6x^2 - 2x + 3x + 1 = 2x$

(3) 与式$= 5 - 2\sqrt{5} + 1 + 2\sqrt{5} = 6$

(4) 展開して，$x^2 - 1 = 3x + 3$ より，$x^2 - 3x - 4 = 0$　よって，$(x + 1)(x - 4) = 0$ より，$x = -1,\ 4$

(5) $a \times 5 + b \times 1 = 5a + b$ (円)が，500円未満だったので，$5a + b < 500$

(6) 生徒の人数を x 人とすると，A，B を希望した生徒はそれぞれ，$x \times \dfrac{1}{1 + 2} = \dfrac{1}{3}x$，$x - \dfrac{1}{3}x = \dfrac{2}{3}x$ となるので，条件から，$\left(\dfrac{1}{3}x + 14\right) : \left(\dfrac{2}{3}x - 14\right) = 5 : 7$　よって，$\left(\dfrac{2}{3}x - 14\right) \times 5 = \left(\dfrac{1}{3}x + 14\right) \times 7$ より，$\dfrac{10}{3}x - 70 = \dfrac{7}{3}x + 98$　したがって，$x = 168$

(7) ア．$x = -5$ のとき，$y = (-5)^2 = 25$ で，$x = -1$ のとき，$y = (-1)^2 = 1$ より，x が，-5 から -1 に増加しても，y は減少するから，間違い。イ．$x = a$ のとき，$y = a^2$，$x = -a$ のとき，$y = (-a)^2 = a^2$ より，グラフは y 軸に対して線対称だから正しい。ウ．$-1 \leqq x \leqq 2$ のとき，$x = 0$ で，$y = 0$ が最小となるから，$0 \leqq y \leqq 4$ より，間違い。エ．$x^2 \geqq 0$ より，正しい。

(8) 記録を小さい方から並べると，18，20，23，25，26，26 で，中央値は，3番目と4番目の平均となるから，$(23 + 25) \div 2 = 24$ (m)

(9) 円周角の定理より，$\angle\mathrm{BAC} = \dfrac{1}{2}\angle\mathrm{BOC} = 77^\circ$　△OAB，△OAC は二等辺三角形なので，$\angle\mathrm{BAO} = \angle\mathrm{ABO} = 31^\circ$　よって，$\angle\mathrm{ACO} = \angle\mathrm{CAO} = \angle\mathrm{BAC} - \angle\mathrm{BAO} = 77^\circ - 31^\circ = 46^\circ$

【答】(1) 7　(2) $2x$　(3) 6　(4) ($x =$) $-1,\ 4$　(5) $5a + b < 500$　(6) 168 (人)　(7) イ，エ　(8) 24 (m)　(9) 46 (度)

2 【解き方】(1) 1回目のあとに残るカードは右表のようになる。1回目が1～3のときは2回目に何が出ても1枚だけ残ることはない。1回目が4で2回目が6のとき，5だけ残る。1回目が5で2回目が6のとき，4だけ残る。1回目が6で2回目が4か5のとき，5か4のどちらか1枚が残る。よって，全部で4通りで，全体の場合の数は，$6 \times 6 = 36$ (通り)だから，求める確率は，$\dfrac{4}{36} = \dfrac{1}{9}$

1回目	残るカード
1	2，3，4，5，6
2	3，4，5，6
3	2，4，5，6
4	3，5，6
5	2，3，4，6
6	4，5

(2) ①の操作で，$20 \div 2 = 10$ が考えられるので，20 もはじめの自然数となる。また，③の操作で，$32 \div 2 = 16$ が考えられるので，操作を戻して考えると，$32 \times 2 = 64$，$64 \times 2 = 128$　さらに，64 は，3倍して1を加えた数でもあるので，$(64 - 1) \div 3 = 21$　よって，128 と 21 もはじめの自然数となる。

(3) 点 A の y 座標は，$y = 2 \times 1 = 2$，点 B の y 座標は，$y = 2 \times 4 = 8$，点 C の y 座標は，$y = -\dfrac{1}{3} \times (-3) = 1$ なので，A (1，2)，B (4，8)，C (-3，1)　直線 BC は，傾きが，$\dfrac{8 - 1}{4 - (-3)} = 1$ なので，直線の式を $y = x + b$ とおいて点 B の座標を代入すると，$8 = 4 + b$ より，$b = 4$ だから，$y = x + 4$　直線 BC と y 軸の交点を H とすると，H (0，4) より，$\triangle\mathrm{OBC} = \triangle\mathrm{OCH} + \triangle\mathrm{OBH} = \dfrac{1}{2} \times 4 \times 3 + \dfrac{1}{2} \times 4 \times 4 = 14$　ここで，点 A を通り x 軸に平行な直線と，直線 BC との交点を D とすると，点 D の y 座標は 2 な

ので，$2 = x + 4$ より．$x = -2$ だから，D$(-2,\ 2)$で，$AD = 1 - (-2) = 3$ より，$\triangle ABD = \frac{1}{2} \times 3 \times (8 - 2) = 9$　また，点Aを通り△OBCを二等分する直線と直線BCとの交点をEとすると，$\triangle ADE = \triangle ABD - \frac{1}{2}\triangle OBC = 9 - 7 = 2$　よって，△ADEの高さをeとすると，$\frac{1}{2} \times 3 \times e = 2$ より，$e = \frac{4}{3}$ なので，点Eのy座標は，$\frac{4}{3} + 2 = \frac{10}{3}$ で，$\frac{10}{3} = x + 4$ より，$x = -\frac{2}{3}$ なので，$E\left(-\frac{2}{3},\ \frac{10}{3}\right)$

(4) ① ポンプPは高さ40cm分，ポンプQは高さ，$75 - 40 = 35$ (cm)分の水を移した。よって，ポンプPが止まるのは，$40 \div 2 = 20$ (分後)で，ポンプQが止まるのは，$35 \div 1 = 35$ (分後)だから，求める答えは，$35 - 20 = 15$ (分後)　② ポンプP，Qの両方が動くとき，容器Cの水の高さは，毎分，$2 \times x + 1 \times x = 3x$ (cm)高くなるから，はじめのグラフは $y = 3x$ となる。このグラフで $x = 25$ のとき，$y = 3 \times 25 = 75$ となるので，25分後までに，どちらかのポンプが止まる。t分後にポンプPが止まるとすると，$2 \times t + 1 \times 25 = 45$ より，$t = 10$　また，t分後にポンプQが止まるとすると，$2 \times 25 + 1 \times t = 45$ より，$t = -5$　$t > 0$ より，これは条件に合わない。したがって，10分後にポンプPが止まり，このとき，$y = 3 \times 10 = 30$ となる。10分後以降のxとyの関係を $y = x + b$ とおいて，(10, 30) を代入すると，$30 = 10 + b$ より，$b = 20$　これより，$y = x + 20$ に $y = 65$ を代入して，$65 = x + 20$ より，$x = 45$　よって，前図のように (0, 0)，(10, 30)，(45, 65)，(50, 65) を直線で結べばよい。

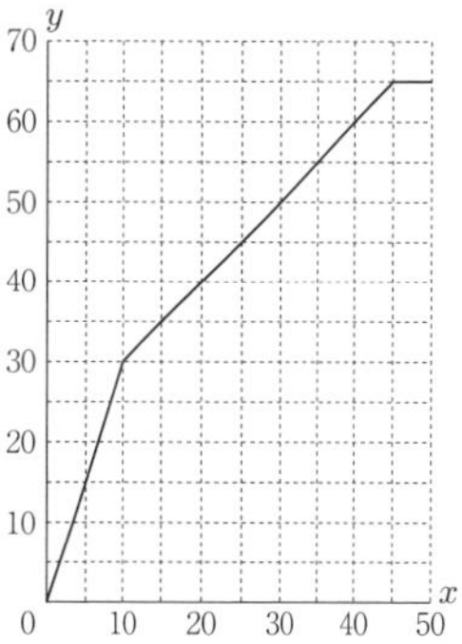

【答】(1) $\frac{1}{9}$　(2) a. 20　b. 21　(3) $\left(-\frac{2}{3},\ \frac{10}{3}\right)$　(4) ① 15 (分後)　② (前図)

3 【解き方】(1) AD ∥ BC より，$\angle DAF = \angle FEB = 56°$　△ADFで，$\angle ADF = 180° - 90° - 56° = 34°$　四角形ABCDは平行四辺形なので，$\angle ABE = \angle ADC = 2\angle ADF = 68°$　よって，△ABEで，$\angle BAF = 180° - 68° - 56° = 56°$

(2) ① $AE + AD + DF + EF = BE + BC + FC + EF$ で，$AE = BE$ より，$AD + DF = BC + FC$　ここで，$DF = t$ cm とすると，$FC = (5 - t)$ cm なので，$2 + t = 6 + 5 - t$　よって，$2t = 9$ より，$t = \frac{9}{2}$　② 台形 $ABCD = \frac{1}{2} \times (2 + 6) \times 4 = 16$ (cm^2)　△ADEと△BCEは，底辺をそれぞれAD，BCとしたときの高さが，$4 \div 2 = 2$ (cm)なので，$\triangle ADE = \frac{1}{2} \times 2 \times 2 = 2$ (cm^2)，$\triangle BCE = \frac{1}{2} \times 6 \times 2 = 6$ (cm^2)より，$\triangle CED = 16 - 2 - 6 = 8$ (cm^2)　よって，$DF : FC = \frac{9}{2} : \left(5 - \frac{9}{2}\right) = 9 : 1$ より，$\triangle CEF = \triangle CED \times \frac{1}{9 + 1} = 8 \times \frac{1}{10} = \frac{4}{5}$ (cm^2)だから，四角形 $EBCF = \triangle CEF + \triangle BCE = \frac{4}{5} + 6 = \frac{34}{5}$ (cm^2)

(3) ① 円P，Qの半径はそれぞれ，$6\pi \div 2\pi = 3$ (cm)，$4\pi \div 2\pi = 2$ (cm)なので，面積の和は，$\pi \times 3^2 + \pi \times 2^2 = 13\pi$ (cm^2)　② 組み立てると右図のような立体となるので，△ODQ ∽ △OAPから，$OD : DA = 2 : (3 - 2) = 2 : 1$ より，$OD = DA \times \frac{2}{1} = 6$ (cm)　△ODQにおいて三平方の定理より，$OQ = \sqrt{6^2 - 2^2} = 4\sqrt{2}$ (cm)，$OQ : OP = QD : PA = 2 : 3$ なので，$OP = OQ \times \frac{3}{2} = 6\sqrt{2}$ (cm)　よって，求める体積は，$\frac{1}{3}\pi \times 3^2 \times 6\sqrt{2} - \frac{1}{3}\pi \times 2^2 \times 4\sqrt{2} = 18\sqrt{2}\pi - \frac{16\sqrt{2}}{3}\pi = \frac{38\sqrt{2}}{3}\pi$ (cm^3)

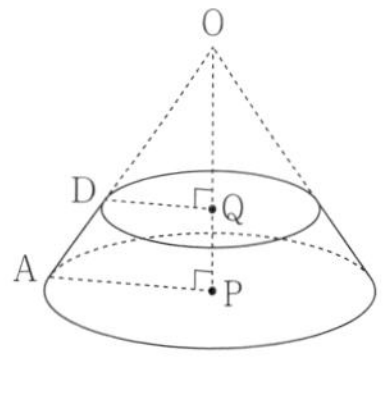

【答】(1) 56 (度)　(2) ① $\frac{9}{2}$ (cm)　② $\frac{34}{5}$ (cm^2)　(3) ① 13π (cm^2)　② $\frac{38\sqrt{2}}{3}\pi$ (cm^3)

英　語

1 【解き方】(第１問) １番. エレンの「もっといかがですか？」というせりふに対する返答を選ぶ。

２番. 女性の「この青いペンが欲しいです」というせりふから「文房具店」での会話であることがわかる。

３番. 母親の「夕食の準備はできているわ。お父さんにダイニングルームに来るように伝えて」というせりふに対してジョンが「わかった。お父さんといっしょに行くよ」と答えている。母親は夫やジョンといっしょに夕食を食べようとしている。

(第２問) 問１. リカは学校で行う「グローバルフェスティバル」というイベントについて話している。aは「全ての」という部分が誤り。

問２. この日は世界中の「たくさんの文化を体験できる」ショーが開催される。

【答】(第１問) １番. a. 誤　b. 誤　c. 誤　d. 正　２番. a. 誤　b. 正　c. 誤　d. 誤

３番. a. 正　b. 誤　c. 誤　d. 誤

(第２問) 問１. a. 誤　b. 誤　c. 正　d. 誤　問２. a. 誤　b. 誤　c. 誤　d. 正

◀全訳▶　(第１問)

１番.

エレン：ケン，ピザの味はどうですか？

ケン　：おいしいです。あなたは料理が上手ですね。僕を昼食に招待してくれてありがとう，エレン。

エレン：どういたしまして，ケン。

ケン　：僕はあなたのピザが大好きです。今日は何枚のピザを焼いたのですか？

エレン：２枚だけです，でももっと作ることができますよ。もっといかがですか？

質問：ケンは次に何と言うでしょう？

a. もちろんです。あなたはそれを持っていっていいですよ。

b. すみません。私は上手に料理ができません。

c. 自由に食べてください，エレン。

d. はい，お願いします。もっと欲しいです。

２番.

女性：この青いペンが欲しいです。いくらですか？

男性：現在特売中です。今週は1,500円です。

女性：それをいただきます。父親のための誕生日プレゼントなのです。

質問：彼らはどこにいるのですか？

a. 彼らは誕生日パーティーにいます。　b. 彼らは文房具店にいます。　c. 彼らは図書館にいます。

d. 彼らは保健室にいます。

３番.

母親　：ジョン，もう宿題は終わったの？

ジョン：うん，お母さん。とてもお腹がすいたよ。

母親　：大丈夫よ。夕食の準備はできているわ。お父さんにダイニングルームに来るように伝えて。

ジョン：わかった。お父さんといっしょに行くよ。

質問：ジョンのお母さんは何をしようとしていますか？

a. 彼女は夫やジョンといっしょに夕食を食べようとしています。

b. 彼女はジョンといっしょにダイニングルームに行こうとしています。

c. 彼女はダイニングルームで夕食を作ろうとしています。

d. 彼女は夫といっしょにジョンの宿題をしようとしています。

（第2問）こんにちは。私は生徒会長のリカです。私たちの学校のグローバルフェスティバルにようこそ。このフェスティバルは私たちの学校で最大のグローバルイベントの一つです。フェスティバルでは，多くの国々のたくさんの人がこの私たちの学校にやってきて，生徒たちとの時間を楽しみます。今日は，みなさんが世界中のたくさんの文化を体験するのをお手伝いする多くのショーを開催します。いっしょにフェスティバルを楽しみましょう！　ありがとうございました。

問1. リカは何について話しているのですか？

a. 彼女は学校で最大級の全てのグローバルイベントについて話しています。

b. 彼女は外国からやってくる生徒について話しています。

c. 彼女は学校のグローバルフェスティバルについて話しています。

d. 彼女は外国で見たショーについて話しています。

問2. 今日，人々はリカの学校で何ができるのですか？

a. 彼らは生徒会のメンバーになることができます。

b. 彼らは彼女の学校の生徒といっしょに多くの国々に行くことができます。

c. 彼らは彼女の学校の生徒を助けることができます。

d. 彼らはたくさんの文化を体験することができます。

2 **【解き方】**「外国人の友人といっしょに～が食べたい」= want to eat ～ with my foreign friend や「～に興味をもっている」= be interested in ～などの表現を用いて英文を完成させる。

【答】（例1）（順に）want to eat sushi with my foreign friend at a restaurant，many foreign tourists are interested in it

（例2）（順に）will have delicious ramen with my friend from a foreign country，there are many ramen shops near my house

3 **【解き方】**①「それはずっと昔に建てられました」。受動態〈be動詞＋過去分詞〉の文。buildの過去分詞はbuilt。

②「僕は『おおきに』が何を意味するのかわかりません」。間接疑問文。「～が何を意味するのかわかる」= understand what ～ means。「僕は～が何を意味するのか知りません」と考えて，I don't know what ～ means.とするのも可。

③「お願いをしてもいいですか？」= May I ask you a favor?。

【答】① was，built　② understand，what　③ ask，favor

◀全訳▶

由美　　　：こんにちは，アレックス。大阪への旅行はどうでしたか？

アレックス：こんにちは，由美。とても楽しかったです。これは大阪城の写真です。それはずっと昔に建てられました。

由美　　　：わあ，美しいですね。アレックス，大阪では何か新しいことを発見しましたか？

アレックス：店で，何度も店員から「おおきに」と聞きました。ある店でお土産を買ったとき，店員が僕に「おおきに」と言いました。僕は「おおきに」が何を意味するのかわかりません。

由美　　　：それは「ありがとう」という意味です。それはその地域の方言の一例です。

アレックス：由美，一つお願いをしてもいいですか？　僕は日本のいくつかの地域の方言についてもっと学びたいと思います。

由美　　　：いいですよ，喜んでお手伝いします。

4 **【解き方】**(1)「彼は多くの画家に会い，彼らの影響を受けた」。受動態〈be動詞＋過去分詞〉の文。「～の影響を受ける」= be influenced by ～。

(2)「彼が亡くなったあと，彼の作品は彼を世界中でとても有名にした」という意味の文。「～をとても有名にする」= make ～ really famous。「世界中で」= around the world。「彼が亡くなったあと」= after he died。

(3) 直後の文で，宮沢賢治は農夫になったと述べられていることから考える。30歳のとき，彼は仕事をやめて新しい生活を始めた。

(4) 第4段落の最後の文を見る。彼らはどちらも，病気のときでも作品を作り出す努力をやめなかった。

(5) ア．第1段落の1文目を見る。価値観は場所や時代，そして人によって異なる。イ．「フィンセント・ファン・ゴッホはいくつか他の仕事をしたあとに画家になろうと決心した」。第2段落の前半を見る。正しい。ウ．第2段落の後半を見る。多くの画家に出会ったあと，ゴッホの絵画スタイルは変化した。エ．第3段落の中ほどを見る。宮沢賢治は農夫になり，米を育てる良い方法を教えた。オ．第3段落の最後から3文目を見る。宮沢賢治は生きている間に2冊の本しか出版しなかった。カ．「努力することを続ければ，あなたは将来より良い結果を得ることになるだろう」。最終段落の最終文を見る。正しい。

【答】 (1) influenced　(2) made him really famous around the world after he　(3) ウ　(4) エ　(5) イ・カ

◀全訳▶　価値観は場所によって，時代によって，そして人によって異なります。今人気のある人々の中には，生前は有名ではなかった人もいます。フィンセント・ファン・ゴッホと宮沢賢治は，そのような人々のいい例です。あなたは，彼らがどちらも人生で多くの大変な経験をしたことを知っていますか？

フィンセント・ファン・ゴッホは1853年にオランダで生まれました。彼の最初の仕事はある会社の美術商でした。すぐに彼はその会社で最高の美術商の一人になったのですが，病気になったため仕事をやめなければなりませんでした。元気になると，彼は他のいくつかの仕事をしてみました。それから，27歳のときに彼は画家になろうと決心しました。フランスで彼は多くの画家に出会い，彼らに影響を受けました。そのため彼の絵画スタイルは変わり，彼の作品はより明るくなったのですが，彼の病気が再び悪化しました。彼は病院で絵を描き続けました。彼が亡くなったあと，彼の作品は彼を世界中でとても有名にしました。実際，彼は2,100以上の美術作品を残しましたが，彼が生きている間にはほんの数作品しか売れませんでした。今では彼の作品は世界の多くの人々によって愛されています。

宮沢賢治は1896年に岩手で生まれました。学生の頃，彼は多くのさまざまな人と出会い，多くの種類の本を読み，科学や農業，美術などに興味をもちました。それから，彼は教師になり，学校で農業やいくつかの他の教科を教えました。彼は詩や物語や短歌も作りました。彼の最初の本は，彼が教師として働いていたときに出版されました。30歳のときに，彼は仕事をやめて新しい生活を始めました。彼は農夫となり，貧しい農夫たちとともに暮らしました。彼らは賢治から米を育てる良い方法を学びました。彼は彼らに幸せになって生活を楽しんでほしいと思ったのです。2年後，彼は病気になりましたが，書き続けました。彼は800の詩と100の物語などを書いたのですが，生きている間に2冊の本しか出版しませんでした。今では200以上の彼の作品を目にすることができます。世界の多くの人が彼の作品を愛しています。

フィンセント・ファン・ゴッホと宮沢賢治には多くの共通点がありした。彼らはどちらも多くの人と出会い，いくつかの仕事を経験し，そして病気になりました。おそらく，彼らの経験を通して出会った人々のおかげで，多くの素晴らしい作品が生み出されたのでしょう。おそらく，彼らが困難を経験したために，彼らの作品は素晴らしいものになったのでしょう。彼らの作品に感銘を受けた多くの人は，その作品が示すメッセージを理解しているのかもしれません。彼らにはもう一つ共通点がありました。彼らは作品を生み出すための努力を決してやめませんでした。彼らは悪い状況にあっても，自分自身のために何か特別なものを作り続けたのです。

何かをしようとするなら，あなたは努力をし続けなければなりません。そのような努力を理解してくれる人が常にあなたの周囲にいます。あなたが努力すればするほど，将来あなたはより良い結果を得ることになるでしょう。

5 **【解き方】** (1) b. トムの「僕は少ししか日本語が理解できないので，日本で地震が起きたときにどうすればいいのかわかりません」というせりふに同意する表現が入る。I understand you. =「あなたの言うことはわかります」。d. 非常時の指示を表す絵がもっとたくさん必要だと言うトムに対して，「つまり誰もが簡単に理解できる標識が必要だということですね？」と綾は確認した。

(2)「地震のせいで日本に住むことを恐れている外国人」。「～が原因で」= because of ～。

(3) ①「地震が起こった場合に備えて，彼らはどのようにして自分を守ればいいのか知っておかなければなりません」という意味の文。「～の場合に備えて」= in case of ～。②「多くの外国人はあなたと同じ日本の印象をもっていると思います」という意味の文。「あなたと同じ～」= the same ～ as you。

(4) X.「彼女はこのあたりに住んでいる外国人の手助けをしたいと思っている」。「住む，住んでいる」= live。Y.「綾と僕は安全のためにより多くの絵がこの町に必要だと考えている」。「必要だ」= necessary。

【答】(1) b. オ　d. ア　(2) イ　(3) ① case　② as　(4) X. live　Y. necessary

◀全訳▶

綾　：トム，今話してもいいですか？

トム：いいですよ。どうしたのですか？

綾　：実は，昨夜見たテレビニュースに私はとても驚いたのです。それは地震のせいで日本に住むことを恐れている，このあたりの外国人についてのものでした。トム，あなたはそのことをどう思いますか？

トム：多くの外国人は自分の国で大地震を経験したことがないと思います。地震が起こった場合に備えて，彼らはどのようにして自分を守ればいいのか知っておかなければなりません。

綾　：なるほど。トム，あなたはここでの地震を心配していますか？

トム：はい，そうですね。実を言うと心配です。僕は学校や町で避難訓練を経験しました。僕は少ししか日本語が理解できないので，日本で地震が起きたときにどうすればいいのかわかりません。

綾　：あなたの言うことはわかります。多くの外国人はあなたと同じ日本の印象をもっていると思います。私たちはそのことについて何をするべきでしょう？

トム：彼らの最大の問題は言語だと思います。日本語をよく理解できなければ，彼らは必要な情報の全てを得ることができません。だから，非常時の指示を表す絵がもっとたくさん必要です。

綾　：つまり誰もが簡単に理解できる標識が必要だということですね？

トム：その通りです。それらは美術の授業で学んだ「ユニバーサルデザイン」のようなものです。

綾　：私もそう思います。それらは日本語がうまく読めない人に役立つでしょう。

トム：綾，僕といっしょに町を歩いて回りませんか？

綾　：いいですよ，でもどうしてですか？

トム：安全のために彼らが必要としているものを見つけたいのです。

綾　：いいですね！　彼らが日本語で書かれた重要な標識を読めないということを，私たちは理解しなければなりません。それらを見つけるために町を歩いて回りましょう！

トム：明日の朝はどうですか？　明日は晴れて暖かいですよ。

綾　：わかりました。午前10時に学校の前で会いましょう。

トム：わかりました。どうもありがとう，綾。ではまた。

社　会

1 【解き方】(1) A は 10 世紀から 11 世紀，B は 720 年以前，D は 1429 年ごろに建造された。宋は，960 年に建国され，五代十国時代の混乱を治めて中国を統一した王朝。アは 1 世紀ごろ，イは 6 世紀末，ウは 17 世紀のできごと。

(2) 豊臣秀頼が大阪夏の陣で徳川家康に敗れたのが 1615 年。安土城の築城は 1576 年から。

【答】(1) エ　(2) ウ　(3) イ

2 【解き方】(1) ① A は 1900 年。日本は，1894 年に治外法権を撤廃し，1911 年に関税自主権を回復した。② ロシアは不凍港を獲得するため，勢力を南へ拡大しようとしていた。日清戦争後には三国干渉を行い，義和団事件が終息した後も満州に軍を駐留させるなど，中国への進出を強めていた。

(2) 1937 年に日中戦争，1941 年には太平洋戦争が始まり，多くの成人男子が徴兵された。

(3) ③ 日本は 1981 年から 2011 年まで，一貫して貿易黒字だった。④ ベルリンの壁は 1989 年に崩壊し，同年，冷戦の終結が宣言された。「イラク戦争」が起こったのは 2003 年。

(4) X．第二次世界大戦と太平洋戦争の影響でヨーロッパ州や北アメリカ州との貿易額が小さくなったため，1940 年から 1944 年にかけて，アジア州との貿易が大きな割合を占めるようになった。Y．開国後から明治時代中期までは，イギリスを中心としたヨーロッパ諸国との貿易額が多かった。Z．明治時代末期から，アメリカは日本の第一の貿易相手国となったが，太平洋戦争の影響で，1940 年から 1944 年にかけての貿易額は少なくなっている。太平洋戦争後には，再びアメリカが第一の貿易相手国となり，北アメリカ州の占める割合が高くなった。

【答】(1) エ　(2) 戦争が長期化し，男性労働力が不足した（18 字）（同意可）　(3) ア　(4) イ

3 【解き方】(1) 学校が廃校となる地域は，人口がどのような状況にあるかを考える。

(2) X．奈良県は内陸県なので，「漁業生産量」が少ない。Y．静岡県の富士市などでは富士山のわき水などを利用した製紙・パルプ工業がさかん。Z．残る三重県。ア．「木材・木製品事業所数」は奈良県が最も多い。イ．「漁業生産量」は三重県が最も多い。ウ．「宿泊旅行者数」は静岡県が最も多い。エ・カ．「パルプ，紙，紙加工品出荷額等」は静岡県が最も多い。

(3) A．3 月 31 日の等期日線が，宇都宮市の南を通過しているため，平年は 3 月 31 日以降に開花する。B．4 月 10 日の等期日線が仙台市の近くを通過している。

【答】(1) ① 文　② 過疎　(2) オ　(3) キ

4 【解き方】(1) 略地図は南極から見た地図なので，本初子午線の右側が東半球にあたる。東経 135 度を標準時子午線とする日本はイの線上，そのほぼ反対側にあるブラジルはエの線上に位置する。

(2) 南極点では，12 月ごろに太陽が沈まない白夜を迎え，6 月ごろには太陽が昇らない極夜が続く。アは北極点，ウはシンガポール，エは東京，オはシドニー。

(3) ③ a の面積は，日本の面積（約 38 万 km^2）の約 45 倍なのでロシアとわかる。ロシアはヨーロッパに含まれるので B がヨーロッパとなる。④ X は複数の国を流れ，各国の船が自由に航行できる国際河川であるライン川。この川で環境問題が起こると複数の国に影響が及ぶ。なお，Y はフランスを流れるセーヌ川。

【答】(1) ① イ　② エ　(2) イ　(3) ウ

5 【解き方】(1)「子供の教育」が上位に入っている a は 40 歳代，「医療」が入っている c が 60 歳代と考えられ，残る b が 10 歳代後半となる。ア．「食べること」の割合は，40 歳代が最も高い。ウ．40 歳代が現在お金をかけている項目の上位には「旅行」が入っておらず，割合は「住まい」の 28.4 %より低くなる。そのため，60 歳代よりも旅行にお金をかけている割合は低い。エ．「通信（電話，インターネット等)」の割合は，10 歳代後半よりも 40 歳代の方が高い。

(3) ①「品質にこだわる」人の割合は，23 %から 32 %に増加している。一方，「商品の価格の安さを重視する」

人の割合は，50％から34％に減少している。② 価格の高さを容認する一方，商品の質にはこだわらないことから，商品購入の際に時間をかけないことを重視していると推測できる。

(4) ③ 文中に「価格の安さのみを追い求める消費行動」とある。④ 情報が公開され，低価格の商品が社会に負の影響を与えていることが消費者に知らされれば，倫理的消費の実践につながると考えられる。

【答】(1) イ　(2) 間接金融　(3) エ　(4) ウ

6 **【解き方】**(2) ② 日本やイギリスが採用している議院内閣制では，内閣は議会の信任のもとに組織され，内閣は議会に対し連帯して責任を負う。そのため，内閣と議会には協力関係が築かれることとなり，行政と立法それぞれの独立性は弱い。

(3) ③ 自由民主党が単独で政権を維持し，野党第一党を日本社会党が占める「55年体制」が続いていた。④ アメリカでは共和党と民主党，イギリスでは保守党と労働党による二大政党制が続いている。日本でも，2000年代に民主党が議席を増やし，2009年に与党となったことがある。

【答】(1) 主権　(2) ア　(3) ウ

理　科

1 【解き方】(1) 物体P・Qともに，4.0Nの力で0.090m動かしたので，物体P・Qにした仕事W_1・W_2はともに，4.0 (N) × 0.090 (m) = 0.36 (J)　物体Pの質量の方が，物体Qの質量よりも小さいので，物体P・Qにした仕事の大きさが等しいとき，物体Pの速さV_1のほうが物体Qの速さV_2よりも速い。

(2) ア．物質の沸点のちがいを利用している。ウ．表より，試験管bに集めた液体4 cm^3に密度0.90g/m^3のポリプロピレンを入れると沈んだので，試験管bに集めた液体4 cm^3の質量は，0.90 (g/cm^3) × 4 (cm^3) = 3.6 (g)よりも小さい。エ．試験管cに集めた液体に火をつけたときに燃えたので，試験管cの液体は水とエタノールの混合物。

【答】(1) カ　(2) イ・オ

2 【解き方】(2) 図4のアの感覚器官で受けた刺激がウのせきずいに伝わり，イの脳に伝えられる。脳から出された信号がウのせきずいを経由してエの筋肉に伝えられる。

(4) 表のアはメダカ，イはカメ，エはイカ，カはカエル。

【答】(1) ウ　(2) (脳) イ　(せきずい) ウ　(3) 相同器官　(4) (ヒト) ウ　(ニワトリ) オ

3 【解き方】(1) 実験1は水の電気分解で，水→水素＋酸素

(2) プラスチックの筒に入れる酸素が0 cm^3，水素が6.0cm^3のとき，この水素は反応せず筒の中に残るので，(0, 6.0)を通る。表より，酸素が2.0cm^3，水素が4.0cm^3のとき，筒の中に残る気体は0 cm^3なので，(2.0, 0)を通る。筒に入れる酸素が6.0cm^3のとき，この酸素は反応せずに残るので，(6.0, 6.0)を通る。

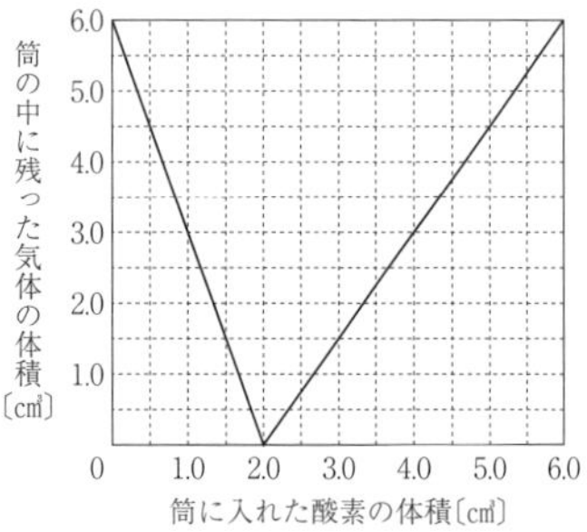

(3) 塩化銅水溶液を電気分解すると，炭素棒A（陽極）に引き寄せられた塩化物イオンCl^-が電極に電子1個を渡して塩素原子Clになり，2個の塩素原子が結びついて塩素分子Cl_2になり，発生する。また，炭素棒B（陰極）に引き寄せられた銅イオンCu^{2+}が電極から電子2個を受け取って銅原子Cuになり，電極に付着する。

(4) 炭素棒の表面に付いていた金属の質量は，電流を流した時間に比例し，流した電流の大きさに比例するので，図5の傾きの大きいグラフが0.75Aのもの。図5より，0.25Aの電流を20分流したときに炭素棒の表面に付いていた金属の質量は0.1g，0.75Aの電流を20分流したときに炭素棒の表面に付いていた金属の質量は0.3gなので，0.50Aの電流を20分流したときに炭素棒の表面に付いていた金属の質量は，0.1 (g) × $\frac{0.50\ (\mathrm{A})}{0.25\ (\mathrm{A})}$ = 0.2 (g)　0.25A，0.50A，0.75Aの電流をそれぞれ20分流したとき，炭素棒の表面に付いていた金属の質量の合計は，0.1 (g) + 0.2 (g) + 0.3 (g) = 0.6 (g)　よって，炭素棒の表面に付いていた金属の質量の合計が1.5gになるとき，電流を流した時間は，20 (分) × $\frac{1.5\ (\mathrm{g})}{0.6\ (\mathrm{g})}$ = 50 (分)

【答】(1) $2H_2O \rightarrow 2H_2 + O_2$　(2) (前図)　(3) (炭素棒) A　(気体の化学式) Cl_2　(4) ウ

4 【解き方】(1) 電熱線の抵抗は40 Ω，電源装置の電圧は10Vなので，電流計が示す値は，オームの法則より，$\frac{10\ (\mathrm{V})}{40\ (\Omega)}$ = 0.25 (A)

(2) 図3について，PA間の距離が，$\frac{40\ (\mathrm{cm})}{20\ (\mathrm{cm})}$ = 2 (倍)になると，電流計が示す値は，$\frac{1\ (\text{目もり})}{2\ (\text{目もり})} = \frac{1}{2}$ (倍)になっているので，抵抗の大きさは2倍になっている。また，PA間の距離が，$\frac{40\ (\mathrm{cm})}{10\ (\mathrm{cm})}$ = 4 (倍)になると，電流計が示す値は，$\frac{1\ (\text{目もり})}{4\ (\text{目もり})} = \frac{1}{4}$ (倍)になっているので，抵抗の大きさは4倍になっている。よって，PA

間の抵抗の大きさは，PA 間の距離に比例する。PA 間の距離が 40cm のとき，抵抗の大きさが 40 Ωなので，PA 間の距離が 10cm のときの抵抗の大きさは，$40\,(\Omega) \times \dfrac{10\,(\text{cm})}{40\,(\text{cm})} = 10\,(\Omega)$　PA 間の距離が 20cm のときの抵抗の大きさは，$40\,(\Omega) \times \dfrac{20\,(\text{cm})}{40\,(\text{cm})} = 20\,(\Omega)$

(3) 図 4 より，40 Ωの抵抗器 a と 40 Ωの抵抗器 b を直列につないでいるので，回路全体の抵抗の大きさは，$40\,(\Omega) + 40\,(\Omega) = 80\,(\Omega)$　また，PA 間の距離を小さくしていくと，回路全体の抵抗の大きさに対する抵抗器 a の抵抗の大きさの割合が小さくなっていくので，抵抗器 a にかかる電圧は小さくなり，反対に抵抗器 b にかかる電圧は大きくなる。回路全体の抵抗の大きさが小さくなるので，抵抗器 b に流れる電流の大きさは大きくなり，抵抗器 b で消費される電力は大きくなる。

(4) 図 5 は，10cm の電熱線と，$40\,(\text{cm}) - 10\,(\text{cm}) = 30\,(\text{cm})$の電熱線が並列につながっている回路になる。10cm の電熱線の抵抗の大きさは 10 Ωなので，12V の電圧がかかったときに流れる電流の大きさは，$\dfrac{12\,(\text{V})}{10\,(\Omega)} = 1.2\,(\text{A})$　30cm の電熱線の抵抗の大きさは 30 Ωなので，12V の電圧がかかったときに流れる電流の大きさは，$\dfrac{12\,(\text{V})}{30\,(\Omega)} = 0.4\,(\text{A})$　よって，電流計が示す値は，$1.2\,(\text{A}) + 0.4\,(\text{A}) = 1.6\,(\text{A})$

【答】 (1) 0.25 (A)　(2) キ　(3) ウ　(4) 1.6 (A)

5 **【解き方】** (1) 図 3 より，大きな結晶の周りにごく小さな鉱物やガラス質が集まっている斑状組織の岩石なので火山岩とわかる。また，全体的に黒っぽい色をした火山岩なので玄武岩とわかる。

(2) 図 1 のホットスポットは図 2 のハワイ島付近にあるので，図 1 の太平洋プレートが動く向きに，過去に形成された島や海山が並んでいることがわかる。よって，図 2 のハワイ島から見てカウアイ島などの島が並ぶ向きにプレートが移動している。表より，オアフ島をのせたプレートは，370 万年で，320km = 32000000cm 移動しているので，1 年では，$32000000\,(\text{cm}) \times \dfrac{1\,(\text{年})}{3700000\,(\text{年})} \fallingdotseq 9\,(\text{cm})$移動している。

(4) 初期微動継続時間は震源からの距離に比例する。地点 X での地震 A の初期微動継続時間は 8 秒，地震 B の初期微動継続時間は 4 秒なので，震源からの距離は地震 A の方が地震 B よりも遠い。また，地震 A は地点 X から震源までの距離が遠いにもかかわらず，地震 B よりも震度が大きいので，地震 A のマグニチュードは地震 B よりも大きい。

【答】 (1)（岩石）ウ　（鉱物の集まりの部分）キ　(2) ア　(3) カ　(4) エ

6 **【解き方】** (1) ツユクサ・トウモロコシは単子葉類なので，葉脈は平行脈，根はひげ根。アブラナ・エンドウは双子葉類なので，葉脈は網状脈，根は主根と側根からなる。

(2) 図 1 のような右側が少し光った金星の像が観察できるのは，b の位置にあるときで，夕方西の空に見える。

【答】 (1) イ・エ　(2) オ

国　語

1 【解き方】㈠ 筆者は,「人生は楽しいし, 世界は美しくて不思議に満ちているので, それを探究するために, ずっと生きていたい」と思っている。

㈡ 大野先生は,「生物学」を専攻し,「貝類」を専門としていた方であったが, 遠足でミミズにもくわしい様子だったので,「森羅万象の大筋の全体を知っている, 本物の博物学者だったのだ」と感動している。

㈢「生きることはすばらしいという価値観」を持っている筆者だけでなく,「どんな人生の価値観を持っている人」にも見える,「すべての生き物」が生きる様子を考えて探す。

㈣「氷山の一角」とは, 表面化している部分は, 大きな全体のほんの一部分でしかないこと。「からだと脳の意識下の部分は…からだを生き続けさせよう」と働いており, 意識は「そのてっぺんで…作業全体を認識している」一部分だと述べている。

㈤ 自然科学とは「さまざまな自然現象を論理的に理解しようとする試み」なので, 自然科学のなかに「生物学」という分類があり, 生物学の学者になった筆者はさまざまな動物を観察している。また, ネットが提供する情報は「文字情報」や「二次元的な視覚の情報」だけだが, 現実は三次元であり「本当の現実を見ると…感動するか, それが, 人生の原点なのだと思う」と述べている。

㈥ X.「こうした哲学的な問い」とあるので,「哲学的な問い」にあたる問いかけが出た後に入れる。Y.「筆者にあったから」と理解を深めているので, 筆者について「分かってきました」と述べているところに入れる。

【答】㈠ エ　㈡ ウ　㈢ 一生懸命生きている　㈣ ウ　㈤ イ・エ　㈥ X. オ　Y. ウ

2 【解き方】㈡ ボランティアに応募しているので,「よいことは早く行動に移すべきだ」という意味を持つ語をつくる。

【答】㈠ ① かえり(みて)　② 打破　㈡ 善

3 【解き方】㈠ ①「バラエティに富んだ各種の知覚を享受するようになった」ことについて,「さほど古いことではないと思われる」という条件を付け加えている。②「電子音」や「コーヒーの匂い」など例に挙げたことを,「色や形, 質感や輝き, 音, 匂い, 味などのバリエーションは…多彩になってきた」とまとめている。

㈡ 知覚資源は「美の源泉」とも呼びかえられ,「これらの知覚資源がかもし出す美の多くが…社会を複雑に組織化していくのに役立てられた」と述べている。

㈢「音や匂いや味」について,「社会的な区分けに…制度化したりすることは難しかっただろう」と述べている。その一方で聴覚は, 姿勢や視線による取捨選択が難しい分,「強制性が高い」といえ,「そのことを生かし, 一体的な高揚感をかもし出す有効な手段として…音はさかんに利用されてきた」ことに着目する。

㈣ 直後で述べている,「生まれ育った場所に久しぶりに帰ったとき」の感情をおさえる。

㈤「私たちをとりかこむ世界」にある知覚のバリエーションを挙げ, そうした「知覚資源」が人類史のなかで「大きな役割」を果たしてきたことについて,「サムライ・ブルー」や「生まれ育った場所に久しぶりに帰ったときのなつかしさの感情」などを具体例にくわしく説明している。

【答】㈠ ① オ　② イ　㈡ ウ

㈢ (色に比べて音は,)社会的な区分けに用いることは難しいが, その場にいる人々に一様に共有させる強制性が高く, 一体的な高揚感をかもし出す有効な手段として利用できる。(78字)(同意可)

㈣ なつかしさの感情　㈤ エ

4 【解き方】㈠ アは, 直前の「書」を持って来た者が主語。イは, この言葉を「怒りつぶやきて」言った者。ウは,「彼が是」にしたがうべきと, 仁斎先生が話している。エは, いずれ非を知るだろう「彼」が主語なので, この場にいない話題の人物である大高清助。オは,「先生」が話している相手である,「汝」の行動をいっている。

㈡ 直前の「もし吾是に彼非ならば吾が是は即天下の公共なり」に注目。

㈢ 直後に「他をかへりみる事なかれ」ともあり，他の人を気にすることなく，自分のことをしっかりやるよう告げている。

㈣ 仁斎先生は，大高清助から自分の学説を非難されても，「彼是ならば吾…彼が是にしたがふべし」「もし吾是に彼非ならば…固より弁をまたず」と話している。

【答】 ㈠ア・イ・オ　㈡ウ　㈢ア　㈣イ

◀口語訳▶　仁斎先生が生きていらっしゃる時，大高清助という学者が，『適従録』という本を書いて大いに先生の学説を非難した。仁斎先生の門下生がこの本を持って来て見せて，すぐにこれに対する反論を作ることを勧めた。仁斎先生は微笑んで何も言わない。この門下生が怒ってつぶやいて言ったことには，「もし先生が反論をしないのならば私がそれをいたしましょう。」と。仁斎先生が静かに言ったことには，「彼（大高清助）が正しいのならば私は間違いを改めて彼の説にしたがうべきです。もし私の説が正しくて彼が間違っているのなら，私が正しいことはすぐに世の中に知れ渡ることとなる。もともと反論するまでもない。やがて彼も自分でその間違いに気づくことでしょう。あなたはひたすら自分自身の修養に努めなさい。他の人を気にすることはありません。」ということだった。仁斎先生の心の広さは，おおむねこのようであったと，ある人は語ったということである。

~MEMO~

2025 年度 受験用

公立高校入試対策シリーズ 3023

愛知県公立高等学校

別冊

解答用紙

- この冊子は本体から取りはずしてご使用いただけます。
- 解答用紙（本書掲載分）をダウンロードする場合はこちら↓
https://book.eisyun.jp/

※なお，予告なくダウンロードを終了することがあります。

英俊社

●解答用紙の四隅にあるガイドに合わせて指定の倍率で拡大すると，実物とほぼ同じ大きさでご使用いただけます(一部例外がございます)。

令和６年学力検査　解答用紙　**第２時限**

数　　学

氏　名	

受　検　番　号				
⓪	⓪	⓪	⓪	⓪
①	①	①	①	①
②	②	②	②	②
③	③	③	③	③
④	④	④	④	④
⑤	⑤	⑤	⑤	⑤
⑥	⑥	⑥	⑥	⑥
⑦	⑦	⑦	⑦	⑦
⑧	⑧	⑧	⑧	⑧
⑨	⑨	⑨	⑨	⑨

【解答上の注意】

1　ＨＢ以上の濃さの黒鉛筆（シャープペンシルも可）を使用すること。

2　マーク欄は、下の例を参考にして塗りつぶすこと。

3　訂正する場合は、消しゴムできれいに消し、消しくずを残さないこと。

4　解答用紙は、汚したり、折り曲げたりしないこと。

良い例
●

悪い例					
⊙小さい	上だけ	線	0丸囲み	Ⓧバツ	うすい

1	(1)	㋐ ㋑ ㋒ ㋓
	(2)	㋐ ㋑ ㋒ ㋓
	(3)	㋐ ㋑ ㋒ ㋓
	(4)	㋐ ㋑ ㋒ ㋓
	(5)	㋐ ㋑ ㋒ ㋓
	(6)	㋐ ㋑ ㋒ ㋓
	(7)	㋐ ㋑ ㋒ ㋓
	(8)	㋐ ㋑ ㋒ ㋓ ㋔ ㋕
		㋐ ㋑ ㋒ ㋓ ㋔ ㋕
	(9)	㋐ ㋑ ㋒ ㋓
	(10)	㋐ ㋑ ㋒ ㋓

2	(1)		㋐ ㋑ ㋒ ㋓ ㋔ ㋕ ㋖ ㋗ ㋘ ㋙
	(2)		㋐ ㋑ ㋒ ㋓ ㋔
	(3)	①	㋐ ㋑ ㋒ ㋓ ㋔ ㋕
		②	㋐ ㋑ ㋒ ㋓ ㋔ ㋕

3	(1)		ア	⓪ ① ② ③ ④ ⑤ ⑥ ⑦ ⑧ ⑨
			イ	⓪ ① ② ③ ④ ⑤ ⑥ ⑦ ⑧ ⑨
	(2)	①	ア	⓪ ① ② ③ ④ ⑤ ⑥ ⑦ ⑧ ⑨
		②	イ	⓪ ① ② ③ ④ ⑤ ⑥ ⑦ ⑧ ⑨
			ウ	⓪ ① ② ③ ④ ⑤ ⑥ ⑦ ⑧ ⑨
	(3)	①	ア	⓪ ① ② ③ ④ ⑤ ⑥ ⑦ ⑧ ⑨
			イ	⓪ ① ② ③ ④ ⑤ ⑥ ⑦ ⑧ ⑨
			ウ	⓪ ① ② ③ ④ ⑤ ⑥ ⑦ ⑧ ⑨
		②	エ	⓪ ① ② ③ ④ ⑤ ⑥ ⑦ ⑧ ⑨
			オ	⓪ ① ② ③ ④ ⑤ ⑥ ⑦ ⑧ ⑨

※実物の大きさ：141％ 拡大（A4 用紙）

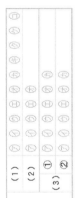

令和６年学力検査　解答用紙　**第５時限**

外国語(英語)聞き取り検査

氏名	

受検番号				
⓪	⓪	⓪	⓪	⓪
①	①	①	①	①
②	②	②	②	②
③	③	③	③	③
④	④	④	④	④
⑤	⑤	⑤	⑤	⑤
⑥	⑥	⑥	⑥	⑥
⑦	⑦	⑦	⑦	⑦
⑧	⑧	⑧	⑧	⑧
⑨	⑨	⑨	⑨	⑨

【解答上の注意】

1　ＨＢ以上の濃さの黒鉛筆(シャープペンシルも可)を使用すること。
2　マーク欄は、下の例を参考にして塗りつぶすこと。
3　訂正する場合は、消しゴムできれいに消し、消しくずを残さないこと。
4　解答用紙は、汚したり、折り曲げたりしないこと。

良い例
●

悪い例					
小さい	上だけ	線	丸囲み	バツ	うすい

第１問

1番	a	正	誤
	b	正	誤
	c	正	誤
	d	正	誤
2番	a	正	誤
	b	正	誤
	c	正	誤
	d	正	誤
3番	a	正	誤
	b	正	誤
	c	正	誤
	d	正	誤

第２問

問1	a	正	誤
	b	正	誤
	c	正	誤
	d	正	誤
問2	a	正	誤
	b	正	誤
	c	正	誤
	d	正	誤

※実物の大きさ：141% 拡大（A4 用紙）

※編集上の都合により，大問番号がずれていますのでご注意ください。

令和６年学力検査　解答用紙　**第５時限**

外国語（英語）筆記検査

氏名	

受検番号				
⓪①②③④⑤⑥⑦⑧⑨	⓪①②③④⑤⑥⑦⑧⑨	⓪①②③④⑤⑥⑦⑧⑨	⓪①②③④⑤⑥⑦⑧⑨	⓪①②③④⑤⑥⑦⑧⑨

【解答上の注意】

1　ＨＢ以上の濃さの黒鉛筆（シャープペンシルも可）を使用すること。
2　マーク欄は、下の例を参考にして塗りつぶすこと。
3　訂正する場合は、消しゴムできれいに消し、消しくずを残さないこと。
4　解答用紙は、汚したり、折り曲げたりしないこと。

良い例
●

悪い例					
小さい	上だけ	線	丸囲み	バツ	うすい

1	（1）		㋐ ㋑ ㋒ ㋓
	（2）		㋐ ㋑ ㋒ ㋓
	（3）		㋐ ㋑ ㋒ ㋓

2	（1）		㋐ ㋑ ㋒ ㋓
	（2）	1番目	㋐ ㋑ ㋒ ㋓ ㋔ ㋕ ㋖
		3番目	㋐ ㋑ ㋒ ㋓ ㋔ ㋕ ㋖
		5番目	㋐ ㋑ ㋒ ㋓ ㋔ ㋕ ㋖

3	（1）		㋐ ㋑ ㋒ ㋓
	（2）		㋐ ㋑ ㋒
	（3）		㋐ ㋑ ㋒ ㋓
	（4）		㋐ ㋑ ㋒ ㋓
	（5）	①	㋐ ㋑ ㋒ ㋓
		②	㋐ ㋑ ㋒ ㋓

4	（1）	①	㋐ ㋑ ㋒ ㋓
		②	㋐ ㋑ ㋒ ㋓
	（2）		㋐ ㋑ ㋒ ㋓
	（3）		㋐ ㋑ ㋒ ㋓
	（4）		㋐ ㋑ ㋒ ㋓ ㋔ ㋕
			㋐ ㋑ ㋒ ㋓ ㋔ ㋕

※実物の大きさ：141% 拡大（A4 用紙）

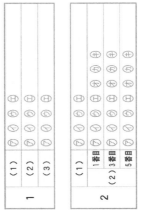

令和６年学力検査　解答用紙　第３時限

社　会

氏　名	

受検番号				
⓪	⓪	⓪	⓪	⓪
①	①	①	①	①
②	②	②	②	②
③	③	③	③	③
④	④	④	④	④
⑤	⑤	⑤	⑤	⑤
⑥	⑥	⑥	⑥	⑥
⑦	⑦	⑦	⑦	⑦
⑧	⑧	⑧	⑧	⑧
⑨	⑨	⑨	⑨	⑨

【解答上の注意】

1　ＨＢ以上の濃さの黒鉛筆（シャープペンシルも可）を使用すること。
2　マーク欄は、下の例を参考にして塗りつぶすこと。
3　訂正する場合は、消しゴムできれいに消し、消しくずを残さないこと。
4　解答用紙は、汚したり、折り曲げたりしないこと。

良い例
●

悪い例					
⊙小さい	上だけ	線	丸囲み	バツ	うすい

1	（１）	できごと	㋐ ㋑ ㋒ ㋓
		場所	Ⓐ Ⓑ Ⓒ Ⓓ
	（２）		㋐ ㋑ ㋒ ㋓ ㋔ ㋕ ㋖ ㋗
	（３）		㋐ ㋑ ㋒ ㋓

2	（１）	A	㋐ ㋑ ㋒ ㋓
		B	ⓐ ⓑ ⓒ ⓓ
	（２）		㋐ ㋑ ㋒ ㋓ ㋔ ㋕
	（３）		㋐ ㋑ ㋒ ㋓
	（４）		㋐ ㋑ ㋒ ㋓

3	（１）		㋐ ㋑ ㋒ ㋓
	（２）		㋐ ㋑ ㋒ ㋓
	（３）	①	㋐ ㋑ ㋒
		②	ⓐ ⓑ ⓒ
	（４）	津波	㋐ ㋑ ㋒
		火山災害	㋐ ㋑ ㋒

4	（１）		㋐ ㋑ ㋒ ㋓ ㋔ ㋕ ㋖ ㋗
	（２）	a	㋐ ㋑ ㋒
		c	㋐ ㋑ ㋒
	（３）		㋐ ㋑ ㋒ ㋓ ㋔

5	（１）	①	㋐ ㋑ ㋒ ㋓ ㋔ ㋕
		②	㋐ ㋑ ㋒ ㋓ ㋔ ㋕
	（２）		㋐ ㋑ ㋒ ㋓
	（３）		㋐ ㋑ ㋒ ㋓
	（４）		㋐ ㋑ ㋒ ㋓

6	（１）	㋐ ㋑ ㋒ ㋓ ㋔ ㋕ ㋖ ㋗
	（２）	㋐ ㋑ ㋒ ㋓
	（３）	㋐ ㋑ ㋒ ㋓

※実物の大きさ：141％拡大（A4用紙）

令和６年学力検査　解答用紙　**第４時限**

理　　科

氏　名	

受　検　番　号				
⓪	⓪	⓪	⓪	⓪
①	①	①	①	①
②	②	②	②	②
③	③	③	③	③
④	④	④	④	④
⑤	⑤	⑤	⑤	⑤
⑥	⑥	⑥	⑥	⑥
⑦	⑦	⑦	⑦	⑦
⑧	⑧	⑧	⑧	⑧
⑨	⑨	⑨	⑨	⑨

【解答上の注意】

1　ＨＢ以上の濃さの黒鉛筆（シャープペンシルも可）を使用すること。
2　マーク欄は、下の例を参考にして塗りつぶすこと。
3　訂正する場合は、消しゴムできれいに消し、消しくずを残さないこと。
4　解答用紙は、汚したり、折り曲げたりしないこと。

良い例
●

悪い例					
⊙小さい	上だけ	線	丸囲み	バツ	うすい

1	(1)	㋐ ㋑ ㋒ ㋓
	(2)	㋐ ㋑ ㋒ ㋓ ㋔ ㋕

2	(1)		㋐ ㋑ ㋒ ㋓ ㋔ ㋕
	(2)		㋐ ㋑ ㋒ ㋓
	(3)		㋐ ㋑ ㋒ ㋓ ㋔ ㋕
	(4)	Ⅰ	ⓐ ⓑ ⓒ ⓓ ⓔ
		Ⅱ	㋐ ㋑ ㋒

3	(1)	㋐ ㋑ ㋒ ㋓
	(2)	㋐ ㋑ ㋒ ㋓ ㋔ ㋕ ㋖ ㋗ ㋘
	(3)	㋐ ㋑ ㋒ ㋓ ㋔ ㋕
	(4)	㋐ ㋑ ㋒ ㋓ ㋔ ㋕ ㋖ ㋗

4	(1)		㋐ ㋑ ㋒ ㋓
	(2)	Ⅰ	㋐ ㋑ ㋒ ㋓ ㋔ ㋕ ㋖
		Ⅱ	㋐ ㋑ ㋒ ㋓ ㋔ ㋕ ㋖
		Ⅲ	㋐ ㋑ ㋒ ㋓ ㋔ ㋕ ㋖
	(3)		㋐ ㋑ ㋒ ㋓ ㋔ ㋕ ㋖ ㋗ ㋘ ㋙
	(4)		㋐ ㋑ ㋒ ㋓ ㋔ ㋕ ㋖ ㋗

5	(1)	㋐ ㋑ ㋒ ㋓ ㋔ ㋕
	(2)	㋐ ㋑ ㋒ ㋓
	(3)	㋐ ㋑ ㋒ ㋓ ㋔ ㋕
	(4)	㋐ ㋑ ㋒ ㋓ ㋔ ㋕ ㋖ ㋗

6	(1)	ある日	㋐ ㋑ ㋒ ㋓ ㋔
		3日後	Ⓐ Ⓑ Ⓒ
	(2)		㋐ ㋑ ㋒ ㋓

※実物の大きさ：141% 拡大（A4 用紙）

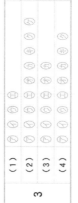

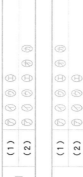

令和 6 年学力検査　解答用紙　　第 1 時限

国　　語

氏　名	

受　検　番　号				
⓪	⓪	⓪	⓪	⓪
①	①	①	①	①
②	②	②	②	②
③	③	③	③	③
④	④	④	④	④
⑤	⑤	⑤	⑤	⑤
⑥	⑥	⑥	⑥	⑥
⑦	⑦	⑦	⑦	⑦
⑧	⑧	⑧	⑧	⑧
⑨	⑨	⑨	⑨	⑨

【解答上の注意】

1　ＨＢ以上の濃さの黒鉛筆（シャープペンシルも可）を使用すること。

2　マーク欄は、下の例を参考にして塗りつぶすこと。

3　訂正する場合は、消しゴムできれいに消し、消しくずを残さないこと。

4　解答用紙は、汚したり、折り曲げたりしないこと。

良い例
●

悪い例					
小さい	上だけ	線	丸囲み	バツ	うすい

一	(一)		㋐ ㋑ ㋒ ㋓
	(二)		㋐ ㋑ ㋒ ㋓
	(三)		㋐ ㋑ ㋒ ㋓
	(四)		㋐ ㋑ ㋒ ㋓
	(五)	二番目	㋐ ㋑ ㋒ ㋓ ㋔ ㋕
		四番目	㋐ ㋑ ㋒ ㋓ ㋔ ㋕
		六番目	㋐ ㋑ ㋒ ㋓ ㋔ ㋕
	(六)		㋐ ㋑ ㋒ ㋓ ㋔ ㋕
			㋐ ㋑ ㋒ ㋓ ㋔ ㋕

二	(一)	①	㋐ ㋑ ㋒ ㋓
		②	㋐ ㋑ ㋒ ㋓
	(二)		㋐ ㋑ ㋒ ㋓
	(三)		㋐ ㋑ ㋒ ㋓

三	(一)	㋐ ㋑ ㋒ ㋓ ㋔
		㋐ ㋑ ㋒ ㋓ ㋔
		㋐ ㋑ ㋒ ㋓ ㋔
	(二)	㋐ ㋑ ㋒ ㋓
	(三)	㋐ ㋑ ㋒ ㋓
	(四)	㋐ ㋑ ㋒ ㋓ ㋔
		㋐ ㋑ ㋒ ㋓ ㋔
	(五)	㋐ ㋑ ㋒ ㋓ ㋔
		㋐ ㋑ ㋒ ㋓ ㋔

四	(一)	㋐ ㋑ ㋒ ㋓
	(二)	㋐ ㋑ ㋒ ㋓
	(三)	㋐ ㋑ ㋒ ㋓
	(四)	㋐ ㋑ ㋒ ㋓

※実物の大きさ：141% 拡大（A4 用紙）

【数　　学】

1．1点×10（⑻は完答）　2．⑴2点　⑵2点　⑶①1点　②2点　3．1点×5

【英　　語】聞き取り検査

第1問　1点×3　第2問　1点×2

【英　　語】筆記検査

1．1点×3　2．⑴1点　⑵2点（完答）　3．1点×5（⑸は完答）　4．1点×6

【社　　会】

1．1点×3（⑴は完答）　2．1点×4（⑴は完答）　3．⑴～⑶1点×3（⑶は完答）　⑷2点（完答）
4．1点×3（⑵は完答）　5．1点×4（⑴は完答）　6．1点×3

【理　　科】

1．1点×2　2．1点×4（⑷は完答）　3．⑴～⑶1点×3　⑷2点
4．⑴～⑶1点×3（⑵は完答）　⑷2点　5．1点×4　6．1点×2（⑴は完答）

【国　　語】

一．㈠～㈣1点×4　㈤二番目：1点　四番目・六番目：2点　㈥1点×2　二．1点×3（㈠は完答）
三．㈠～㈣1点×4（㈠・㈣は各完答）　㈤1点×2　四．1点×4

令和５年学力検査　解答用紙　第２時限　数　　学

氏　名	

受　検　番　号				
⓪①②③④⑤⑥⑦⑧⑨	⓪①②③④⑤⑥⑦⑧⑨	⓪①②③④⑤⑥⑦⑧⑨	⓪①②③④⑤⑥⑦⑧⑨	⓪①②③④⑤⑥⑦⑧⑨

【解答上の注意】

1　ＨＢ以上の濃さの黒鉛筆（シャープペンシルも可）を使用すること。
2　マーク欄は、下の例を参考にして塗りつぶすこと。
3　訂正する場合は、消しゴムできれいに消し、消しくずを残さないこと。
4　解答用紙は、汚したり、折り曲げたりしないこと。

良い例
●

悪い例					
・小さい	上だけ	線	丸囲み	バツ	うすい

1		
	(1)	㋐ ㋑ ㋒ ㋓
	(2)	㋐ ㋑ ㋒ ㋓
	(3)	㋐ ㋑ ㋒ ㋓
	(4)	㋐ ㋑ ㋒ ㋓
	(5)	㋐ ㋑ ㋒ ㋓
	(6)	㋐ ㋑ ㋒ ㋓
	(7)	㋐ ㋑ ㋒ ㋓
	(8)	㋐ ㋑ ㋒ ㋓
	(9)	㋐ ㋑ ㋒ ㋓
	(10)	㋐ ㋑ ㋒ ㋓

2			
	(1)		㋐ ㋑ ㋒ ㋓ ㋔
	(2)	Ⅰ	㋐ ㋑ ㋒ ㋓ ㋔ ㋕ ㋖ ㋗ ㋘ ㋙
		Ⅱ	㋐ ㋑ ㋒ ㋓ ㋔ ㋕ ㋖ ㋗ ㋘ ㋙
	(3)	①	㋐ ㋑ ㋒ ㋓ ㋔
		②	㋐ ㋑ ㋒ ㋓ ㋔

3				
	(1)		ア	⓪①②③④⑤⑥⑦⑧⑨
			イ	⓪①②③④⑤⑥⑦⑧⑨
	(2)	①	ア	⓪①②③④⑤⑥⑦⑧⑨
			イ	⓪①②③④⑤⑥⑦⑧⑨
		②	ウ	⓪①②③④⑤⑥⑦⑧⑨
	(3)	①	ア	⓪①②③④⑤⑥⑦⑧⑨
			イ	⓪①②③④⑤⑥⑦⑧⑨
		②	ウ	⓪①②③④⑤⑥⑦⑧⑨
			エ	⓪①②③④⑤⑥⑦⑧⑨

※実物の大きさ：141％拡大（A4用紙）

令和５年学力検査　解答用紙　第５時限　外国語(英語)

聞き取り検査

氏　名	

受検番号				
⓪	⓪	⓪	⓪	⓪
①	①	①	①	①
②	②	②	②	②
③	③	③	③	③
④	④	④	④	④
⑤	⑤	⑤	⑤	⑤
⑥	⑥	⑥	⑥	⑥
⑦	⑦	⑦	⑦	⑦
⑧	⑧	⑧	⑧	⑧
⑨	⑨	⑨	⑨	⑨

【解答上の注意】

1　ＨＢ以上の濃さの黒鉛筆(シャープペンシルも可)を使用すること。

2　マーク欄は、下の例を参考にして塗りつぶすこと。

3　訂正する場合は、消しゴムできれいに消し、消しくずを残さないこと。

4　解答用紙は、汚したり、折り曲げたりしないこと。

良い例
●

悪い例					
小さい	上だけ	線	丸囲み	バツ	うすい

第１問

1番	a	正	誤
	b	正	誤
	c	正	誤
	d	正	誤
2番	a	正	誤
	b	正	誤
	c	正	誤
	d	正	誤
3番	a	正	誤
	b	正	誤
	c	正	誤
	d	正	誤

第２問

問1	a	正	誤
	b	正	誤
	c	正	誤
	d	正	誤
問2	a	正	誤
	b	正	誤
	c	正	誤
	d	正	誤

※実物の大きさ：141% 拡大（A4 用紙）

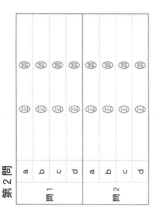

※編集上の都合により，大問番号がずれていますのでご注意ください。

令和５年学力検査　解答用紙　**第５時限　外国語(英語)**

筆記検査

氏名	

受検番号				
⓪	⓪	⓪	⓪	⓪
①	①	①	①	①
②	②	②	②	②
③	③	③	③	③
④	④	④	④	④
⑤	⑤	⑤	⑤	⑤
⑥	⑥	⑥	⑥	⑥
⑦	⑦	⑦	⑦	⑦
⑧	⑧	⑧	⑧	⑧
⑨	⑨	⑨	⑨	⑨

【解答上の注意】

1　ＨＢ以上の濃さの黒鉛筆(シャープペンシルも可)を使用すること。
2　マーク欄は、下の例を参考にして塗りつぶすこと。
3　訂正する場合は、消しゴムできれいに消し、消しくずを残さないこと。
4　解答用紙は、汚したり、折り曲げたりしないこと。

良い例
●

悪い例					
小さい	上だけ	線	丸囲み	バツ	うすい

1	（1）		㋐ ㋑ ㋒ ㋓
	（2）		㋐ ㋑ ㋒ ㋓
	（3）		㋐ ㋑ ㋒ ㋓
2	（1）		㋐ ㋑ ㋒ ㋓
	（2）	1番目	㋐ ㋑ ㋒ ㋓ ㋔ ㋕ ㋖
		3番目	㋐ ㋑ ㋒ ㋓ ㋔ ㋕ ㋖
		5番目	㋐ ㋑ ㋒ ㋓ ㋔ ㋕ ㋖

3	（1）		㋐ ㋑ ㋒ ㋓
	（2）		㋐ ㋑ ㋒
	（3）		㋐ ㋑ ㋒ ㋓
	（4）		㋐ ㋑ ㋒ ㋓
	（5）	①	㋐ ㋑ ㋒ ㋓
		②	㋐ ㋑ ㋒ ㋓
4	（1）	①	㋐ ㋑ ㋒ ㋓
		②	㋐ ㋑ ㋒ ㋓
		③	㋐ ㋑ ㋒ ㋓
	（2）		㋐ ㋑ ㋒ ㋓
	（3）		㋐ ㋑ ㋒ ㋓
	（4）		㋐ ㋑ ㋒ ㋓ ㋔ ㋕

※実物の大きさ：141％拡大（A4用紙）

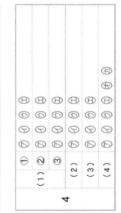

令和５年学力検査　解答用紙　第３時限　社　　会

氏　名	

受	検	番	号	
⓪	⓪	⓪	⓪	⓪
①	①	①	①	①
②	②	②	②	②
③	③	③	③	③
④	④	④	④	④
⑤	⑤	⑤	⑤	⑤
⑥	⑥	⑥	⑥	⑥
⑦	⑦	⑦	⑦	⑦
⑧	⑧	⑧	⑧	⑧
⑨	⑨	⑨	⑨	⑨

【解答上の注意】

1　ＨＢ以上の濃さの黒鉛筆（シャープペンシルも可）を使用すること。
2　マーク欄は、下の例を参考にして塗りつぶすこと。
3　訂正する場合は、消しゴムできれいに消し、消しくずを残さないこと。
4　解答用紙は、汚したり、折り曲げたりしないこと。

良い例
●

悪い例					
小さい	上だけ	線	丸囲み	バツ	うすい

1	（１）	①	㋐ ㋑ ㋒ ㋓ ㋔ ㋕ ㋖
		②	㋐ ㋑ ㋒ ㋓ ㋔ ㋕ ㋖
	（２）		㋐ ㋑ ㋒ ㋓
	（３）		㋐ ㋑ ㋒ ㋓

2	（１）	①	㋐ ㋑ ㋒ ㋓ ㋔ ㋕
		②	㋐ ㋑ ㋒ ㋓ ㋔ ㋕
	（２）	③	㋐ ㋑ ㋒ ㋓ ㋔ ㋕ ㋖ ㋗ ㋘
		④	㋐ ㋑ ㋒ ㋓ ㋔ ㋕ ㋖ ㋗ ㋘
		⑤	㋐ ㋑ ㋒ ㋓ ㋔ ㋕ ㋖ ㋗ ㋘
	（３）		㋐ ㋑ ㋒ ㋓ ㋔ ㋕
	（４）		㋐ ㋑ ㋒ ㋓

3	（１）	①	㋐ ㋑ ㋒ ㋓
		②	㋐ ㋑ ㋒ ㋓
	（２）	Z③	㋐ ㋑ ㋒ ㋓
		④	Ⓐ Ⓑ Ⓒ Ⓓ
	（３）	⑤	Ⓐ Ⓑ Ⓒ Ⓓ
		⑥⑦	㋐ ㋑ ㋒ ㋓ ㋔ ㋕

4	（１）	㋐ ㋑ ㋒ ㋓ ㋔ ㋕
	（２）	㋐ ㋑ ㋒ ㋓
	（３）	㋐ ㋑ ㋒ ㋓
	（４）	㋐ ㋑ ㋒ ㋓

5	（１）	①	㋐ ㋑ ㋒ ㋓ ㋔ ㋕ ㋖ ㋗
		②	㋐ ㋑ ㋒ ㋓ ㋔ ㋕ ㋖ ㋗
	（２）		㋐ ㋑ ㋒ ㋓ ㋔
	（３）	③	㋐ ㋑ ㋒ ㋓ ㋔ ㋕ ㋖
		④	㋐ ㋑ ㋒ ㋓ ㋔ ㋕ ㋖
		⑤	㋐ ㋑ ㋒ ㋓ ㋔ ㋕ ㋖
	（４）	⑥	㋐ ㋑ ㋒ ㋓ ㋔ ㋕ ㋖
		⑦	㋐ ㋑ ㋒ ㋓ ㋔ ㋕ ㋖
	（５）		㋐ ㋑ ㋒ ㋓
	（６）		㋐ ㋑ ㋒ ㋓

※実物の大きさ：141％拡大（A4用紙）

令和５年学力検査　解答用紙　第４時限　理　　科

氏　名	

受	検	番	号	
⓪	⓪	⓪	⓪	⓪
①	①	①	①	①
②	②	②	②	②
③	③	③	③	③
④	④	④	④	④
⑤	⑤	⑤	⑤	⑤
⑥	⑥	⑥	⑥	⑥
⑦	⑦	⑦	⑦	⑦
⑧	⑧	⑧	⑧	⑧
⑨	⑨	⑨	⑨	⑨

【解答上の注意】

1　ＨＢ以上の濃さの黒鉛筆（シャープペンシルも可）を使用すること。
2　マーク欄は、下の例を参考にして塗りつぶすこと。
3　訂正する場合は、消しゴムできれいに消し、消しくずを残さないこと。
4　解答用紙は、汚したり、折り曲げたりしないこと。

良い例
●

悪い例					
・小さい	上だけ	線	丸囲み	バツ	うすい

1		
	（１）	㋐ ㋑ ㋒ ㋓ ㋔ ㋕ ㋖ ㋗
	（２）	㋐ ㋑ ㋒ ㋓

2			
	（１）		㋐ ㋑ ㋒ ㋓
	（２）		㋐ ㋑ ㋒ ㋓ ㋔ ㋕
	（３）	Ⅰ	㋐ ㋑ ㋒ ㋓ ㋔ ㋕
		Ⅱ	㋐ ㋑ ㋒ ㋓ ㋔ ㋕
	（４）		㋐ ㋑ ㋒ ㋓ ㋔ ㋕ ㋖ ㋗

3			
	（１）		㋐ ㋑ ㋒ ㋓
	（２）		㋐ ㋑ ㋒ ㋓ ㋔ ㋕
	（３）		㋐ ㋑ ㋒ ㋓ ㋔ ㋕
	（４）	説明文	㋐ ㋑ ㋒ ㋓
		グラフ	ⓐ ⓑ ⓒ ⓓ

4		
	（１）	㋐ ㋑ ㋒ ㋓ ㋔ ㋕ ㋖ ㋗ ㋘ ㋙
	（２）	㋐ ㋑ ㋒ ㋓ ㋔ ㋕ ㋖ ㋗ ㋘ ㋙
	（３）	㋐ ㋑ ㋒ ㋓ ㋔ ㋕
	（４）	㋐ ㋑ ㋒ ㋓ ㋔ ㋕

5			
	（１）		㋐ ㋑ ㋒ ㋓
	（２）		㋐ ㋑ ㋒ ㋓
	（３）		㋐ ㋑ ㋒ ㋓ ㋔ ㋕ ㋖ ㋗ ㋘
	（４）	Ⅰ	㋐ ㋑ ㋒
		Ⅱ	㋐ ㋑ ㋒ ㋓
		Ⅲ	㋐ ㋑ ㋒

6			
	（１）	Ⅰ	㋐ ㋑ ㋒ ㋓ ㋔ ㋕
		Ⅱ	㋐ ㋑ ㋒ ㋓ ㋔ ㋕
	（２）		㋐ ㋑ ㋒ ㋓ ㋔ ㋕ ㋖ ㋗ ㋘ ㋙

※実物の大きさ：141％拡大（A4用紙）

令和５年学力検査　解答用紙　第１時限　国　語

氏　名	

受	検	番	号	
⓪	⓪	⓪	⓪	⓪
①	①	①	①	①
②	②	②	②	②
③	③	③	③	③
④	④	④	④	④
⑤	⑤	⑤	⑤	⑤
⑥	⑥	⑥	⑥	⑥
⑦	⑦	⑦	⑦	⑦
⑧	⑧	⑧	⑧	⑧
⑨	⑨	⑨	⑨	⑨

【解答上の注意】

1　ＨＢ以上の濃さの黒鉛筆（シャープペンシルも可）を使用すること。
2　マーク欄は、下の例を参考にして塗りつぶすこと。
3　訂正する場合は、消しゴムできれいに消し、消しくずを残さないこと。
4　解答用紙は、汚したり、折り曲げたりしないこと。

良い例
●

悪い例					
小さい	上だけ	線	丸囲み	バツ	うすい

一	(一)	㋐ ㋑ ㋒ ㋓
	(二)	㋐ ㋑ ㋒ ㋓
	(三)	㋐ ㋑ ㋒ ㋓ ㋔
	(四)	㋐ ㋑ ㋒ ㋓
	(五)	㋐ ㋑ ㋒ ㋓ ㋔

二	(一)	①	㋐ ㋑ ㋒ ㋓
		②	㋐ ㋑ ㋒ ㋓
	(二)		㋐ ㋑ ㋒ ㋓
	(三)		㋐ ㋑ ㋒ ㋓

三	(一)	A	㋐ ㋑ ㋒ ㋓ ㋔ ㋕
		B	㋐ ㋑ ㋒ ㋓ ㋔ ㋕
	(二)		㋐ ㋑ ㋒ ㋓
	(三)		㋐ ㋑ ㋒ ㋓
	(四)		㋐ ㋑ ㋒ ㋓
	(五)		㋐ ㋑ ㋒ ㋓ ㋔
	(六)		㋐ ㋑ ㋒ ㋓ ㋔

四	(一)	㋐ ㋑ ㋒ ㋓
	(二)	㋐ ㋑ ㋒ ㋓ ㋔ ㋕
	(三)	㋐ ㋑ ㋒ ㋓
	(四)	㋐ ㋑ ㋒ ㋓

※実物の大きさ：141％拡大（A4用紙）

【数　　学】

1. 1点×10　2. ⑴1点×2　⑵1点×2　⑶①1点　②2点　3. 1点×5

【英　　語】聞き取り検査

第1問　1点×3　第2問　1点×2

【英　　語】筆記検査

1. 1点×3　2. 1点×2　3. 1点×5　4. ⑴～⑶1点×5　⑷2点

【社　　会】

1. 1点×3　2. ⑴1点　⑵2点　⑶1点　⑷1点　3. 1点×3　4. 1点×4
5. ⑴1点　⑵1点　⑶2点　⑷～⑹1点×3

【理　　科】

1. 1点×2　2. 1点×4　3. ⑴～⑶1点×3　⑷2点　4. ⑴～⑶1点×3　⑷2点　5. 1点×4
6. 1点×2

【国　　語】

一. ㈠ 1点　㈡ 1点　㈢ 2点　㈣ 1点　㈤ 2点　二. 1点×3
三. ㈠～㈣ 1点×4　㈤ 2点　㈥ 2点　四. 1点×4

令和４年学力検査　解答用紙　全日制課程A

第２時限　数　　学

					※1
1	(1)		(2)		
	(3)		(4)		
	(5)	x =	(6)		
	(7)	a =	(8)	y =	1点×10
	(9)	倍	(10)	cm	

			※2
2	(1)	（　　，　　），（　　，　　）	
	(2)	Ⅰ（　　　）　Ⅱ（　　　）	
	(3)	① 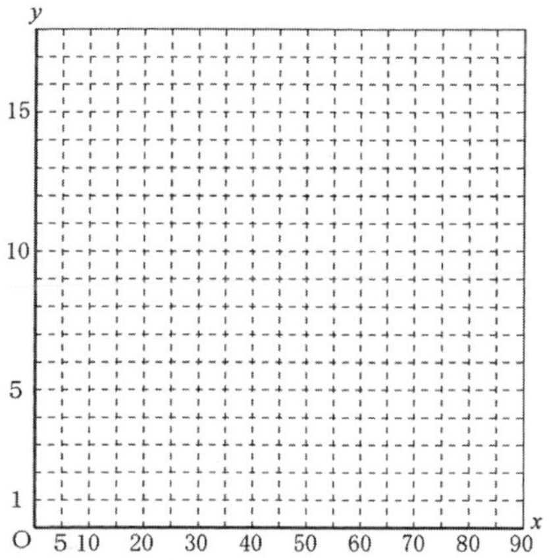	1点×1 2点×3
		②　分後	

				※3
3	(1)	度		1点×5
	(2)	①　cm²	②　cm	
	(3)	①　cm	②　cm	

受検番号	第　　番	得　点	※

（注）※印欄には何も書かないこと。

◇K18(624—2)

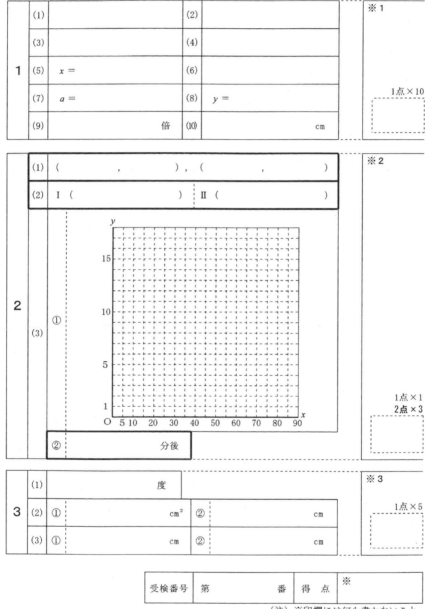

令和４年学力検査　解答用紙　全日制課程Ａ

第５時限　外国語（英語）聞き取り検査

第１問

１番	a	正	誤	b	正	誤	c	正	誤	d	正	誤
２番	a	正	誤	b	正	誤	c	正	誤	d	正	誤
３番	a	正	誤	b	正	誤	c	正	誤	d	正	誤

第２問

問１	a	正	誤	b	正	誤	c	正	誤	d	正	誤
問２	a	正	誤	b	正	誤	c	正	誤	d	正	誤

受検番号	第　　　　　番	得　点	※

（注）※印欄には何も書かないこと。

◇K21(624—5)

※編集上の都合により，大問番号がずれていますのでご注意ください。

令和４年学力検査　解答用紙　全日制課程Ａ

第５時限　外国語（英語）筆記検査

1	Excuse me, 【① 】?	※1 1 点×2
	Yes, 【② 】.	

2	①	Kento, you (　　) (　　) nervous.	※2 1 点×3
	②	I (　　) math for English (　　) night.	
	③	Thank you (　　) your (　　).	

3	(1)		※3 1 点×4 2 点×1
	(2)		
	(3)	So there 【 】 the sea.	
	(4)		
	(5)	(　　), (　　)	

4	(1)	b (　　), d (　　)		※4 1 点×6
	(2)	①	②	
	(3)			
	(4)	X	Y	

受検番号	第　　番	得　点	※

（注）※印欄には何も書かないこと。

◇K 22 (624—6)

※実物の大きさ：141% 拡大（A4 用紙）

令和４年学力検査　解答用紙　全日制課程Ａ

第３時限　社　　会

					※
1	(1)		(2)		※1 1点×3
	(3)				

					※
2	(1)		(2)	2番目（　　），3番目（　　）	※2 1点×3 2点×1
	(3)	位置（　　），ようす（　　）			
	(4)				
				かな符号（　　）	

					※
3	(1)		(2)		※3 1点×2 2点×1
	(3)	資料①（　　），資料②（　　）			

					※
4	(1)		(2)		※4 1点×3
	(3)				

					※
5	(1)		(2)		※5 1点×4
	(3)	名称（　　），内容（　　）			
	(4)				

					※
6	(1)		(2)		※6 1点×3
	(3)				

受検番号	第　　　　番	得　点	※

（注）※印欄には何も書かないこと。

◇K19(624—3)

※実物の大きさ：141% 拡大（A4 用紙）

令和４年学力検査　解答用紙　全日制課程Ａ

第４時限　理　　科

1	(1)	①（　　），②（　　）	(2)		※1　1点×2
2	(1)		(2)		※2　1点×4
	(3)		(4)		
3	(1)		(2)		※3　1点×3　**2点×1**
	(3)				
	(4)	図4 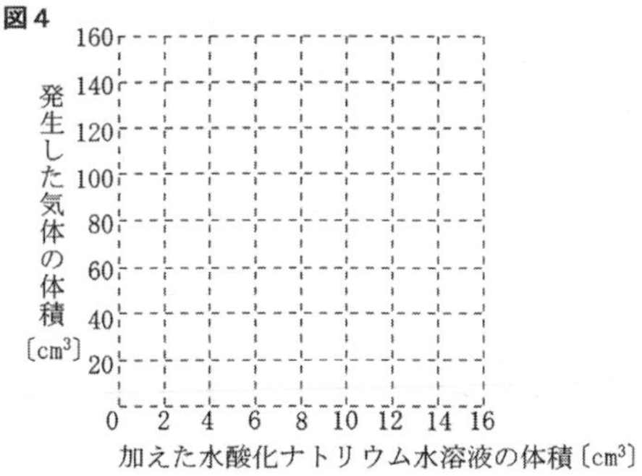			
4	(1)	Ω	(2)		※4　1点×4
	(3)		(4)		
5	(1)		(4)	図3 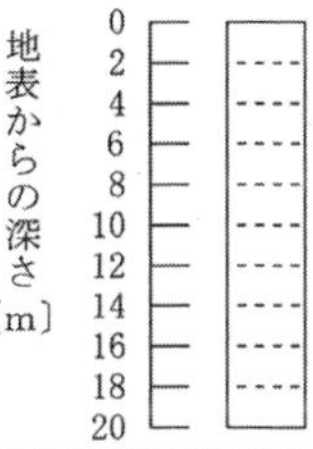	※5　1点×3　**2点×1**
	(2)				
	(3)				
6	(1)	cm³	(2)		※6　1点×2

受検番号	第　　　　番	得　点	※

（注）※印欄には何も書かないこと。

◇K20(624—4)

※実物の大きさ：141% 拡大（A4 用紙）

令和四年学力検査　解答用紙　全日制課程A

第一時限　国　語

一

(一)　(二)　(三)

(四)　私たちの精神は、（60・70）

(五)　(六)

※一　1点×4　2点×2

二

(一)　①　っている　②

(二)　③

※二　1点×3

三

(一)　(二)　(三)　(四)

(五)　（　　　）（　　　）

※三　1点×3　2点×2

四

(一)　(二)　(三)　(四)

※四　1点×4

受検番号	第　　　番	得点	※

（注）※印欄には何も書かないこと。

◇K17(624—1)

令和４年学力検査　解答用紙　全日制課程Ｂ

第２時限　　数　　学

1	(1)		(2)		※1
	(3)		(4)		
	(5)	$x=$	(6)		
	(7)		(8)	枚	1点×10
	(9)	$y=$	(10)		

2	(1)			※2
	(2)	$x=$		
	(3)	①	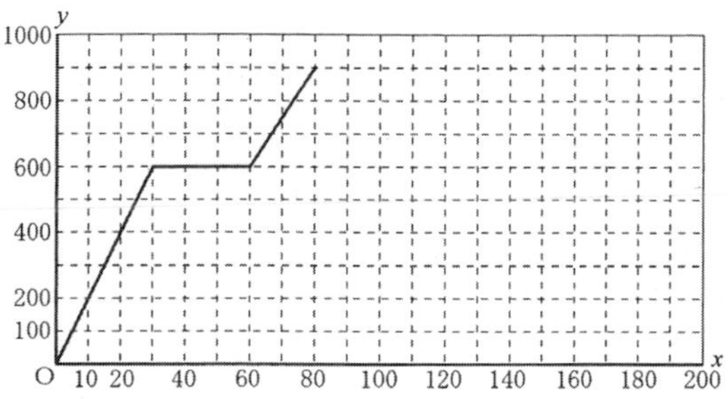	1点×1 2点×3
		②	秒間	

3	(1)	度				※3
	(2)	①	cm	②	cm^3	1点×5
	(3)	①	倍	②	cm	

受検番号	第　　　番	得　点	※

（注）※印欄には何も書かないこと。

◇K 18(816—2)

令和４年学力検査　解答用紙　全日制課程B

第５時限　外国語（英語）聞き取り検査

第１問

１番	a	正　誤	b	正　誤	c	正　誤	d	正　誤
２番	a	正　誤	b	正　誤	c	正　誤	d	正　誤
３番	a	正　誤	b	正　誤	c	正　誤	d	正　誤

第２問

問１	a	正　誤	b	正　誤	c	正　誤	d	正　誤
問２	a	正　誤	b	正　誤	c	正　誤	d	正　誤

受検番号	第　　　番	得　点	※

（注）※印欄には何も書かないこと。

◇K21(816—5)

※編集上の都合により，大問番号がずれていますのでご注意ください。

令和４年学力検査　解答用紙　全日制課程Ｂ

第５時限　外国語（英語）筆記検査

1	I 【① 】.	※1 1点×2
	Because 【② 】.	

2	①	It's not (　　) to travel (　　) train.	※2 1点×3
	②	They often (　　) me (　　) Japanese.	
	③	We don't (　　) to (　　) clothes every morning!	

3	(1)		※3 1点×4 2点×1
	(2)		
	(3)	They say that this problem can be solved 【 】.	
	(4)		
	(5)	(　　), (　　)	

4	(1)	b (　　), d (　　)	※4 1点×6
	(2)	① ②	
	(3)		
	(4)	X Y	

受検番号	第　　番	得　点	※

（注）※印欄には何も書かないこと。

◇K22(816—6)

※実物の大きさ：141% 拡大（A4 用紙）

令和４年学力検査　解答用紙　全日制課程Ｂ

第３時限　社　　会

1	(1)		(2)		※1 1点×3
	(3)				

2	(1)		(2)		※2 1点×3 2点×1
	(3)				
	(4)				

3	(1)		(2)	b（　　），c（　　）	※3 1点×3
	(3)				

4	(1)	①（　　　　）山脈　，　②（　　　）			※4 1点×2 2点×1
	(2)		(3)	位置（　　），グラフ（　　）	

5	(1)		(2)		※5 1点×4
	(3)	（企業の）	(4)		

6	(1)		(2)		※6 1点×3
	(3)				

受検番号	第　　　　番	得　点	※

（注）※印欄には何も書かないこと。

◇K19(816—3)

※実物の大きさ：141% 拡大（A4用紙）

令和４年学力検査　解答用紙　全日制課程Ｂ

第４時限　理　　科

1	(1)	午前　時　分　秒	(2)	Ⅰ（　），Ⅱ（　）	※1　1点×2

2	(1)	部分 / 名称	(2)	①の理由 / ③の理由	※2　1点×4
	(3)		(4)		

3	(1)		(2)		※3　1点×3　**2点×1**
	(3)		(4)		

4	(1)	cm	(2)	J	※4　1点×3　**2点×1**
	(3)	図6 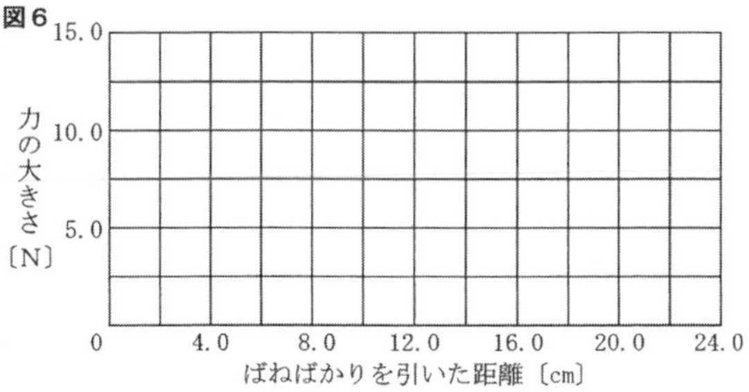			
	(4)				

5	(1)		(2)		※5　1点×4
	(3)		(4)	冬至の日 / 夏至の日	

6	(1)		(2)	秒	※6　1点×2

受検番号	第　　番	得　点	※

（注）※印欄には何も書かないこと。

◇K20(816—4)

令和四年学力検査　解答用紙　全日制課程B

第一時限　国　語

一
(一)　(二)
(三)　(四)
(五)　二番目（　　）　四番目（　　）

※一　1点×3　2点×2

二
(一)　①　　　げて　②
(二)　③

※二　1点×3

三
(一)　(二)
(三)　A（　　）B（　　）
(四)　「水のレンガ」は、　　70　80
(五)　(六)

※三　1点×4　2点×2

四
(一)　(二)
(三)　(四)

※四　1点×4

受検番号	第　　　番	得点	※

（注）※印欄には何も書かないこと。

◇K17(816—1)

※実物の大きさ：141% 拡大（A4 用紙）

令和３年学力検査　解答用紙　全日制課程A

第２時限　　数　　学

1	(1)		(2)		※1
	(3)		(4)		
	(5)		(6)		
	(7)		(8)	個	1点×10
	(9)	(　　　，　　　)	(10)	cm	

2	(1)	$y=$	※2
	(2)	A(　　　　　), a(　　) ¦ b(　　), c(　　)	
	(3)	① 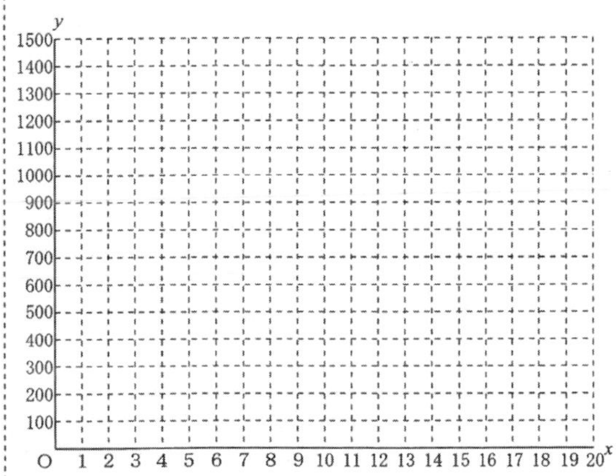	1点×1 2点×3
		② 回	

3	(1)	度		※3 1点×5
	(2)	① cm	② cm^2	
	(3)	① 倍	② 倍	

受検番号	第　　　　番	得　点	※

（注）※印欄には何も書かないこと。

◇K18(651—2)

※実物の大きさ：141% 拡大（A4 用紙）

令和３年学力検査　解答用紙　全日制課程A

第５時限　外国語（英語）聞き取り検査

第１問

１番	a	正	誤	b	正	誤	c	正	誤	d	正	誤
２番	a	正	誤	b	正	誤	c	正	誤	d	正	誤
３番	a	正	誤	b	正	誤	c	正	誤	d	正	誤

第２問

問１	a	正	誤	b	正	誤	c	正	誤	d	正	誤
問２	a	正	誤	b	正	誤	c	正	誤	d	正	誤

受検番号	第　　　　番	得　点	※

（注）※印欄には何も書かないこと。

◇K21(651—5)

※編集上の都合により，大問番号がずれていますのでご注意ください。

令和３年学力検査　解答用紙　全日制課程Ａ

第５時限　外国語（英語）筆記検査

1	So you 【① 】.	※1
	You should go outside, when you 【② 】.	2 点×1

2	①	I ( ) around Kyoto ( ) my host family.	※2
	②	Kyoto is ( ) ( ) famous restaurants.	1 点×3
	③	I liked it because it ( ) ( ).	

3	(1)		※3
	(2)		
	(3)	This small technology can 【 】.	
	(4)		1 点×4 2 点×1
	(5)		

4	(1)	b ( ), d ( )		※4
	(2)	①	②	
	(3)			1 点×6
	(4)	X	Y	

受検番号	第　　　　番	得　点	※

（注）※印欄には何も書かないこと。

◇K22(651—6)

令和３年学力検査　解答用紙　全日制課程Ａ

第３時限　社　　会

1	(1)		(2)		※1 1点×3
	(3)				
2	(1)		(2)	C（　　　），E（　　　）	※2 1点×4
	(3)		(4)		
3	(1)				※3 2点×1 1点×3
	(2)	米の収穫量（　　　　），肉用牛の飼育頭数（　　　　）			
	(3)				
	(4)				
4	(1)	①符号（　　　），②ことば（　　　　）			※4 1点×3
	(2)		(3)		
5	(1)				※5 2点×1 1点×2
	(2)	①かな符号（　　　），②ことば（　　　　）			
	(3)				
6	(1)		(2)		※6 1点×3
	(3)				

受検番号	第　　　　番	得　点	※

（注）※印欄には何も書かないこと。

◇K19(651―3)

令和３年学力検査　解答用紙　全日制課程Ａ

第４時限　理　　科

					採点欄
1	(1)		(2)	J	※1　1点×2
2	(1)		(2)		※2　1点×4
	(3)		(4)	Ⅰ（　　　），Ⅱ（　　　）	
3	(1)		(2)		※3　1点×3　**2点×1**
	(3)	図2			
	(4)	g			
4	(1)		(2)		※4　1点×4
	(3)		(4)		
5	(1)	図3	(2)		※5　1点×3　**2点×1**
			(3)		
			(4)		
6	(1)		(2)		※6　1点×2

図2

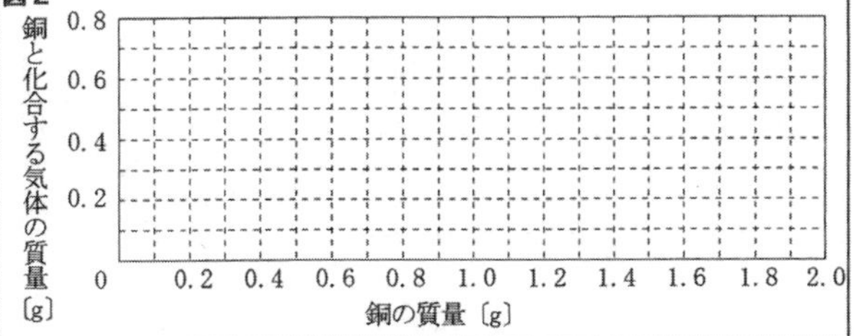

図3

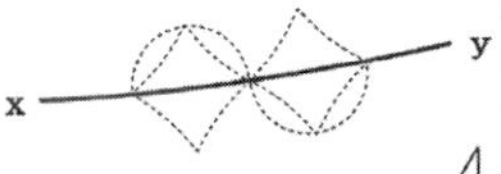

受検番号	第　　　　番	得　点	※

（注）※印欄には何も書かないこと。

◇K20(651—4)

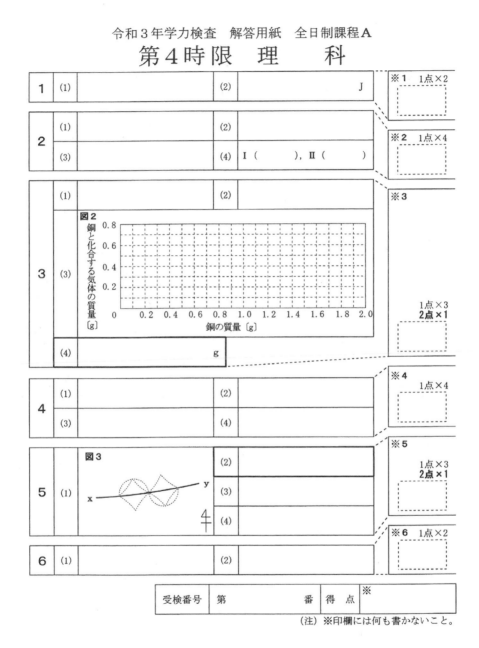

令和三年学力検査　解答用紙　全日制課程A

第一時限　国　語

一

(一)

(二)　A（　　　　）B（　　　　）

(三)

(四)　登山の自由とは、

60

70

(五)

(六)

※一　1点×4　2点×2

二

(一)　①　　②　いて

(二)　③

※二　1点×3

三

(一)

(二)

(三)

(四)

(五)

※三　1点×3　2点×2

四

(一)

(二)

(三)

(四)

※四　1点×4

受検番号	第　　　　番	得点	※

（注）※印欄には何も書かないこと。

◇K17(651—1)

令和３年学力検査　解答用紙　全日制課程Ｂ

第２時限　数　学

1	(1)		(2)		
	(3)		(4)		
	(5)	$x=$	(6)	$a=$	
	(7)		(8)		
	(9)	$a=$	(10)	cm	

※１　1点×10

2	(1)	倍	
	(2)	Ⅰ（　　），Ⅱ（　　），Ⅲ（　　）	Ⅳ（　　　　）
	(3)	①	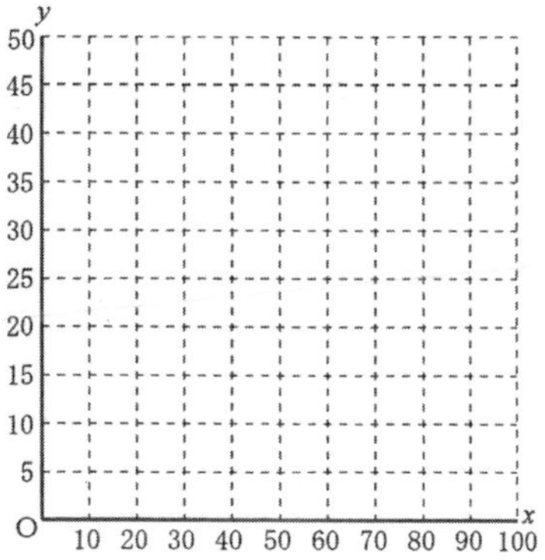
		②	分以上

※２　1点×1　2点×3

3	(1)	度		
	(2)	①　cm	②	cm^2
	(3)	①　cm	②	倍

※３　1点×5

受検番号	第　　番	得　点	※

（注）※印欄には何も書かないこと。

◇K18(823―2)

※実物の大きさ：141% 拡大（A4 用紙）

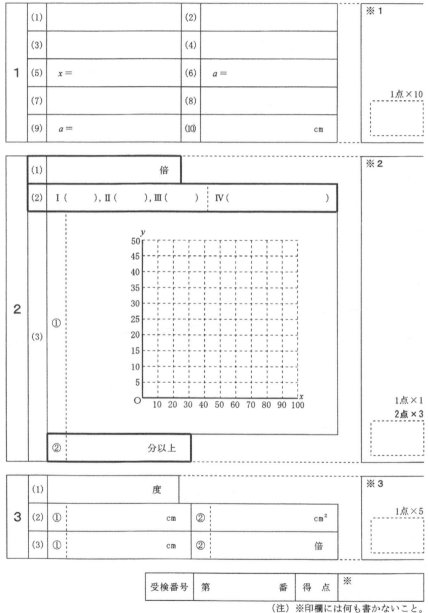

令和３年学力検査　解答用紙　全日制課程B

第５時限　外国語（英語）聞き取り検査

第１問

１番	a	正　誤	b	正　誤	c	正　誤	d	正　誤
２番	a	正　誤	b	正　誤	c	正　誤	d	正　誤
３番	a	正　誤	b	正　誤	c	正　誤	d	正　誤

第２問

問１	a	正　誤	b	正　誤	c	正　誤	d	正　誤
問２	a	正　誤	b	正　誤	c	正　誤	d	正　誤

受検番号	第　　　番	得　点	※

（注）※印欄には何も書かないこと。

◇K 21 (823—5)

※編集上の都合により，大問番号がずれていますのでご注意ください。

令和３年学力検査　解答用紙　全日制課程Ｂ

第５時限　外国語（英語）筆記検査

1	It tells 【① 】, because you 【② 】.	※1 2 点×1

2	①	But ( ) did you ( ) there?	※2 1 点×3
	②	I really ( ) ( ) them.	
	③	You ( ) ( ) them in summer again!	

3	(1)		※3 1 点×4 2 点×1
	(2)		
	(3)	He 【 】.	
	(4)		
	(5)		

4	(1)	b ( ), d ( )		※4 1 点×6
	(2)	①	②	
	(3)			
	(4)	X	Y	

受検番号	第　　　番	得　点	※

（注）※印欄には何も書かないこと。

◇K 22 (823—6)

※実物の大きさ：141% 拡大（A4 用紙）

令和３年学力検査　解答用紙　全日制課程Ｂ

第３時限　社　　会

1	(1)		(2)		※1 1点×3
	(3)				

2	(1)				※2 2点×1 1点×3
	(2)		(3)		
	(4)				

3	(1)	①符号（　　　），　②・③かな符号（　　　）	※3 2点×1 1点×2
	(2)		
	(3)	香川県（　　　），　兵庫県（　　　）	

4	(1)	①・②（　　　），　③・④（　　　）	※4 1点×3
	(2)	x　（　　　），　y　（　　　）	
	(3)	（発電）	

5	(1)		(2)	（相場）	※5 1点×4
	(3)		(4)		

6	(1)		(2)		※6 1点×3
	(3)				

受検番号	第　　　　番	得　点	※

（注）※印欄には何も書かないこと。

◇K19(823―3)

令和３年学力検査　解答用紙　全日制課程B

第４時限　理　　科

1	(1)		(2)		※1　1点×2
2	(1)		(2)		※2　1点×4
	(3)		(4)	(　　　), (　　　)	
3	(1)		(2)		※3
	(3)				
	(4)	水 溶 液 を			1点×3 **2点×1**
4	(1)	W			※4
	(3)	J			
	(4)				1点×3 **2点×1**
	(2)	図3			
5	(1)		(2)		※5　1点×4
	(3)	秒	(4)	Ⅰ（　　　），Ⅱ（　　　）	
6	(1)		(2)		※6　1点×2

図3

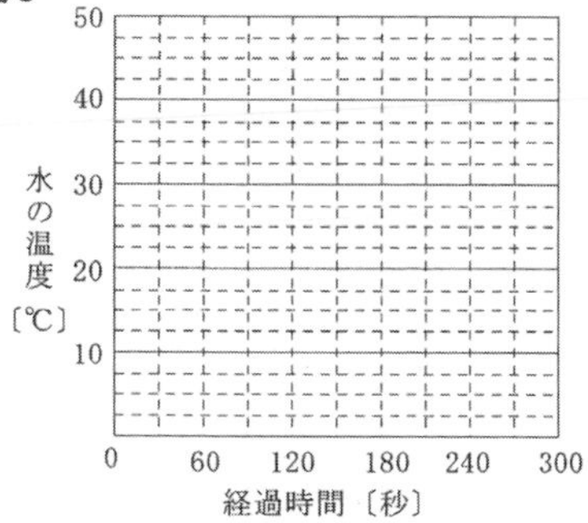

受検番号	第　　　　番	得　点	※

（注）※印欄には何も書かないこと。

◇K 20 (823—4)

※実物の大きさ：141% 拡大（A4 用紙）

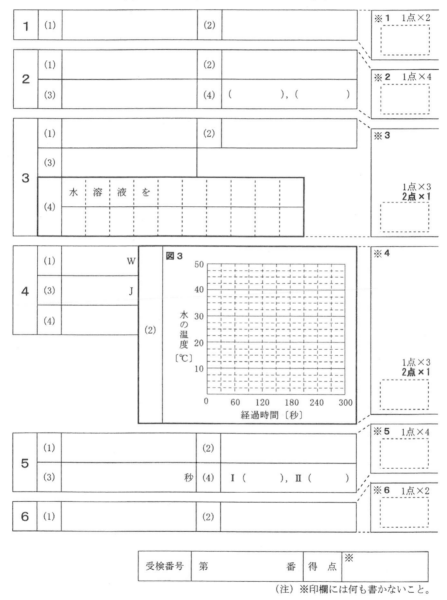

令和三年学力検査　解答用紙　全日制課程B

第一時限　国　語

一

(一)

(二)

(三) 日本の絵は、（60）（70）

(四)

(五)

(六) 二番目（　　）四番目（　　）

※一　1点×4　2点×2

二

(一) ①　　げた　②

(二) ③

※二　1点×3

三

(一)

(二)

(三)（　　）（　　）

(四)

(五)（　　）（　　）

※三　1点×3　2点×2

四

(一)

(二)

(三)

(四)

※四　1点×4

受検番号	第　　番	得点	※

（注）※印欄には何も書かないこと。

◇K17(823—1)

※実物の大きさ：141% 拡大（A4 用紙）

令和２年学力検査　解答用紙　全日制課程A

第２時限　数　　学

1	(1)		(2)		※1
	(3)		(4)	$x=$	
	(5)		(6)	人	
	(7)	毎秒　m	(8)		1点×9
	(9)	cm			

2	(1)	ア（　），イ（　）	※2
	(2)	a（　），b（　） ｜ c（　），d（　）	
	(3)	（　，　）	
	(4)	① 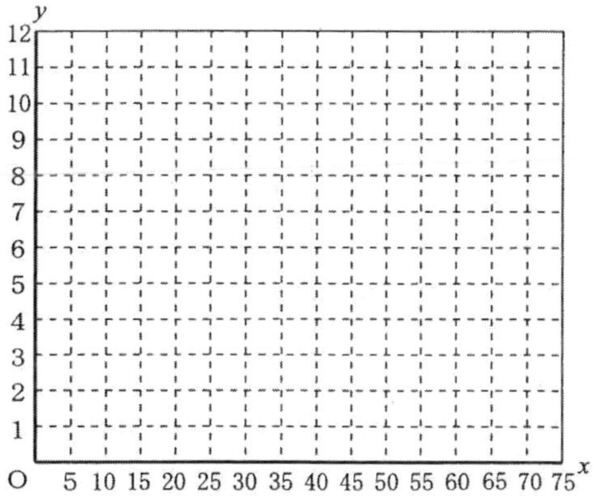	1点×2 2点×3
		② 分後	

3	(1)	度				※3
	(2)	①	倍	②	倍	1点×5
	(3)	①	cm^3	②	cm	

受検番号	第　　番	得　点	※

（注）※印欄には何も書かないこと。

◇K18(152—2)

※実物の大きさ：141% 拡大（A4 用紙）

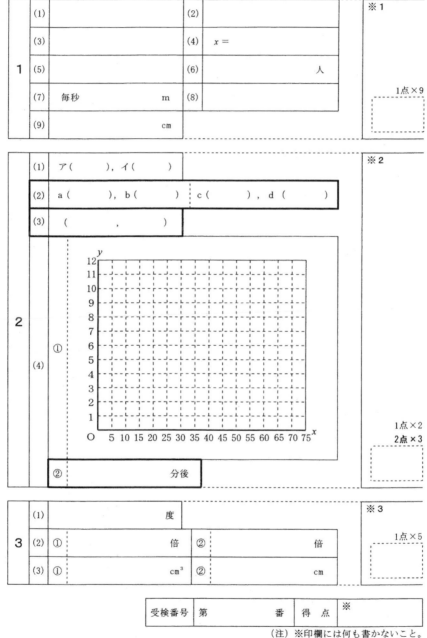

令和２年学力検査　解答用紙　全日制課程**A**

第５時限　外国語（英語）聞き取り検査

第１問

１番	a	正	誤	b	正	誤	c	正	誤	d	正	誤
２番	a	正	誤	b	正	誤	c	正	誤	d	正	誤
３番	a	正	誤	b	正	誤	c	正	誤	d	正	誤

第２問

問１	a	正	誤	b	正	誤	c	正	誤	d	正	誤
問２	a	正	誤	b	正	誤	c	正	誤	d	正	誤

受検番号	第　　　　番	得　点	※

（注）※印欄には何も書かないこと。

◇K21(152—5)

※編集上の都合により，大問番号がずれていますのでご注意ください。

令和２年学力検査　解答用紙　全日制課程A

第５時限　外国語（英語）筆記検査

1	In March, India【　　】.	※１	2 点×1
	So, in March, I【　　】.		

2	①	They are very (　　) (　　) me.	※２	1 点×3
	②	But did you have (　　) (　　) here in Japan?		
	③	You'll (　　) the Japanese way of (　　).		

3	(1)		※３	1 点×4 2 点×1
	(2)			
	(3)	They【　　】more and more.		
	(4)			
	(5)			

4	(1)	b (　　), d (　　)	※４	1 点×6
	(2)	①　　　②		
	(3)			
	(4)	X　　　Y		

受検番号	第　　　　番	得　点	※

（注）※印欄には何も書かないこと。

◇K 22 (152—6)

※実物の大きさ：141% 拡大（A4 用紙）

令和２年学力検査　解答用紙　全日制課程Ａ

第３時限　社　　会

1	(1)		(2)		※１
	(3)				1点×2 2点×1

2	(1)	２番目（　　　　）　３番目（　　　　）	※２
	(2)	地名（　　　　）　符号（　　　　）	1点×3
	(3)		

3	(1)	Ｘ（　　　）　Ｙ（　　　）　Ｚ（　　　）			※３
	(2)		(3)		1点×4
	(4)				

4	(1)	国名　①（　　　　）　②（　　　　） 符号　③（　　　　）　④（　　　　）			※４ 2点×1 1点×2
	(2)		(3)		

5	(1)		(2)		※５ 1点×4
	(3)		(4)		

6	(1)		(2)		※６ 1点×3
	(3)				

受検番号	第　　　　番	得　点	※

（注）※印欄には何も書かないこと。

◇K19(152―3)

令和２年学力検査　解答用紙　全日制課程Ａ

第４時限　理　　科

1	(1)		(2)		※1　1点×2

2	(1)	(　　　), (　　　)	※2　1点×3　**2点×1**
	(2)		
	(3)		
	(4)	図２	

図２

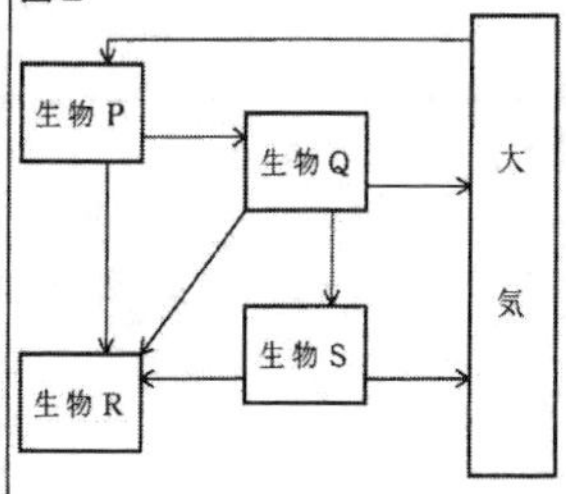

3	(1)		(2)	→	※3　1点×3　**2点×1**
	(3)	図２	(4)	赤色の物質 / 黒色の物質	

図２

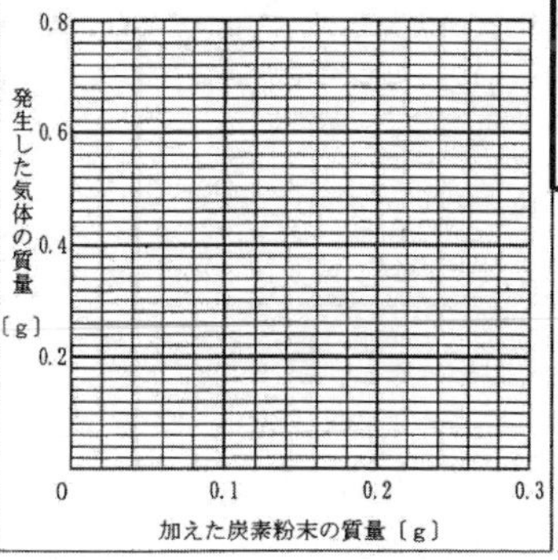

4	(1)	N	(2)	Ⅰ（　），Ⅱ（　），Ⅲ（　）	※4　1点×4
	(3)	Ⅰ（　），Ⅱ（　），Ⅲ（　）	(4)	cm	

5	(1)	風向（　　　），　風力（　　　），　天気（　　　）			※5　1点×4
	(2)		(3)	風向の変化 / 地点	
	(4)				

6	(1)		(2)		※6　1点×2

受検番号	第　　　　　番	得　点	※

（注）※印欄には何も書かないこと。

◇K20(152—4)

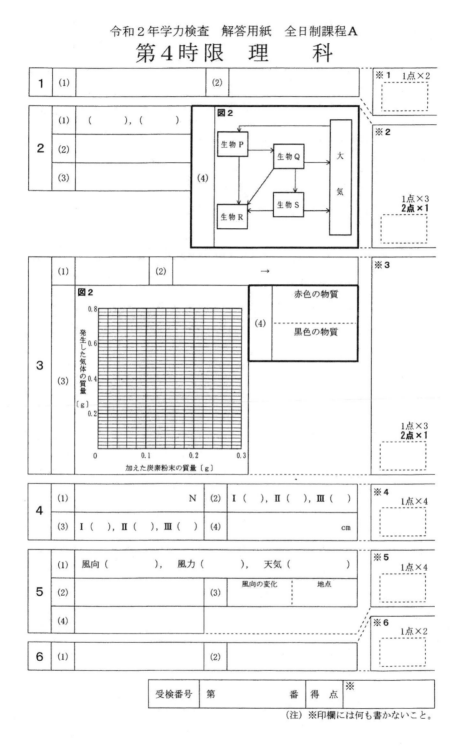

令和二年学力検査　解答用紙　全日制課程A

第一時限　国語

一

(一) A（　　）B（　　）

(二)

(三)

(四)（　　）（　　）

(五)

※一　1点×3　2点×2

二

(一) ①

②　れる

(二) ③

※二　1点×3

三

(一) ことば（　　）意味（　　）

(二)

(三) 科学的知見は、

80

90

(四)

(五)

(六)（　　）（　　）

※三　1点×4　2点×2

四

(一)

(二)

(三)

(四)

※四　1点×4

受検番号	第　　　番	得点	※

（注）※印欄には何も書かないこと。

◇K17(152—1)

※実物の大きさ：141% 拡大（A4 用紙）

令和２年学力検査　解答用紙　全日制課程Ｂ

第２時限　数　　学

1	(1)		(2)		※１
	(3)		(4)	$x =$	
	(5)		(6)	人	
	(7)		(8)	m	1点×9
	(9)	度			

2	(1)			※２
	(2)	a（　　　），b（　　　）		
	(3)	（　　　，　　　）		
	(4)	①	分後	
		②	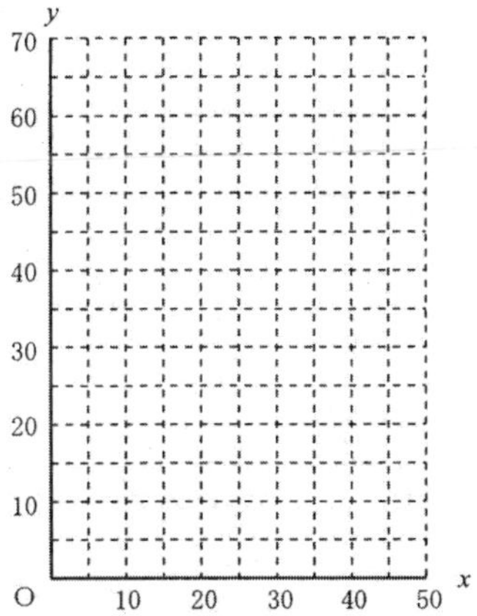	1点×2 **2点×3**

3	(1)	度				※３
	(2)	①	cm	②	cm^2	1点×5
	(3)	①	cm^2	②	cm^3	

受検番号	第　　　　番	得　点	※

（注）※印欄には何も書かないこと。

◇K18(546—2)

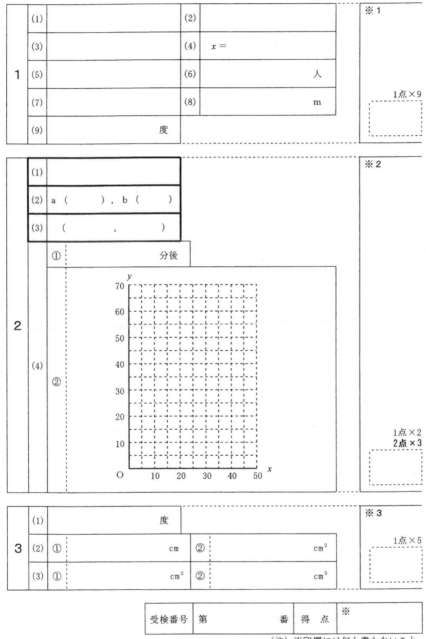

令和２年学力検査　解答用紙　全日制課程B

第５時限　外国語（英語）聞き取り検査

第１問

１番	a	正　　誤	b	正　　誤	c	正　　誤	d	正　　誤
２番	a	正　　誤	b	正　　誤	c	正　　誤	d	正　　誤
３番	a	正　　誤	b	正　　誤	c	正　　誤	d	正　　誤

第２問

問１	a	正　　誤	b	正　　誤	c	正　　誤	d	正　　誤
問２	a	正　　誤	b	正　　誤	c	正　　誤	d	正　　誤

受検番号	第　　　　　　番	得　点	※

（注）※印欄には何も書かないこと。

◇K21（546—5）

※編集上の都合により，大問番号がずれていますのでご注意ください。

令和２年学力検査　解答用紙　全日制課程Ｂ

第５時限　外国語（英語）筆記検査

1	I【 】, because【 】.	※1 2 点×1

2	①	It (　　　) (　　　) a long time ago.	※2 1 点×3
	②	I don't (　　　) (　　　) "Ookini" means.	
	③	Yumi, may I (　　　) you a (　　　)?	

3	(1)		※3 1 点×4 2 点×1
	(2)	His works【 】died.	
	(3)		
	(4)		
	(5)		

4	(1)	b (　　　), d (　　　)			※4 1 点×6
	(2)				
	(3)	①		②	
	(4)	X		Y	

受検番号	第　　　　番	得　点	※

（注）※印欄には何も書かないこと。

◇K22(546—6)

※実物の大きさ：141% 拡大（A4 用紙）

令和２年学力検査　解答用紙　全日制課程Ｂ

第３時限　社　　会

1	(1)		(2)		※1 1点×3
	(3)				

2	(1)				※2 1点×3 2点×1
	(2)				
	(3)		(4)		

3	(1)	①（地図記号）	②	※3 1点×2 2点×1
	(2)		(3)	

4	(1)	①（　　　）②（　　　）	(2)		※4 1点×3
	(3)				

5	(1)		(2)		※5 1点×4
	(3)		(4)		

6	(1)		(2)		※6 1点×3
	(3)				

受検番号	第　　　　　番	得　点	※

（注）※印欄には何も書かないこと。

◇K19(546—3)

令和２年学力検査　解答用紙　全日制課程Ｂ

第４時限　理　　科

1	(1)		(2)	（　　　），（　　　）	※1 1点×2

2					※2 1点×4
	(1)		(2)	脳（　　），せきずい（　　）	
	(3)				
	(4)	ヒト（　　　），ニワトリ（　　　）			

3					※3 1点×3 2点×1
	(1)	→	(3)	炭素棒 気体の化学式	
	(2)	図４ 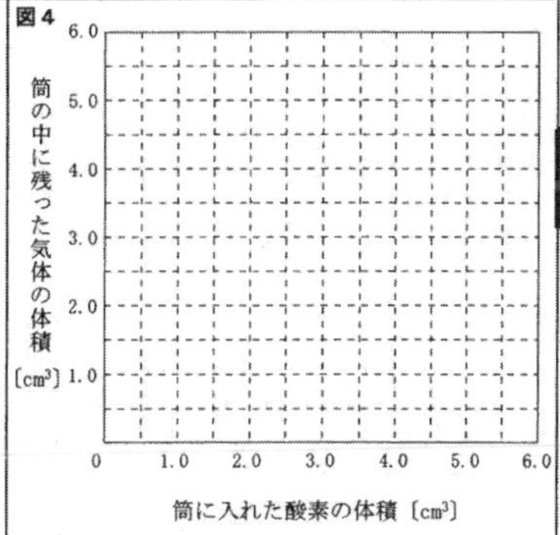	(4)		

4					※4 1点×3 2点×1
	(1)	A	(2)		
	(3)		(4)	A	

5					※5 1点×4
	(1)	岩石 ／ 鉱物の集まりの部分	(2)		
	(3)		(4)		

6	(1)	（　　　），（　　　）	(2)		※6 1点×2

受検番号	第　　　　番	得　点	※

（注）※印欄には何も書かないこと。

◇K20(546―4)

※実物の大きさ：141％拡大（A4用紙）

令和二年学力検査　解答用紙　全日制課程B

第一時限　国　語

一
(一)　(二)
(三)
(四)　(五)（　　）（　　）
(六) X（　　）Y（　　）

※一　1点×4　2点×2

二
(一) ①　みて　②
(二) ③

※二　1点×3

三
(一) ①（　　）②（　　）　(二)
(三) 色に比べて音は、
70
80
(四)
(五)

※三　1点×3　2点×2

四
(一)　(二)
(三)　(四)

※四　1点×4

受検番号	第　　番	得点	※

（注）※印欄には何も書かないこと。

◇K17(546—1)

※実物の大きさ：141% 拡大（A4 用紙）

~MEMO~

~MEMO~

~MEMO~

~MEMO~

2025年度 受験用
高校別入試対策シリーズ(赤本) ラインナップ

学校案内 各高校の基本情報や過去の入試データ，募集要項，卒業生の進路など，受験に役立つ情報を掲載しています。

傾向と対策 過去の出題問題の内容・傾向などを各教科別に分析した，来年度の入試に対する受験対策を掲載してあります。

入試問題と模範解答 各高校の出題問題を収録。その模範解 と詳しくていねいな解き方・考え方，および英語長文の全訳，文の口語訳を付けています。

学校一覧表（アイウエオ順）

▼近畿

285 アサンプション国際高
223 芦屋学園高
152 アナン学園高
189 あべの翔学高
271 綾羽高
121 育英高
244 育英西高
273 市川高
113 上宮高
270 上宮太子高
256 英真学園高
225 追手門学院高
231 近江高
261 近江兄弟社高
111 大阪高
160 大阪偕星学園高
229 大阪学院大高
124 大阪学芸高
148 大阪教育大附高池田校
134 大阪教育大附高平野校
166 大阪暁光高
138 大阪薫英女学院高
154 大阪国際高
112 大阪産業大附高
127 大阪商業大高
185 大阪商業大堺高
105 大阪女学院高
104 大阪信愛学院高
262 大阪成蹊女子高
123 大阪星光学院高
246 大阪青凌高
164 大阪体育大学浪商高
157 大阪電気通信大高
258 大阪桐蔭高
116 大阪夕陽丘学園高
211 大阪緑涼高
142 大谷高
268 開智高
183 開明高
186 香ヶ丘リベルテ高
226 橿原学院高
175 華頂女子高
103 関西大倉高
283 関西創価高
281 関西大学高
129 関西大学第一高
135 関西大学北陽高
191 関西福祉科学大学高
149 関西学院高
214 京都外大西高
174 京都先端科学大学附高
274 京都教育大附高
176 京都光華高
251 京都廣学館高
177 京都産業大附高
141 京都女子高
171 京都精華学園高
250 京都成章高
213 京都橘高
215 京都西山高
170 京都文教高
172 京都明徳高
265 京都両洋高
106 近畿大附高
264 近畿大泉州高
234 近畿大附和歌山高
150 金蘭会高
245 賢明学院高
109 興國高
190 甲子園学院高
263 光泉カトリック高
162 好文学園女子高
203 神戸学院大附高
128 神戸弘陵学園高
207 神戸国際大附高
202 神戸星城高
201 神戸第一高
222 神戸常盤女子高
205 神戸野田高
276 神戸山手グローバル高
206 神戸龍谷高
277 香里ヌヴェール学院高
235 金光大阪高
228 金光藤蔭高
254 金光八尾高
180 彩星工科高
232 三田学園高
208 三田松聖高
267 滋賀学園高
240 滋賀短期大学附高
125 四條畷学園高
114 四天王寺高
284 四天王寺東高
126 樟蔭高
210 常翔学園高
151 常翔啓光学園高
192 城南学園高
167 昇陽高
204 神港学園高
200 須磨学園高
260 精華高
163 清教学園高
161 星翔高
110 清風高
133 清風南海高
102 清明学院高
184 宣真高
187 相愛高
120 園田学園高
158 大商学園高
132 太成学院大高
119 滝川高
248 滝川第二高
227 智辯学園高
241 智辯学園和歌山高
199 帝塚山高
282 帝塚山学院泉ヶ丘高
197 天理高
236 東海大付大阪仰星高
193 同志社高
221 同志社国際高
179 東洋大附姫路高
155 灘高
131 浪速高
198 奈良育英高
243 奈良学園高
286 奈良県立大附高【新刊】
220 奈良女子高
217 奈良大附高
218 奈良文化高
238 仁川学院高
252 西大和学園高
278 ノートルダム女学院高
144 梅花高
249 白陵高
188 羽衣学園高
247 初芝富田林高
266 初芝橋本高
108 初芝立命館高
196 花園高
137 阪南大学高
219 比叡山高
159 東大阪大学柏原高
136 東大阪大学敬愛高
209 東大谷高
139 東山高
269 日ノ本学園高
239 雲雀丘学園高
233 姫路女学院高
169 兵庫大附須磨ノ浦高
117 プール学院高
195 平安女学院高
145 報徳学園高
255 箕面学園高
237 箕面自由学園高
122 武庫川女子大附高
101 明浄学院高
115 明星高
118 桃山学院高
173 洛南高
216 洛陽総合高
165 履正社高
143 立命館高
253 立命館宇治高
279 立命館守山高
140 龍谷大付平安高
242 和歌山信愛高
212 早稲田大阪高

▼福岡・鹿児島

427 九州国際大付高
421 九州産業大付九州高
401 久留米大附高
405 西南学院高
406 筑紫女学園高
408 筑陽学園高
409 東海大付福岡高
411 中村学園女子高
415 東福岡高
422 福岡工業大附城東高
416 福岡大附大濠高
423 福岡大附若葉高
402 ラ・サール高

学校一覧表（都府県順）

▼高専

5010 沼津工業高専
5011 豊田工業高専
5012 鈴鹿工業高専
5013 鳥羽商船高専
5014 岐阜工業高専
5015 舞鶴工業高専
5001 大阪公立大学工業高専
5002 神戸市立工業高専
5003 明石工業高専
5004 奈良工業高専
5016 和歌山工業高専
5017 津山工業高専
5018 呉工業高専
5019 広島商船高専
5020 宇部工業高専
5021 大島商船高専
5022 徳山工業高専
5023 阿南工業高専
5024 香川高専
5025 新居浜工業高専
5026 弓削商船高専
5005 北九州工業高専
5006 久留米工業高専
5027 有明工業高専
5028 大分工業高専
5029 佐世保工業高専
5030 熊本高専
5031 鹿児島工業高専